김성호 · 홍석미 · 정경용 지음

# 컴퓨터 활용 2020

## 제대로 배우기

한글 2020
엑셀 2019
파워포인트 2019

생능출판

## 컴퓨터 활용 2020 제대로 배우기

**초판발행** 2021년 2월 27일
**제1판3쇄** 2024년 8월 6일

**지은이** 김성호, 홍석미, 정경용
**펴낸이** 김승기, 김민수
**펴낸곳** (주)생능출판사 / **주소** 경기도 파주시 광인사길 143
**출판사 등록일** 2005년 1월 21일 / **신고번호** 제406-2005-000002호
**대표전화** (031)955-0761 / **팩스** (031)955-0768
**홈페이지** www.booksr.co.kr

**책임편집** 신성민 / **편집** 이종무, 최동진 / **디자인** 유준범, 노유안
**마케팅** 최복락, 심수경, 차종필, 백수정, 송성환, 최태웅, 명하나, 김민정
**인쇄 · 제본** 교보피앤비

ISBN 978-89-7050-483-4 93000
정가 24,000원

# 머리말

최근 4차 산업혁명 시대를 맞이하여 지능정보사회, 소프트웨어 중심사회, 창의 융합 지식사회 등 다양한 키워드들이 등장하면서 우리 사회의 현재와 미래를 대변해주고 있습니다. 4차 산업혁명 시대를 살아가고 있는 현재의 우리와 앞으로 다가올 5차 산업혁명 시대를 살아갈 후세들에게 있어서 컴퓨터 활용은 이제 완전 생활화되었습니다. 다만, 컴퓨터의 외부적인 형태와 규모 및 활용 방법 등의 변화만이 있을 뿐입니다. IT/ICT의 기하급수적인 발전은 컴퓨터의 성능뿐만 아니라 규모와 활용 분야 등 매우 광범위한 생활의 변화를 선도하고 있습니다. 이와 같은 4차 산업혁명 시대를 살아가는 우리는 컴퓨터 활용 범위가 학교와 기업을 넘어서 일상생활 속까지 영역을 확장함으로써 이제는 절대적으로 없어서는 안 될 필수적인 생활필수품이 되었습니다. 물론 고성능 컴퓨터를 일상생활 속에서 언제든지 자유롭게 활용한다고 하여도 제대로 활용하지 못한다면 컴퓨터는 무용지물이 될 수 있습니다. 따라서 초중고 및 대학교에서 재학생들을 대상으로 수준에 맞는 효율적인 컴퓨터 활용을 위한 교육과정을 다양하게 개설하여 운영하고 있습니다.

그러나 컴퓨터 활용을 위한 기본적인 지식이나 기법들을 교육하기 위한 교재 대부분은 각종 소프트웨어의 메뉴 및 기능 등에 한정된 사용법 위주의 지식을 전달해주려고 노력하는 바람에 단편적인 사실들의 전달에 그치는 안타까운 면들이 많습니다. 또한 급격한 속도로 발전하고 있는 현대 사회생활에서는 거의 쓰이지 않는 구시대 지식만을 전달하려는 교재들도 매우 많았습니다.

이러한 상황에서 우리는 십여 년간 각 대학 및 대학교에서 전공자와 비전공자 구분 없이 학생들에게 컴퓨터에 관한 기본적인 지식을 강의해 오면서 다음과 같은 지향점을 추구하였습니다. 즉, 제대로 된 컴퓨터 활용을 교육하기 위해서는 1) 현장에서 바로 사용할 수 있는 지식을, 2) 컴퓨터 활용에 사용되는 소프트웨어는 최신 버전을, 3) 이론적인 부분보다는 현장에서 바로 활용할 수 있는 실용적인 부분을, 4) 실생활에 큰 도움이 되는 실제적인 지식을 등과 같은 지향점을 목표로 설정하고 실제 교육을 통해 전달해줄 수 있는 교재가 필요하다고 느껴 이 책을 집필하게 되었습니다.

PREFACE

이 책을 집필하면서 우리 저자들은 다음과 같은 특징을 고수하도록 최선을 다하였습니다.

첫째, 본 교재는 대학교 초년생을 대상으로 교육 현장에서 활용되는 만큼 대학생 스스로 컴퓨터를 실생활에 유용하게 잘 활용할 수 있도록 필요한 실무적인 기본 지식을 학습하는데 큰 의미가 있다고 생각합니다. 그러므로 한글 2020과 엑셀 2019 및 파워포인트 2019 등에 대한 기본 사용법 및 실무 활용성을 강조하였습니다.

둘째, 본 교재는 컴퓨터 활용과 관련된 다양한 분야의 현장 업무를 수행할 때 실무에 바로 활용할 수 있도록 실제적인 지식을 수록하였으며, 초보자라도 쉽게 따라 배울 수 있도록 그림과 함께 간결하게 구성하였습니다.

셋째, 본 교재는 컴퓨터 활용을 위한 실습을 필수적으로 다루며, 주제별로 다양하게 구분하여 기술하였습니다. 따라서 본 교재를 사용하여 학습할 독자들은 한글 2020, 액셀 2019 및 파워포인트 2019와 관련된 지식을 현장 밀착형으로 활용할 수 있도록 해주는 진정한 실습이 되도록 노력하였습니다.

본 교재는 전체적으로 3부, 12장으로 구성되어 있으며 각 부와 각 장의 내용은 다음과 같습니다. 1부는 한글 2020으로서 1장부터 4장까지 한글 2020에 대하여 다양한 주제별로 다루고 있습니다. 또한, 한글 2020에서 새롭게 선보이는 몇 가지 새로운 기능을 추가하였습니다. 2부는 엑셀 2019로서 5장부터 8장까지 엑셀 2019에 대하여 다양한 주제별로 기술하고 있습니다. 3부는 파워포인트 2019로서 9장부터 12장까지 파워포인트 2019에 대하여 주제별로 기술하고 있습니다. 특히 각 장의 마지막에 제시된 연습 문제는 컴퓨터 활용을 공부하는 독자들이 응용력을 키울 수 있도록 구성하였으니 반드시 풀어보고 지나갈 것을 권장합니다.

본 교재는 대학 및 대학교의 강의 교재로 뿐만 아니라 컴퓨터를 실생활에 잘 활용하기를 원하는 모든 이에게 매우 효과적으로 사용될 수 있을 것으로 생각됩니다. 그러므로 4차 산업혁명 시대를 살아가는 독자들에게 컴퓨터 활용법을 배우는데 본 교재가 많은 도움이 되었으면 하는 바람입니다.

마지막으로 본 교재의 편집 및 출판을 위하여 적극적으로 후원하여 주신 생능출판사 사장님과 임직원 일동에게 감사의 말씀을 전합니다.

2021년 2월

저자 일동

# 차례

HANGUL

PART I 한글 2020



CONTENTS

CONTENTS

EXCEL

PART II 엑셀 2019

## POWERPOINT
PART III 파워포인트 2019



CONTENTS

PART

# 01

# 한글 2020

# 1 CHAPTER 한글 기본 문서 작성하기



## 1.1 자기 소개서 만들기

### 1.1.1 새 문서 만들기 : 단축키 〈Alt+N〉

**step 1** 한글 2020을 실행하면 새 문서가 자동적으로 생성되는데, 새 문서를 추가적으로 만들 필요가 있는 경우에는 메뉴 [파일] – [새 문서(N)]을 선택하거나 단축키 〈Alt+L〉을 사용한다. 이 경우는 현재 창과는 별도로 새 창이 열리면서 새 문서를 작성할 수 있다.

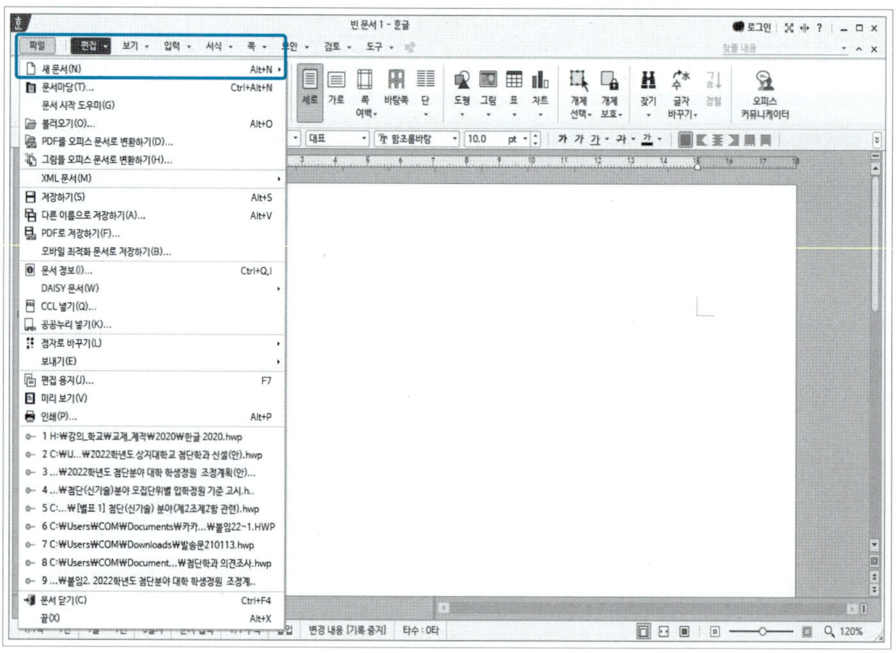

**step 2** 새로운 창을 열지 않고 새 문서를 추가하기 위해서는 메뉴 [파일] – [새 문서(N)] – [새 탭(B)] 혹은 단축키 〈Ctrl+Alt+T〉를 선택하여 새 문서를 생성한다. 그러면 현재 열려

있는 창에 새로운 탭이 열리면서 새 문서가 추가된다. 또는 화면 아래 문서 탭 옆 [ + ]를 클릭하여 새 문서를 생성할 수도 있다.

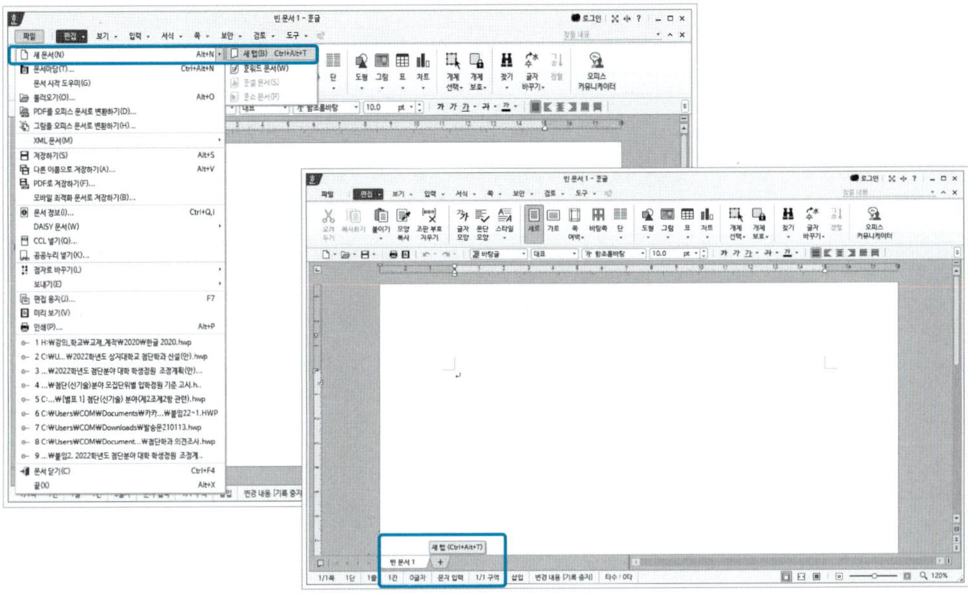

## 1.1.2 편집 용지 설정하기 : 단축키 〈F7〉

**step 1** 편집 용지 기능은 문서 작성을 위해 기본적으로 필요한 용지의 종류, 방향, 여백 등과 관련된 설정을 하는 기능이다. 메뉴 **[파일] – [편집 용지(J)]** 메뉴를 클릭하거나 단축키 〈F7〉을 사용하면 **[편집 용지]** 대화 상자가 나타난다. **[편집 용지]** 대화 상자는 탭 메뉴 **[기본]**과 **[줄 격자]**로 구성되어 있다.

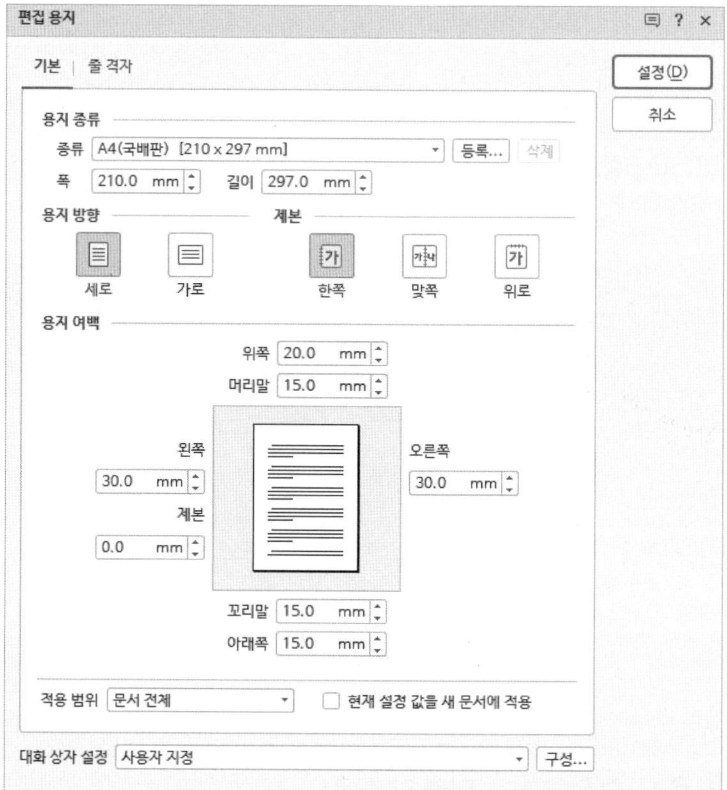


- [용지 종류] : '프린트 132', '레터', 'B5(46배판)', 'B4(타블로이드판)', 'A4(국배판)', 'A3(국배배판)', '리갈', 'A6(문고판)', 'A5(국판)', '신국판', '크라운판', 'Executive', 'Envelope', '사용자 정의' 등으로 구분되는데, 일반적으로 **'A4(국배판)'를 표준적인 용지 크기로 설정**하여 사용한다.
- [용지 방향] : [용지 종류]에서 선택한 용지를 세로 방향으로 사용할지 가로 방향으로 사용할지를 설정하는 것으로서, 기본적으로는 '세로'로 설정되어 있다. 일반적으로 사용하는 모든 방법은 '세로' 방향이다.
- [제본] : 제본을 할 경우 어떠한 형식으로 제본을 할 것인가를 미리 설정해 줌으로써 제본의 형식에 맞게 인쇄를 할 수 있도록 해준다. 제본하려는 형식에 따라 '한쪽', '맞쪽', '위쪽' 중 하나를 선택하면 한글에서 설정해 놓은 값을 이용하여 자동으로 여백 설정을 할 수 있다.
- [용지 여백] : 현재 사용하는 용지의 위쪽, 아래쪽, 안쪽, 바깥쪽 및 머리말, 꼬리말, 제본 등에 여백을 사용자가 직접 설정할 수 있다. 작성하고자 하는 문서의 형태에 따라

직접 조정하여 사용할 수 있다.

모든 설정이 끝나면 [**설정**] 버튼을 클릭하여 대화 상자를 종료한다.

[**편집 용지**] 대화 상자의 [**줄 격자**] 탭은 격자 설정 유무에 대한 선택과 격자 설정 시에 사용되는 '줄 수 지정', '글자 수 지정' 등으로 구성되어 있다. 일반적으로는 '격자 설정 안 함'을 사용하는데, 필요한 경우 격자와 관련된 속성들을 설정하여 사용할 수 있다.

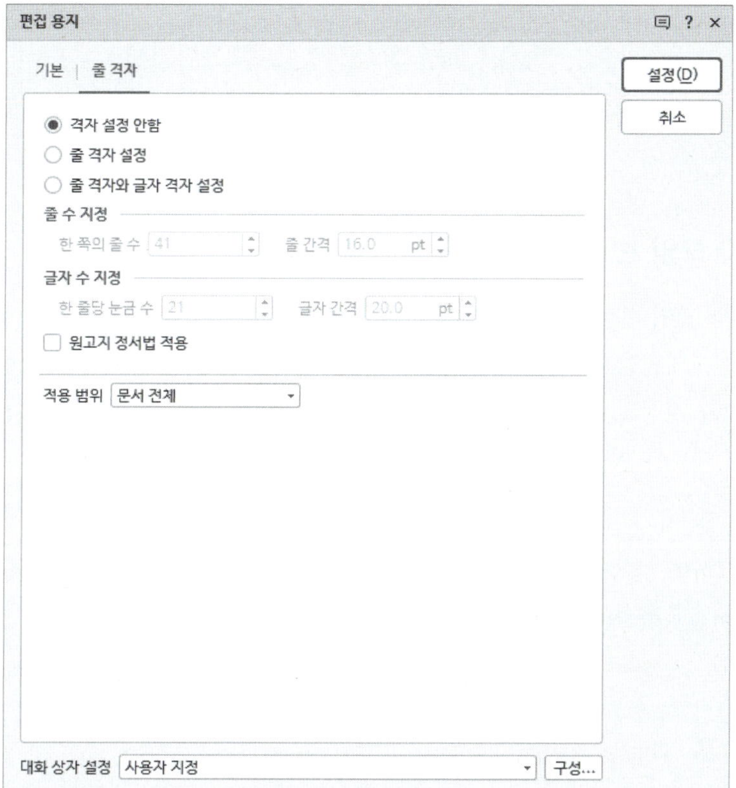


**step 2** [**편집 용지**]는 문서를 작성하기 전후 모두 사용할 수 있으나, 문서 작성 후 설정할 경우 추가적인 편집이 필요한 경우가 발생할 수 있으므로 문서 작성 전 원하는 형태의 편집 용지를 설정한 후 문서를 작성하는 것이 편리하다. 편집 용지까지 설정이 되었으면 편집 영역에서 문자나 기호를 이용하여 자기소개서를 작성한다. 이때 문자와 관련된 속성 즉, 글꼴, 글자 크기, 글자색 등은 미리 설정하여 사용할 수도 있고 문자를 모두 입력한 후 편집 기능을 이용하여 문서에 적용도 가능하다.

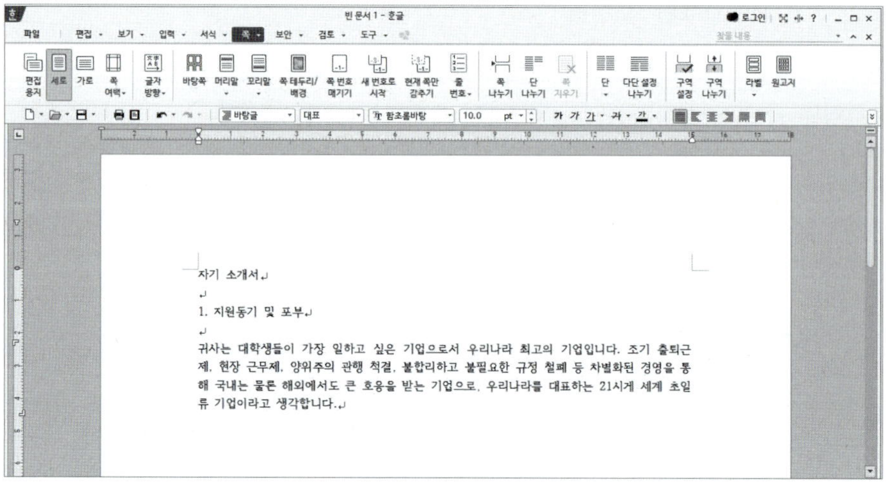


### 1.1.3 글자 모양 변경하기 : 단축키 〈Alt+L〉

**step 1** [글자 모양] 기능은 입력할 내용이나 블록으로 설정한 내용의 글자 모양을 일괄적으로 바꿔주는 역할을 하므로 다양한 글자 모양 속성을 적용하여 내용에 적합한 형태로 글자에 서식을 지정할 수 있다. 글자 모양의 변경을 위해서는 **[글자 모양]** 대화 상자나 도구상자 서식 메뉴를 이용한다.

위에서 작성한 '자기 소개서'에서 글자 모양을 변경할 부분('자기소개서')을 마우스로 클릭 및 드래그하여 블록으로 선택하고, 메뉴 **[서식]**을 선택한 후 **[글자 모양(L)]**을 선택하거나 단축키 〈Alt+L〉를 활용하면 **[글자 모양]** 대화 상자가 나타난다.

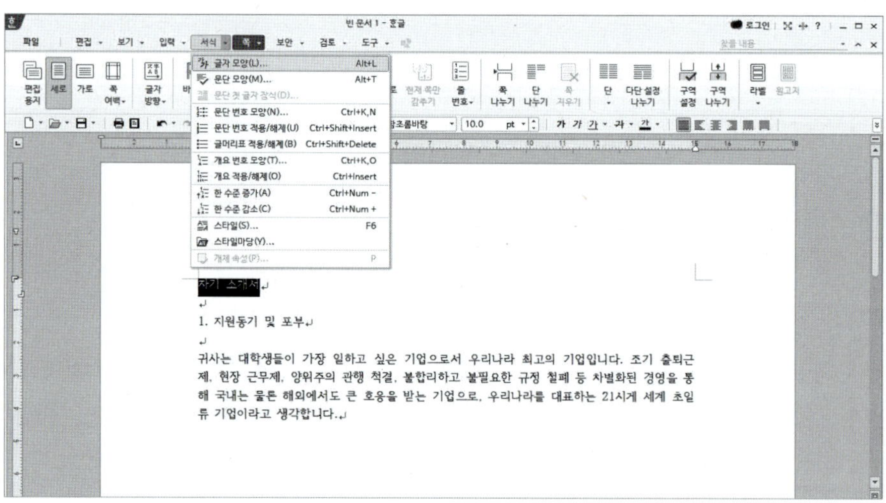

또는 메뉴 [서식]을 선택하면 나타나는 도구상자의 글자 모양 서식들을 선택하여 사용하거나 [**글자 모양**] 메뉴를 클릭하면 보이는 대화 상자를 사용하여 옵션 설정을 할 수 있다. 도구상자에서는 언어, 글꼴, 글자 크기 등의 속성들을 설정할 수 있으나 글자 모양을 구체적으로 설정하기 위해서는 대화 상자 [**글자 모양**]을 사용하는 것이 좋다.

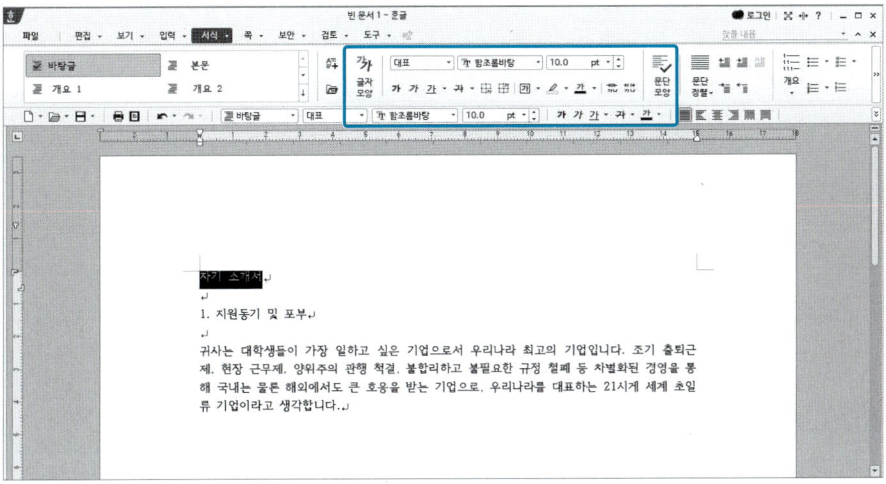


**step 2** [글자 모양] 대화 상자는 탭 메뉴 [기본], [확장], [테두리/배경] 등으로 구성된다.

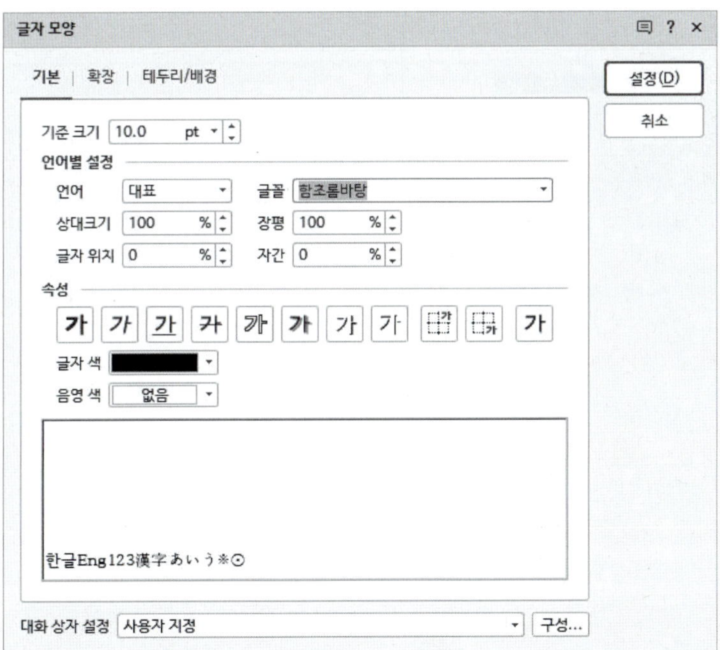

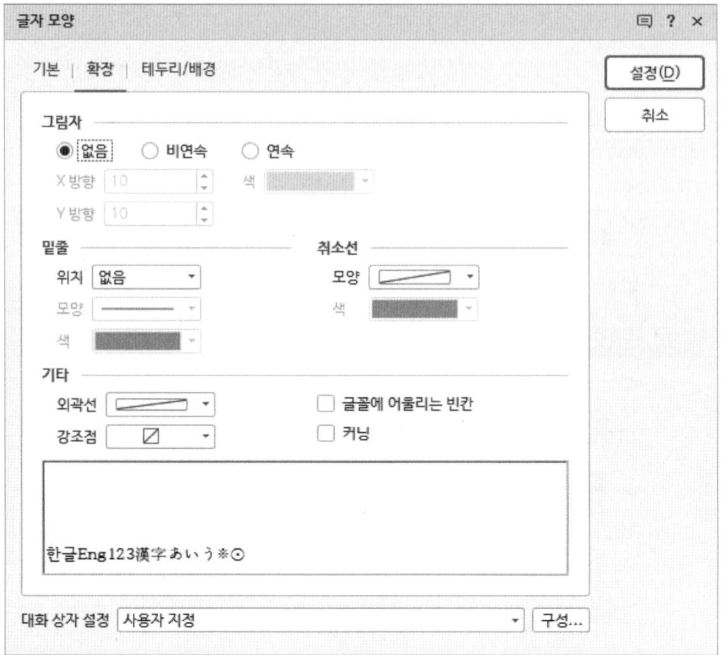
글자 모양
기본
확장
테두리/배경
설정(D)
취소
그림자
없음
비연속
연속
X 방향
10
색
Y 방향
10
밑줄
위치
없음
모양
색
취소선
모양
색
기타
외곽선
강조점
글꼴에 어울리는 빈칸
커닝
한글Eng123漢字あいう※⊙
대화 상자 설정
사용자 지정
구성...

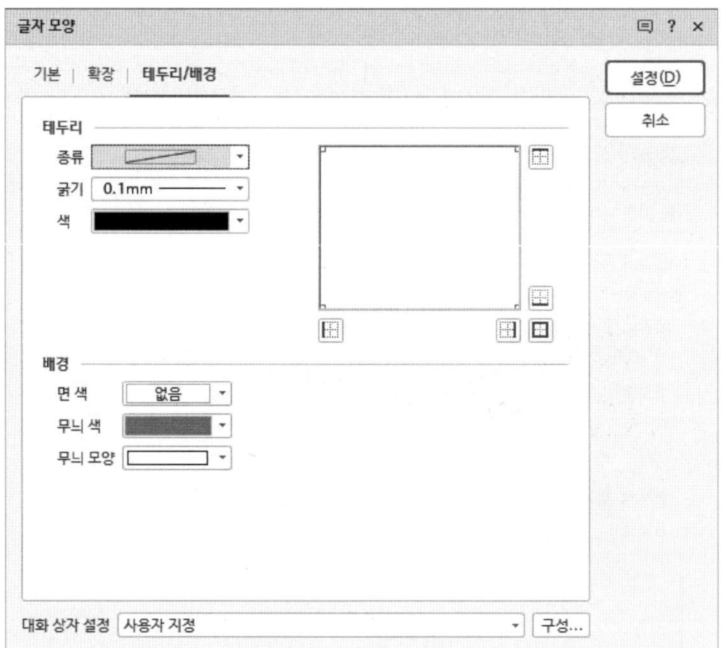
글자 모양
기본
확장
테두리/배경
설정(D)
취소
테두리
종류
굵기
0.1mm
색
배경
면 색
없음
무늬 색
무늬 모양
대화 상자 설정
사용자 지정
구성...

**step 3** '자기소개서' 문자에 대하여 크기('15'), 글꼴('한컴돋움'), 속성('진하게') 등을 지정한다.

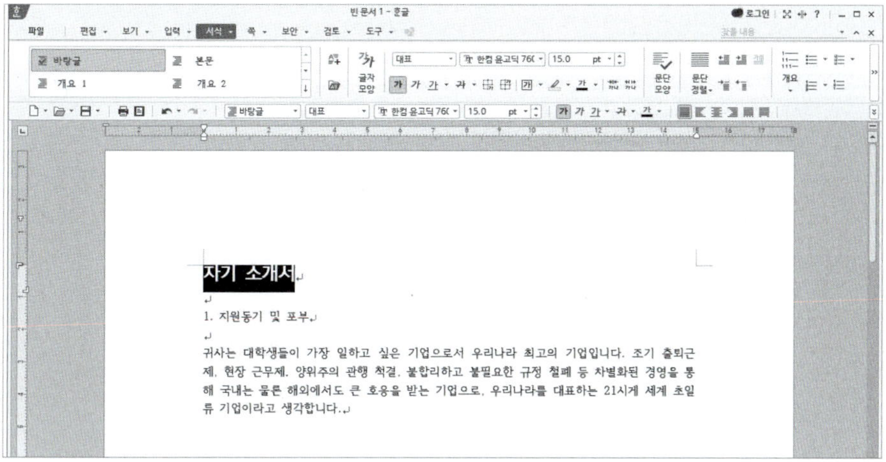

## 1.1.4 문단 모양 설정하기 : 단축키 〈Alt+T〉

문단은 문서에서 문맥에 따라 줄이 바뀌는 부분으로 한글에서는 글자를 입력하는 과정에서 〈Enter↵〉 키로 행을 바꾸기 전까지를 하나의 문단으로 간주한다. 즉, 〈Enter↵〉 키를 누르면 문단이 나누어지게 되는데, 문단 모양 기능을 이용하여 문단에 여러 가지 속성을 지정할 수 있다.

**step 1** 문단 모양을 변경할 부분을 마우스로 클릭 및 드래그하여 블록으로 설정한 후, 메뉴 **[서식]**을 선택한 후 **[문단 모양(M)]**을 선택하거나 단축키 〈Alt+T〉를 사용하면 **[문단 모양]** 대화 상자가 나타난다.

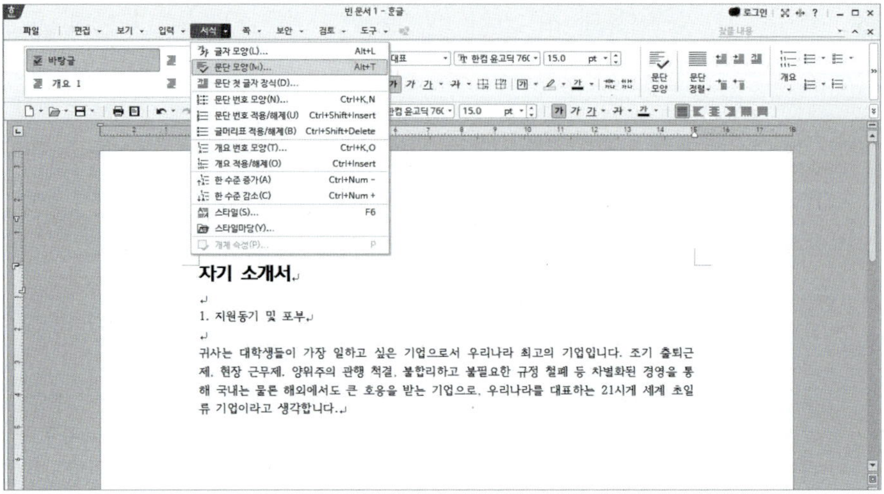

또는 메뉴 [서식]을 클릭하면 나타나는 도구상자의 문단 모양 속성을 사용하여 설정할 수 있다. [문단 모양] 도구바를 클릭하면 [문단 모양] 대화 상자가 나타난다.

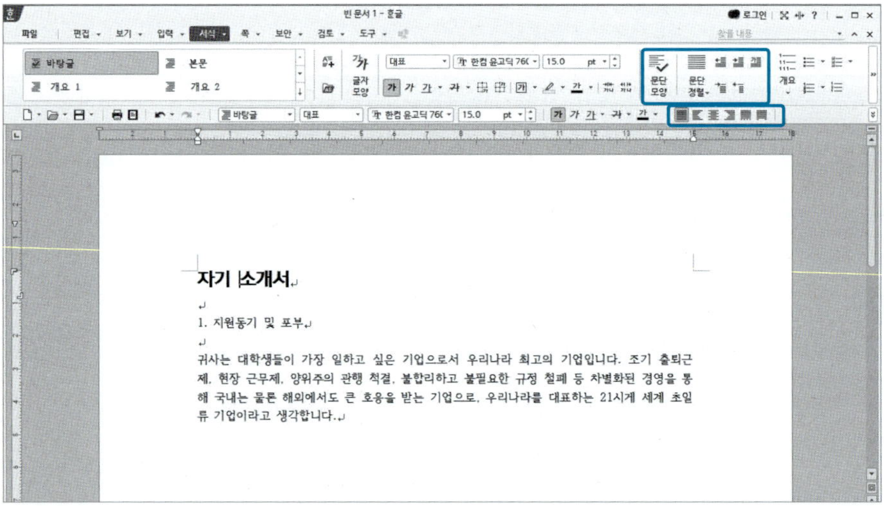

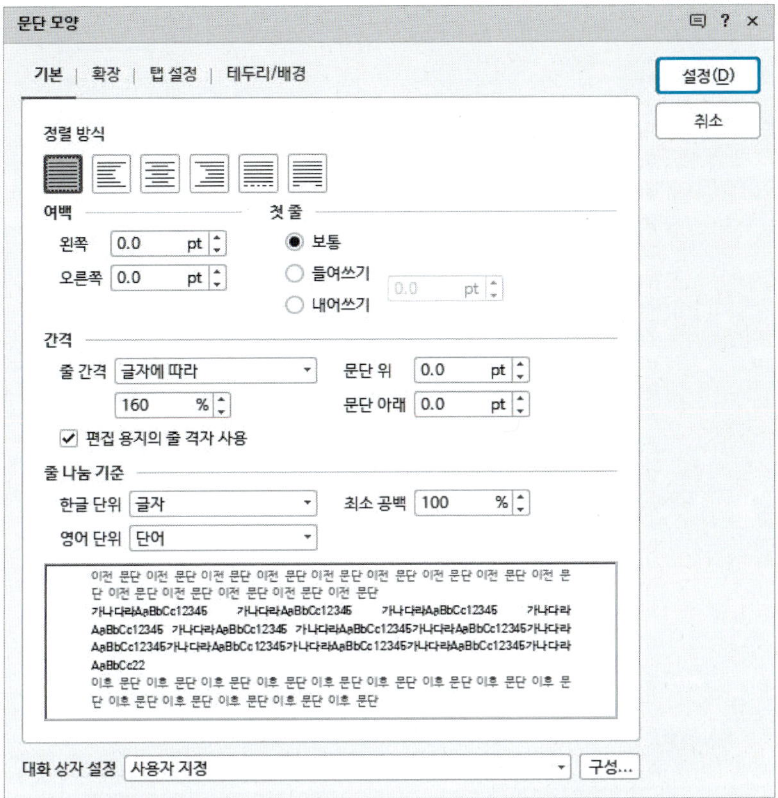


**step 2** [문단 모양] 대화 상자는 [기본], [확장], [탭 설정] 및 [테두리/배경] 등의 탭으로 구성되어 있다.

① [기본] : 문단의 정렬 방식, 문단 여백, 첫 줄 모양, 문단의 줄 간격, 줄 나눔 기준 등을 설정할 수 있다.

② [확장] : 문단의 종류 및 외톨이줄 보호, 문단 보호, 세로 정렬 등을 설정할 수 있다.

③ [탭 설정] : 여러 개의 항목을 세로로 가지런히 나열해 입력할 수 있도록 탭을 설정하거나 자동 탭 넣기 기능을 설정할 수 있다.

④ [테두리/배경] : 테두리의 종류, 굵기, 색 및 위치와 배경의 면 색, 무늬 색, 무늬 모양 등을 설정할 수 있다.

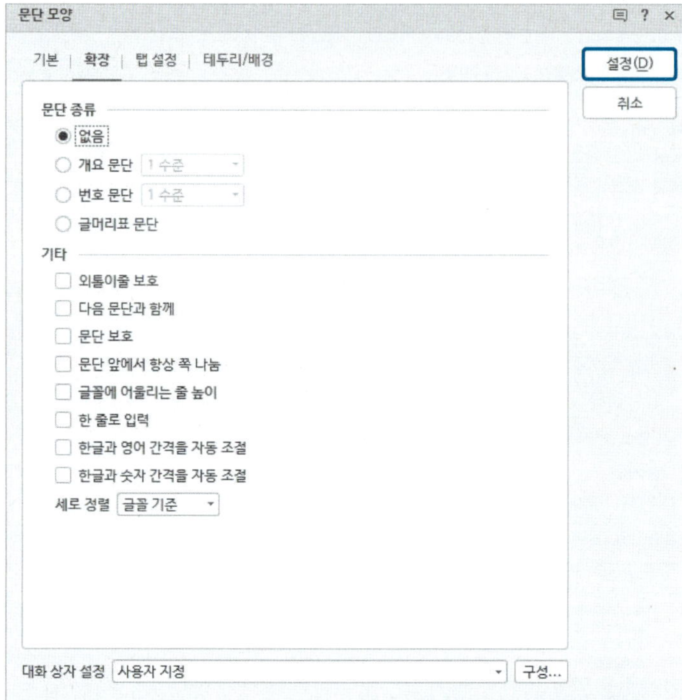
문단 모양
기본 | 확장 | 탭 설정 | 테두리/배경
설정(D)
취소
문단 종류
없음
개요 문단 1 수준
번호 문단 1 수준
글머리표 문단
기타
외톨이줄 보호
다음 문단과 함께
문단 보호
문단 앞에서 항상 쪽 나눔
글꼴에 어울리는 줄 높이
한 줄로 입력
한글과 영어 간격을 자동 조절
한글과 숫자 간격을 자동 조절
세로 정렬 글꼴 기준
대화 상자 설정 사용자 지정
구성...

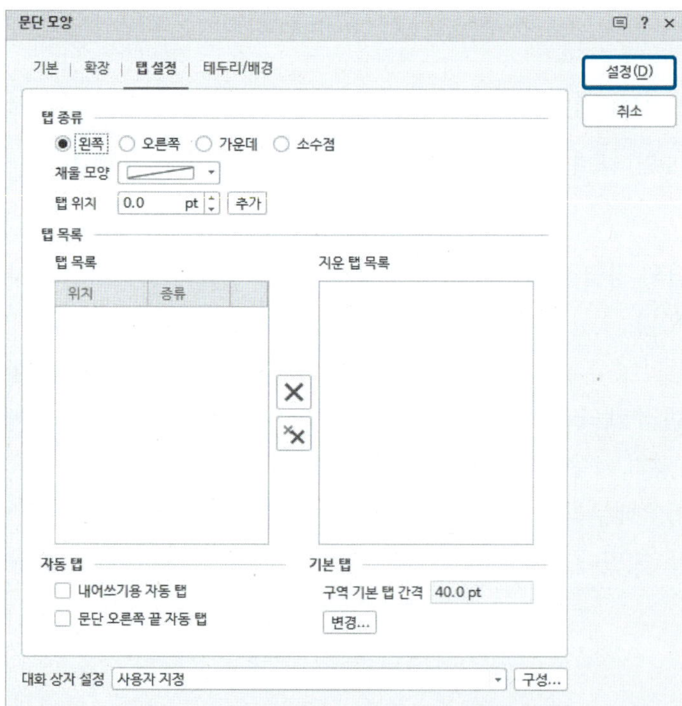
문단 모양
기본 | 확장 | 탭 설정 | 테두리/배경
설정(D)
취소
탭 종류
왼쪽 오른쪽 가운데 소수점
채울 모양
탭 위치 0.0 pt 추가
탭 목록
탭 목록
지운 탭 목록
위치 종류
자동 탭
내어쓰기용 자동 탭
문단 오른쪽 끝 자동 탭
기본 탭
구역 기본 탭 간격 40.0 pt
변경...
대화 상자 설정 사용자 지정
구성...

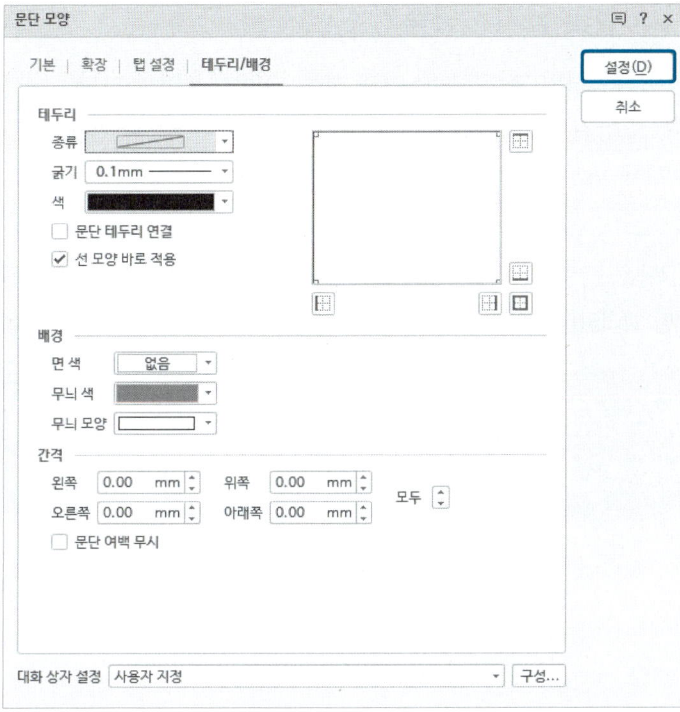


**step 3** 예제 문장에 대하여 다음과 같은 속성을 적용한다.

① '자기소개서' 문자를 블록 설정하고 [기본] 탭에서 '가운데 정렬'을 선택한다.

② 내용 부분을 블록 설정하고 [기본] 탭의 왼쪽 여백('10'), 첫줄 들여쓰기('10')를 지정한다.

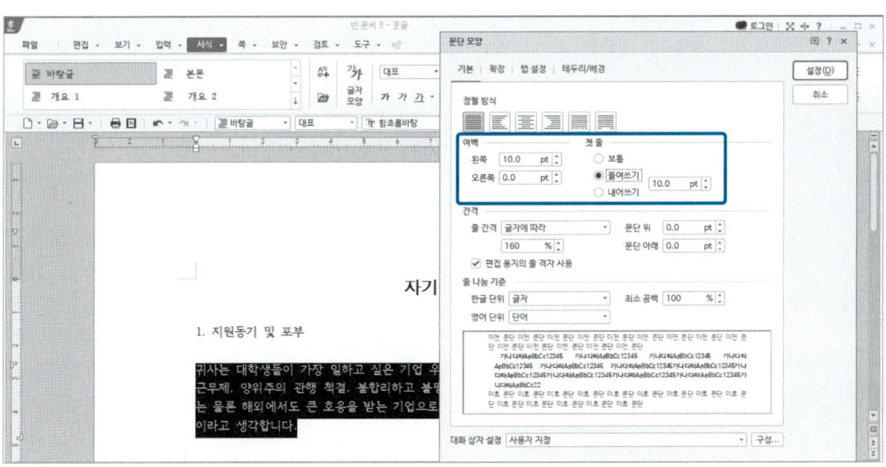

## 1.1.5 머리말/꼬리말 달기 : 단축키 〈Ctrl+N, H〉

머리말/꼬리말은 페이지의 맨 위나 맨 아래 한두 줄의 내용이 쪽마다 고정적으로 반복되는 것을 말하며, 일반적으로 책 제목, 장(Chapter)의 제목 및 쪽 번호 등을 넣는데 사용한다.

**step 1** 메뉴 [쪽]을 클릭한 후 [머리말/꼬리말(H)]를 선택하거나 단축키 〈Ctrl+N, H〉를 사용하면 [머리말/꼬리말] 대화 상자가 나타난다.

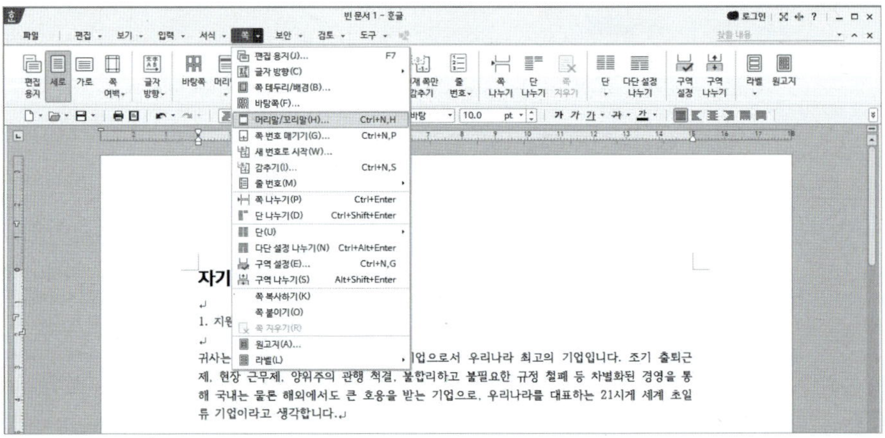


또는 메뉴 [쪽]을 선택하면 나타나는 도구상자에서 [머리말], [꼬리말]을 바로 선택할 수도 있다.

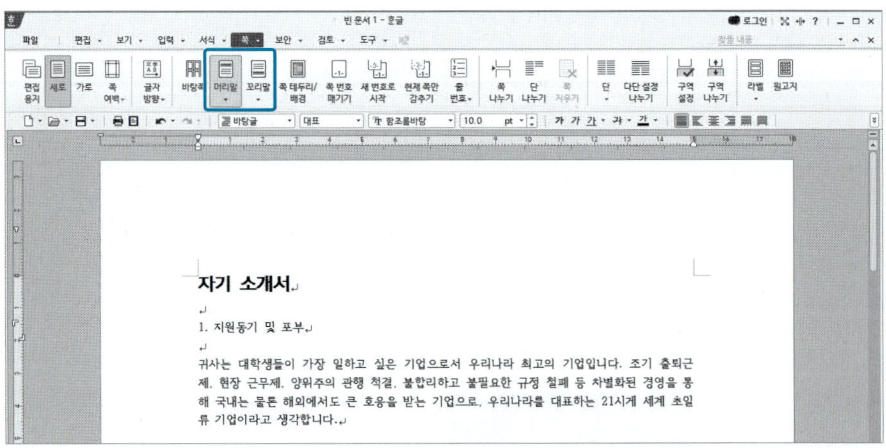

**step 2** [머리말/꼬리말] 대화 상자에서 머리말/꼬리말의 '종류'와 '위치'를 선택한다. '머리말/꼬리말 마당'에서는 머리말이나 꼬리말로 넣기를 원하는 항목을 선택하고 [만들기(D)] 버튼을 클릭하면 선택한 내용이 머리말이나 꼬리말로 문서에 삽입된다. 문서에 적용된 형태는 '미리 보기'로 확인할 수 있다.

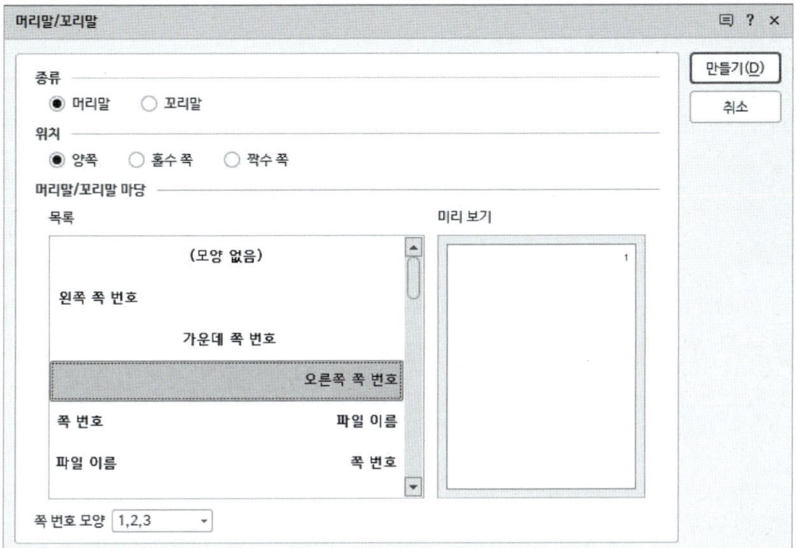


'머리말/꼬리말 마당'에서 "(모양 없음)"은 머리말과 꼬리말에 대하여 미리 설정된 내용이 없음을 의미하므로 사용자가 직접 원하는 형태를 입력할 수 있다.

**step 3** 만약 머리말이 선택된 상태에서 '머리말/꼬리말 마당'의 "(모양 없음)"을 선택할 경우는 '머리말(양쪽)' 영역에 원하는 머리말을 입력하고, [머리말/꼬리말]의 도구상자에서 [닫기] 버튼을 선택하면 머리말 입력 상태에서 빠져나오게 된다.

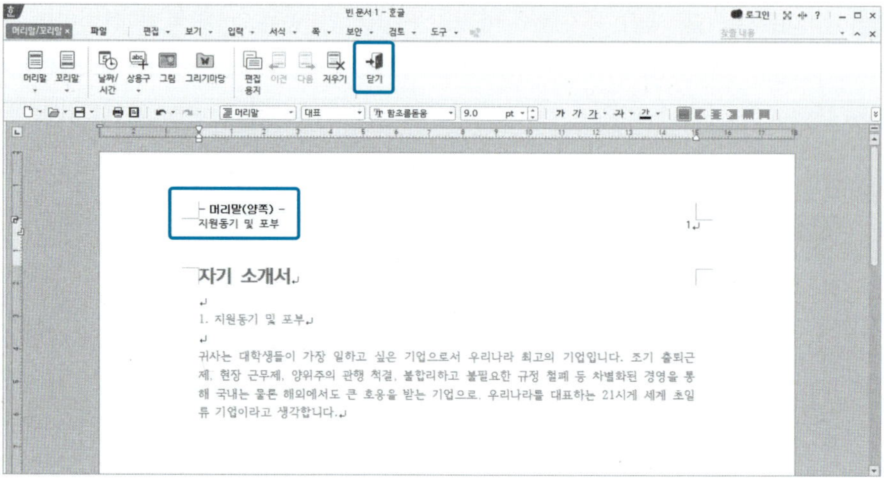

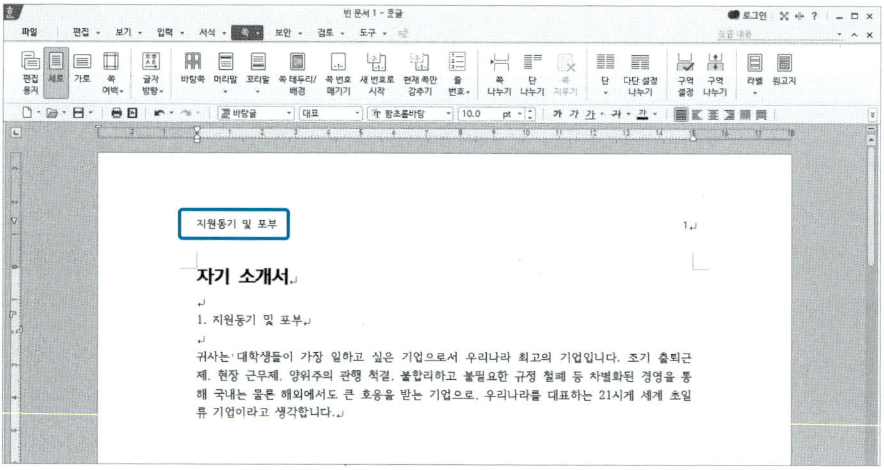

머리말이나 꼬리말을 다시 편집하고자 하는 경우는 입력한 머리말 부분을 마우스로 더블 클릭하면 다시 머리말이나 꼬리말 입력창으로 들어갈 수 있다.

**step 4** 머리말이나 꼬리말을 삭제하고자 하는 경우는 머리말/꼬리말 입력창에서 [지우기]를 클릭하고, "현재 머리말(꼬리말)을 지울까요?" 메시지 박스에서 [지움(Y)] 버튼을 선택하면 삽입했던 머리말이나 꼬리말을 삭제할 수 있으며 머리말이나 꼬리말이 삭제되어 보이지 않음을 확인할 수 있다.

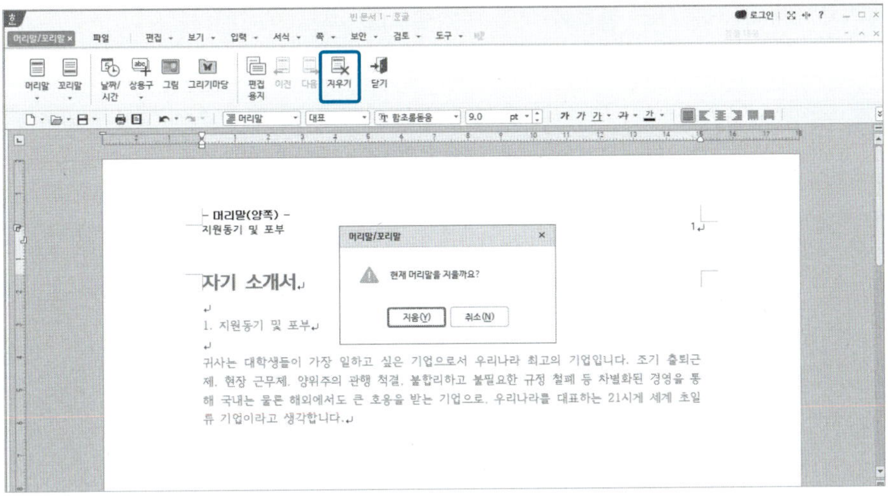

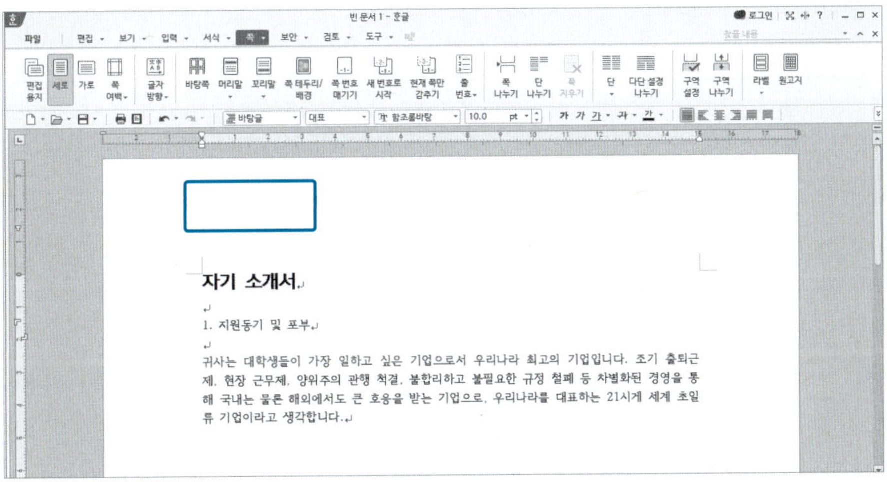

## 1.1.6 주석 달기

문서의 용어나 본문에 인용한 자료의 출처를 밝히거나 언급한 내용에 대한 보충 자료를 구체적으로 나타낼 필요가 있을 때 주석을 사용한다. 주석은 [각주]와 [미주]로 나뉘는데, 설명문이 놓이는 위치에 따라 구분된다. [각주]는 각주 번호가 있는 단어가 있는 페이지 맨 아래 각주 내용이 보이고, [미주]는 미주 번호가 있는 단어가 있는 페이지와 상관없이 해당 장(chapter)이나 문서 전체를 끝맺고 난 맨 뒷부분에 미주 내용이 놓인다. 문서 내에서 각주나 미주 번호는 자동으로 넣어지고, 각주와 미주를 넣는 순서와 상관없이 단어의 위치에 따라 자동으로 번호가 입력된다. 한 파일 안에서 각주와 미주는 별개의 부분으로 다루어지기 때문에 각주 번호와 미주 번호도 각각 따로 넣어진다.

**step 1** 각주를 넣을 단어의 뒤나 앞에 커서를 놓고 메뉴 [입력]–[주석(K)]–[각주(F)]를 선택한다.

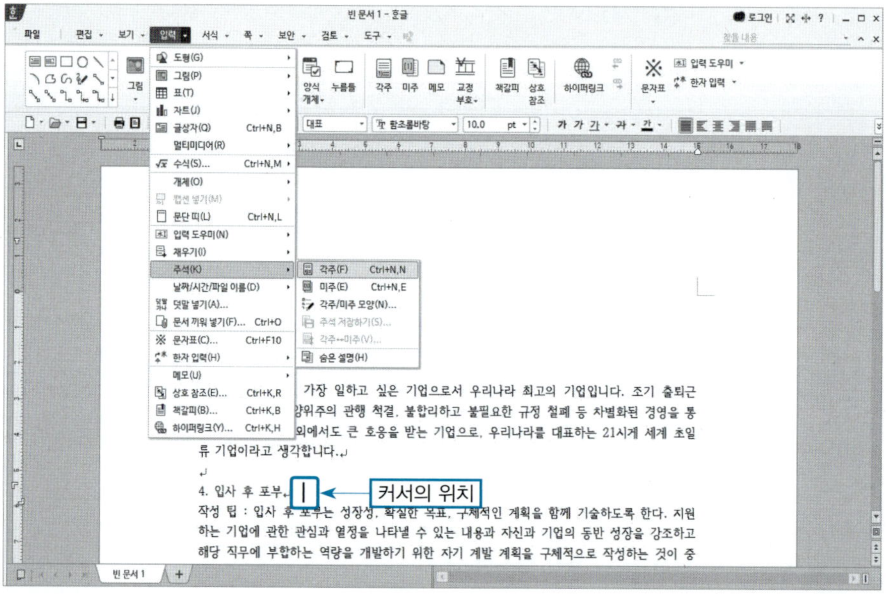


**step 2** 커서가 문서의 맨 아래쪽 설명 입력 부분으로 옮겨지며, 단어에 대한 설명을 적는다. 각주 번호와 각주 내용이 입력된 것을 확인할 수 있다. 각주 내용을 변경하고자 하는 경우는 문서 아래쪽에 내용이 적힌 부분을 마우스로 클릭하고 수정한다.

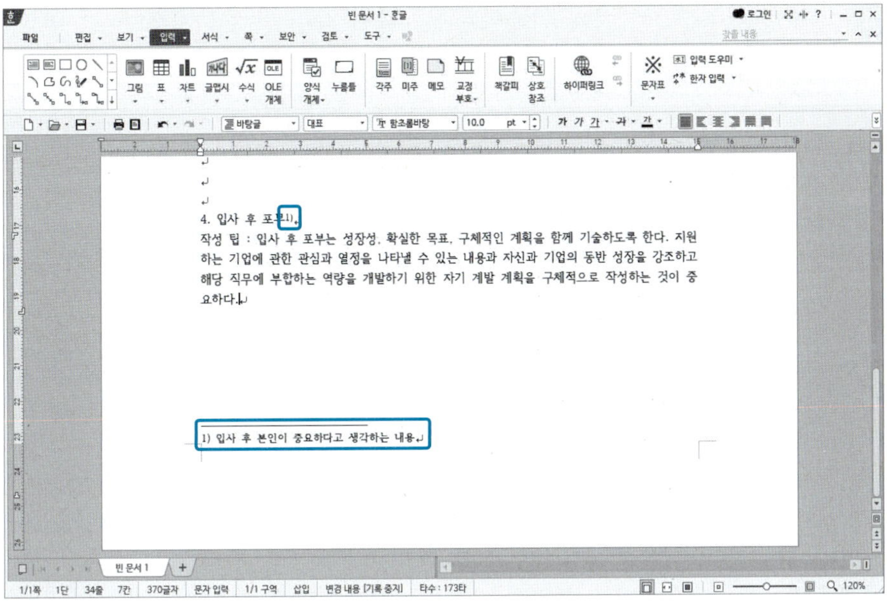

**step 3** 각주를 윗부분에 더 추가하는 경우, 각주 번호와 내용이 단어 순서대로 다시 매겨진다.

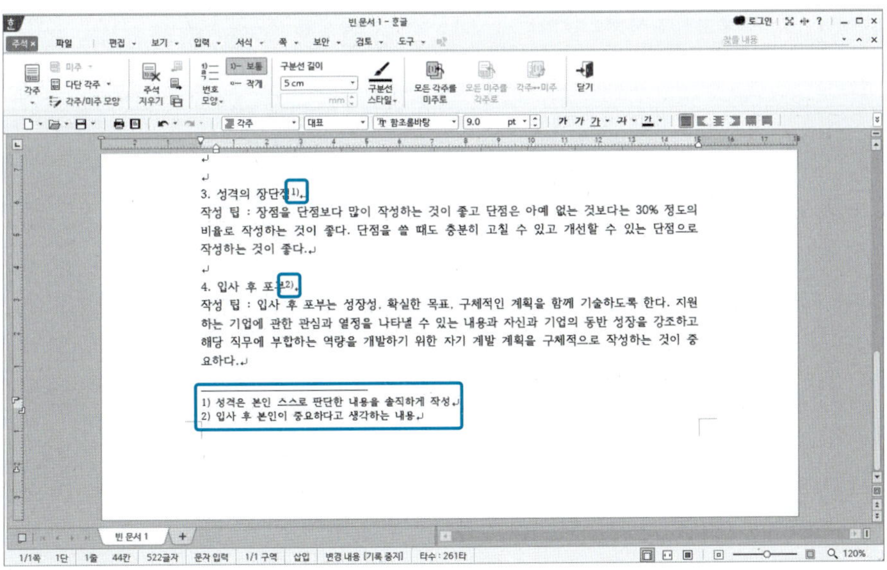

**step 4** 각주나 미주를 삭제하기 위해서는 문서에서 각주 번호를 지우면, 그 번호에 해당하는 각주나 미주 내용도 문서에서 자동으로 삭제된다.

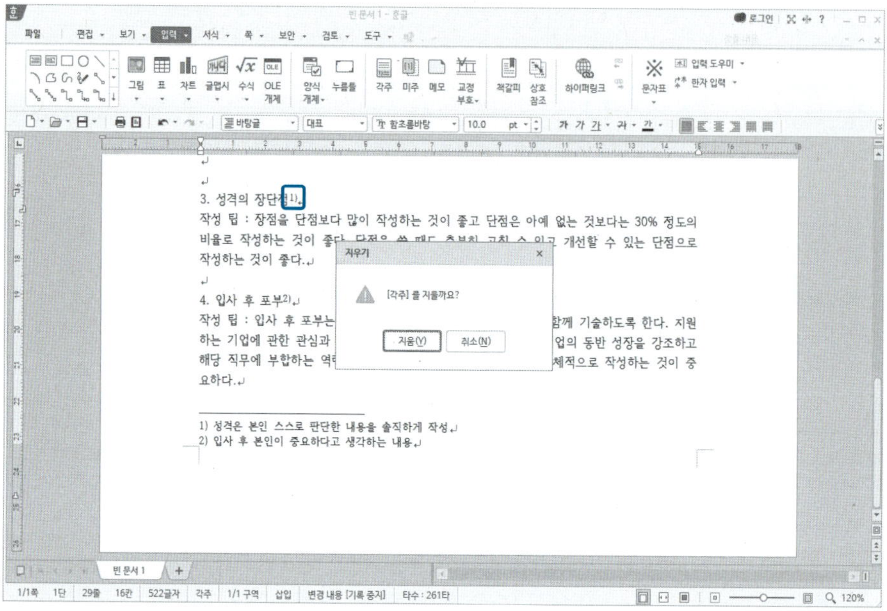

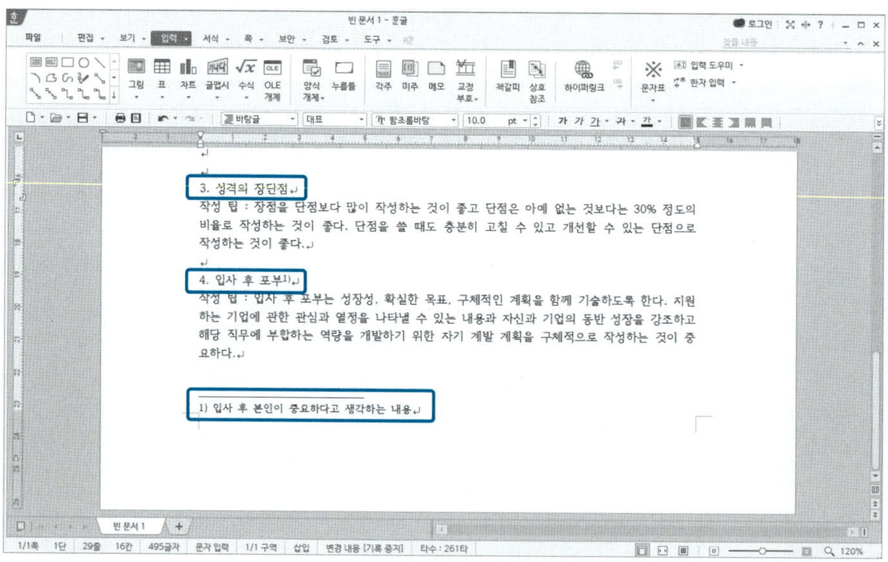

## 1.1.7 쪽 테두리/배경

작성된 문서에 대하여 쪽 테두리를 두르거나 배경에 다양한 그림을 넣어보자.

**step 1** 문서에 쪽 테두리나 배경을 넣기 위해 메뉴 [쪽] – [쪽 테두리/배경(B)]을 선택한다.

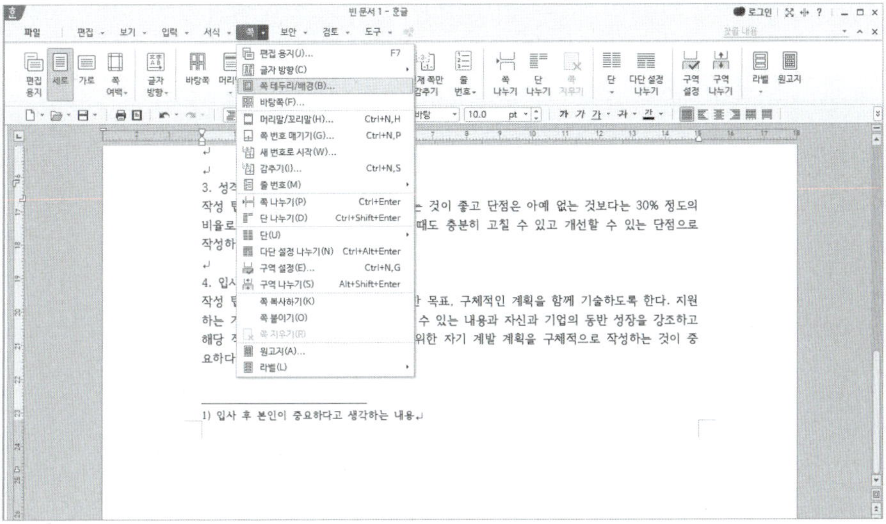

또는, 메뉴 [쪽]을 선택하면 나타나는 도구상자에서 '쪽 테두리/배경'을 클릭하면, [쪽 테두리/배경] 대화 상자가 나타난다.

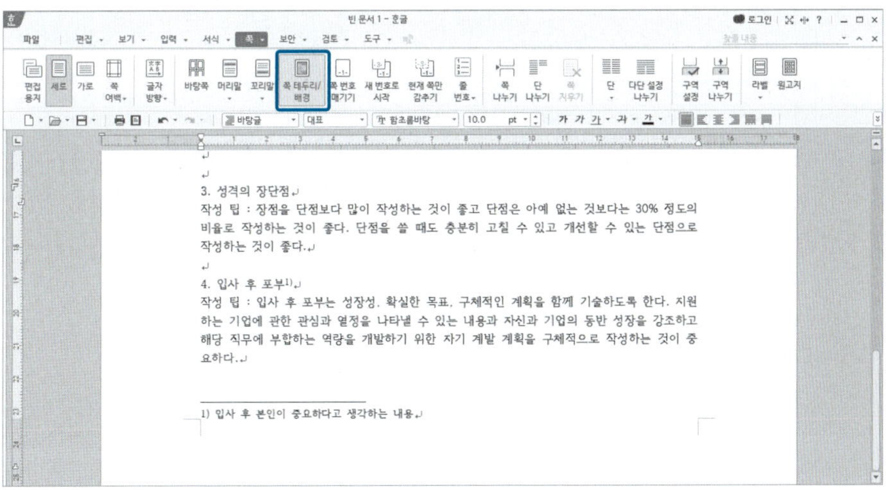

**step 2** [쪽 테두리/배경] 대화 상자는 탭 메뉴 [테두리]와 [배경]으로 나누어진다.

① [테두리]

- 테두리/배경 종류 : 테두리를 적용하고 싶은 문서내의 페이지를 선택한다.
- 테두리 : 테두리의 종류, 굵기, 색을 지정한다.
- 위치 : 테두리가 그려질 위치를 지정한다. '종이 기준'은 편집 용지에서 설정한 여백 공간을 포함한 범위이며, '쪽 기준'은 편집 용지에서 설정한 여백 공간을 포함하지 않은 범위이다.
- 적용 쪽 : 테두리를 첫 번째 페이지에도 적용할지 여부를 결정한다.
- 적용 범위 : 현재 편집 문서의 구역 수, 커서 위치, 블록 설정 상태 등에 따라 각각의 경우에 대해 테두리를 설정할 수 있는 범위를 제시한다.

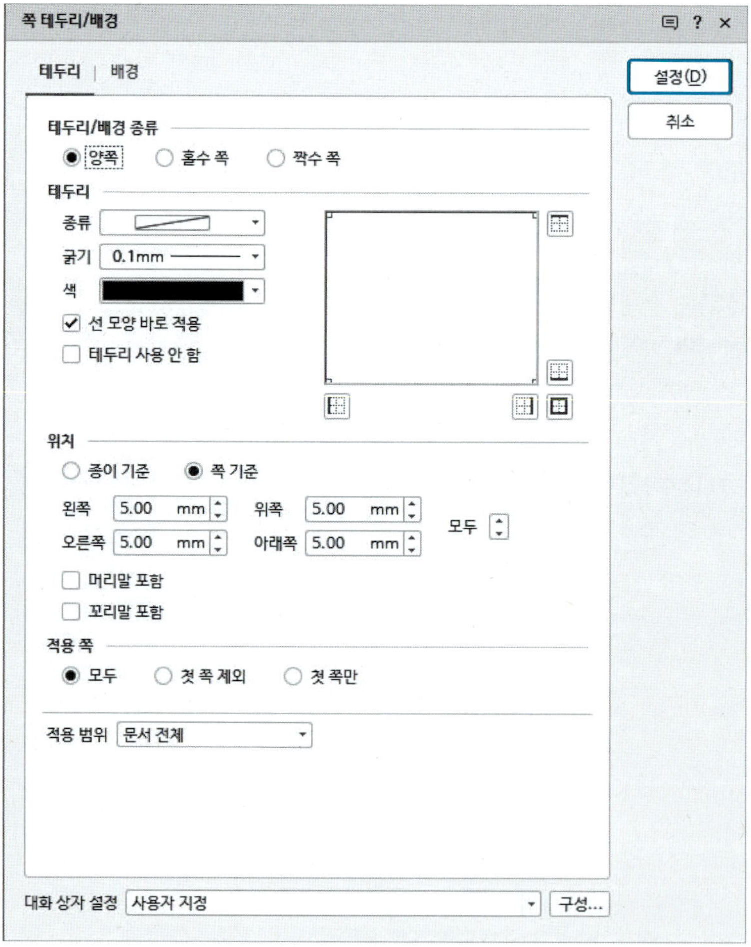

② [배경] : 배경을 넣을 위치를 선택하는 '테두리/배경 종류', 배경색이나 그림을 선택할 수 있는 '채우기' 그리고 '적용 쪽' 등의 옵션을 설정할 수 있다.

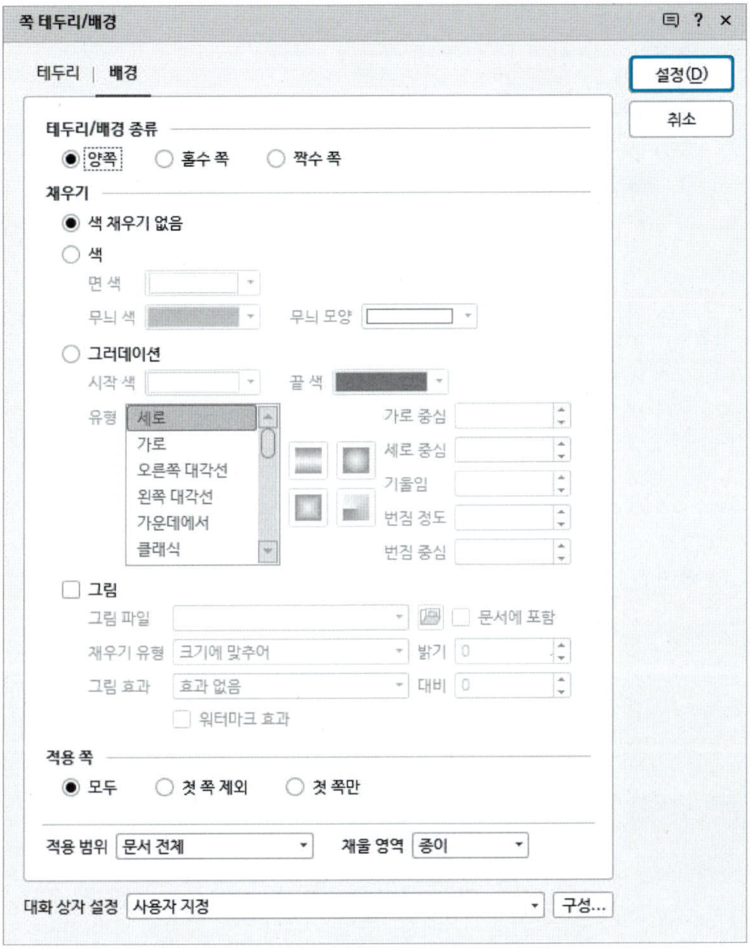


step 3 테두리의 형태를 선택하고 [설정(D)] 버튼을 클릭하면 선택한 속성에 따른 테두리가 문서에 적용된다.

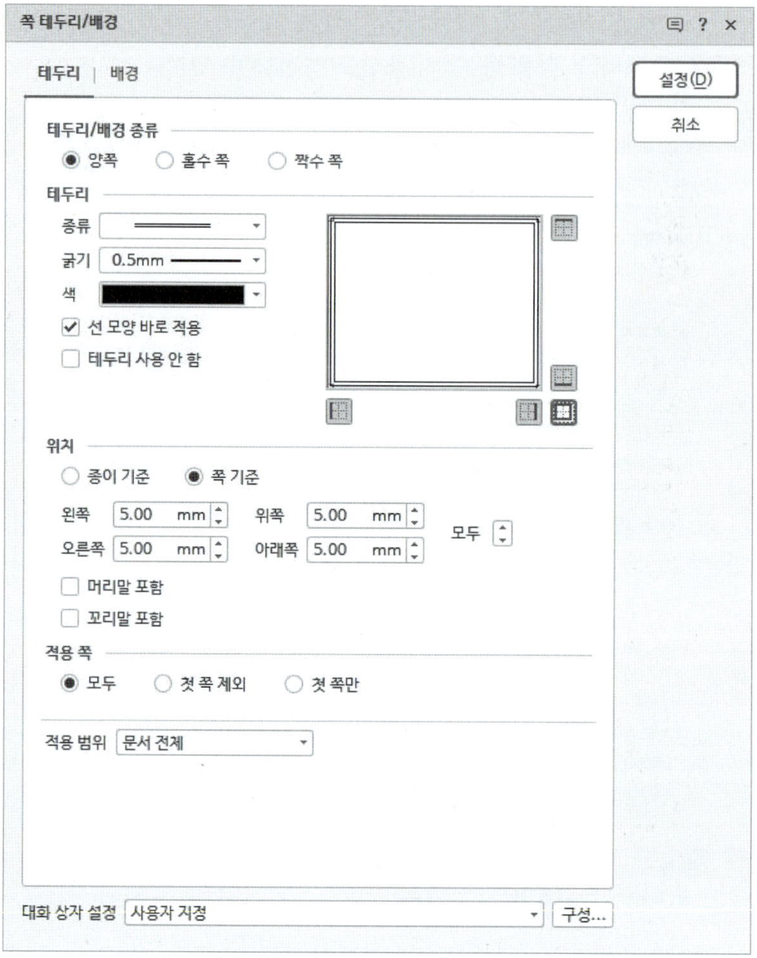


**step 4** 문서에 배경을 넣기 위해서 **[배경]** 탭을 선택하고 설정하고자 하는 배경색이나 그림을 선택하고 **[설정(D)]** 버튼을 클릭하면 선택한 배경이 문서에 적용된다.

특히 **[채우기]**에서 '색', '그러데이션', '그림' 중 하나를 선택하여 문서의 내용에 잘 맞는 배경을 넣으면 보다 돋보이는 문서가 될 수 있지만, 배경이 너무 화려하여 본문의 내용이 제대로 보이지 않는 경우는 오히려 배경을 넣지 않는 것이 더 낫다.

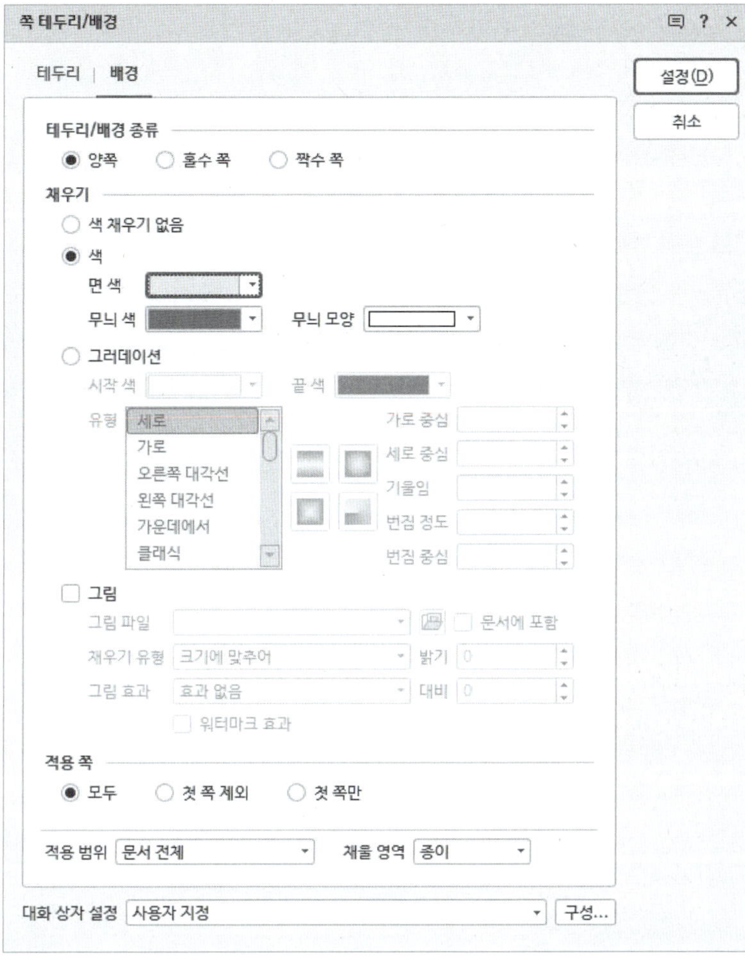


## 1.1.8 저장하기 : 단축키 〈Alt+S〉

문서 작성이 완료되면 한글 파일을 잘 저장해두어야 다시 사용하거나 수정 및 보완할 수가 있는데, 한글에서의 다양한 저장 방법을 알아보자.

**step 1** 작성한 파일을 저장하기 위해서는 메뉴 [파일] – [저장하기(S)]를 선택하거나, 메뉴 [파일] – [다른 이름으로 저장하기(A)]를 선택한다. 또는 단축키 〈Alt+S〉 혹은 단축키 〈Alt+V〉를 사용하면 [다른 이름으로 저장하기] 대화 상자가 나타난다.

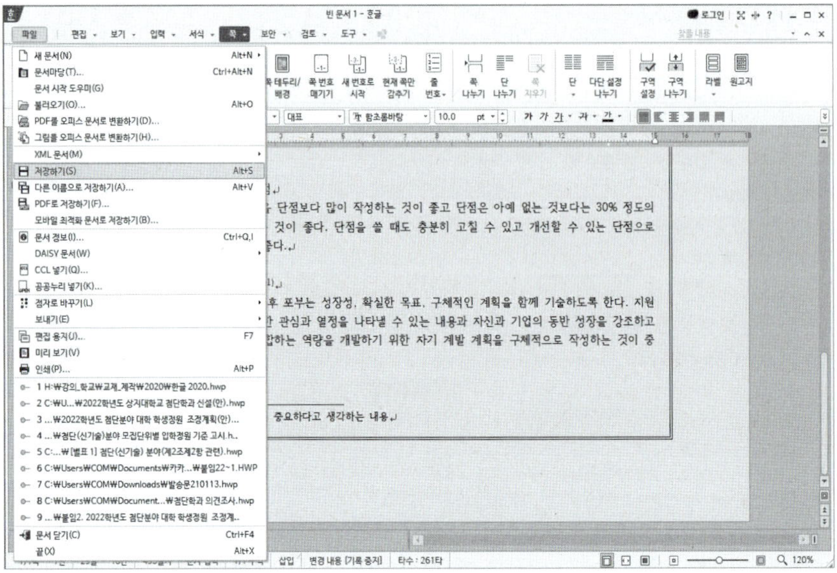

**step 2** 저장하고자 하는 폴더의 위치를 지정하고, 파일 이름(N)을 입력한다.

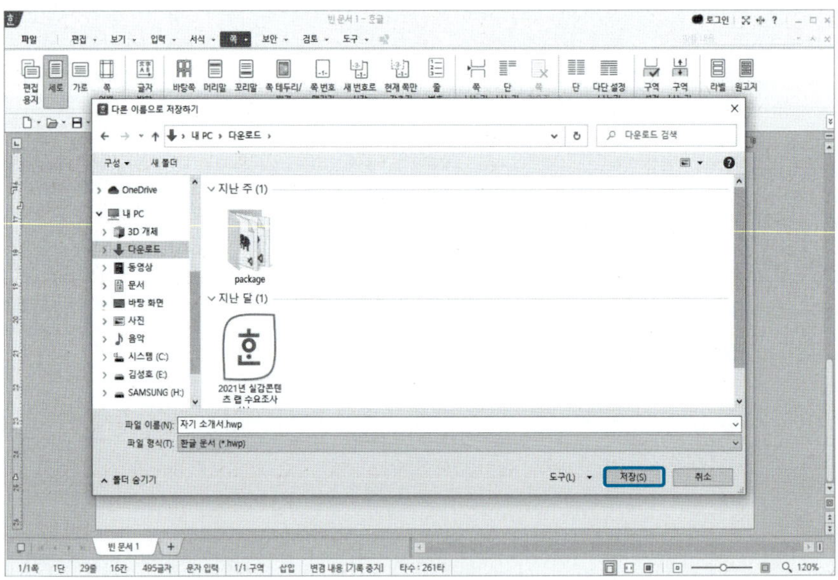

**step 3** 만약 한글 문서를 PDF 파일로 저장하기 위해서는 메뉴 **[파일]** – **[PDF로 저장하기(F)]**를 선택하면 **[PDF로 저장하기]** 대화 상자가 나타난다.

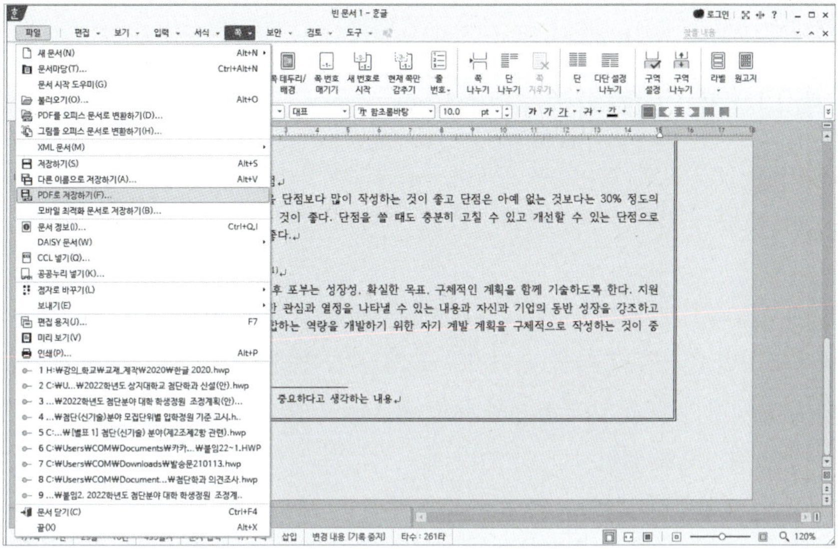

**step 4** **[PDF로 저장하기]** 대화 상자에서 PDF 파일로 저장하기 위한 저장 위치를 선택한 후 '파일 이름(N)'을 입력하고 **[저장(S)]** 버튼을 클릭하면 PDF 파일로 저장된다.

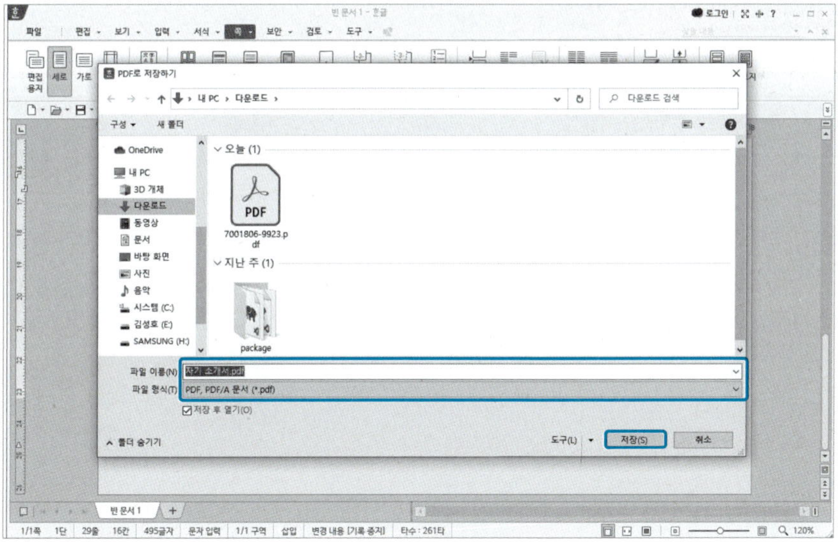

## 1.2 보고서 표지 만들기

작성된 문서에 표지를 작성하여 문서를 마무리하도록 하자.

### 1.2.1 쪽 나누기 : 단축키〈Ctrl+Enter〉

보고서의 내용 작성이 끝나고 보고서의 표지를 만들려고 하는 경우, 문서의 맨 앞장에 새로운 페이지를 넣기 위해서 [쪽 나누기] 기능을 이용하면 된다.

**step 1** 새로운 쪽으로 시작하고 싶은 곳에 커서를 놓고 메뉴 [쪽] – [쪽 나누기(P)]를 클릭하면 커서가 있던 부분부터 다음 페이지로 옮겨진다. 현재 예제에서는 표지를 만들기 위해서 첫 번째 페이지의 맨 앞에 커서를 두고 쪽 나누기를 실행한다. 기존의 첫 번째 페이지가 두 번째 페이지로 넘어가고 첫 번째 페이지는 문서의 표지를 작성할 수 있는 빈 페이지로 공간이 확보된다.

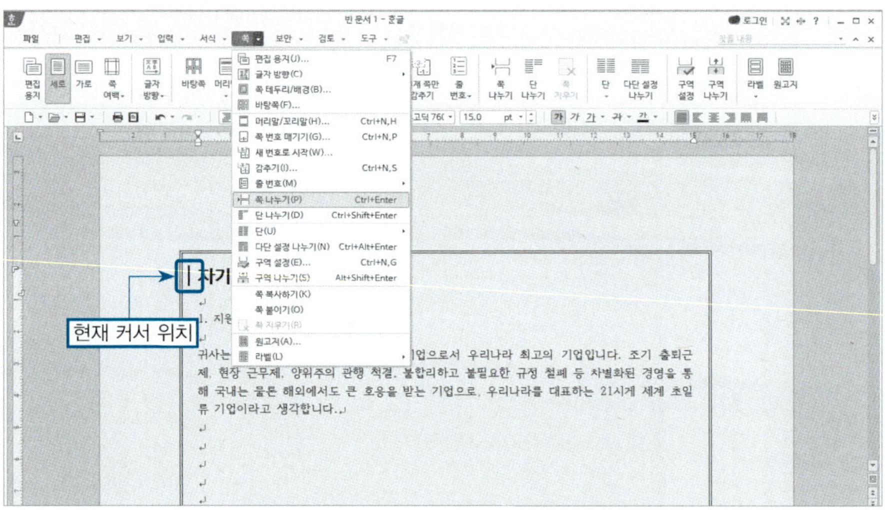

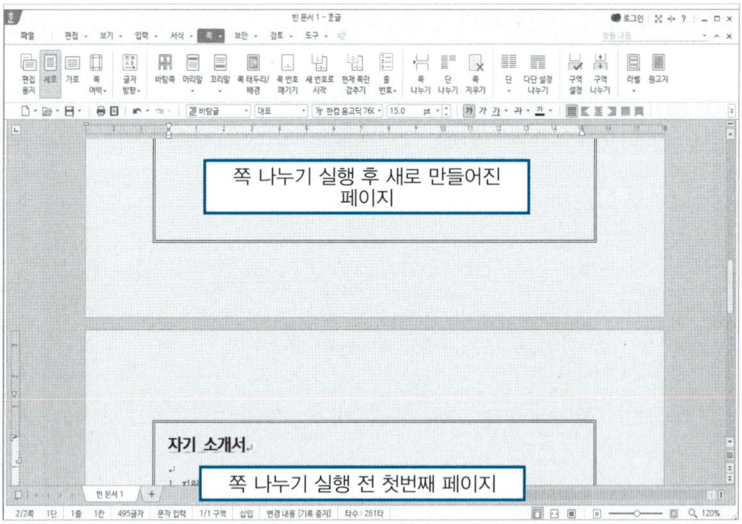


**step 2** 새로 생성된 페이지에 보고서의 제목 등을 입력하여 표지를 작성한다.

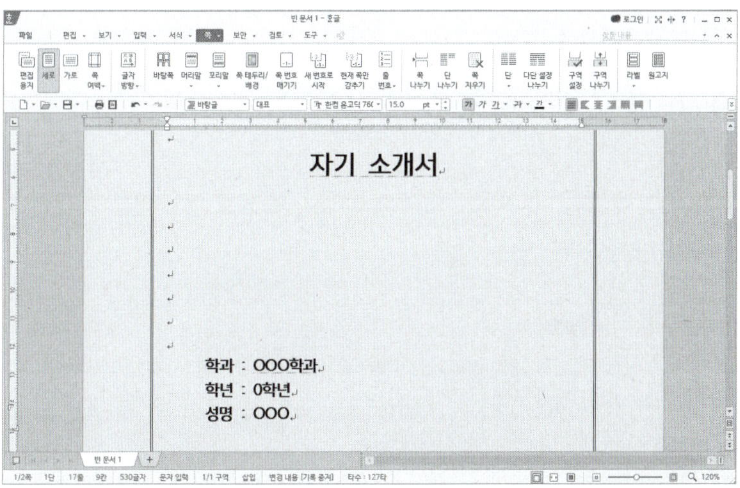

### 1.2.2 쪽 번호 매기기 : 단축키 〈Ctrl+N, P〉

문서에 페이지 번호를 자동으로 매겨주는 기능으로 작성된 문서에 페이지 번호를 넣기 위해 사용한다.

**step 1** 쪽 번호를 매기고자 하는 문서에서 메뉴 [쪽]을 선택한 후 [**쪽 번호 매기기(G)**]를 클릭한다.

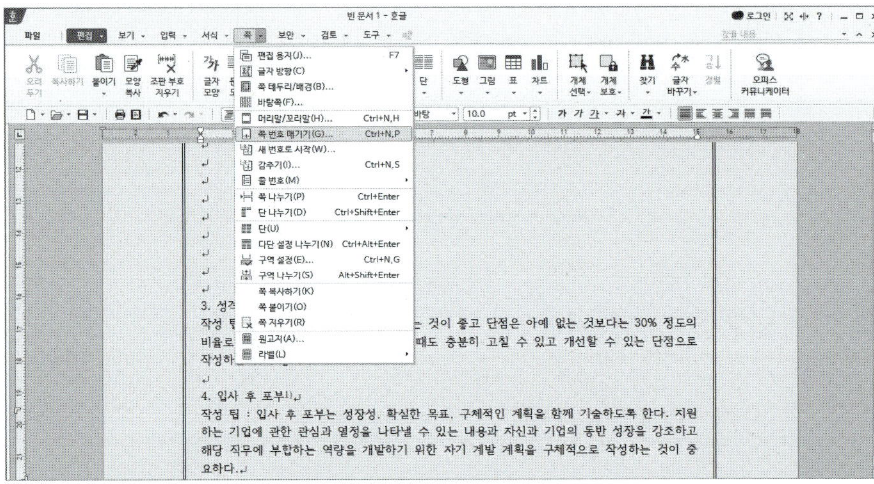


또는, 메뉴 [쪽]을 선택하면 나타나는 도구상자에서 [**쪽 번호 매기기**]를 클릭하면 [**쪽 번호 매기기**] 대화 상자가 나타난다.

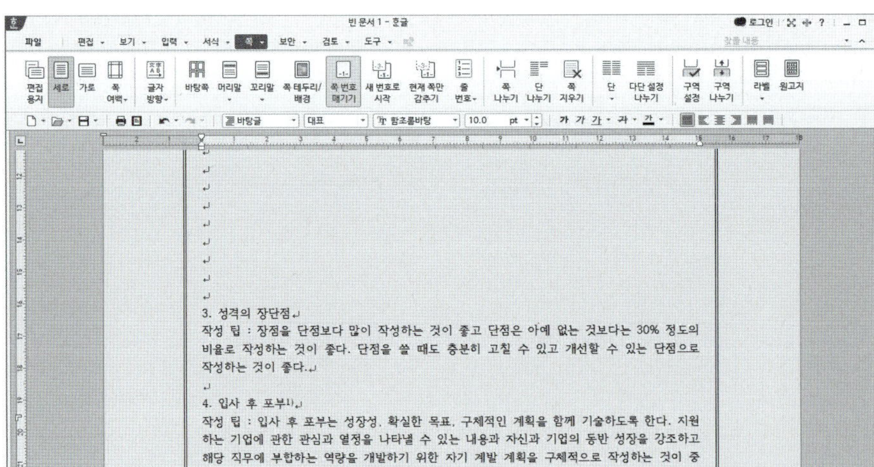

**step 2** [쪽 번호 매기기] 대화 상자에서 쪽 번호를 넣을 위치와 번호 모양을 선택한다.

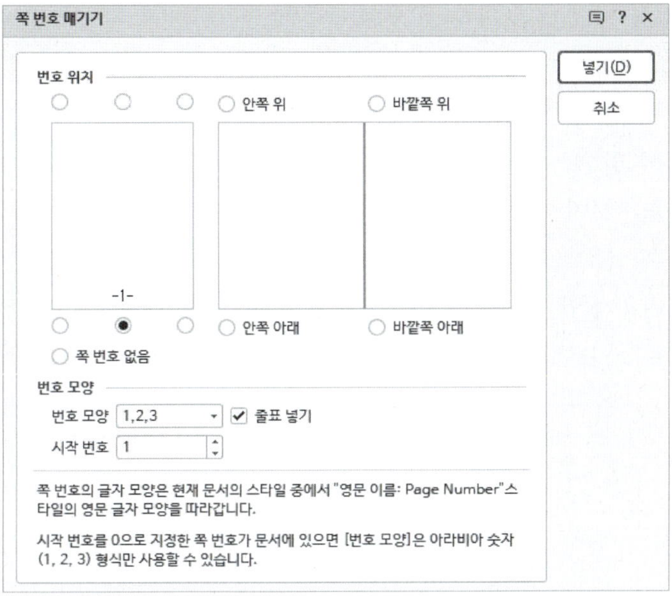


**step 3** [넣기(D)] 버튼을 클릭하면 현재 커서 위치에 상관없이 현재 문서의 모든 페이지에 쪽 번호가 매겨진다.

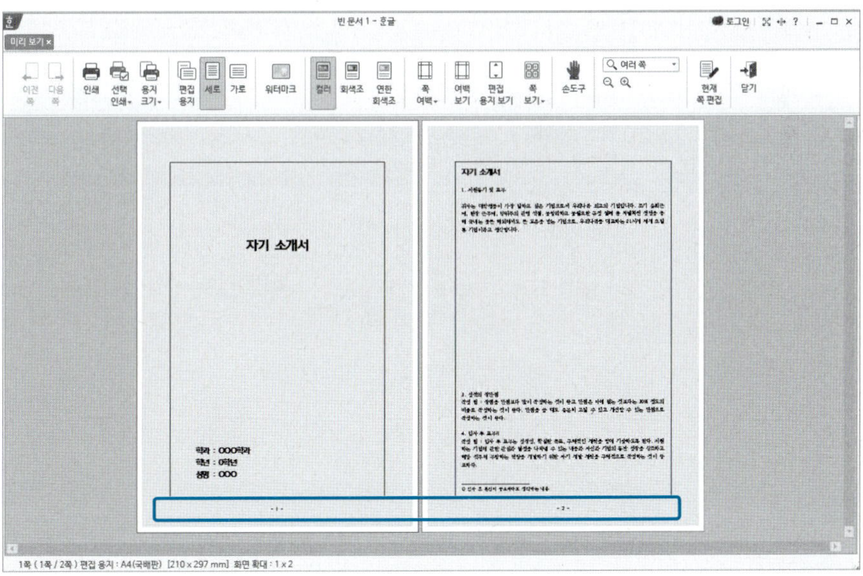

### 1.2.3 감추기 : 단축키 〈Ctrl+N, S〉

문서에 쪽 번호를 넣고 나면 한 가지 문제점이 발생한다. 보통 문서의 표지에는 쪽 번호를 넣지 않는데 **[쪽 번호 매기기]**를 실행하면 문서 전체에 쪽 번호가 들어가기 때문에 표지에도 쪽 번호가 매겨진 것을 볼 수 있다. 이러한 문제점은 **[감추기]** 기능을 이용하여 해결할 수 있다. **[감추기]** 기능은 현재 커서가 있는 쪽에 머리말, 꼬리말, 쪽 번호, 쪽 테두리/배경, 바탕쪽 등이 보이지 않도록 지정하는 기능이다.

**step 1** 감출 내용이 있는 쪽에 커서를 놓고 메뉴 **[쪽]** – **[감추기(I)]**를 실행한다. 예제에서는 표지에 있는 쪽 번호를 감추어야 하므로 첫 번째 페이지에 커서를 두고 실행한다.

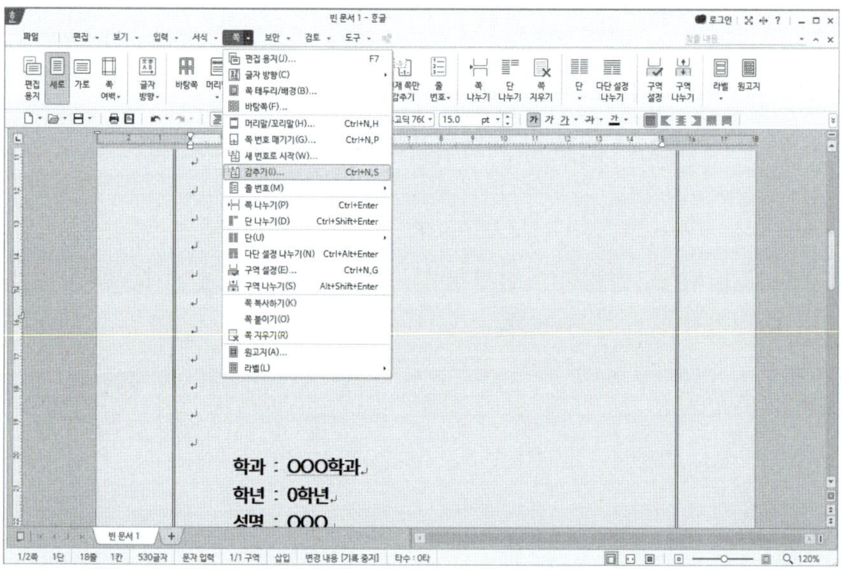


또는, 메뉴 **[쪽]**을 선택하면 나타나는 도구상자에서 **[현재 쪽만 감추기]**를 클릭하면 **[감추기]** 대화상자가 나타난다.

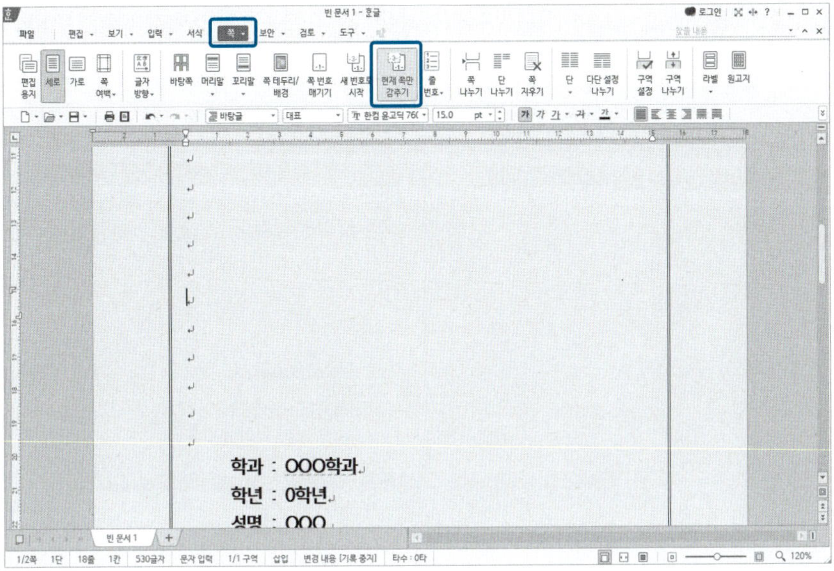


**step 2** [감추기] 대화상자의 [감출 내용]에서 '쪽 번호'를 선택하고 [설정(D)]을 클릭하면 표지의 쪽 번호가 사라진다.

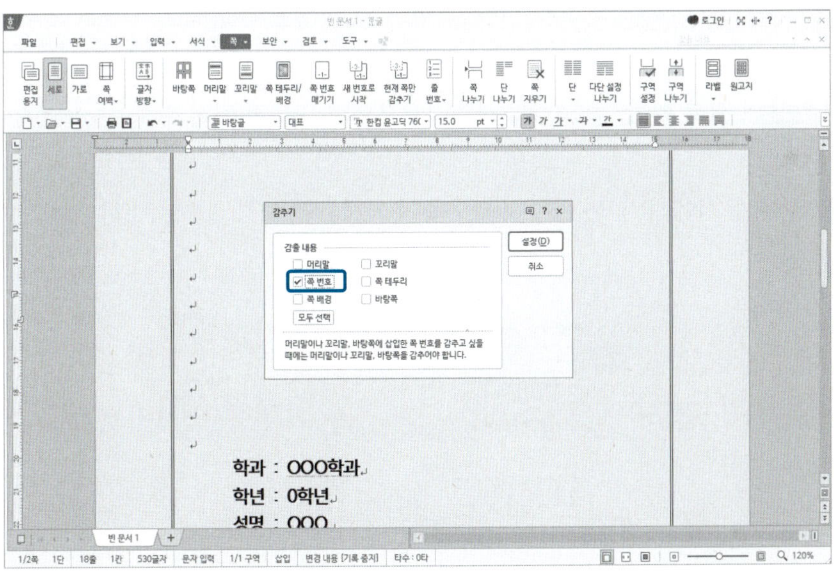

**step 3** [설정(D)] 버튼을 클릭하면 [감추기]를 실행한 쪽에는 쪽 번호가 나타나지 않는다.

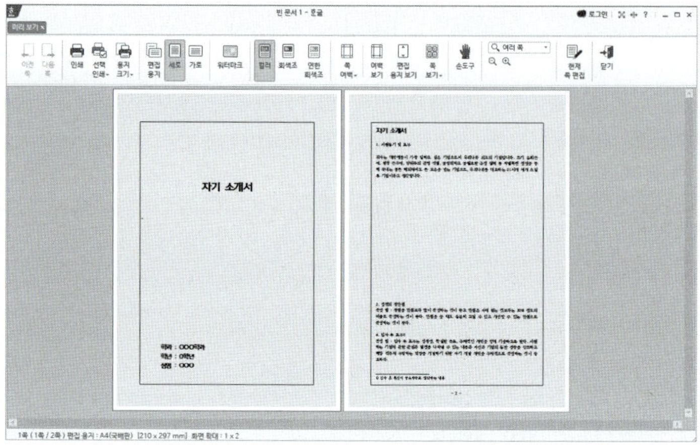


### 1.2.4 새 번호로 시작 : 단축키 〈Ctrl+N, S〉

[감추기] 기능으로 표지의 쪽 번호를 제거하였기 때문에 실제 문서의 시작 페이지 번호가 1부터 시작되어야 하는데 감추어진 페이지를 포함한 쪽 번호가 매겨지기 때문에 페이지 번호가 2부터 시작하는 것을 확인할 수 있다. [새 번호로 시작]은 쪽 번호를 특정한 부분 이후부터 새로운 번호로 시작하고 싶을 때 사용하는 기능이다. [새 번호로 시작] 기능을 이용하여 내용의 시작 페이지의 쪽 번호를 1부터 시작하도록 변경시켜 보자.

**step 1** 현재 문서에서 새 번호로 시작할 쪽에 커서를 클릭하고, 메뉴 [쪽] – [새 번호로 시작(W)]을 클릭한다.

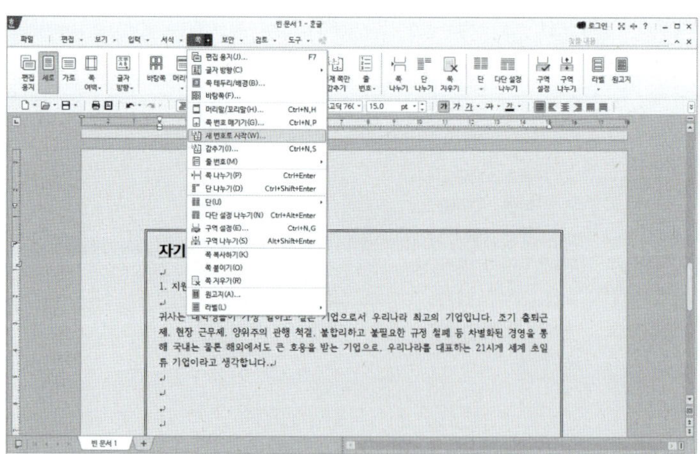

또는, 메뉴 [쪽] 메뉴를 클릭하면 나타나는 도구상자에서 **[새 번호로 시작]**을 선택하면 **[새 번호로 시작]** 대화상자가 나타난다.

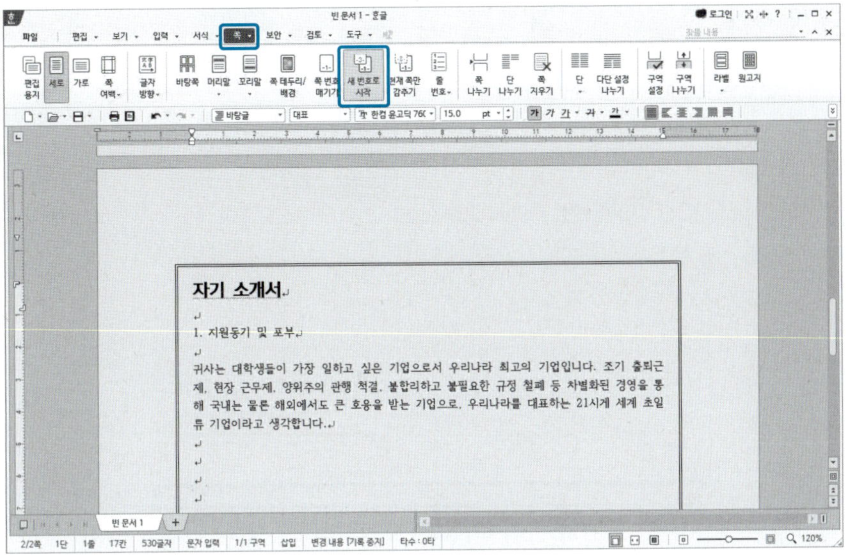


**step 2** [새 번호로 시작] 대화상자에서 '쪽 번호'를 선택하고, '시작 번호'에 '1'을 입력한다.

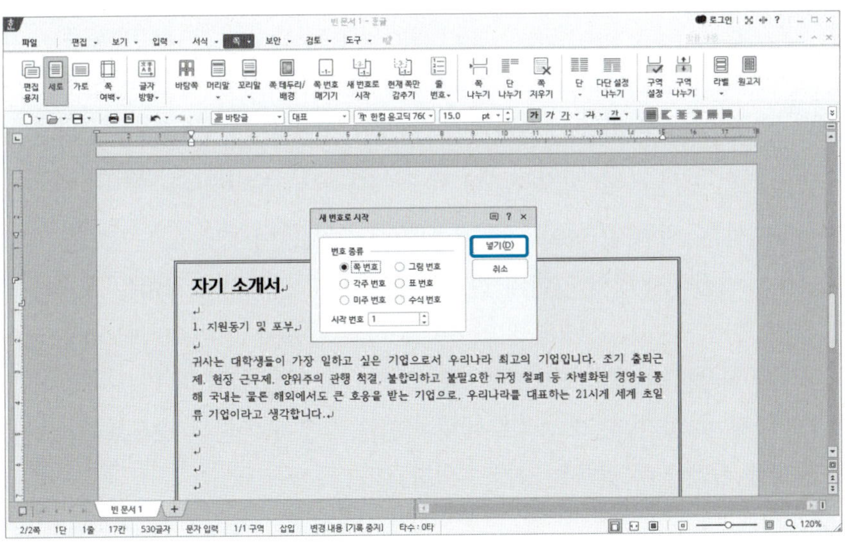

**step 3** [넣기(D)] 버튼을 클릭하면 문서의 시작 쪽 번호가 '1'로 변경된다.

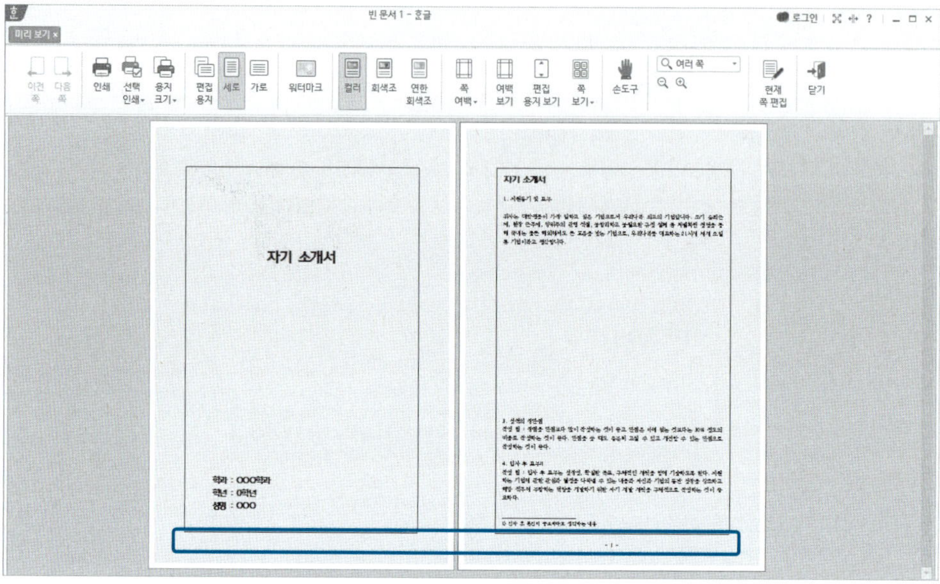

## 1.3 다단 나누기

다단이란 하나의 쪽(페이지)을 세로 형태의 여러 조각으로 나누는 것을 말한다. 다단은 페이지 레이아웃(Layout)이나 페이지 설정 등에서 지정한다. 일반적으로 사용하는 한글 문서는 1단으로 구성되어 있고, 단의 개수를 2개 이상으로 지정하면 다단이 된다.

다단은 주로 신문, 시험지, 단어장, 논문 등에서 주로 많이 사용하고 있으며, 다단을 사용하는 이유는 편집하지 않아도 마치 편집을 한 것처럼 깔끔하게 보이는 효과가 있기 때문이다. 또한, 한글 문서를 작성함에 있어서 문서의 내용에 따라 여백이 너무 많이 남는 경우에 다단을 사용하면 여백을 훨씬 더 많이 줄일 수 있고 훨씬 더 많은 내용이 모든 페이지마다 기술될 수 있다. 인쇄의 경우에도 다단을 사용하지 않는 경우보다 다단을 사용할 경우 용지를 절약할 수 있다는 장점도 있다.

**step 1** 다단 설정을 하고 싶은 곳에 커서를 놓고 메뉴 [쪽] – [다단 설정 나누기(N)]을 먼저 수행한다. 그러면 [다단 설정 나누기]를 수행했던 행 이후부터 다단 설정이 적용된다. 그렇지 않으면 문서 전체에 대해 같은 다단 형태가 만들어진다.

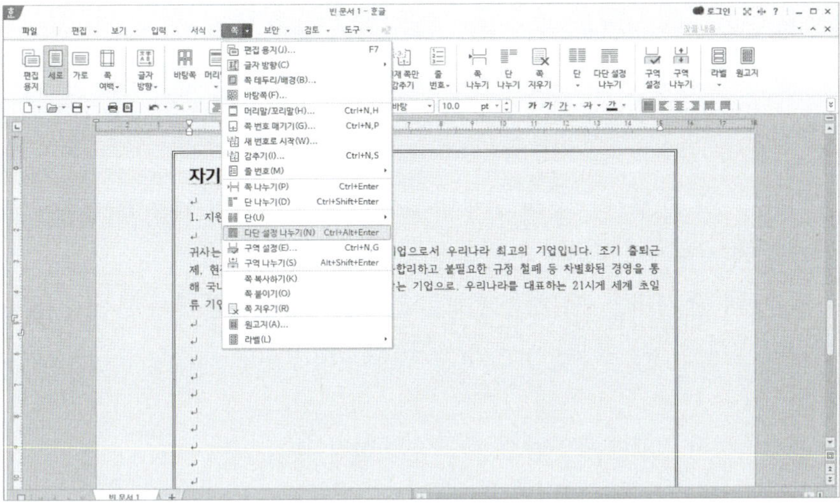



**step 2** 메뉴 [쪽] – [단(U)]에서 원하는 단의 수를 선택하거나 [다단 설정(E)]을 선택하면 보이는 [단 설정] 대화상자에서 다양한 옵션을 선택할 수 있다.

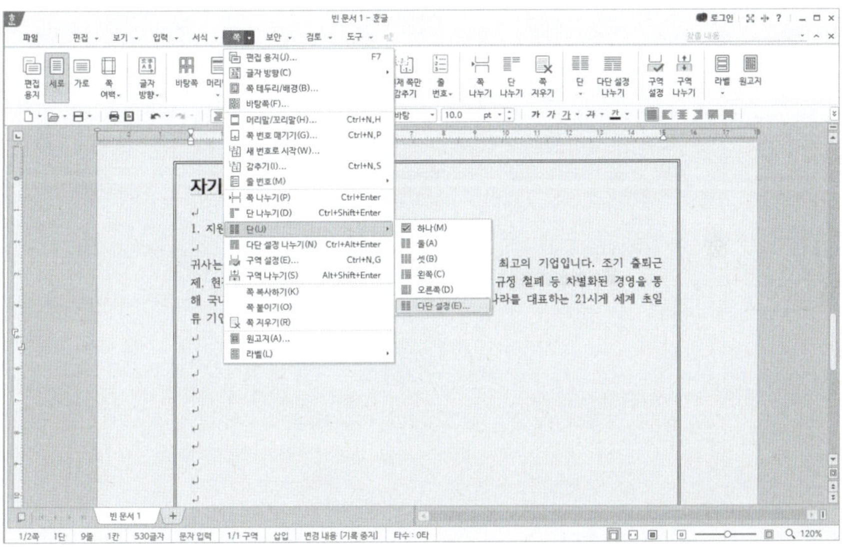



**step 3** [단 설정] 대화상자에서 원하는 단을 선택하고, 단과 단 사이에 선을 그으려면 '구분선 넣기'를 선택한다.

• 단 종류

배분 다단 – 잡지 등을 편집할 때 마지막 쪽에서 각 단의 높이를 같게 맞추어야 하는 경우, 마지막 쪽의 내용을 자동으로 조절하여 각 단의 높이를 가능한 같도록 맞추어 준다.

평행 다단 – 한 쪽 단에는 용어나 제목 등의 표제어를 적고, 다른 쪽 단에는 그에 대한 설명을 적는 형식의 문서를 편집할 때 사용한다.

• 구분선 : 단과 단 사이를 구분하는 선으로 입력된 내용만큼만 단 구분선이 나타난다.
• 단 너비 동일하게 : 각 단 너비를 동일하게 맞춘다.
• 적용 범위

문서 전체 : 문서 전체에 동일한 다단 모양을 설정한다.

새 쪽으로 : 커서 위치에서 쪽을 나뉘어 새로운 다단으로 설정한다.

새 다단으로 : 현재 커서 위치부터 새로운 다단으로 설정한다.

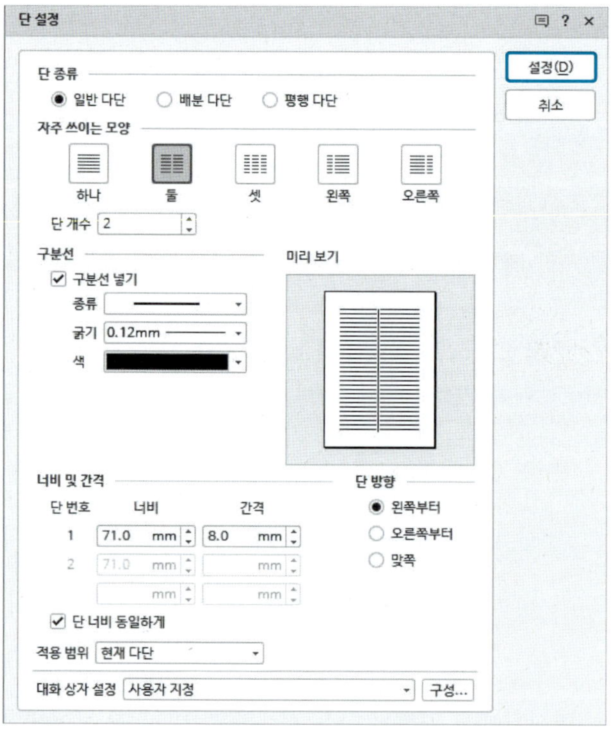


**step 4** [설정(D)] 버튼을 클릭하면 다단이 문서에 적용된다. '1. 지원동기 및 포부' 내용 끝에 커서를 두고 [다단 설정 나누기]를 수행한 후 [다단 설정]을 했기 때문에 '1. 지원동기

및 포부' 부분은 1단이 유지되고, 그 이후부터 2단으로 단 나누기가 적용됐음을 볼 수 있다.

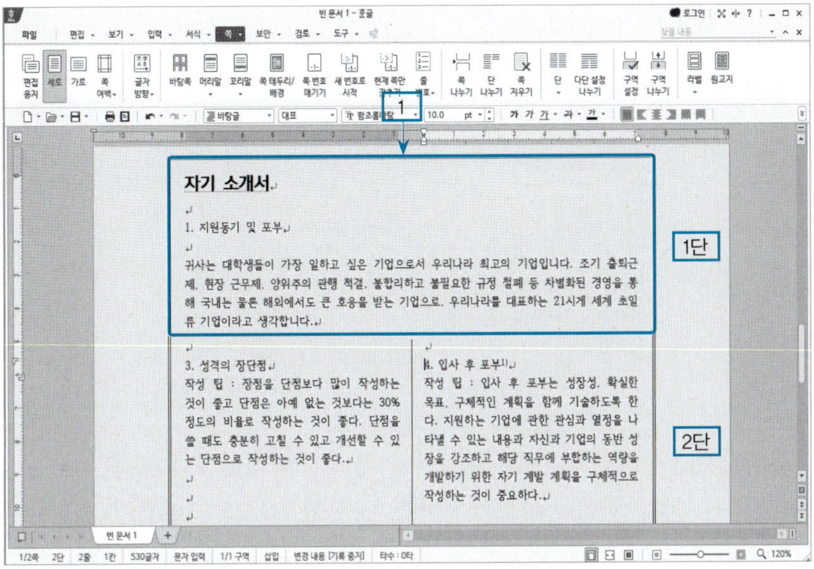


## 1.4 용지 방향 가로로 변경하기

문서를 작성할 때 일반적으로 세로 방향으로 많이 사용하지만, 필요에 따라서 용지를 가로 방향으로 변경하여 문서를 작성할 수도 있다.

### 1.4.1 문서 작성 전에 용지 방향 가로로 변경하기

**step 1** 메뉴 [쪽] – [편집 용지(J)]를 선택하거나 단축키 〈F7〉을 사용하면 [편집 용지] 대화 상자가 나타난다.

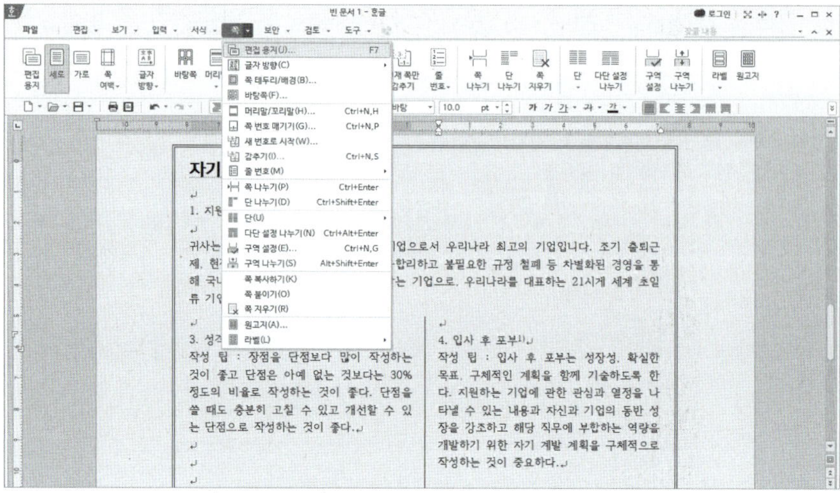

**step 2** [편집 용지] 대화상자의 [용지 방향]에서 [가로]를 클릭한 후 [설정(D)] 버튼을 선택하거나 메뉴 [쪽] 도구상자에서 [가로]를 선택하면, 용지를 가로로 변경할 수 있다.

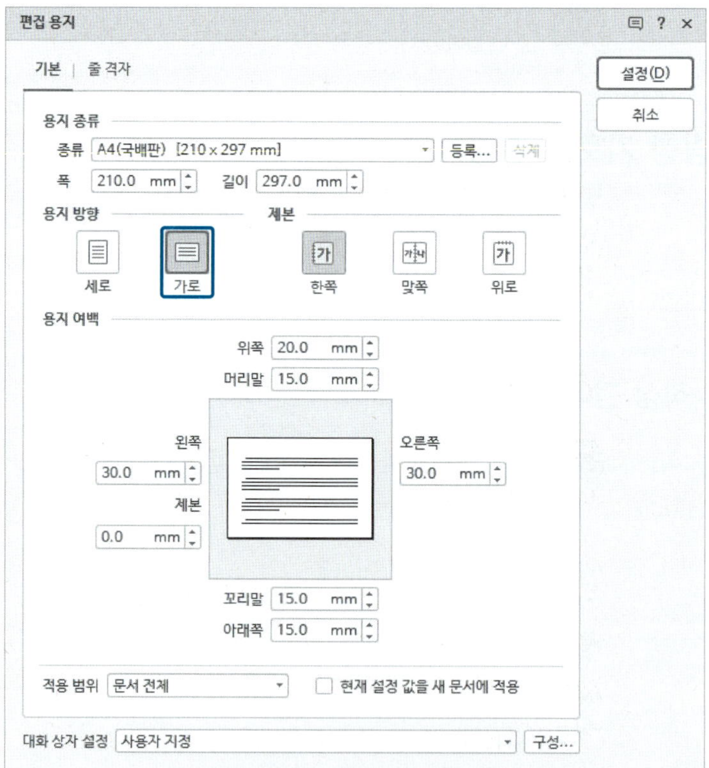

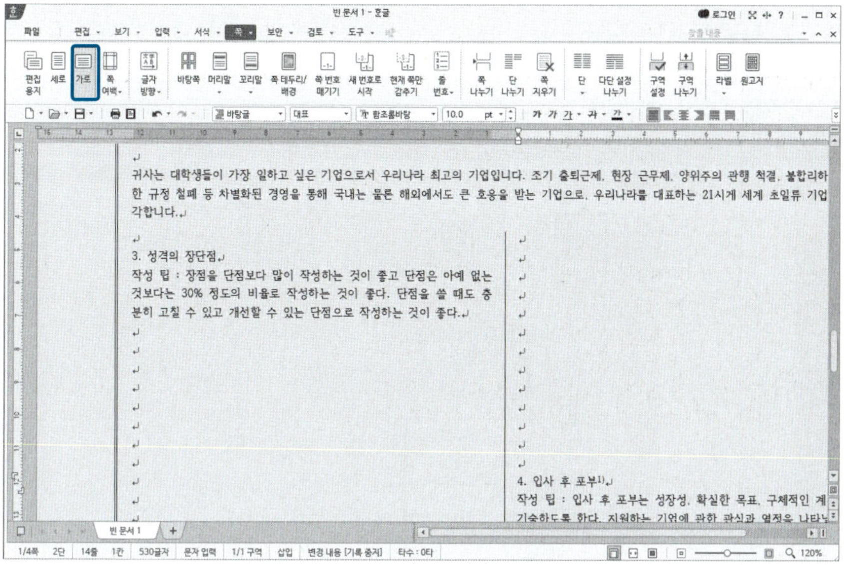


## 1.4.2 특정 페이지부터 용지 방향 가로로 변경하기

한글 문서는 기본적으로 용지 방향이 [세로]로 설정되어 있다. 본 절에서는 1페이지는 용지 방향을 [세로]로 그대로 두고 2페이지부터는 [가로]로 변경해 본다.

**step 1** 한글 문서의 2페이지 맨 처음에 커서를 두고 단축키 〈F7〉을 사용하여 **[편집 용지]** 대화상자가 나타나게 한다. **[용지 방향]**에서 **[가로]**를 체크해주고, 대화상자 하단 부분의 **[적용 범위]**를 '새 구역으로'로 변경한 후 **[설정(D)]** 버튼을 클릭한다.

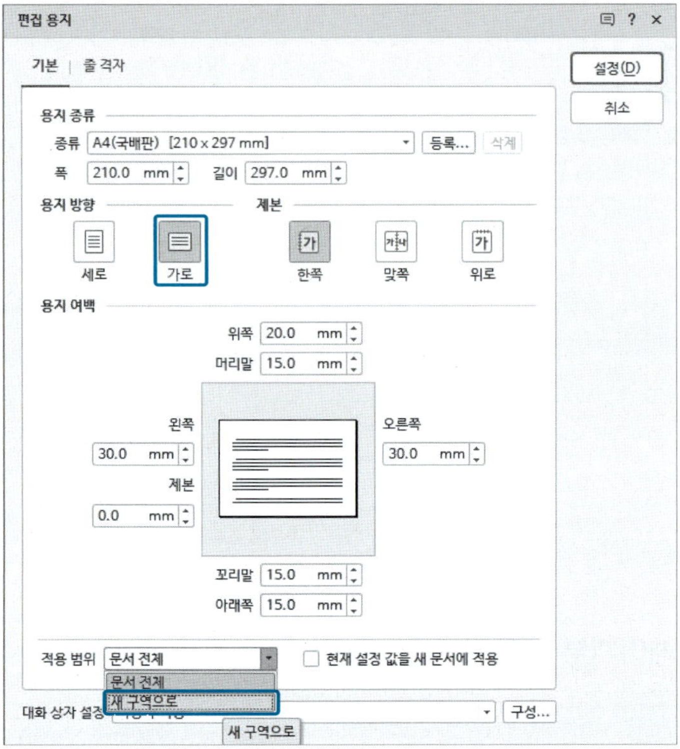


**step 2** 커서가 있던 부분 다음부터 용지 모양이 가로로 변경된 것을 확인할 수 있다.

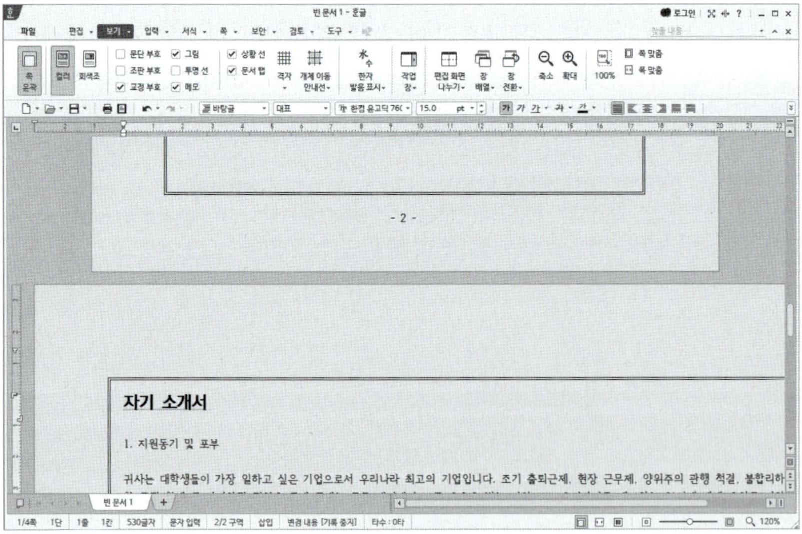

### 1.4.3 특정 페이지만 용지 방향 가로로 변경하기

기본적으로 용지 방향이 세로로 설정되어 있는 한글 문서에서 특정한 페이지만 용지 방향을 가로로 변경하고 싶은 경우에는 **[구역 나누기]**를 사용하면 된다. 한글 문서의 구역을 나누게 되면 편집 용지를 자유자재로 변경할 수 있기 때문이다.

예를 들어 전체가 3페이지로 구성된 한글 문서가 있는 경우, 2페이지의 용지 방향을 **[가로]**로 변경하고 싶으면, 용지 방향이 **[세로]**로 설정되어 있는 1페이지는 1구역, 용지 방향이 **[가로]**로 설정될 2페이지는 2구역, 용지 방향이 **[세로]**로 설정되어 있는 3페이지는 3구역으로 설정하여 구역을 나눈다.

다음 그림은 현재 문서의 형태이다. 2페이지만 용지 방향을 가로로 변경해 보도록 하자.

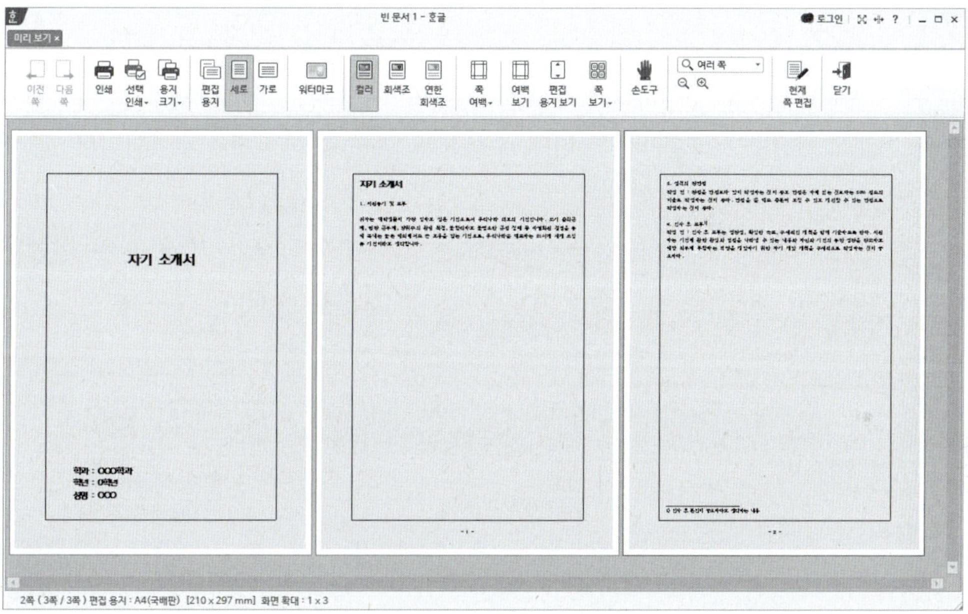


**step 1** 용지 방향을 가로로 설정하고자 하는 2페이지의 맨 앞에 커서를 두고, 메뉴 **[쪽]** – **[구역 나누기(S)]** 혹은 메뉴 **[쪽]**의 도구상자에서 **[구역 나누기]**를 선택하거나 단축키 〈Alt + Shift + Enter↵〉를 사용하여 2페이지부터 새로운 구역으로 나눈다.

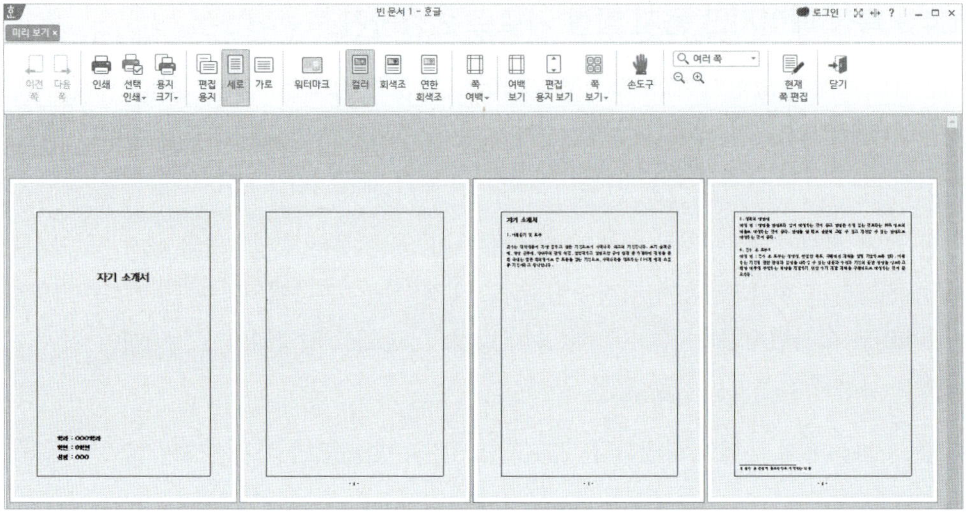


**step 2** 구역 나누기를 수행하면서 새로운 2페이지가 추가됨을 볼 수 있다. 다시 3페이지 맨 아래에 커서를 두고 **[구역 나누기]**를 수행한다. 다시 한 페이지가 추가되면서 3페이지의 문서가 5페이지 문서가 된다.

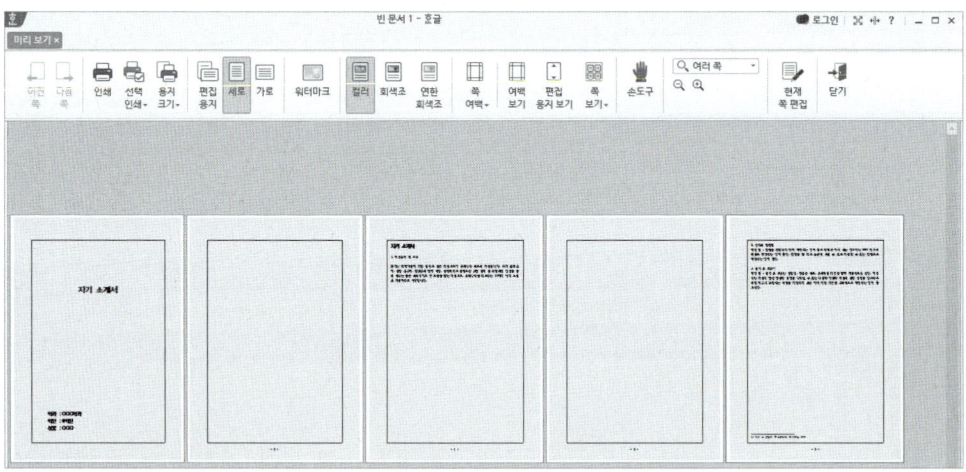


**step 3** 용지 방향을 가로로 설정할 3페이지(원래 2페이지)에 커서를 두고 **[편집 용지]** 대화상자 또는 메뉴 **[쪽]**을 선택하면 나타나는 도구상자에서 **[가로]**를 선택한다. 3페이지만 가로로 변경되는 것을 확인할 수 있다.

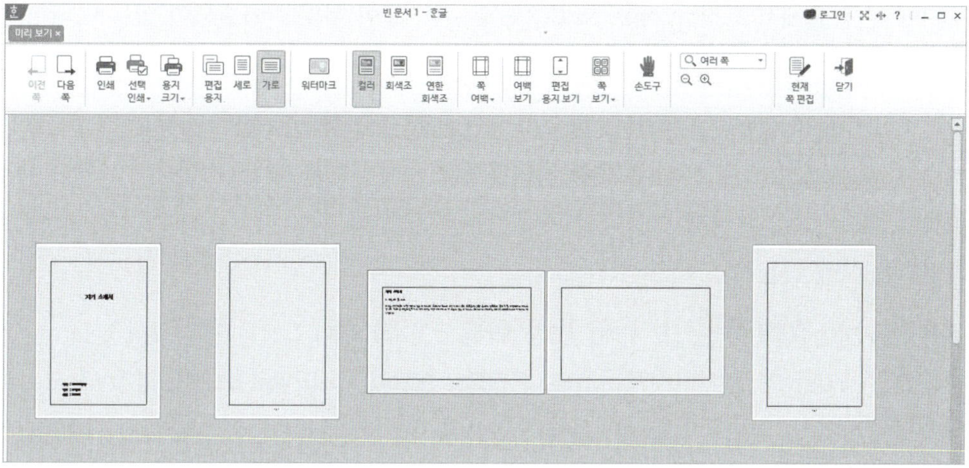


**step 4** 구역 나누기를 통해 생성된 페이지를 삭제하면 원래 문서 형태가 된다.

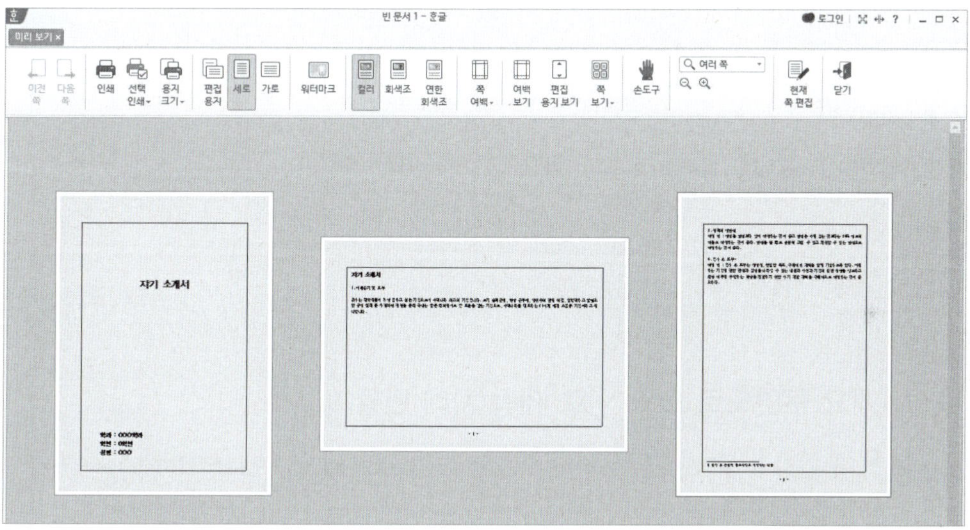


## 1.5 차례 만들기

보고서, 논문 작성, 교재 개발 및 도서 집필 등 매우 다양한 분야에서 가장 필요한 기능 중의 하나는 바로 차례 만들기이다. 차례는 본문에 삽입되어있는 제목, 그림, 표 및 수식 등의 캡션 제목들을 모두 하나로 모아 본문 전체의 내용을 빨리 파악할 수 있도록 하는 동시에 본문 중에서 특정한 제목, 그림, 표 및 수식 등이 어디에 기술되어 있는지 페이지 번호로 바로 알려줄 수 있다.

한글 사용자들의 대부분은 차례를 만들기 위해서 한글 문서들을 페이지마다 일일이 확인하면서 차례를 찾고 새 문서에 새로 입력하거나 복사하면서 페이지 번호까지 입력하는 경우가 많다. 그러나 차례 만들기의 과정을 이해하고 한 번만 따라 해보면 누구나 쉽고 간단하게 차례 만들기를 할 수 있다.

**[차례 만들기]**는 **[제목 차례]**, **[표 차례]**, **[그림 차례]** 및 **[수식 차례]** 등으로 구분하여 만들 수 있다. 제목 차례를 만들기 위해서는 **[개요 문단으로 모으기]**, **[스타일로 모으기]** 및 **[차례 코드로 모으기]** 등 3가지 방법이 있다. 본 절에서 다음과 같이 전체 4페이지로 구성된 파일을 이용하여 차례 만들기를 수행해 보자.

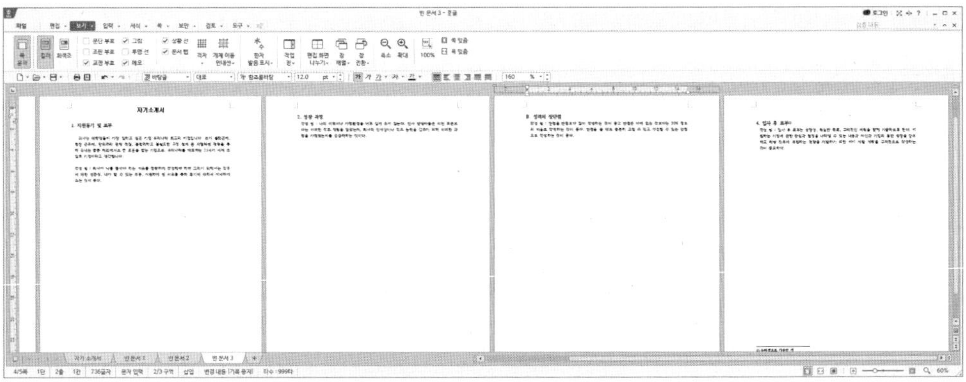

## 1.5.1 [개요 문단으로 모으기]로 제목 차례 만들기

개요(槪要)란 저자의 생각이나 의견 및 사상 등의 내용을 효과적으로 전달하기 위해 글의 요점을 알맞게 구조화시켜 놓은 것으로 글의 전체적인 체계를 구상하고 윤곽을 작성하여 놓은 것이라고 보면 된다. **[개요 문단으로 모으기]**는 문서에서 개요 문단으로 만든 줄을 한 곳으로 모으고, 본문 중에서 어느 쪽에 위치하는지에 대한 쪽 번호를 붙여 차례를 만드는 방법이다.

개요 번호는 한글 문서 전체의 구조를 나타내는 제목에 붙여주는 것으로서 번호를 여러 단계로 사용할 수 있다. 개요 번호를 적용하거나 해제하기 위해서는 메뉴 **[서식]** – **[개요 적용/해제(O)]**를 선택하거나 단축키 〈Ctrl+Insert〉를 사용하면 되는데, 연속으로 사용하는 경우에는 On/Off와 같이 적용 및 해제가 된다.

**step 1** 차례에 넣을 모든 항목을 처음부터 하나씩 순서대로 마우스를 클릭하고 메뉴 [서식] – [개요 적용/해제(O)]를 선택하거나 단축키 〈Ctrl+Insert〉를 사용하여 개요를 적용한다. 제목에 개요를 적용하게 되면 각 제목의 앞부분에 개요 번호가 삽입되며, 개요의 번호에 따라 개요의 단계별 수준을 확인할 수 있다.

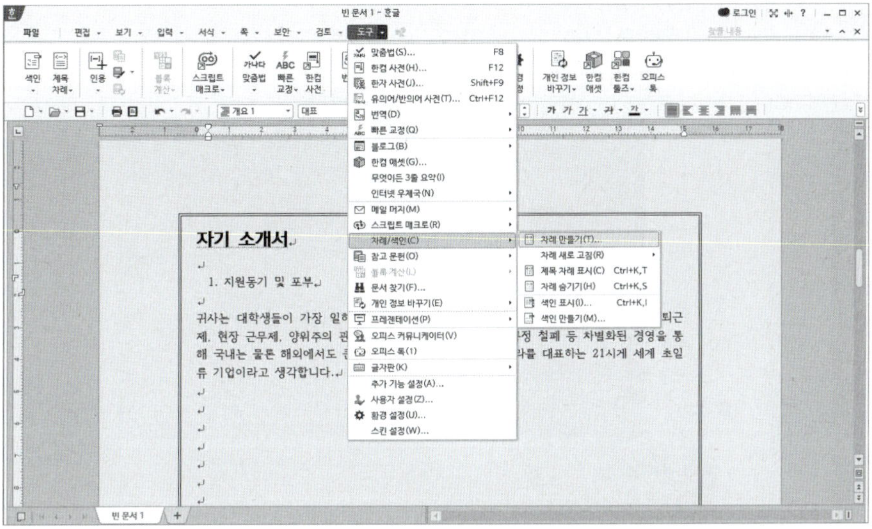


**step 2** 차례 만들기에 사용할 항목에 대해 모두 개요를 적용하였으면, 메뉴 [도구] – [차례/색인(C)] – [차례 만들기(T)] 또는 메뉴 [도구]의 도구상자에서 [제목 차례] – [차례 만들기(T)]를 선택하면 [차례 만들기] 대화상자가 나타난다.

[차례 만들기] 대화상자에서 [제목 차례]와 [개요 문단으로 모으기]를 체크하고, [개요 수준]을 '2 수준'으로 선택한다. 여기서 수준은 차례 만들기에 사용할 한글 문서 내의 제목들의 단계를 말하는 것으로서 차례에 넣을 단계에 따라 선택하면 된다. [스타일로 모으기]와 [차례 코드로 모으기]는 체크를 해제한다.

또한 [표 차례], [그림 차례] 및 [수식 차례]를 함께 만들려면 만들고자 하는 차례 항목을 선택하여 체크하고, 그렇지 않으면 모두 체크를 해제한다. 만약 [표 차례], [그림 차례] 및 [수식 차례]를 선택하여 함께 만들려면 [제목 차례]와 같은 방법으로 차례를 만들기 위한 각각의 표, 그림 및 수식 등에 **step 1** 과 같은 방법으로 개요를 적용해야 한다.

[만들 위치]를 '현재 문서의 커서 위치'로 선택하고, [탭 모양]은 [오른쪽 탭]으로 체크한다. 그리고 [채울 모양]은 본인의 취향에 맞게 선택('··························')한다.

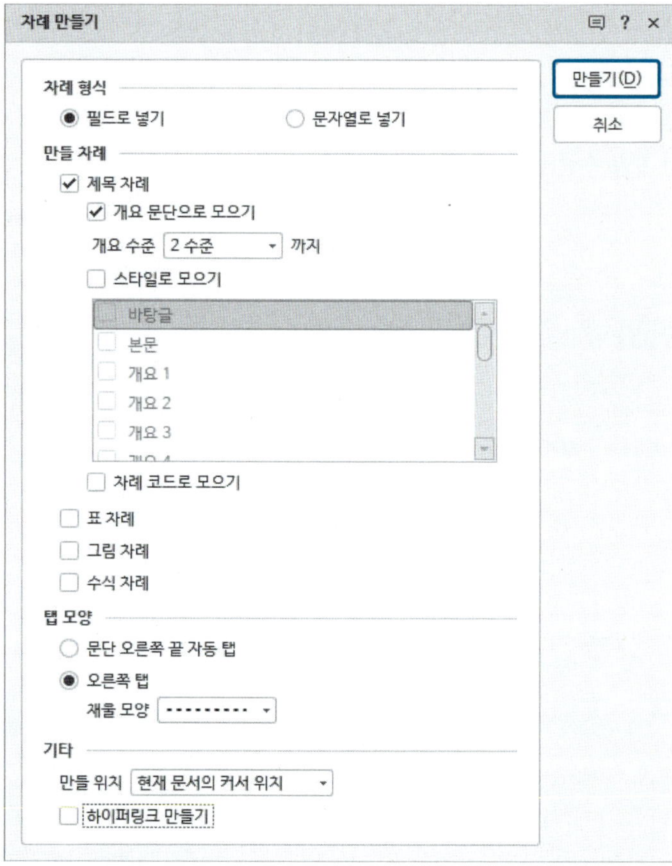


**step 3** 마지막으로 [만들기(D)] 버튼을 클릭하면 커서가 있던 위치에 차례가 만들어진다.

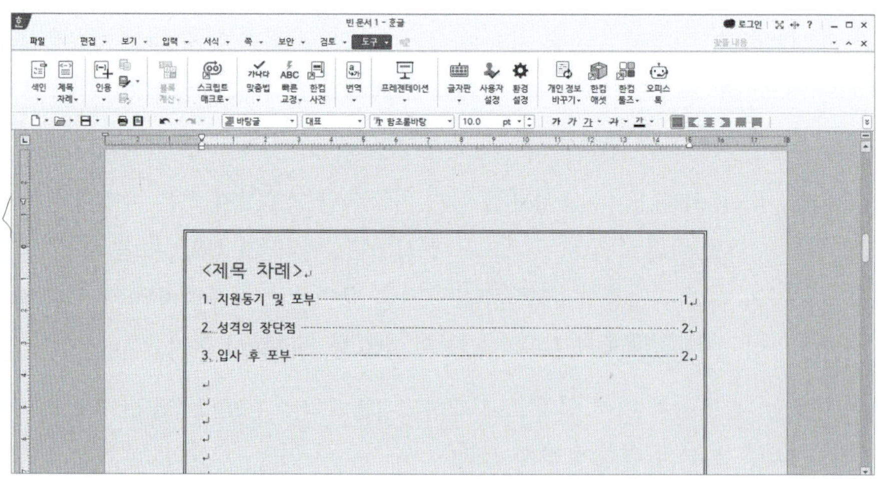

### 1.5.2 [스타일로 모으기]로 제목 차례 만들기

스타일(Style)은 말이나 문장으로 표현하는 방법으로서 글자 모양, 문단 모양, 글 번호 및 탭 등 한글 문서의 모양을 하나의 키(Key)에 저장하는 기능을 말한다. 특정한 스타일이 적용된 항목을 한 곳으로 모으고, 본문 중에서 각 항목이 어느 쪽에 위치하는지에 대한 쪽 번호를 붙여 차례를 만드는 방법이다. 스타일 목록은 글자 스타일은 사용할 수 없으며 문단 스타일만 사용할 수 있다.

**step 1** 차례 만들기에 추가할 모든 제목을 처음부터 하나씩 순서대로 클릭하고 메뉴 [서식] – [스타일(S)] 또는 단축키 〈F6〉을 사용하면 [스타일] 대화상자가 나타난다.

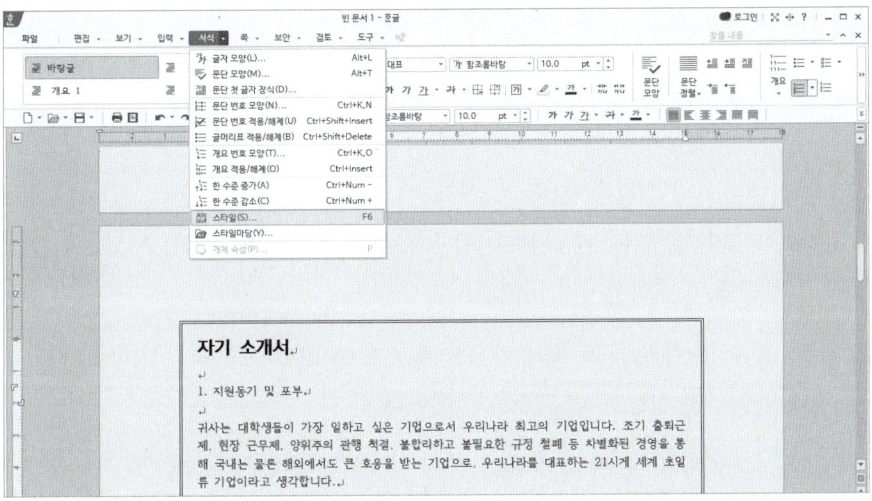


**step 2** [스타일 목록(M)]에서 '개요 1'을 선택한 후 [설정(D)] 버튼을 클릭하여 대화상자를 빠져나간다. 이때 수준이 높은 제목은 '개요 1', 한 단계 아래 수준의 제목은 '개요 2' 등과 같이 개요의 수준을 구별해서 선택해주면 된다.

[스타일] 대화상자에서 [스타일 목록(M)]과 [문단 모양] 외에 [문단 모양 정보], [글자 모양 정보], [글머리표/문단 번호 정보] 및 [현재 커서 위치 스타일] 등이 있는데, 각 항목에서 아이콘 메뉴를 클릭하면 개요의 수준마다 문단 모양 및 글자 모양에 대한 속성 정보를 변경할 수 있다.

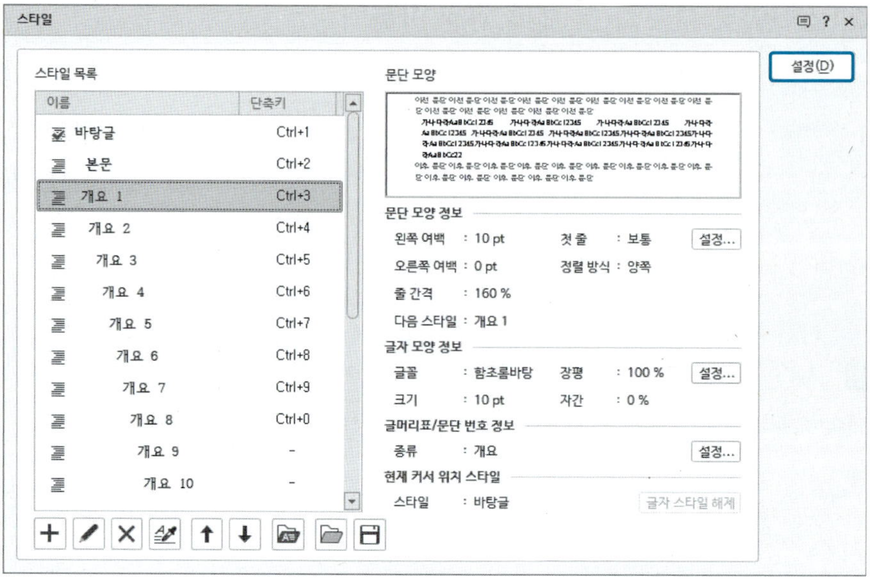


**step 3** 차례 만들기에 사용할 제목마다 스타일을 모두 적용하고, 메뉴 [도구] – [차례/색인(C)] – [차례 만들기(T)] 또는 메뉴 [도구]의 도구상자에서 [제목 차례] – [차례 만들기(T)]를 선택하면 [차례 만들기] 대화상자가 나타난다.

[차례 만들기] 대화상자에서 [제목 차례]와 [스타일로 모으기]를 체크한다. 또한 [스타일로 모으기]에서 차례 만들기에 사용할 '개요 1'을 선택한다.

만약 [표 차례], [그림 차례] 및 [수식 차례]를 함께 만들려면 해당하는 부분을 선택한다. [만들 위치]를 '현재 문서의 커서 위치'로 선택하고, [탭 모양]을 [오른쪽 탭], [채울 모양]을 원하는 형태를 선택한다.

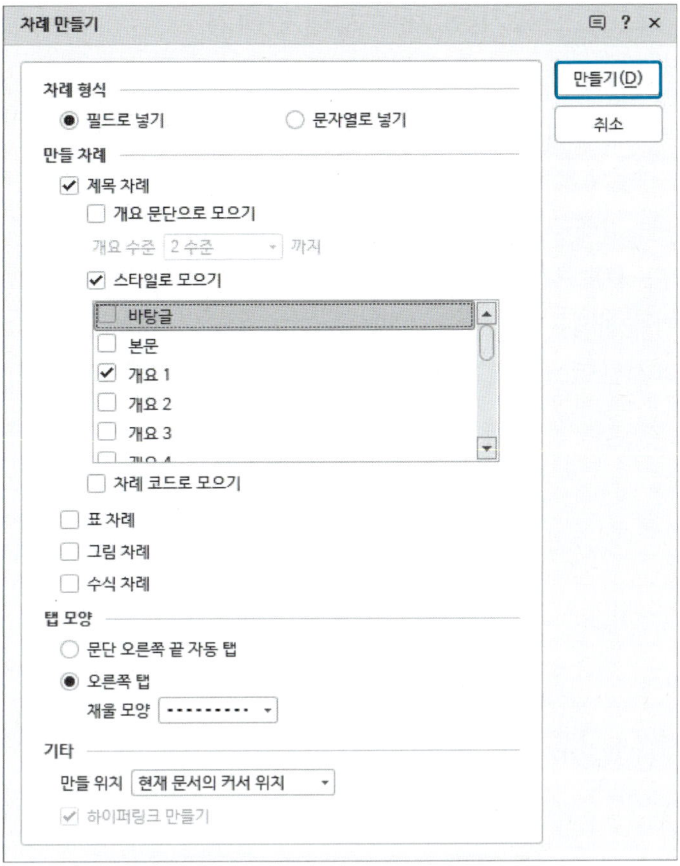


step 4 마지막으로 [만들기(D)] 버튼을 클릭하면 문서에서 커서가 있던 위치에 차례가 만들어진다.

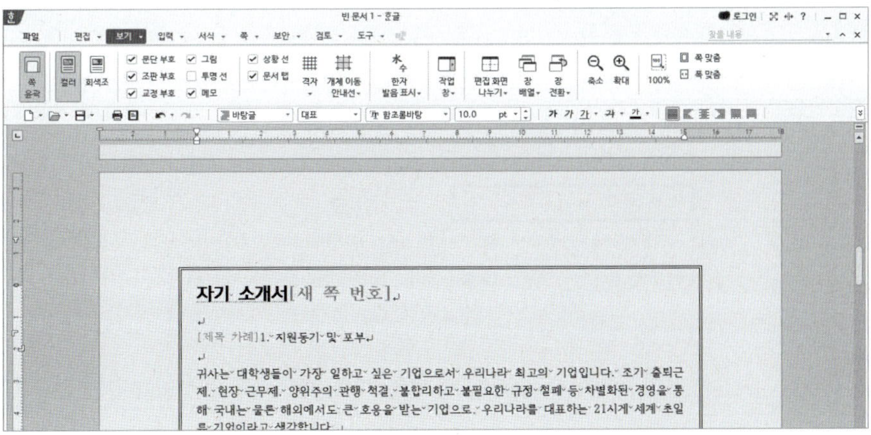

### 1.5.3 [차례 코드로 모으기]로 제목 차례 만들기

차례 코드가 삽입된 부분을 한 곳으로 모으고, 본문 중에서 각 항목 어느 쪽에 위치하는지에 대한 쪽 번호를 붙여 차례를 만드는 방법이다.

**step 1** 차례 만들기에 추가할 모든 항목마다 처음부터 하나씩 순서대로 마우스를 클릭하고, 메뉴 [도구] – [차례/색인(C)] – [제목 차례 표시(C)]를 선택하거나 단축키 〈Ctrl+K, T〉를 사용하여 제목 차례를 표시한다. 이때, [보기]의 도구상자에서 [조판 부호]를 체크하면 '제목 차례'가 표시된 것을 확인할 수 있다.

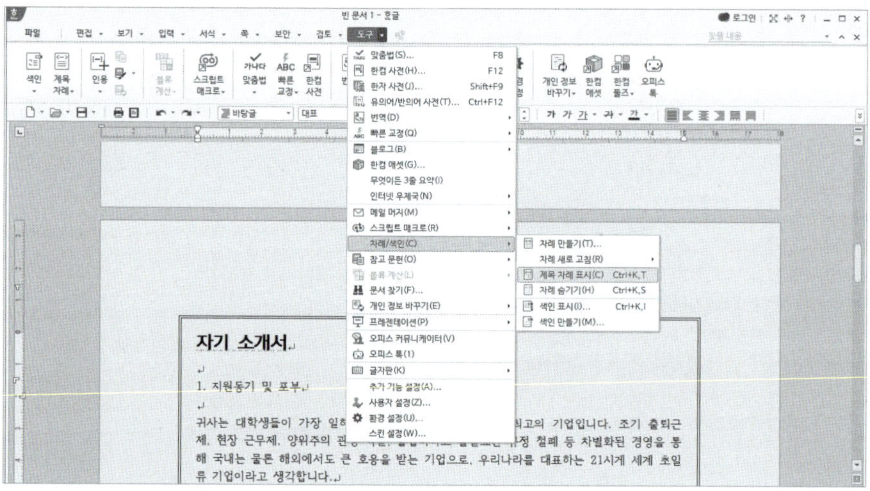


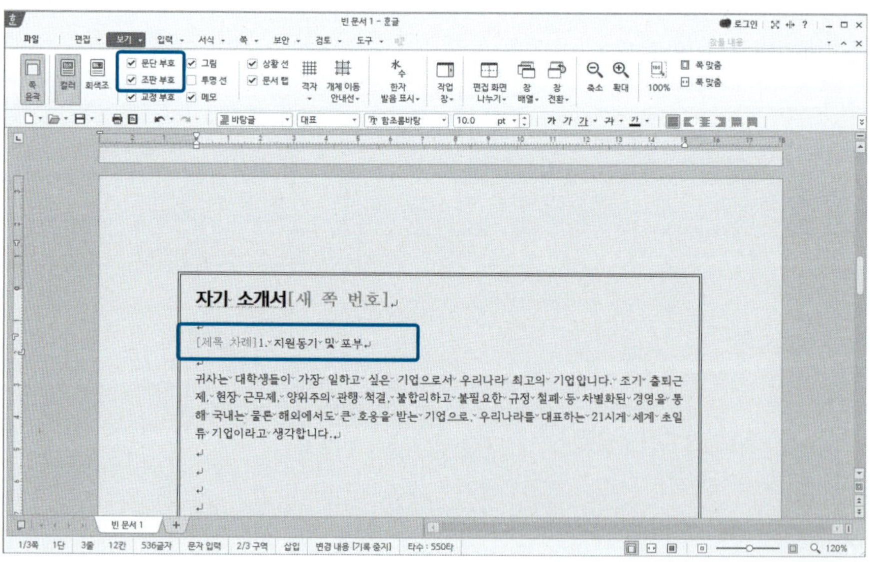

**step 2** 차례 만들기에 사용할 제목에 모두 제목 차례 표시한 후, 본문에서 차례를 넣을 곳에 커서를 놓고 메뉴 **[도구]** – **[차례/색인(C)]** – **[차례 만들기(T)]**를 선택하거나 메뉴 **[도구]**의 도구상자에서 **[제목 차례]** – **[차례 만들기(T)]**를 선택하면 **[차례 만들기]** 대화상자가 나타난다.

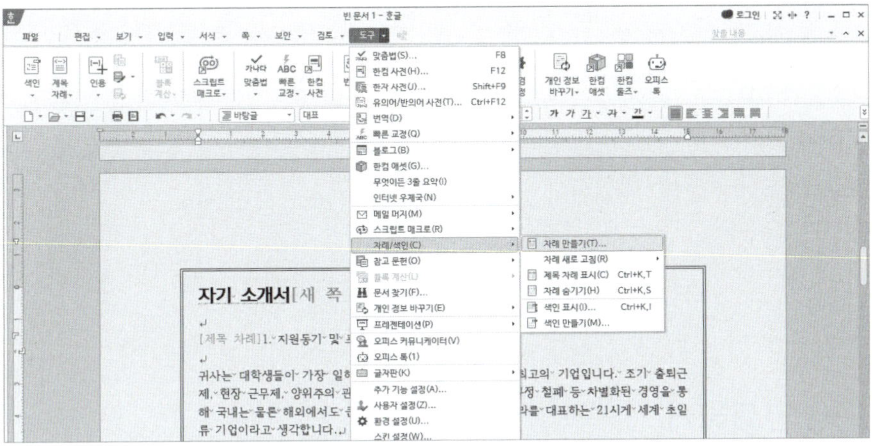


**step 3** **[차례 만들기]**에서 **[제목 차례]**를 체크하고, 차례 만드는 방법 중 **[차례 코드로 모으기]**를 선택한다. 만약 **[표 차례]**, **[그림 차례]** 및 **[수식 차례]**를 함께 만들려면 선택하고, 그렇지 않으면 체크를 모두 해제한다. 그리고 **[탭 모양]**을 **[오른쪽 탭]**으로 선택하고 **[채울 모양]**을 선택한다. 또한, **[만들 위치]**를 '현재 문서의 커서 위치'로 선택해 준다.

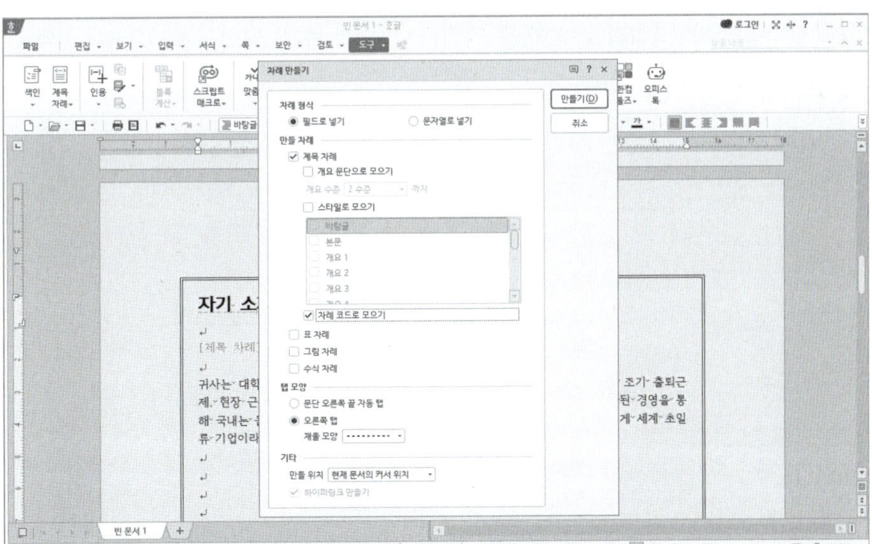

**step 4** 마지막으로 [만들기(D)] 버튼을 클릭하면 커서가 있던 위치에 차례가 만들어진다.

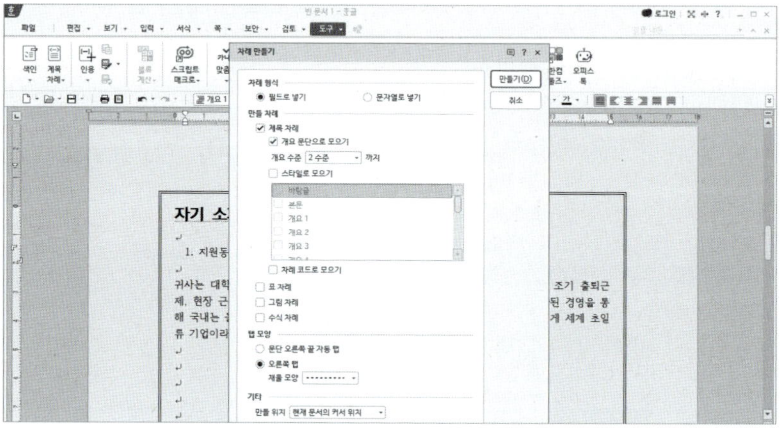

## 1.6 문서 인쇄하기

한글 2020은 다양한 인쇄 옵션을 가지고 있으며 인쇄 옵션을 통해 문서 맞춤형 인쇄가 가능하다. 본 절에서는 이와 같은 맞춤형 인쇄하기에 대한 과정에 대하여 알아보자.

**step 1** 한글 문서를 인쇄하기 전에 인쇄했을 때의 모양을 〈미리 보기〉 함으로서 인쇄 전에 잘못된 부분이나 부족한 부분을 수정하거나 보완할 수가 있다. 〈미리 보기〉를 수행하기 위해 메뉴 [파일] – [미리 보기(V)]를 선택하면 [미리 보기] 대화상자가 나타난다.

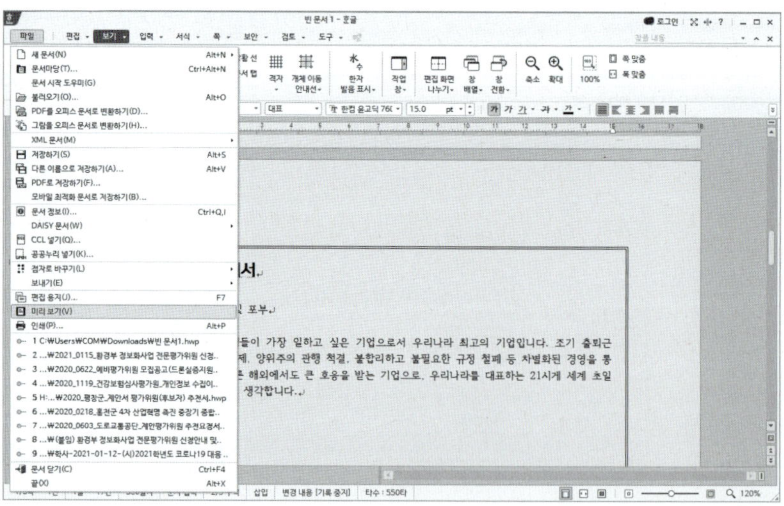

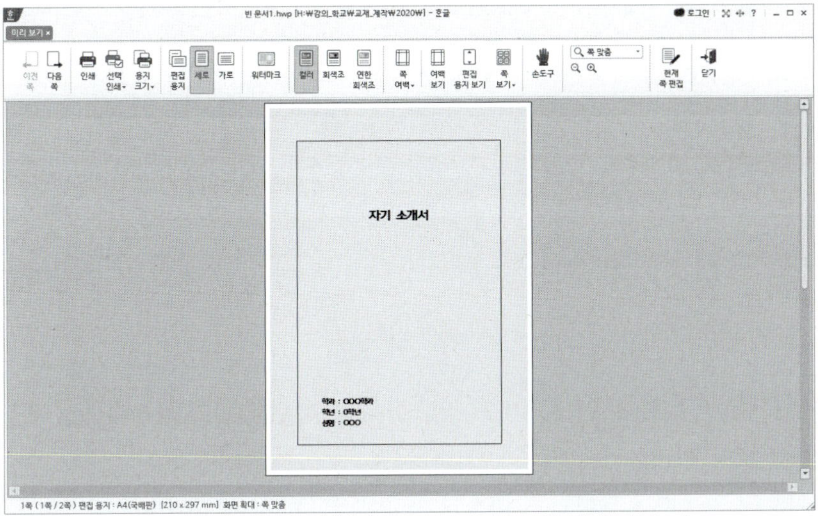


**step 2** [미리 보기] 대화상자에서 다양한 속성 아이콘 메뉴들을 사용하여 인쇄에 필요한 정보를 미리 확인하고 수정 및 보완할 수 있다. [미리 보기] 대화상자에서 [인쇄] 아이콘을 사용하면 바로 인쇄할 수 있고, 인쇄를 바로 하지 않으려면 [닫기] 아이콘을 클릭하여 [미리 보기] 대화상자를 빠져 나간다.

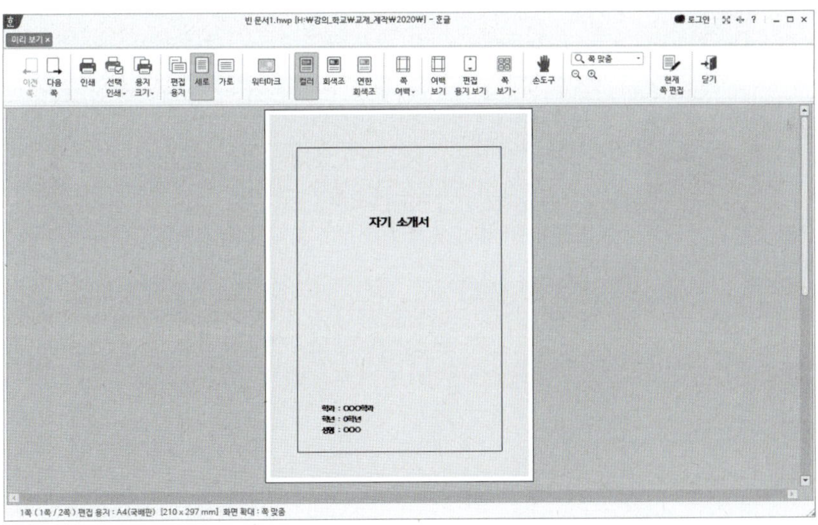


만약, 여러 페이지 미리보기를 사용하려면 [미리보기] 대화상자의 [쪽 보기]를 선택하고 [여러 쪽(Y)]에서 보고 싶은 줄과 칸의 개수를 설정한다.

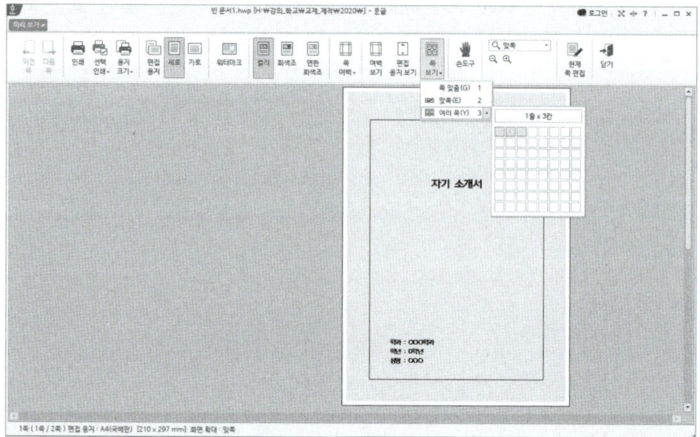


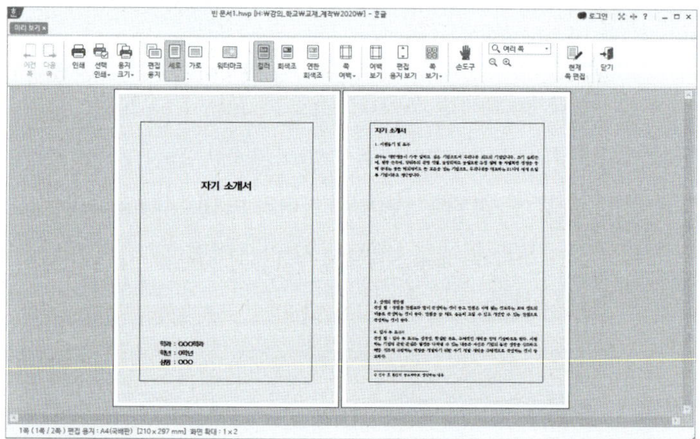


**step 3** 한글 문서에서 바로 인쇄하기 위해서는 메뉴 [파일] – [인쇄(P)]를 선택하거나 단축키 〈Alt+P〉를 사용하면 [인쇄] 대화상자가 나타난다.

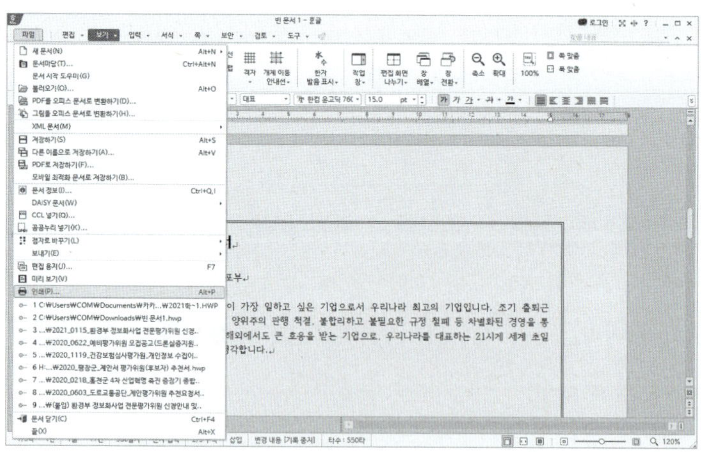

**step 4** [인쇄] 대화상자에서 인쇄 범위, 인쇄 매수 등을 선택하고 [인쇄(D)] 버튼을 클릭하면 인쇄가 시작된다.

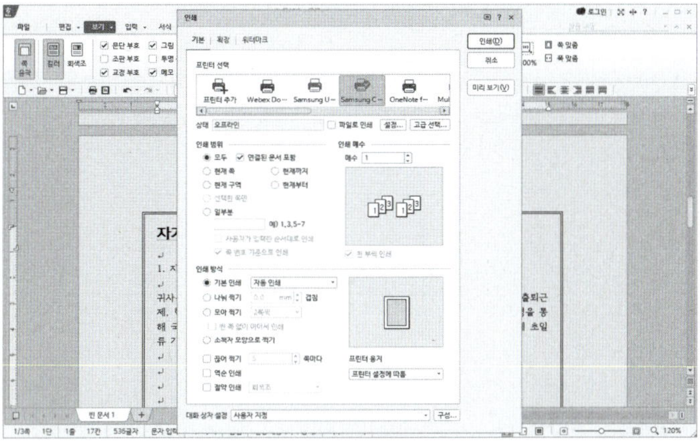

- 인쇄 범위 : 문서 내에서 인쇄하기 원하는 부분만 선택해서 인쇄할 수 있다.
- 인쇄 매수 : 같은 문서를 여러 매 인쇄할 때 인쇄 매수를 선택한다.
- 한 부씩 인쇄 : 여러 매를 인쇄하는 경우 1-2-3, 1-2-3 페이지 순으로 인쇄할 수 있다. 이 옵션을 선택하지 않으면 1-1-1, 2-2-2. 3-3-3 페이지 순으로 인쇄된다.
- 인쇄 방식

  나눠 찍기 : 큰 용지에 맞추어 편집된 문서를 작은 종이 여러 장에 나누어 인쇄할 수 있다.

  모아 찍기 : 한 장의 종이에 여러 페이지를 모아서 인쇄할 수 있다.

  끊어 찍기 : 일정한 페이지 수만큼 인쇄를 한 다음, 사용자에게 다음 인쇄를 위한 준비가 되었는지를 확인하는 것으로 사용자가 인쇄를 계속 진행하거나 도중에 중지할 수 있다.

  역순 인쇄 : 지정된 인쇄 범위에서 가장 끝 페이지를 먼저 인쇄하기 시작하여 문서의 첫 번째 페이지를 마지막으로 인쇄한다.

## 연습문제

**1.** 한글 문서 작성을 위한 기본적인 기능들을 이용하여 취업에 필요한 자기소개서를 아래 내용을 참고하여 A4 용지 3매 이내로 작성하시오. 단, 파일명은 '자기소개서.hwp'로 작성하시오.

1. 지원동기 및 포부

가장 건전한 재무구조로 외국 투자자들이 가장 선호하는 기업, 대학생들이 가장 일하고 싶은 기업, OO은 설명이 필요 없는 우리나라 최고의 기업입니다. 조기 출 · 퇴근제, 현장근무제, 양 위주의 관행 척결, 불합리하고 불필요한 규정 철폐, 신인사제도의 추진 등 OO만의 차별화된 경영을 통해 국내는 물론 해외에서도 큰 호응을 받고 있는 OO은, 명실 공히 우리나라를 대표하는 21세기 세계 초일류 기업이라고 생각합니다. 저는 앞선 기술과 최고의 서비스로 고객 만족을 위해 최선을 다하는 기업, OO의 일원이 되어 저의 모든 능력과 열정을 다해 일해보고 싶습니다. 저는 그동안 철저한 자기관리와 시간 관리를 통해 저에게 맡겨진 일에 대해서는 한 치의 실수 없이 완벽하게 처리할 수 있도록 최선을 다해 왔으며 그 결과 ㅇㅇㅇ 하면 주위에서는 무슨 일이든 잘 하고 어떤 일이든지 믿고 맡길 수 있는 믿음직한 사람이라고 평해 주시곤 했습니다. 기업이 발전하기 위해서는 무엇보다도 인재 등용이 가장 중요하다고 생각합니다. 저는 실력과 인성을 두루 갖춘 OO에 꼭 필요한 인재라고 자신 있게 말씀드릴 수 있습니다. 저에게 기회를 주신다면, 합리적이고 체계적인 사고와 강한 책임감과 추진력을 통해 저에게 주어진 일에 최선을 다할 것이며, 함께 근무하는 동료들에게 신뢰를 줄 수 있는 믿음직한 사원이 되겠습니다. 또한, 유창한 영어 실력과 업무 처리 능력을 지니고 있는 저는, 앞으로 실력으로 인정받을 수 있는, 초일류 기업에 어울리는 초일류 인재가 되도록 최선을 다하겠습니다. 감사합니다.

2. 학교생활 및 특기사항

OO대학교 OO과에 수석 입학한 저는, 학과 공부는 물론 동아리 활동에도 최선을 다며 즐겁고 보람된 대학생활을 보냈습니다. OO과 OOO에 가입하여 활동한 저는, OOO 회장으로서 동아리 회원들의 화합을 이끌어내며 체계적이고 합리적인 자세로 여러 가지 행사와 사업을 힘 있게 추진해 왔습니다. 또한, 저는 학교 홍보도우미로 발탁되어 교내외의 각종 홍보활동은 물론 학교 홍보 자료 및 광고 촬영에 참여하기도 했습니다. 고등학교 재학 중 영어말하기 대회에서 장려상을 수상한 바 있는 저는, 글로벌 시대에 걸 맞는 인재가 되고자 캐나다로 어학연수를 다녀왔습니다. 어려서부터 영어에 대해 많은 관심과 소질이 있었기에 어학연수 기간 동안 별 어려움 없이 생활할 수 있었고, ㅇㅇㅇ College에서 TESL(Teaching English as a Second language) Diploma를 취득할 수 있었습니다. 또한, ㅇ개월 동안 유럽으로 배낭여행을 다녀왔었는데, 저는 캐나다 어학연수와 배낭여행 기간 동안 영어 실력 향상은 물론 외국인 친구들과의 교류와 우정을 통해 국제적인 감각을 키울 수 있었고, 우리와는 전혀 다른 외국 문화를 보고 듣고 직접 체험하며 많은 것을 배우고 느낄 수 있었습니다.

3. 성장배경 및 가족관계

OOO로서 원리원칙을 중요하게 생각하시는 아버지께서는, 아무리 힘들어도 한번 하고자 결심하신 일은 끝까지 소신을 갖고 이뤄내시는 강직한 성품을 지니고 계십니다. 언제나 바쁘신 중에도 장남인 저에게만은 아낌없는 관심과 사랑을 주시는 아버지는, 세상에서 제가 가장 사랑하고 존경하는 분입니다.

어머니께서는 평생을 아버지와 저희 3남매를 위해 헌신하시며 화목하고 행복한 가정을 가꾸어오신 알뜰한 분이십니다. 사회봉사 활동하시기를 좋아하시는 어머니께서는, 언제나 어려운 이웃에게 작은 도움이라도 드리기 위해 노력하시곤 합니다.

살아가면서 가장 중요한 것은 성실과 책임감이라고 늘 강조하시는 부모님의 가르침 덕분에 늘 자신에게 주어진 일에 최선을 다하며 살아온 저는, 사랑하는 부모님과 남동생들에게 자랑스러운 맏아들이자 형이 되고 싶습니다.

4. 성격 및 생활신조

저는 묵묵히 저에게 주어진 일에 최선을 다하는 꼼꼼하고 차분한 성격을 지니고 있습니다. 한번 맡은 일에 대해서는 끝까지 이뤄내는 강한 책임감을 지니고 있는 저는, 합리적인 판단과 예지력을 통해 힘 있게 일을 추진해 나가는 편입니다.

조직 내에서 팀원들과의 협조와 융화를 중요하게 생각하는 저는, 대학 재학 중 동아리의 리더로 활동하면서 체계적인 조직 운영 능력과 융통성을 더욱 키울 수 있었습니다. 저는 특히 대인관계가 매우 좋은 편으로 혼자 있을 때보다 함께 있을 때 더욱 빛이 나는 사람이라는 평을 주위에서 듣곤 합니다.

저는 평소에 말보다는 행동으로 인정받는 사람이 되자는 마음가짐으로 제게 주어진 일에 최선을 다합니다. 말만 앞서고 행동이 뒤따르지 못하는 사람은 결코 타인에게 신뢰받을 수 없다는 것을 알기에 저는 언행일치를 통해 주위 친구들이나 동료들에게 인정받는 믿음직한 사람이 되고 싶습니다.

※ 출처 : 기업별 BEST 자기소개서 50선 : 직업기업다각_자소서.hwp
http://cfile221.uf.daum.net/attach/233B4A4D53EB6F37161BF1

**2.** 다음 각 지시문을 잘 읽고 지시문에서 요구하는 대로 한글 문서를 완성하시오.

글꼴 : 굴림, 18pt, 진하게, 가운데 정렬
책갈피 이름 : 정부
덧말 넣기

머리말 기능
돋움, 10pt, 오른쪽 정렬

대한민국

문단 첫 글자
장식 기능
글꼴 : 궁서
면색 : 노랑

국민 모두가
안전하고 행복한 대한민국

그림 삽입 및
문서에 포함
(웹에서 검색)
크기 40mm x 30mm
왼쪽 및 아래 여백 :
5mm

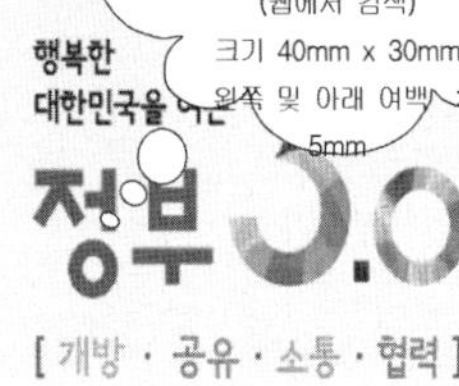


정부3.0이란 공공 정보를 적극적으로 개방 공유하고 부처 간 칸막이를 없애고 소통 협력함으로써, 국정과제에 대한 추진동력을 확보하고 국민에게 맞춤형 서비스를 제공함과 동시에, 일자리 창출과 창조경제를 지원하는 새로운 정부운영 패러다임이다. 정부3.0이 추구하는 가치는 구체적으로 공공정보의 개방과 공유를 통해 정부의 투명성과 신뢰성(信賴性) 제고는 물론 정부와 국민 간 원활한 의사소통과 협력을 확대하고, 국민 개개인의 편의와 행복에 초점을 두어 맞춤형 서비스를 제공하며, 민간의 창의와 활력이 증진되는 혁신 생태계 조성을 지원하며, 효율적으로 일하는 통합형 정부운영을 위해 부처 간 칸막이를 뛰어넘고, 민간의 능동적 참여를 유도하는 플랫폼 정부㉮를 구성하는 것이다.

각주

글꼴 : 궁서, 18pt, 흰색
음영색 : 파랑

◆ 국민이 원하는 정보 발굴 방안

1) 정보공개청구 내용
가) 민원 유형 분석 등을 통한 대상정보 발굴
나) 국민대상 설문조사를 통한 정보수요 발굴

문단 번호 기능 사용
왼쪽 여백 : 20pt(1수준), 30pt(2수준)
, 줄 간격 : 180%

글꼴 : 궁서, 18pt
기울임, 강조점

표 전체 글꼴 : 굴림, 10pt
가운데 정렬, 셀 배경(그러데이션) : 유형(수평)
시작색(흰색), 끝색(노른자색)

◆ *정부운영 패러다임의 변화*

| 구분 | 정부1.0 | 정부2.0 | 정부3.0 |
|---|---|---|---|
| 운영방향 | 정부 중심 | 국민 중심 | 국민 개개인 중심 |
| 핵심가치 | 효율성 | 민주성 | 확장된 민주성 |
| 수단(채널) | 직접 방문 | 인터넷 | 무선 인터넷, 스마트 모바일 |

- 국민 개개인의 행복에 초점을 두어 맞춤형 서비스 제공

글꼴 : 굴림, 24pt
진하게, 장평 100%, 오른쪽 정렬

**행복한 대한민국**

㉮ 어느 지역 또는 국가를 통치하는 단체나 기관

쪽 번호 매기기 : 3으로 시작

- ③ -

※ 출처 : 한국생산성본부(www.itq.or.kr) ITQ 아래한글 기출문제

**3.** 다음은 20XX년 3월 고2 전국연합학력평가 모의고사 국어 영역[A형]의 문제지 일부분이다. 본인이 문제 출제 위원이라고 생각하고 메뉴 [쪽]의 [단] 등을 사용하여 A3 용지로 작성해 보시오.

## 20XX학년도 3월 고2 전국연합학력평가 문제지

제 1 교시

# 국어 영역 [A형]

[1 ~ 2] 다음은 친구 간 대화의 일부이다. 물음에 답하시오.

**다은** : 진희야, 잘 지냈니?
**진희** : (밝게 웃으며) 전학 가고 나서 처음 만나네. 새 학교는 어때? 좀 적응은 되었니?
**다은** : 응, 적응하려고 하는데……. ㉠(한숨을 쉬며 고개를 떨군다.)
**진희** : 왜? 무슨 고민 있어?
**다은** : (머뭇거리며) 그냥 좀…….
**진희** : 왜? 무슨 일이야? 우리 사이에 얘기 못할 게 뭐가 있어?
**다은** : ㉡그래, 너한테는 말해도 될 것 같다. 너는 믿을 수 있는 친구니까. 그런데 이 학교에서는 아직까지 친한 친구가 없어서 힘들어. 특히 점심시간마다 누구랑 밥 먹어야 할지 고민이야.
**진희** : ㉢정말? 어떡하니? 너 정말 마음이 불편하겠구나. 나라도 그런 상황이라면 힘들 거야.
**다은** : 그렇게 말해주니 고맙다. 그래서 저번 학교 친구들이 자꾸 생각나. 더 걱정되는 건 내일 학급 자치 시간에 자기소개를 한다는 거야.
**진희** : (미소를 지으며) ㉣너희 반에서는 그런 것도 하니? 잘 됐네. 너를 알릴 수 있는 좋은 기회가 될 것 같아. 그런데 뭐가 문제야? 준비가 안 된 거야?
**다은** : 발표 내용도 준비하고 연습도 몇 번 했는데, 많은 사람들 앞에서 말해야 한다고 생각하니 지금부터 긴장돼.
**진희** : ㉤그래도 우리들끼리 있을 때는 네가 말을 제일 잘 하잖아.
**다은** : 그래 맞아. 그런데 그건 친구들과 있을 때고, 많은 사람들 앞에서는 말을 잘 못하겠어. 내일도 실수할 것 같아서 잠도 못 잤어.
**진희** : 발표 준비는 다 마쳤다고 했으니, 마음만 잘 먹으면 문제없이 할 수 있을 거야. (　　ⓐ　　)

1. ㉠~㉤에 대한 이해로 적절하지 않은 것은?
① ㉠: 비언어적 표현이 대화의 의미를 구성하는 요소가 될 수 있다.
② ㉡: 대화 참여자에 대한 신뢰가 자아의 노출 정도에 영향을 미칠 수 있다.
③ ㉢: 대화 참여자의 공감하는 태도가 대화를 계속 이어나가게 하는 계기가 될 수 있다.
④ ㉣: 문화적 배경의 차이가 대화의 내용을 이해하는 데 어려움을 줄 수 있다.
⑤ ㉤: 대화 참여자가 공유하는 경험이 대화를 진행하는 데 도움을 줄 수 있다.

2. <보기>를 참조할 때, ⓐ에 들어갈 말로 가장 적절한 것은?

< 보 기 >

'말하기 불안'은 여러 사람 앞에서 말을 하기 전이나 말을 하는 과정에서 개인이 경험하는 불안 증상이다. 이러한 말하기 불안은 긍정적인 자기 암시를 통해 해소될 수 있다. 성공하는 장면을 그려 본다든가, 부정적인 생각을 긍정적으로 바꾸어 본다든가 하는 것이 한 방법이다.

① 학급 자치 시간에 발표를 잘해서 칭찬받는 모습을 상상해 봐. 잘할 수 있다는 믿음을 가져.
② 학교생활에서 생기는 문제들은 금방 해결되는 것이 아니야. 시간이 지나면 차츰 괜찮아질 거야.
③ 발표하는 것을 너무 가볍게 생각하지는 마. 누구보다도 완벽하게 발표를 해야겠다는 결심을 해 봐.
④ 너무 즉흥적으로 발표하려고 하면 안 돼. 충분하게 연습하고 준비해서 발표 내용을 거의 외우다시피 해 봐.
⑤ 느슨한 마음이 실수를 불러올 거야. 이번에 실수하면 다시는 많은 사람들 앞에서 발표를 잘할 수는 없을 거야.

3. <보기>는 국어사전의 일부이다. <보기>의 내용을 잘못 이해한 것은?

< 보 기 >

**고르다²** 동
1. (…을) 울퉁불퉁한 것을 평평하게 하거나 들쭉날쭉한 것을 가지런하게 하다.
¶ 울퉁불퉁한 땅을 고르다.
2. (…을) 붓이나 악기의 줄 따위가 제 기능을 발휘하도록 다듬거나 손질하다.
¶ 강모는 거문고 줄을 골라 다시 한 곡조를 뜯었다.

**고르다³** 형
1. 여럿이 다 높낮이, 크기, 양 따위의 차이가 없이 한결같다.
¶ 이 지역은 비가 연중 고르게 내린다.
2. 상태가 정상적으로 순조롭다.
¶ 생각보다 날씨가 고르다.

① 고르다²와 고르다³은 동음이의어이다.
② 고르다²와 고르다³은 모두 다의어이다.
③ 고르다²는 주어 이외에도 다른 문장 성분을 필요로 한다.
④ 고르다²의 1의 용례로 '그는 목소리를 고르고 있었다.'를 추가할 수 있다.
⑤ 고르다³은 사물의 동작이나 작용을 의미하지 않는다.

※ 출처 : 2014년 3월 고2 모의고사 국어A 문제, http://ggongboo.com/150#.VcBXw-IViUk

# 2 CHAPTER 개체 및 주석 입력으로 깔끔하고 멋진 문서 만들기

2.1 취업에 필수인 이력서 만들기 / 2.2 표 데이터로 블록 계산하고 차트 만들기
2.3 수학 시험 문제지 만들기

## 2.1 취업에 필수인 이력서 만들기

**step 1** 메뉴 [파일] – [문서마당(T)]을 실행하거나 단축키 〈Ctrl+Alt+N〉을 사용하여 대화 상자 [문서마당]을 불러온다. 대화 상자 [문서마당]에서는 [최근 이용한 문서마당], [문서마당 꾸러미], [내려받은 문서마당] 및 [서식 파일 찾기] 등과 같은 탭 메뉴가 있다. [최근 이용한 문서마당]은 한글 문서를 작업하면서 문서마당에서 최근에 사용한 문서마당 템플릿 문서들을 보여주며, [문서마당 꾸러미]는 한글에서 제공하는 대표적인 문서마당 템플릿 문서들의 모음이다. 그러므로 문서마당에서 사용하고자 하는 대부분의 문서마당 템플릿 문서들은 여기서 찾으면 된다. [서식 파일 찾기]는 문서마당을 사용하고자 할 때 해당하는 템플릿 문서를 바로 찾고자 할 때 유용하다.

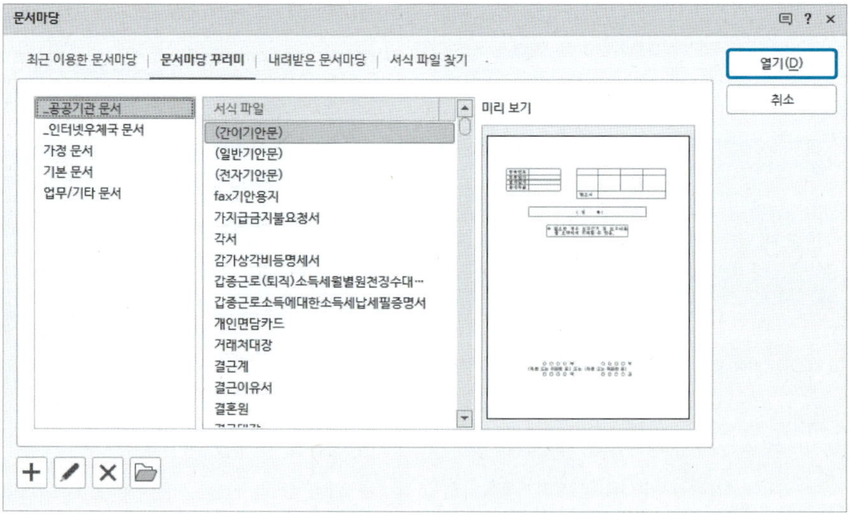


**step 2** 대화 상자 [문서마당]의 탭 메뉴 [문서마당 꾸러미]에서 〈_공공기관 문서〉를 선택한

후 서식 파일에서 '이력서'를 찾아 [열기(D)] 버튼을 클릭한다.

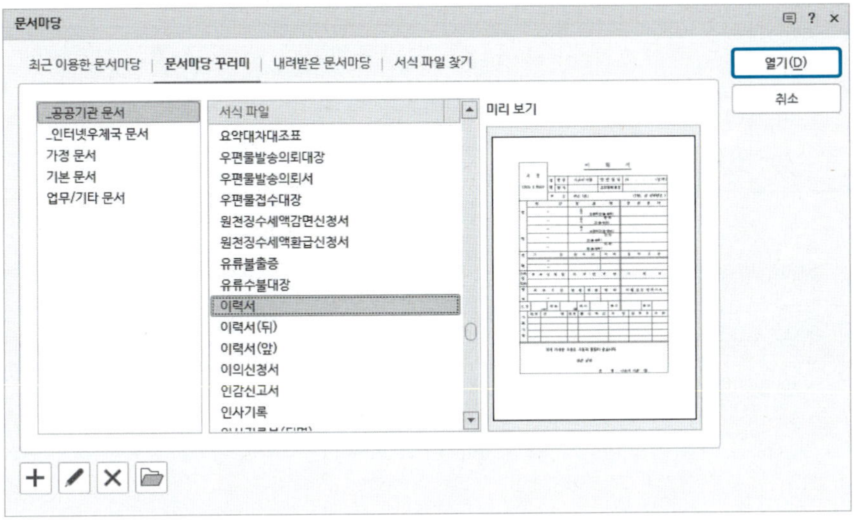

**step 3** 대화 상자 [문서마당]에서 찾은 [이력서] 템플릿 문서를 확인할 수 있다.

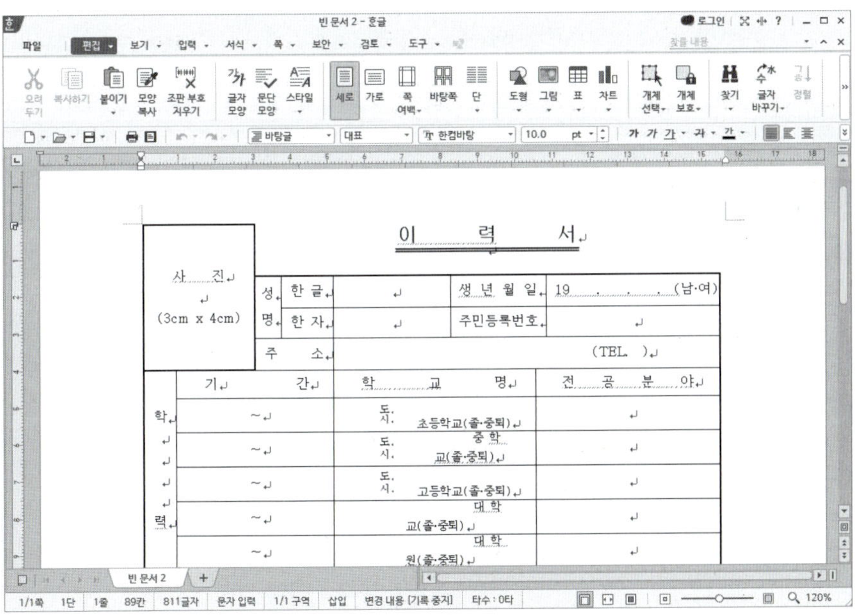

**step 4** 이력서의 모든 항목마다 해당하는 내용을 한글과 숫자 등으로 입력한다.

# 이 력 서

| 사 진 (3cm x 4cm) | 성명 | 한 글 | ○ ○ ○ | 생 년 월 일 | 2000.00.00. (남 · 여) |
|---|---|---|---|---|---|
| | | 한 자 | ○ ○ ○ | 주민등록번호 | 200000 – 0000000 |
| | 주 소 | | 서울시 OO구 OO길 000 (02–0000–0000) | | |

| 학력 | 기 간 | 학 교 명 | 전 공 분 야 |
|---|---|---|---|
| | 2000.00.00~2000.00.00 | 서울시 OO 고등학교(졸) | |
| | 2000.00.00~2000.00.00 | OO대학교(졸) | 컴퓨터공학과 |
| | 2000.00.00~2000.00.00 | OO대학원(졸) | 컴퓨터공학과 |

| 경력 | 기 간 | 근 무 처 | 직 위 | 업 무 내 용 |
|---|---|---|---|---|
| | 2000.00.00~2000.00.00 | ㈜OOOOO | 대리 | 연구개발, 마케팅 |
| | ~ | | | |

| 자격 및 면허 | 취 득 년 월 일 | 자 격 · 면 허 명 | | 시 행 처 |
|---|---|---|---|---|
| | 2000.00.00. | 정보처리기사 | 1급 | 한국산업인력공단 |

| 병역 | 복 무 기 간 | 군 별 | 계 급 | 병 과 | 미 필 또 는 면 제 사 유 |
|---|---|---|---|---|---|
| | 2000.00.00~2000.00.00 | 육군 | 병장 | 보병 | |

| 신장 | 180 cm | 체 중 | 75 kg | 취 미 | 게임 | 특 기 | 드론 | 종 교 | 기독교 |
|---|---|---|---|---|---|---|---|---|---|

| 가족사항 | 관 계 | 성 명 | 연 령 | 출신학교 | 직 업 | 근 무 처 | 직 위 |
|---|---|---|---|---|---|---|---|
| | 부 | ○ ○ ○ | 00 | OOO대학교 | 회사원 | ㈜OOOO | 부장 |
| | 모 | ○ ○ ○ | 00 | OOO대학교 | 전업주부 | | |
| | 자 | ○ ○ ○ | 00 | OOO대학교 | 대학생 | | |
| | 자 | ○ ○ ○ | 00 | OOO대학교 | 대학생 | | |

위에 기재한 사항은 사실과 틀림이 없습니다.

20××년 ×월 ×일

성 명 : ○ ○ ○ ㊞

**step 5** 이력서의 모든 항목마다 입력한 숫자와 문자들이 잘못된 곳은 없는지 다시 확인한다. 그리고 모든 셀 안의 문자들은 '가운데' 정렬을 하고 글자 크기는 동일하게 설정한다. 또한, 불필요한 문자나 기호 등은 모두 삭제한다. 만약 항목마다 내용을 입력할 때 줄이 부족할 경우는 필요한 개수만큼 줄을 추가하여 작성하도록 한다.

**step 6** 성명의 경우 한자 입력을 위해서는 한글을 먼저 입력한 후 한글에 커서를 위치한 후 키보드의 〈한자〉 버튼을 클릭하여 **[한자로 바꾸기]** 대화 상자가 나타나게 한다. 그리고 입력한 한글에 해당하는 한자를 선택하고 **[바꾸기(D)]** 버튼을 클릭하여 한글을 한자로 바꾸도록 한다.

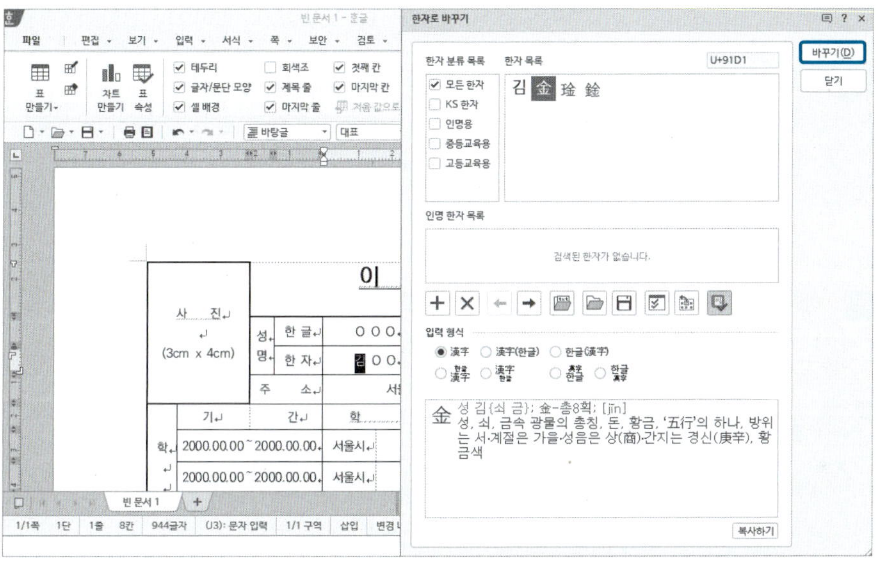


**step 7** 이력서의 모든 항목들에 대한 내용은 거짓이 전혀 없는 진실만을 기술하여야 하며, 경력이나 자격 및 면허 등은 사소한 것들이라도 취업하고자 하는 기관이나 기업과 조금이라도 관련이 있다고 생각된다면 가능한 많이 모두 기술하는 것이 유리하다.

**step 8** 이력서의 양식은 기업이나 기관마다 조금씩 다를 수도 있으나 대부분이 유사하므로 지금부터 잘 작성해 놓으면 졸업 후 취업을 준비할 때 매우 유용하기에 지금 바로 정성을 들여 작성하고 잘 보관하기 바란다.

## 2.2 표 데이터로 블록 계산하고 차트 만들기

차트는 데이터를 보기 쉽게 그래프 등으로 나타낸 것으로서 엑셀(Excel)과 같은 오피스(Office)프로그램에서 주로 많이 사용하는 기능이다. 이와 같은 차트는 한글에서도 매우 쉽고 다양한 형식으로 작성이 가능한데, 본 절에서는 학생 4명에 대한 개인별 성적표를 표로 작성한 후 개인별 성적 합계, 평균 및 순위 그리고 교과목별 합계, 평균 등을 자동으로 계산하기 위한 방법과 전체 분포도를 차트로 제작하기 위한 방법을 알아본다.

| 성 명 | 인공지능 | 빅데이터 | 가상현실 | 사물인터넷 | 3D프린터 | 합 계 | 평 균 | 순 위 |
|---|---|---|---|---|---|---|---|---|
| 김성호 | 80 | 85 | 90 | 88 | 80 | 423 | 84.6 | 1 |
| 정경용 | 90 | 78 | 79 | 78 | 90 | 415 | 83 | 3 |
| 홍석미 | 78 | 97 | 87 | 80 | 75 | 417 | 83.4 | 2 |
| 김선우 | 64 | 76 | 88 | 90 | 79 | 397 | 79.4 | 4 |
| 합 계 | 312 | 336 | 344 | 336 | 324 | | | |
| 평 균 | 78 | 84 | 86 | 84 | 81 | | | |

**step 1** 메뉴 [입력] – [표(T)] 혹은 메뉴 [입력] 도구상자에서 [표]를 선택하여 7행×9열 크기의 표를 작성한다. 그리고 표의 내부에 해당하는 내용을 입력하고 가운데 정렬을 한다.

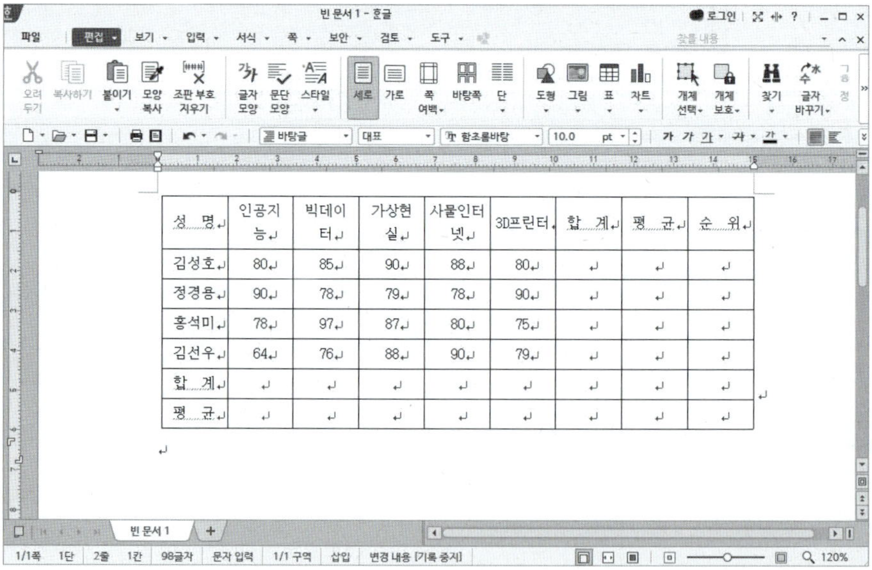

**step 2** 표 내부를 마우스로 클릭 및 드래그하여 모두 선택한 후 메뉴 [서식] – [글자 모양(L)] 혹은 메뉴 [서식]의 도구상자에서 〈글자 모양〉에서 적당한 글꼴을 선택하여 깔끔하게 변경한다.

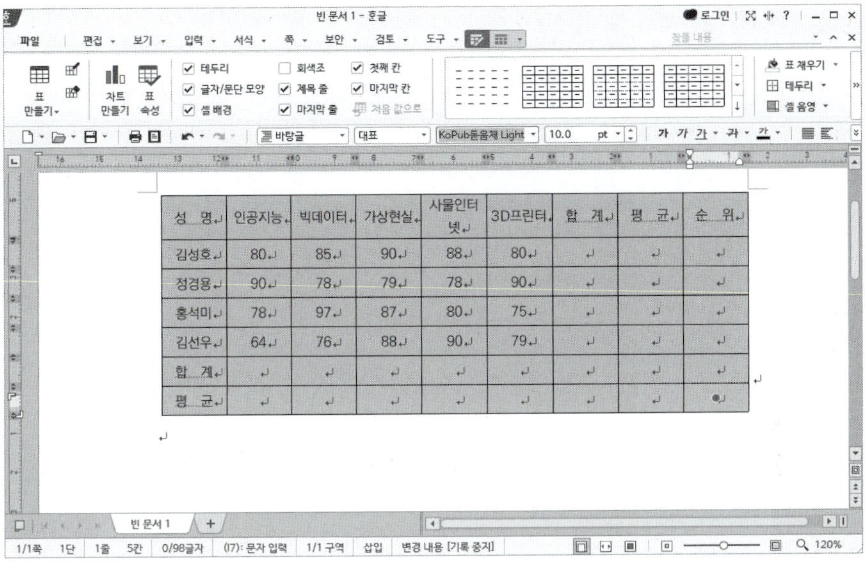


**step 3** 표의 첫 번째 줄은 배경색을 적용하여 내용과 구분시키고자 한다. 그러므로 표의 첫 번째 줄 전체를 마우스로 클릭 및 드래그하여 선택한 후 [표 채우기]를 이용하여 적당한 색상으로 채워준다.

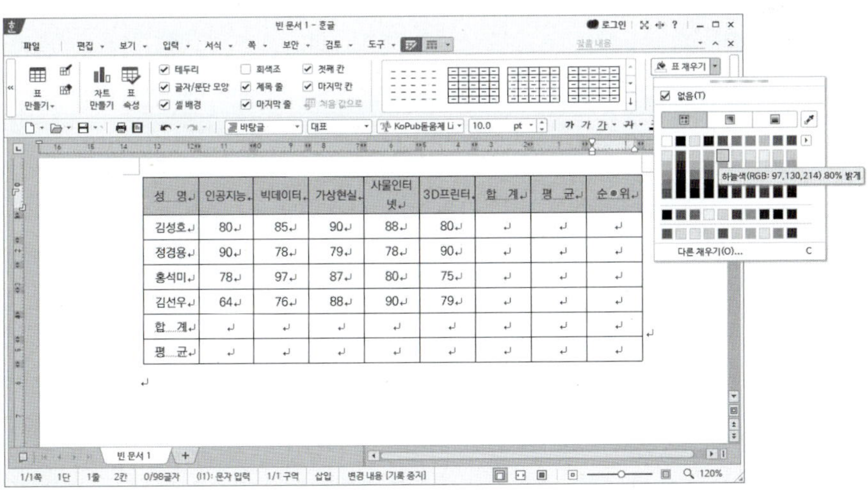

**step 4** 표의 내부에서 '합계', '평균" 및 '순위' 등의 배경도 **[표 채우기]**로 적당한 색상으로 채워준다.

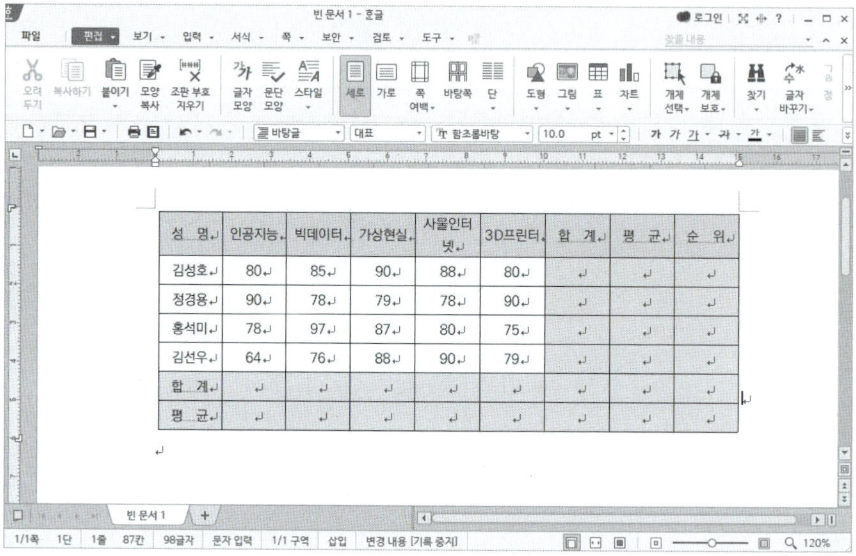


**step 5** 표의 왼쪽과 오른쪽 테두리 선을 보이지 않게 설정하여 표를 부드럽게 꾸미고자 한다.

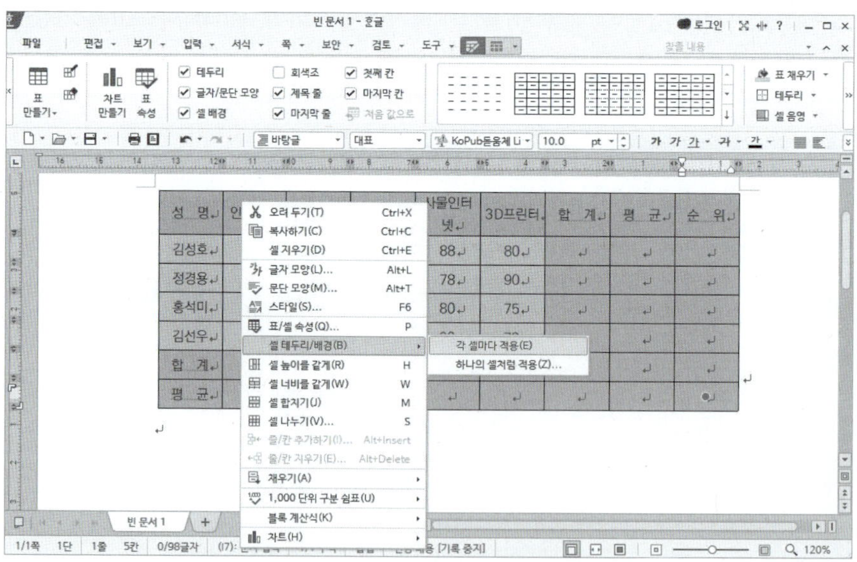

표 내부를 마우스로 클릭 및 드래그하여 전체를 선택한 후 다시 마우스 오른쪽 버튼을 클릭하여 메뉴가 나타나게 한다. [셀 테두리/배경(B)] – [각 셀마다 적용(E)]을 선택하여 [셀 테두리/배경] 대화 상자가 나타나게 한다.

**step 6** 대화 상자 [셀 테두리/배경]의 탭 메뉴 [테두리]에서 테두리 종류를 '없음'으로 변경하고, 오른쪽에 테두리 〈미리 보기〉 부분 상단에서 '왼쪽 테두리'와 '오른쪽 테두리'를 선택한 후 [설정(D)] 버튼을 클릭하여 대화 상자를 빠져 나간다.

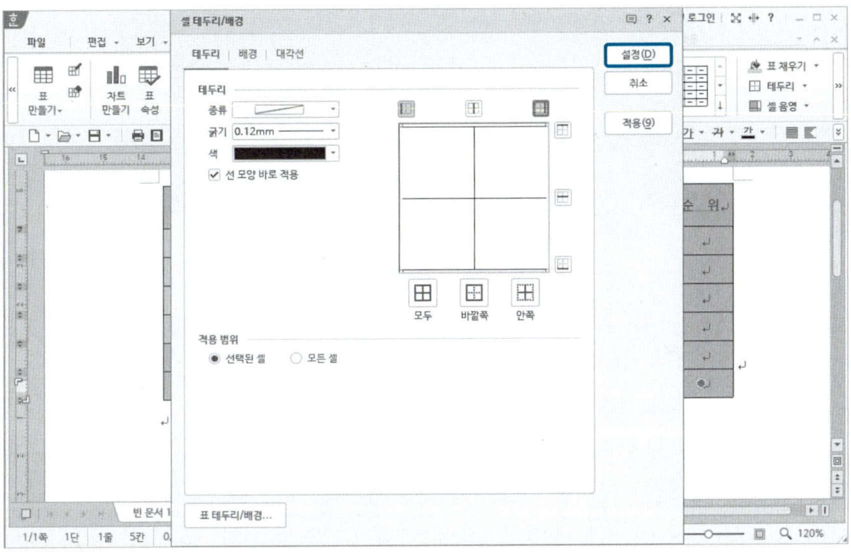


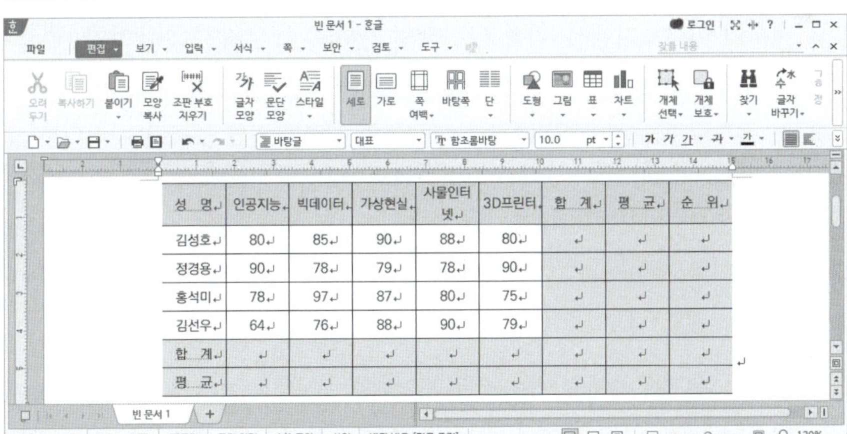


**step 7** 표의 최상단 테두리와 최하단 테두리를 굵게 표현하여 표를 더 깔끔하게 변경하

고자 한다. 표 내부 셀 전체를 마우스 왼쪽 버튼으로 클릭 및 드래그하여 선택한 후 다시 마우스 오른쪽 버튼을 클릭하여 메뉴가 나타나게 한다. 그리고 **[셀 테두리/배경(B)]** – **[각 셀마다 적용(E)]**을 선택하여 대화 상자 **[셀 테두리/배경]**이 나타나게 한다.

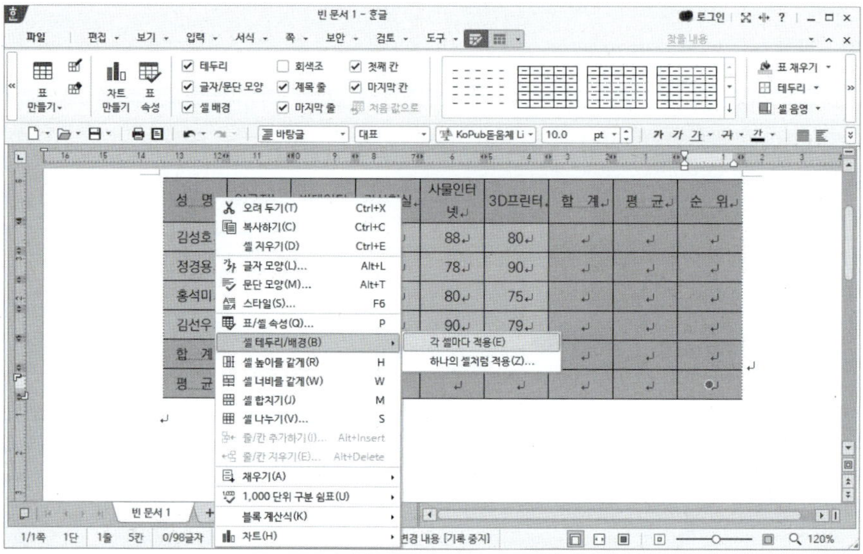


**step 8** 대화 상자 **[셀 테두리/배경]**의 탭 메뉴 **[테두리]**에서 테두리 종류를 '실선'으로 선택하고, 굵기를 적당히 굵은 크기(0.4mm 정도)로 선택한다. 그리고 테두리 색상이 기본값(검정색)으로 설정되어 있는데, 필요하면 다른 색상으로 변경할 수 있다. 그런 다음 오른쪽 부분의 테두리 미리보기에서 '위쪽 테두리'와 '아래쪽 테두리'를 선택하면 테두리의 속성 변경을 〈미리 보기〉를 통해 확인할 수 있다. 본 절에서 필자는 실선 모양의 테두리 종류와 0.4mm 크기의 테두리 선의 굵기를 설정하여 사용하지만 무조건 따라할 필요는 없으니 본인이 생각하는 테두리 종류와 선의 굵기를 적당히 선택하여 사용하는 것이 좋다. 테두리 종류와 굵기 설정이 끝나면 **[설정(D)]** 버튼을 클릭하여 대화 상자 **[셀 테두리/배경]**을 빠져 나간다. 그러면 표의 위쪽 테두리와 아래쪽 테두리가 굵게 표현된 것을 확인할 수 있다.

참고로 대화 상자 **[셀 테두리/배경]**에는 **[테두리]**, **[배경]** 및 **[대각선]** 등 3가지 탭 메뉴가 있는데, 표를 이용한 다양한 문서 작성을 하는 경우 매우 유용하게 사용할 수 있는 기능들이 있다. 그러므로 충분한 시간을 갖고 3가지 탭 메뉴를 선택해보고 어떤 기능들이 있는지 하나하나 확인해보고 실습해보기 바란다.

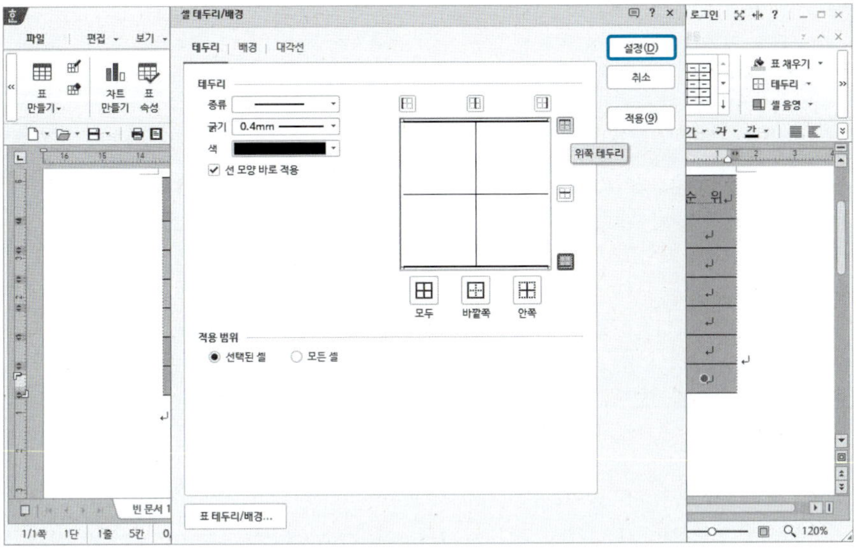


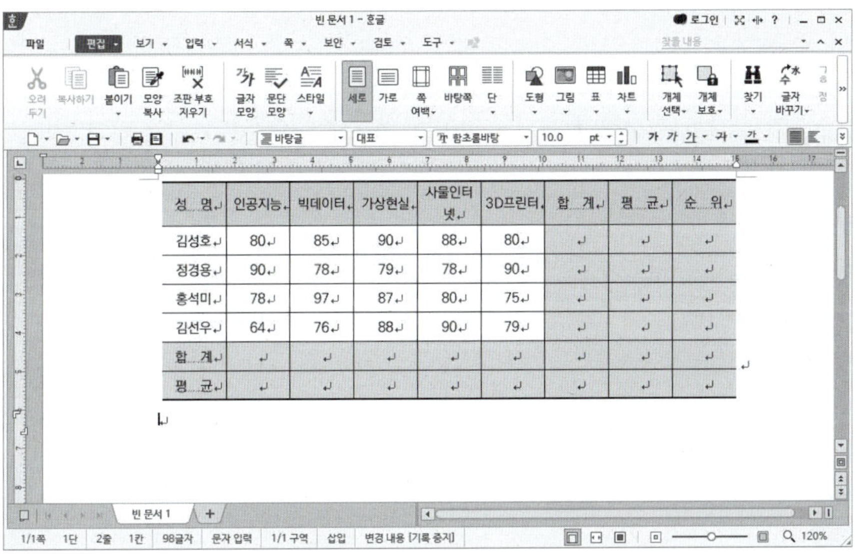


**step 9** 표 내부에서 첫 번째 줄의 단어 '사물인터넷'이 한 줄로 끝나지 않고 두 줄로 나누어진 것을 확인할 수 있다. 그러므로 장평과 자간 등의 속성값을 변경하여 한 줄로 끝나도록 수정해보자. 단어 '사물인터넷'이 입력되어 있는 셀을 마우스로 클릭한 후 키보드 〈F5〉를 눌러준다. 그리고 선택된 셀 위에 마우스 커서를 옮겨놓고 오른쪽 버튼을 클릭하여 메뉴가 나타나게 한다. 또한 **[글자 모양(L)]**을 선택하여 대화 상자 **[글자 모양]**이 나타나게 한다.

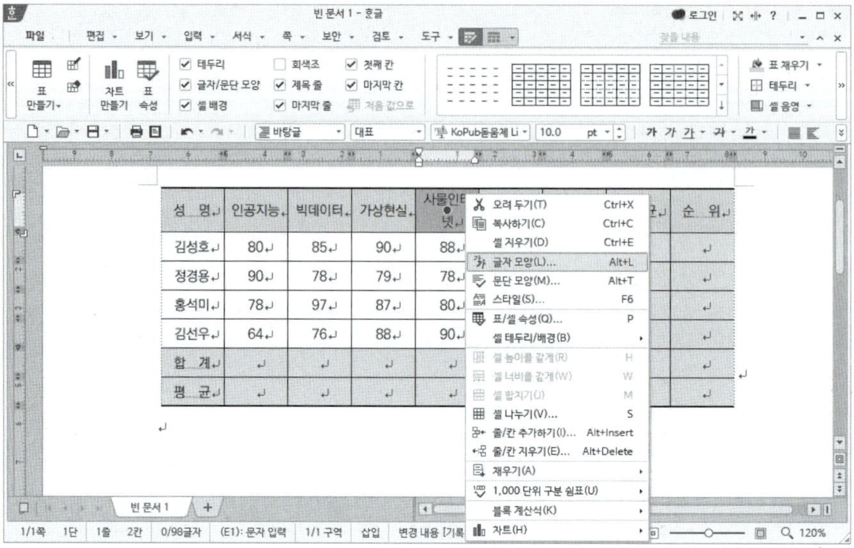

**step 10** 대화 상자 [**글자 모양**]의 탭 메뉴 [**기본**]에서 장평(기본값 : 100%)을 '95%' 정도로 줄이고, 자간(기본값 : 0%)을 '−5%' 정도로 줄인 후 [**설정(D)**] 버튼을 클릭하여 대화 상자를 빠져 나간다.

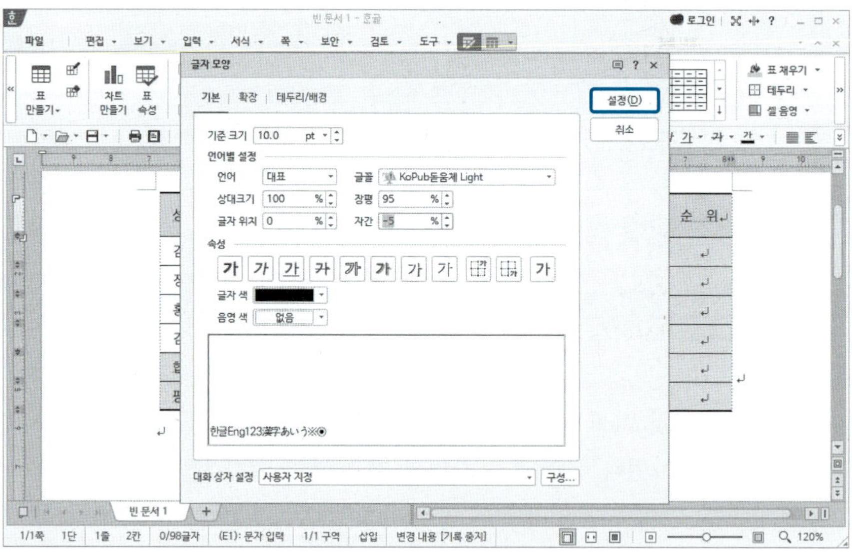

장평은 글자의 크기를 그대로 유지하면서 가로와 세로의 폭을 늘리거나 줄여서 글자 모양에 변화를 주는 것으로서 100%보다 작을수록 세로로 날씬해 보일 수 있고 100%보다

클수록 가로로 뚱뚱해 보일 수 있다. 자간은 글자 사이의 간격을 말하는 것으로서 0%보다 작을수록 글자가 겹칠 수 있고 0%보다 클수록 띄어쓰기를 한 것처럼 보일 수 있다.

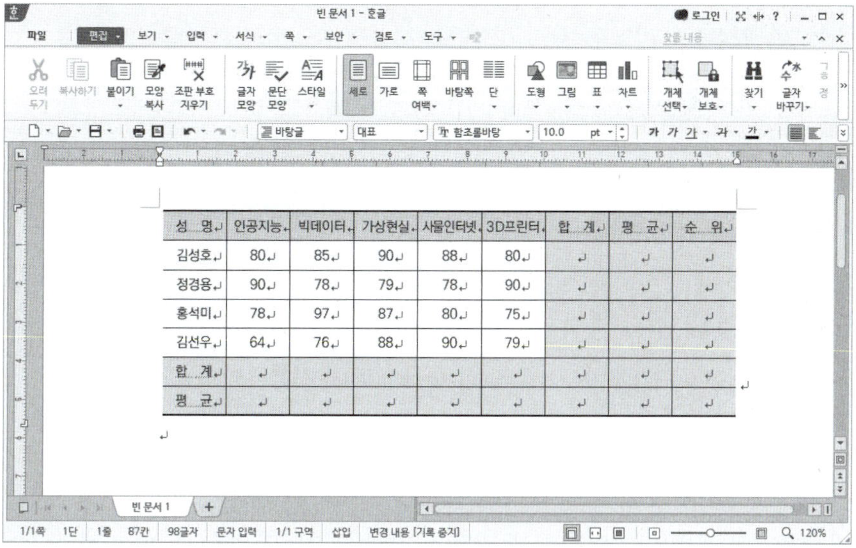

**step 11** 표 내부 오른쪽 하단 부분에는 특별한 내용이 입력될 필요가 전혀 없는 셀들이 모여 있다. 이와 같은 셀들은 가로와 세로 어느 방향의 제목에도 해당하지 않는 부분으로서 어쩌면 불필요한 부분이 될 수도 있다. 그러므로 표 내부의 불필요한 셀들은 대각선과 같은 표시를 하여 다른 셀들과 구분되게 해보도록 하자.

표 내부에서 불필요한 셀들을 마우스 왼쪽 버튼으로 클릭 및 드래그하여 모두 선택하도록 한다. 그런 다음 선택된 셀 위에서 다시 오른쪽 버튼을 클릭하여 메뉴가 나타나게 한다. [셀 테두리/배경(B)] – [각 셀마다 적용(E)]을 선택하여 [셀 테두리/배경] 대화 상자가 나타나게 한다.

이전 단계에서도 이미 언급하였듯이 대화 상자 [셀 테두리/배경]에는 탭 메뉴 [테두리], [배경] 및 [대각선]이 있는데, 여기서는 불필요한 셀 내부를 대각선으로 채우기 위한 목적으로 [셀 테두리/배경]을 호출하였으므로 탭 메뉴 [대각선]을 선택한다.

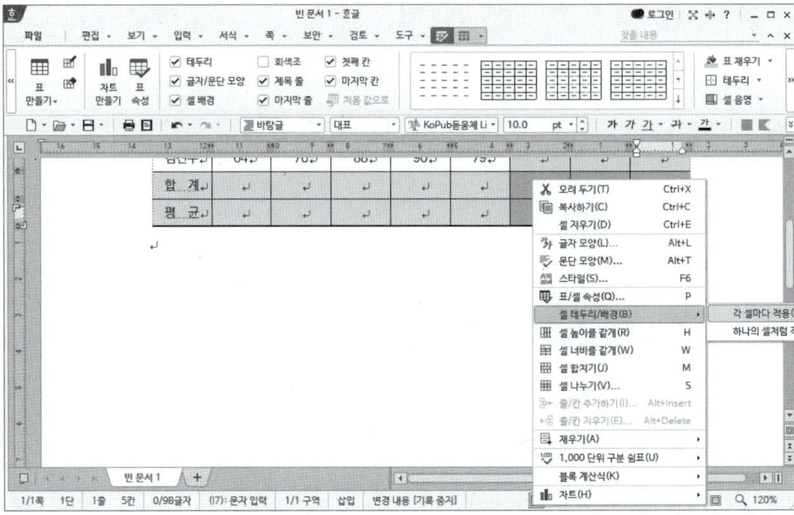


대각선의 종류, 굵기, 색상 및 방향 등을 적당히 선택하면, 오른쪽 〈미리 보기〉 부분에서 실행 결과를 미리 확인할 수 있다. 우리는 여기서 대각선의 방향을 두 가지로 선택하여 셀 내부에 'X' 모양의 테두리가 입력되도록 설정한다. 표의 불필요한 셀 내부에 입력할 대각선 모양이 결정되면 **[설정(D)]** 버튼을 클릭하여 대화 상자 **[셀 테두리/배경]**을 빠져 나간다.

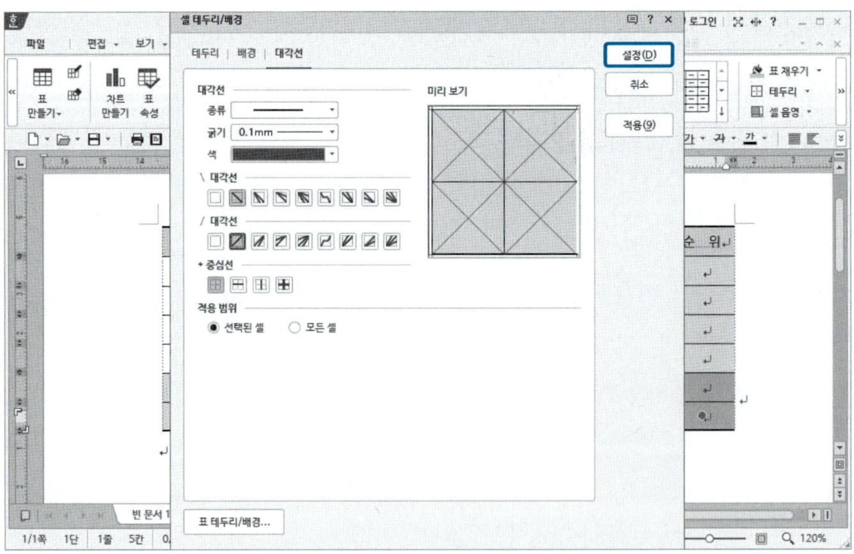

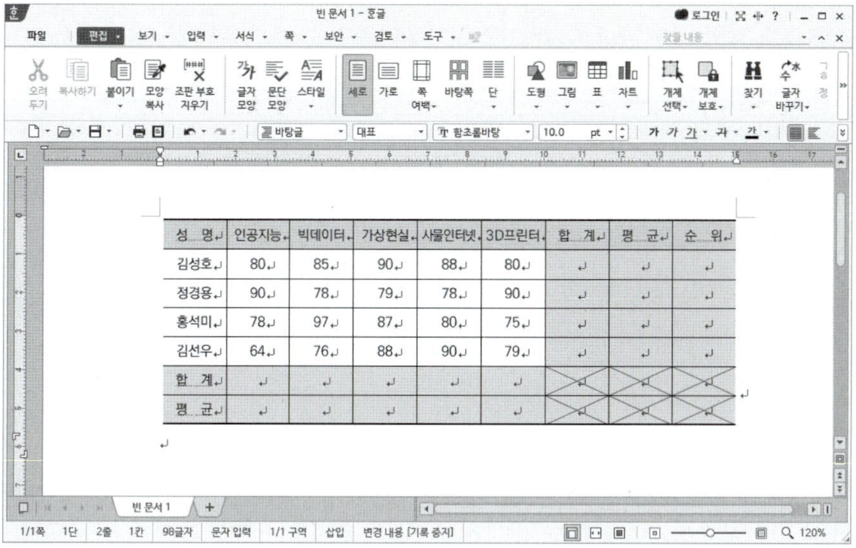


**step 12** 표에는 4명의 5개 교과목에 대한 성적이 입력되어있으나 '합계', '평균' 및 '순위' 등은 모두 비어 있다. 물론 합계, 평균 및 순위 등을 계산기 등을 이용해서 수작업으로 계산한 후 직접 입력할 수도 있다. 그러나 한글에서는 합계, 평균 등을 자동으로 계산하는 기능이 있다.

첫 번째 방법으로서 표 내부의 첫 번째 학생의 성적 데이터들에 대한 합계를 먼저 자동으로 계산하여 입력되도록 해보자. 첫 번째 학생의 성적 데이터 모두를 마우스 왼쪽 버튼으로 클릭 및 드래그하여 선택한 후 다시 마우스 오른쪽 버튼을 클릭하여 메뉴가 나타나게 한다. **[블록 계산식(K)] – [블록 합계(S)]**를 선택하면 첫 번째 학생의 '합계' 셀에 선택한 셀들의 합이 자동으로 입력되는 것을 확인할 수 있다. 이와 같은 방법으로 모든 학생에 대한 개인별 합계와 교과목별 합계를 자동으로 생성하여 입력되도록 한다.

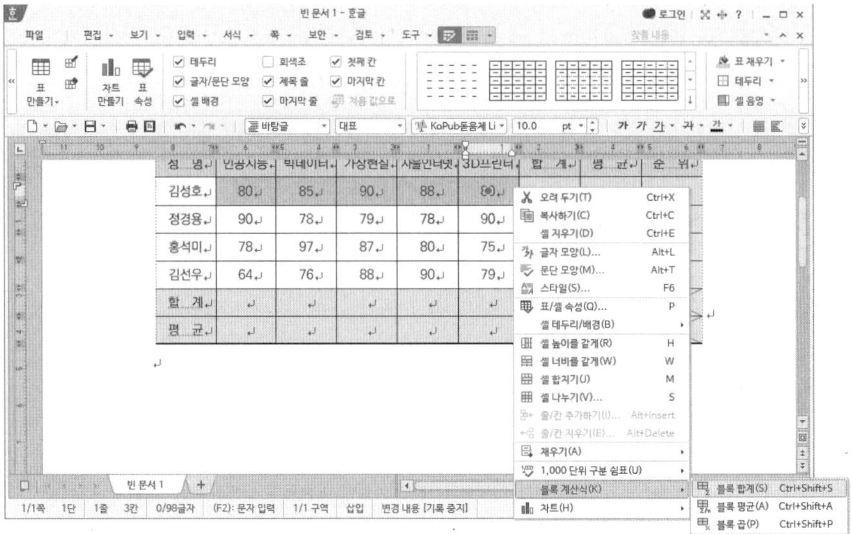


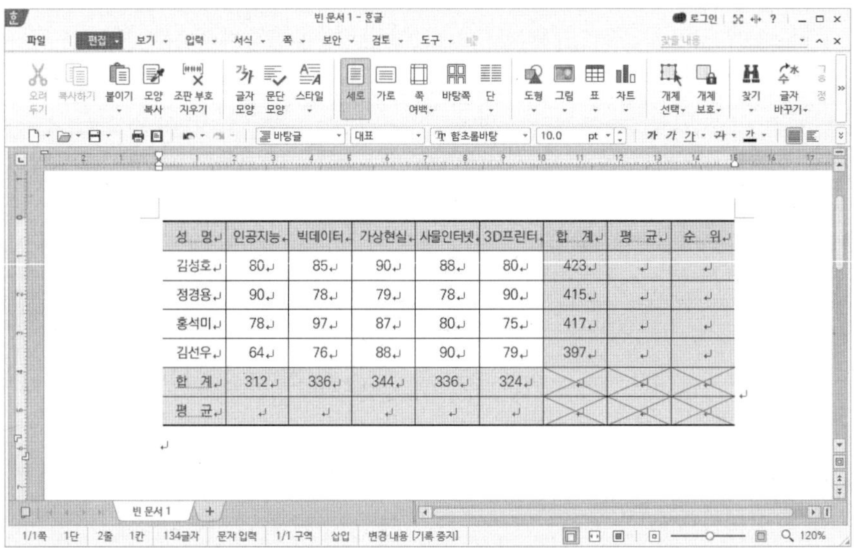


두 번째 방법으로서 표 내부의 첫 번째 학생의 성적 데이터들에 대한 합계를 먼저 자동으로 계산하여 입력되도록 한 후 나머지 학생들의 합계를 순서대로 자동 입력되게 해보자. 첫 번째 방법으로 첫 번째 학생에 대한 합계를 구한 후 첫 번째 학생의 합계 셀을 마우스로 클릭하여 선택하고 키보드의 〈F5〉 키를 눌러 셀 전체를 선택한다. 그런 다음 키보드의 〈Ctrl+C〉로 복사를 한 후 두 번째 학생의 합계 셀에 마우스를 클릭하고 키보드의 〈Ctrl+V〉로 붙여넣기 한다.

이때, 대화 상자 [셀 붙이기]가 나타나며, 〈덮어쓰기〉, 〈내용만 덮어쓰기〉 및 〈셀 안에 표로 넣기〉 등 3가지 종류의 붙이기 방법을 보여준다. 본 과정에서는 첫 번째 학생의 합계를 구하는 방법과 같이 동일한 교과목들에 대한 나머지 학생들의 합계를 구하기 때문에 〈내용만 덮어쓰기〉를 선택한 후 [붙이기(D)] 버튼을 클릭하여 대화 상자를 빠져 나가면 된다.

이와 같은 방법으로 학생 개인별 모든 합계를 키보드의 〈Ctrl+C〉와 〈Ctrl+V〉를 이용하면 첫 번째 방법보다 더 쉽고 효율적으로 데이터들의 합계를 자동 입력할 수 있다. 물론 교과목별 합계도 같은 방법으로 자동 입력되게 할 수 있다.

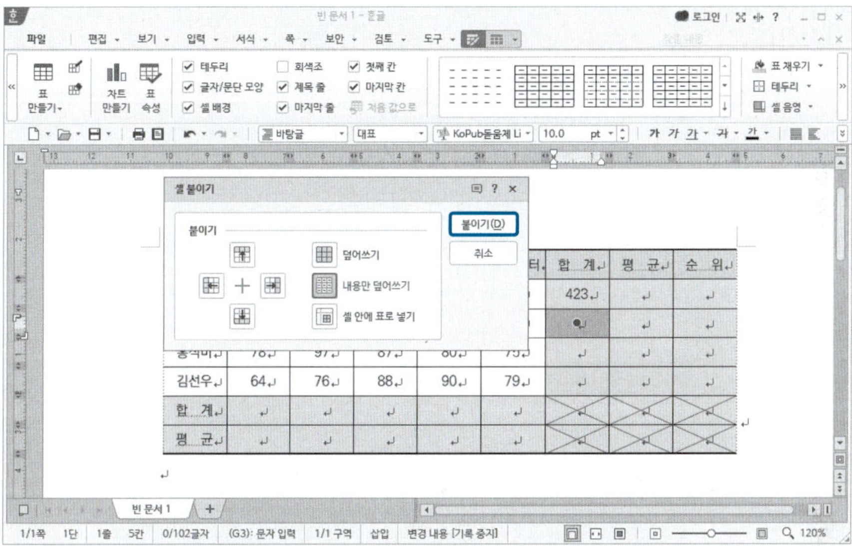

세 번째 방법으로는 학생들의 모든 교과목별 성적을 마우스 왼쪽 버튼으로 클릭 및 드래그하여 한꺼번에 선택한 후 다시 선택된 셀 위에서 마우스 오른쪽 버튼을 클릭하여 메뉴가 나타나게 한다. [블록 계산식(K)] – [블록 합계(S)]를 선택하면 가로와 세로의 모든 '합계' 셀에 셀들의 합이 자동으로 입력되는 것을 확인할 수 있다.

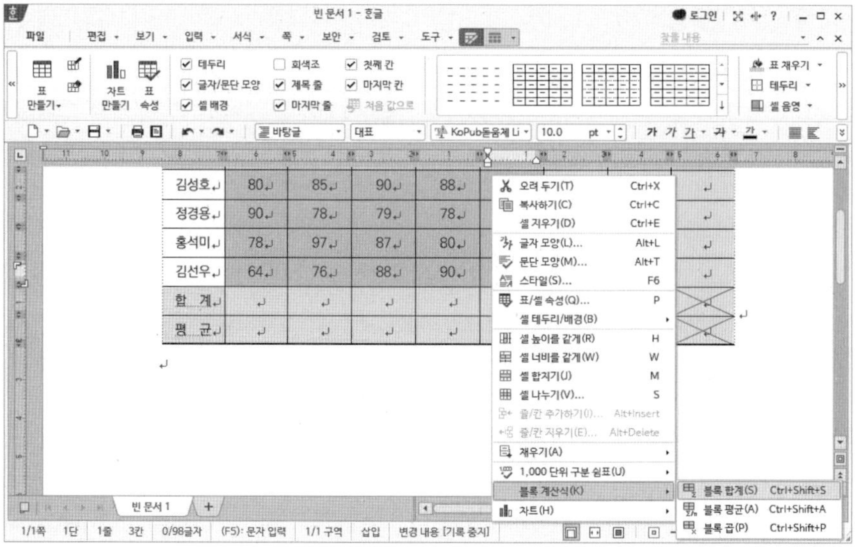


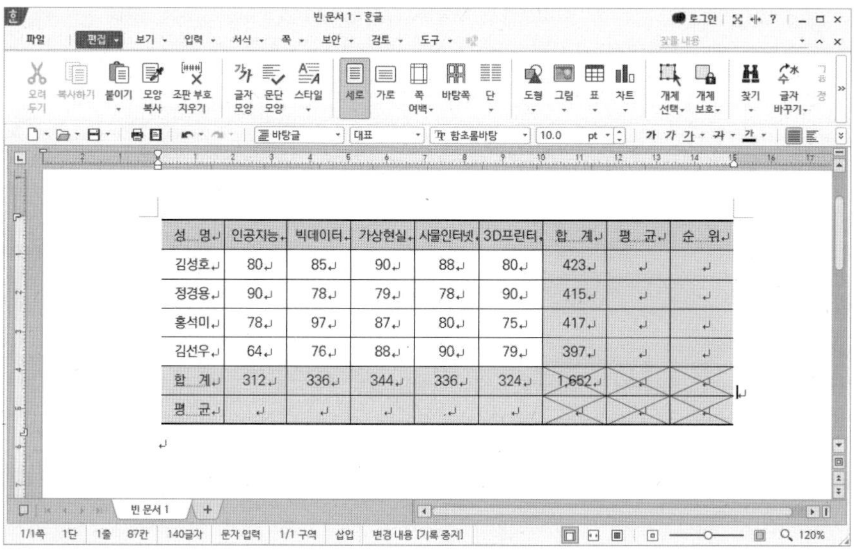


앞서 사용한 방법과의 차이점은 가로축과 세로축의 합계를 한꺼번에 모두 구해서 자동 입력한다는 장점도 있지만, 가로축의 합계와 세로축의 합계를 합한 합계도 자동 계산하여 입력된다는 단점도 있을 수 있다. 왜냐하면, 가로축의 합계와 세로축 합계의 합계가 필요할 수도 있지만 그렇지 않을 수도 있기 때문이다. 물론 불필요한 합계들의 합계는 자동 계산 후 해당하는 셀을 선택해서 삭제하여도 된다.

**step 13** 표에는 모든 합계가 자동으로 계산되어 입력되면 평균을 구해서 자동 입력되게 해보자. 평균을 자동으로 구하는 방법은 합계를 자동으로 구하는 방법과 유사한 부분도 있지만 조금 더 생각해야 하는 부분도 있다. 가장 효율적으로 자동 계산을 위한 방법은 액셀을 사용하는 것과 같이 계산식을 사용하는 것이다. 한글에서 계산식을 사용하기 전에 다음과 같이 표의 내부 셀들의 위치를 이해하고 있어야 한다.

| A1 | B1 | C1 | D1 | E1 | F1 | G1 | H1 | I1 |
|---|---|---|---|---|---|---|---|---|
| A2 | B2 | C2 | D2 | E2 | F2 | G2 | H2 | I2 |
| A3 | B3 | C3 | D3 | E3 | F3 | G3 | H3 | I3 |
| A4 | B4 | C4 | D4 | E4 | F4 | G4 | H4 | I4 |
| A5 | B5 | C5 | D5 | E5 | F5 | G5 | H5 | I5 |
| A6 | B6 | C6 | D6 | E6 | F6 | G6 | H6 | I6 |

표 내부 첫 번째 학생의 '평균' 셀을 마우스로 클릭한 후 마우스 오른쪽 버튼을 클릭하여 [계산식(F)]을 선택하면 대화 상자 [계산식]이 나타난다.

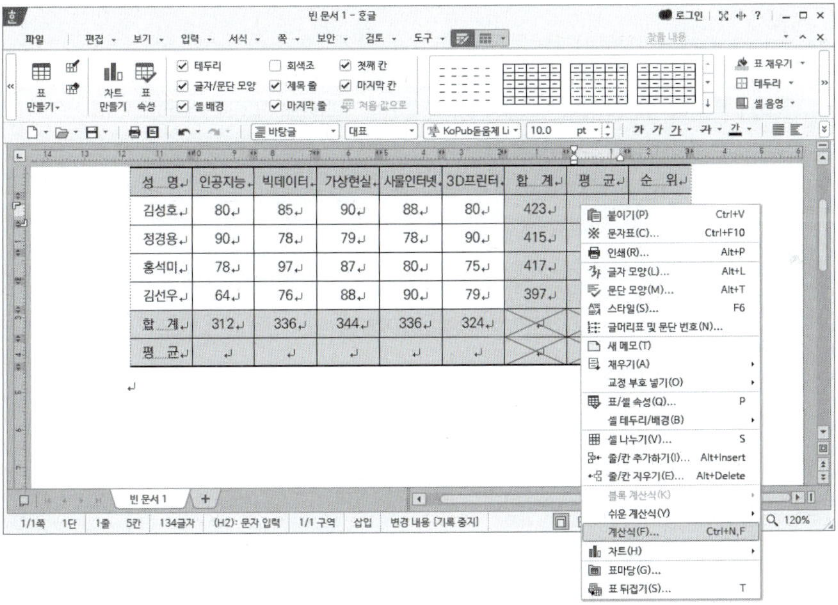

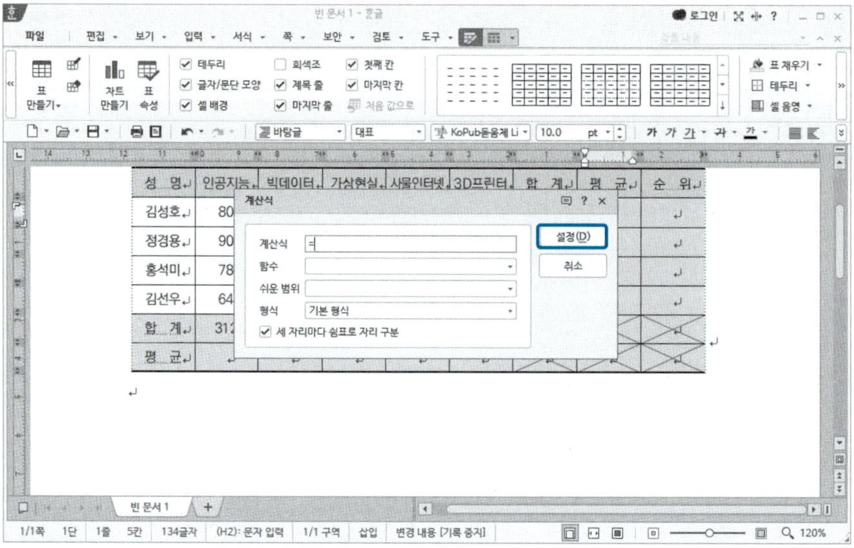

**step 14** 대화 상자 **[계산식]**에서 〈함수〉를 클릭하여 'AVG(..) AVERAGE(..)'을 선택하고, 계산식에서 'AVG(G2/5)'를 입력한다.

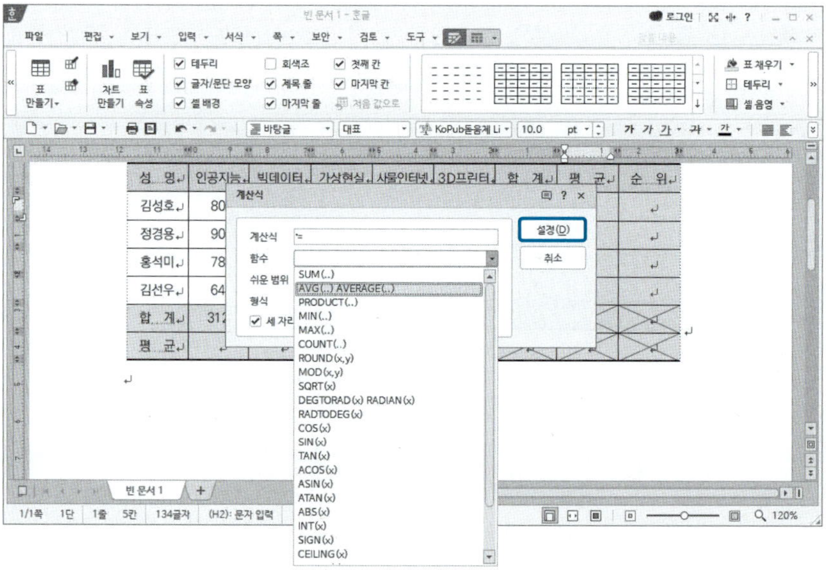

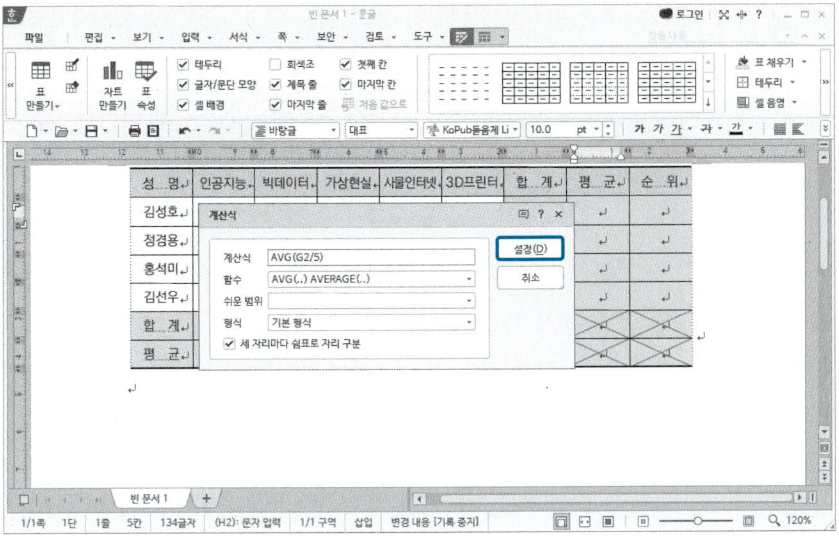


여기서 첫 번째 학생의 개인별 성적 평균을 구하기 위한 계산식에 왜 'AVG(G2/5)'를 입력하였는지는 다음 2개의 표를 보면서 분석해보자. 즉, 첫 번째 학생의 평균은 5개 교과목의 성적 합계를 교과목 수인 5로 나누면 평균을 구할 수 있다. 그러므로 계산식은 첫 번째 학생의 성적 합계 셀의 위치(G2)를 교과목 개수인 5로 나누면 된다. 나머지 학생들의 성적 평균값도 같은 방법으로 계산식을 이용하여 자동 계산된 성적 평균값이 입력되도록 해본다.

| A1 | B1 | C1 | D1 | E1 | F1 | G1 | H1 | I1 |
|---|---|---|---|---|---|---|---|---|
| A2 | B2 | C2 | D2 | E2 | F2 | G2 | H2 | I2 |
| A3 | B3 | C3 | D3 | E3 | F3 | G3 | H3 | I3 |
| A4 | B4 | C4 | D4 | E4 | F4 | G4 | H4 | I4 |
| A5 | B5 | C5 | D5 | E5 | F5 | G5 | H5 | I5 |
| A6 | B6 | C6 | D6 | E6 | F6 | G6 | H6 | I6 |

| 성 명 | 인공지능 | 빅데이터 | 가상현실 | 사물인터넷 | 3D 프린터 | 합 계 | 평 균 | 순 위 |
|---|---|---|---|---|---|---|---|---|
| 김성호 | 80 | 85 | 90 | 88 | 80 | 423 | 84.6 | |
| 정경용 | 90 | 78 | 79 | 78 | 90 | 415 | 83 | |
| 홍석미 | 78 | 97 | 87 | 80 | 75 | 417 | 83.4 | |
| 김선우 | 64 | 76 | 88 | 90 | 79 | 397 | 79.4 | |
| 합 계 | 312 | 336 | 344 | 336 | 324 | | | |
| 평 균 | 78 | 84 | 86 | 84 | 81 | | | |

학생별 평균 자동 계산이 끝났으면 교과목별 성적 평균을 자동으로 구해서 입력되게 해보자. 예를 들어 인공지능 교과목의 성적 평균을 구하기 위해 인공지능 교과목의 '평균' 셀을 마우스 왼쪽 버튼으로 클릭한 후 다시 마우스 오른쪽 버튼을 클릭하여 **[계산식(F)]**을 선택하면 대화 상자 **[계산식]**이 나타난다. 그리고 대화 상자 **[계산식]**에서 〈함수〉를 클릭하여 'AVG(..) AVERAGE(..)'을 선택하고, 계산식에서 'AVG(B6/4)'를 입력한다.

마찬가지로 인공지능 교과목 성적의 평균을 구하기 위한 계산식에 왜 'AVG(B6/4)'를 입력하였는지 위의 2개의 표를 보면서 분석해보자. 즉, 인공지능 교과목 성적의 평균은 4명의 학생 성적을 모두 합한 합계를 학생 수인 4로 나누면 구할 수 있다. 그러므로 계산식은 인공지능 교과목 성적의 합계 셀의 위치(B6)를 학생 수인 4로 나누면 된다. 나머지 교과목들의 성적 평균값도 같은 방법으로 계산식을 이용하여 자동 계산된 평균값이 입력되도록 해본다.

표 내부 데이터 입력의 마지막 '순위' 부분은 직접 입력해보기 바란다.

**step 15** 표 내부에서 차트를 생성하기 위해 기본적으로 선택해야 하는 부분은 첫 줄의 교과목명 5개와 두 번째 줄에서 다섯 번째 줄까지 학생 이름과 모든 교과목별 성적을 마우스 왼쪽 버튼으로 클릭 및 드래그하여 선택한다. 그리고 선택된 셀 위에서 마우스 오른쪽 버튼을 클릭하여 **[차트(H)]**를 선택한 후 〈세로 막대형〉에서 '3차원 묶은 세로 막대형'을 선택하자. 본 단계에서는 '3차원 묶은 세로 막대형'을 선택하여 실습을 해보고 있지만, 본인 취향에 따라 다양한 유형의 차트들 중 가장 마음에 들거나 차트를 제작하는 목적에 따라 시각적으로 가장 유용하다고 생각되는 템플릿을 선택하여 활용해보기 바란다.

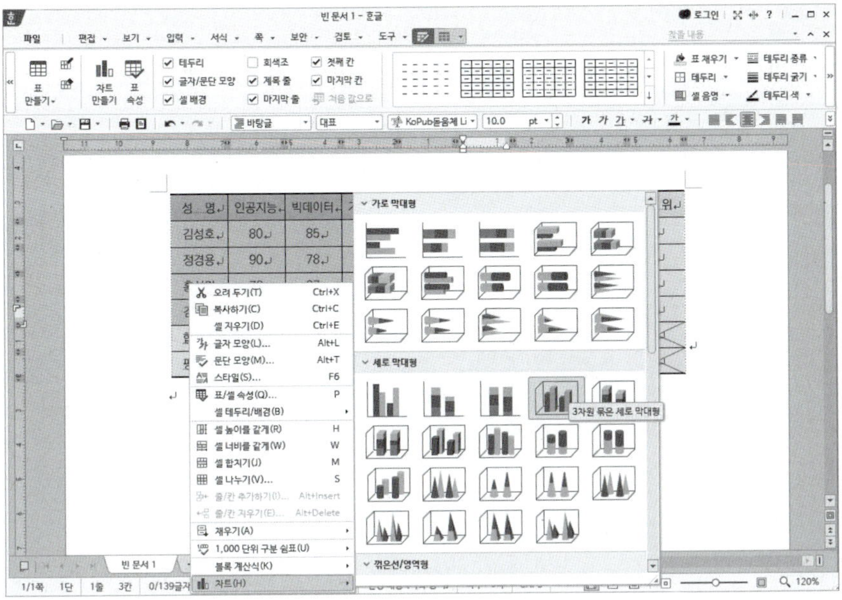

**step 16** '3차원 묶은 세로 막대형'을 선택하면 표 아랫부분에 차트 기본형이 삽입되면서 대화 상자 [**차트 데이터 편집**]이 나타난다. 만약 차트 제작을 위한 데이터의 행, 열 혹은 값의 수정이 필요하면 [**차트 데이터 편집**] 대화 상자에서 수정, 보완 및 개선이 가능하다. 그리고 차트 데이터에 이상이 없거나 편집이 완료되면 대화 상자 [**차트 데이터 편집**]을 닫는다.

차트의 기본형에는 차트의 제목이 '차트 제목'으로, 교과목명이 범례로, 4명의 학생별 교과목 성적을 막대그래프로 표현하고 있다. 본 차트는 가로축이 학생이고 세로축이 성적이며 범례가 교과목명인데, 가로축과 세로축을 전환할 수도 있다. 이를 위해서는 차트가 선택된 상태에서 [**차트 디자인**] 도구상자의 [**줄/칸 전환**]을 선택하면 된다. 즉, 가로축과 세로축을 전환하면 범례가 학생 이름이 되고 가로축은 교과목명이고 세로축은 성적이 된다.

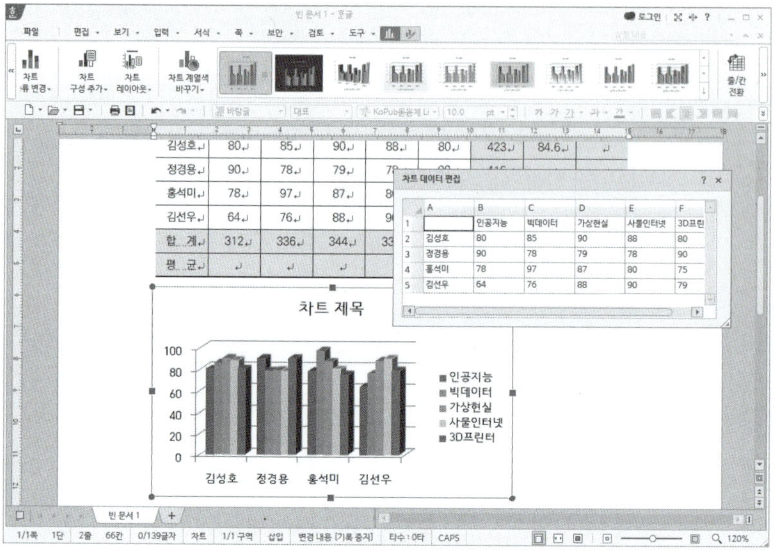

**step 17** 차트의 도구상자에서 **[차트 종류 변경]**을 통해 차트의 종류를 변경할 수 있다. 차트의 종류에는 '가로 막대형', '세로 막대형', '꺾은선/영역형', '원형', '분산형' 및 '기타' 등으로 구분되며 각 항목마다 세부적으로 다양한 유형을 가지고 있다. 어떤 종류의 차트가 '좋다' 혹은 '나쁘다'라고 말할 수는 없으며, 본인이 직접 데이터를 이용해서 다양한 차트를 작성해보고 판단하는 것이 가장 좋다. 단, 차트를 이용하는 목적에 가장 잘 맞는 차트를 선택해야 한다는 것은 분명하다.

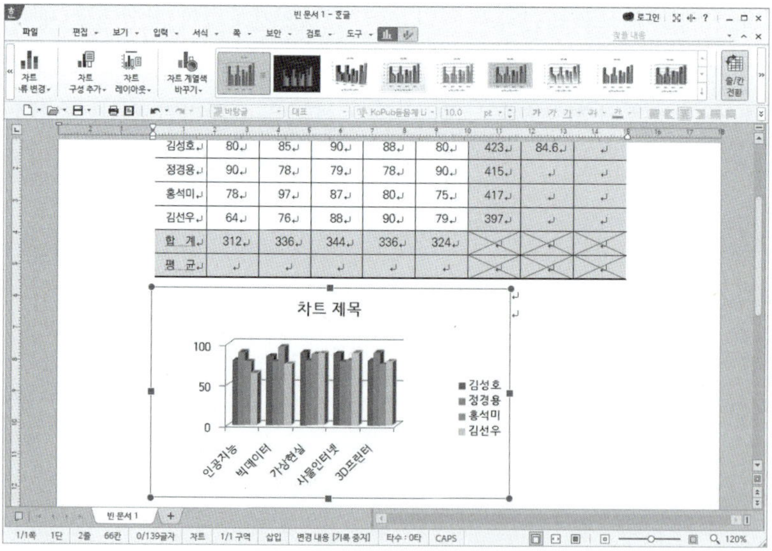

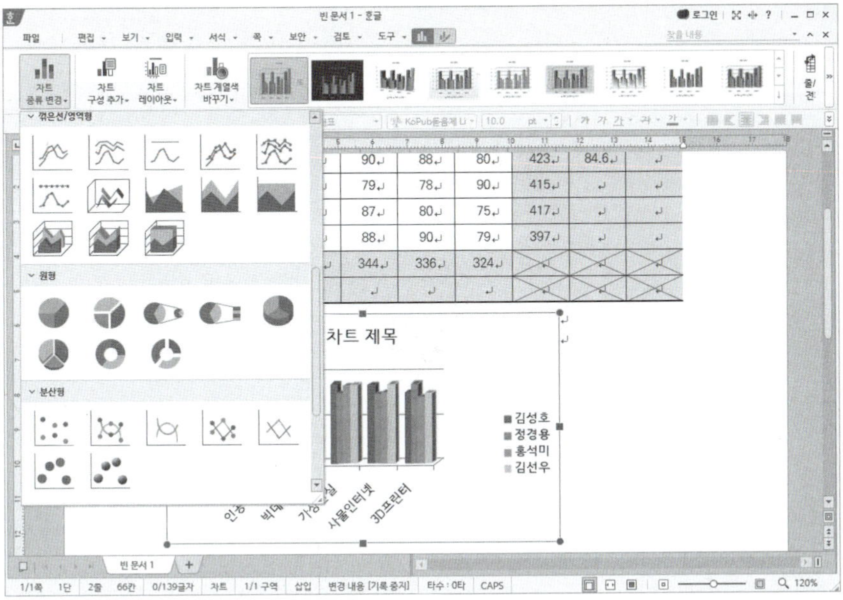

**step 18** 차트의 도구상자에서 **[차트 레이아웃]**을 통해 차트의 레이아웃을 변경할 수 있다. 레이아웃은 10가지 종류가 있는데, 차트의 종류처럼 어떤 레이아웃이 '좋다' 혹은 '나쁘다'라고 말할 수는 없으며, 본인이 직접 데이터를 이용해서 다양한 차트 레이아웃을 적용해보고 판단하는 것이 가장 좋다. 단, 차트를 이용하는 목적에 가장 잘 맞는 차트 레이아웃을 선택해야 한다는 것은 분명하다.

마지막으로 차트의 제목 변경하기, 글꼴 변경하기, 배경 색상 삽입하기 등 다양한 추가 변경이 가능하므로 하나하나 실습을 통해 학습할 수 있도록 한다. 차트의 제목 변경을 위해서는 차트의 제목을 마우스 왼쪽 버튼을 선택한 후 다시 오른쪽 버튼을 클릭하여 메뉴가 나타나게 하고 **[제목 편집(A)]**를 선택하면 제목 내용과 글꼴 수정이 가능하다. 범례나 가로축, 세로축 등 문자들은 모두 동일하게 마우스 왼쪽 버튼으로 선택한 후 다시 오른쪽 버튼을 클릭하여 메뉴가 나타나면 **[글자 모양 편집(L)]**을 선택하면 글자와 관련된 내용 수정이 가능하다.

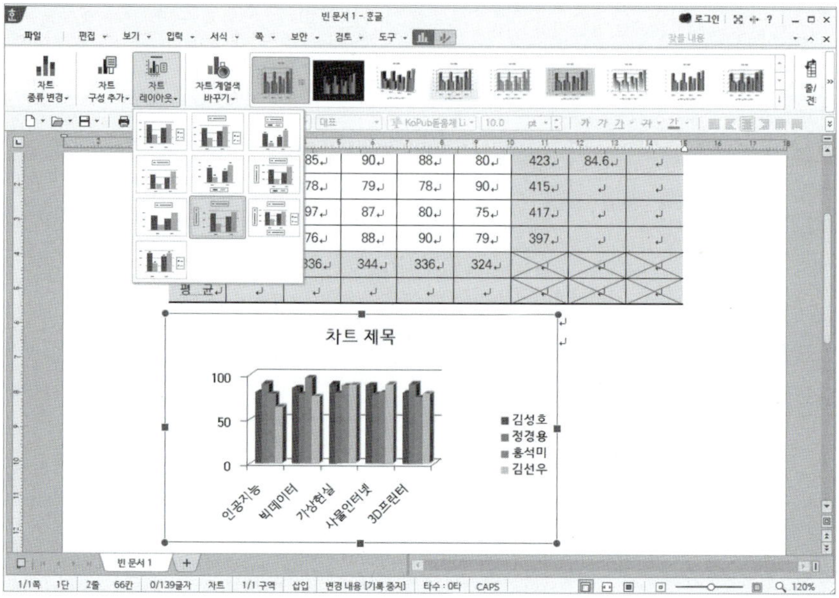

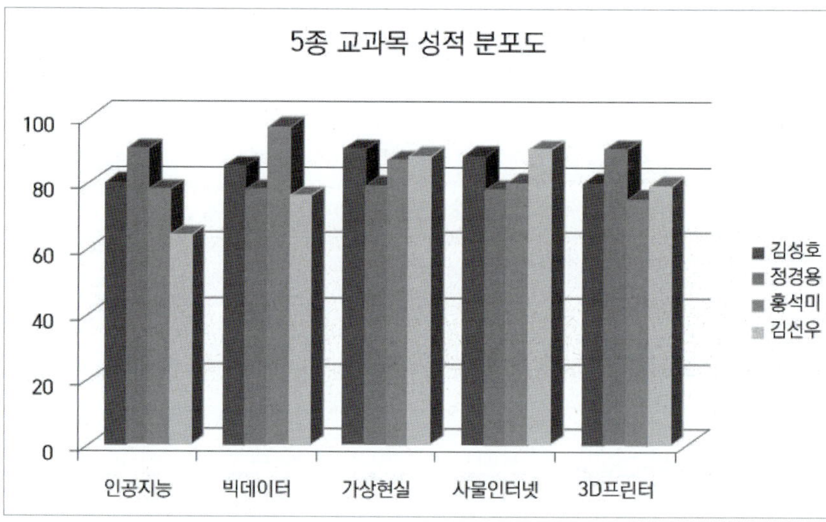


## 2.3 수학 시험 문제지 만들기

초중고교 재학 시절 수학 교과목은 학생들에게 학업에 대한 어려움과 두려움을 가져준 가장 대표적인 학문 분야이다. 최근에는 '수포자'라는 용어까지 등장하여 생활 속에서 활용되고 있다. 그러나 수학은 공학 분야에서는 필수적으로 사용되는 매우 중요한 교과목이다. 그러므로 본 절에서는 이와 같은 수학 교과목에서 주로 많이 보았던 문제들을 직접 한글을 사용하여 작성해보는 시간을 가지고자 한다.

1. 다음 이차 방정식 $ax^2+bx+c=0$, 단, $a,b,c$은 실수이고, $a$가 0이 아닐 때, 이 방정식의 두 해 $x_1, x_2$ 을 구하기 위한 근의 공식은?

① $a^2+b^2=c^2$ ② $\frac{a}{b}\times\frac{c}{d}=\frac{ac}{bd}$ ③ $a^n=a\times a^{n-1}$

④ $\sin\alpha+\sin\beta=2\sin(\frac{\alpha+\beta}{2})\cos(\frac{\alpha-\beta}{2})$ ⑤ $x_{1,2}=\frac{-b\pm\sqrt{b^2-4ac}}{2a}$

**step 1** 먼저 글꼴('휴먼명조')과 글자 크기('10pt')를 설정한 다음, 문제에서 수식을 제외한 문자들을 입력한다. 이때 수식이 들어갈 부분들은 한 칸 정도 비워 두는 게 좋다.

1. 다음 이차 방정식 , 단, 은 실수이고, 가 0이 아닐 때, 이 방정식의 두 해 을 구하기 위한 근의 공식은?

① ② ③

④ ⑤

**step 2** 문제에 있는 수식 $ax^2+bx+c=0$을 먼저 입력하자. 수식을 입력하기 위해서는 수식 편집기를 사용하면 되는데, 메뉴 [입력] – [수식(S)]를 선택하거나 단축키 〈Ctrl+N, M〉을 사용하여 대화 상자 [수식 편집기]가 나타나게 한다. 또 다른 방법으로는 메뉴 [입력]의 도구상자에서 [수식(S)]을 선택하고 [일반(A)], [분수/지수(B)], [도형(C)], [기타 공식(D)] 및 [수식 편집기(E)] 중에서 선택할 수 있다. 여기서 [수식 편집기]는 기존의 한글 버전에서 사용하던 것과 동일하지만 나머지 메뉴들은 수식의 유형에 따라 선택해서 사용할 수 있도록 구분하였으며, 미리 만들어진 대표적인 수식들을 다수 개 보여줌으로써 쉽게 선택할 수 있도록 하고 있다. 만약 입력하고 싶은 수식과 동일하거나 유사한 수식이 있으면 선택해서 사용하면 되지만, 그렇지 않으면 [수식 편집기]를 선택해서 직접 만들면 된다. 본 단계에서는 메뉴 [입력] – [수식(S)] – [일반(A)] 혹은 메뉴 [입력]의 도구상자에서 [수식]을 선택한 후 [일반(A)]에서 수식 $ax^2+bx+c=0$과 유사한 수식 $a^2+b^2=c^2$을 선택하여 불러온 후 수정하기로 한다.

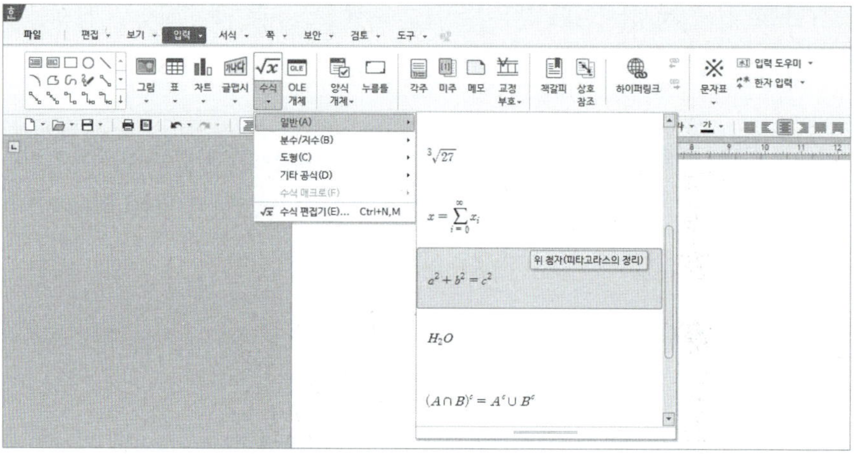

**step 3** 수학 문제에 삽입된 수식 $a^2+b^2=c^2$ 을 마우스로 더블클릭하여 대화 상자 **[수식 편집기]**가 나타나게 한다. **[수식 편집기]** 대화 상자 내부에는 수식 $a^2+b^2=c^2$ 이 그대로 나타나는 것을 확인할 수 있다.

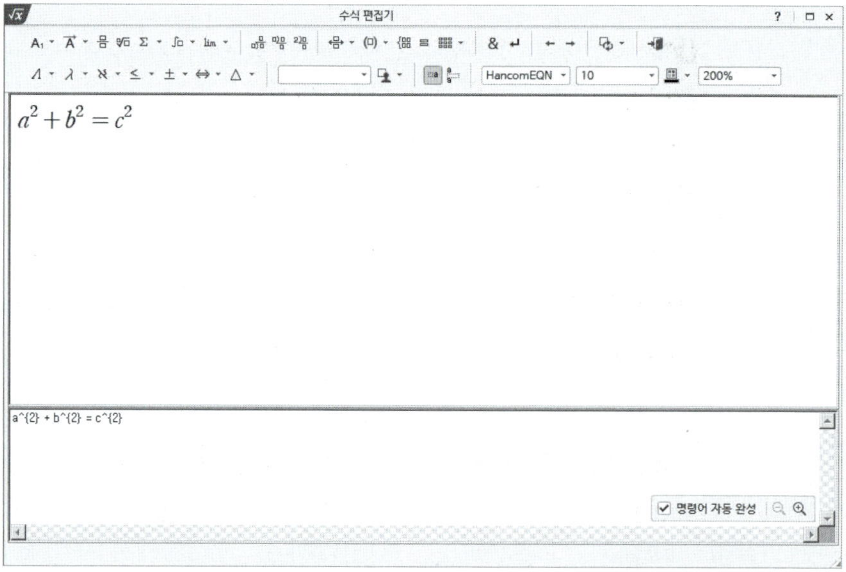

**step 4** 수식 $a^2+b^2=c^2$을 이용해서 $ax^2+bx+c=0$으로 수정한다.

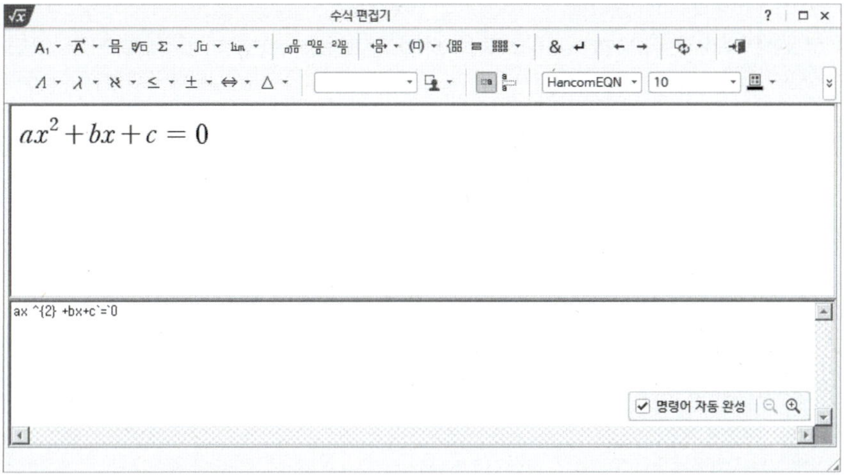

**step 5** 문제의 문장들이 모두 작성되면 보기 다섯 개도 연속적으로 작성해보자.

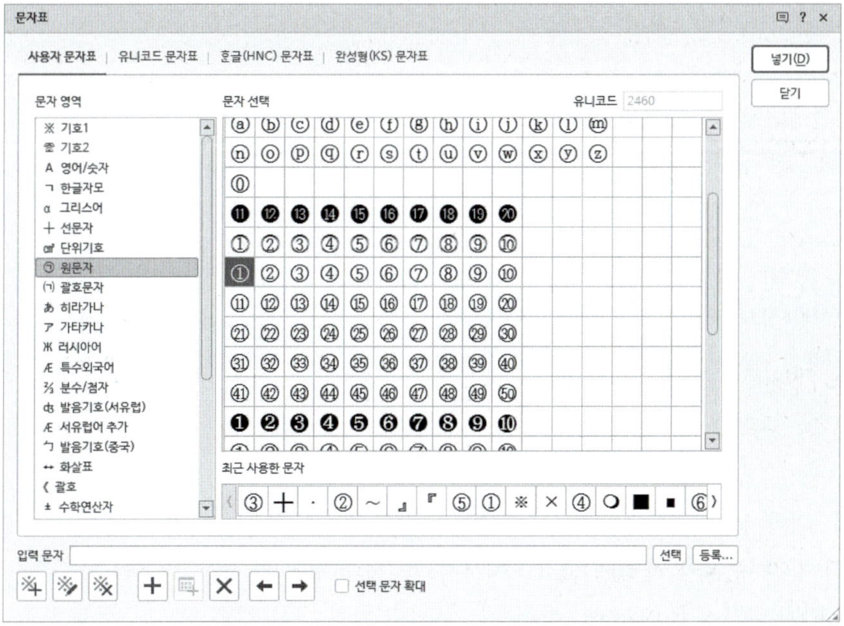

보기의 번호 '①, ②, ③, ④ 및 ⑤'는 메뉴 [입력] – [문자표(C)]를 선택하거나 메뉴 [입력]의 도구상자에서 [문자표]를 클릭한 후 [문자표(A)]를 선택하여 [문자표] 대화 상자가 나타나게

한다. 대화 상자 **[문자표]**의 탭 메뉴 **[사용자 문자표]**에서 **[문자 영역]**의 **[원문자]**를 선택하고 오른쪽 **[문자 선택]**에서 '①'을 찾아 선택한 후 **[넣기(D)]** 버튼을 클릭하여 대화 상자를 빠져 나가면 본문에 '①'이 입력된다. 이와 같은 방법으로 보기 번호 다섯 개를 모두 입력한다.

**step 6** 문제의 보기를 입력하는 또 다른 방법은 **[글자 겹치기]**를 사용하는 것인데, 메뉴 **[입력]** – **[입력 도우미(N)]** – **[글자 겹치기(W)]**를 선택하거나 메뉴 **[입력]**의 도구상자에서 **[입력 도우미]**를 클릭하고 **[글자 겹치기(W)]**를 선택하여 대화 상자 **[글자 겹치기]**가 나타나게 하는 것이다.

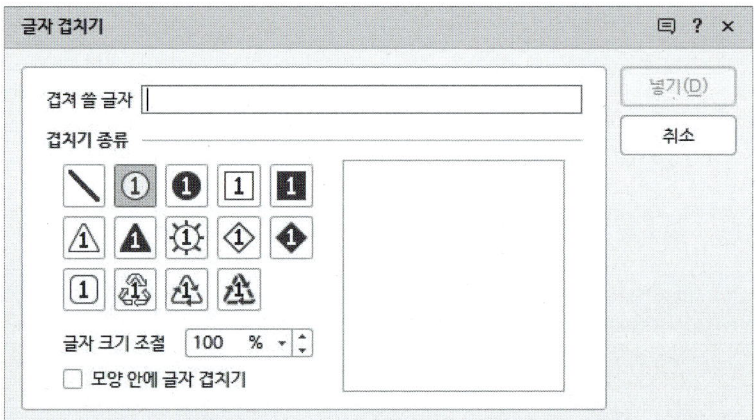


※ 메뉴 [입력] - [문자표(C)]를 사용하는 것보다 메뉴 [입력]에서 도구상자의 [입력 도우미] - [글자 겹치기(W)]가 더 좋은 이유는 [문자표]에서는 기본적으로 ①부터 ㊿까지만 지원하지만, [글자 겹치기(W)] 에서는 ①부터 ⑨⑨까지 매우 큰 숫자를 가진 원문자에 대하여 자유롭게 입력이 가능하기 때문이다.

**step 7** 대화 상자 **[글자 겹치기]**에서 **[겹쳐 쓸 글자]**에 숫자('1')를 입력하고, **[겹치기 종류]**에서 여러 가지 종류의 아이콘 중 '①(원문자)'을 선택하고 **[넣기(D)]** 버튼을 클릭하여 대화 상자를 빠져 나간다. 이와 같은 방법으로 보기의 기호 다섯 개를 모두 작성한다.

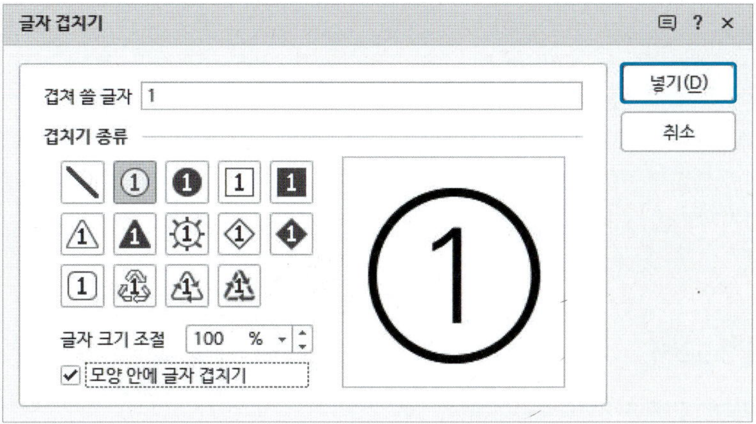


**step 8** 문제와 보기 번호 다섯 개를 모두 작성하였으면, 모든 보기의 수식을 모두 작성하여 수학 문제 작성을 완성한다.

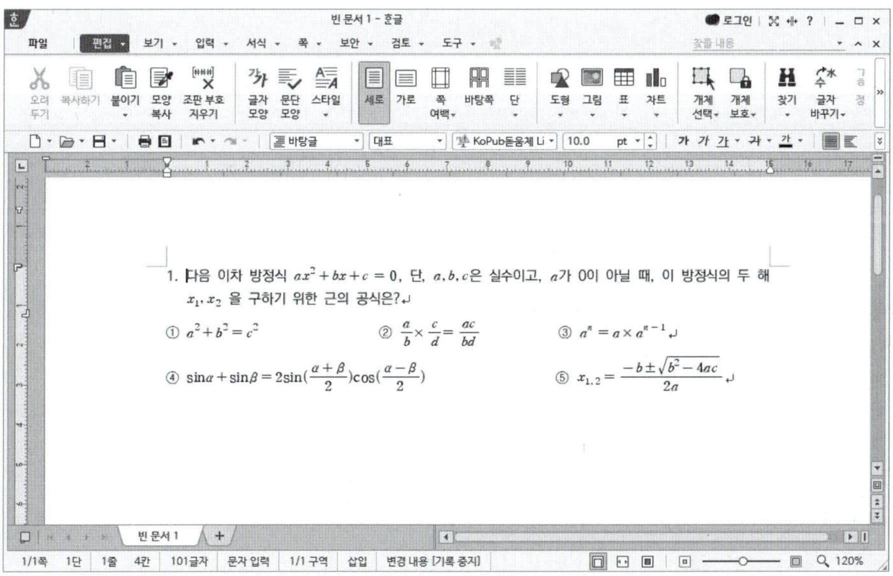

# 연습문제

**1.** 다음은 대학수학능력 문제지를 가상으로 만들어 본 것이다. 한글의 [다단], [문자표], [그림], [그리기마당] 및 [수식] 등을 사용하여 다음과 같이 문제지를 만들어 보시오.

## 20XX학년도 대학수학능력 문제지

(제 2 교시)

## 수학 영역 (A형)

### 5지선다형

1. $8^{\frac{1}{3}} \times 9^{\frac{1}{2}}$의 값은? [2점]

① 5 ② 4 ③ 3 ④ 2 ⑤ 1

2. 두 행렬 $A=\begin{pmatrix}1 & 2\\1 & 0\end{pmatrix}$, $B=\begin{pmatrix}0 & 1\\3 & 2\end{pmatrix}$에 대하여 행렬 $A+2B$의 모든 성분의 합은? [2점]

① 5 ② 4 ③ 3 ④ 2 ⑤ 1

3. $\lim_{n\to\infty}\frac{2\times 3^{n+1}+5}{3^n}$의 값은? [2점]

① 6 ② 7 ③ 8 ④ 9 ⑤ 10

4. 그래프와 그 그래프의 각 꼭짓점 사이의 연결 관계를 나타내는 행렬이 다음과 같을 때, $a+b+c+d+e$의 값은? [3점]

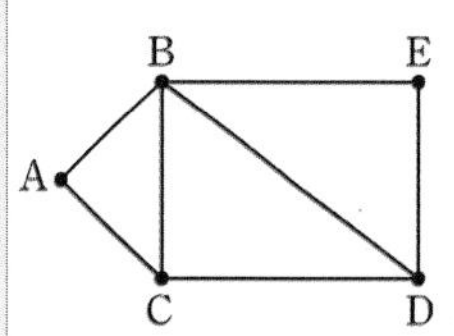


$$\begin{array}{c} \\ \text{A}\\ \text{B}\\ \text{C}\\ \text{D}\\ \text{E}\end{array}\begin{array}{c}\begin{array}{ccccc}\text{A} & \text{B} & \text{C} & \text{D} & \text{E}\end{array}\\ \begin{pmatrix}0 & 1 & 1 & 0 & a\\1 & 0 & 1 & b & 1\\1 & 1 & c & 1 & 0\\0 & d & 1 & 0 & 1\\e & 1 & 0 & 1 & 0\end{pmatrix}\end{array}$$

① 5 ② 4 ③ 3 ④ 2 ⑤ 1

5. 함수 $f(x)=2x^2+ax$에 대하여 $\lim_{h\to 0}\frac{f(1+h)-f(1)}{h}=6$일 때, 상수 $a^2$의 값은? [3점]

① 16 ② 4 ③ 0 ④ 4 ⑤ 16

6. 첫째항이 $6$이고 공차가 $d$인 등차수열 $\{a_n\}$의 첫째항부터 제 $n$항까지의 합을 $S_n$이라 할 때, $\frac{a_8-a_6}{S_8-a_6}=2$가 성립한다. $d^2$의 값은? [3점]

① 1 ② 4 ③ 9 ④ 16 ⑤ 25

7. 두 사건 $A$, $B$가 서로 독립이고 $\mathrm{P}(A)=\frac{1}{3,}\mathrm{P}(B)=\frac{1}{3}$일 때, $\mathrm{P}(A\cap B^C)$의 값은? (단, $B^C$은 $B$의 여사건이다.) [3점]

① $\frac{5}{27}$ ② $\frac{2}{9}$ ③ $\frac{7}{27}$ ④ $\frac{8}{27}$ ⑤ $\frac{1}{3}$

8. 곡선 $y=x^2-4x+3$과 직선 $y=3$으로 둘러싸인 부분의 넓이는? [3점]

① $10$ ② $\frac{31}{3}$ ③ $\frac{32}{3}$ ④ $11$ ⑤ $\frac{34}{3}$

※ 출처 : 20XX학년도 대학수학능력시험 수학영역 문제, http://blog.daum.net/istiger/381

2. 메뉴 [파일] – [인쇄(P)]의 탭 메뉴 [워터마크]에서 [그림 워터마크]를 사용하여 다음 그림과 같이 상장을 작성하시오.

제 20XX-01 호

상 장

대상/총장상

학　과 : ○○○○학과
학　년 : ○학년
성　명 : ○ ○ ○
아이디어 제목 : ○○○ ○○ ○○○ ○○○○○

위 교육생은 20XX 한국XXXX XX XX인재육성 지원사업에서 시행한 『창의융합 스마트XX상품 아이디어 경진대회』에서 우수한 성적을 거두었기에 상장을 수여합니다.

20XX 년 XX 월 XX 일

OO대학교 총장 ○ ○ ○

3. 메뉴 [입력(D)]의 [표], [그리기 개체], [그림], [그리기마당], [스크린 샷], [글상자] 및 [글맵시] 등을 적절히 사용하여 탁상용 달력을 다음과 같이 제작해보시오.

4. 디지털 카메라나 스마트폰 등으로 가족이나 친한 친구들과 함께 찍은 사진들을 이용하여 올해 1월부터 12월까지 나만의 탁상용 달력을 직접 만들어 보시오.

5. 메뉴 [입력]의 도구상자에서 [표]를 이용하여 본인의 이번 학기 주간 수업 시간표를 제작해 보시오. 단, A4 용지 방향을 가로로 변경하여 작성하시오.

6. 다음은 모 회사의 입사지원서 양식이다. 본인이 회사에 취업을 위하여 입사지원서를 작성한다고 가정하고 다음 페이지의 입사지원서를 한글로 만든 후 각 항목마다 내용을 작성하여 입사지원서를 완성하시오.

7. 다음은 정부서울청사 인사혁신처의 나라일터(Government Jobs)에서 제공하는 이력서 양식이다. 본인이 회사에 취업을 위하여 이력서를 작성한다고 가정하고 다음 페이지의 이력서를 한글로 만든 후 각 항목마다 내용을 작성하여 입사지원서를 완성하시오.

# 입 사 지 원 서

| 접수번호<br>(미기재) | | 지원분야<br>(한개 분야만√표기)<br>* 중복지원하면 접수되지 않습니다. | 계 약 직 | 기획 및 예·결산 ( ) |
|---|---|---|---|---|
| | | | | 정보보안 ( ) |
| | | | | 연구성과 관리 ( ) |
| | | | | 행정인턴 ( ) |

| 〈 사진 〉<br>(6개월 이내 반명함판) | 성명 | 한 글 | | 한 자 | | 영 문 | |
|---|---|---|---|---|---|---|---|
| | 생 년 월 일 | | (만 세) | | | | |
| | 주 소 | | | | | | |
| | 연 락 처 | 자택전화 | | 휴대전화 | | | |
| | | e-mail | | | | | |

| 학력 | 기 간 | 학 교 명 | 전 공 | 학 위 |
|---|---|---|---|---|
| | ~ | *고등학교부터 기재 | | |
| | ~ | | | |
| | ~ | | | |

| 경력사항 | 근 무 처 | 직 위 | 근 무 기 간 | 담 당 업 무 |
|---|---|---|---|---|
| | | | ~ | |
| | | | ~ | |
| | | | ~ | |

| 병역 | 복 무 기 간 | 군 별 | 계 급 | 병과 | 미 필 또 는 면 제 사 유 |
|---|---|---|---|---|---|
| | ~ | | | | |

| 자격및면허 | 자 격 증 명 | 취득일자 | 발 행 처 | 외국어 | 외국어명 | 어학능력/점수 |
|---|---|---|---|---|---|---|
| | | | | | | |
| | | | | | | |
| | | | | | | |

| 가족사항 | 관 계 | 성 명 | 생 년 월 일 | 직 업 | 기타사항 |
|---|---|---|---|---|---|
| | | | | | |
| | | | | | |
| | | | | | |
| | | | | | |
| | | | | | |

위에 기재한 사항은 사실과 다름이 없습니다.

20 년 월 일

성 명 : (서명)

# 이 력 서

| 지원분야 | |
|---|---|
| 희망연봉 | |

NO.

| 〈 사진 〉<br>(6개월 이내<br>반명함판) | 성명 | 한글 | | 연락처 | 전화 | |
|---|---|---|---|---|---|---|
| | | 한자 | | | 휴대폰 | |
| | | 영문 | | | | |
| | 주민등록번호 | | | | E-Mail | |
| | 생 년 월 일 | | | | | |
| | 본 적 | | | | | |
| | 현 주 소 | | | | | |

| 학력 | 기 간 | 학 교 명 | 전 공 | 학 점 | 소재지 |
|---|---|---|---|---|---|
| | | | | | |
| | | | | | |
| | | | | | |

| 주요경력 | 근 무 기 간 | 회 사 명 | 직 위 | 담당부서 | 업무내용 | 퇴사사유 |
|---|---|---|---|---|---|---|
| | | | | | | |
| | | | | | | |
| | | | | | | |

| 자격증 | 종 류 | 취득일 | OA | | 상·중·하 | 외국어 | 영어 | TOEIC:<br>기타: |
|---|---|---|---|---|---|---|---|---|
| | | | | | | | | |
| | | | | | | | | |
| | | | | | | | | |

| 병역 | 병역구분 | 필·미필·면제 | 군 별 | | 신체 | 신장 | | | 체중 | kg | 기타질병 |
|---|---|---|---|---|---|---|---|---|---|---|---|
| | 면제사유 | | 병 과 | | | 시력 | 좌 | | 혈액형 | 형 | |
| | 복무기간 | 년 월- 년 월 | 계 급 | | | | 우 | | 색맹 | 유/무 | |

| 가족사항 | 관계 | 성 명 | 연령 | 최종학력 | 근 무 처 | 직 위 | 기타 | 종 교 | |
|---|---|---|---|---|---|---|---|---|---|
| | | | | | | | | 취 미 | |
| | | | | | | | | 특 기 | |
| | | | | | | | | 보훈대상 | |
| | | | | | | | | 주거상황 | |
| | | | | | | | | | |

상기와 같이 제출하오며 일체 허위 사실이 없음을 확인 합니다.

20 년 월 일 지원자 (인)

**8.** 다음은 교육부에서 사용하는 공문 양식을 사용한 가상의 예시이다. 본인이 교육부에서 행정 업무를 담당하고 있다고 가정하고 다음의 공문을 작성하시오.

모두가 행복한 교육, 미래를 여는 창의인재

# 교 육 부

수신자 수신자 참조

(경유)

제목 20XX년도 제1회 대학교재개발상 후보자 추천 안내

---

1. 관련 : 문화체육관광부 ○○○○과-00(20XX.00.00)

2. 문화체육관광부에서는 전문대학 및 대학교에서 기초 및 전공 교과목 교재 개발에 두드러진 업적을 남긴 저자에 대해 제1회 대학교재개발상을 포상한다고 하오니,

3. 해당 기관에서는 붙임 공고문을 참고하시어 적합한 후보자를 20XX.00.00(화)까지 문화체육관광부 ○○○○과로 추천하여 주시기 바랍니다.

붙임 1. 제1회 대학교재개발상 포상계획 공고문 1부.
2. 대학교재개발상 수상후보자 추천서 1부. 끝.

## 교 육 부 장 관

수신자 고등교육기관전체

주무관 ○○○ 행정사무관 ○○○ 운영지원과장 ○○○

협조자

시행 ○○○○과-0000 (2016.00.00.) 접수

우 00000 세종특별자치시 갈매로 408 정부세종청사 14동 교육부 / www.moe.go.kr

전화 044-000-0000 전송 044-000-0000 / email@moe.go.kr / 공개(1,2,3,4,5,6,7,8)

꿈과 끼를 키우는 행복한 학교

※ 출처 : 교육부

# 3 CHAPTER 특별하고 새로운 기능들로 한글의 매력을 살리자



## 3.1 오피스 커뮤니케이션으로 실시간 협업하자

한글 문서를 작성함에 있어서 한글 문서 소유자가 온라인에서 공동으로 한글 문서를 작성하고자 하는 참여자를 불러 실시간으로 협업할 수 있는 기능을 한글에서는 오피스 커뮤니케이터라고 한다. 여기서 협업(協業, Collaboration)은 온라인에 연결된 여러 사람이 하나의 문서에 동시 접속하여 공동 작업하는 것을 말한다. 단, 오피스 커뮤니케이터를 사용하기 위해 협업에 참여하고자 하는 참여자는 전자우편(e-mail) 주소를 가지고 있어야 한다. 본 절에서는 오피스 커뮤니케이터를 사용하여 한글 문서를 실시간으로 협업할 수 있는 방법에 대하여 학습한다.

**step 1** 오피스 커뮤니케이터를 사용하려면 한글 파일(*.hwp)로 저장되어있는 한글 문서를 읽어오거나 새 문서를 작성하고 한글 파일로 저장한 후에 시작할 수 있다. 그러므로 기존의 한글 파일을 불러오거나 새 문서를 작성한다.

**step 2** 메뉴 **[편집]**의 도구상자에서 제일 오른쪽에 있는 **[오피스 커뮤니케이터]**를 선택하거나 메뉴 **[도구] – [오피스 커뮤니케이터(V)]**를 선택하면 된다.

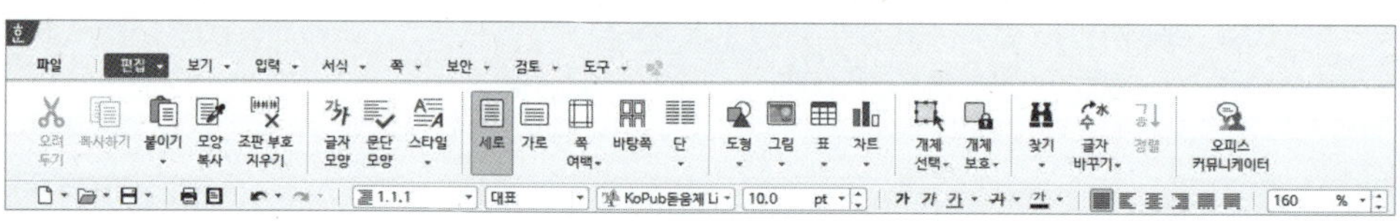


**step 3** 오피스 커뮤니케이터에는 **[한컴스페이스 계정으로 시작]**과 **[한컴스페이스 계정 없이 시작]** 등 2개의 버튼이 있는데, '한컴스페이스 계정으로 시작'은 한컴스페이스 계정을 가지고 있는 경우에 계정에 로그인하여 시작하는 방식이고, '한컴스페이스 계정 없이 시작'은

한컴스페이스 계정을 가지고 있든 아니든 로그인을 하지 않고 사용하는 방식을 말한다. 만약 [한컴스페이스 계정으로 시작] 버튼을 선택하면 한컴스페이스 계정이나 Google 계정 혹은 Facebook 계정 등으로 로그인하여 사용할 수 있다. 그러나 [한컴스페이스 계정 없이 시작] 버튼을 선택하면 로그인 없이 바로 시작할 수도 있다.

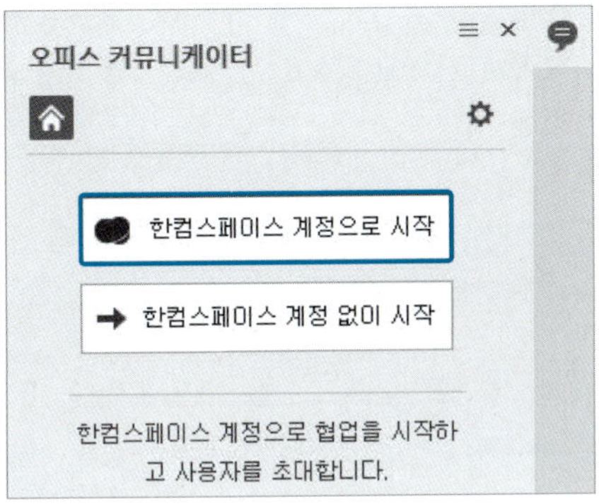


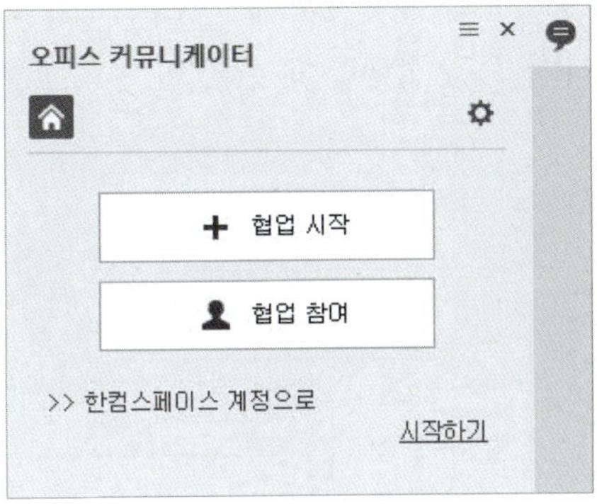


**step 4** 〈협업 시작〉은 한글 문서를 열어놓고 초대하는 사람(소유자)을 기준으로 하고, 〈협업 참여〉는 참여 요청을 받은 사람을 기준으로 한다. 본 절에서는 소유자 기준에서 〈협업 시작〉 버튼을 선택하고 본인의 개인 정보를 입력하여 기본 설정을 완료하도록 해 보자. "내 메일 주소"를 입력하고 "초대할 사용자"에는 협업 참여자 메일 주소를 입력하고 [협업 초대] 버튼을 클릭한다.

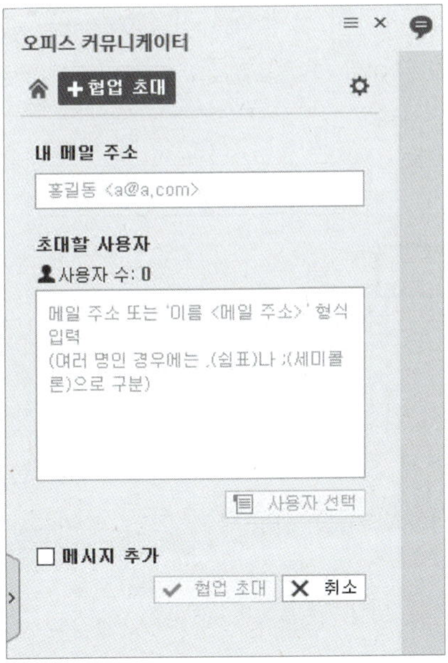


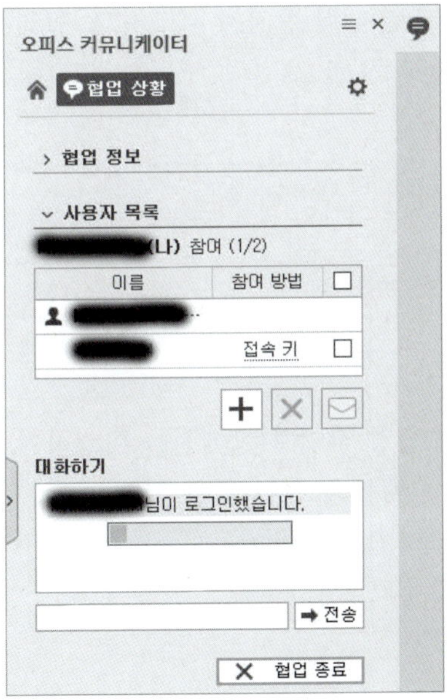

**step 5** [협업 초대] 버튼을 선택하면 [Windows 보안] 대화 상자가 나타나는데, '사용자 이름'과 '암호'를 입력하고 [확인] 버튼을 클릭하여 보안상의 문제가 없도록 한다. [Windows 보안] 대화 상자에서 입력해야 할 '사용자 이름'과 '암호'는 소유자의 내 메일주소에 대한 메일 ID와 비밀번호를 의미한다. 예를 들어, Daum 계정을 가진 소유자라고 한다면 Daum 메일의 아이디와 비밀번호를 입력하면 된다. 참고로 본 대화 상자는 [오피스 커뮤니케이터]를 처음 실행할 때 한 번만 입력해주면 다음부터는 나타나지 않는다.

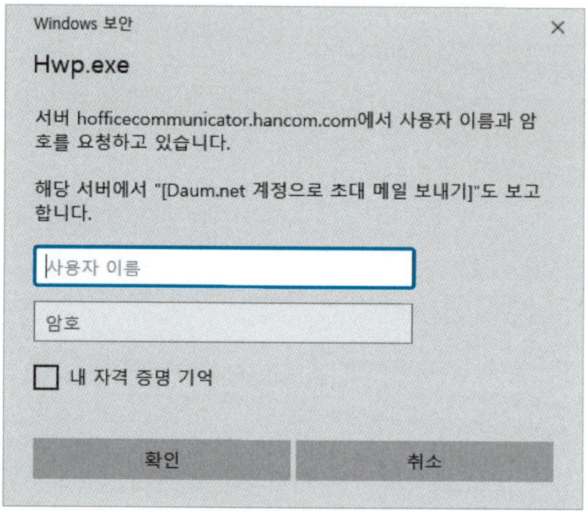


**step 6** [Windows 보안] 대화 상자에 입력한 '사용자 이름'과 '보안'이 정상적으로 입력되어 확인되면 대화 상자는 사라지고, 팝업창이 나타나서 안내 메시지를 보여준다.

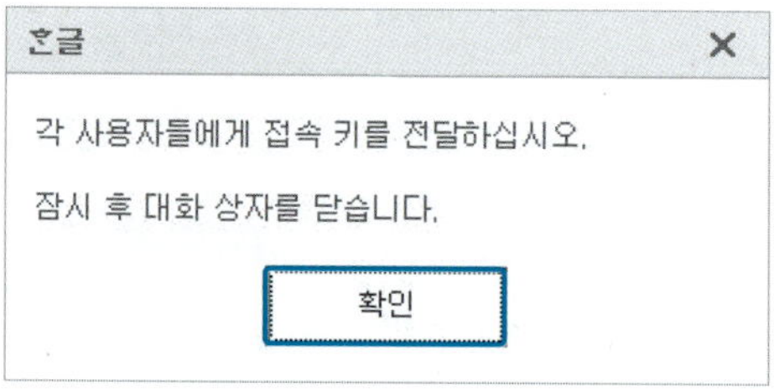


**step 7** 협업 참여자는 메일을 확인하여 2가지 협업 참여 방법을 숙지하고 가장 편리한 방법을 선택하여 협업에 참여하면 된다. 첫 번째 참여 방법은 메일에 보내온 [접속 링크] 버튼을 클릭하는 방법이고, 두 번째 방법은 [접속 키]를 사용하여 협업 참여를 하는 것이다.

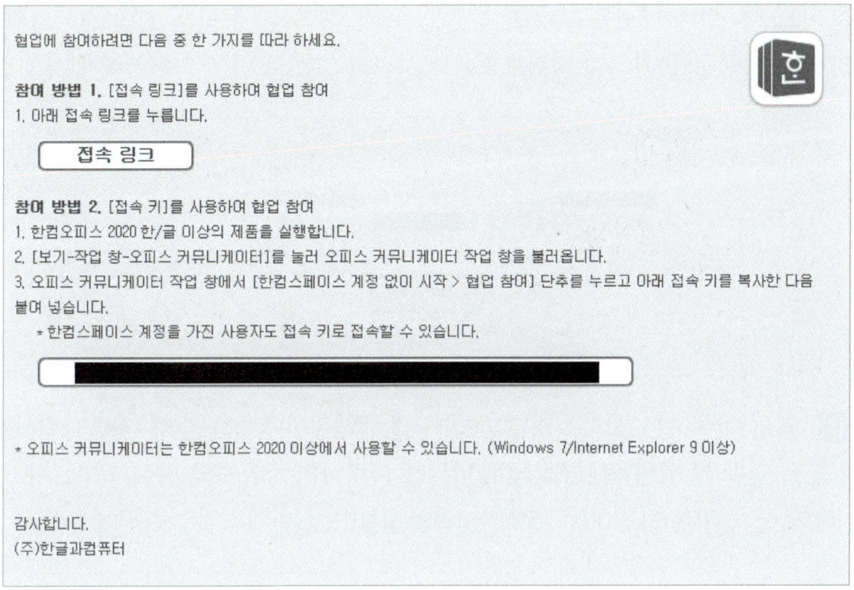

협업에 참여하려면 다음 중 한 가지를 따라 하세요.

**참여 방법 1.** [접속 링크]를 사용하여 협업 참여

1. 아래 접속 링크를 누릅니다.

접속 링크

**참여 방법 2.** [접속 키]를 사용하여 협업 참여

1. 한컴오피스 2020 한/글 이상의 제품을 실행합니다.
2. [보기-작업 창-오피스 커뮤니케이터]를 눌러 오피스 커뮤니케이터 작업 창을 불러옵니다.
3. 오피스 커뮤니케이터 작업 창에서 [한컴스페이스 계정 없이 시작 > 협업 참여] 단추를 누르고 아래 접속 키를 복사한 다음 붙여 넣습니다.

* 한컴스페이스 계정을 가진 사용자도 접속 키로 접속할 수 있습니다.

* 오피스 커뮤니케이터는 한컴오피스 2020 이상에서 사용할 수 있습니다. (Windows 7/Internet Explorer 9 이상)

감사합니다.
(주)한글과컴퓨터

**step 8** 만약 첫 번째 방법을 즉시 사용할 경우는 협업 참여자는 메일에서 **[접속 링크]** 버튼을 클릭하면 그 즉시 한글 프로그램이 실행되면서 협업 작업을 수행할 수 있게 된다.

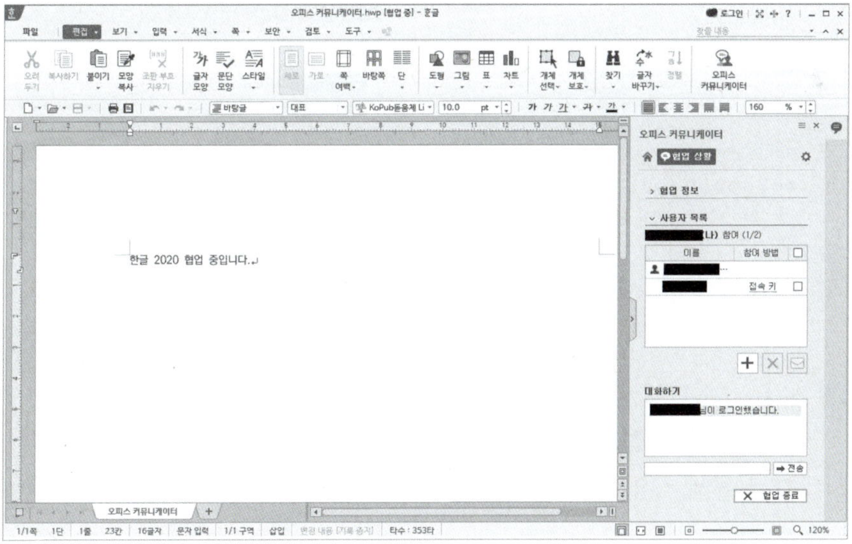

**step 9** 만약 두 번째 방법을 사용할 경우는 "사용자 목록"에 있는 협업 참여자의 메일 주소 옆 〈접속 키〉를 클릭하여 클립보드에 복사하고 SNS로 협업 참여자에게 보내준다.

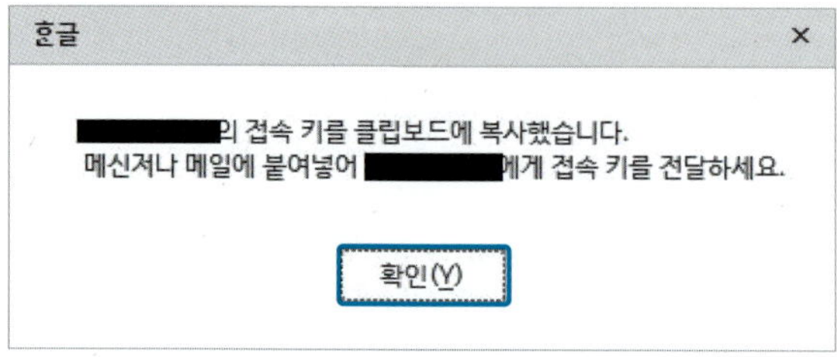


**step 10** 협업 참여자는 **[오피스 커뮤니케이터]**를 실행한 후 **[협업 참여]** 버튼 클릭, 소유자로부터 받은 접속 키 입력 및 **[협업 참여]** 버튼을 클릭하면 소유자와 참여자의 오피스 커뮤니케이터의 탭 메뉴 **[협업 참여]**가 탭 메뉴 **[협업 상황]**으로 변경되어 나타나게 된다.

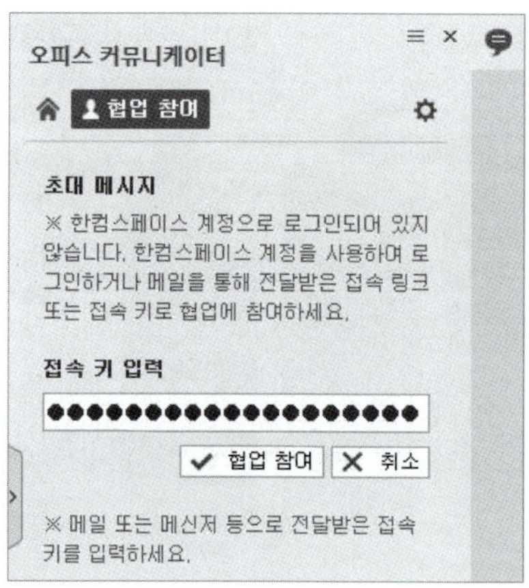


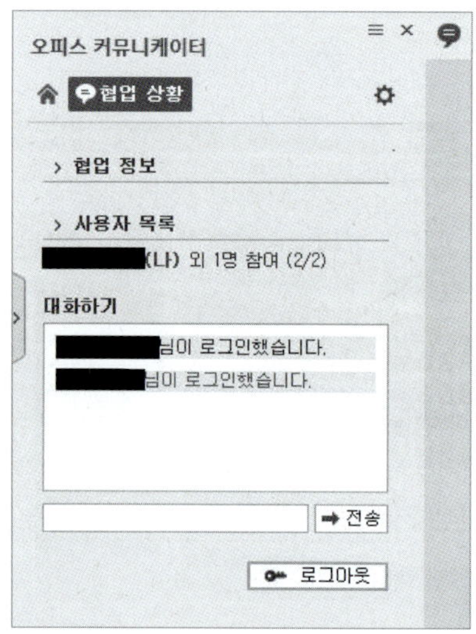


**step 11** 소유자와 협업 참여자는 실시간으로 협업이 가능한 상태로 연결되어있으며 이것은 한글 문서 상단에 **[협업 중]**이라는 문장과 함께 **[오피스 커뮤니케이터]**에 '사용자 목록'과 '대화하기'를 통해 소유자와 협업 참여자의 계정을 이용하여 나타난 로그인 상태를 보고 확인할 수 있다.

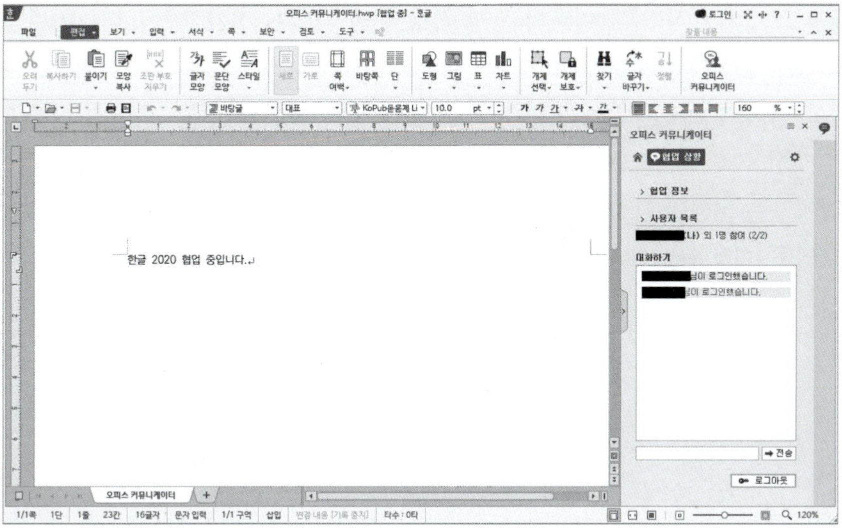


**step 12** 소유자와 협업 참여자의 [오피스 커뮤니케이터] 창은 다음과 같이 서로 다르다.

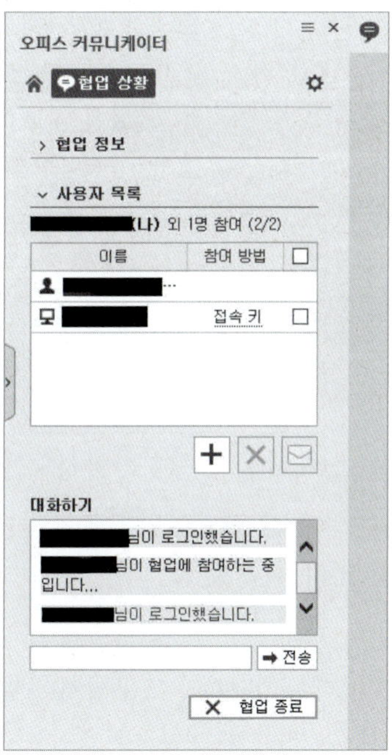


[소유자]

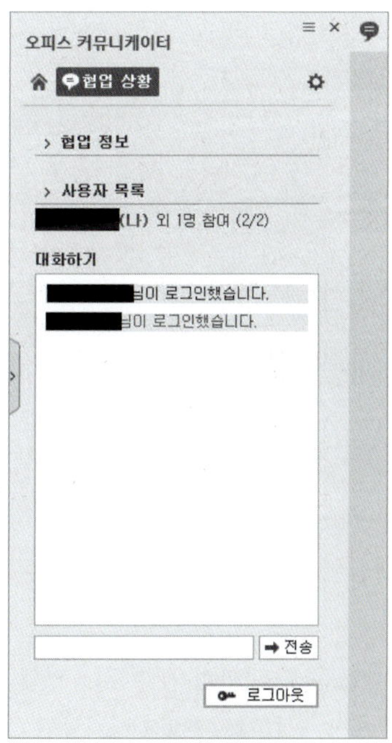


[협업 참여자]

**step 13** 소유자와 협업 참여자의 문서 작성 협업 작업이 정상적으로 이루어지면 각자의 화면에서 문장의 끝부분에 로그인한 계정을 보여준다. 즉, 소유자의 화면에는 문장의 끝부분에 협업 참여자의 계정을 보여주고, 협업 참여자의 화면에는 문장의 끝부분에 소유자의 계정을 보여준다. 문서 협업 작업이 정상적으로 진행되는 과정에서는 소유자든 협업 참여자든 본인의 컴퓨터에 파일을 언제든지 저장할 수 있게 된다. 그리고 협업 작업이 완료되면 **[협업 종료]** 버튼을 클릭하여 협업 과정을 종료한다.

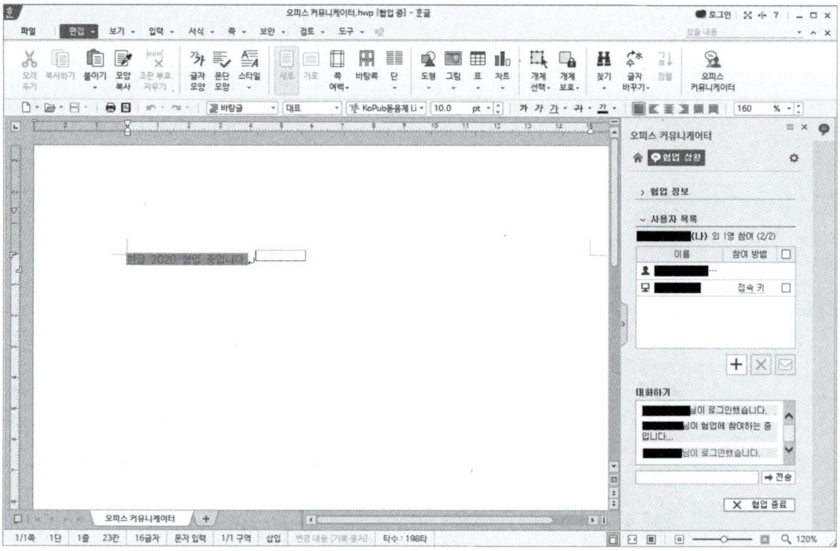

## 3.2 한컴 애셋 활용하기

한컴 애셋은 한글 2020에서 새롭게 선보이는 기능으로서 세련되고 완성도 높은 문서를 만들 수 있도록 다양한 문서 서식, 클립아트 및 글꼴 등을 제공한다. 본 절에서는 한컴 애셋의 주요 기능을 살펴본다.

**step 1** 메뉴 **[도구]** – **[한컴 애셋(G)]**을 선택하거나 메뉴 **[도구]**의 도구상자에서 **[한컴 애셋]**을 선택하여 새로운 **[한컴 애셋]** 대화 상자가 나타나게 한다.

**step 2** [한컴 애셋] 대화 상자에는 [한글 서식], [클립아트], [그리기 조각], [글꼴], [한글 전용 글꼴], [유틸리티] 및 [공공안심글꼴] 등 7개의 다양한 탭 메뉴들이 있다. '한글 서식'에는 한글 문서에 배경 이미지를 삽입하여 재미있고 귀여우며 재치있는 한글 문서를 쉽게 작성할 수 있도록 도와준다. '클립아트'와 '그리기 조각'은 한글 문서에 삽입하여 문서의 가치를 높여줄 수 있는 클립아트를 제공해주며, '글꼴'과 '한글 전용 글꼴'은 한글에서 사용 가능한 다양한 글꼴들을 소개한다. '공공안심글꼴'은 최근 글꼴과 관련된 저작권 문제가 심각한 상황에서 누구나 언제든지 안심하고 사용할 수 있도록 무료로 제공해주는 안심 글꼴에 대한 소개와 정보를 제공한다.

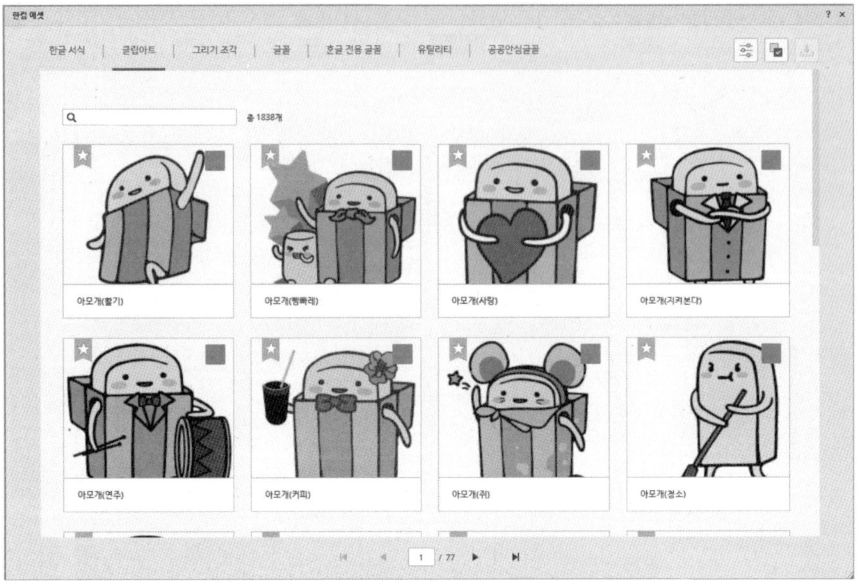
한컴 애셋
한글 서식
클립아트
그리기 조각
글꼴
한글 전용 글꼴
유틸리티
공공안심글꼴
총 1838개
아모개(활기)
아모개(사랑)
아모개(지켜본다)
아모개(연주)
아모개(커피)
아모개(쥐)
아모개(청소)
1 / 77

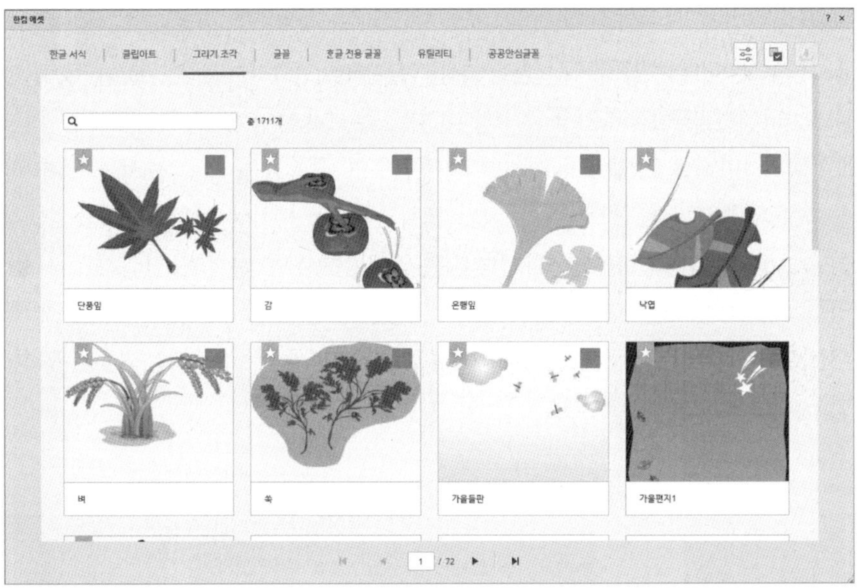
한컴 애셋
한글 서식
클립아트
그리기 조각
글꼴
한글 전용 글꼴
유틸리티
공공안심글꼴
총 1711개
단풍잎
감
은행잎
낙엽
벼
쑥
가을들판
가을편지1
1 / 72

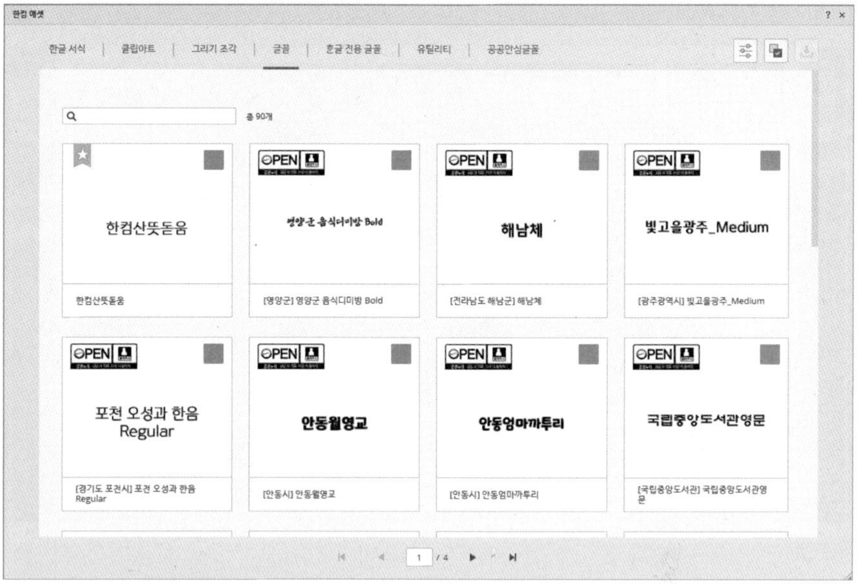
한컴 애셋
한글 서식
클립아트
그리기 조각
글꼴
한글 전용 글꼴
유틸리티
공공안심글꼴
총 90개
한컴산뜻돋움
해남체
빛고을광주_Medium
포천 오성과 한음 Regular
안동월영교
안동엄마까투리
국립중앙도서관영문

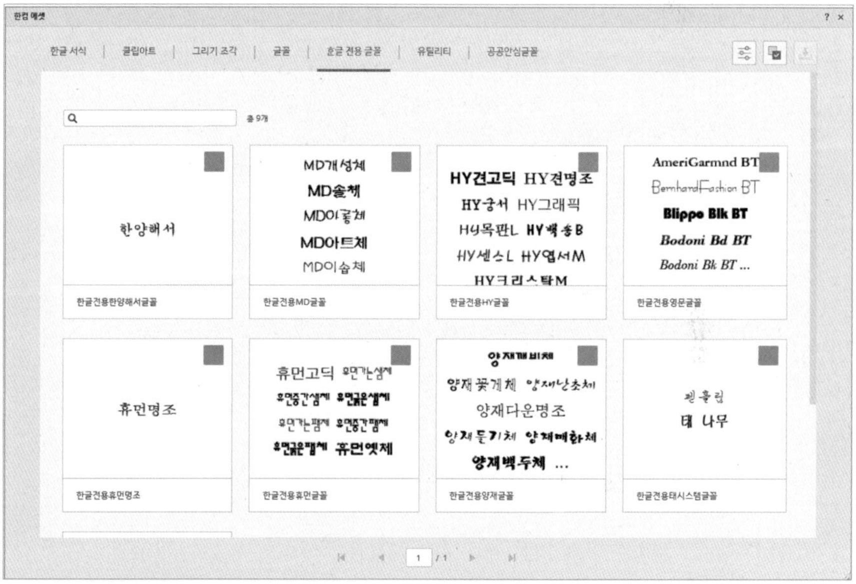
한컴 애셋
한글 서식
클립아트
그리기 조각
글꼴
한글 전용 글꼴
유틸리티
공공안심글꼴
총 9개
한양해서
한글전용한양해서글꼴
한글전용MD글꼴
한글전용HY글꼴
한글전용영문글꼴
휴먼명조
한글전용휴먼명조
한글전용휴먼글꼴
한글전용양재글꼴
한글전용태시스템글꼴

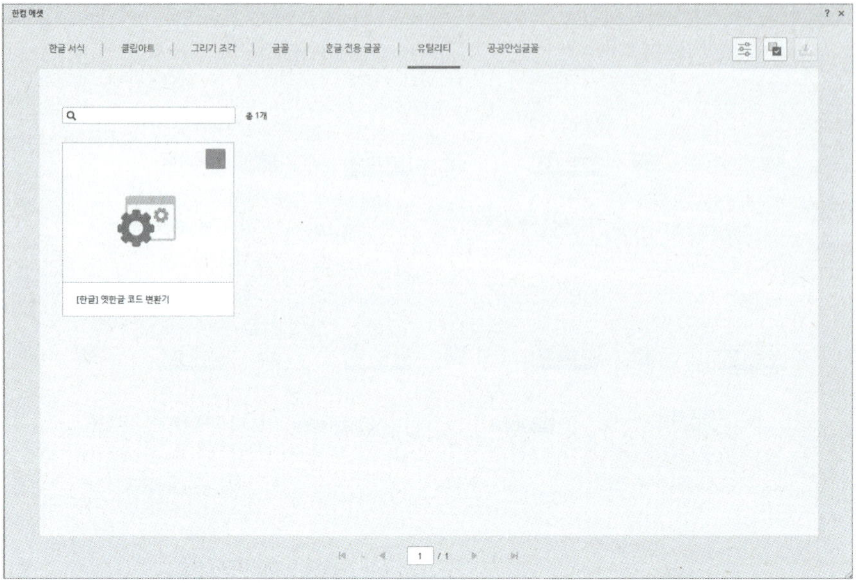


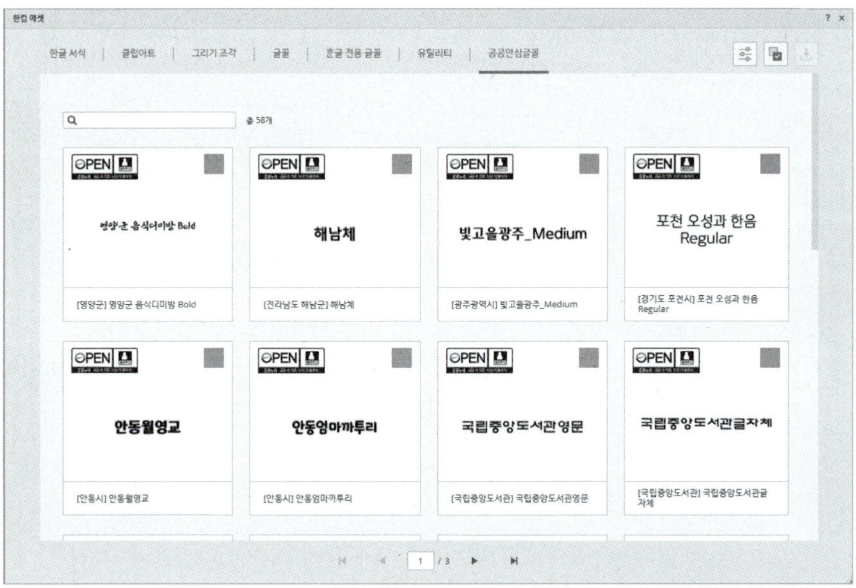


**step 3** 본 단계에서는 [한글 서식] 탭에서 제일 먼저 보여주는 '[안심글꼴사용서식] – 말랑말랑 워크숍'을 선택한다. 새로운 큰 대화 상자가 나타나면 서식 정보 및 사용권 안내를 확인할 수 있다.

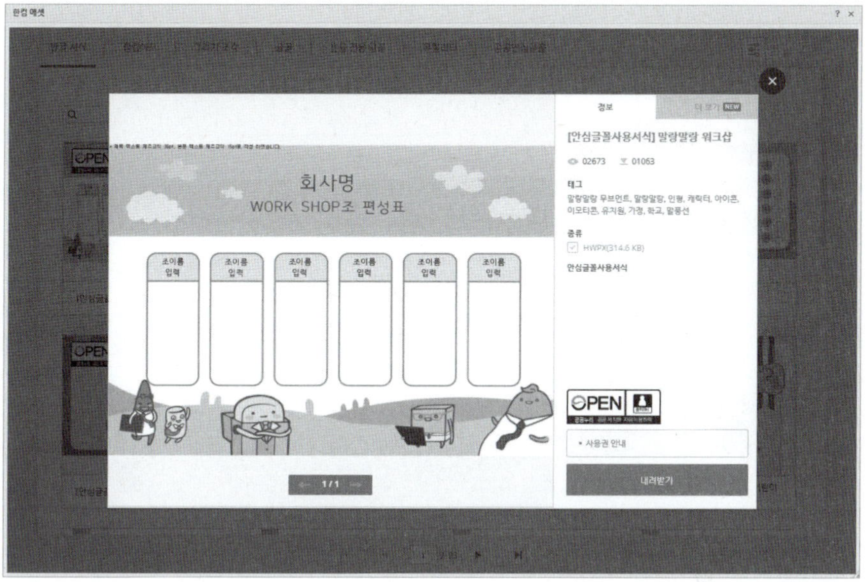

**step 4** 사용권 안내는 다음과 같은 내용을 가지고 있다. 저작권과 관련하여 법적인 문제는 없는지 한글 서식 사용자는 꼼꼼하게 잘 읽어보기 바란다. 그런 다음 **[내려받기]**를 클릭한다.

> 한컴오피스 2020 한/글 제품에 포함된 모든 프로그램과 부속물에 대한 저작권과 지적 소유권은 ㈜한글과컴퓨터 또는 해당 개발사가 가지고 있으며, 이 권리는 대한민국의 저작권법과 국제 저작권 조약으로 보호받습니다.
>
> ㈜한글과컴퓨터의 사전 서면 동의 없이 부속된 자료 파일이나 문서 내용을 수정, 변형 및 복사할 수 없습니다. 또한 ㈜한글과컴퓨터는 이 소프트웨어에 포함된 기능이 고객의 특정 목적에 적합할 것이라는 보증은 하지 않으며, 본 제품의 사용으로 인해 초래된 모든 결과에 대해 책임을 지지 않습니다.
>
> 한컴오피스 2020 한/글 제품에 포함된 모든 프로그램과 자료 파일, 안내서, 문서 내용 등은 저작권법과 국제저작권조약에 따라 보호받고 있습니다. 제품 패키지에 포함된 ㈜한글과컴퓨터 소프트웨어 사용 계약서에는 한컴오피스 2020 한/글 제품을 사용하는 데 따른 사용 계약 사항이 명시되어 있으므로 반드시 읽어보시기 바랍니다. 한컴오피스 2020 한/글 제품에 포함된 모든 프로그램과 자료, 문서 내용 등은 어떤 목적으로도 변형하거나 재가공하여 재판매할 수 없습니다.

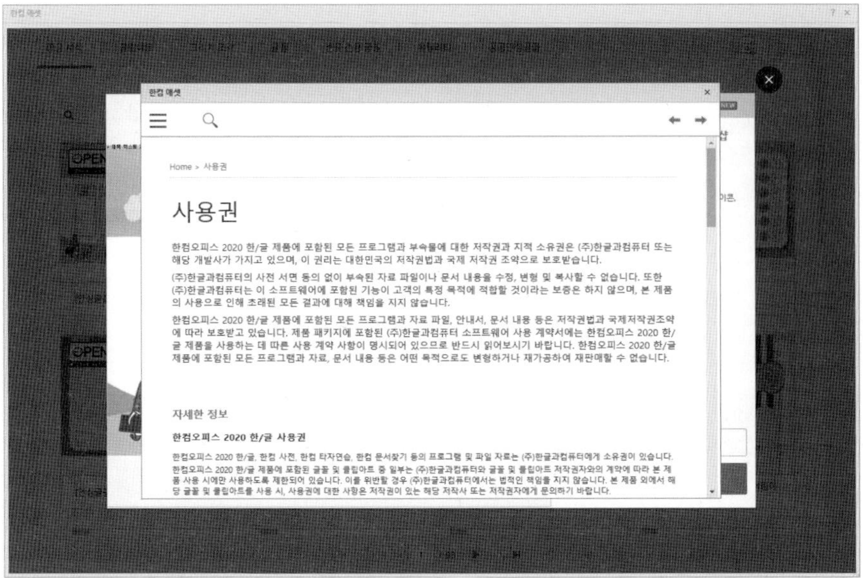
한컴 애셋
Home > 사용권
사용권
한컴오피스 2020 한/글 제품에 포함된 모든 프로그램과 부속물에 대한 저작권과 지적 소유권은 (주)한글과컴퓨터 또는 해당 개발사가 가지고 있으며, 이 권리는 대한민국의 저작권법과 국제 저작권 조약으로 보호받습니다.
(주)한글과컴퓨터의 사전 서면 동의 없이 부속된 자료 파일이나 문서 내용을 수정, 변형 및 복사할 수 없습니다. 또한 (주)한글과컴퓨터는 이 소프트웨어에 포함된 기능이 고객의 특정 목적에 적합할 것이라는 보증은 하지 않으며, 본 제품의 사용으로 인해 초래된 모든 결과에 대해 책임을 지지 않습니다.
한컴오피스 2020 한/글 제품에 포함된 모든 프로그램과 자료 파일, 안내서, 문서 내용 등은 저작권법과 국제저작권조약에 따라 보호받고 있습니다. 제품 패키지에 포함된 (주)한글과컴퓨터 소프트웨어 사용 계약서에는 한컴오피스 2020 한/글 제품을 사용하는 데 따른 사용 계약 사항이 명시되어 있으므로 반드시 읽어보시기 바랍니다. 한컴오피스 2020 한/글 제품에 포함된 모든 프로그램과 자료, 문서 내용 등은 어떤 목적으로도 변형하거나 재가공하여 재판매할 수 없습니다.
자세한 정보
한컴오피스 2020 한/글 사용권
한컴오피스 2020 한/글, 한컴 사전, 한컴 타자연습, 한컴 문서찾기 등의 프로그램 및 파일 자료는 (주)한글과컴퓨터에게 소유권이 있습니다. 한컴오피스 2020 한/글 제품에 포함된 글꼴 및 클립아트 중 일부는 (주)한글과컴퓨터와 글꼴 및 클립아트 저작권자와의 계약에 따라 본 제품 사용 시에만 사용하도록 제한되어 있습니다. 이를 위반할 경우 (주)한글과컴퓨터에서는 법적인 책임을 지지 않습니다. 본 제품 외에서 해당 글꼴 및 클립아트를 사용 시, 사용권에 대한 사항은 저작권이 있는 해당 저작사 또는 저작권자에게 문의하기 바랍니다.

빈 문서 1 - 한글
회사명
WORK SHOP조 편성표
조이름 입력
조이름 입력
조이름 입력
조이름 입력
조이름 입력
조이름 입력

## 3.3 한OCR로 PDF와 그림을 오피스 문서로 변환하기

한OCR(Optical Character Recognition)은 한글 2020에서 새롭게 선보이는 또 다른 기능으로서 그림 파일에서 문자를 추출할 수 있다. 즉, 스캐너로 스캔하거나 온라인 등에서 다운로드한 이미지에 포함된 문자를 편집창에 바로 입력해주는 기능이다. 또한, 이미지에서 추출한 문자를 별도의 한글 파일로 저장할 수도 있다. 본 기능은 인쇄물 형태의 리플렛, 포스터, 팸플릿, 명함 및 각종 문서(서류)를 스캔하거나 카메라로 촬영한 후 편집 가능한 문자로 변환하고 싶은 경우에 매우 유용하게 사용할 수 있다. 본 절에서는 이와 같은 한OCR 기능을 순서대로 따라해 보면서 이해하도록 한다.

### 3.3.1 이미지에서 문자를 현재 위치에 가져오기

**step 1** 먼저 문자를 많이 포함하고 있는 이미지 파일(*.jpg)을 준비한다. 본 단계에서는 8줄의 문장으로 구성된 이미지 파일을 사용하여 한OCR 실험에 사용하기로 한다.

> 소년은 하나꼬 어머니가 광교 쪽을 바라보며 난처한 얼굴로 생각에 잠겨 있다가, 이내 한두 마디 기미꼬에게 말하고, 기미꼬가 또 큰소리로,
> "그럼, 그리 가 보세요."
> 하고 말하자, 그에게 목례를 하고 돌아서서 큰길로 향하여 걸어가는 것을 보고,
> '아마, 목욕탕으로 찾아가나부다. 또, 둔 좀 해 달라구 왔나?…,'

**step 2** 메뉴 [입력] – [그림(P)] – [그림에서 글자 가져오기(A)] 혹은 메뉴 [입력]의 도구상자에 있는 [그림] – [그림에서 글자 가져오기(A)]를 선택한다.

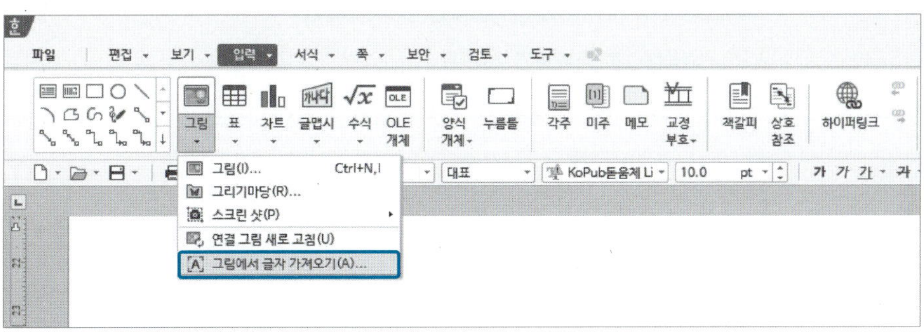

**step 3** [그림에서 글자 가져오기] 대화 상자가 나타나면, "+" 버튼을 클릭하여 문자가 포함된 이미지를 선택한다. 그리고 **[확인]** 버튼을 클릭하면 **[글자 가져오기]** 대화 상자가 나타나며 글자 가져오기를 실행한다. 글자 가져오기가 끝나면 **[확인]** 버튼을 클릭하여 대화 상자를 빠져 나간다.

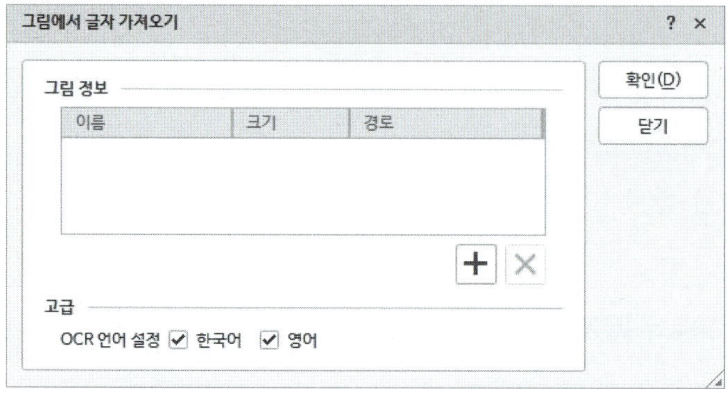


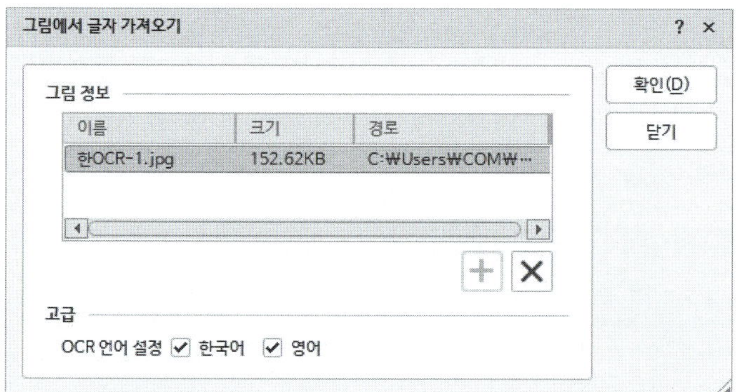


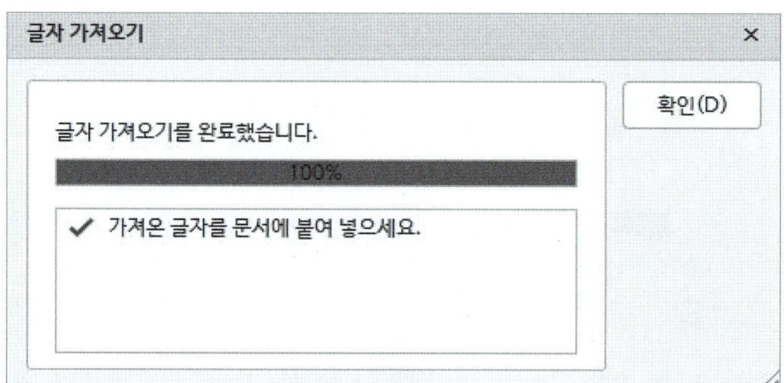

**step 4** [글자 가져오기] 대화 상자가 사라진 후 가져온 글자를 삽입할 위치에서 붙여넣기(Ctrl+V)를 실행하면 가져온 문자를 확인할 수 있다.

| 원본 이미지 | 소년은 하나꼬 어머니가 광교 쪽을 바라보며 난처한 얼굴로<br>생각에 잠겨 있다가, 이내 한두 마디 기미꼬에게 말하고, 기미<br>꼬가 또 큰소리로,<br>"그럼, 그리 가 보세요."<br>하고 말하자, 그에게 목례를 하고 돌아서서 큰길로 향하여 걸어<br>가는 것을 보고,<br>'아마, 목욕탕으로 찾아가나부다. 또, 둔 좀 해 달라구 왔<br>나?….' |
|---|---|
| 가져온 문자 | 소년은 하나꼬 어머니가 광교 쪽을 바라보며 난처한 얼굴로<br>생각에 잠겨 있다가, 이내 한두 마디 기미꼬에게 말하고, 기미<br>꼬가 또 큰소리로,<br>"크럼. 그리 가 보세요."<br>하고 말하자, 그에게 목례를 하고 돌아서서 큰길로 향하여 걸어<br>가는 것을 보고,<br>아마, 목욕탕으로 찾아가나부다. 또, 둔 좀 해 달라구 왔<br>나? … |

## 3.3.2 이미지에서 가져온 문자를 파일로 저장하기

**step 1** 먼저 문자를 많이 포함하고 있는 이미지 파일(*.jpg)을 준비한다. 본 단계에서는 8줄의 문장으로 구성된 이미지 파일을 사용하여 한OCR 실험에 사용하기로 한다.

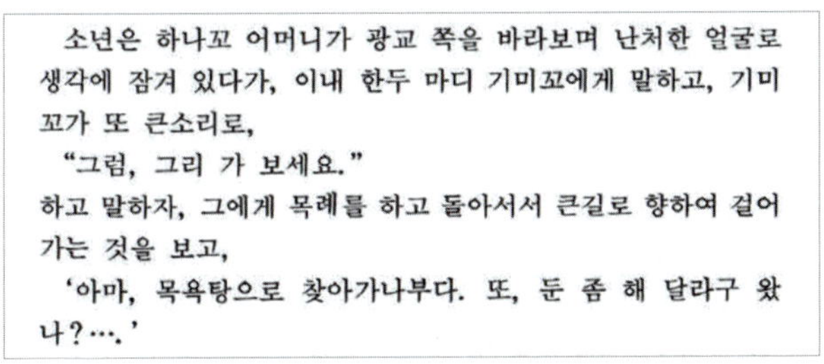
소년은 하나꼬 어머니가 광교 쪽을 바라보며 난처한 얼굴로
생각에 잠겨 있다가, 이내 한두 마디 기미꼬에게 말하고, 기미
꼬가 또 큰소리로,
"그럼, 그리 가 보세요."
하고 말하자, 그에게 목례를 하고 돌아서서 큰길로 향하여 걸어
가는 것을 보고,
'아마, 목욕탕으로 찾아가나부다. 또, 둔 좀 해 달라구 왔
나?….'

**step 2** 메뉴 [파일] – [그림을 오피스 문서로 변환하기(H)]를 선택한다.

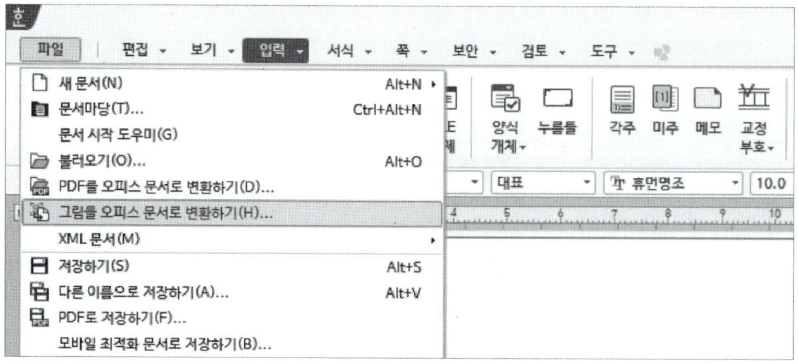


**step 4** [그림을 오피스 문서로 변환하기] 대화 상자가 나타나면, "+" 버튼을 클릭하여 문자가 포함된 이미지를 선택한다. 그리고 '변환 설정' – '저장 경로'에서 가져온 문자를 저장할 위치를 설정한다. 마지막으로 [확인] 버튼을 클릭하여 [문서로 변환하기] 대화 상자가 나타나게 한다.

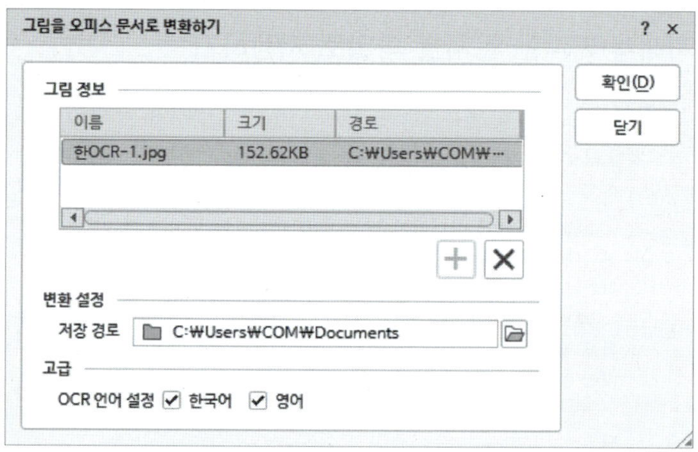


**step 4** [문서로 변환하기] 대화 상자가 나타나며 글자 가져오기를 실행한 후 지정된 저장 경로에 파일로 저장하고 대화 상자를 빠져 나간다. 단, 정상적으로 문자를 가져와서 새로운 파일로 저장이 완료되었을 경우는 "1개 파일 변환을 모두 완료하였습니다."와 같은 문구를 보여주지만, 그렇지 않은 경우는 "그림 파일을 변환하지 못했습니다."와 같이 에러 문구를 보여준다. 필자는 문자를 포함하고 있는 다양한 이미지 파일들을 대상으로 실험해 본 결과 만족할 만한 결과를 얻지 못하였다. 왜냐하면, 변환을 무사히 완료한 경우라

도 이미지에 포함된 문자와 변환된 문자를 비교해본 결과 정확도도 매우 높지 않아서 아직은 추가적인 기능 개선이 필요해 보인다. 그러므로 본인이 직접 본 기능을 사용해보고 사용 가능 여부를 판단하기 바란다.

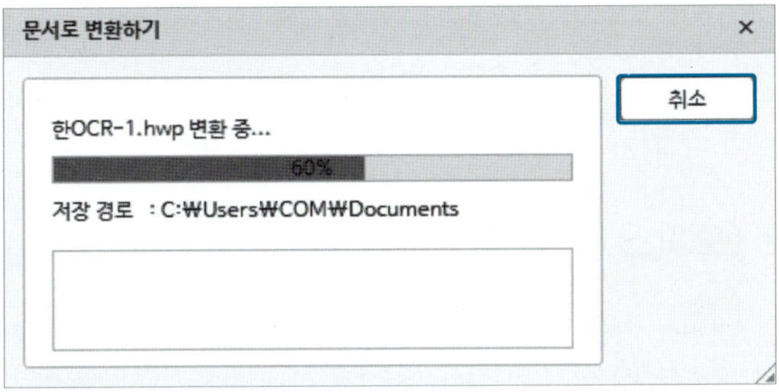


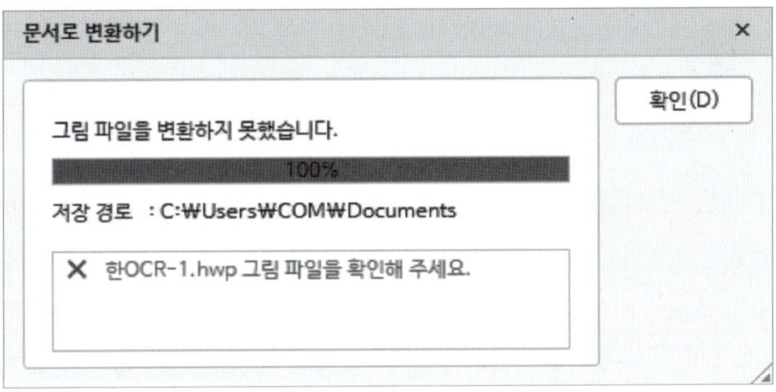

# 4 CHAPTER 4차 산업혁명 시대 한글의 진화를 맛보자

4.1 AI 챗봇 〈오피스 톡〉과 대화하기 / 4.2 함컴스페이스로 웹에서 한글 사용하기
4.3 블록체인을 통한 문서 진본 확인하기

## 4.1 AI 챗봇 〈오피스 톡〉과 대화하기

〈오피스 톡〉은 AI(인공지능) 챗봇 솔루션으로서 우리가 인터넷에서 정보를 검색할 때 주로 사용하는 위키피디아의 지식 정보를 포함하고 있다. 또한, 각종 지식 검색과 함께 한글 기능 검색도 가능하여 한글 문서 작성에 많은 도움이 될 것 같지만 아직은 초기 버전이라 앞으로 지식 보완과 기능 개선이 필요해 보인다.

**step 1** 메뉴 **[도구]** – **[오피스 톡(1)]** 혹은 메뉴 **[도구]**의 도구상자에서 **[오피스 톡]**을 선택한다.

**step 2** 〈오피스 톡〉은 기본적으로 한컴스페이스 계정으로 로그인하여야 사용이 가능하다. 만약 한컴스페이스 계정으로 로그인을 하지 않았다면 **[한컴스페이스 로그인]** 대화 상자가 나타난다. 그러므로 한컴스페이스 계정을 생성하여 로그인하여야 하지만 Google 계정, Facebook 계정 및 다른 계정으로 로그인을 할 수도 있다.

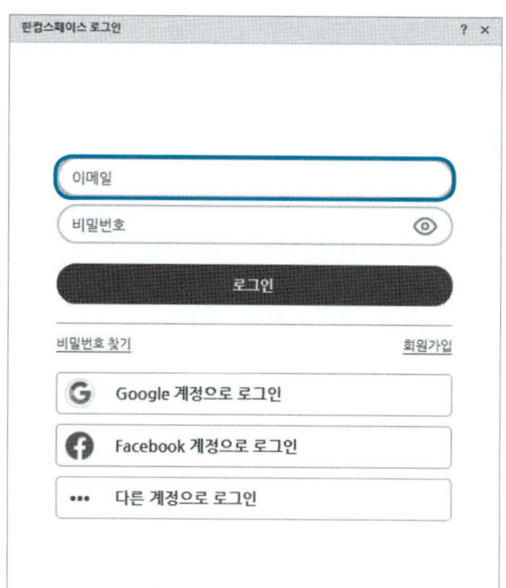


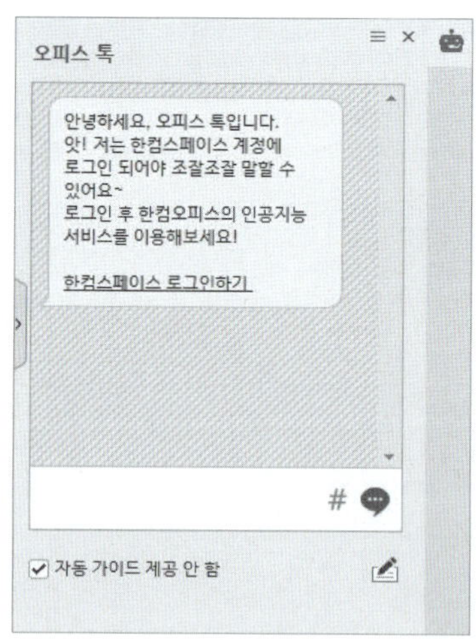

**step 3** 한컴스페이스 로그인을 위해서는 회원가입을 해야 하는데, **[회원가입]** 버튼을 클릭하면 **[이메일로 가입하기]** 버튼이 나타나며 회원가입 진행을 순서대로 진행하게 한다. 회원가입의 첫 번째 순서는 '말랑말랑 플랫폼 이용약관'에 동의하는 것으로서 필수 사항이다. '모두 동의'를 체크 후 제일 하단에 **[동의]** 버튼을 클릭하면 개인 정보 입력창으로 변경된다.

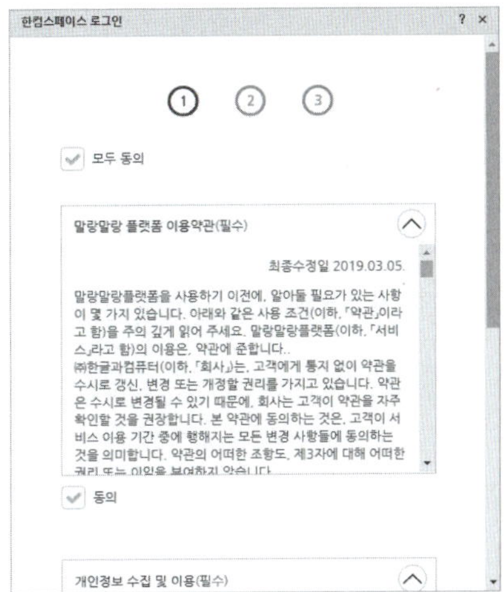


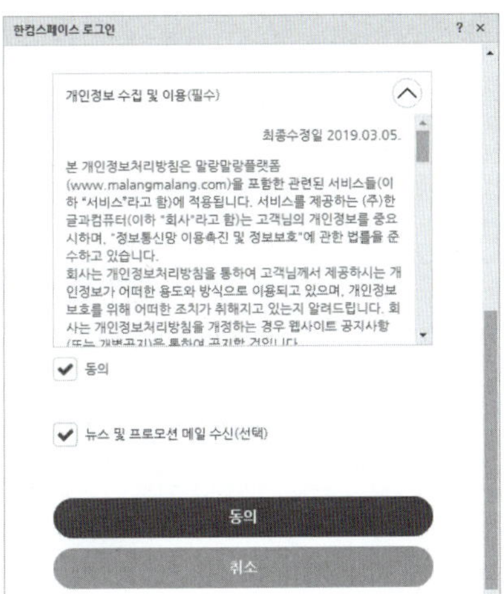


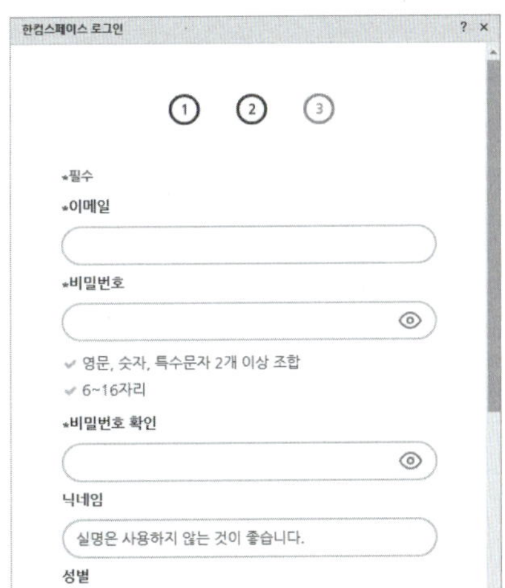

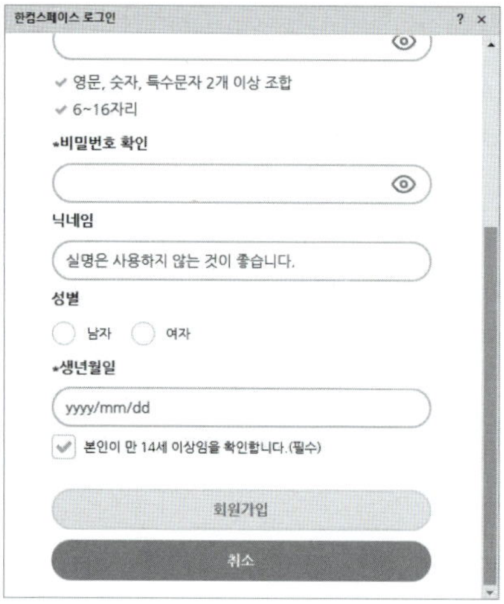


※ 개인 정보 입력창에는 필수 항목과 선택 항목이 있는데, 필수 항목을 모두 입력하고 체크도 하여야 회원가입이 완료된다. 회원가입 절차는 독자가 직접 입력해서 계정을 생성해보도록 한다. 그러나 필자는 한컴스페이스 회원가입을 하지 않고 Google 계정으로 로그인하도록 한다.

**step 4** **step 2** 에서 'Google 계정으로 로그인'을 선택한 후 Google 계정의 이메일/휴대전화 및 비밀번호를 입력하고 **[허용]** 버튼을 클릭하는 등 로그인 진행 절차를 진행한다. **[회원가입]** 창에서는 닉네임, 성별, 생년월일 등을 입력하고 '모두 동의'를 체크한 후 **[회원가입]** 버튼을 클릭한다. 회원가입이 완료되면 **[시작하기]** 버튼을 클릭하면 된다.

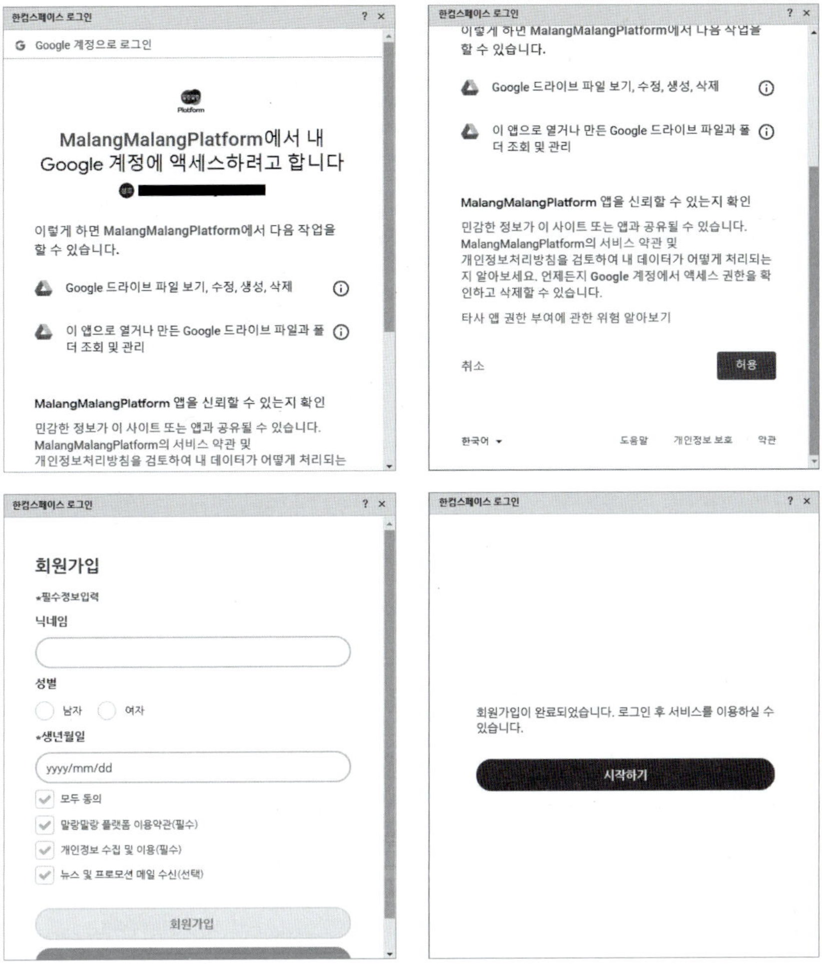


**step 5** Google 계정으로 로그인을 완료한 후 〈오피스 톡〉이 활성화 되는 것을 확인할 수 있다. 〈오피스 톡〉 하단에 알고 싶은 단어를 입력하면 입력한 단어에 해당하는 지식이나 정보를 출력해준다. 특히 공식적인 일반 용어를 입력하게 되면 설명과 함께 출처를 보여주고 있으며, 한글 프로그램의 기능에 대한 메뉴 등을 입력하게 되면 관련 자료나 해설 및 내용을 보여주게 된다.

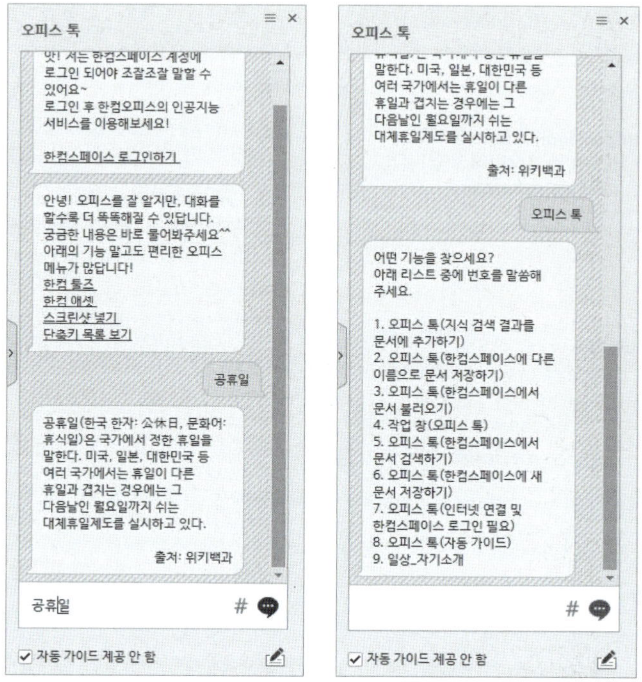


## 4.2 한컴스페이스로 웹에서 한글 사용하기

한컴스페이스는 데스크탑, 모바일 및 웹 등에서 편리하게 한글 문서를 작성하고 공유할 수 있는 프로그램이다. 한컴스페이스는 클라우드 시토리지 통합 관리, 효율적인 문서 관리, 협업 생산성 향상 등을 대표적인 기능으로 가지고 있으며 어디서나 펼쳐지는 오피스 세상을 모토로 하고 있다. 한컴스페이스는 기존의 웹하드(Web Hard)나 클라우드(Google Drive, Dropbox, NAVER CLOUD(MYBOX), Apple ICLOUD) 등과 같이 웹상의 대용량 저장공간 즉, 온라인 스토리지(Storage) 서비스 제공과 매우 유사하면서도 다른 부분이 있는데, 그것은 바로 웹에서 한글 프로그램을 사용할 수 있다는 것이다.

**step 1** 한컴스페이스는 인터넷 사이트(https://space.malangmalang.com/)에서 확인할 수 있으며, 〈무료로 시작하기〉와 〈한컴오피스 다운로드〉 등의 메뉴를 확인할 수 있다.

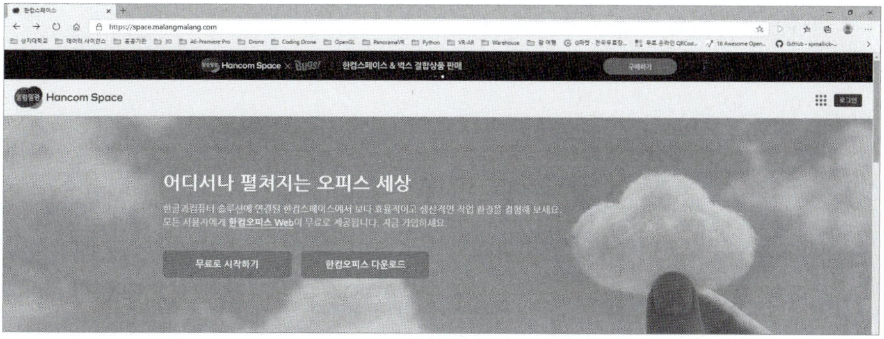


**step 2** [무료로 시작하기] 버튼을 클릭하면 [이메일로 가입하기] 버튼과 [Google 계정으로 로그인], [Facebook 계정으로 로그인] 등 다른 계정으로 로그인을 할 수 있는 추가 버튼을 확인할 수 있다. 본 절에서는 기존에 Google 계정으로 로그인하였기에 동일하게 Google 계정으로 로그인을 수행한다. 만약 본인이 Google 계정이나 Facebook 계정을 가지고 있다면 선택하여 로그인하기 바란다.

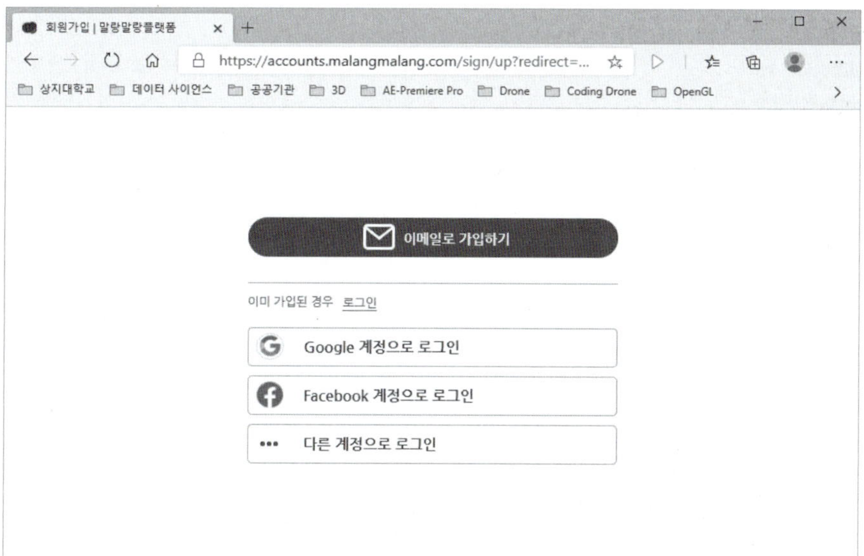


**step 3** Google 계정이나 Facebook 계정으로 로그인하게 되면, 나만의 한컴스페이스 공간으로 이동하게 된다. 한컴스페이스 공간에는 '한글', '한워드', '한셀' 및 '한쇼' 등 4가지 탭 메뉴가 있는데, 원하는 메뉴를 선택하여 활용할 수 있다. [+ 새로 만들기] 버튼을 클릭하면 '폴더 만들기', '한글 문서', '워드 문서', '스프레드시트 문서' 및 '프레젠테이션 문

서' 등을 만들 수 있다. 또한, [업로드] 버튼은 '파일 업로드'와 '폴더 업로드'를 수행할 수 있다.

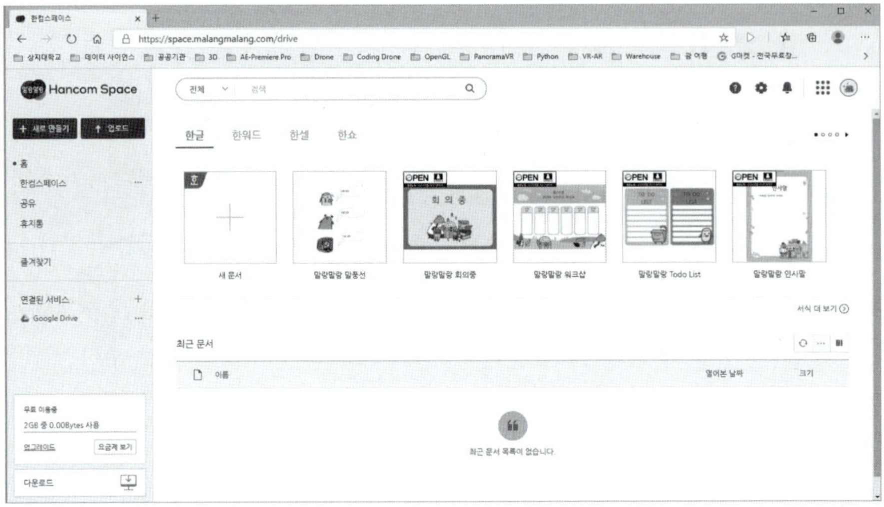


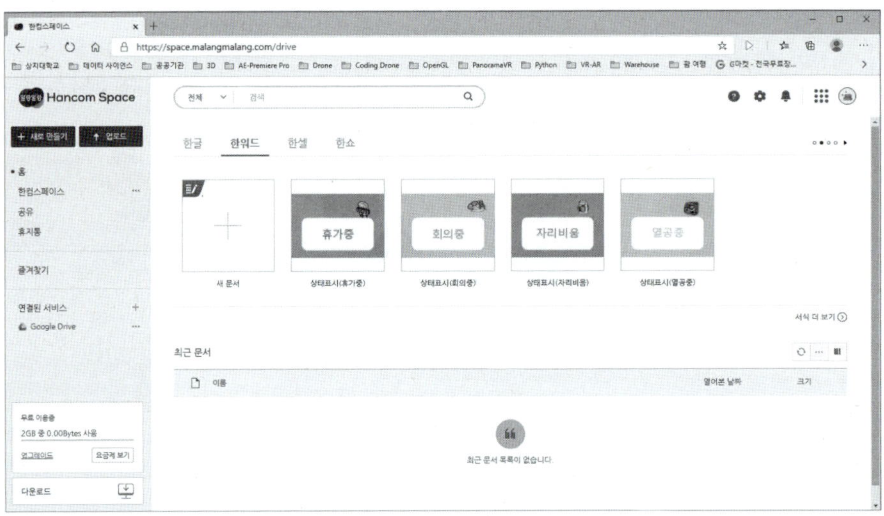


**step 4** 한컴스페이스 저장공간은 2GB로서 개인이 초기에 문서 저장을 위한 무료 공간으로서는 적당할 수 있으나 활용 빈도가 높아지게 되면 부족할 수도 있다. 또한, Google 계정으로 로그인한 경우에는 Google Drive와 연결된 서비스도 가능하다. 한컴스페이스에 대한 추가적인 내용에 대한 설명은 생략하며 본인이 직접 로그인을 하여 사용해보는 것을 권장한다.

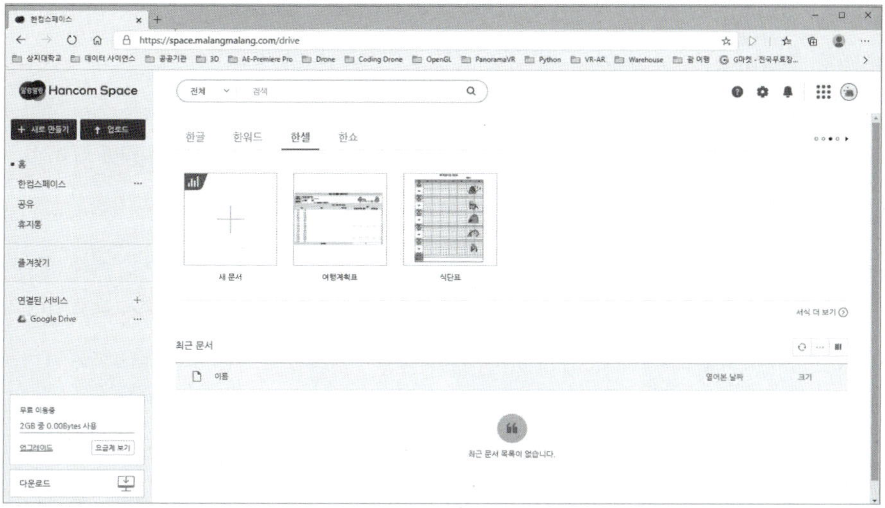


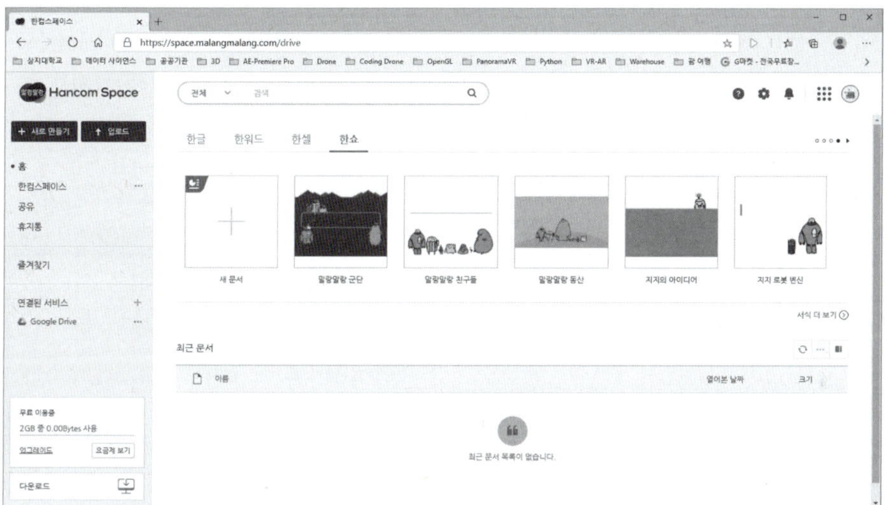


## 4.3 블록체인을 통한 문서 진본 확인하기

최근 기존의 종이 문서가 전자 문서로 대체되어 생활에 매우 편리함을 가져오기는 하였으나 전자 문서의 위조/변조 등의 빈번한 발생과 가능성이 고도화됨에 따라 문서의 진본 검증 요구가 쇄도하고 있다. 그러므로 블록체인 기반의 문서 진본 확인 서비스를 통해 문서의 진위 여부를 실시간으로 확인할 수 있는 기능에 대하여 알아보자.

블록체인 기반의 문서 진본 확인 서비스는 문서 생성자가 문서의 원본을 블록체인 서버에 등록하면 문서 열람자 또는 구독자는 진본 확인 과정을 통해 문서의 위조/변조를 사전에 차단하고 진본 여부를 확인할 수 있게 된다. 단, 문서의 진본 확인 서비스는 B2B(Business to Business) 혹은 B2G(Business to Government) 사용자를 대상으로 하고 있다. 서비스 이용문의는 (주)한글과 컴퓨터 고객지원 페이지를 이용해야 한다.

본 기능은 한컴위드(hsecure.co.kr)의 블록체인 플랫폼 "한컴 에스렛저(Hancom SLedger)"를 기반으로 고객사 전용 서버 구축을 통해 운용하며, 한컴오피스에서 작성된 모든 문서 여부와 갱신 이력을 확인할 수 있어 해당 문서의 신뢰성과 무결성을 보장한다. 즉, 문서의 작성부터 유통까지 저작권 침해와 보안 위협으로부터 안전하게 지켜주는 기능을 주로 한다.

**step 1** 문서 진본 확인을 하기 위해서는 문서 작성을 완성한 후 문서 진본 등록을 먼저 수행해야 한다. 메뉴 **[도구] – [문서 진본 확인] – [진본 등록(D)]**을 선택하거나 메뉴 **[도구]**의 도구상자에서 **[문서 진본 확인]**을 선택한 후 **[진본 등록(D)]**을 클릭하여 문서의 진본 등록을 수행한다.

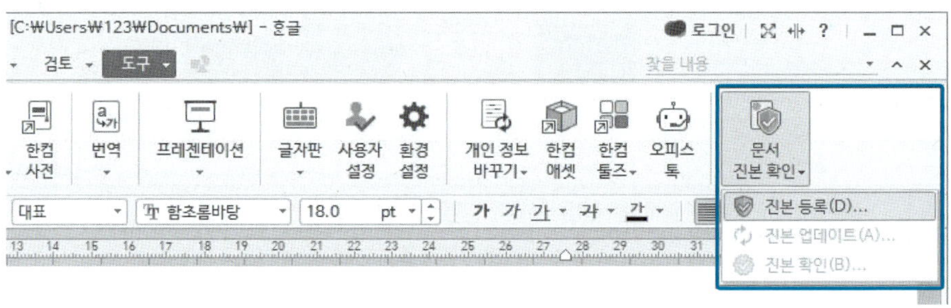


※ 출처 : 한글과컴퓨터

**step 2** 문서 진본 확인을 하기 위해서는 진본 등록을 수행한 문서 원본을 실행한 후 메뉴 **[도구] – [문서 진본 확인] – [진본 확인(B)]**을 선택하거나 메뉴 **[도구]**의 도구상자에서 **[문서 진본 확인]**을 선택한 후 **[진본 확인(B)]**을 클릭하여 문서의 진본 확인을 수행한다.

**step 3** 만약 진본 문서의 내용을 업데이트하였다면 문서 진본 업데이트를 수행해야 하는데, 메뉴 **[도구] – [문서 진본 확인] – [진본 업데이트(A)]**를 선택하거나 메뉴 **[도구]**의 도구상자에서 **[문서 진본 확인]**을 선택한 후 **[진본 업데이트(A)]**를 클릭하여 문서의 진본 업데이트를 수행한다.

PART

# 02

# 엑셀 2019

# 5 CHAPTER 엑셀 시작하기

5.1 수강신청 현황표 만들기 / 5.2 견적서 그리기
5.3 성적표를 이용한 조건부 서식 다루기

엑셀은 마이크로소프트에서 개발한 오피스 패키지 중 표 계산 프로그램인 스프레드시트(Spread sheet) 프로그램의 일종이다. 경리, 회계 업무에 사용하던 계산 용지를 컴퓨터로 옮긴 것으로 컴퓨터 화면상에 펼쳐진 넓은 종이에 데이터를 입력하고 계산하고 분석하는 것이 엑셀의 주된 용도라고 할 수 있다. 엑셀을 이용해서 할 수 있는 주된 기능은 문서 작성과 표 계산, 함수를 사용한 계산, 차트 작성, 데이터 관리, 데이터 분석과 같은 것으로 다양한 분야에서 관리, 분석, 예측 등과 같은 영역에서 많이 활용되고 있다. 여러 가지 분야에서 사용하기 때문에 예전에는 워드프로세서로 작성하던 문서를 엑셀로 작성하는 경우도 많아졌다. 엑셀 2019에 새롭게 추가된 기능을 살펴보자.

### ▶ 새로운 함수의 추가

CONCAT, IFS, MAXIFS, MINIFS, SWITCH, TEXTJOIN 등의 함수들이 새로 추가되어졌다.

- CONCAT : CONCATENATE와 유사하지만 입력이 쉽고 셀 참조 외에 범위 참조도 지원
- IFS : 중첩된 IF를 사용하는 대신 조건이 사용자가 지정하는 순서로 테스트 되고 통과하면 결과를 반환
- MAXIFS : 단일 또는 여러 조건을 충족하는 범위에서 가장 큰 값 반환
- MINIFS : 단일 또는 여러 조건을 충족하는 범위에서 가장 작은 값 반환
- SWITCH : 순서대로 값 목록에 대한 식을 평가하고 일치하는 첫 번째 결과 반환
- TEXTJOIN : 여러 범위의 텍스트를 결합하고, 각 항목은 사용자가 지정한 구분 기호로 구분

### ▶ 새로운 차트 추가

지도 차트, 깔때기형 차트 등을 추가하여 더 다양한 형태로 데이터 분석을 할 수 있도록 하였다.

- 지도 차트 : 차트에 입력된 위치정보를 http://www.geonames.org에 등록된 위치정보와 연동하여 해당 데이터를 지도에 표시함으로써 여러 지역에 대한 값을 쉽게 비교할 수 있다.

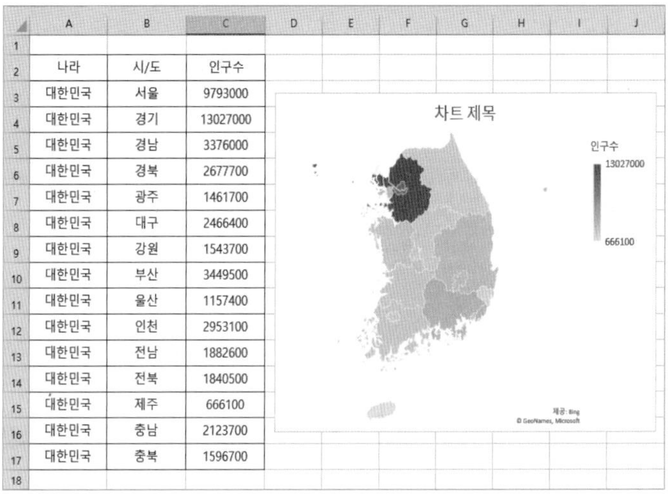

| 나라 | 시/도 | 인구수 |
|---|---|---|
| 대한민국 | 서울 | 9793000 |
| 대한민국 | 경기 | 13027000 |
| 대한민국 | 경남 | 3376000 |
| 대한민국 | 경북 | 2677700 |
| 대한민국 | 광주 | 1461700 |
| 대한민국 | 대구 | 2466400 |
| 대한민국 | 강원 | 1543700 |
| 대한민국 | 부산 | 3449500 |
| 대한민국 | 울산 | 1157400 |
| 대한민국 | 인천 | 2953100 |
| 대한민국 | 전남 | 1882600 |
| 대한민국 | 전북 | 1840500 |
| 대한민국 | 제주 | 666100 |
| 대한민국 | 충남 | 2123700 |
| 대한민국 | 충북 | 1596700 |



- 깔때기 차트 : 프로세스 내 여러 단계의 값을 구분해서 표현할 때 유용하다.

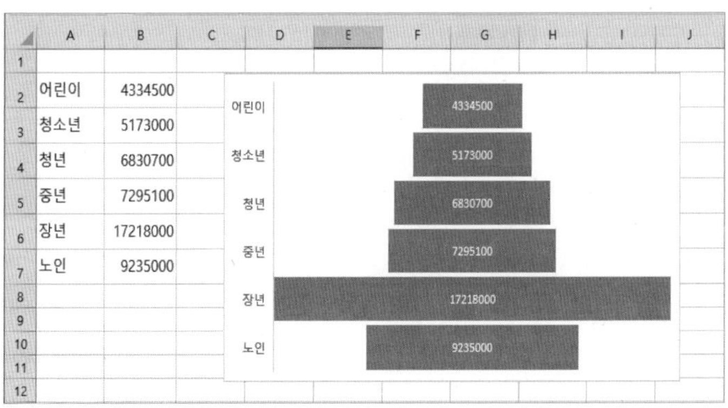

| | |
|---|---|
| 어린이 | 4334500 |
| 청소년 | 5173000 |
| 청년 | 6830700 |
| 중년 | 7295100 |
| 장년 | 17218000 |
| 노인 | 9235000 |



### ▶ SVG 파일 삽입

필터가 적용된 SVG(Scalable Vector Graphics)를 삽입하여 워크시트를 시각적으로 꾸밀 수 있다.

### ▶ 정밀도 선택

셀을 너무 선택했거나 잘못 선택한 경우 다시 선택할 필요 없이 관련 없는 셀을 선택 취소할 수 있다.

### ▶ 피벗 테이블 기능 향상

기본 피벗 테이블 레이아웃 개인 설정, 자동 관계 검색, 사용자 지정 측정값 만들기, 자동 시간 그룹화, 피벗 차트 드릴다운 단추, 피벗 테이블 검색 등의 기능을 추가함으로써 데이터 분석 환경을 개선하였다.

## 5.1 수강신청 현황표 만들기

'수강신청 현황표' 그리기를 통해 엑셀에서 사용 가능한 다양하고 편리한 서식 기능에 대해서 알아본다.

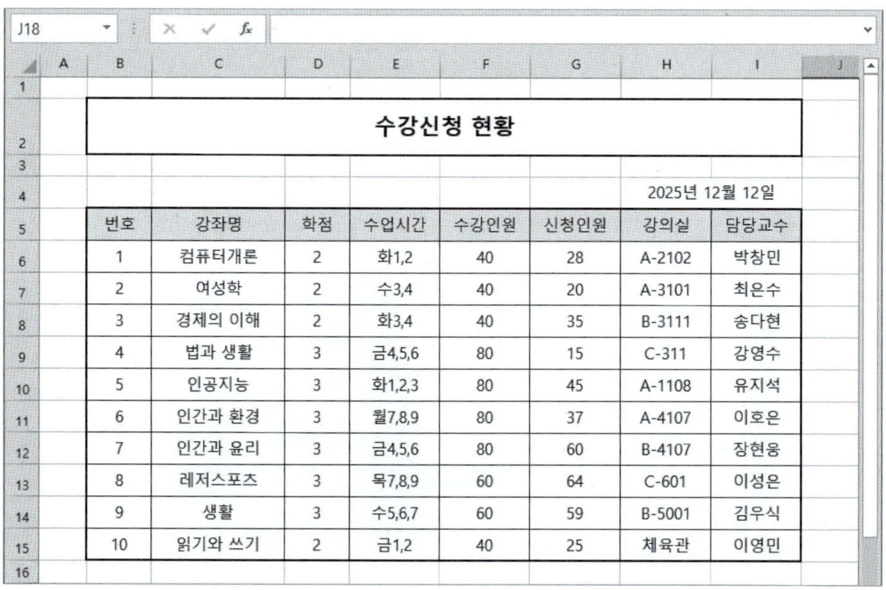

수강신청 현황

2025년 12월 12일

| 번호 | 강좌명 | 학점 | 수업시간 | 수강인원 | 신청인원 | 강의실 | 담당교수 |
|---|---|---|---|---|---|---|---|
| 1 | 컴퓨터개론 | 2 | 화1,2 | 40 | 28 | A-2102 | 박창민 |
| 2 | 여성학 | 2 | 수3,4 | 40 | 20 | A-3101 | 최은수 |
| 3 | 경제의 이해 | 2 | 화3,4 | 40 | 35 | B-3111 | 송다현 |
| 4 | 법과 생활 | 3 | 금4,5,6 | 80 | 15 | C-311 | 강영수 |
| 5 | 인공지능 | 3 | 화1,2,3 | 80 | 45 | A-1108 | 유지석 |
| 6 | 인간과 환경 | 3 | 월7,8,9 | 80 | 37 | A-4107 | 이호은 |
| 7 | 인간과 윤리 | 3 | 금4,5,6 | 80 | 60 | B-4107 | 장현웅 |
| 8 | 레저스포츠 | 3 | 목7,8,9 | 60 | 64 | C-601 | 이성은 |
| 9 | 생활 | 3 | 수5,6,7 | 60 | 59 | B-5001 | 김우식 |
| 10 | 읽기와 쓰기 | 2 | 금1,2 | 40 | 25 | 체육관 | 이영민 |

[배울 내용]

① 엑셀 문서 만들기 : 새 통합 문서 만들기, 엑셀 파일 불러오기

② 워크시트 다루기 : 워크시트 삽입/삭제, 워크시트 이동/복사, 이름 바꾸기

③ 셀 다루기

- 셀 위치(주소) 표현하기
- 셀에 데이터 입력 및 수정하기
- 셀의 블록 지정 방법 : 연속된 셀, 비연속적인 셀
- 행(열, 셀)삽입/삭제하기 : 데이터 입력을 위해 행, 열, 셀 추가/삭제 기능
- 행 높이/ 열 너비 지정하기 : 드래그하여 조절하기, 숫자 입력으로 조절하기
- 셀 값 복사/이동하기 : 셀의 데이터를 복사하거나 다른 부분으로 옮기기 위해 사용
- 자동 채우기 기능 : 채우기 핸들러를 사용하여 자동 증가/감소 입력
- 행(열) 숨기기 및 숨기기 취소 : 일시적으로 행이나 열 숨기기
- 틀 고정하기 : 워크시트의 다른 영역을 스크롤 하는 동안 선택한 영역을 표시된 상태로 유지하기 위한 기능
- 창 나누기 : 데이터가 많은 경우 화면을 분할하여 각 부분별로 스크롤 하면서 데이터를 볼 수 있는 기능

③ 셀 서식 지정하기

- 셀 병합하기
- 데이터 정렬하기 : 가로 정렬/세로 정렬
- 테두리 그리기 : 셀에 원하는 형식의 선을 그리기 위한 기능
- 셀 채우기 : 셀에 원하는 색을 채우기 위한 기능

④ 저장하기

- 통합문서로 저장하기
- 문서에 암호 설정하기
- PDF 문서로 저장하기

⑥ 출력하기

## 5.1.1 엑셀 문서 만들기

### 가. 새 통합 문서 만들기

엑셀 문서는 여러 개의 워크시트로 구성되어 있기 때문에 통합 문서라고 한다. 엑셀은 비어있는 통합 문서도 만들 수 있지만 미리 준비된 서식 파일을 많이 제공하고 있다. 서식 파일은 미리 준비된 통합 문서로 수학 자습서, 계절 사진 일정, 월간 회사 예산, 주간 출석 보고서, 요구 청구서 체크 리스트 등 다양한 분야에 대한 서식 파일을 많이 제공하고 있으므로 필요할 때 언제든지 클릭하여 간단하게 사용할 수 있다.

새 통합 문서를 만들기 위해서는 **[파일] – [새로 만들기]**를 클릭하여 **[새로 만들기]**에서 원하는 통합문서 형태를 선택하거나 **[온라인 서식 파일 검색]**을 통해서 만들 수 있다.

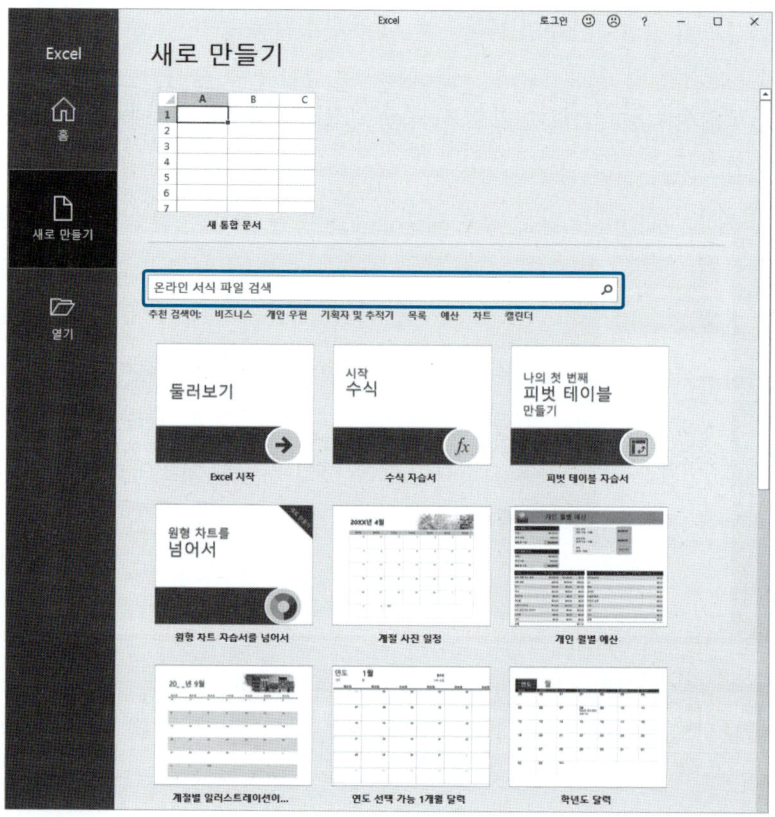

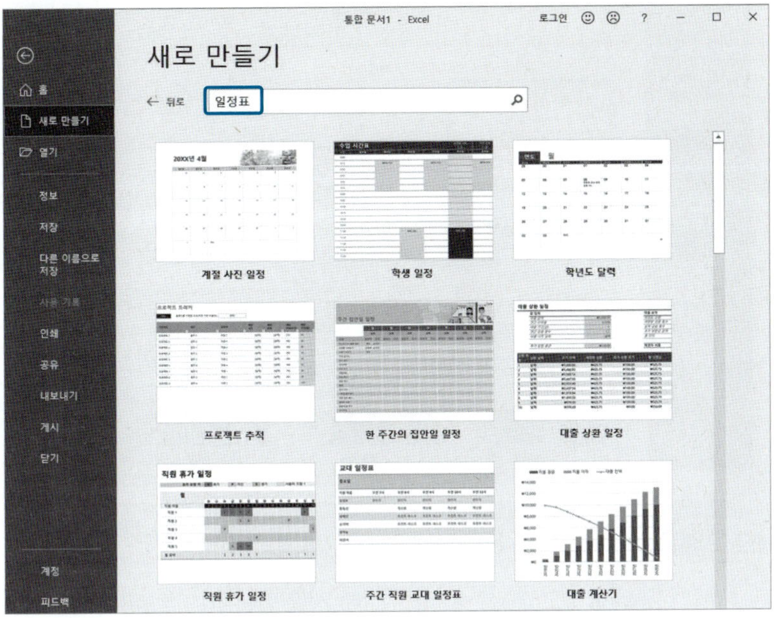

## 나. 엑셀 파일 불러오기

작업해서 저장해 두었던 엑셀 문서를 열기 위해서는 메뉴바의 **[파일]** – **[열기]**를 선택하고 **[최근 항목]** 또는 **[찾아보기]**를 클릭해서 원하는 파일을 찾아서 불러올 수 있다.

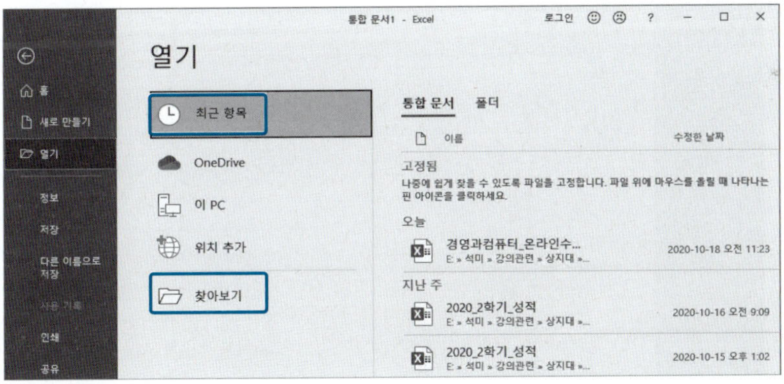

## 5.1.2 워크시트 다루기

일반적으로 기본 서식으로 사용하기 위해 '새 통합문서'를 선택하여 엑셀 파일을 생성해 보자.

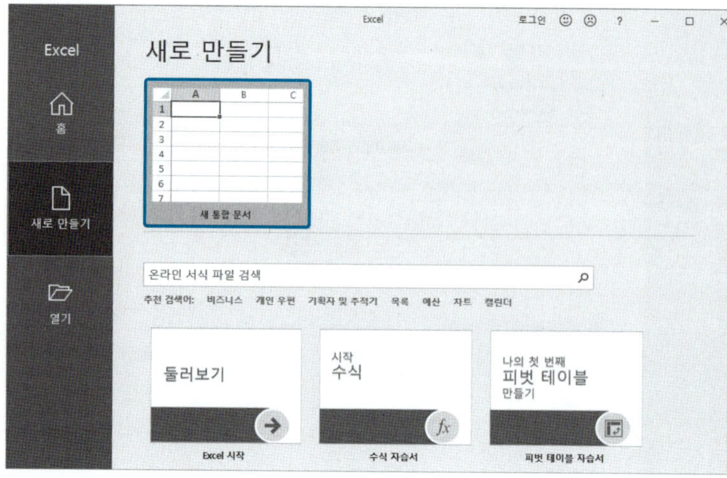


## (1) 워크시트 만들기

워크시트는 데이터를 입력하고 편집, 분석하는데 사용되는 영역으로 작업을 위한 작업용지라고 할 수 있다. 통합 문서를 생성하게 되면 기본적으로 한 개의 워크시트(Sheet1)만 생성되는데 필요에 따라 워크시트를 삽입/삭제 할 수 있다. **[파일] – [옵션]**에서 '포함할 시트 수' 메뉴를 이용하여 초기 워크시트 수를 조절할 수 있다.

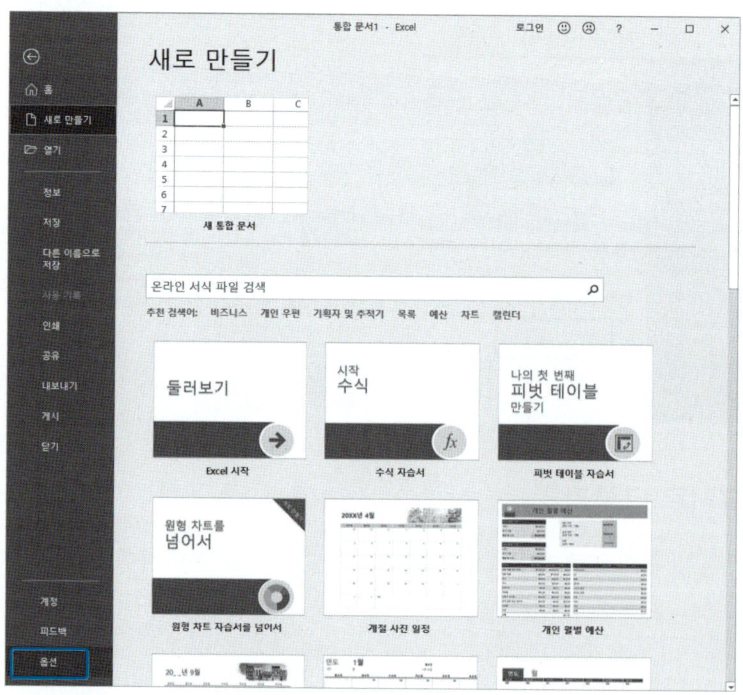

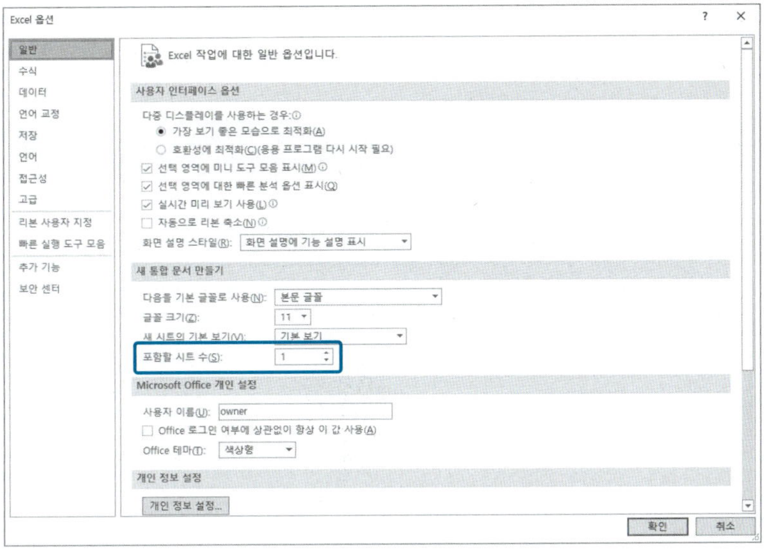

워크시트는 다음과 같이 구성되어 있다.

① 워크시트(Worksheet)

- 엑셀에서 데이터가 입력되는 곳으로 셀로 구성
- 하나의 워크시트는 열과 행으로 구성

② 셀(cell)

- 셀은 워크시트에서 행과 열이 만나는 사각형 부분
- 워크시트에서 데이터를 입력하기 위한 기본 구성

③ 수식 입력줄

- 셀에 입력된 문자열, 숫자 또는 수식이 표시되는 부분
- 수식 입력줄에서 셀 값에 대한 입력, 수정이 모두 가능

④ 이름상자

- 선택된 셀의 주소(위치값)나 사용된 함수, 입력된 자료에 지정한 이름 등을 표시

⑤ 열 이름/ 행 이름

- 행과 열을 구분하기 위해서 사용되는 이름.
- 행 : 숫자(1,2,3....) , 열 : 알파벳(A, B, C...)

⑥ 시트 탭

- 여러 개의 워크시트를 사용할 때 워크시트를 구별하기 위해 사용

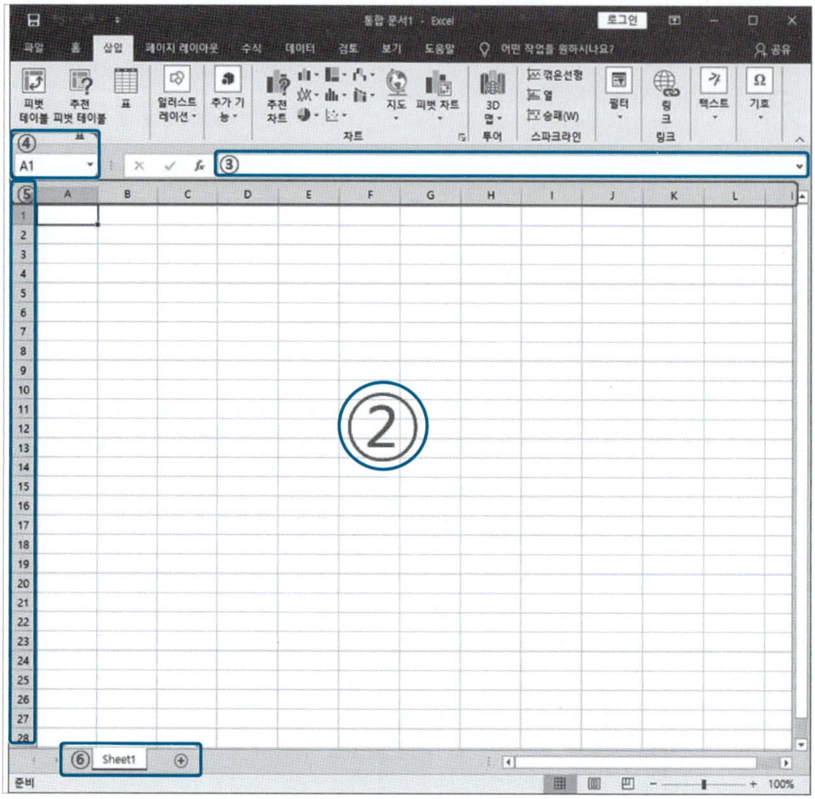

(2) 워크시트 삽입하기

워크시트를 삽입하는 방법은 3가지가 있다.

가. 메뉴바 이용하기

메뉴바에서 **[홈]** – **[셀]** 그룹 – **[삽입]** – **[시트 삽입]**을 선택하면 새로운 워크시트가 현재 시트 옆에 바로 추가된다.

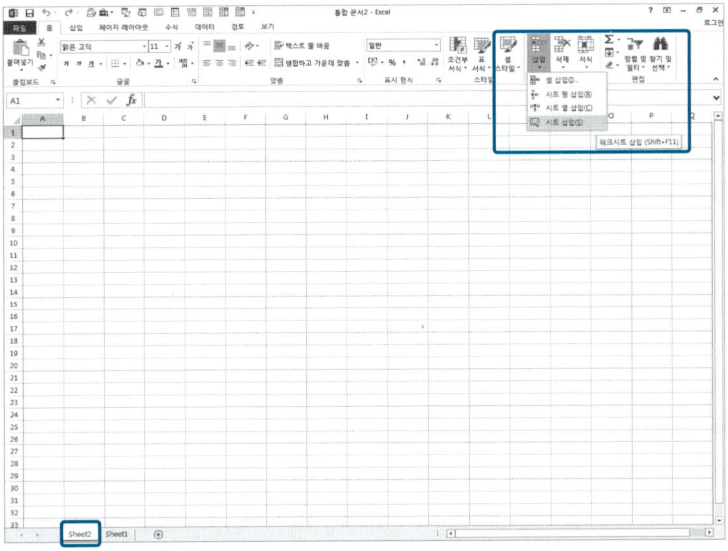

나. 워크시트 삽입 단추 이용하기

가장 오른쪽 워크시트 옆에 위치한 워크시트 삽입 단추를 클릭하면 새로운 워크시트가 추가된다.

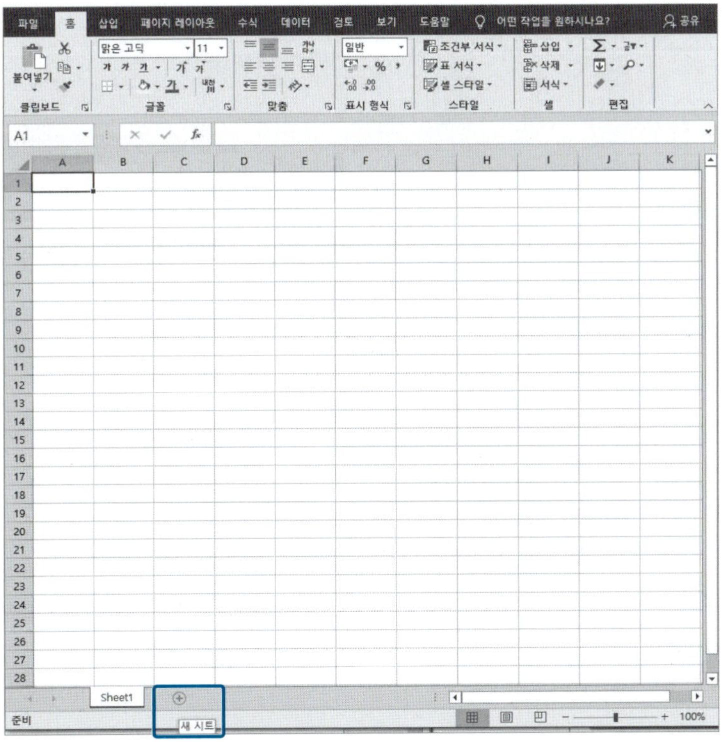

다. 마우스 오른쪽 버튼 메뉴 이용하기

현재 있는 워크시트 위에 마우스 커서를 위치시키고 마우스 오른쪽 버튼을 누르면 나타나는 단축 메뉴에서 삽입을 선택한 뒤, '삽입 대화 상자'에서 '워크시트'를 선택하고 [확인] 버튼을 누르면 워크시트가 추가된다.

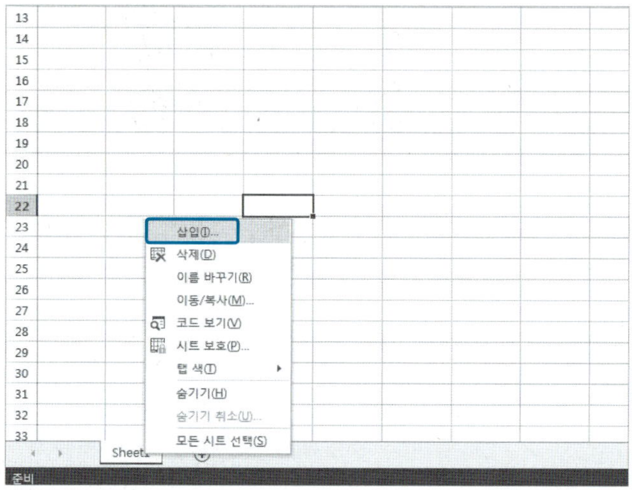


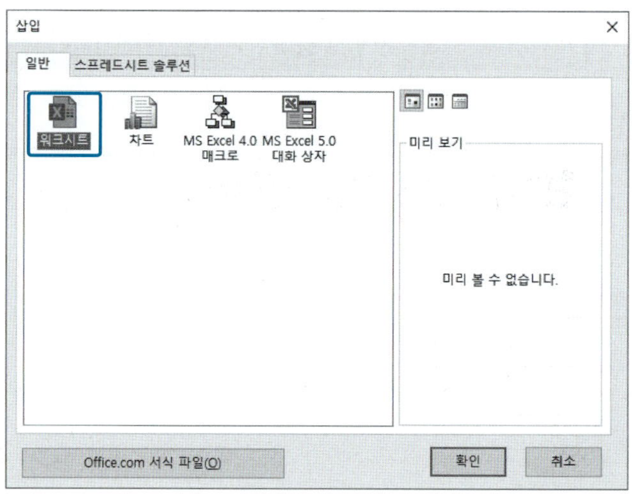


## (3) 워크시트 탭 색 변경하기

시트 탭의 색을 변경하고자 하는 탭을 선택하고 마우스 오른쪽 버튼을 클릭하면 나타나는 단축 메뉴 중 [탭 색]을 선택하고 색상 팔레트에서 원하는 색을 선택하면 시트 탭의 색이 변경되어진다.

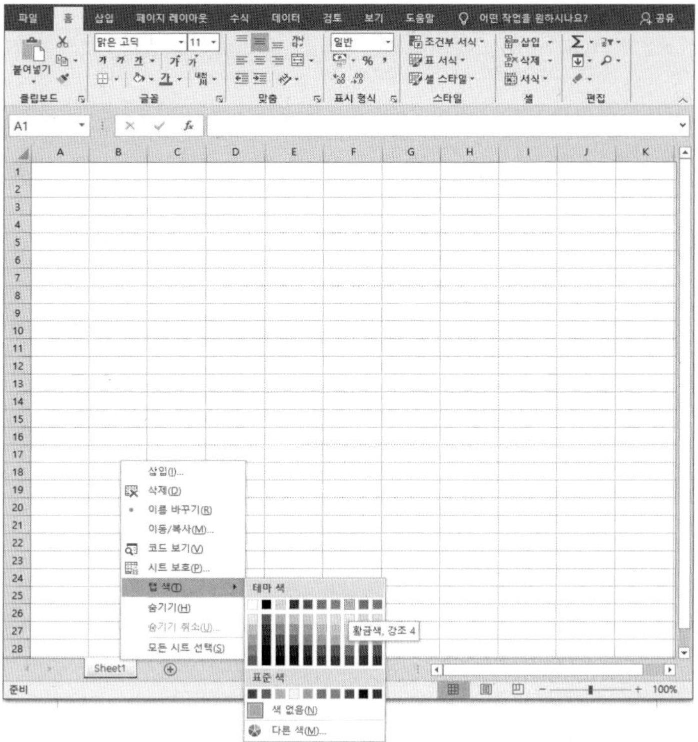


## (4) 워크시트 삭제하기

워크시트는 언제든지 추가해서 사용할 수 있으므로 필요 없는 워크시트는 삭제하고 사용하는 것이 좋다. 워크시트를 삭제하는 방법은 2가지가 있다.

### 가. 메뉴바 이용하기

[홈] – [셀]그룹 – [삭제] – [시트 삭제]를 선택하면 현재 커서가 있는 워크시트가 삭제된다.

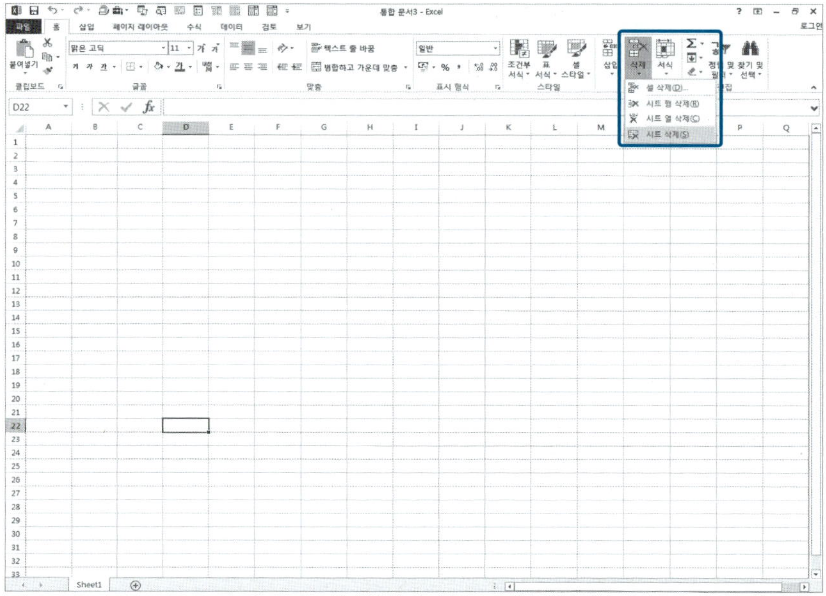


나. 마우스 오른쪽 버튼 메뉴 이용하기

삭제하고자 하는 워크시트를 선택하고 마우스 오른쪽 버튼을 눌러 나타나는 단축메뉴 중 [**삭제**]를 선택하면 워크시트가 삭제된다.

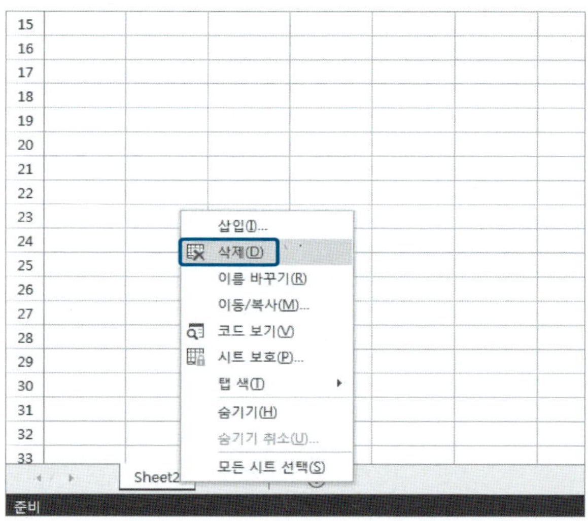


## (5) 워크시트 이름 바꾸기

워크시트의 이름을 데이터의 내용에 따라 바꾸어 사용할 수 있다.

**step 1 워크시트 이름 바꾸기 메뉴를 선택한다.**

워크시트의 이름 변경 방법은 3가지가 있다.

① 이름을 바꾸고자 하는 시트를 선택하고 [홈]-[셀]-[서식]-[시트 이름 바꾸기]를 선택한다.

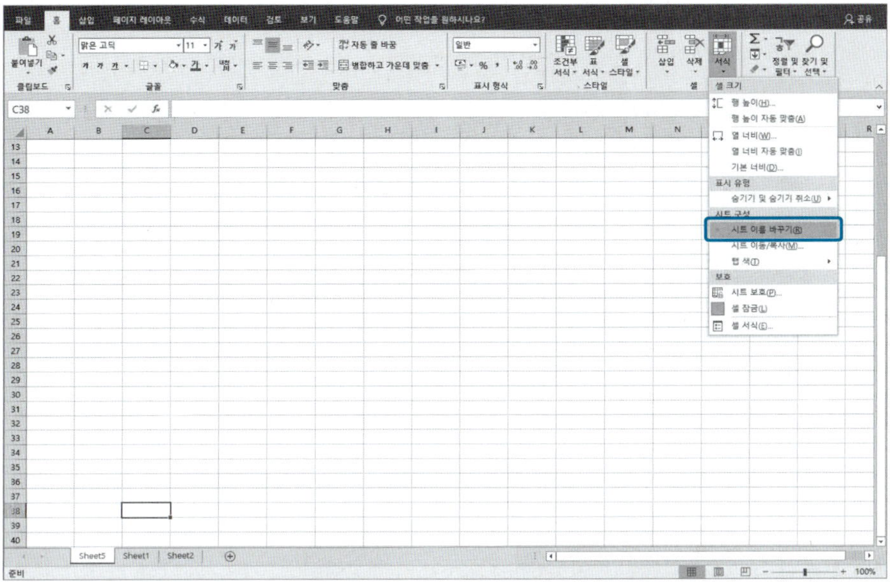

② 이름을 바꾸고자 하는 워크시트 위에 커서를 두고 마우스 오른쪽 버튼을 눌러 단축 메뉴의 '이름 바꾸기'를 선택한다.

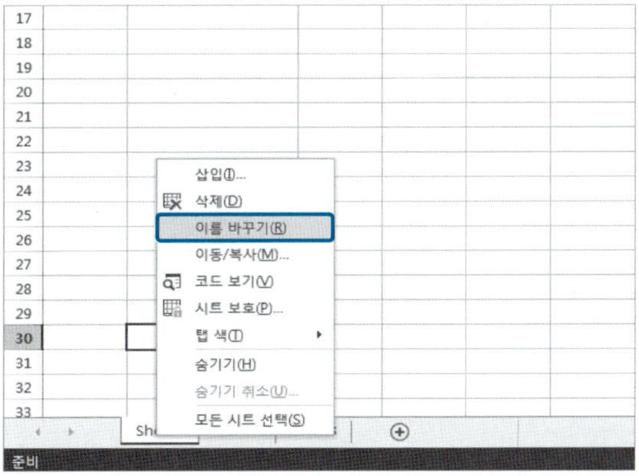


③ 이름을 변경하고자 하는 시트의 이름 위에 마우스를 올리고 더블클릭한 후 변경할 이름을 쓴다.

**step 2 워크시트의 이름을 변경한다.**

위의 세 가지 방법 모두 '이름 바꾸기' 메뉴를 선택하면 워크시트 이름 부분이 검은색으로 선택된다. 이때 시트 이름을 '수강신청 현황표'로 입력한다.

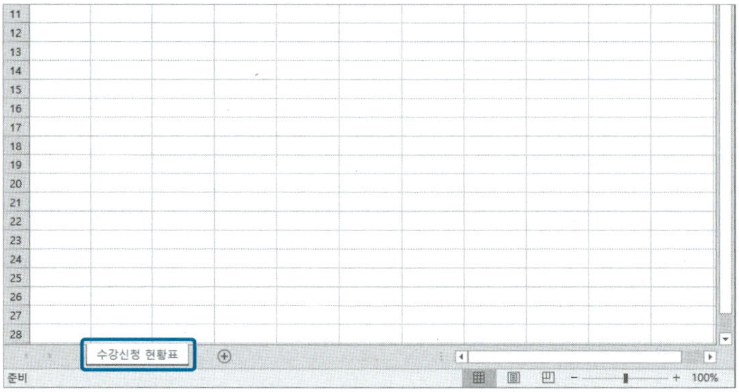


### (6) 워크시트 이동하기

워크시트의 위치를 이동시켜 사용자가 원하는 순서대로 워크시트를 나열할 수 있다. 이동시키고자 하는 워크시트를 왼쪽 마우스 버튼을 눌러 선택하고 원하는 위치로 드래그하면 워크시트가 이동된다. 이동 위치에 작은 화살표가 생기는 것을 확인할 수 있다.

▶ 워크시트 이동 : drag

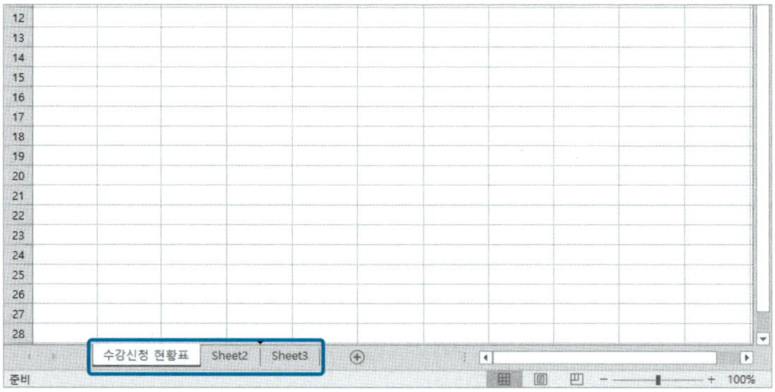


### (7) 워크시트 복사하기

유사한 내용의 워크시트를 활용하고자 하는 경우 워크시트를 복사해서 간단하게 사용할 수 있다. 복사하고자 하는 워크시트를 왼쪽 마우스 버튼을 눌러 선택하고 〈Ctrl〉 키를 누른 상태로  드래그하면 워크시트가 복사된다.

▶ 워크시트 복사 : 〈Ctrl〉 + drag

**step 1 복사하고자 하는 워크시트를 선택하고 드래그 한다.**

'수강신청 현황표' 워크시트를 선택하고 〈Ctrl〉 키를 누른 상태에서 마우스 왼쪽 버튼을 누르고 드래그 한다.

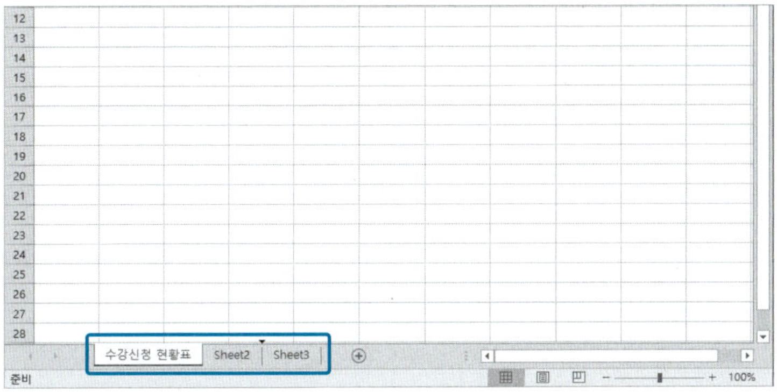


**step 2 원하는 위치에서 마우스 버튼을 놓으면 복사된 파일이 생성된다.**

sheet1과 sheet2 사이에서 드래그하던 마우스 버튼을 놓으면 '수강신청 현황표(2)'라는 이름을 가진 복사된 시트가 생성된다.

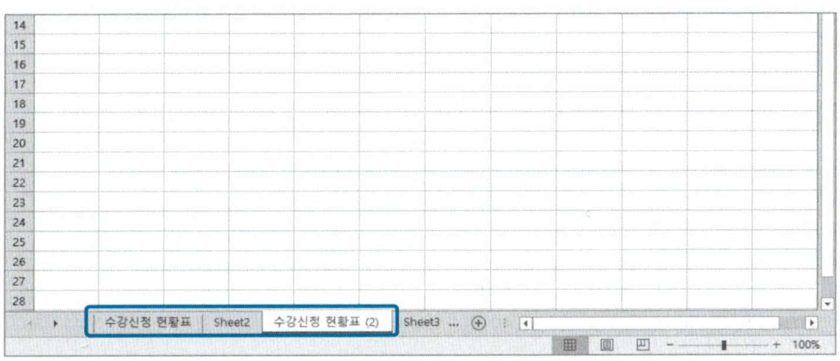


## 5.1.3 셀 다루기

### (1) 셀 위치(주소) 표현하기

엑셀에서는 데이터가 셀 단위로 입력되는데 각 셀은 해당 셀에 교차하는 '열 이름'과 '행 번호'에 따라 식별된다. 예를 들어 A열과 세 번째 행이 교차하는 셀의 위치(주소)는 [A3]이 되며 [A3] 셀을 마우스로 클릭하면 이름상자에 [A3]으로 셀의 이름이 표시된다.

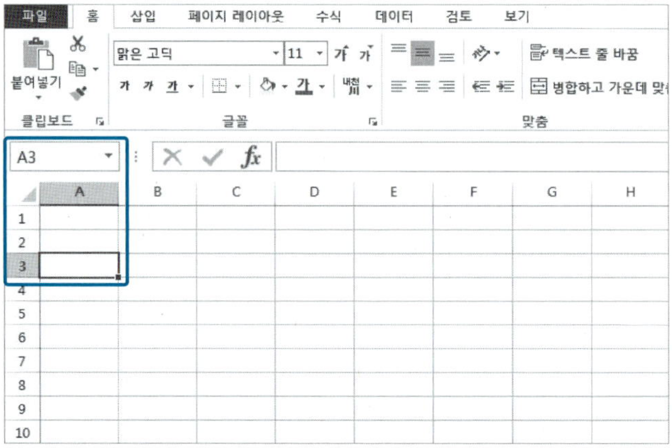

## TIP

**셀 이동 방법**

| 사용키 | 설 명 |
|---|---|
| 방향키(↑, ↓, →, ←) | 셀 포인터를 현재 셀로부터 상 · 하 · 좌 · 우로 이동 |
| Enter↵ 키 | 셀 입력의 끝을 알림과 동시에 셀 포인터를 다음 셀로 이동 |
| Ctrl + Home | 셀 포인터를 현재 워크시트의 [A1] 셀로 이동 |
| Ctrl + End | 셀 포인터를 현재 워크시트의 자료가 입력된 마지막 셀로 이동 |
| 이름상자에 직접 입력 | 이동하고자 하는 셀의 위치를 이름상자에 입력하면 해당 셀로 이동 |

### (2) 데이터 입력 및 수정하기

셀에 데이터를 입력하고 수정하는 방법은 3가지가 있다.

#### 가. 셀 선택 후 입력

데이터를 입력하거나 수정하고자 하는 셀을 선택하고, 데이터를 입력하면 커서가 생기면서 내용을 수정하거나 새로 입력할 수 있다. 데이터 입력 후 〈Enter↵〉 키를 누르거나 아래 방향키를 누르면 다음 셀로 이동한다.

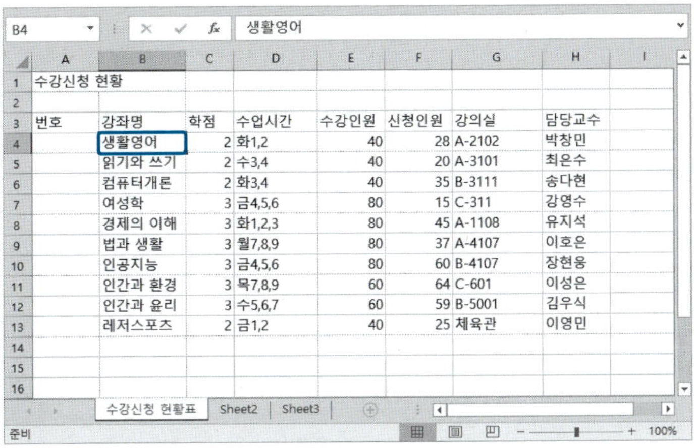



| | A | B | C | D | E | F | G | H |
|---|---|---|---|---|---|---|---|---|
| 1 | 수강신청 현황 | | | | | | | |
| 2 | | | | | | | | |
| 3 | 번호 | 강좌명 | 학점 | 수업시간 | 수강인원 | 신청인원 | 강의실 | 담당교수 |
| 4 | | 생활영어 | 2 | 화1,2 | 40 | 28 | A-2102 | 박창민 |
| 5 | | 읽기와 쓰기 | 2 | 수3,4 | 40 | 20 | A-3101 | 최은수 |
| 6 | | 컴퓨터개론 | 2 | 화3,4 | 40 | 35 | B-3111 | 송다현 |
| 7 | | 여성학 | 3 | 금4,5,6 | 80 | 15 | C-311 | 강영수 |
| 8 | | 경제의 이해 | 3 | 화1,2,3 | 80 | 45 | A-1108 | 유지석 |
| 9 | | 법과 생활 | 3 | 월7,8,9 | 80 | 37 | A-4107 | 이호은 |
| 10 | | 인공지능 | 3 | 금4,5,6 | 80 | 60 | B-4107 | 장현웅 |
| 11 | | 인간과 환경 | 3 | 목7,8,9 | 60 | 64 | C-601 | 이성은 |
| 12 | | 인간과 윤리 | 3 | 수5,6,7 | 60 | 59 | B-5001 | 김우식 |
| 13 | | 레저스포츠 | 2 | 금1,2 | 40 | 25 | 체육관 | 이영민 |

## 나. 커서 생성 후 입력

데이터를 새로 입력하거나 수정하려고 하는 셀을 선택한 후, 더블클릭하거나 〈F2〉 키를 누르면 셀에 커서가 생긴다. 커서 생성 후 내용을 입력한다.

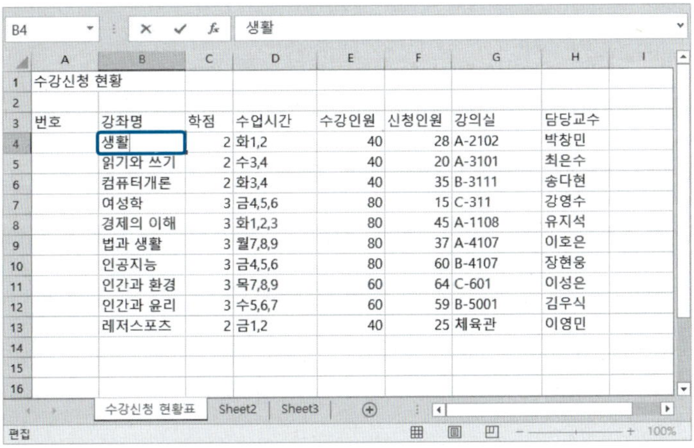



| | A | B | C | D | E | F | G | H |
|---|---|---|---|---|---|---|---|---|
| 1 | 수강신청 현황 | | | | | | | |
| 2 | | | | | | | | |
| 3 | 번호 | 강좌명 | 학점 | 수업시간 | 수강인원 | 신청인원 | 강의실 | 담당교수 |
| 4 | | 생활 | 2 | 화1,2 | 40 | 28 | A-2102 | 박창민 |
| 5 | | 읽기와 쓰기 | 2 | 수3,4 | 40 | 20 | A-3101 | 최은수 |
| 6 | | 컴퓨터개론 | 2 | 화3,4 | 40 | 35 | B-3111 | 송다현 |
| 7 | | 여성학 | 3 | 금4,5,6 | 80 | 15 | C-311 | 강영수 |
| 8 | | 경제의 이해 | 3 | 화1,2,3 | 80 | 45 | A-1108 | 유지석 |
| 9 | | 법과 생활 | 3 | 월7,8,9 | 80 | 37 | A-4107 | 이호은 |
| 10 | | 인공지능 | 3 | 금4,5,6 | 80 | 60 | B-4107 | 장현웅 |
| 11 | | 인간과 환경 | 3 | 목7,8,9 | 60 | 64 | C-601 | 이성은 |
| 12 | | 인간과 윤리 | 3 | 수5,6,7 | 60 | 59 | B-5001 | 김우식 |
| 13 | | 레저스포츠 | 2 | 금1,2 | 40 | 25 | 체육관 | 이영민 |

## 다. 수식 입력창에 입력

데이터를 입력하고자 하는 셀을 선택한 후 수식 입력 줄에서 내용을 수정한다.

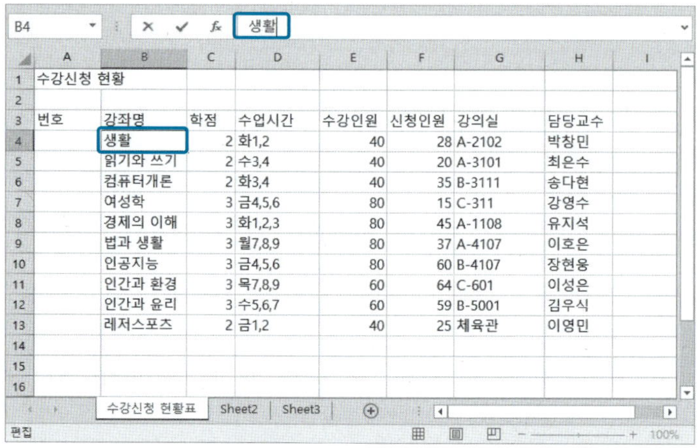


### (3) 셀의 블록 지정 방법

워크시트에서 작업을 위해 데이터를 선택하는 방법은 선택하고자 하는 데이터가 연속된 경우와 비연속적으로 있는 경우를 살펴볼 수 있다.

#### 가. 연속된 셀 블록 지정 방법

데이터 선택을 위해 여러 개의 연속된 셀을 한꺼번에 블록 지정하는 방법은 2가지가 있다.

**① 마우스로 원하는 영역을 드래그 하여 블록 설정**

**step 1** 셀 [B3]을 마우스 왼쪽 버튼으로 선택한 상태에서 셀 [E13]까지 드래그 하여 영역을 선택한다.

**step 2** 블록 영역을 해제하기 위해서는 워크시트 상의 임의의 셀을 선택한다.

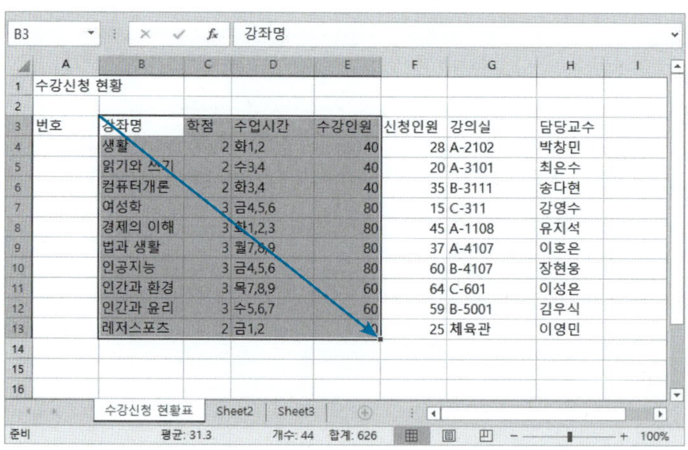

② 선택하고자 하는 영역의 첫 번째 셀을 마우스로 클릭한 후 〈Shift〉 키를 누르고 마지막 셀 선택

**step 1** 셀 [B3]을 선택한 후, 〈Shift〉 키를 누른 상태에서 셀 [E13]을 선택한다.

**step 2** 선택 영역 해제를 위해서는 워크시트 상의 임의의 셀을 선택한다.

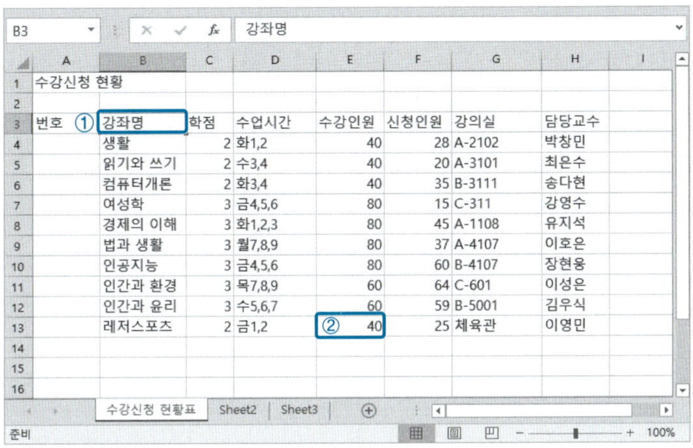


## 나. 비연속적인 셀 블록 지정 방법

데이터 테이블 상에서 서로 연속되어 있지 않은 셀들을 한꺼번에 선택하기 위해서는 〈Ctrl〉 키를 누른 상태에서 다른 셀이나 영역을 선택한다.

**step 1** 셀 [B3:B13]을 드래그 하여 선택한다.

**step 2** 〈Ctrl〉 키를 누르고 있는 상태에서 셀 [D3:D13], 셀 [F4], 셀 [H4]를 선택한다.

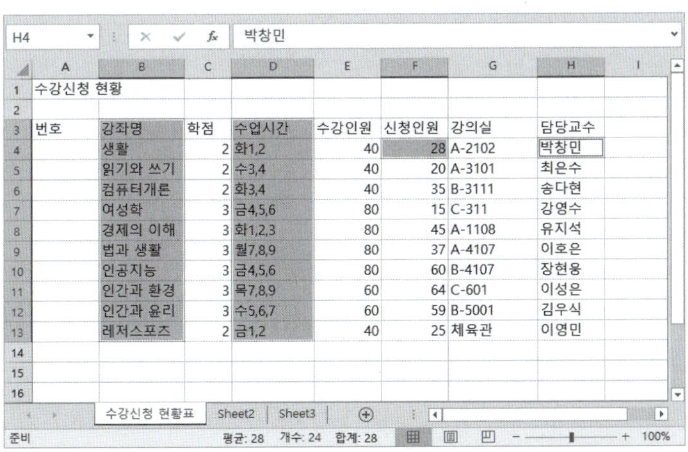

## 다. 행/열 전체 선택

행이나 열 전체를 선택하기 위해서는 행 이름이나 열 이름을 선택한다.

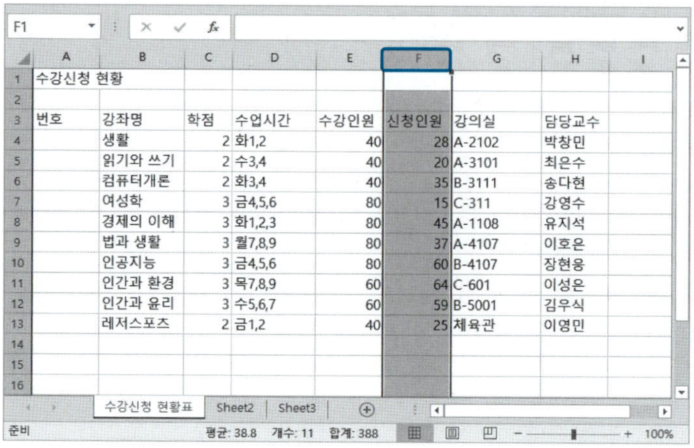


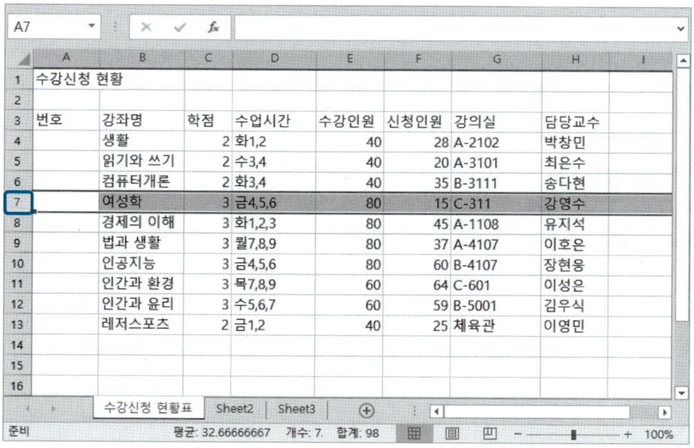


## 라. 연속적인 행/열 단위로 셀 블록 지정하는 경우

① 블록을 지정하려고 하는 행/열 이름을 드래그하여 선택한다.

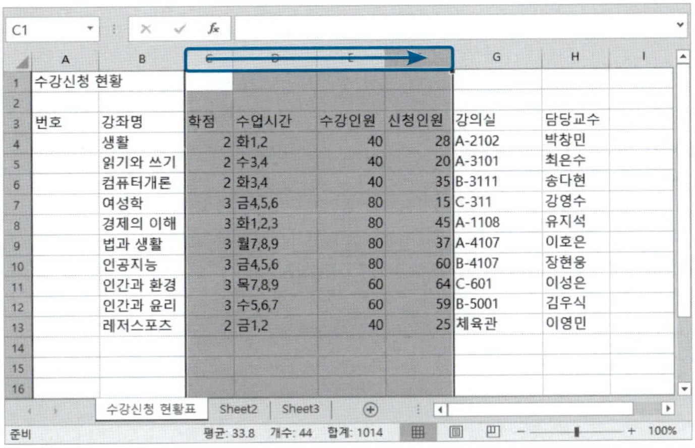


② 첫 번째 행/열 이름 선택 후 〈Shift〉 키를 누른 상태에서 범위를 지정하고자 하는 마지막 행/열 이름을 선택한다.

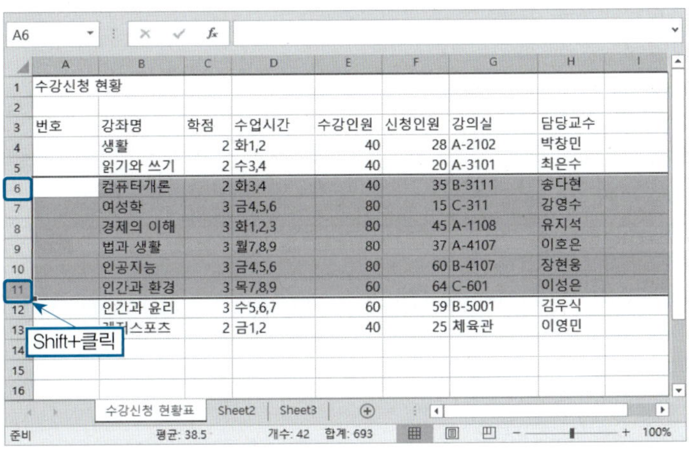


## 마. 비연속적인 행/열 단위로 셀 블록 지정하는 경우

범위를 지정하고자 하는 행/열 이름을 〈Ctrl〉 키를 누른 상태에서 선택한다.

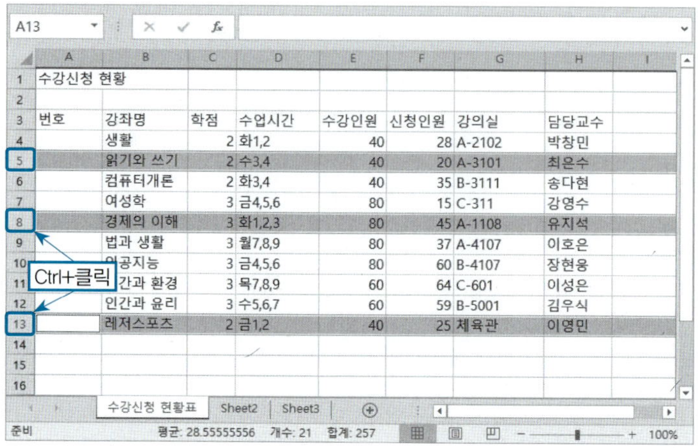


## (4) 행(열, 셀) 삽입/삭제하기

데이터 입력을 위해 행, 열, 셀을 추가하거나 삭제할 수 있다.

### 가. 행/열 삽입하기

행/열 전체를 삽입하고자 하는 경우는 행/열 이름을 선택한 후 삽입 메뉴를 선택하면 행을 선택한 경우는 선택한 행의 위쪽에, 열을 선택한 경우는 선택한 열의 왼쪽에 새로운 행이나 열이 삽입된다.

**step 1** '수강신청 현황표'에서 A열 왼쪽에 하나의 열을 삽입해보자. A열 이름을 선택하고 마우스 오른쪽 버튼을 누른다.

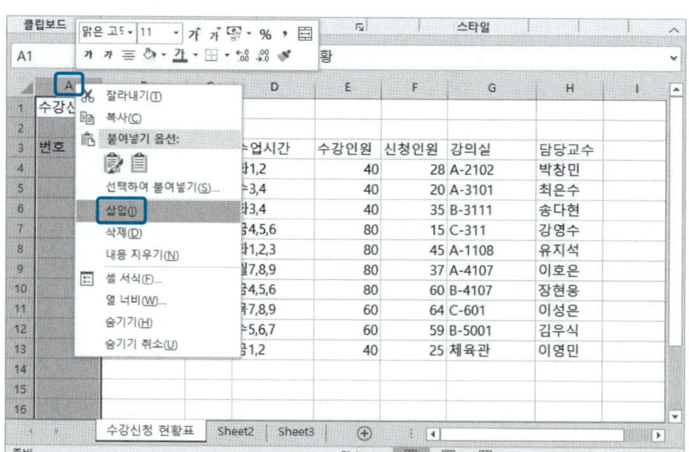

**step 2** 단축메뉴에서 **[삽입]**을 선택하면 A열 왼쪽에 하나의 열이 삽입된다.

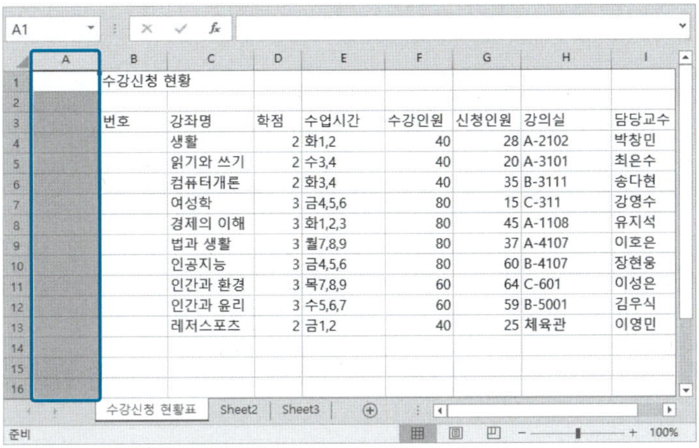


**step 3** '수강신청 현황' 글씨가 쓰여 있는 행 위로 행 추가를 위해 1행의 행 이름을 선택하고 마우스 오른쪽 버튼을 누른 후 단축 메뉴에서 **[삽입]**을 선택하면 행이 삽입된다. 두 번 실행하면 새로운 행이 2개 추가된다.

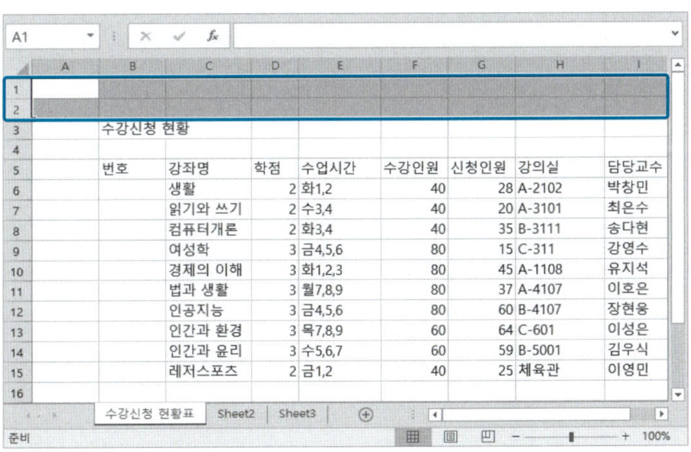

## 나. 행/열 삭제하기

삭제를 원하는 행이나 열을 선택하고 [삭제] 메뉴를 클릭하면 현재 선택된 행이나 열이 삭제된다.

**step 1** 1행을 삭제하기 위해서 1행의 이름을 선택하고 마우스 오른쪽 버튼을 누르면 보이는 단축 메뉴에서 [삭제]를 선택한다. 또는 [홈]–[셀]–[삭제]에서 '셀 삭제' 또는 '시트 행 삭제'를 선택한다.

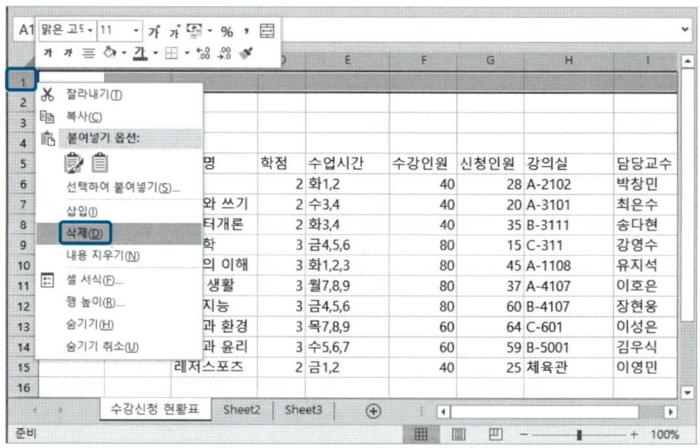


**step 2** 1행이 삭제되고, '수강신청 현황' 글씨 위에 1개의 행만 남는다.

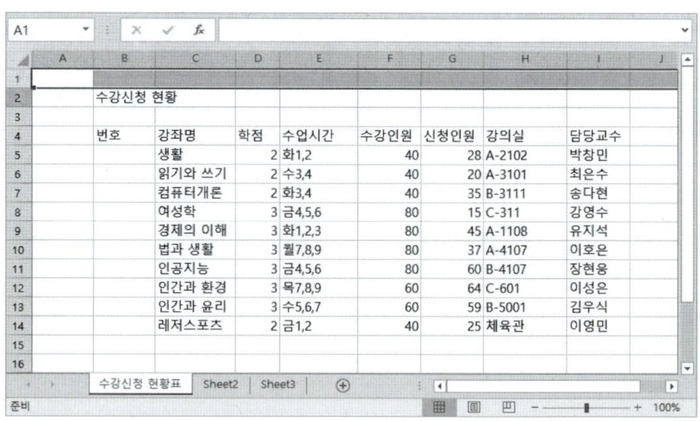

**step 3** A열을 삭제하기 위해 A열의 이름을 선택하고 [홈] – [셀] – [셀 삭제]를 선택하면 A열이 삭제된다.

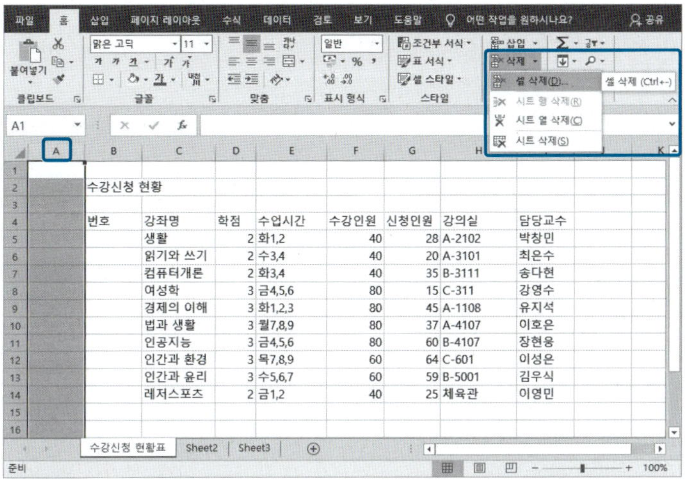


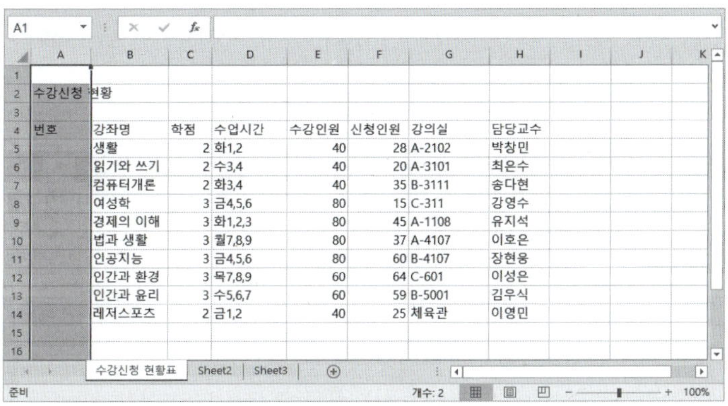


### 다. 셀 삽입하기

행이나 열 전체를 삽입하지 않고 셀 하나만 삽입해야 하는 경우 사용한다.

**step 1** 하나의 셀을 삽입할 위치 셀 [B6]을 선택하고 마우스 오른쪽 버튼을 클릭하여 단축 메뉴 중 [삽입]을 선택한다.

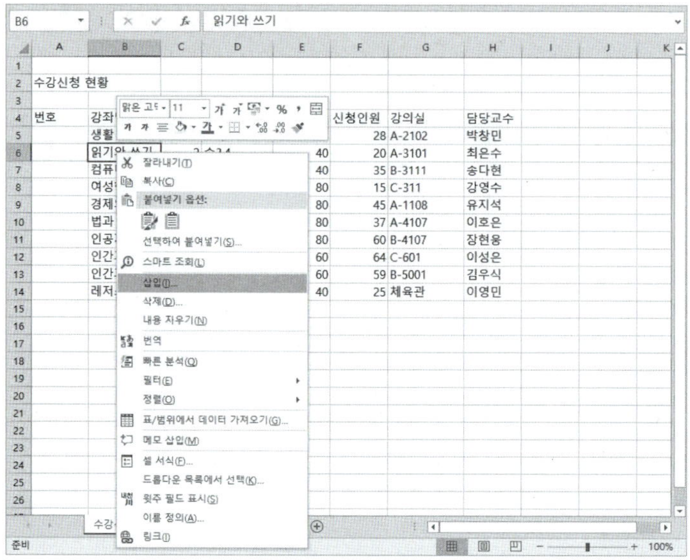


또는 셀을 삽입할 위치 셀 [B6]를 선택하고 **[홈]-[셀]-[셀 삽입]**을 선택하면 바로 '셀을 아래로 밀기'가 실행되어 셀이 삽입된다.

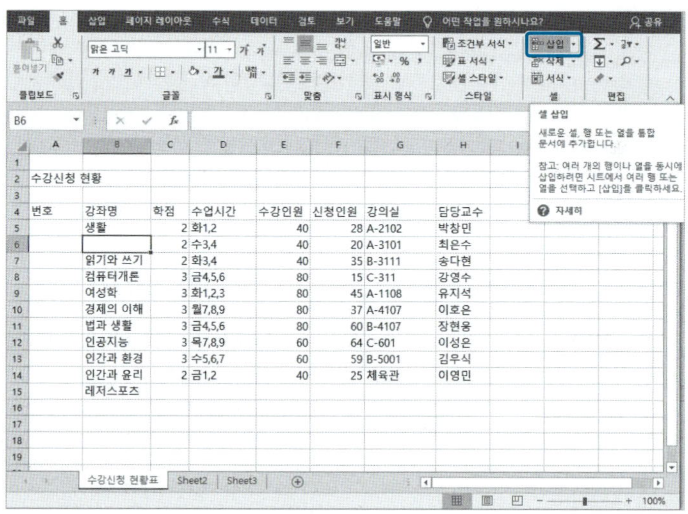


**step 2** **[삽입]** 대화 상자에서 '셀을 아래로 밀기' 또는 '셀을 오른쪽으로 밀기'를 선택하여 셀 하나를 추가한다.

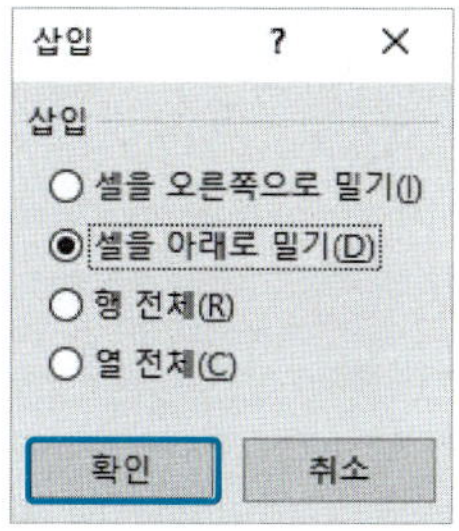


step 3 [확인] 버튼을 누르면 선택한 셀부터 모든 셀이 아래로 한 칸씩 밀려 내려가면서 새로운 셀 한 칸이 삽입된다.

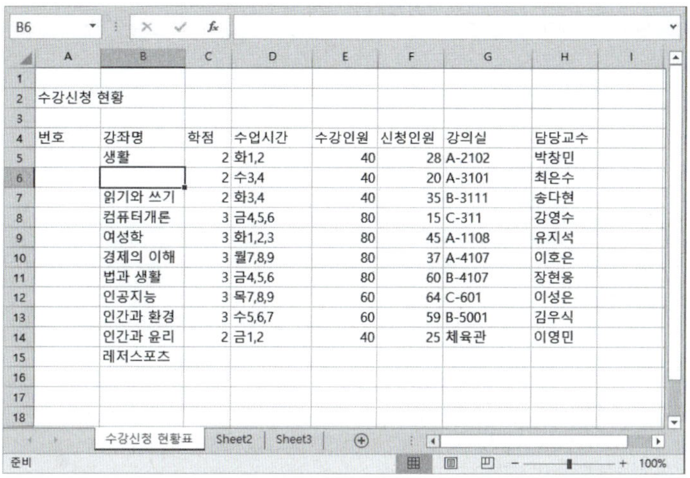


## 라. 셀 삭제하기

행이나 열 전체를 삭제하지 않고 셀 하나만 삭제해야 하는 경우 사용한다.

step 1 삭제할 셀 [B6]을 선택하고 마우스 오른쪽 버튼을 눌러 단축 메뉴 중 [삭제]를 선택한다.

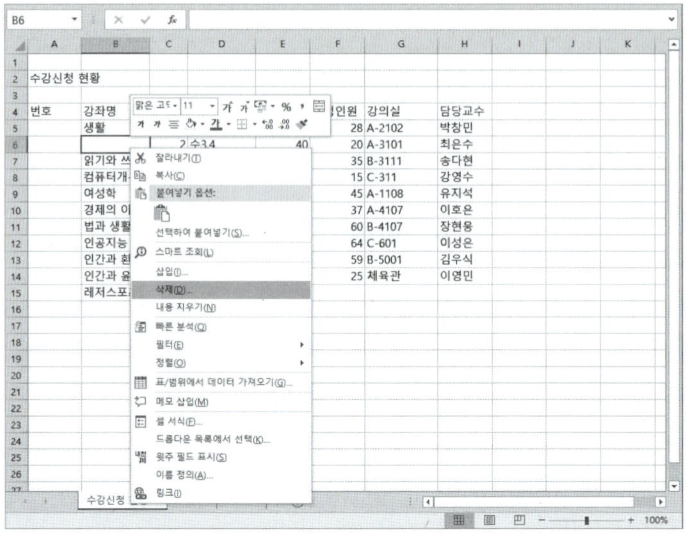

또는 삭제할 셀 [B6]을 선택하고 [홈]-[셀]-[삭제]를 선택한다.

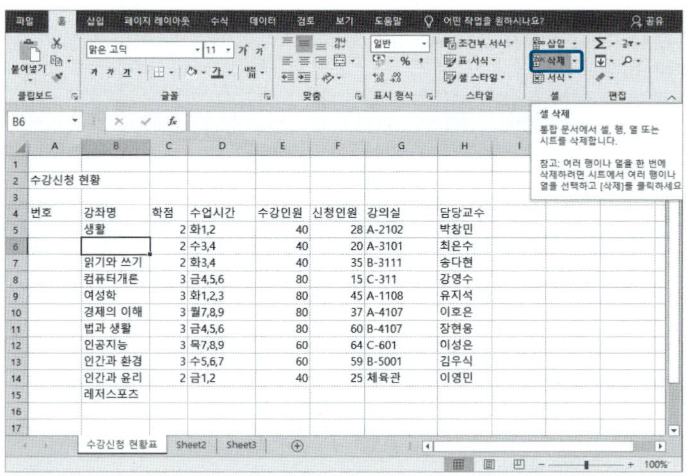

**step 2** [삭제] 대화 상자에서 '셀을 위로 밀기' 또는 '셀을 왼쪽으로 밀기'를 선택한다.

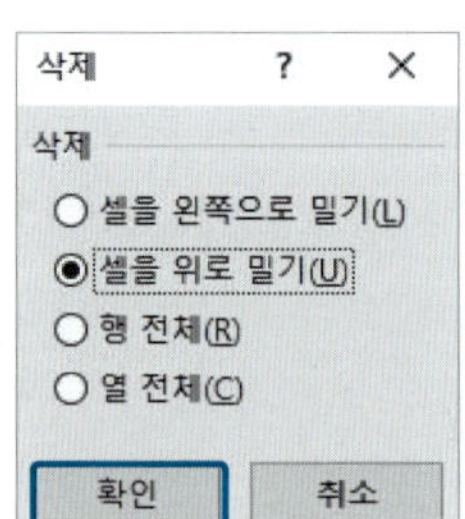

**step 3** [확인] 버튼을 누르면 처음에 선택했던 셀 [B6]이 삭제되고, 아래쪽이나 왼쪽에 있던 셀로 내용이 채워진다.

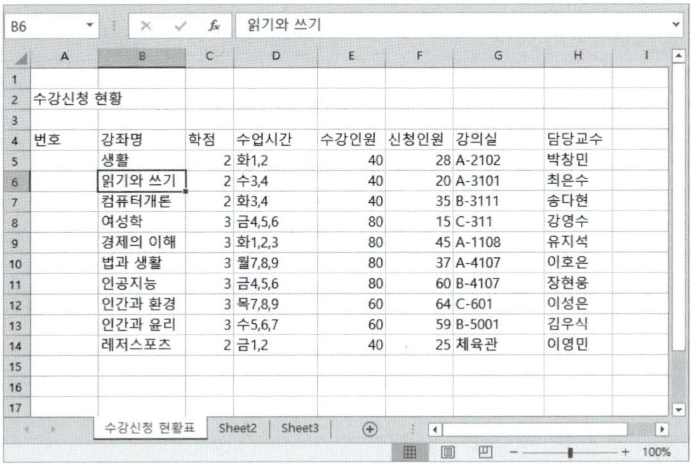

### (5) 행 높이/ 열 너비 지정하기

입력하는 데이터에 따라 셀의 높이나 너비를 조절할 수 있다. 높이나 너비를 조절하는 방법은 2가지가 있다.

#### 가. 드래그 하여 조절하기

① **행 높이 조절** : 행 높이를 조절하기 위해서 화면 왼쪽의 행 이름과 행 이름 사이의 선에 커서를 두고 원하는 높이만큼 드래그 하여 조절한다.

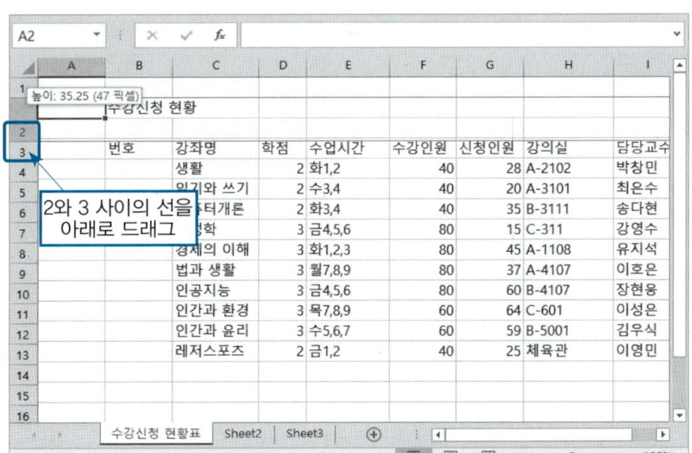

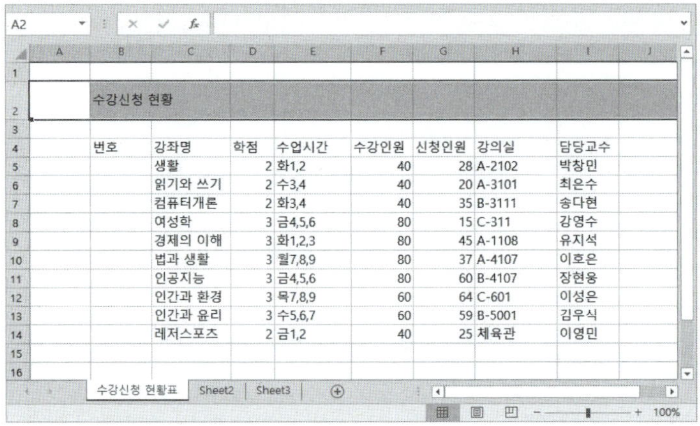

② **열 너비 조절** : 열 너비를 조절하기 위해서 화면 위쪽의 열 이름과 열 이름 사이의 선에 커서를 두고 원하는 너비만큼 드래그 하여 조절한다.

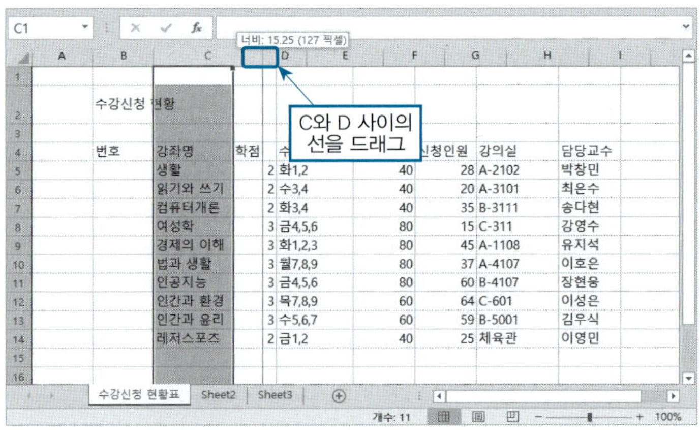


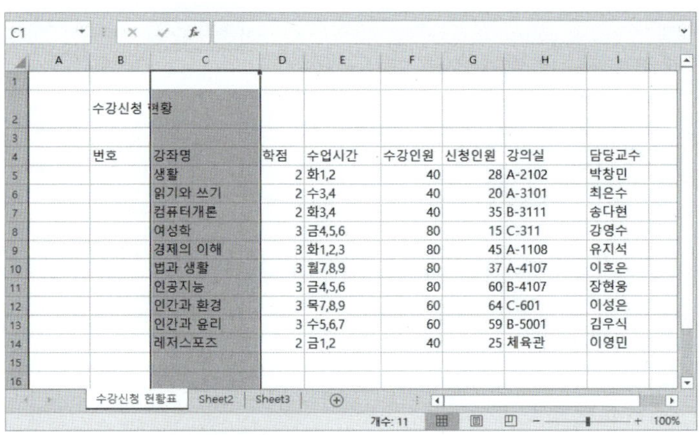

### ③ 여러 행/열 한 번에 높이/너비 조절하기

한꺼번에 여러 행이나 열을 선택하여 높이나 너비를 조절할 수 있다.

**step 1** 너비나 높이를 동일하게 조절하고자 하는 행이나 열 이름을 드래그하여 선택한다.

D열부터 H열까지 동일한 너비 설정을 위해 열 이름(D, E, F, G, H)을 드래그 하여 선택한다.

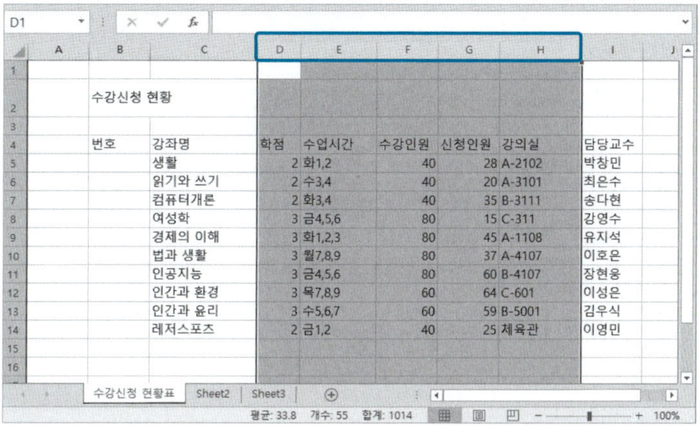


**step 2** 선택된 부분 중 한 셀의 너비나 높이를 설정하고자 하는 길이만큼 드래그하면 선택된 행이나 열의 너비나 높이가 동일하게 조절된다.

E열 이름과 F열 이름 사이에 마우스를 놓고 원하는 너비만큼 드래그하면, 선택된 모든 열이 동일한 너비로 조절된다.

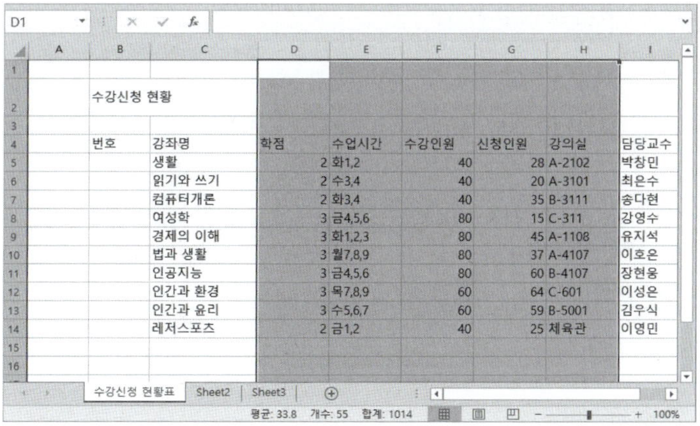

## 나. 숫자 입력하여 조절하기

셀에 대하여 직접 숫자를 입력해서 너비나 높이를 조절할 수 있다.

**step 1** 같은 너비나 높이를 설정할 행이나 열 이름을 드래그하여 선택한다.

4행부터 14행까지 행 이름(4,5,6,...,14)을 드래그 한다.

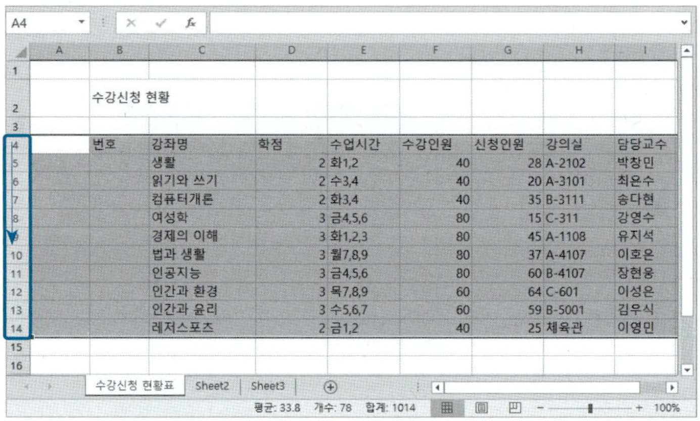


**step 2** 선택된 블록 위에 커서를 두고 마우스 오른쪽 버튼을 눌러 단축 메뉴 중 '행 높이/열 너비' 메뉴를 선택한다.

행을 블록으로 선택하였으므로 '행 높이' 메뉴를 선택한다.

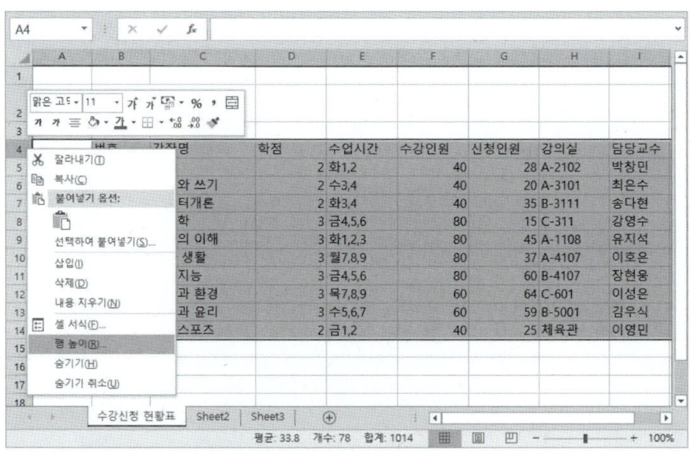

**step 3** [행 높이]/[열 너비] 대화 상자에서 설정하고자 하는 높이나 너비를 입력한다. 행 높이를 '23'으로 설정한다.

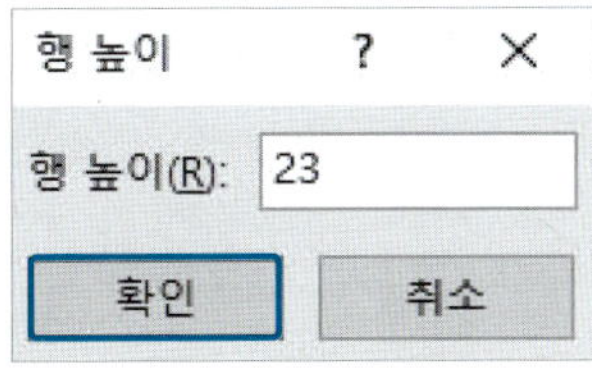


**step 4** 선택했던 모든 행(4행~14행)의 높이가 23으로 설정된다.

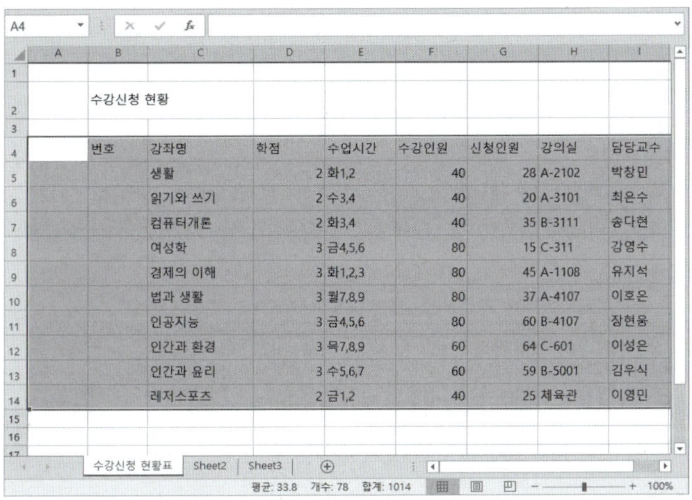


| 번호 | 강좌명 | 학점 | 수업시간 | 수강인원 | 신청인원 | 강의실 | 담당교수 |
|---|---|---|---|---|---|---|---|
| | 생활 | 2 | 화1,2 | 40 | 28 | A-2102 | 박창민 |
| | 읽기와 쓰기 | 2 | 수3,4 | 40 | 20 | A-3101 | 최은수 |
| | 컴퓨터개론 | 2 | 화3,4 | 40 | 35 | B-3111 | 송다현 |
| | 여성학 | 3 | 금4,5,6 | 80 | 15 | C-311 | 강영수 |
| | 경제의 이해 | 3 | 화1,2,3 | 80 | 45 | A-1108 | 유지석 |
| | 법과 생활 | 3 | 월7,8,9 | 80 | 37 | A-4107 | 이호은 |
| | 인공지능 | 3 | 금4,5,6 | 80 | 60 | B-4107 | 장현웅 |
| | 인간과 환경 | 3 | 목7,8,9 | 60 | 64 | C-601 | 이성은 |
| | 인간과 윤리 | 3 | 수5,6,7 | 60 | 59 | B-5001 | 김우식 |
| | 레저스포츠 | 2 | 금1,2 | 40 | 25 | 체육관 | 이영민 |

**step 5** 각 행의 높이와 열의 너비를 다음과 같이 설정한다.

- 1행, 3행 높이 : 15
- 2행 높이 : 40
- 4행 ~ 14행 높이 : 23
- A열 너비 : 4
- B열, D열 너비 : 7
- C열 너비 : 15
- E열 ~ I열 너비 : 10

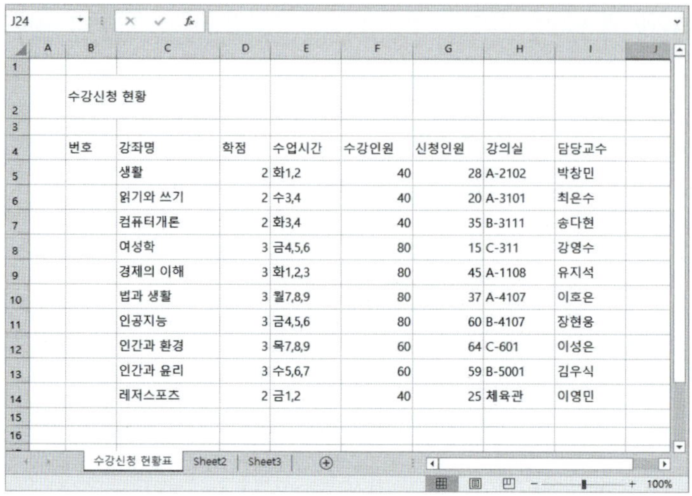

수강신청 현황

| 번호 | 강좌명 | 학점 | 수업시간 | 수강인원 | 신청인원 | 강의실 | 담당교수 |
|---|---|---|---|---|---|---|---|
| | 생활 | 2 | 화1,2 | 40 | 28 | A-2102 | 박창민 |
| | 읽기와 쓰기 | 2 | 수3,4 | 40 | 20 | A-3101 | 최은수 |
| | 컴퓨터개론 | 2 | 화3,4 | 40 | 35 | B-3111 | 송다현 |
| | 여성학 | 3 | 금4,5,6 | 80 | 15 | C-311 | 강영수 |
| | 경제의 이해 | 3 | 화1,2,3 | 80 | 45 | A-1108 | 유지석 |
| | 법과 생활 | 3 | 월7,8,9 | 80 | 37 | A-4107 | 이호은 |
| | 인공지능 | 3 | 금4,5,6 | 80 | 60 | B-4107 | 장현웅 |
| | 인간과 환경 | 3 | 목7,8,9 | 60 | 64 | C-601 | 이성은 |
| | 인간과 윤리 | 3 | 수5,6,7 | 60 | 59 | B-5001 | 김우식 |
| | 레저스포츠 | 2 | 금1,2 | 40 | 25 | 체육관 | 이영민 |

### (6) 셀 값 복사/이동하기

셀의 데이터를 복사하거나 셀의 내용을 다른 부분으로 옮길 수 있다.

#### 가. 셀 값 복사하기

단축키를 이용하는 방법과 메뉴를 이용하는 방법으로 실행할 수 있다.

① 값을 복사하고자 하는 셀이나 셀 블록을 선택하고 〈Ctrl + C〉를 누르고 복사한 내용을 넣을 셀을 선택하고 〈Ctrl + V〉를 누른다.

② 값을 복사하고자 하는 셀이나 셀 블록을 선택하고 마우스 오른쪽 버튼 클릭 후 단축메뉴에서 '복사'와 '선택하여 붙여넣기' 메뉴를 선택한다.

**step 1** 셀 [C5:C6]을 블록 선택한 후 마우스 오른쪽 버튼을 눌러 '복사'를 선택한다.

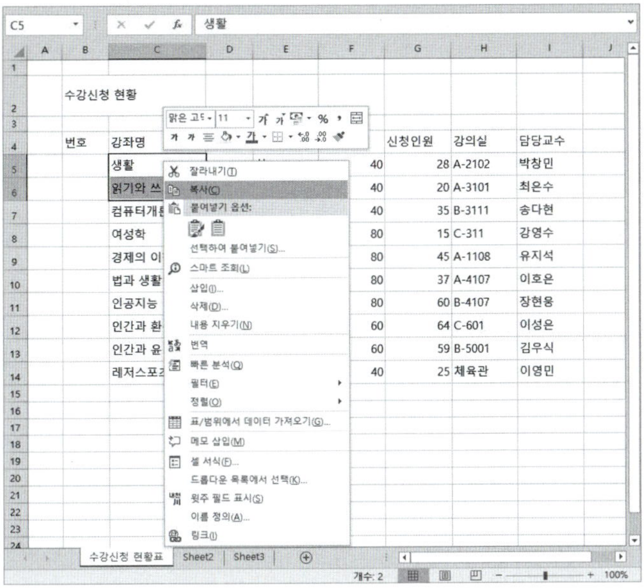


**step 2** 복사한 셀 [C5:C6]이 점선으로 표시되어진다.

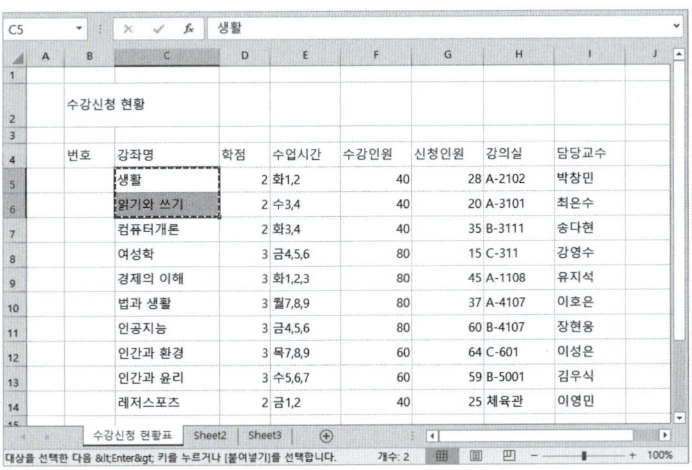


**step 2** 셀 [C5:C6]의 내용을 옮길 셀을 선택하고 마우스 오른쪽 버튼을 누른 후 '선택하여 붙여넣기'를 실행한다.

셀 [C16]을 선택하고 '선택하여 붙여넣기' 메뉴를 실행한다.

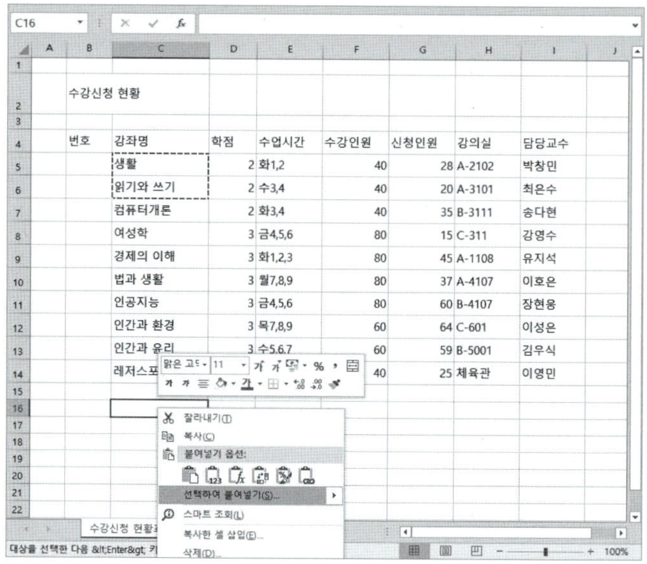


**step 4** 원하는 위치에 선택한 셀의 값이 복사된다.

## 나. 셀 값 삭제하기

삭제할 데이터가 있는 셀을 선택하고 〈Delete〉 키를 눌러 셀의 내용을 삭제한다.

셀 [C16:C17]을 블록 선택 후 〈Delete〉 키를 누른다.

### 다. 셀 값 이동하기

단축키를 이용하는 방법과 메뉴를 이용하는 방법으로 실행할 수 있다.

① 값을 이동하고자 하는 셀이나 셀 블록을 선택하고 〈Ctrl + X〉를 누르고, 이동할 내용을 넣을 셀을 선택하고 〈Ctrl + V〉를 누른다.

② 값을 이동하고자 하는 셀이나 셀 블록을 선택하고 마우스 오른쪽 버튼 클릭 후 단축 메뉴에서 '잘라내기'와 '잘라낸 셀 삽입' 메뉴를 선택한다.

**step 1** 셀 [C5:C6]을 블록으로 선택하고 마우스 오른쪽 버튼을 눌러 '잘라내기'를 선택한다.

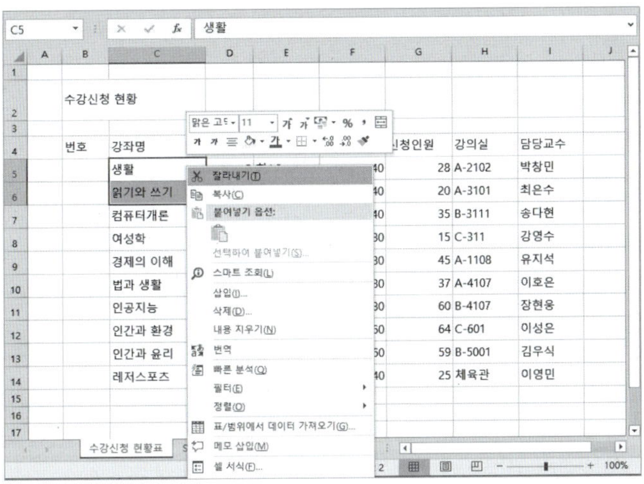


**step 2** 잘라내기 한 셀 [C5:C6]이 점선으로 표시되어진다.

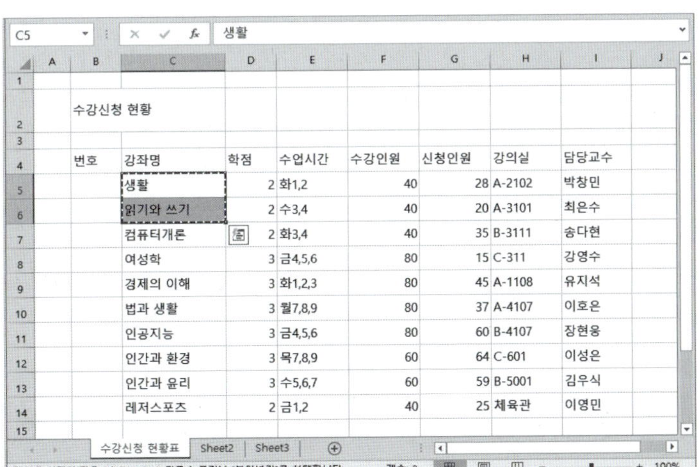

**step 3** 셀 [C5:C6]의 내용을 이동할 셀을 선택하고 마우스 오른쪽 버튼을 누른 후 '잘라낸 셀 삽입'을 선택한다.

셀 [C15]를 선택하고 '잘라낸 셀 삽입' 메뉴를 실행한다.

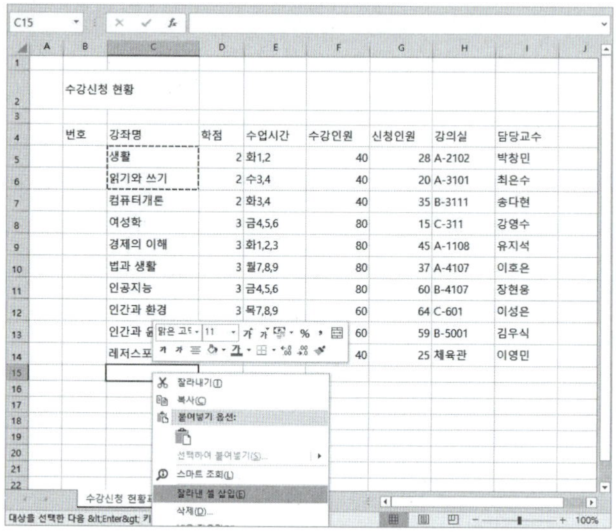


**step 4** 원하는 위치로 선택한 셀의 값이 이동되고, 아래 셀들의 값이 빈 셀을 채운다.

a. 데이터를 이동하는 셀 [C5:C6]과 같은 열로 잘라내기 한 셀을 이동하는 경우는 아래 셀들을 위로 끌어올리고 잘라내기 한 셀을 삽입한다.

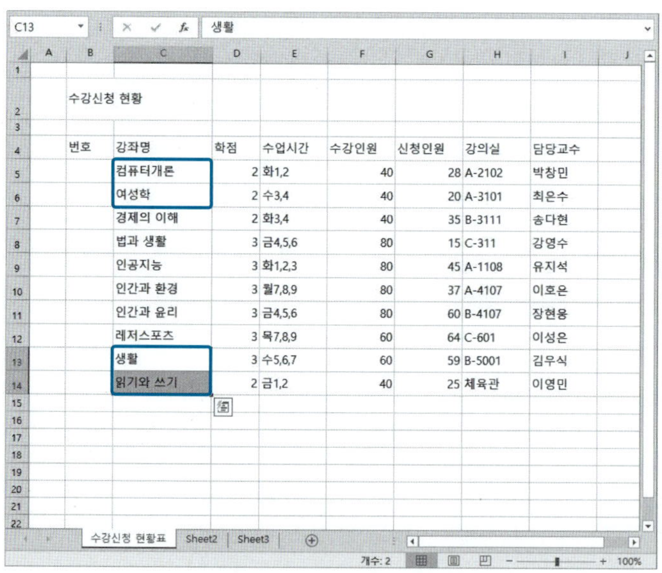

b. 데이터를 이동하는 셀 [C5:C6]과 다른 열의 셀 [E16]로 잘라내기 한 셀을 이동하는 경우는 셀 [C5:C6]의 데이터는 지워지고 이동을 원하는 셀 [E16:E17]로 데이터가 이동한다.

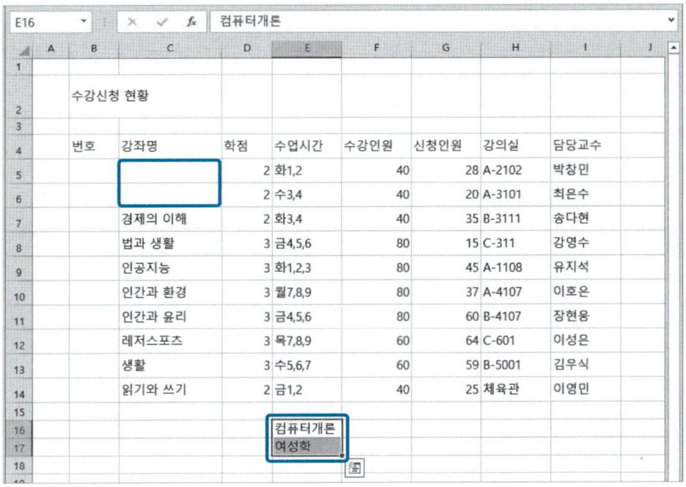


## (7) 자동 채우기 기능

셀에 입력된 내용을 채우기 핸들러를 이용하여 인접한 셀에 복사할 수 있다.

**가. 셀의 문자나 숫자 데이터를 채우기 핸들러로 드래그하여 연속된 셀에 데이터를 복사한다.**

**step 1** 연속된 영역에 복사하고자 하는 셀 [F5]를 선택하고, 셀 오른쪽 모서리에 마우스를 올리고 마우스 포인터가 채우기 핸들러(+)가 되도록 한다. 왼쪽 마우스 버튼을 누르고 아래로 드래그 한다.

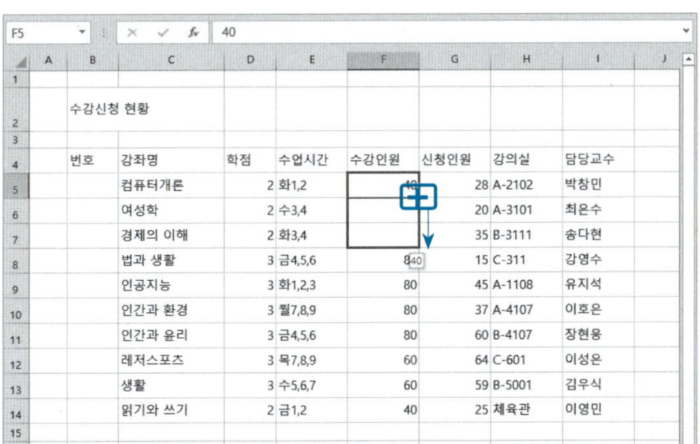

**step 2** 셀 [F6]과 셀 [F7]이 셀 [F5]의 값으로 채워진다.

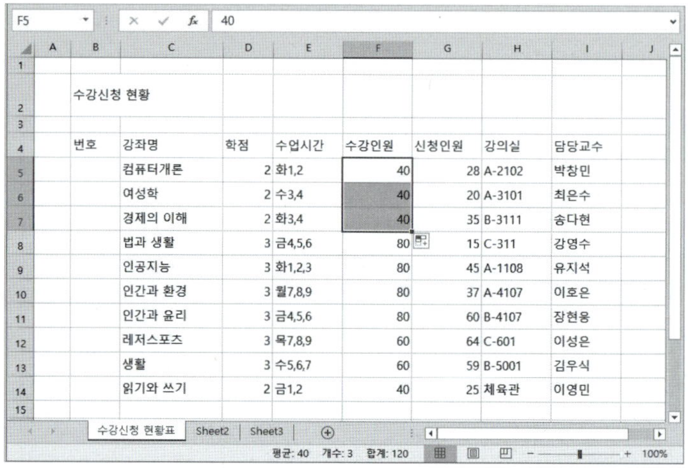


나. 숫자 데이터를 증가시키기 위해서는 Ctrl을 누른 채로 채우기 핸들러를 드래그한다.

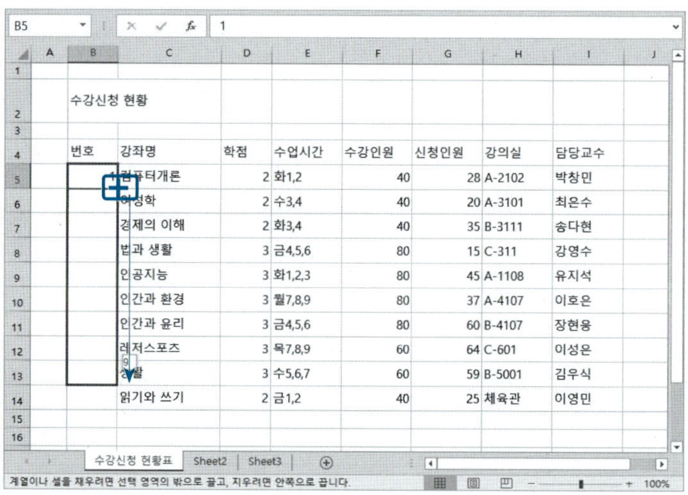

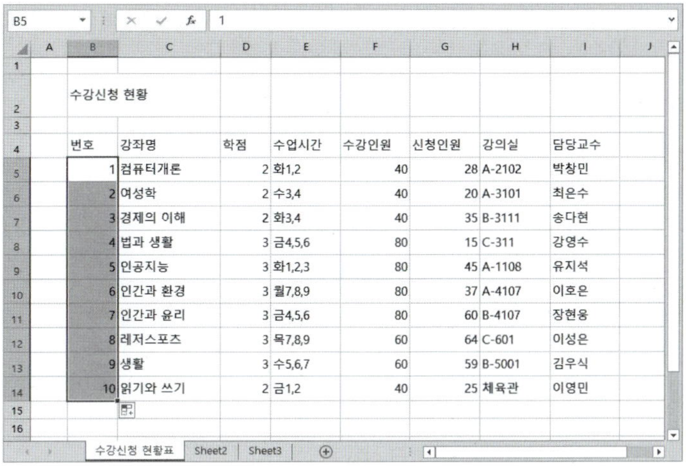


다. 데이터가 있는 두 셀을 선택한 후 채우기 핸들러를 드래그하면, 두 셀의 숫자 차이만큼 증가하거나 감소하면서 셀 값이 채워진다.

셀 [B5]와 셀 [B6]의 차가 2이므로 2씩 증가한 값이 연속된 셀에 채워진다. 이때는 Ctrl을 누르지 않고 드래그한다.

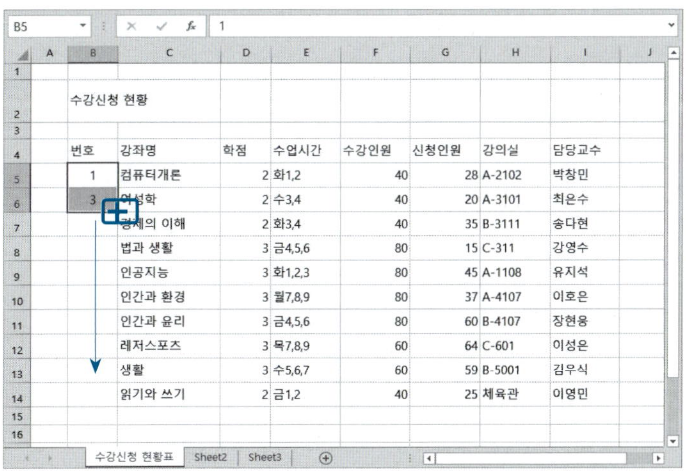

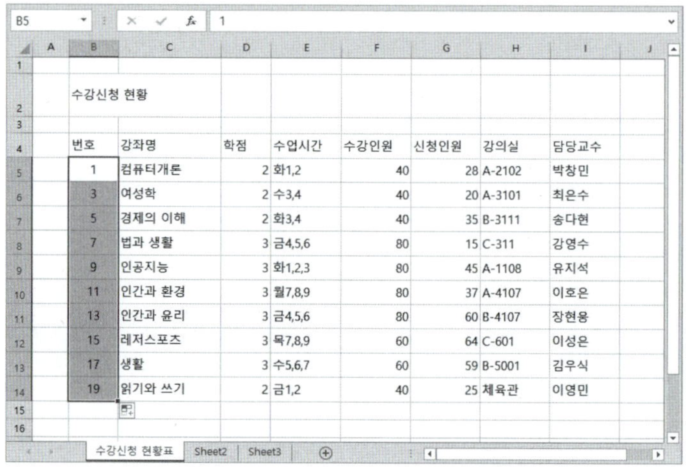


## (8) 행(열) 숨기기 및 숨기기 취소

일시적으로 행이나 열을 숨기기 위해 사용할 수 있는 기능이다.

**step 1** 숨기고자 하는 행이나 열 이름을 선택하고 **[보기]–[창] 그룹–[숨기기]** 또는 마우스 오른쪽 버튼을 클릭하고 **[숨기기]** 메뉴를 선택한다.

숨기려고 하는 '열 E'의 열 이름을 클릭하고 **[숨기기]** 메뉴를 선택한다.

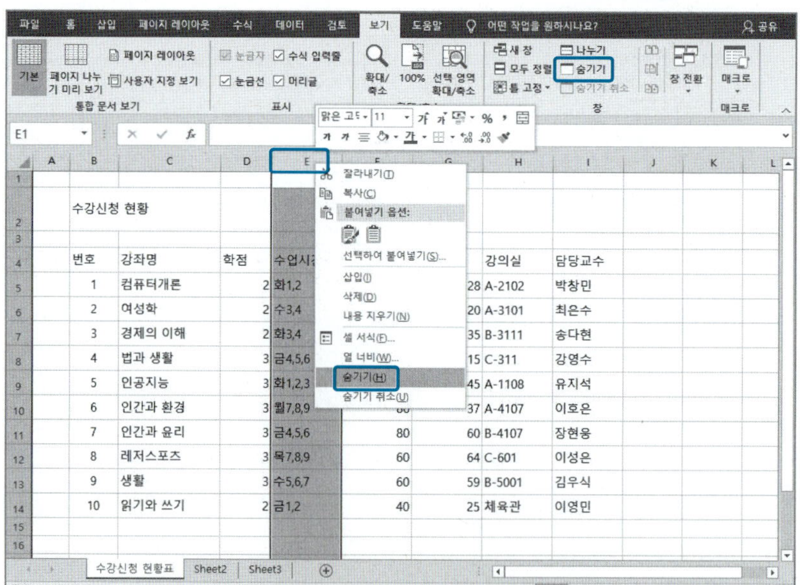

**step 2** 열 이름에서 E열이 숨겨져 보이지 않는다.

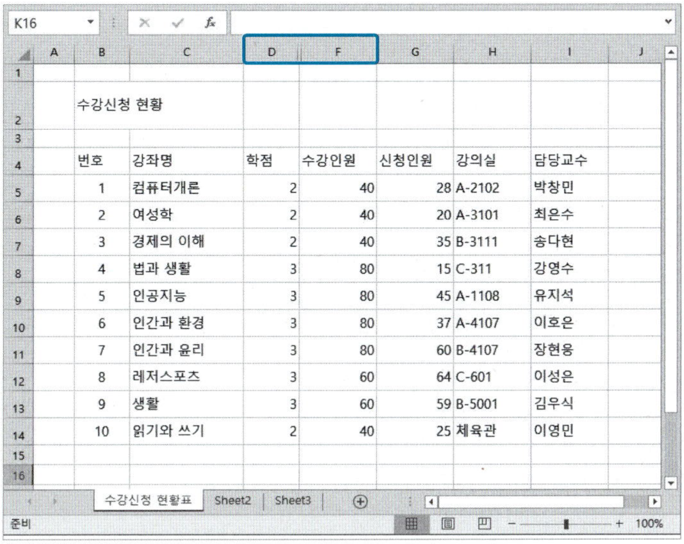


**step 3** 숨기기 취소를 위해서는 현재 숨겨진 열의 양쪽 열을 드래그한 후 '숨기기 취소'를 선택한다.

E열이 숨겨진 상태이므로 D열과 F열의 이름을 드래그한 후 마우스 오른쪽 버튼을 클릭하고 '숨기기 취소' 메뉴를 실행한다.

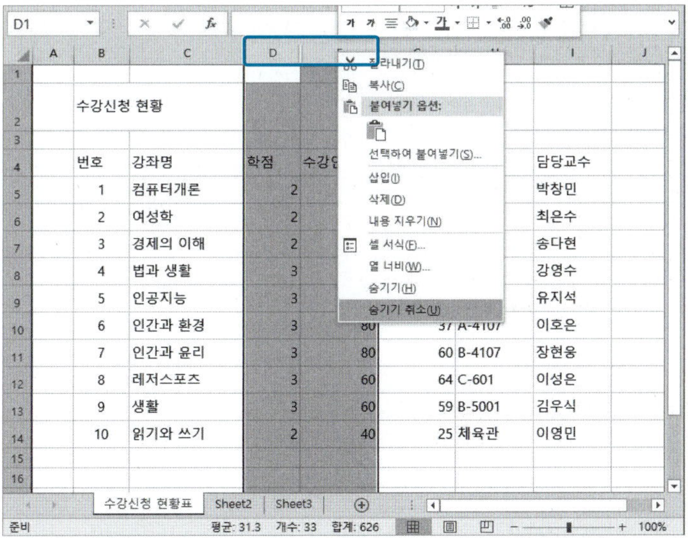

**step 4** 숨겨졌던 E열이 다시 나타남을 확인할 수 있다.

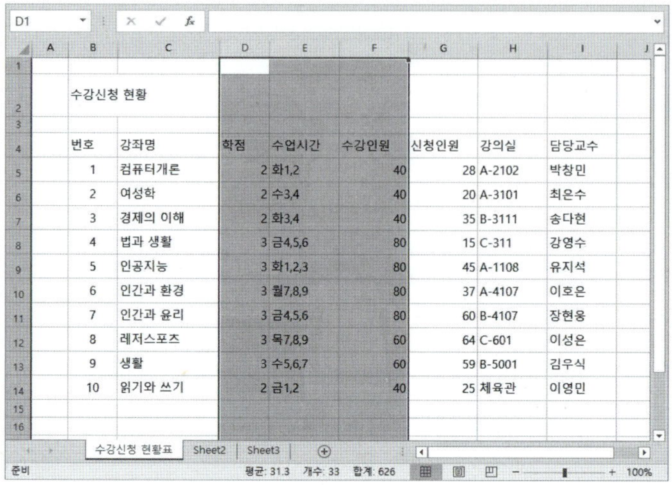


## (9) 틀 고정하기

데이터가 많아 한 화면에서 볼 수 없는 경우 데이터를 스크롤 할 때 워크시트의 한 행이나 열을 고정시켜 데이터를 볼 수 있도록 유지하는 경우 사용한다.

### 가. 첫 행이나 첫 열을 고정하고자 하는 경우

**step 1** [보기]–[틀 고정]–[첫 열 고정]/[첫 행 고정]을 클릭한다.

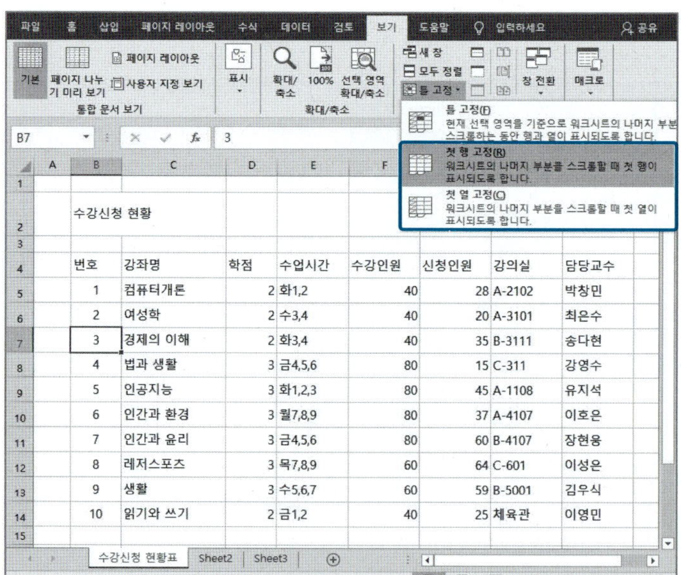

**step 2** 1행과 2행 사이에 희미한 줄은 첫 번째 열이 틀 고정 되었음을 표시한다. 행을 아래로 스크롤하면 첫 행이 계속 표시되는 것을 볼 수 있다.

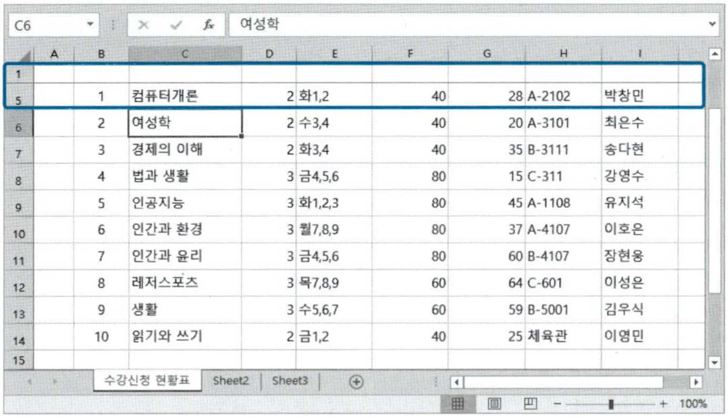


| | A | B | C | D | E | F | G | H | I |
|---|---|---|---|---|---|---|---|---|---|
| 1 | | | | | | | | | |
| 5 | | 1 | 컴퓨터개론 | 2 | 화1,2 | 40 | 28 | A-2102 | 박창민 |
| 6 | | 2 | 여성학 | 2 | 수3,4 | 40 | 20 | A-3101 | 최은수 |
| 7 | | 3 | 경제의 이해 | 2 | 화3,4 | 40 | 35 | B-3111 | 송다현 |
| 8 | | 4 | 법과 생활 | 3 | 금4,5,6 | 80 | 15 | C-311 | 강영수 |
| 9 | | 5 | 인공지능 | 3 | 화1,2,3 | 80 | 45 | A-1108 | 유지석 |
| 10 | | 6 | 인간과 환경 | 3 | 월7,8,9 | 80 | 37 | A-4107 | 이호은 |
| 11 | | 7 | 인간과 윤리 | 3 | 금4,5,6 | 80 | 60 | B-4107 | 장현웅 |
| 12 | | 8 | 레저스포츠 | 3 | 목7,8,9 | 60 | 64 | C-601 | 이성은 |
| 13 | | 9 | 생활 | 3 | 수5,6,7 | 60 | 59 | B-5001 | 김우식 |
| 14 | | 10 | 읽기와 쓰기 | 2 | 금1,2 | 40 | 25 | 체육관 | 이영민 |
| 15 | | | | | | | | | |

나. 특정 행이나 열을 고정하려고 하는 경우

**step 1** 고정하려고 하는 행의 아래쪽 셀 또는 고정하려고 하는 열의 오른쪽 셀을 선택하고 **[보기]–[틀 고정]**을 선택한다.

4행을 고정시키기 위해 셀 [A5]를 선택하고 **[보기]–[틀 고정]**을 선택한다.

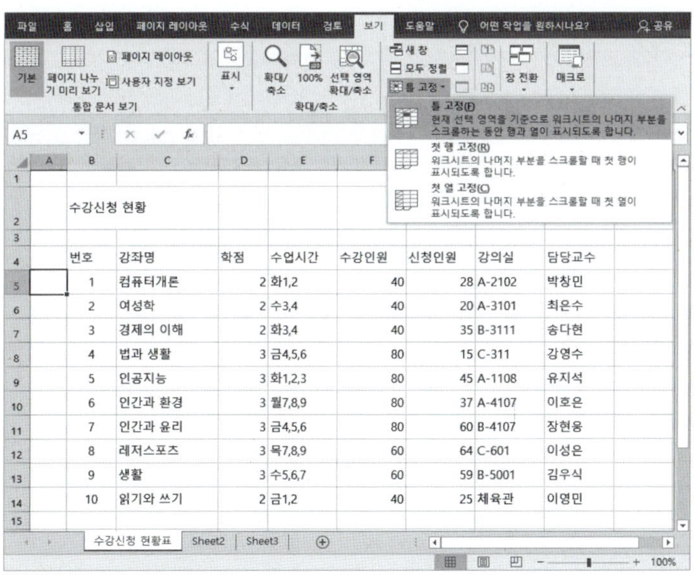


| | A | B | C | D | E | F | G | H | I |
|---|---|---|---|---|---|---|---|---|---|
| 1 | | | | | | | | | |
| 2 | | 수강신청 현황 | | | | | | | |
| 3 | | | | | | | | | |
| 4 | | 번호 | 강좌명 | 학점 | 수업시간 | 수강인원 | 신청인원 | 강의실 | 담당교수 |
| 5 | | 1 | 컴퓨터개론 | 2 | 화1,2 | 40 | 28 | A-2102 | 박창민 |
| 6 | | 2 | 여성학 | 2 | 수3,4 | 40 | 20 | A-3101 | 최은수 |
| 7 | | 3 | 경제의 이해 | 2 | 화3,4 | 40 | 35 | B-3111 | 송다현 |
| 8 | | 4 | 법과 생활 | 3 | 금4,5,6 | 80 | 15 | C-311 | 강영수 |
| 9 | | 5 | 인공지능 | 3 | 화1,2,3 | 80 | 45 | A-1108 | 유지석 |
| 10 | | 6 | 인간과 환경 | 3 | 월7,8,9 | 80 | 37 | A-4107 | 이호은 |
| 11 | | 7 | 인간과 윤리 | 3 | 금4,5,6 | 80 | 60 | B-4107 | 장현웅 |
| 12 | | 8 | 레저스포츠 | 3 | 목7,8,9 | 60 | 64 | C-601 | 이성은 |
| 13 | | 9 | 생활 | 3 | 수5,6,7 | 60 | 59 | B-5001 | 김우식 |
| 14 | | 10 | 읽기와 쓰기 | 2 | 금1,2 | 40 | 25 | 체육관 | 이영민 |
| 15 | | | | | | | | | |

**step 2** 4행과 5행 사이에 희미한 선이 보여지고 행을 아래로 스크롤 하더라도 항목 레이블이 계속 표시되는 것을 확인할 수 있다.

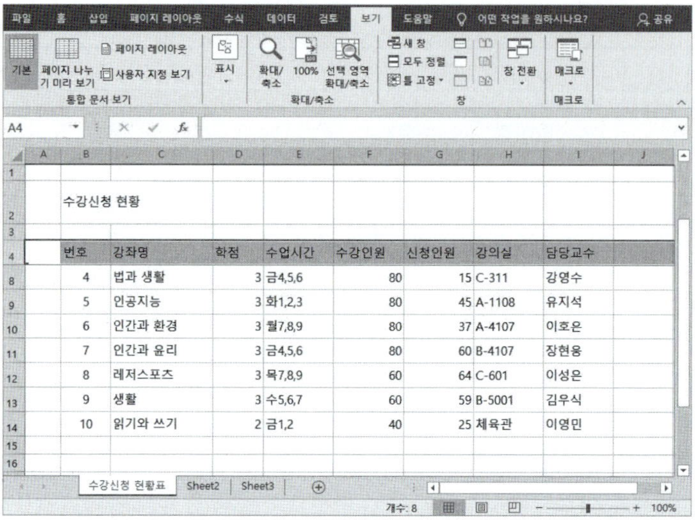

### 다. 행 또는 열 고정 취소

틀 고정을 취소하려면 **[보기]-[틀 고정]-[틀 고정 취소]**를 선택하면 틀 고정이 해제된다.

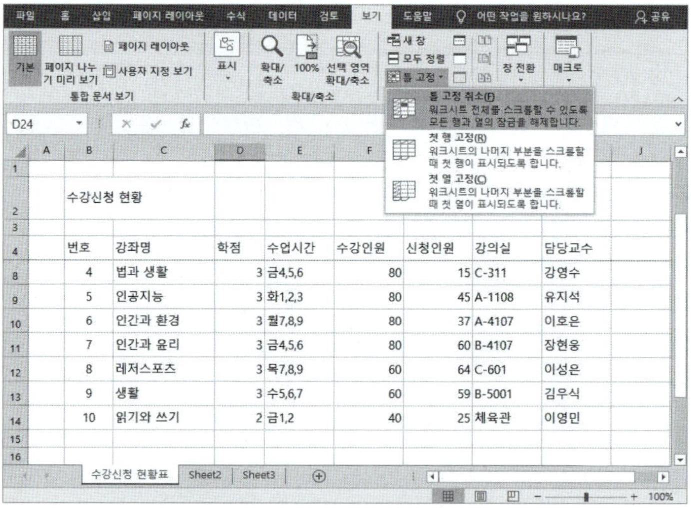

### (10) 창 나누기

워크시트에 내용이 많아서 가로나 세로 방향으로 스크롤을 많이 해서 데이터를 보아야 하는 경우 [창 나누기] 기능을 활용하여 한 화면에서 각 부분을 개별적으로 스크롤해서 볼 수 있는 여러 개의 창으로 나누어 사용할 수 있다.

#### 가. 2개의 창으로 나누기

**① 가로 방향으로 분할하는 경우**

**step 1** 1행의 첫 번째 셀을 제외하고 나누기를 원하는 행의 첫 번째 셀을 선택하고 [보기]–[창] 그룹–[나누기]를 클릭한다.

셀 [A9]를 선택하고 [나누기] 메뉴를 클릭한다.

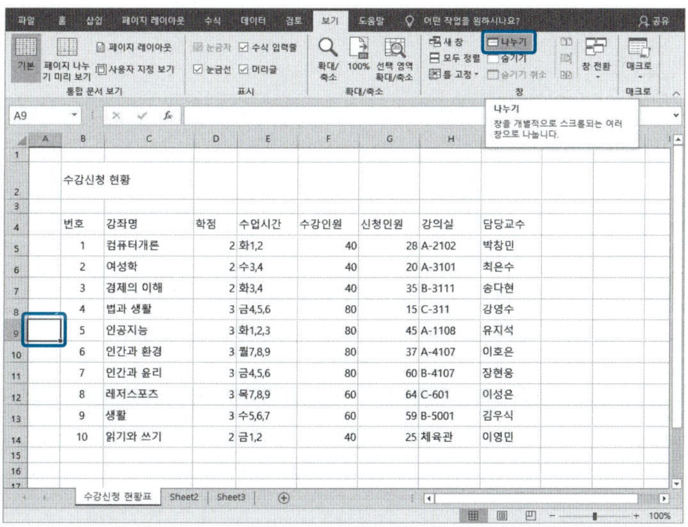

**step 2** 8행과 9행 사이에 굵은 구분선이 그어지고, 윗부분과 아랫부분을 따로따로 스크롤 할 수 있다.

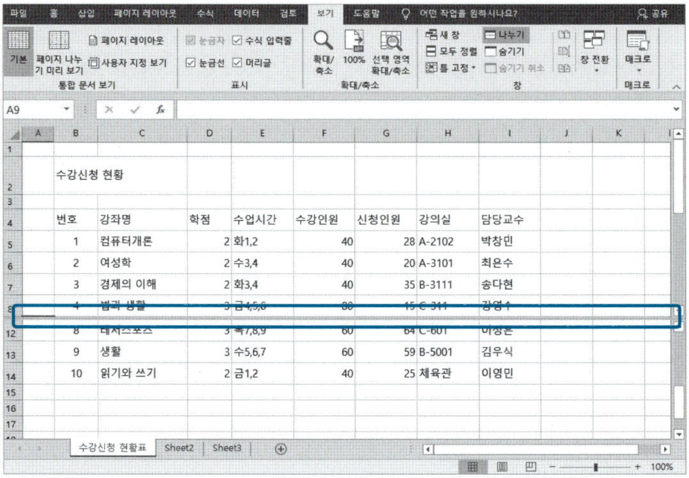


**step 3** 나누기 취소를 원하는 경우 [보기]–[창] 그룹–[나누기] 메뉴를 다시 한번 클릭하면 창 나누기가 해제된다.

### ② 세로 방향으로 분할하는 경우

**step 1** 1열의 첫 번째 셀을 제외하고 나누기를 원하는 열의 첫 번째 셀을 선택하고 [보기]–[창] 그룹–[나누기]를 클릭한다.

셀 [F1]을 선택하고 [나누기] 메뉴를 클릭한다.

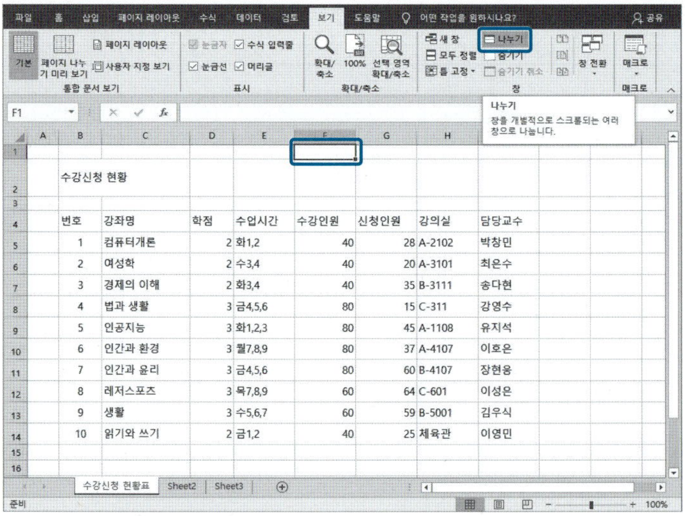

step 2 E열과 F열 사이에 굵은 구분선이 그어지고, 왼쪽 부분과 오른쪽 부분을 따로따로 스크롤 할 수 있다.

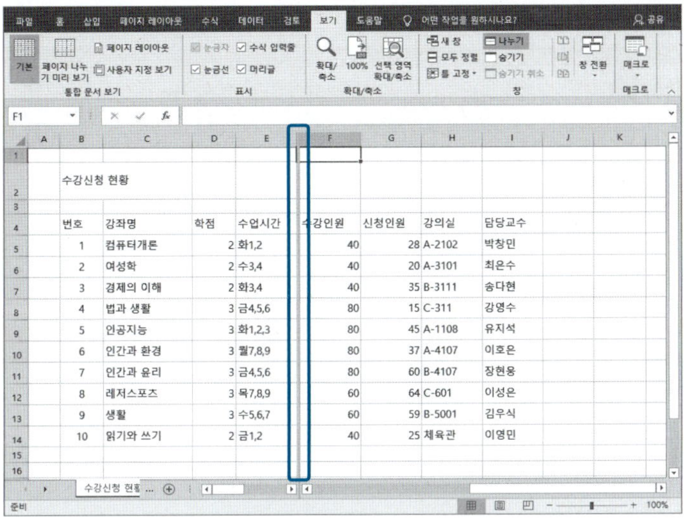


## 나. 4개의 창으로 나누기

① 1행 1열의 셀 [A1]을 선택하고 [보기]–[창] 그룹–[나누기]를 클릭하면 현재 보이는 창 크기에서 균등하게 4등분하여 창을 나눈다.

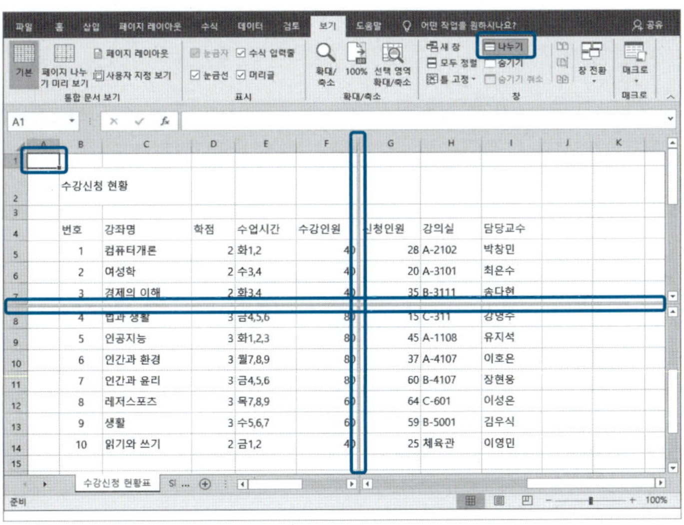

② 분할을 원하는 부분의 셀에 커서를 두고 [보기]–[창] 그룹–[나누기] 클릭한다. 셀 [E12]를 선택하고 [나누기]를 클릭한다.

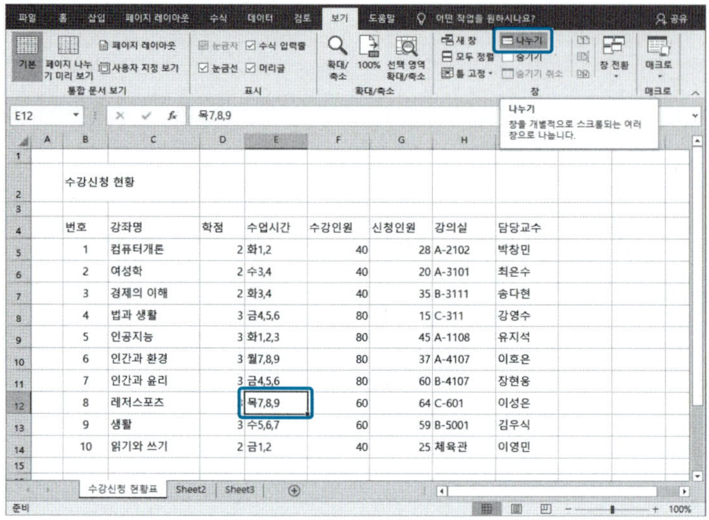


선택한 셀 [E12]를 기준으로 창이 4등분된다.

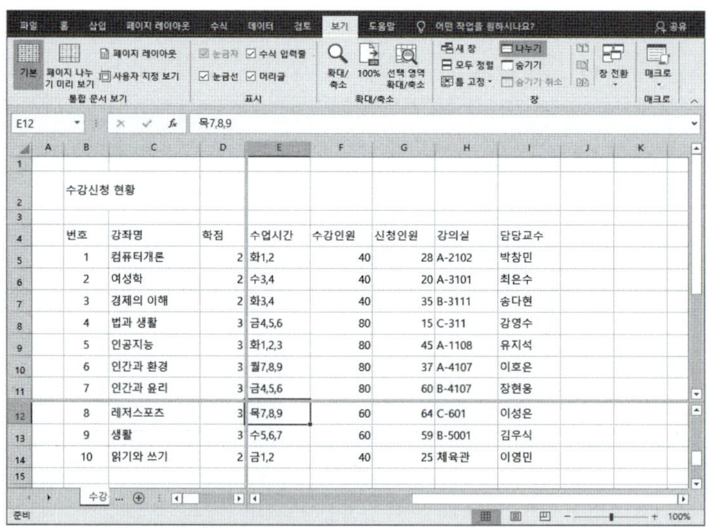


## 5.1.4 셀 서식 지정하기

간단한 셀 서식 지정으로 입력된 데이터를 보기 좋게 편집할 수 있다.

### (1) 셀 병합하기

필요한 셀들을 합하여 하나의 셀로 사용할 수 있는 기능이다.

'수강신청 현황' 데이터에서 제목 부분을 깔끔하게 만들기 위하여 사용해 보자.

**step 1** 병합할 셀 [B2:I2]를 마우스로 드래그 하여 블록 선택한다.

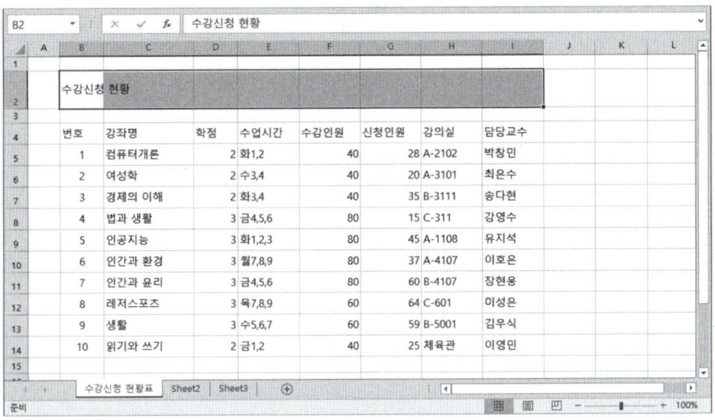


**step 2** [홈]–[맞춤] 그룹–[병합하고 가운데 맞춤]을 선택한다.

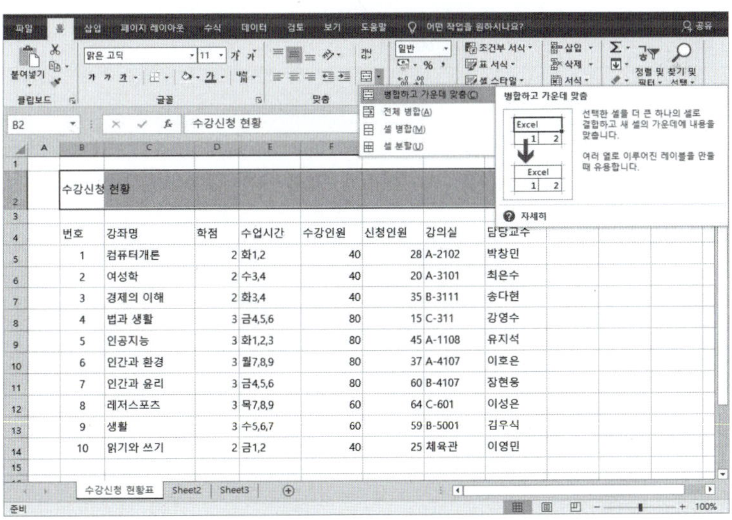

**step 3** 선택했던 셀 [B2:I2]가 하나로 병합되고 제목이 표 가운데 위치한다.

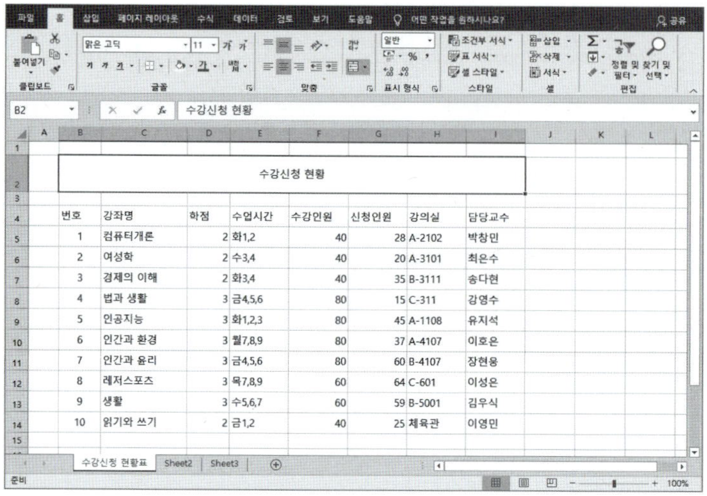


**step 4** 표 제목은 글자 크기 '16', '굵게' 속성으로 지정한다.

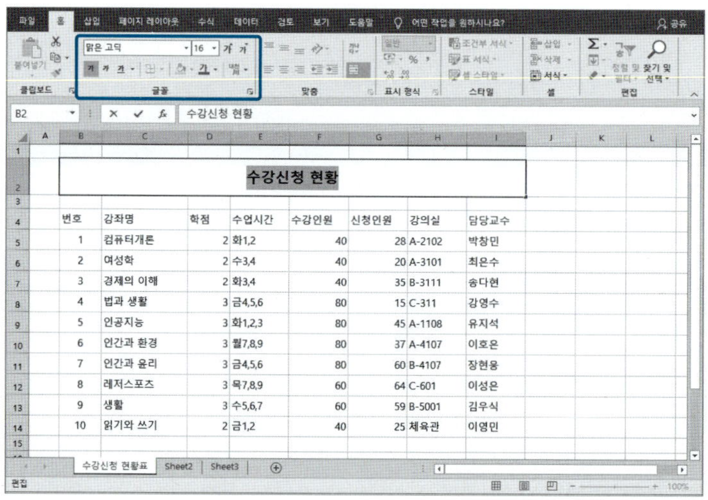


**step 5** 4행에 한 개의 행을 추가하고 행 높이를 '23'으로 설정한다.

셀 [H4]에 '2025년 12월 12일'을 입력한다. 열의 너비가 부족하여 셀의 내용이 '######'으로 보여진다.

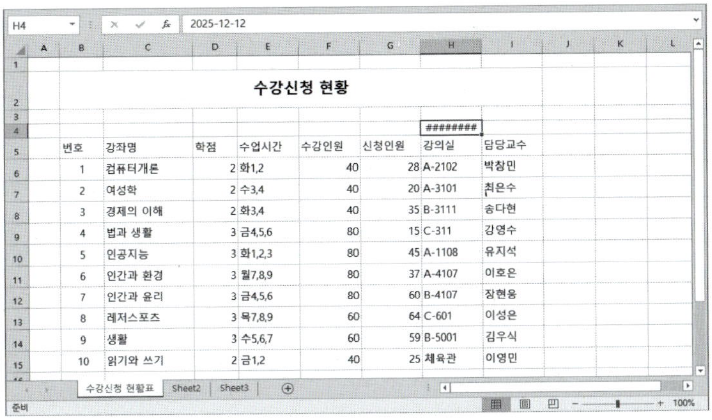

H4 | 2025-12-12

수강신청 현황

########

| 번호 | 강좌명 | 학점 | 수업시간 | 수강인원 | 신청인원 | 강의실 | 담당교수 |
|---|---|---|---|---|---|---|---|
| 1 | 컴퓨터개론 | 2 | 화1,2 | 40 | 28 | A-2102 | 박창민 |
| 2 | 여성학 | 2 | 수3,4 | 40 | 20 | A-3101 | 최은수 |
| 3 | 경제의 이해 | 2 | 화3,4 | 40 | 35 | B-3111 | 송다현 |
| 4 | 법과 생활 | 3 | 금4,5,6 | 80 | 15 | C-311 | 강영수 |
| 5 | 인공지능 | 3 | 화1,2,3 | 80 | 45 | A-1108 | 유지석 |
| 6 | 인간과 환경 | 3 | 월7,8,9 | 80 | 37 | A-4107 | 이호은 |
| 7 | 인간과 윤리 | 3 | 금4,5,6 | 80 | 60 | B-4107 | 장현웅 |
| 8 | 레저스포츠 | 3 | 목7,8,9 | 60 | 64 | C-601 | 이성은 |
| 9 | 생활 | 3 | 수5,6,7 | 60 | 59 | B-5001 | 김우식 |
| 10 | 읽기와 쓰기 | 2 | 금1,2 | 40 | 25 | 체육관 | 이영민 |

**step 6** 셀 [H4:I4]를 병합하면 날짜가 정확하게 보여진다.

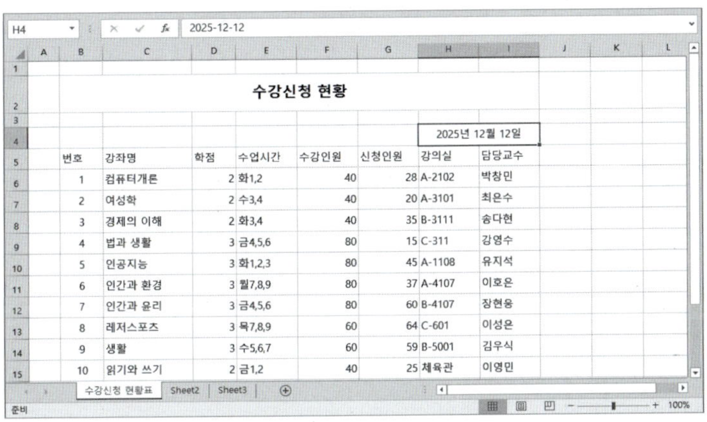

H4 | 2025-12-12

수강신청 현황

2025년 12월 12일

| 번호 | 강좌명 | 학점 | 수업시간 | 수강인원 | 신청인원 | 강의실 | 담당교수 |
|---|---|---|---|---|---|---|---|
| 1 | 컴퓨터개론 | 2 | 화1,2 | 40 | 28 | A-2102 | 박창민 |
| 2 | 여성학 | 2 | 수3,4 | 40 | 20 | A-3101 | 최은수 |
| 3 | 경제의 이해 | 2 | 화3,4 | 40 | 35 | B-3111 | 송다현 |
| 4 | 법과 생활 | 3 | 금4,5,6 | 80 | 15 | C-311 | 강영수 |
| 5 | 인공지능 | 3 | 화1,2,3 | 80 | 45 | A-1108 | 유지석 |
| 6 | 인간과 환경 | 3 | 월7,8,9 | 80 | 37 | A-4107 | 이호은 |
| 7 | 인간과 윤리 | 3 | 금4,5,6 | 80 | 60 | B-4107 | 장현웅 |
| 8 | 레저스포츠 | 3 | 목7,8,9 | 60 | 64 | C-601 | 이성은 |
| 9 | 생활 | 3 | 수5,6,7 | 60 | 59 | B-5001 | 김우식 |
| 10 | 읽기와 쓰기 | 2 | 금1,2 | 40 | 25 | 체육관 | 이영민 |

**step 7** 셀 병합을 취소하기 위해서는 병합한 셀을 선택하고 '병합하고 가운데 맞춤' 메뉴를 다시 클릭한다. 또는 셀 병합을 취소할 셀을 선택하고 마우스 오른쪽 버튼을 누른 후 '셀 서식'을 선택한다.

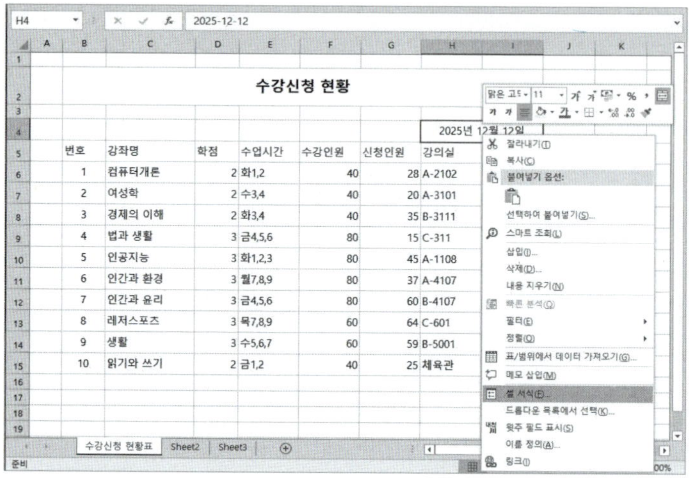


[맞춤] 탭에서 '셀 병합' 옵션을 해제한다.

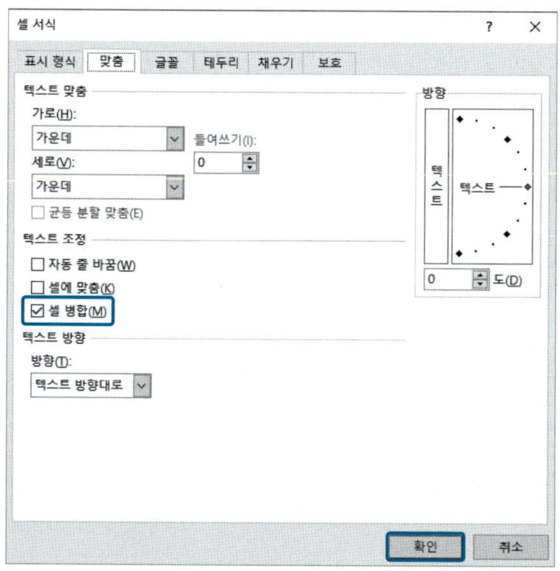


## (2) 데이터 정렬하기

데이터 테이블 내의 데이터를 정렬하기 위해 사용한다. 가로 정렬은 오른쪽, 가운데, 왼쪽 정렬이 있고, 세로 정렬은 위쪽, 가운데, 아래쪽 맞춤이 있다.

가. 가로 정렬

**step 1** 같은 모양으로 정렬할 데이터가 있는 셀 [B5:I5]을 마우스로 드래그 하여 블록 선택하고 [홈]–[맞춤] 그룹에서 '가운데 맞춤' 아이콘을 클릭한다.

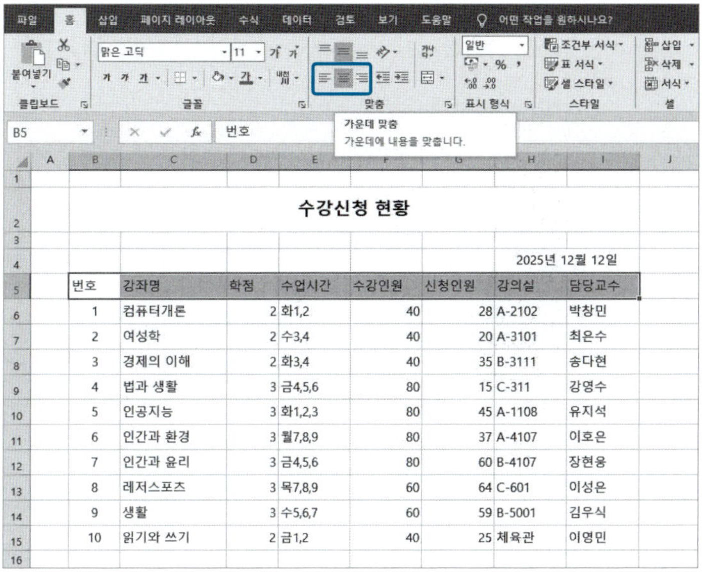


수강신청 현황

2025년 12월 12일

| 번호 | 강좌명 | 학점 | 수업시간 | 수강인원 | 신청인원 | 강의실 | 담당교수 |
|---|---|---|---|---|---|---|---|
| 1 | 컴퓨터개론 | 2 | 화1,2 | 40 | 28 | A-2102 | 박창민 |
| 2 | 여성학 | 2 | 수3,4 | 40 | 20 | A-3101 | 최은수 |
| 3 | 경제의 이해 | 2 | 화3,4 | 40 | 35 | B-3111 | 송다현 |
| 4 | 법과 생활 | 3 | 금4,5,6 | 80 | 15 | C-311 | 강영수 |
| 5 | 인공지능 | 3 | 화1,2,3 | 80 | 45 | A-1108 | 유지석 |
| 6 | 인간과 환경 | 3 | 월7,8,9 | 80 | 37 | A-4107 | 이호은 |
| 7 | 인간과 윤리 | 3 | 금4,5,6 | 80 | 60 | B-4107 | 장현웅 |
| 8 | 레저스포츠 | 3 | 목7,8,9 | 60 | 64 | C-601 | 이성은 |
| 9 | 생활 | 3 | 수5,6,7 | 60 | 59 | B-5001 | 김우식 |
| 10 | 읽기와 쓰기 | 2 | 금1,2 | 40 | 25 | 체육관 | 이영민 |

**step 2** 셀 [B5:I5]의 데이터가 '가로 가운데'로 정렬된다.

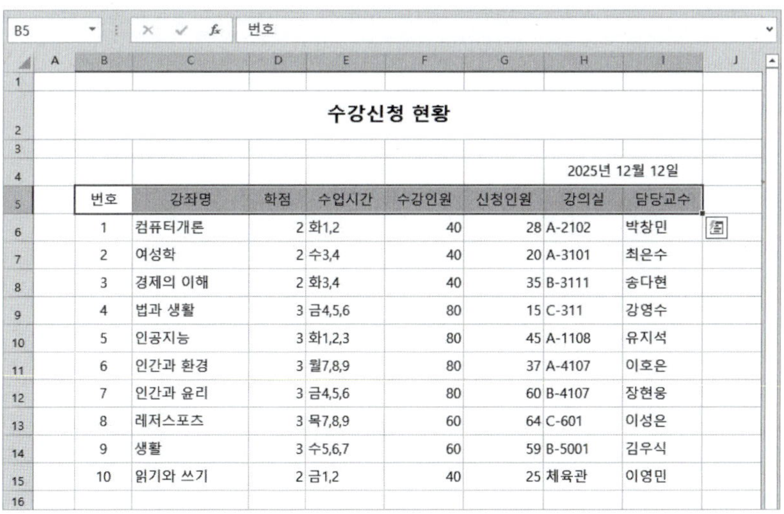

수강신청 현황

2025년 12월 12일

| 번호 | 강좌명 | 학점 | 수업시간 | 수강인원 | 신청인원 | 강의실 | 담당교수 |
|---|---|---|---|---|---|---|---|
| 1 | 컴퓨터개론 | 2 | 화1,2 | 40 | 28 | A-2102 | 박창민 |
| 2 | 여성학 | 2 | 수3,4 | 40 | 20 | A-3101 | 최은수 |
| 3 | 경제의 이해 | 2 | 화3,4 | 40 | 35 | B-3111 | 송다현 |
| 4 | 법과 생활 | 3 | 금4,5,6 | 80 | 15 | C-311 | 강영수 |
| 5 | 인공지능 | 3 | 화1,2,3 | 80 | 45 | A-1108 | 유지석 |
| 6 | 인간과 환경 | 3 | 월7,8,9 | 80 | 37 | A-4107 | 이호은 |
| 7 | 인간과 윤리 | 3 | 금4,5,6 | 80 | 60 | B-4107 | 장현웅 |
| 8 | 레저스포츠 | 3 | 목7,8,9 | 60 | 64 | C-601 | 이성은 |
| 9 | 생활 | 3 | 수5,6,7 | 60 | 59 | B-5001 | 김우식 |
| 10 | 읽기와 쓰기 | 2 | 금1,2 | 40 | 25 | 체육관 | 이영민 |

**step 3** 셀 [C6:I15]을 마우스를 대각선으로 드래그하여 블록 선택하고 '가로 가운데' 정렬을 한다.

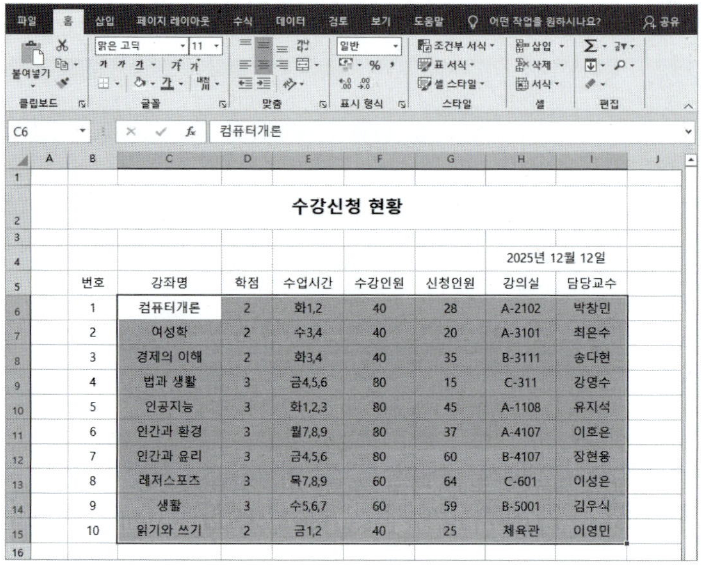


## 나. 세로 정렬

**step 1** 세로 정렬할 셀 [B2]를 선택하고, 세로 '위쪽 맞춤'을 선택한다.

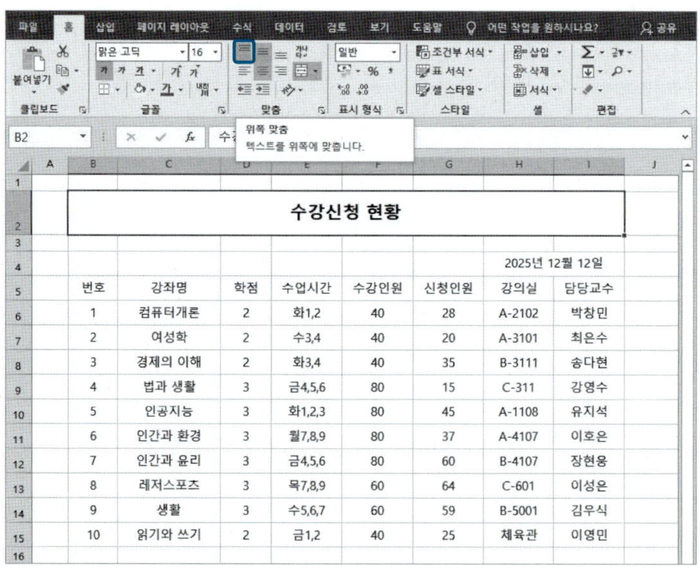

**step 2** 표 제목이 셀 위쪽에 정렬된다.

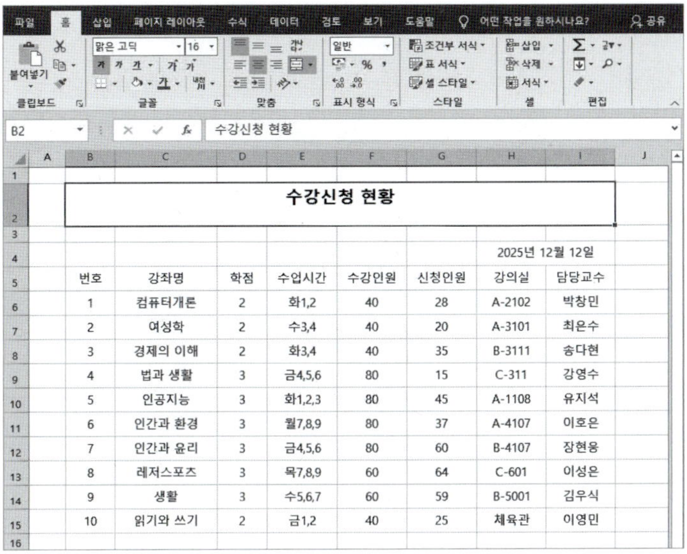

| 수강신청 현황 | | | | | | | |
|---|---|---|---|---|---|---|---|
| | | | | | | 2025년 12월 12일 | |
| 번호 | 강좌명 | 학점 | 수업시간 | 수강인원 | 신청인원 | 강의실 | 담당교수 |
| 1 | 컴퓨터개론 | 2 | 화1,2 | 40 | 28 | A-2102 | 박창민 |
| 2 | 여성학 | 2 | 수3,4 | 40 | 20 | A-3101 | 최은수 |
| 3 | 경제의 이해 | 2 | 화3,4 | 40 | 35 | B-3111 | 송다현 |
| 4 | 법과 생활 | 3 | 금4,5,6 | 80 | 15 | C-311 | 강영수 |
| 5 | 인공지능 | 3 | 화1,2,3 | 80 | 45 | A-1108 | 유지석 |
| 6 | 인간과 환경 | 3 | 월7,8,9 | 80 | 37 | A-4107 | 이호은 |
| 7 | 인간과 윤리 | 3 | 금4,5,6 | 80 | 60 | B-4107 | 장현웅 |
| 8 | 레저스포츠 | 3 | 목7,8,9 | 60 | 64 | C-601 | 이성은 |
| 9 | 생활 | 3 | 수5,6,7 | 60 | 59 | B-5001 | 김우식 |
| 10 | 읽기와 쓰기 | 2 | 금1,2 | 40 | 25 | 체육관 | 이영민 |

## (3) 테두리 그리기

엑셀에서는 선을 따로 그리지 않으면 출력 시 선이 나타나지 않는다. 워크시트에 보여지는 선은 프로그램에서만 볼 수 있다. 데이터 테이블에 원하는 형식의 선을 그림으로써 엑셀에 입력된 데이터를 좀 더 정돈된 느낌으로 나타낼 수 있다.

**step 1** 테두리를 그릴 셀을 선택한다.

셀 [B5:I15]를 마우스로 드래그 하여 블록 선택하고 [홈]–[글꼴] 그룹–[테두리]–[모든 테두리]를 선택한다.

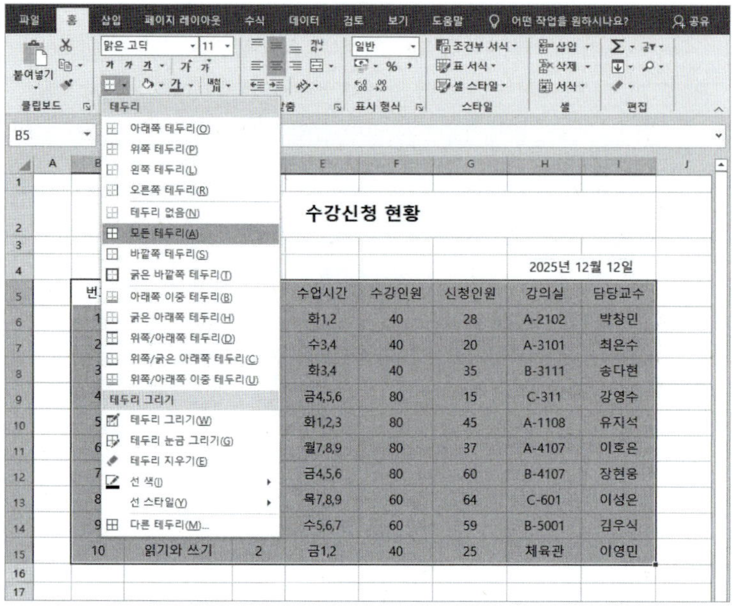


**step 2** 선택했던 셀 [B5:I15]에 테두리가 그려진다.

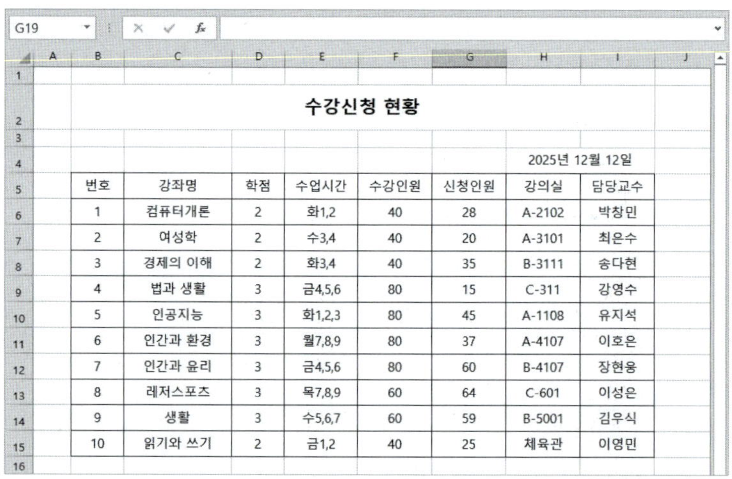


**step 3** 셀 [B5:I5]를 선택하고 [홈]–[글꼴] 그룹–[테두리]–[굵은 상자 테두리]를 선택한다.

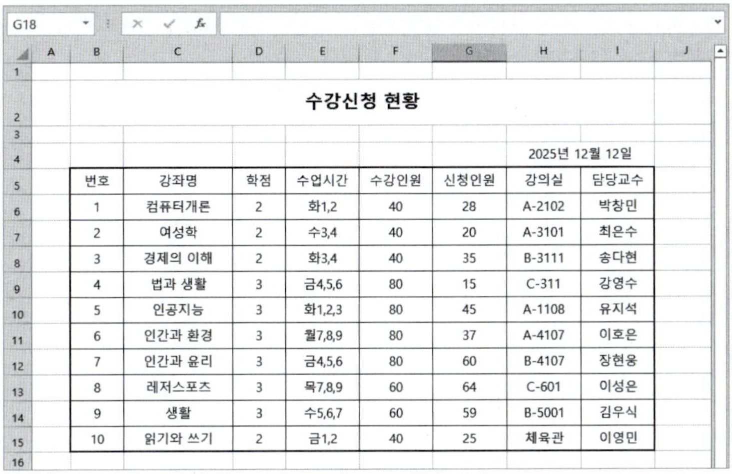

| 번호 | 강좌명 | 학점 | 수업시간 | 수강인원 | 신청인원 | 강의실 | 담당교수 |
|---|---|---|---|---|---|---|---|
| 1 | 컴퓨터개론 | 2 | 화1,2 | 40 | 28 | A-2102 | 박창민 |
| 2 | 여성학 | 2 | 수3,4 | 40 | 20 | A-3101 | 최은수 |
| 3 | 경제의 이해 | 2 | 화3,4 | 40 | 35 | B-3111 | 송다현 |
| 4 | 법과 생활 | 3 | 금4,5,6 | 80 | 15 | C-311 | 강영수 |
| 5 | 인공지능 | 3 | 화1,2,3 | 80 | 45 | A-1108 | 유지석 |
| 6 | 인간과 환경 | 3 | 월7,8,9 | 80 | 37 | A-4107 | 이호은 |
| 7 | 인간과 윤리 | 3 | 금4,5,6 | 80 | 60 | B-4107 | 장현웅 |
| 8 | 레저스포츠 | 3 | 목7,8,9 | 60 | 64 | C-601 | 이성은 |
| 9 | 생활 | 3 | 수5,6,7 | 60 | 59 | B-5001 | 김우식 |
| 10 | 읽기와 쓰기 | 2 | 금1,2 | 40 | 25 | 체육관 | 이영민 |

**step 4** 제목 셀 [B2]를 선택하고 [홈]–[글꼴] 그룹–[테두리]–[굵은 상자 테두리]를 선택한다.

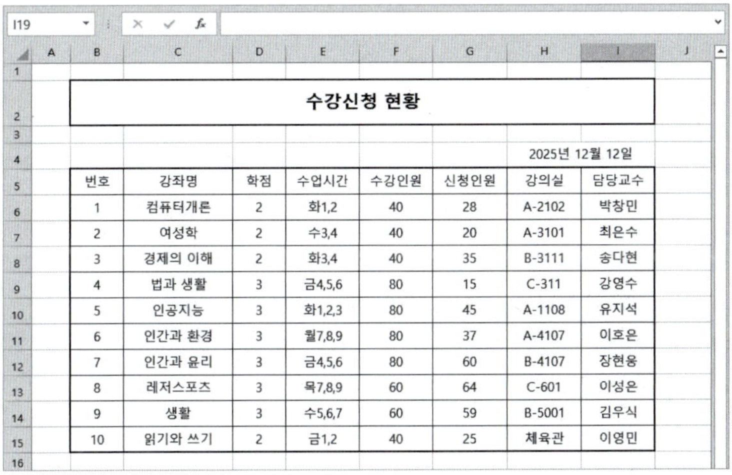

| 번호 | 강좌명 | 학점 | 수업시간 | 수강인원 | 신청인원 | 강의실 | 담당교수 |
|---|---|---|---|---|---|---|---|
| 1 | 컴퓨터개론 | 2 | 화1,2 | 40 | 28 | A-2102 | 박창민 |
| 2 | 여성학 | 2 | 수3,4 | 40 | 20 | A-3101 | 최은수 |
| 3 | 경제의 이해 | 2 | 화3,4 | 40 | 35 | B-3111 | 송다현 |
| 4 | 법과 생활 | 3 | 금4,5,6 | 80 | 15 | C-311 | 강영수 |
| 5 | 인공지능 | 3 | 화1,2,3 | 80 | 45 | A-1108 | 유지석 |
| 6 | 인간과 환경 | 3 | 월7,8,9 | 80 | 37 | A-4107 | 이호은 |
| 7 | 인간과 윤리 | 3 | 금4,5,6 | 80 | 60 | B-4107 | 장현웅 |
| 8 | 레저스포츠 | 3 | 목7,8,9 | 60 | 64 | C-601 | 이성은 |
| 9 | 생활 | 3 | 수5,6,7 | 60 | 59 | B-5001 | 김우식 |
| 10 | 읽기와 쓰기 | 2 | 금1,2 | 40 | 25 | 체육관 | 이영민 |

### (4) 셀 채우기

셀에 색이나 패턴을 채우는 기능으로 셀에서 데이터를 강조할 수 있다.

**step 1** 색을 채울 셀을 선택한다.

셀 [B5:I5]을 마우스로 드래그 하여 선택하고 [홈]–[글꼴] 그룹–[채우기 색]의 색상 팔레트에서 원하는 색을 선택한다.

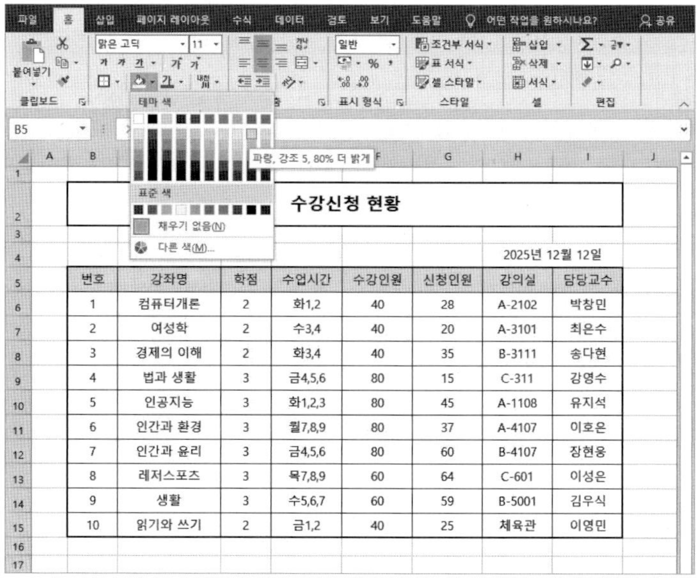

또는 셀 [B5:I5]을 마우스로 드래그 하여 선택하고 [홈]-[스타일] 그룹-[셀 스타일]에서 원하는 색을 선택한다.

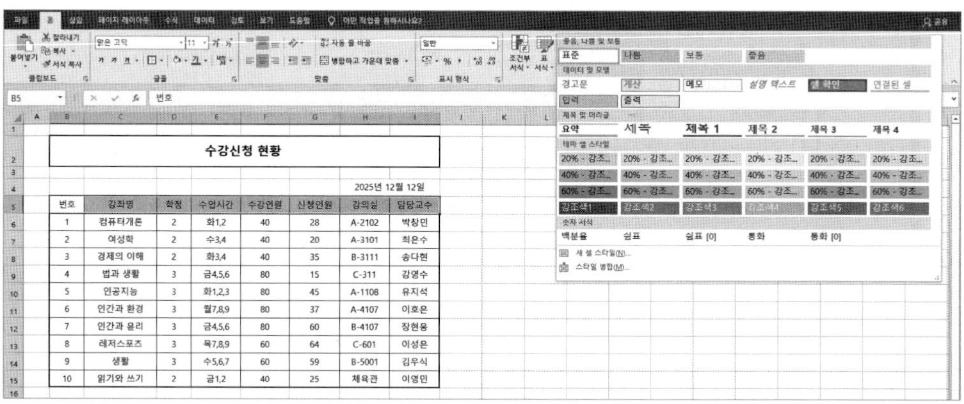

**step 2** 블록으로 설정했던 셀 [B5:I5] 부분이 선택한 색으로 채워진다.

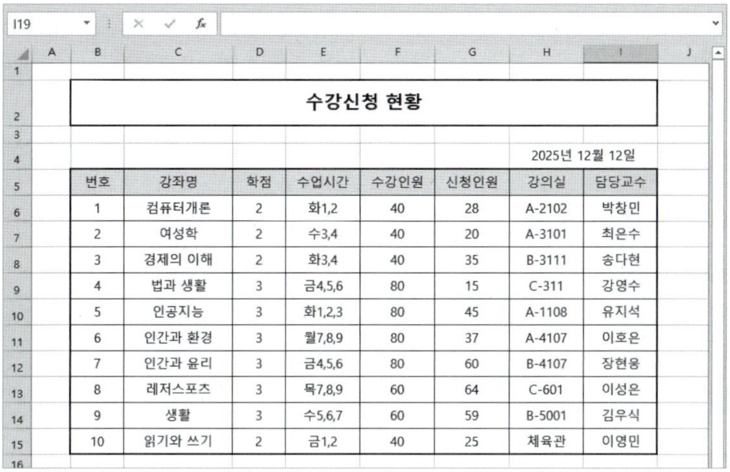

수강신청 현황

2025년 12월 12일

| 번호 | 강좌명 | 학점 | 수업시간 | 수강인원 | 신청인원 | 강의실 | 담당교수 |
|---|---|---|---|---|---|---|---|
| 1 | 컴퓨터개론 | 2 | 화1,2 | 40 | 28 | A-2102 | 박창민 |
| 2 | 여성학 | 2 | 수3,4 | 40 | 20 | A-3101 | 최은수 |
| 3 | 경제의 이해 | 2 | 화3,4 | 40 | 35 | B-3111 | 송다현 |
| 4 | 법과 생활 | 3 | 금4,5,6 | 80 | 15 | C-311 | 강영수 |
| 5 | 인공지능 | 3 | 화1,2,3 | 80 | 45 | A-1108 | 유지석 |
| 6 | 인간과 환경 | 3 | 월7,8,9 | 80 | 37 | A-4107 | 이호은 |
| 7 | 인간과 윤리 | 3 | 금4,5,6 | 80 | 60 | B-4107 | 장현웅 |
| 8 | 레저스포츠 | 3 | 목7,8,9 | 60 | 64 | C-601 | 이성은 |
| 9 | 생활 | 3 | 수5,6,7 | 60 | 59 | B-5001 | 김우식 |
| 10 | 읽기와 쓰기 | 2 | 금1,2 | 40 | 25 | 체육관 | 이영민 |

## 5.1.5 저장하기

### 가. 통합문서로 저장하기

**step 1** 현재 작업 중인 문서를 저장하기 위해서는 [파일]–[저장] 또는 [파일]–[다른 이름으로 저장]을 선택한다.

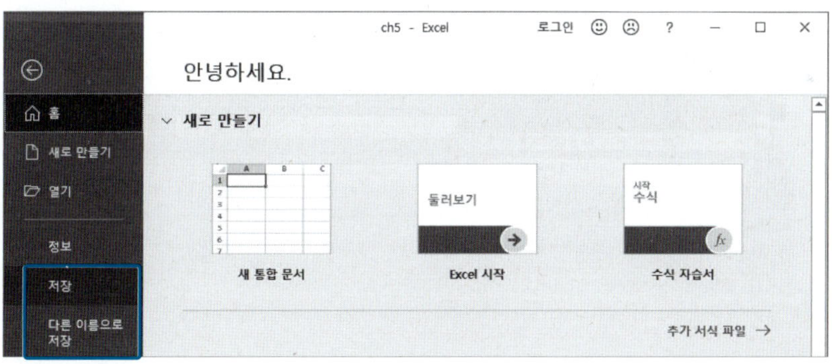

**step 2** [OneDrive]나 [이 PC]를 선택한 후 폴더 목록에서 저장할 폴더를 선택하거나 [찾아보기]를 클릭한다.

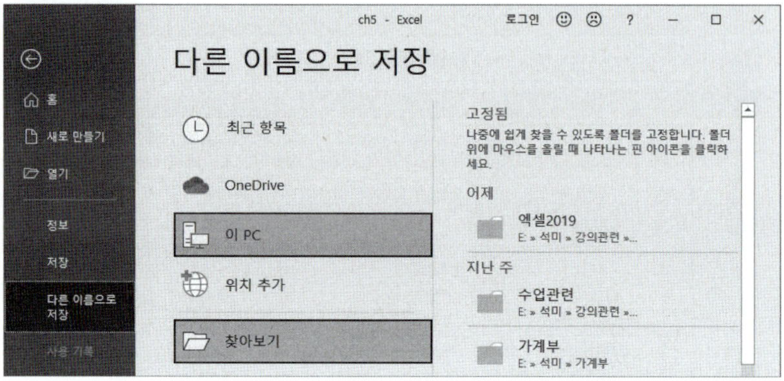


**step 3** [다른 이름으로 저장] 대화 상자에서 저장할 폴더를 선택하고 파일명을 입력한 후 [저장] 버튼을 클릭한다.

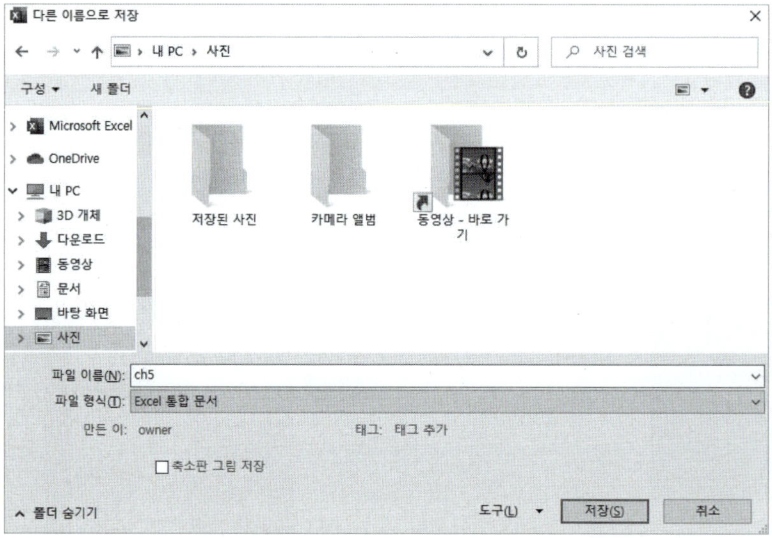

**step 4** 문서에 암호 설정하기

문서에 암호를 지정하기 위해서는 [다른 이름으로 저장] 대화 상자 아래쪽에 [도구]-[일반 옵션]을 선택한다.

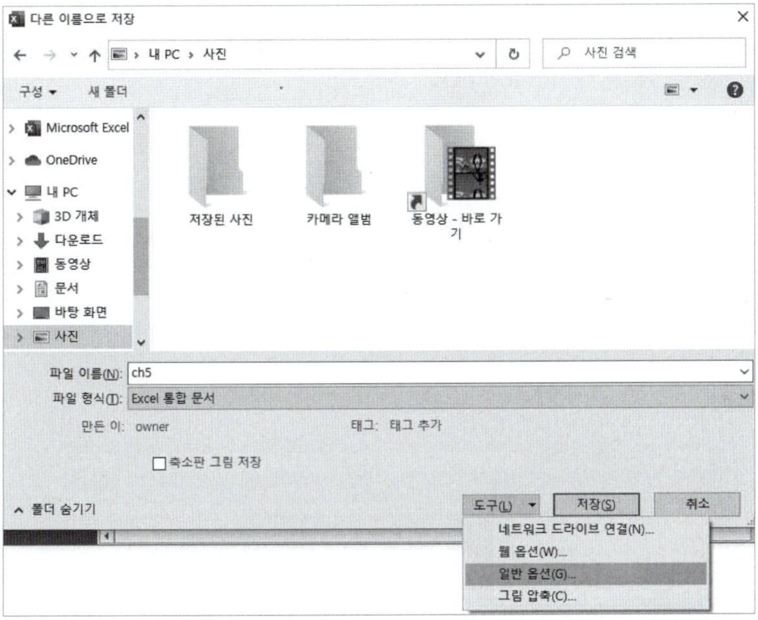


[일반 옵션] 대화 상자에 암호를 입력한다.

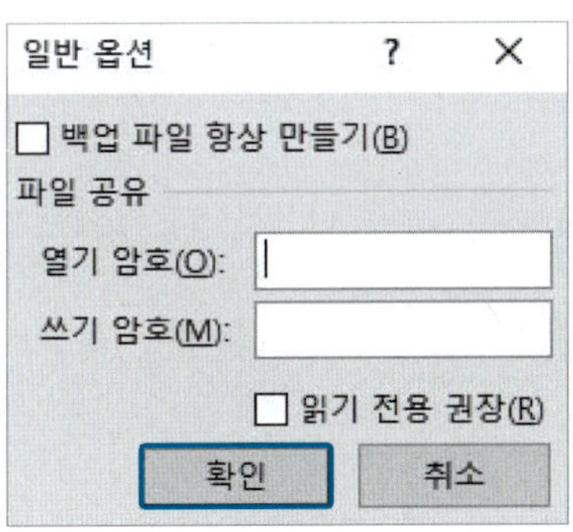


### 나. PDF 문서로 저장하기

PDF 문서로 저장하기 위해서는 [파일]-[내보내기]-[PDF/XPS 문서 만들기]를 선택하고 [PDF/XPS 만들기] 버튼을 클릭한다.

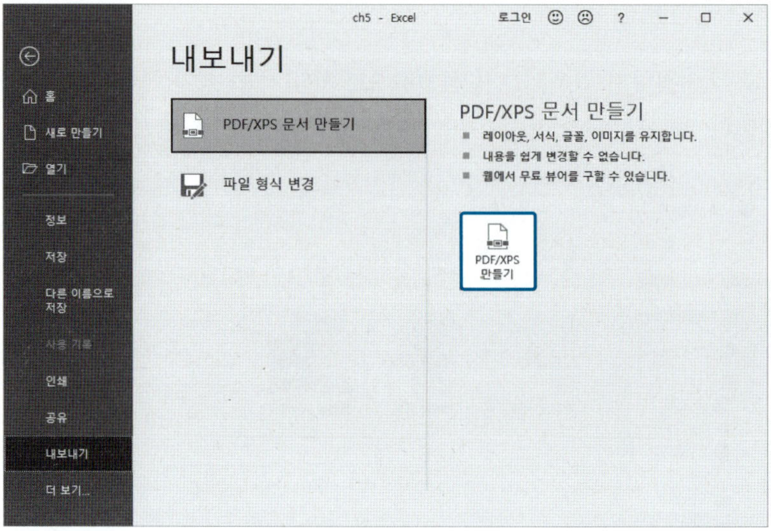

### 5.1.6 출력하기

엑셀에서 작업한 문서를 인쇄하기 위해서 **[파일]–[인쇄]**를 선택하고 **[설정]** 항목에서 인쇄 매수, 방향, 종이 사이즈, 여백 등을 설정하고 **[인쇄]** 버튼을 클릭한다.

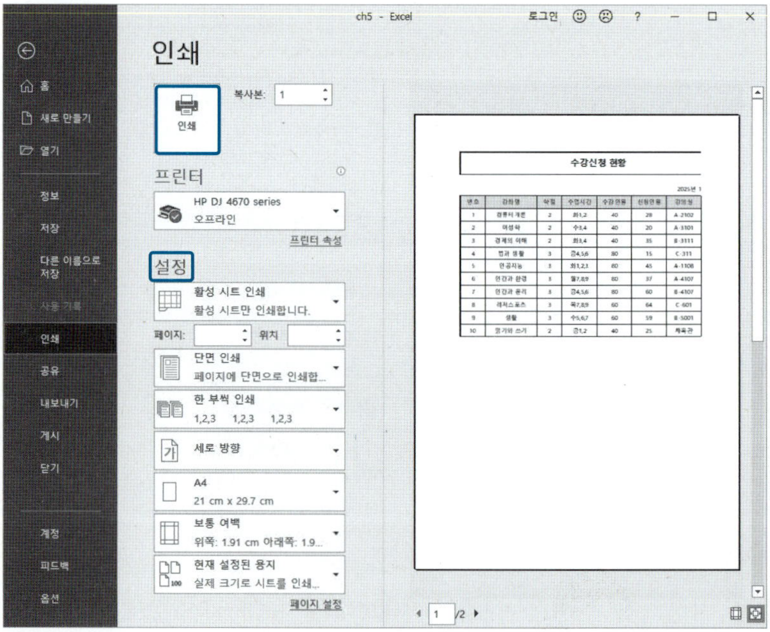

# 5.2 견적서 그리기

앞 절에서 배운 서식 기능을 이용하여 다양한 형태의 셀 모양을 가진 데이터 테이블을 그려보고 기본적인 수식 입력 방법과 함수 사용법에 대하여 배워본다.

| 견적서 | | | | | | |
|---|---|---|---|---|---|---|
| 아래와 같이 견적합니다. | | 공급자 | 사업자번호 | 123-45-6789000 | | |
| | | | 상호 | 컴퓨터 세상 | 대표자 | (인) |
| 2020년 10월 27일 | | | 소재지 | 서울시 광진구 | | |
| 귀하 | | | 담당자 | | 전화번호 | 02-333-1234 |
| 합계금액 (공급가액+세액) | | | | | | |
| 번호 | 품명 | 규격 | 수량 | 단가 | 금액 | 비고 |
| 1 | CPU | 개 | 2 | ₩ 433,530.00 | ₩ 867,060.00 | |
| 2 | 메인보드 | 개 | 2 | ₩ 77,250.00 | ₩ 154,500.00 | |
| 3 | 메모리 | 개 | 4 | ₩ 55,620.00 | ₩ 222,480.00 | |
| 4 | SSD | 개 | 3 | ₩ 58,680.00 | ₩ 176,040.00 | |
| 5 | 그래픽카드 | 개 | 2 | ₩ 269,860.00 | ₩ 539,720.00 | |
| 6 | 키보드 | 개 | 5 | ₩ 33,990.00 | ₩ 169,950.00 | |
| 7 | 스피커 | 개 | 10 | ₩ 24,720.00 | ₩ 247,200.00 | |
| 8 | 모니터 | 개 | 5 | ₩ 239,170.00 | ₩1,195,850.00 | |
| 9 | CPU 쿨러 | 개 | 3 | ₩ 37,680.00 | ₩ 113,040.00 | |
| 10 | 마우스 | 개 | 10 | ₩ 10,890.00 | ₩ 108,900.00 | |
| 11 | | | | | | |
| 12 | | | | | | |
| 공 급 가 액 | | | | | ₩ 3,794,740 | |
| 세액(부가가치세) | | | | | ₩ 379,474 | |
| 합 계 | | | | | ₩ 4,174,214 | |

[배울 내용]

① **[셀 서식]** 메뉴 다루기 : '표시 형식', '맞춤', '글꼴', '테두리', '채우기' 등의 메뉴 사용

② 기본 함수 사용하기

- TODAY( ) : 시스템이 가지고 있는 현재 날짜를 사용자가 정한 날짜 형식으로 표시하기 위한 함수
- SUM( ) : 선택한 셀 값의 합을 구하기 위한 함수

③ 수식 입력하기

물품 견적서는 일상에서 많이 볼 수 있는 형태의 문서로 엑셀로 작성하여 사용하면 함수를 이용한 자동 계산 기능, 날짜 업데이트 함수 등을 활용하여 사용자가 불필요한 중복작업 없이 편리하게 견적서를 작성할 수 있다.

견적서 작성에 필요한 함수와 서식들을 살펴보기로 하자.

## step 1 새 워크시트 삽입하기

새로운 데이터 테이블을 만들기 위하여 새 워크시트를 삽입한다.

시트 이름 오른쪽 끝에 있는 '새 시트' 아이콘을 이용하여 간단하게 삽입 할 수 있다.

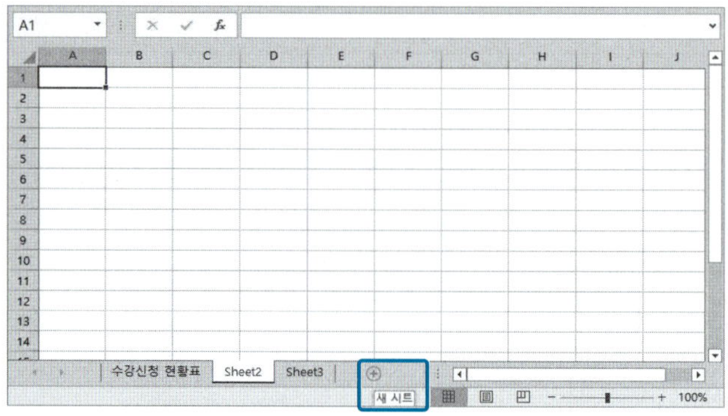


## step 2 워크시트 이름 변경하기

새로 삽입된 시트의 이름 부분(Sheet2)을 더블클릭하거나 마우스 오른쪽 버튼을 누르고 '이름 바꾸기'를 선택하고 '견적서'라고 입력한다.

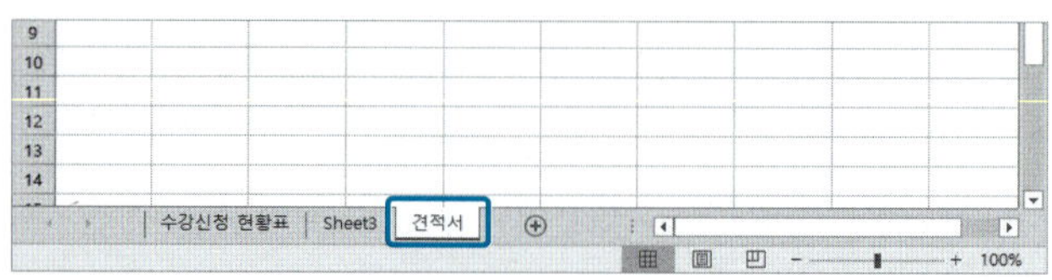


## step 3 워크시트 이동하기

'견적서' 워크시트를 마우스 왼쪽 버튼을 누르고 드래그 하여 '문화센터강좌' 시트와 '조건부서식' 시트 사이로 이동한다.

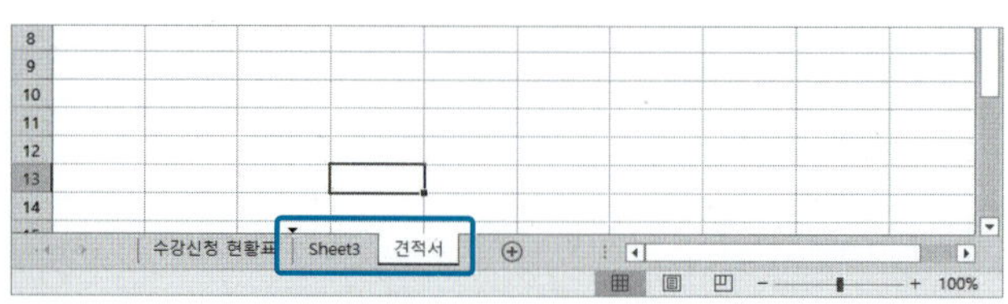


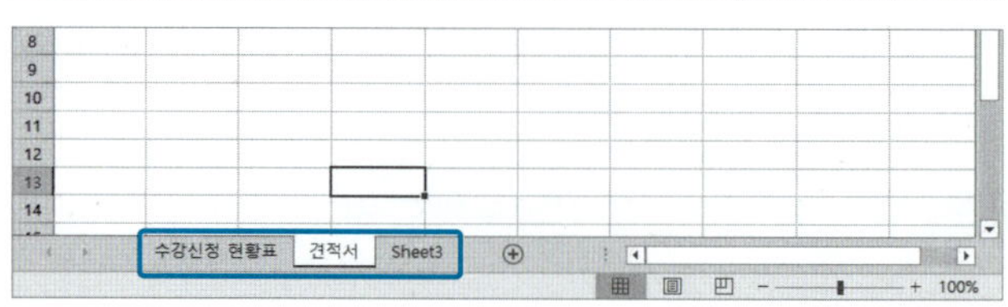

## step 4 열 너비/행 높이 조절하기

A열의 너비 '5', 1행의 높이 '15'로 설정한다.

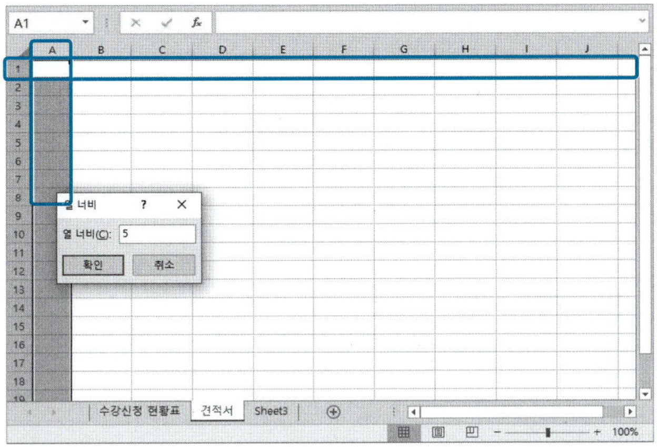


## step 5 제목 입력하기

① 셀 [B2]에 '견적서'라고 입력한다.

② 글꼴 '맑은 고딕', 글자 크기 '18'

③ [B2:I2] : 병합하고 가운데 맞춤, 굵은 상자 테두리, 가로 가운데 맞춤, 세로 가운데 맞춤

④ 2행 높이 : 40

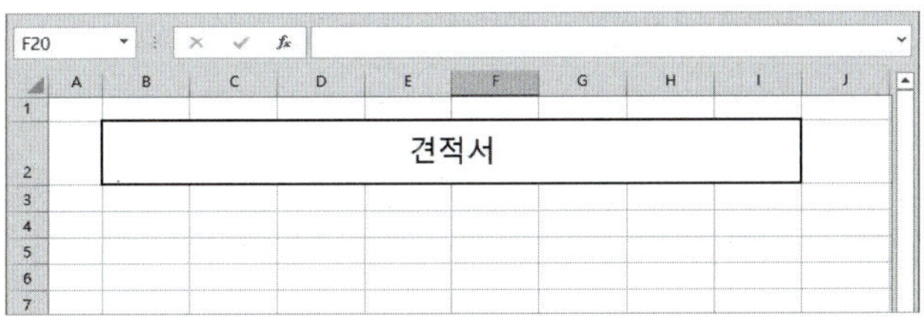


## step 6 날짜 입력하기 : TODAY( )

견적서와 같이 날짜를 바꾸면서 작성해야 하는 문서는 직접 날짜를 입력하기보다는 서식을 사용할 때 자동으로 현재 날짜를 표시하도록 설정을 하는 것이 편리하다. TODAY 함수는 현재 날짜를 표시하는 함수로서 셀 서식을 이용하여 사용자가 원하는 날짜 형식으로 변형이 가능하다.

① 날짜가 입력될 셀 [B6:C6]을 선택하고 '병합하고 가운데 맞춤'을 실행하고 '=TODAY( )' 라고 입력하고 〈Enter↵〉를 클릭한다.

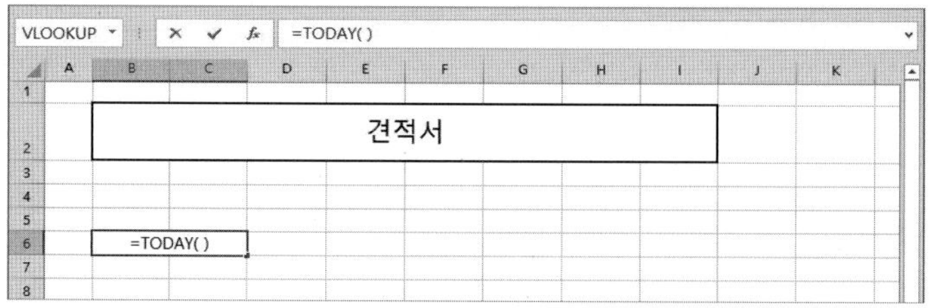


② 현재 날짜가 셀에 입력된다.

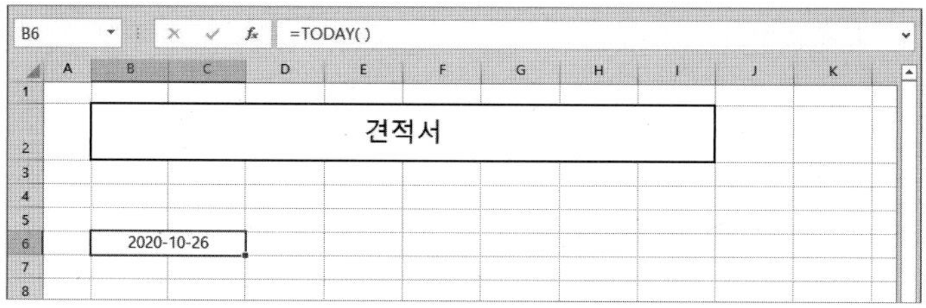


③ [셀 서식]에서 날짜 형식을 변형한다.

날짜 형식 변경을 위해 마우스 오른쪽 버튼을 누르고 단축 메뉴에서 [셀 서식]을 선택한다. 또는 [홈]–[표시 형식] 그룹–[기타 표시 형식]을 선택한다.

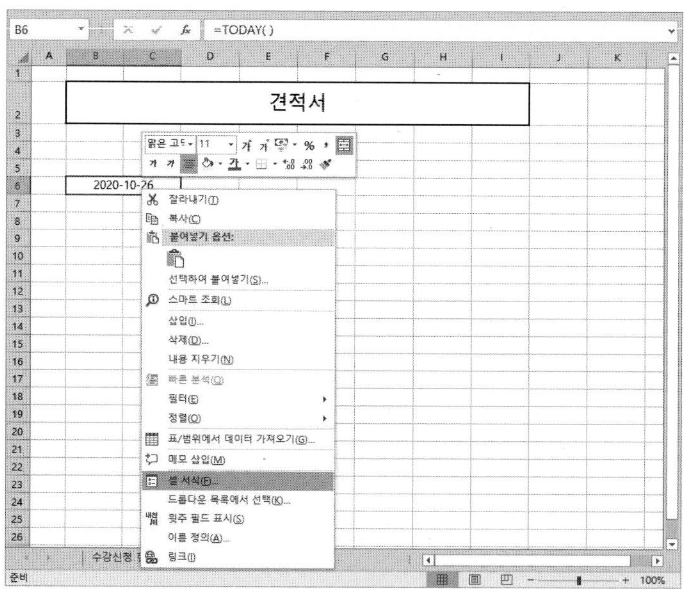


[셀 서식] 대화 상자의 [표시 형식] 탭의 날짜 범주에서 원하는 형식(2012년 3월 14일)을

선택하고 [확인] 버튼을 누르면 선택한 형식으로 날짜가 변경된다.

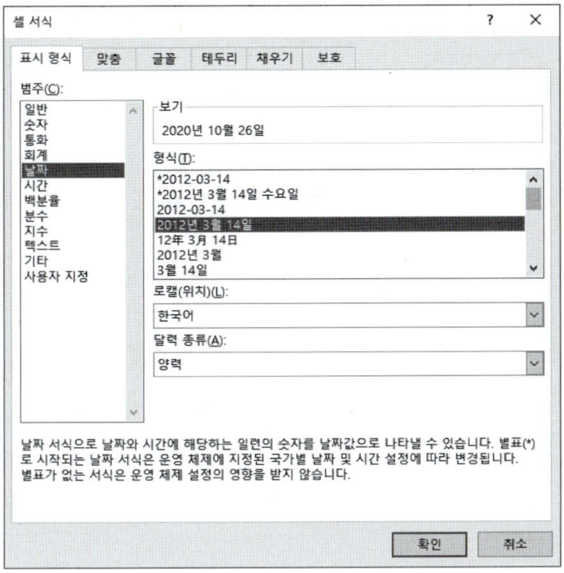

## step 7 내용 입력을 위한 서식 지정하기

- [B4:C4] : 병합하고 가운데 맞춤, 가로 가운데 정렬, 세로 가운데 맞춤
- [B5:C5] : 셀 병합, 가로 왼쪽 맞춤, 세로 가운데 맞춤
- [B7:C7] : 셀 병합, 가로 오른쪽 맞춤, 세로 가운데 맞춤
- 3행 높이 '15'
- 4행 ~ 7행 높이 '23'
- B열과 D열 너비 '8', C열 너비 '15', E열 너비 '3', F열~I열 너비 '13'

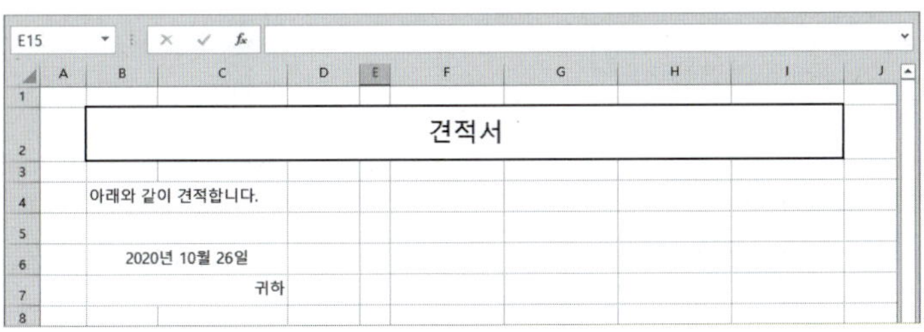

## step 8 '공급자' 입력하기 : 세로쓰기

① '공급자' 글씨가 입력될 셀 [E4:E7]를 마우스로 드래그 하여 블록 선택하고, 마우스 오른쪽 버튼을 눌러 단축 메뉴에서 [셀 서식]을 선택한다.

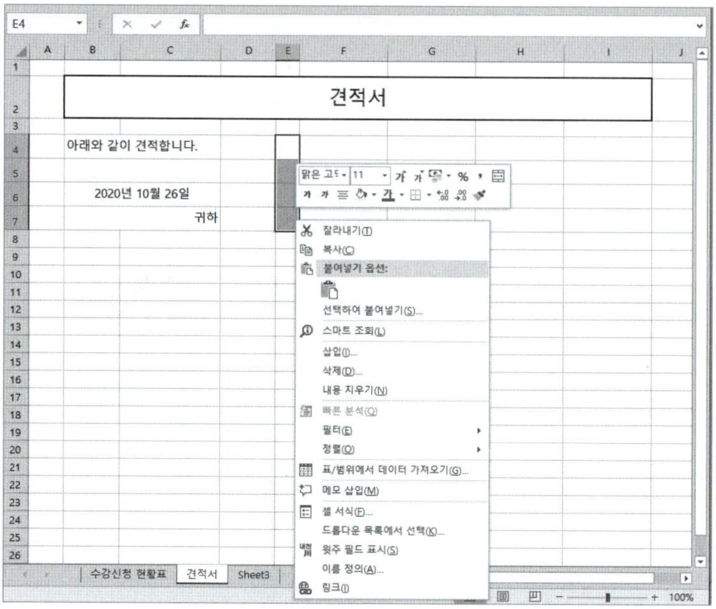


② [셀 서식] 대화 상자의 맞춤 탭에서 옵션을 다음과 같이 선택한다.

- 텍스트 맞춤 : 가로 '가운데', 세로 '가운데'
- 텍스트 조정 : 셀 병합 선택
- 방향 : 세로 방향

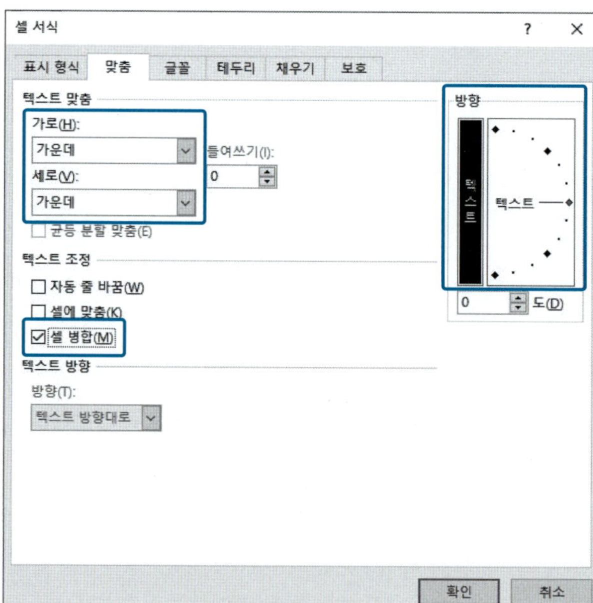

③ 셀 [E4]를 클릭하고 '공급자'를 입력한다.

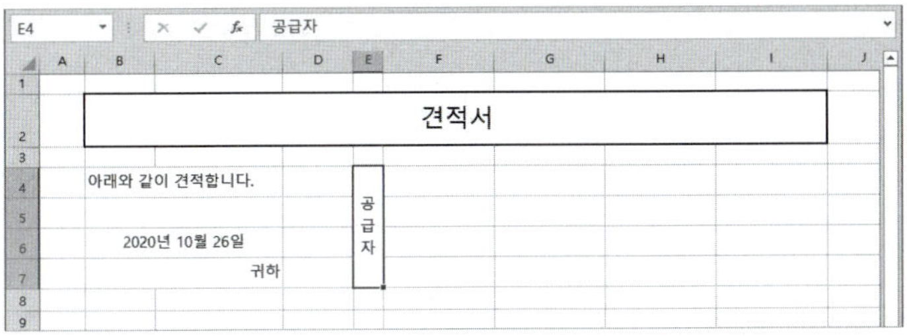


④ [셀 서식] 대화 상자를 이용하지 않고 셀 [E4:E7]을 선택하고 '병합하고 가운데 맞춤' 실행 후 [홈]–[맞춤] 그룹에서 텍스트 방향을 '세로 쓰기'로 실행하는 방법도 있다.

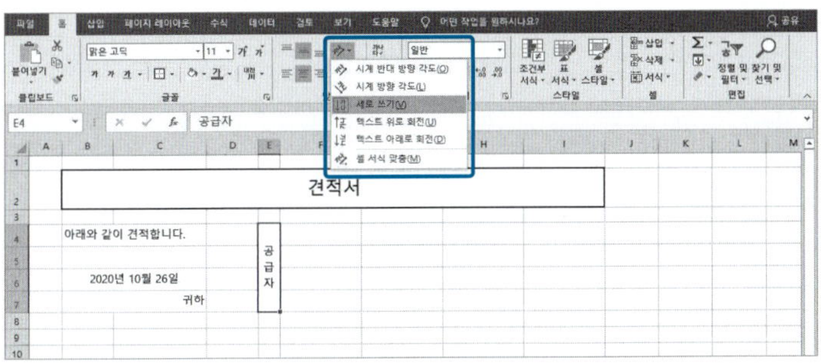


⑤ 공급자 정보 입력하기

- [G4:I4], [G6:I6] : 병합하고 가운데 맞춤, 세로 가운데 맞춤
- [F4], [F6], [F5:H5], [F7:I7] : 가로 가운데 맞춤, 세로 가운데 맞춤
- [I5] : 가로 오른쪽 맞춤, 세로 가운데 맞춤
- [E4:I7] : '모든 테두리'

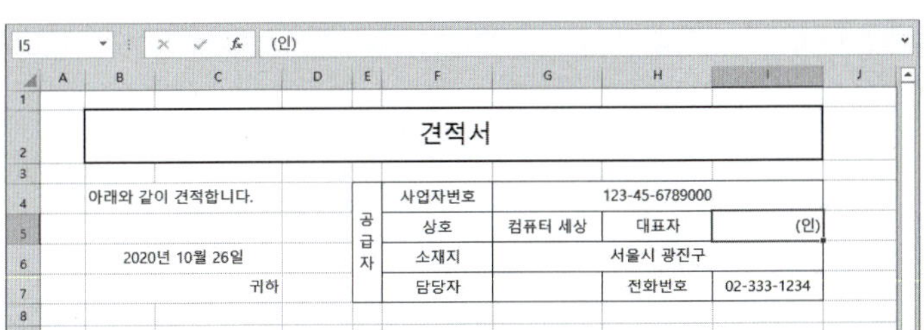


**step 9 한 셀에 두 줄로 입력하기 : 텍스트 줄 바꿈(Alt+Enter↵)**

① [B8:C8], [D8:I8] : '병합하고 가운데 맞춤'

② 8행 높이 '40'

③ 셀 [B8]에 커서를 두고 '합계금액'을 입력한 후 [Alt+Enter↵]를 눌러 텍스트 줄 바꿈 한 후 '(공급가액+세액)'을 입력한다.

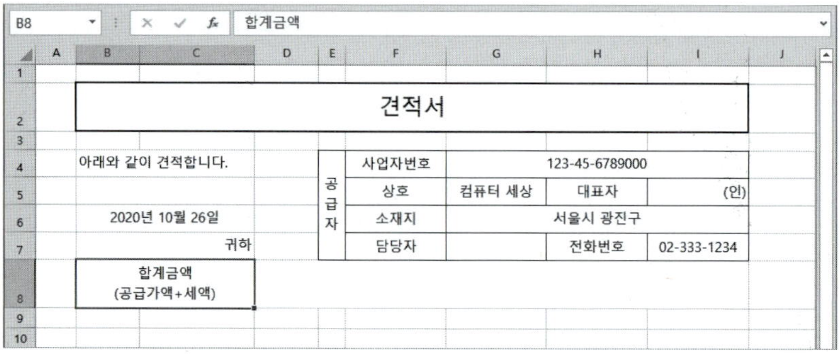

## TIP

### 텍스트 줄 바꿈

- 길이가 매우 긴 텍스트를 여러 줄로 줄 바꿈 처리하여 모든 내용이 표시되도록 하는 기능
- 셀에 입력되는 텍스트가 셀 너비를 넘어가면 자동으로 줄 바꿈 수행
- [홈]-[맞춤] 그룹-[자동 줄 바꿈] 또는 마우스 오른쪽 버튼을 누르고 '셀 서식'에서 [텍스트 조정]-[자동 줄 바꿈] 선택
- [Alt+Enter↵]키를 이용하여 텍스트가 셀 너비를 넘어가지 않아도 줄 바꿈을 수행할 수 있음

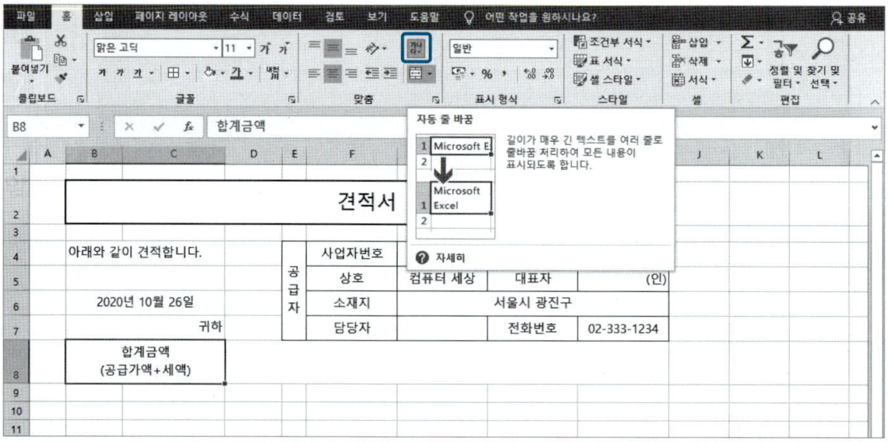

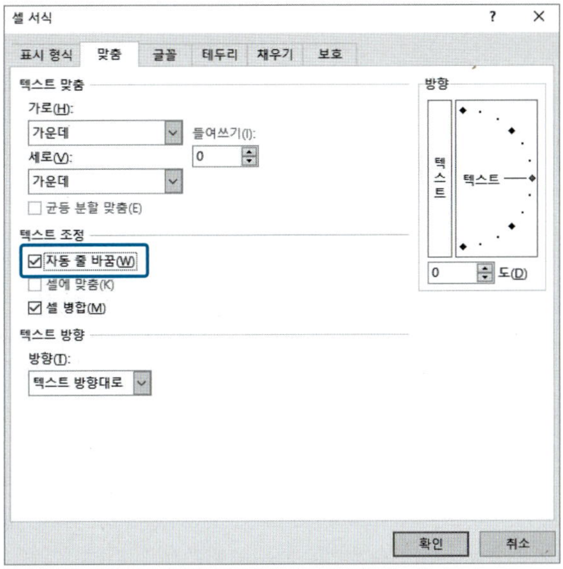


## step 10 견적서 내용 입력하기

데이터를 입력한 후, 제시된 조건대로 셀 서식을 조정한다.

① 9행 ~ 24행 높이 '21'

② [D9:E9], [D10:E10]……[D21:E21] : '병합하고 가운데 맞춤'

③ [B22:C22], [B23:C23], [B24:C24] : '병합하고 가운데 맞춤'

④ [D22:G22], [D23:G23], [D24:G24] : '병합하고 가운데 맞춤

⑤ [B9:I9] : 가로 가운데 정렬, '굵게'

⑥ [B10:F21] : 가로 가운데 정렬

⑦ [G10:H21] : 가로 왼쪽 정렬

⑧ [I10:I24] : 가로 가운데 정렬

⑨ [B8:I24] : 모든 테두리

## step 11 일련번호 입력하기

셀 [B10]에 일련번호를 넣기 위해 두 가지 방법을 사용할 수 있다.

가. [홈]–[편집]–[채우기]–[계열] 이용

① 연속된 값을 입력할 첫 번째 셀 [B10]에 '1'을 입력하고 [홈]–[편집]–[채우기]–[계열]을 선택한다.

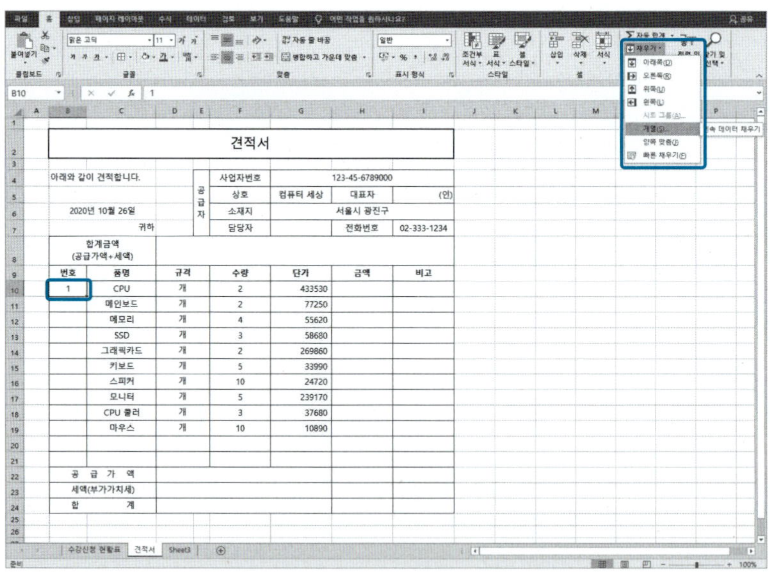

② [연속 데이터] 대화 상자에서 옵션을 입력한다.

- 방향 : 세로 방향으로 연속데이터가 입력되어야 하므로 '열' 선택
- 종료값 : 12 (문서에 따라 달라짐)

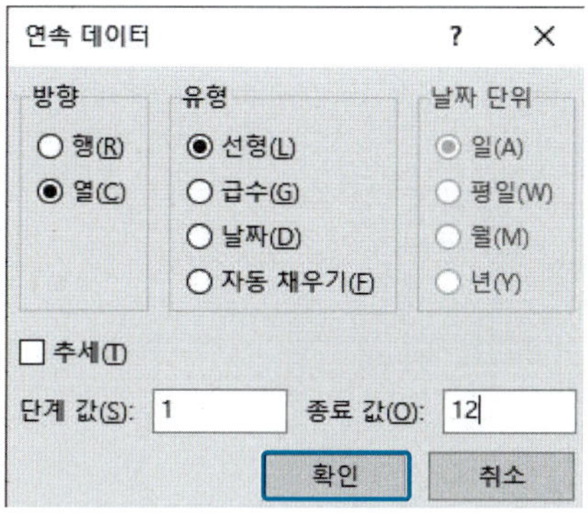

③ [확인] 버튼을 누르면 데이터 테이블의 '번호' 항목에 12번까지 입력된 것을 확인할 수 있다.

나. '채우기 핸들러' 이용

① 셀 [B10]에 숫자 '1'을 입력하고 입력한 셀의 왼쪽 아래 모서리에 마우스를 위치하면 마우스 포인터가 '+(채우기 핸들러)'로 바뀐다.

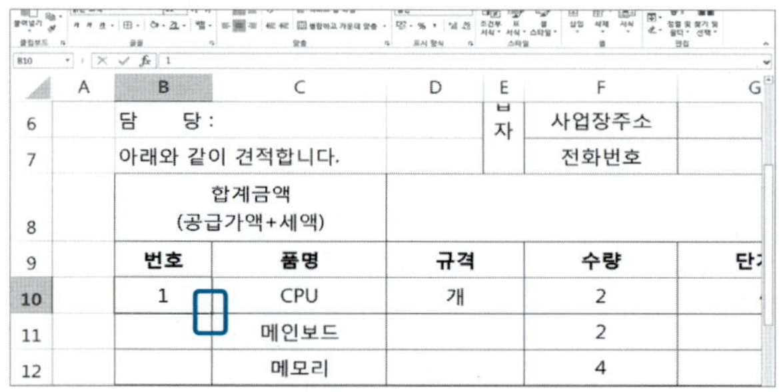


② 이때, 〈Ctrl〉 키를 누른 상태로 연속데이터를 입력할 셀 만큼 드래그하면 자동 채우기를 완성할 수 있다.

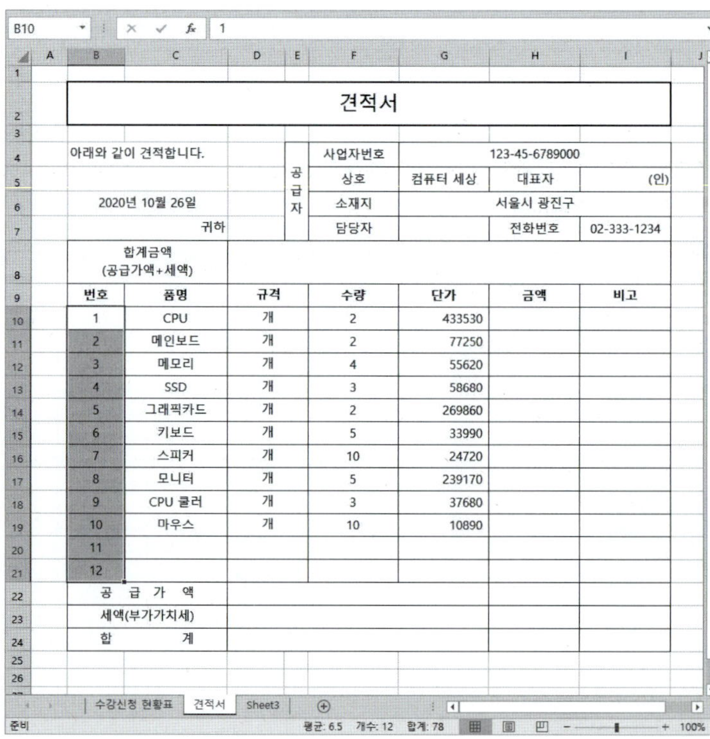


③ '채우기 핸들러'는 세로 방향, 가로 방향 모두 가능하다.

## TIP

**채우기 핸들러**

마우스 포인터를 복사나 자동증가하고자 하는 시작 셀의 오른쪽 하단 모서리에 위치시킨 후

- 〈Ctrl〉+drag : 자동증가
- drag : 복사

## step 12 '규격' 입력하기 : 셀 병합

① 규격 부분에 해당하는 10행부터 21행까지 D열과 E열을 병합한다.

② 셀 [D10]에 '개'자를 입력하고 마우스 포인터를 오른쪽 아래 모서리에 놓아 '+' 모양을 만든 후 아래로 드래그 한다.

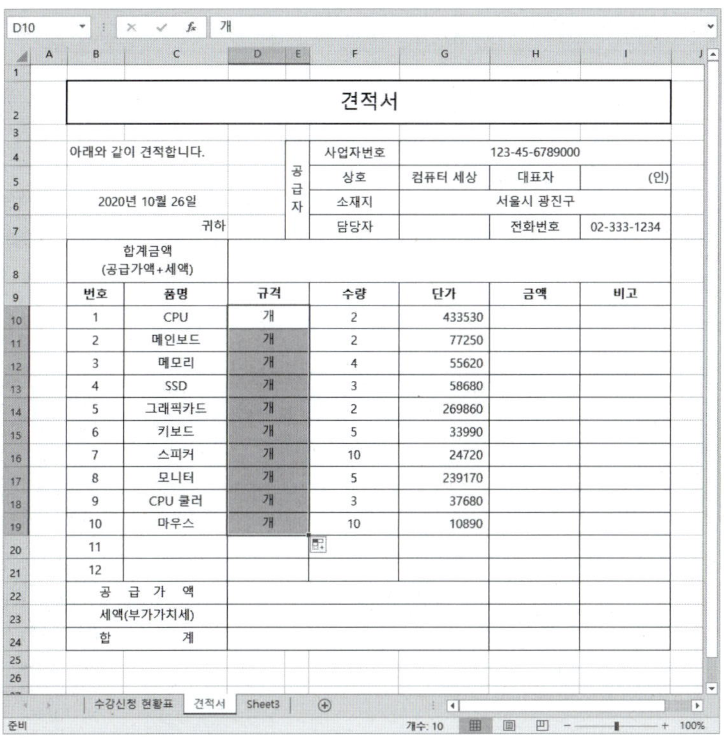


## step 13 '금액' 계산하기 : 직접 수식 입력

수식으로 값을 구하기 위해서 함수를 사용할 수도 있지만 간단한 수식을 직접 입력하여 사용할 수 있다. '금액'을 계산하기 위해 수식을 직접 입력해보도록 하자.

- 금액 = 수량 * 단가

① '금액'이 입력된 셀 [H10]을 선택하고 수식 '=F10*G10'을 입력하고 Enter↵를 클릭한다. [F10]과 [G10]은 직접 입력해도 되지만 데이터 테이블 상에서 해당 셀을 클릭하면 된다.

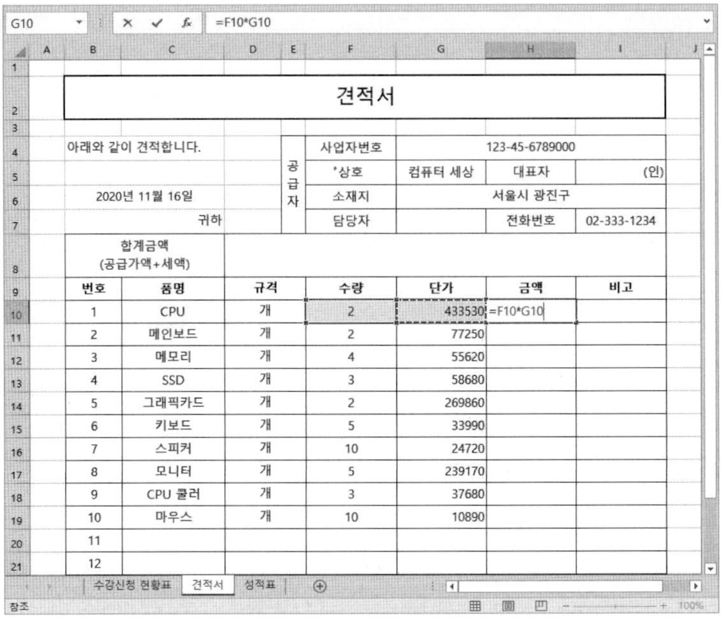


② 나머지 셀은 '채우기 핸들러'를 이용하여 결과를 입력한다.

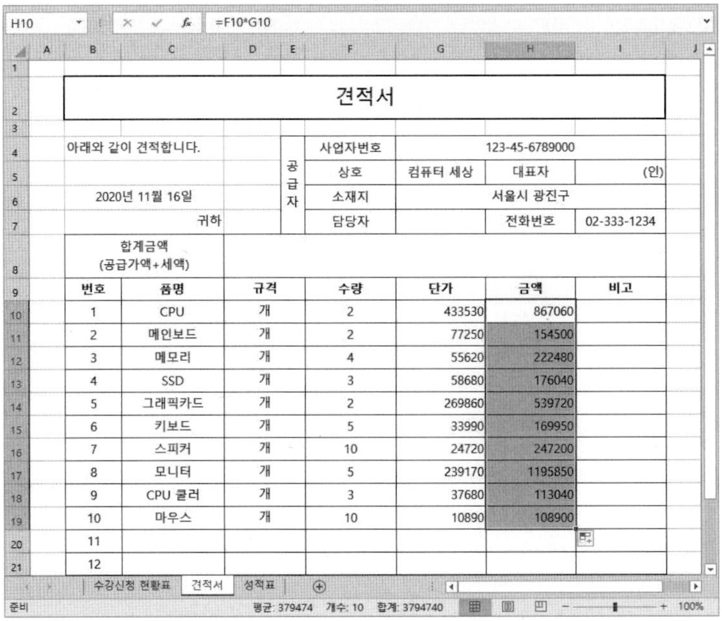

## TIP

**직접 수식 입력 방법**

- 셀에 수식을 삽입하기 위한 방법
- 엑셀에서 제공하는 함수를 사용하지 않고 연산자와 피연산자를 이용하여 직접 수식 입력
- 수식을 입력할 셀을 선택하고, 수식과 일반 자료와의 구분을 위해 맨 앞에 등호(=)를 먼저 입력한 후 사칙연산의 구조에 따라 원하는 수식을 입력한다.

## step 14 '공급가액' 계산하기 : 자동 합계

- 공급가액 = 구매하는 물품 금액의 합

① '자동 합계' 실행하기

공급가액을 계산해 넣을 셀 [H22]를 선택하고 [홈]–[편집] 그룹–[합계]를 선택한다.

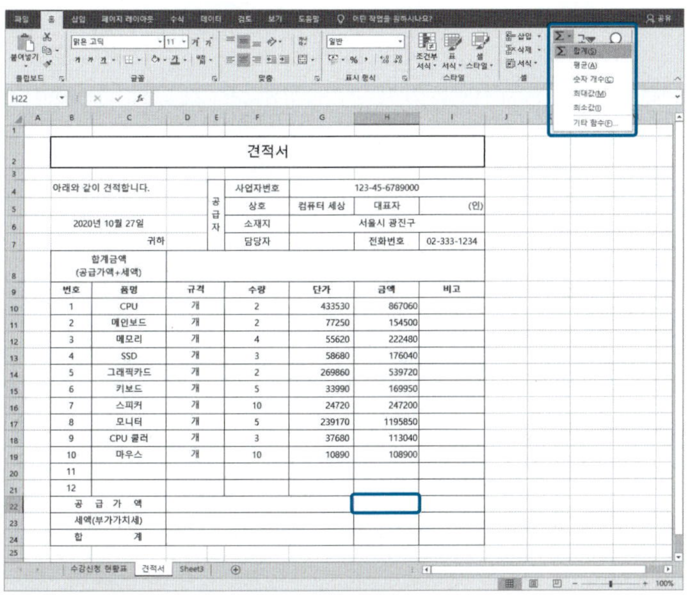


또는 [수식]–[함수 라이브러리]–[자동 합계]–[합계]를 선택한다.

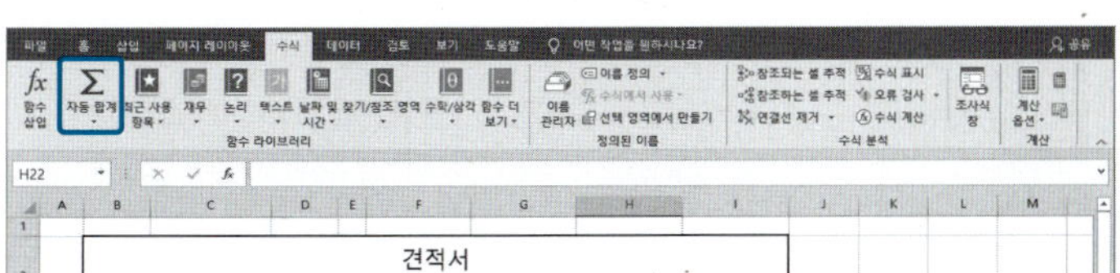

② 합을 구할 셀 선택하기

공급가액은 각 품명에 해당하는 금액의 합이므로 합계를 구할 셀 [H10:H21]을 드래그 하여 범위를 선택한다.

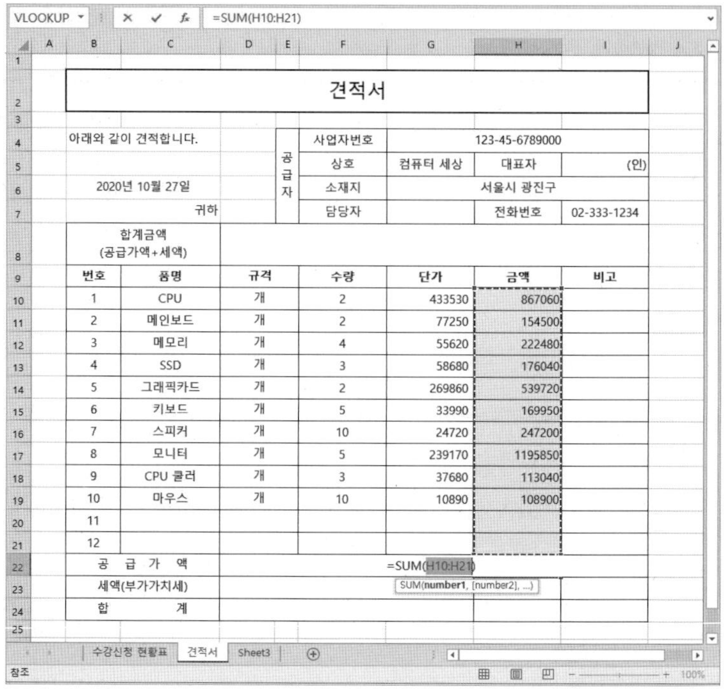


현재 데이터 테이블에서는 금액이 들어있는 셀이 [H19]까지 입력되어 있지만 셀 [H20:H21]은 앞으로 데이터 입력 가능성이 있는 셀이므로 자동 합계 선택 시 함께 선택한다. 그러면 현재 비어있는 셀에 값이 입력되면 '공급가액'은 자동으로 재계산되므로 다시 계산해야 하는 번거로움을 덜 수 있다.

③ 결과 확인하기

합을 구할 셀의 범위를 선택한 후 범위가 맞으면 Enter↵ 키를 누르면 결과가 입력된다.

만약 범위가 맞지 않는 경우는 다시 드래그 하여 합을 구하고자 하는 범위를 선택한다.

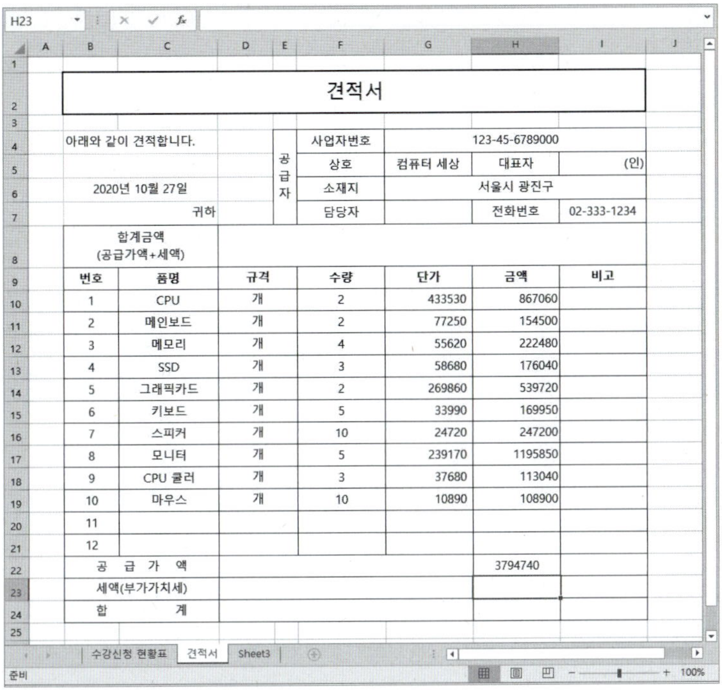

| 견적서 | | | | | | | | |
|---|---|---|---|---|---|---|---|---|
| 아래와 같이 견적합니다. | | | 공급자 | 사업자번호 | 123-45-6789000 | | | |
| | | | | 상호 | 컴퓨터 세상 | 대표자 | (인) | |
| 2020년 10월 27일 | | | | 소재지 | 서울시 광진구 | | | |
| 귀하 | | | | 담당자 | | 전화번호 | 02-333-1234 | |
| 합계금액 (공급가액+세액) | | | | | | | | |
| 번호 | 품명 | 규격 | | 수량 | 단가 | 금액 | 비고 | |
| 1 | CPU | 개 | | 2 | 433530 | 867060 | | |
| 2 | 메인보드 | 개 | | 2 | 77250 | 154500 | | |
| 3 | 메모리 | 개 | | 4 | 55620 | 222480 | | |
| 4 | SSD | 개 | | 3 | 58680 | 176040 | | |
| 5 | 그래픽카드 | 개 | | 2 | 269860 | 539720 | | |
| 6 | 키보드 | 개 | | 5 | 33990 | 169950 | | |
| 7 | 스피커 | 개 | | 10 | 24720 | 247200 | | |
| 8 | 모니터 | 개 | | 5 | 239170 | 1195850 | | |
| 9 | CPU 쿨러 | 개 | | 3 | 37680 | 113040 | | |
| 10 | 마우스 | 개 | | 10 | 10890 | 108900 | | |
| 11 | | | | | | | | |
| 12 | | | | | | | | |
| 공 급 가 액 | | | | | | 3794740 | | |
| 세액(부가가치세) | | | | | | | | |
| 합 계 | | | | | | | | |

## step 15 '세액'과 '합계' 계산하기

- 세액 = 공급가액 * 세율(0.1)
- 합계 = 공급가액 + 세액

① 세액이 입력될 셀 [H23]을 선택하고 세액 계산을 위한 수식 '=H22*0.1'을 입력하여 '세액'을 계산한다.

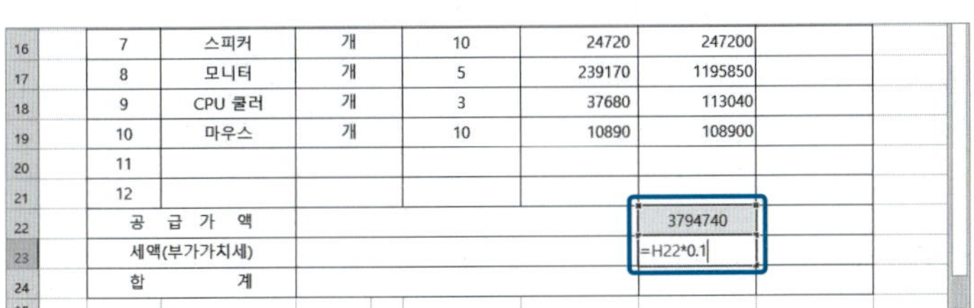

| 번호 | 품명 | 규격 | 수량 | 단가 | 금액 |
|---|---|---|---|---|---|
| 7 | 스피커 | 개 | 10 | 24720 | 247200 |
| 8 | 모니터 | 개 | 5 | 239170 | 1195850 |
| 9 | CPU 쿨러 | 개 | 3 | 37680 | 113040 |
| 10 | 마우스 | 개 | 10 | 10890 | 108900 |
| 11 | | | | | |
| 12 | | | | | |
| 공 급 가 액 | | | | | 3794740 |
| 세액(부가가치세) | | | | | =H22*0.1 |
| 합 계 | | | | | |

② 실제 지불해야 하는 총합계가 입력될 셀 [H24]를 선택하고 합계 계산을 위한 수식 '=H22+H23' 또는 자동 합계 기능을 이용하여 '합계'를 계산한다.

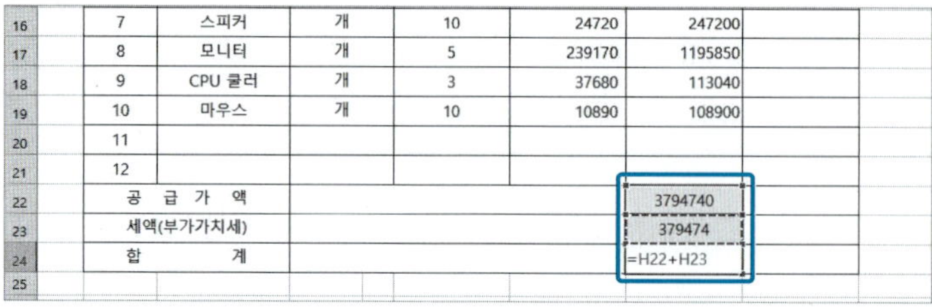


## step 16 숫자에 천 단위 구분 기호 사용하기

숫자가 입력된 셀에 천 단위 구분 기호를 입력한다. 데이터를 입력할 때 천 단위 구분 기호를 같이 입력하지 않고 숫자를 다 입력한 후에 '쉼표 스타일' 기능을 이용하여 천 단위 구분 기호가 필요한 데이터에 일괄적으로 서식 지정을 할 수 있다.

① 셀 [G10:H21]을 마우스를 드래그 하여 블록 선택하고 **[홈]**–**[표시 형식]** 그룹–**[쉼표 스타일]**을 클릭하면 숫자 데이터에 천 단위 구분 기호(,)가 입력된다.

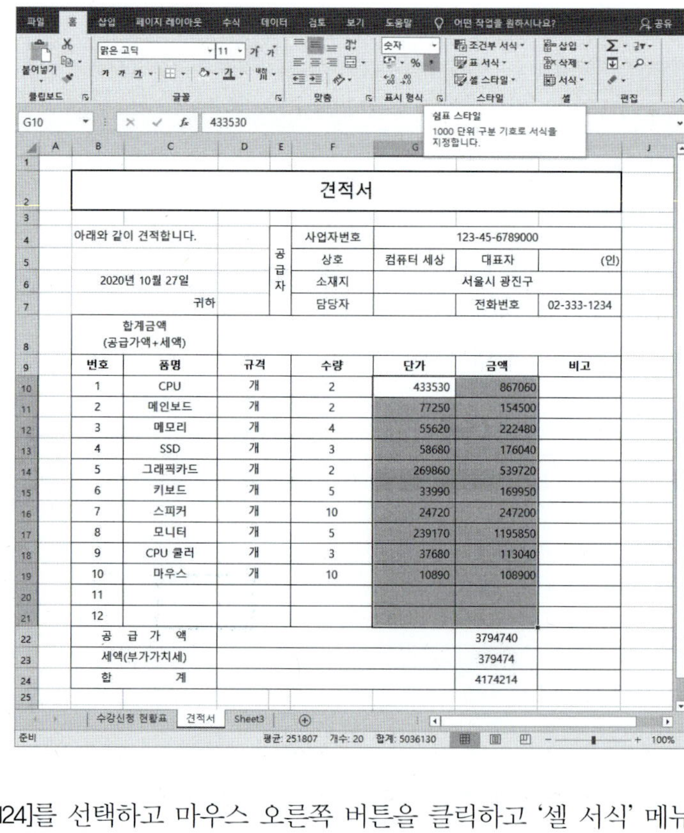


② 셀 [H22:H24]를 선택하고 마우스 오른쪽 버튼을 클릭하고 '셀 서식' 메뉴를 선택한다. 셀 서식 대화 상자의 표시 형식 중 '숫자' 범주를 선택하고 '1000 단위 구분 기호(,) 사용' 옵션을 선택한다.

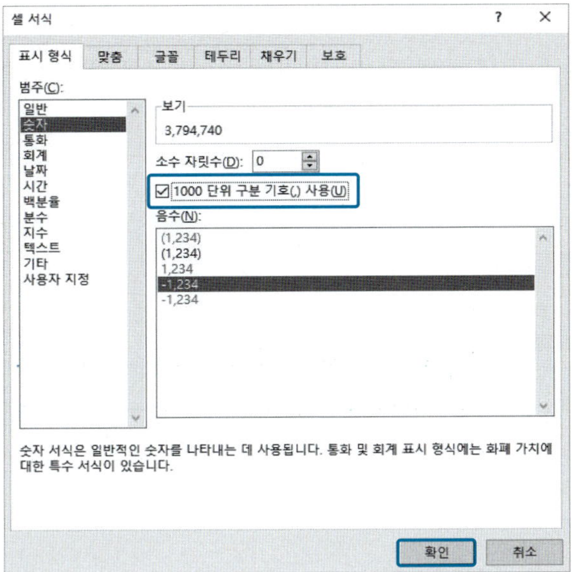

## step 17 통화 기호 사용하기

① 셀 [G10:H21]을 마우스를 드래그 하여 블록 선택하고 [홈]–[표시 형식] 그룹–[회계]에서 '₩ 한국어'를 선택하면 통화 기호가 숫자 앞에 입력된다.

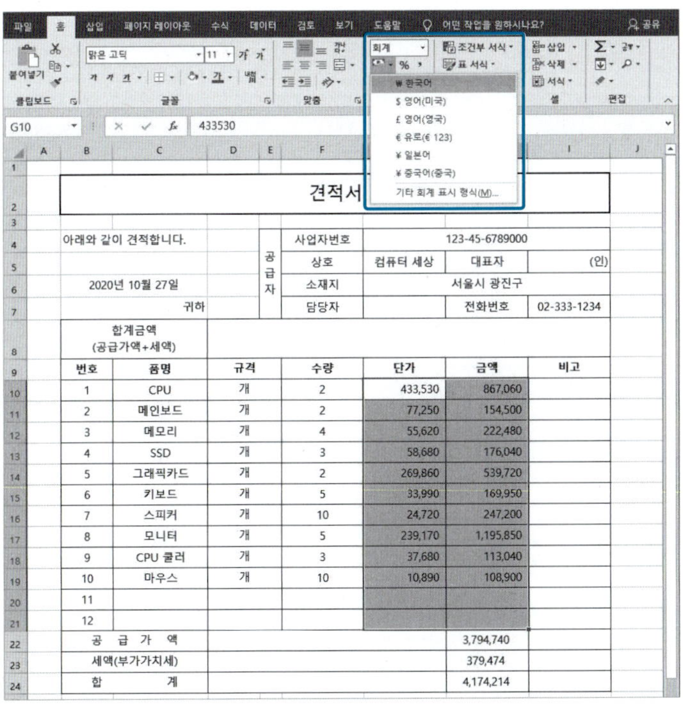

② 셀 [H22:H24]를 선택하고 마우스 오른쪽 버튼을 클릭하여 '셀 서식'을 선택한다. 셀 서식 대화 상자의 표시 형식 탭 중 '회계' 범주를 선택하고 '₩'를 선택하면 통화 기호가 숫자 앞에 입력된다.

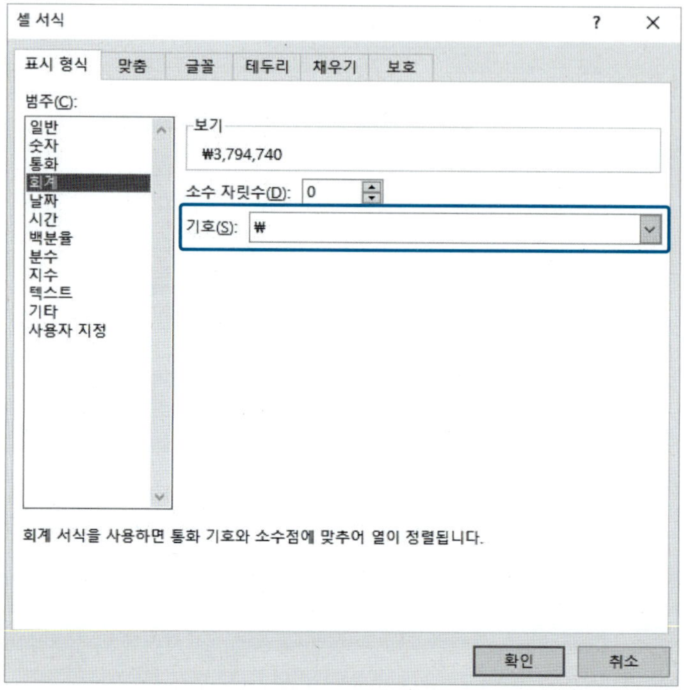


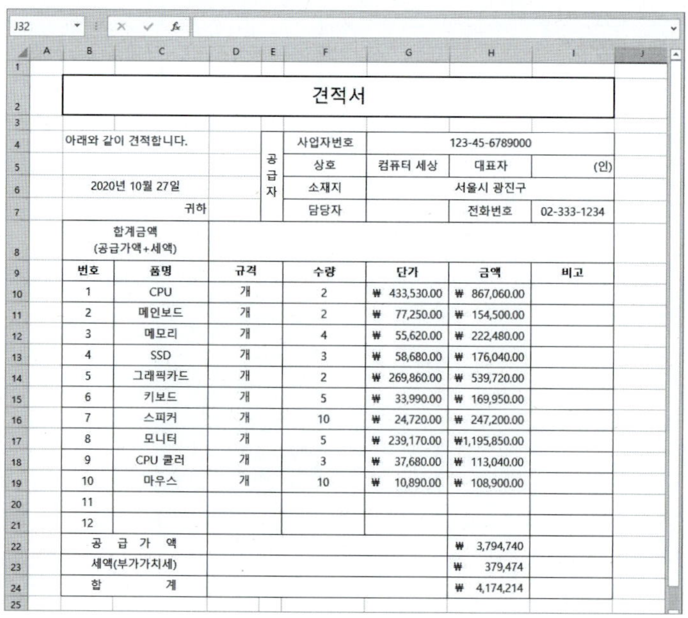

견적서

| | | | | | | | |
|---|---|---|---|---|---|---|---|
| 아래와 같이 견적합니다. | | | 공급자 | 사업자번호 | 123-45-6789000 | | |
| | | | | 상호 | 컴퓨터 세상 | 대표자 | (인) |
| 2020년 10월 27일 | | | | 소재지 | 서울시 광진구 | | |
| 귀하 | | | | 담당자 | | 전화번호 | 02-333-1234 |
| 합계금액 (공급가액+세액) | | | | | | | |
| 번호 | 품명 | 규격 | | 수량 | 단가 | 금액 | 비고 |
| 1 | CPU | 개 | | 2 | ₩ 433,530.00 | ₩ 867,060.00 | |
| 2 | 메인보드 | 개 | | 2 | ₩ 77,250.00 | ₩ 154,500.00 | |
| 3 | 메모리 | 개 | | 4 | ₩ 55,620.00 | ₩ 222,480.00 | |
| 4 | SSD | 개 | | 3 | ₩ 58,680.00 | ₩ 176,040.00 | |
| 5 | 그래픽카드 | 개 | | 2 | ₩ 269,860.00 | ₩ 539,720.00 | |
| 6 | 키보드 | 개 | | 5 | ₩ 33,990.00 | ₩ 169,950.00 | |
| 7 | 스피커 | 개 | | 10 | ₩ 24,720.00 | ₩ 247,200.00 | |
| 8 | 모니터 | 개 | | 5 | ₩ 239,170.00 | ₩1,195,850.00 | |
| 9 | CPU 쿨러 | 개 | | 3 | ₩ 37,680.00 | ₩ 113,040.00 | |
| 10 | 마우스 | 개 | | 10 | ₩ 10,890.00 | ₩ 108,900.00 | |
| 11 | | | | | | | |
| 12 | | | | | | | |
| 공 급 가 액 | | | | | | ₩ 3,794,740 | |
| 세액(부가가치세) | | | | | | ₩ 379,474 | |
| 합 계 | | | | | | ₩ 4,174,214 | |

## 5.3 성적표를 이용한 조건부 서식 다루기

조건부 서식 기능은 특정 데이터를 강조하기 위해서 서식을 지정하는 기능으로 시각적으로 데이터를 분석할 수 있고 데이터의 추세나 패턴을 식별하는 데 도움이 된다. 미리 정의된 조건부 서식 스타일들도 있고, 직접 만들어서 사용할 수도 있다.

조건부 서식 유형은 다음과 같다.

- 셀 강조 규칙 : 다른 값들과의 비교, 텍스트 포함, 발생 날짜, 중복 조건에 만족하는 값에 대하여 서식 지정
- 상위/하위 규칙 : 상위/하위 몇 개, 몇 %, 평균 초과, 평균 미만 등의 조건에 만족하는 셀들에 서식 지정
- 데이터 막대 : 데이터 범위 내의 다른 셀들의 값들과의 상대적 크기를 막대로 표시
- 색조 : 데이터를 높은, 중간, 낮은 값으로 분류하고 색으로 표현하여 데이터 분포를 쉽게 파악할 수 있도록 그라데이션 색을 서식에 적용
- 아이콘 집합 : 데이터들이 어떤 기준을 만족하는지 보이기 위해 아이콘 사용

[배울 내용]

① AVERAGE 함수 : 선택한 셀 값들의 평균을 구하기 위한 함수

② 셀 강조 규칙을 이용한 조건부 서식

수식과 같은 특정 유형의 데이터가 포함된 모든 셀 또는 특정 조건에 맞는 셀을 찾아 지정한 서식으로 표시

③ 색조를 이용한 조건부 서식

전체 데이터를 높은, 중간, 낮은 값으로 구별하여 사용자가 지정한 색으로 표시

④ 데이터 막대

데이터의 상대적 크기 비교

다양한 서식 방법들을 이용하여 '컴퓨터공학과 성적표'를 그려보고, 셀 강조 규칙, 데이터 막대 그리고 색조를 이용한 조건부 서식 지정 방법에 대하여 배워보자.

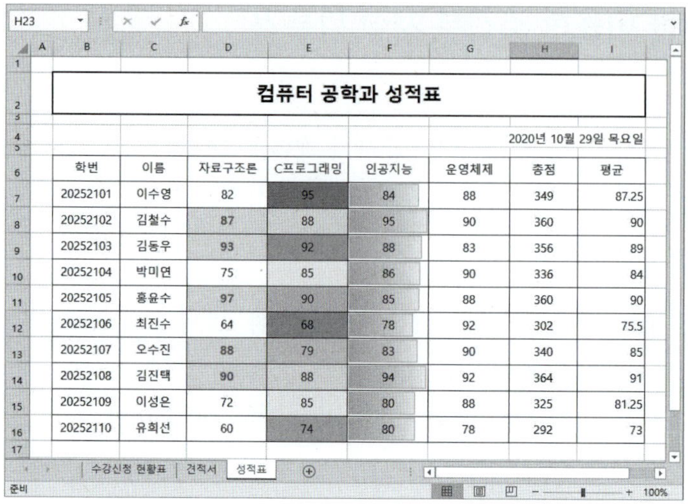

컴퓨터 공학과 성적표

2020년 10월 29일 목요일

| 학번 | 이름 | 자료구조론 | C프로그래밍 | 인공지능 | 운영체제 | 총점 | 평균 |
|---|---|---|---|---|---|---|---|
| 20252101 | 이수영 | 82 | 95 | 84 | 88 | 349 | 87.25 |
| 20252102 | 김철수 | 87 | 88 | 95 | 90 | 360 | 90 |
| 20252103 | 김동우 | 93 | 92 | 88 | 83 | 356 | 89 |
| 20252104 | 박미연 | 75 | 85 | 86 | 90 | 336 | 84 |
| 20252105 | 홍윤수 | 97 | 90 | 85 | 88 | 360 | 90 |
| 20252106 | 최진수 | 64 | 68 | 78 | 92 | 302 | 75.5 |
| 20252107 | 오수진 | 88 | 79 | 83 | 90 | 340 | 85 |
| 20252108 | 김진택 | 90 | 88 | 94 | 92 | 364 | 91 |
| 20252109 | 이성은 | 72 | 85 | 80 | 88 | 325 | 81.25 |
| 20252110 | 유희선 | 60 | 74 | 80 | 78 | 292 | 73 |

## 5.3.1 '컴퓨터공학과 성적표' 그리기

조건부 서식에 사용될 데이터를 주어진 서식에 맞게 입력해보자

### step 1 서식 지정하기

① 데이터 입력하기

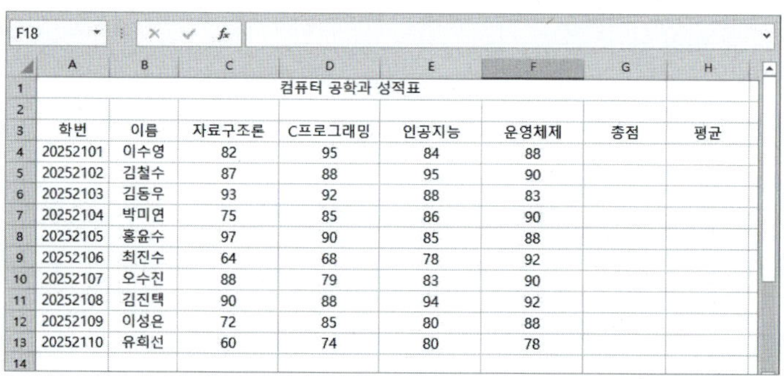

컴퓨터 공학과 성적표

| 학번 | 이름 | 자료구조론 | C프로그래밍 | 인공지능 | 운영체제 | 총점 | 평균 |
|---|---|---|---|---|---|---|---|
| 20252101 | 이수영 | 82 | 95 | 84 | 88 | | |
| 20252102 | 김철수 | 87 | 88 | 95 | 90 | | |
| 20252103 | 김동우 | 93 | 92 | 88 | 83 | | |
| 20252104 | 박미연 | 75 | 85 | 86 | 90 | | |
| 20252105 | 홍윤수 | 97 | 90 | 85 | 88 | | |
| 20252106 | 최진수 | 64 | 68 | 78 | 92 | | |
| 20252107 | 오수진 | 88 | 79 | 83 | 90 | | |
| 20252108 | 김진택 | 90 | 88 | 94 | 92 | | |
| 20252109 | 이성은 | 72 | 85 | 80 | 88 | | |
| 20252110 | 유희선 | 60 | 74 | 80 | 78 | | |

② 행/열 삽입하기

A열의 왼쪽에 한 개의 열을 삽입하고, 열 너비는 '3'으로 설정한다.

1열 위로 한 개의 행을 삽입하고, 행 높이는 '15'로 설정한다.

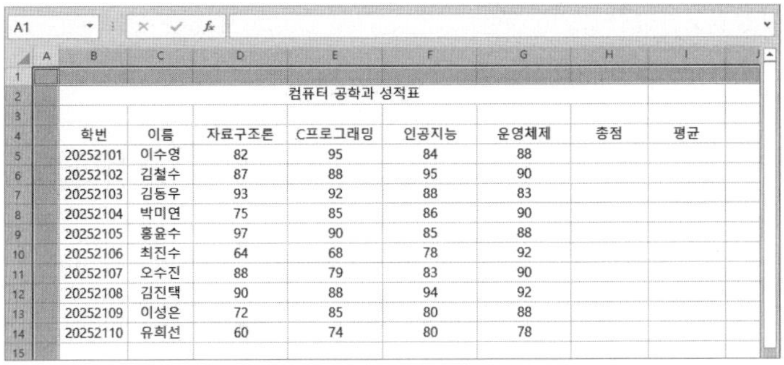

| 학번 | 이름 | 자료구조론 | C프로그래밍 | 인공지능 | 운영체제 | 총점 | 평균 |
|---|---|---|---|---|---|---|---|
| 20252101 | 이수영 | 82 | 95 | 84 | 88 | | |
| 20252102 | 김철수 | 87 | 88 | 95 | 90 | | |
| 20252103 | 김동우 | 93 | 92 | 88 | 83 | | |
| 20252104 | 박미연 | 75 | 85 | 86 | 90 | | |
| 20252105 | 홍윤수 | 97 | 90 | 85 | 88 | | |
| 20252106 | 최진수 | 64 | 68 | 78 | 92 | | |
| 20252107 | 오수진 | 88 | 79 | 83 | 90 | | |
| 20252108 | 김진택 | 90 | 88 | 94 | 92 | | |
| 20252109 | 이성은 | 72 | 85 | 80 | 88 | | |
| 20252110 | 유희선 | 60 | 74 | 80 | 78 | | |

③ 제목 서식 지정하기

- 셀 [B2:I2] : 병합하고 가운데 맞춤, 굵은 상자 테두리
- 셀 [B2] : 행 높이 40
- 제목 글꼴 '맑은 고딕', 크기 '18', '굵게'

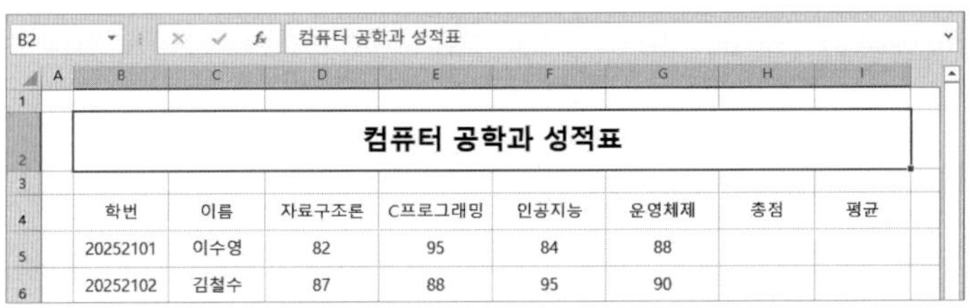

**컴퓨터 공학과 성적표**

| 학번 | 이름 | 자료구조론 | C프로그래밍 | 인공지능 | 운영체제 | 총점 | 평균 |
|---|---|---|---|---|---|---|---|
| 20252101 | 이수영 | 82 | 95 | 84 | 88 | | |
| 20252102 | 김철수 | 87 | 88 | 95 | 90 | | |

④ 데이터 영역 서식 지정하기

- 셀 [B4:I14] : 행 높이 '25', 가로 가운데, 세로 가운데, 모든 테두리
- 셀 [B4:C14], 셀 [H4:I14] : 열 너비 '10'
- 셀 [D4:G14] : 열 너비 '12'

**컴퓨터 공학과 성적표**

| 학번 | 이름 | 자료구조론 | C프로그래밍 | 인공지능 | 운영체제 | 총점 | 평균 |
|---|---|---|---|---|---|---|---|
| 20252101 | 이수영 | 82 | 95 | 84 | 88 | | |
| 20252102 | 김철수 | 87 | 88 | 95 | 90 | | |
| 20252103 | 김동우 | 93 | 92 | 88 | 83 | | |
| 20252104 | 박미연 | 75 | 85 | 86 | 90 | | |
| 20252105 | 홍윤수 | 97 | 90 | 85 | 88 | | |
| 20252106 | 최진수 | 64 | 68 | 78 | 92 | | |
| 20252107 | 오수진 | 88 | 79 | 83 | 90 | | |
| 20252108 | 김진택 | 90 | 88 | 94 | 92 | | |
| 20252109 | 이성은 | 72 | 85 | 80 | 88 | | |
| 20252110 | 유희선 | 60 | 74 | 80 | 78 | | |

⑤ 워크시트 이름을 '성적표'로 변경한다.

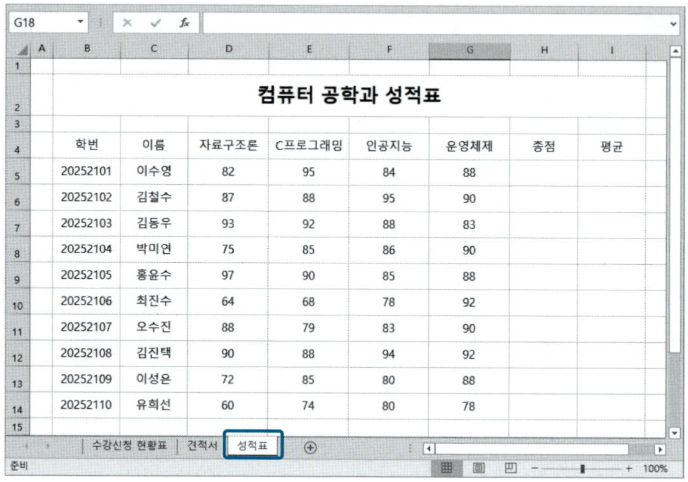

컴퓨터 공학과 성적표

| 학번 | 이름 | 자료구조론 | C프로그래밍 | 인공지능 | 운영체제 | 총점 | 평균 |
|---|---|---|---|---|---|---|---|
| 20252101 | 이수영 | 82 | 95 | 84 | 88 | | |
| 20252102 | 김철수 | 87 | 88 | 95 | 90 | | |
| 20252103 | 김동우 | 93 | 92 | 88 | 83 | | |
| 20252104 | 박미연 | 75 | 85 | 86 | 90 | | |
| 20252105 | 홍윤수 | 97 | 90 | 85 | 88 | | |
| 20252106 | 최진수 | 64 | 68 | 78 | 92 | | |
| 20252107 | 오수진 | 88 | 79 | 83 | 90 | | |
| 20252108 | 김진택 | 90 | 88 | 94 | 92 | | |
| 20252109 | 이성운 | 72 | 85 | 80 | 88 | | |
| 20252110 | 유희선 | 60 | 74 | 80 | 78 | | |



## step 2 날짜 입력하기 : TODAY( )

① 행 삽입하기

- 4행을 선택하고 2개의 행을 삽입한다.
- 3행, 5행 높이 : 10
- 4행 높이 : 20
- 날짜가 들어갈 셀 [G4:I4] : 병합하고 가운데 맞춤, 세로 아래쪽 맞춤, 가로 오른쪽 맞춤

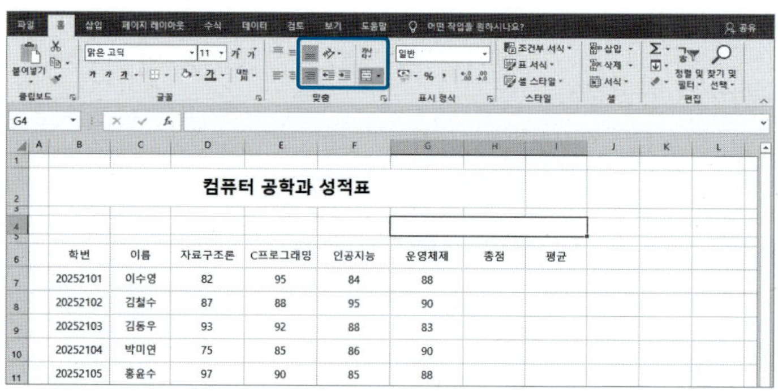

컴퓨터 공학과 성적표

| 학번 | 이름 | 자료구조론 | C프로그래밍 | 인공지능 | 운영체제 | 총점 | 평균 |
|---|---|---|---|---|---|---|---|
| 20252101 | 이수영 | 82 | 95 | 84 | 88 | | |
| 20252102 | 김철수 | 87 | 88 | 95 | 90 | | |
| 20252103 | 김동우 | 93 | 92 | 88 | 83 | | |
| 20252104 | 박미연 | 75 | 85 | 86 | 90 | | |
| 20252105 | 홍윤수 | 97 | 90 | 85 | 88 | | |



② 날짜 입력하기 : TODAY( ) 사용

- 날짜가 입력될 셀 [G4] 선택
- [수식]–[함수 라이브러리]–[날짜 및 시간]에서 TODAY 함수를 클릭하면 현재 날짜가 셀이 표시된다.

• 셀 [G4]를 선택한 상태에서 수식 입력 줄을 보면, 수식 입력 줄에는 TODAY( )가 쓰여 있는 것을 확인할 수 있다. 엑셀에서는 수식에 의해 계산된 값은 셀에는 값이 보이고 수식 입력 줄에는 수식이 보인다.

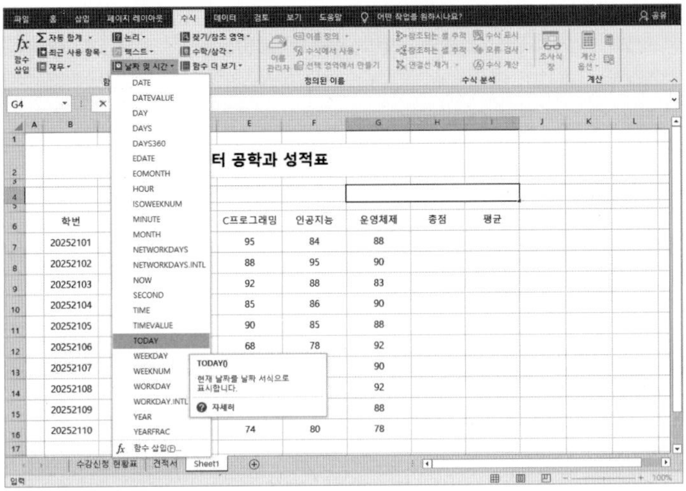


• 날짜가 입력된 셀 [G4]를 선택하고 마우스 오른쪽 버튼을 클릭하여 '셀 서식'을 실행한다. 셀 서식 대화 상자의 [표시 형식]탭–[날짜]범주를 선택하고 '2012년 3월14일 수요일' 서식을 선택한다.

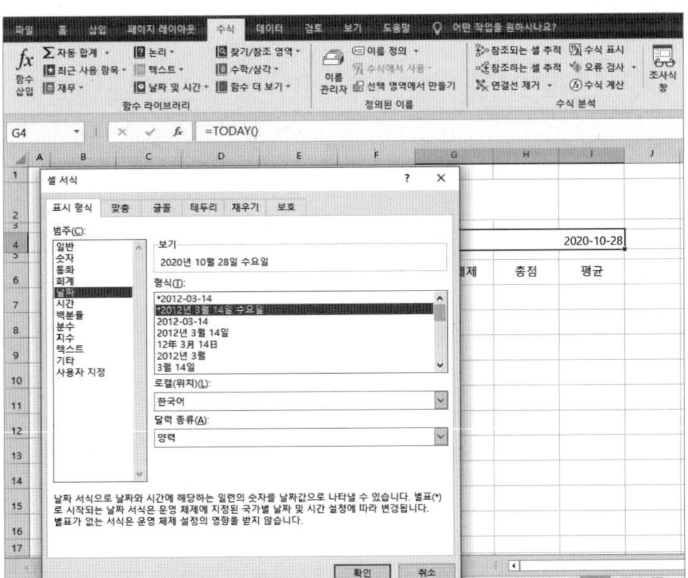

• 날짜가 선택한 형식으로 셀에 삽입된다.

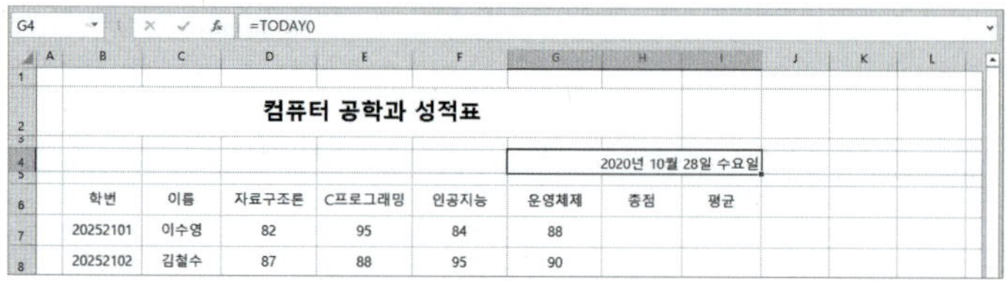


## step 3 총점과 평균 구하기 : SUM( ), AVERAGE( )

① 총점 구하기 : SUM 함수 실행하기

• 총점을 넣을 셀 [H7]을 선택하고 [홈]-[편집] 그룹-[자동 합계] 또는 [수식]-[함수 라이브러리] 그룹-[자동 합계]를 선택한다.

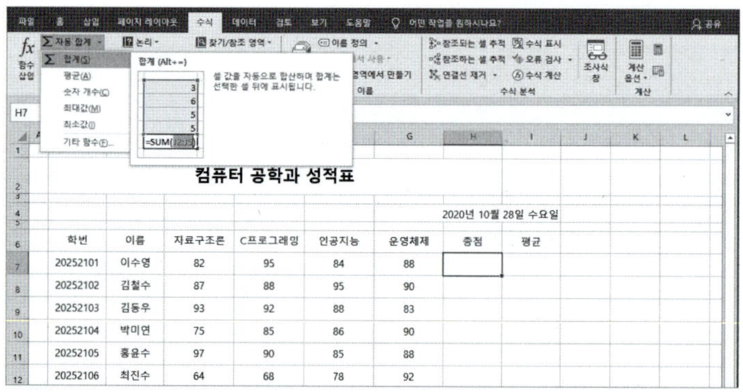


• 합을 구하려는 셀 [D7:G7]을 드래그하여 선택하고 Enter↵를 누르면 총점이 계산되어 입력된다.

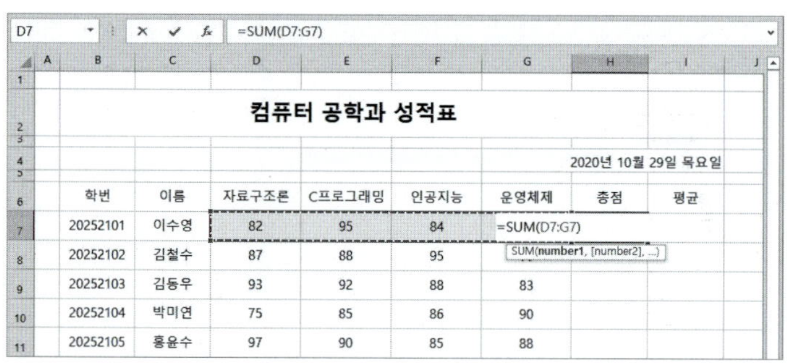

- 셀 [H8:H16]까지의 합은 셀 [H7] 오른쪽 아래 모서리에 마우스를 복사 핸들러 모양으로 만들고('+') 아래로 드래그하여 수식을 복사하면 각 행에 해당하는 총합이 계산된다.

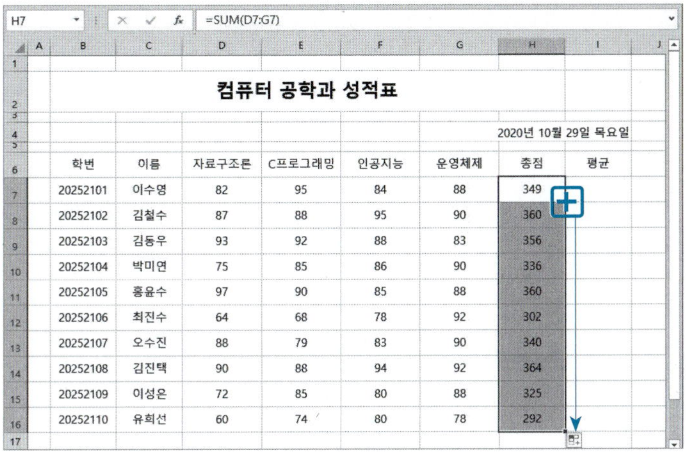

H7 =SUM(D7:G7)

| 컴퓨터 공학과 성적표 | | | | | | | |
|---|---|---|---|---|---|---|---|
| | | | | | | 2020년 10월 29일 목요일 | |
| 학번 | 이름 | 자료구조론 | C프로그래밍 | 인공지능 | 운영체제 | 총점 | 평균 |
| 20252101 | 이수영 | 82 | 95 | 84 | 88 | 349 | |
| 20252102 | 김철수 | 87 | 88 | 95 | 90 | 360 | |
| 20252103 | 김동우 | 93 | 92 | 88 | 83 | 356 | |
| 20252104 | 박미연 | 75 | 85 | 86 | 90 | 336 | |
| 20252105 | 홍윤수 | 97 | 90 | 85 | 88 | 360 | |
| 20252106 | 최진수 | 64 | 68 | 78 | 92 | 302 | |
| 20252107 | 오수진 | 88 | 79 | 83 | 90 | 340 | |
| 20252108 | 김진택 | 90 | 88 | 94 | 92 | 364 | |
| 20252109 | 이성은 | 72 | 85 | 80 | 88 | 325 | |
| 20252110 | 유희선 | 60 | 74 | 80 | 78 | 292 | |

② 평균 구하기 : AVERAGE 함수 실행하기

- 평균을 계산해 넣을 셀 [I7]을 선택하고 [홈]–[편집] 그룹–[자동 합계]–[평균] 또는 [수식]–[함수 라이브러리] 그룹–[자동 합계]–[평균]을 선택한다.
- 셀 [I7]에 직접 수식을 써넣어도 된다.(=AVERAGE(D7:G7))

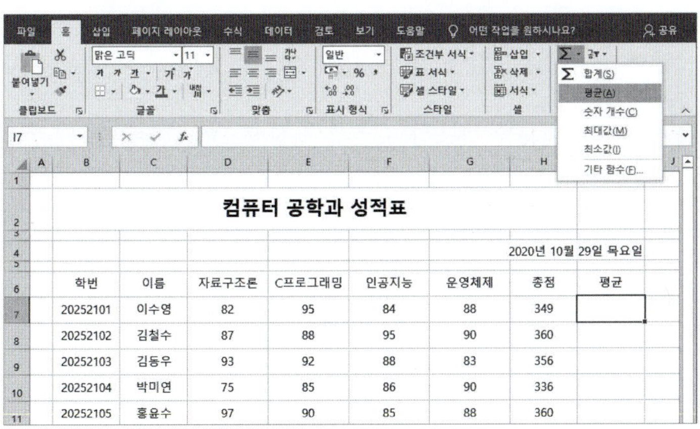


| 컴퓨터 공학과 성적표 | | | | | | | |
|---|---|---|---|---|---|---|---|
| | | | | | | 2020년 10월 29일 목요일 | |
| 학번 | 이름 | 자료구조론 | C프로그래밍 | 인공지능 | 운영체제 | 총점 | 평균 |
| 20252101 | 이수영 | 82 | 95 | 84 | 88 | 349 | |
| 20252102 | 김철수 | 87 | 88 | 95 | 90 | 360 | |
| 20252103 | 김동우 | 93 | 92 | 88 | 83 | 356 | |
| 20252104 | 박미연 | 75 | 85 | 86 | 90 | 336 | |
| 20252105 | 홍윤수 | 97 | 90 | 85 | 88 | 360 | |

- 평균을 구하려는 셀 [D7:G7]을 드래그하여 선택하고 Enter↵를 누르면 평균이 계산되어 입력된다.

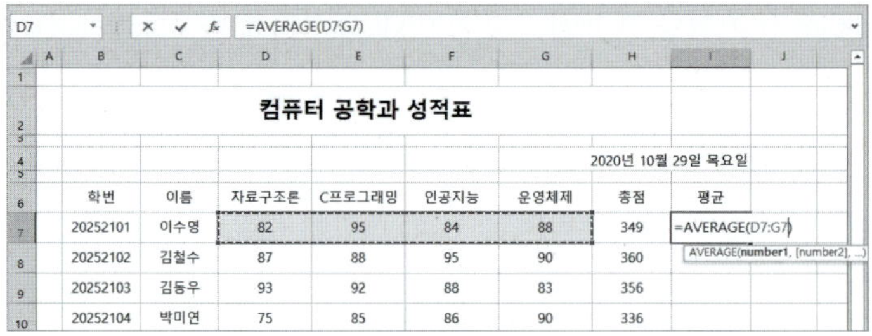


• 셀 [I8:I16]까지의 합은 셀 [I7] 오른쪽 아래 모서리에 마우스를 복사 핸들러 모양으로 만들고('+') 아래로 드래그하여 수식을 복사하면 각 행에 해당하는 평균이 계산된다.

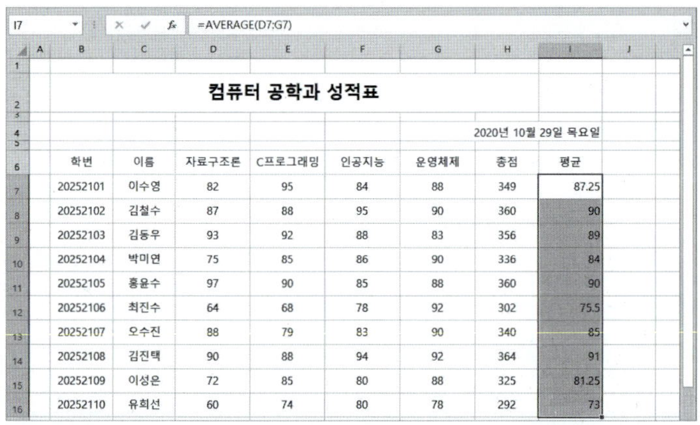


### step 4 테두리 그리기

[홈]-[글꼴] 그룹-[테두리] 메뉴를 사용하여 완성된 성적표에 테두리를 그린다.

- 셀 [B2] 제목 부분 : 굵은 바깥쪽 테두리
- 셀 [B6:I16] : 모든 테두리

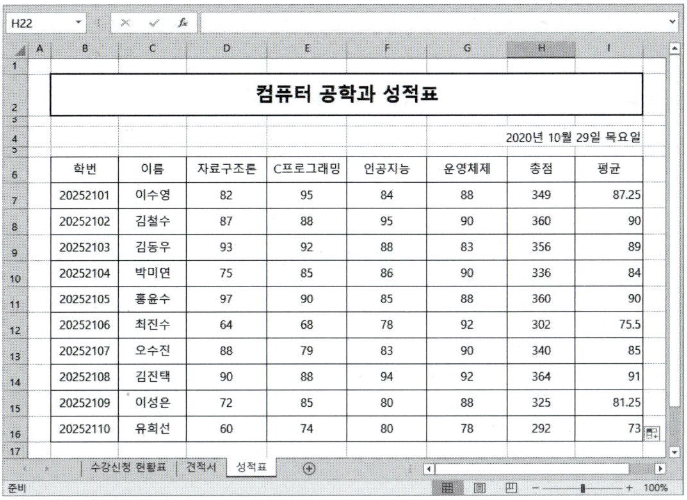

컴퓨터 공학과 성적표

2020년 10월 29일 목요일

| 학번 | 이름 | 자료구조론 | C프로그래밍 | 인공지능 | 운영체제 | 총점 | 평균 |
|---|---|---|---|---|---|---|---|
| 20252101 | 이수영 | 82 | 95 | 84 | 88 | 349 | 87.25 |
| 20252102 | 김철수 | 87 | 88 | 95 | 90 | 360 | 90 |
| 20252103 | 김동우 | 93 | 92 | 88 | 83 | 356 | 89 |
| 20252104 | 박미연 | 75 | 85 | 86 | 90 | 336 | 84 |
| 20252105 | 홍윤수 | 97 | 90 | 85 | 88 | 360 | 90 |
| 20252106 | 최진수 | 64 | 68 | 78 | 92 | 302 | 75.5 |
| 20252107 | 오수진 | 88 | 79 | 83 | 90 | 340 | 85 |
| 20252108 | 김진택 | 90 | 88 | 94 | 92 | 364 | 91 |
| 20252109 | 이성은 | 72 | 85 | 80 | 88 | 325 | 81.25 |
| 20252110 | 유희선 | 60 | 74 | 80 | 78 | 292 | 73 |

## 5.3.2 셀 강조 규칙을 이용한 조건부 서식

조건부 서식 중 '셀 강조 규칙'은 특정 조건에 맞는 데이터를 강조하기 위해서 사용하는 서식 지정 방법이다. '보다 큼', '보다 작음', '다음 값의 사이에 있음', '같음' 등의 다른 값과의 비교나 '텍스트 포함', '발생 날짜', '중복 값' 등을 이용하여 조건에 맞는 데이터를 검색할 수 있다.

**점수 영역 셀 [D7:G16]의 점수가 '90점' 이상인 경우 글자색 '빨강', 글꼴 '굵게', 셀 배경색은 '하늘색'으로 지정하는 조건부 서식을 작성해 보자.**

**step 1 서식 지정 영역 선택하기**

셀 강조 규칙 서식을 적용하고 싶은 셀 영역 [D7:G16]을 마우스로 드래그 하여 블록 지정한다.

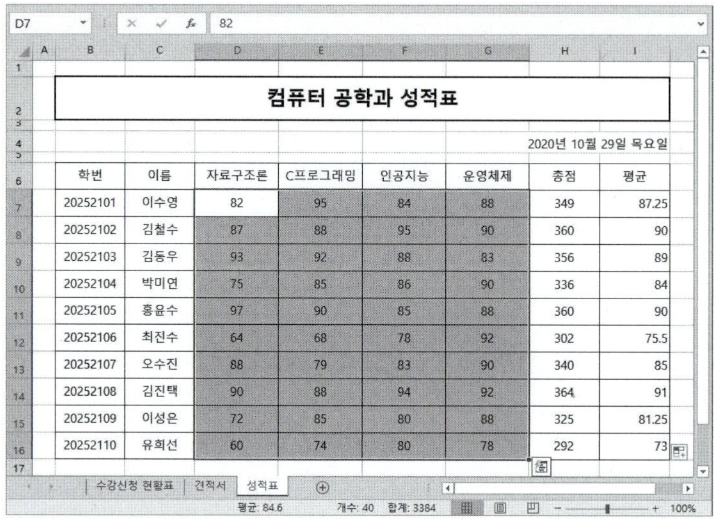


## step 2 서식 지정 조건 설정하기

[홈]–[스타일] 그룹–[조건부 서식]–[셀 강조 규칙]–[보다 큼]을 선택한다.

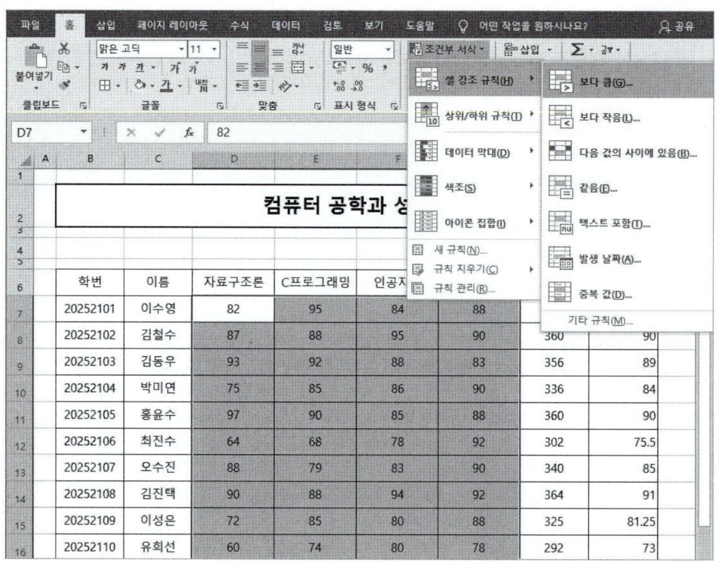


## step 3 조건부 서식 지정하기

① [보다 큼] 대화 상자의 왼쪽 칸에는 조건 지정을 위해 '90'을 입력하고 '적용할 서식'에서 원하는 서식을 선택하거나 '사용자 지정 서식'을 이용하여 원하는 서식을 지정할 수 있다. 글자색 '빨강', 글꼴 '굵게'의 서식을 지정하기 위해서는 '사용자 지정 서식'을 선

택한다.

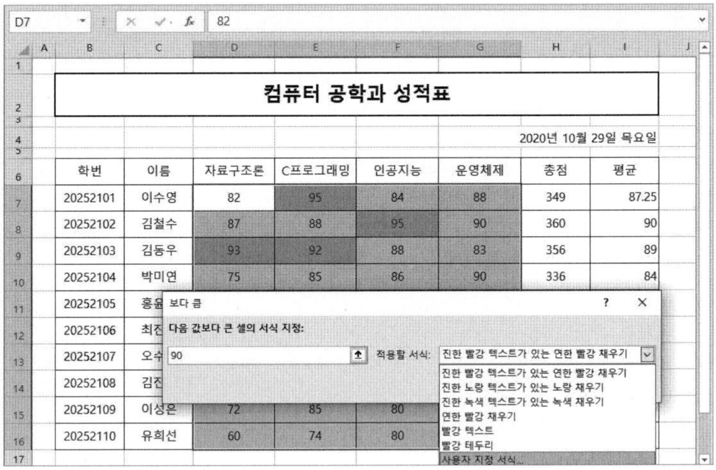


② [셀 서식] 대화 상자에서 '글꼴', '테두리', '채우기' 서식을 설정할 수 있다. '글꼴' 탭에서 글꼴 스타일 '굵게', 색 '빨강'을 선택한다.

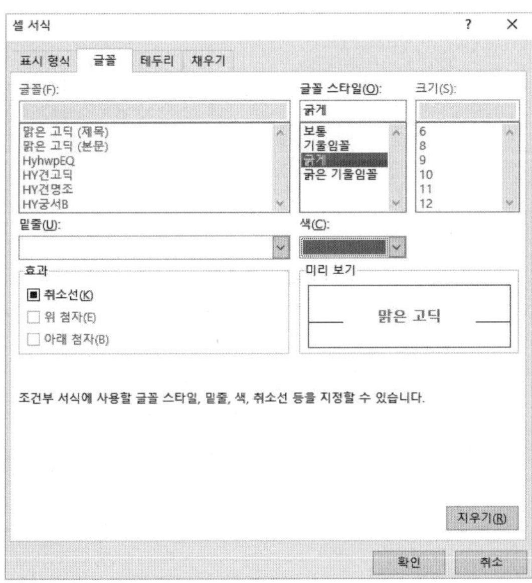


③ '채우기' 탭에서 셀 배경색을 선택한다.

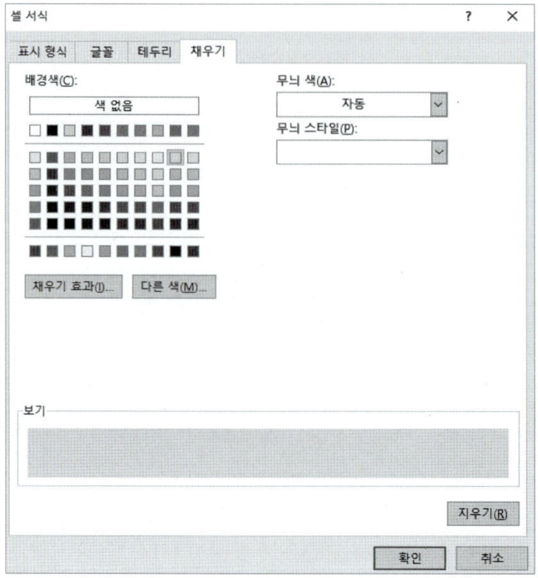


**step 4** **결과 확인하기**

[확인] 버튼을 누르면 셀 [D7:G16] 영역 중 조건에 만족하는 값을 가진 셀들은 설정한 서식으로 변경되는 것을 확인할 수 있다.

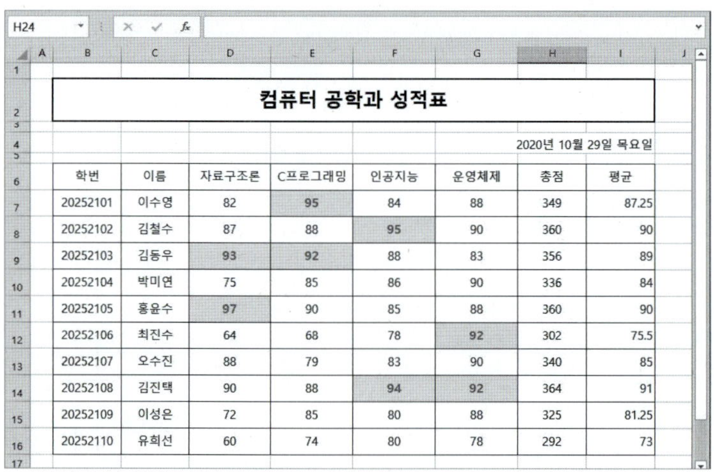

컴퓨터 공학과 성적표

2020년 10월 29일 목요일

| 학번 | 이름 | 자료구조론 | C프로그래밍 | 인공지능 | 운영체제 | 총점 | 평균 |
|---|---|---|---|---|---|---|---|
| 20252101 | 이수영 | 82 | 95 | 84 | 88 | 349 | 87.25 |
| 20252102 | 김철수 | 87 | 88 | 95 | 90 | 360 | 90 |
| 20252103 | 김동우 | 93 | 92 | 88 | 83 | 356 | 89 |
| 20252104 | 박미연 | 75 | 85 | 86 | 90 | 336 | 84 |
| 20252105 | 홍윤수 | 97 | 90 | 85 | 88 | 360 | 90 |
| 20252106 | 최진수 | 64 | 68 | 78 | 92 | 302 | 75.5 |
| 20252107 | 오수진 | 88 | 79 | 83 | 90 | 340 | 85 |
| 20252108 | 김진택 | 90 | 88 | 94 | 92 | 364 | 91 |
| 20252109 | 이성은 | 72 | 85 | 80 | 88 | 325 | 81.25 |
| 20252110 | 유희선 | 60 | 74 | 80 | 78 | 292 | 73 |

**step 5** **조건부 서식 지우기**

워크시트에 설정된 조건부 서식을 지우기 위해 사용한다.

① 조건부 서식을 지우고자 하는 셀 [D7:G16]을 선택하고 [홈]–[스타일] 그룹–[조건부 서

식]–[규칙 지우기]–[선택한 셀의 규칙 지우기]를 선택한다.

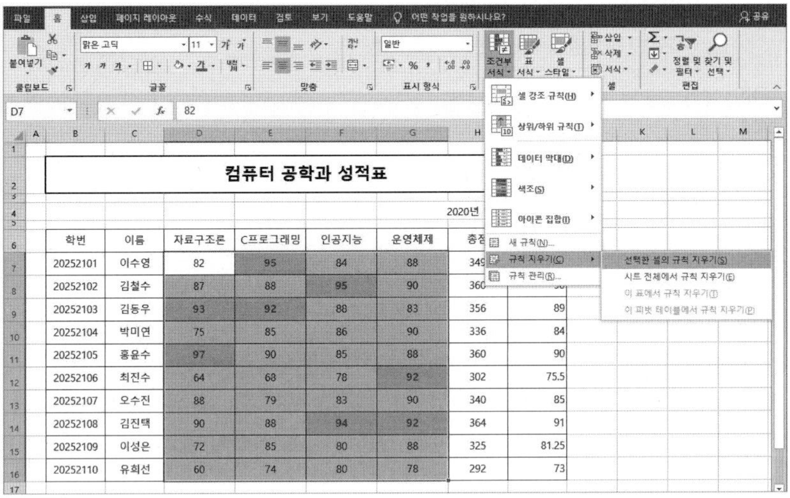

② 지정된 범위 내의 서식 지정이 지워진다.

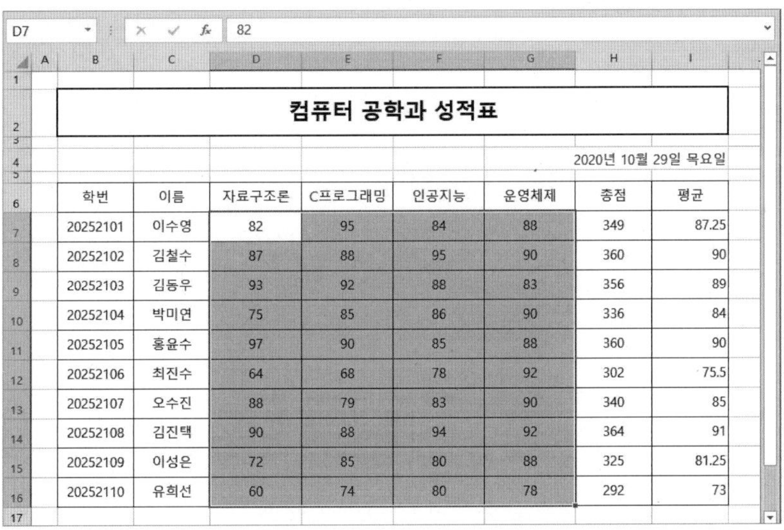

③ 서식을 지울 범위를 정하지 않고 [홈]–[스타일] 그룹–[조건부 서식]–[규칙 지우기]–[시트 전체에서 규칙 지우기]를 선택하면 워크시트에 적용된 서식들을 한꺼번에 지울 수 있다.

④ 셀 [D7:D16]을 선택하고 '85점' 이상인 경우 글자색 '빨강', 글꼴 '굵게', 채우기 '하늘색'을 적용해 보자.

[실습하기]

- 셀 [D7:G16] 영역에서 '80' 이상 '90' 이하인 경우 글자색 '파랑', 글꼴 '굵게'로 지정하는 조건부 서식을 작성해 보자.
- 셀 [D7:G16] 영역에서 '60' 미만인 경우 글자색 '녹색', 글꼴 '굵은 기울임꼴'로 지정하는 조건부 서식을 작성해 보자.

### 5.3.3 색조를 이용한 조건부 서식

'셀 강조 규칙을 이용한 조건부 서식'은 특정 조건에 만족하는 데이터들을 표시하기 위해서 사용한다면 '색조를 이용한 조건부 서식'은 전체적인 데이터의 분포나 흐름을 파악하기 위해 사용할 수 있다. 데이터를 높은, 중간, 낮은 값으로 분류하고 색으로 표현하는 서식이다.

**step 1 서식 지정 영역 선택하기**

조건부 서식을 적용할 데이터 셀 [D7:G16]을 마우스로 드래그하여 블록 선택한다.

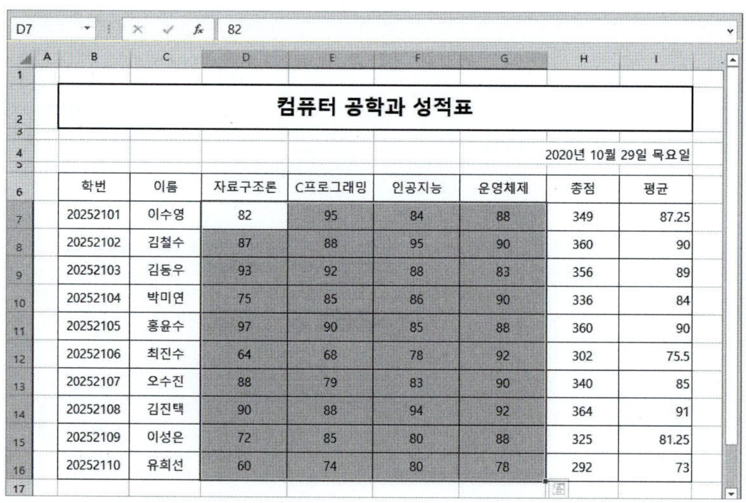

D7 82

컴퓨터 공학과 성적표

2020년 10월 29일 목요일

| 학번 | 이름 | 자료구조론 | C프로그래밍 | 인공지능 | 운영체제 | 총점 | 평균 |
|---|---|---|---|---|---|---|---|
| 20252101 | 이수영 | 82 | 95 | 84 | 88 | 349 | 87.25 |
| 20252102 | 김철수 | 87 | 88 | 95 | 90 | 360 | 90 |
| 20252103 | 김동우 | 93 | 92 | 88 | 83 | 356 | 89 |
| 20252104 | 박미연 | 75 | 85 | 86 | 90 | 336 | 84 |
| 20252105 | 홍윤수 | 97 | 90 | 85 | 88 | 360 | 90 |
| 20252106 | 최진수 | 64 | 68 | 78 | 92 | 302 | 75.5 |
| 20252107 | 오수진 | 88 | 79 | 83 | 90 | 340 | 85 |
| 20252108 | 김진택 | 90 | 88 | 94 | 92 | 364 | 91 |
| 20252109 | 이성은 | 72 | 85 | 80 | 88 | 325 | 81.25 |
| 20252110 | 유희선 | 60 | 74 | 80 | 78 | 292 | 73 |

**step 2 [색조] 메뉴 실행하기**

[홈]-[스타일] 그룹-[조건부 서식]-[색조]에서 원하는 색조를 선택한다. '파랑-흰색-빨강 색조'를 선택한다. 3색조에서 위쪽 색은 상위값, 가운데 색은 중간값, 아래쪽 색은 하위값을 나타낸다.

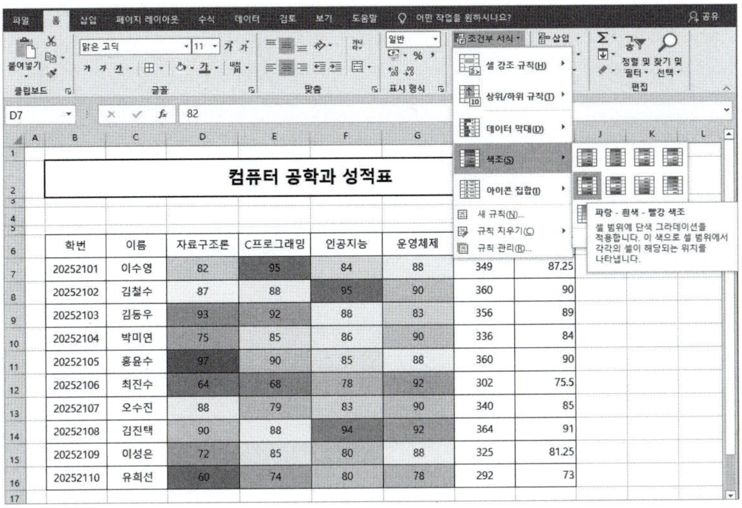


## step 3 결과 확인하기

데이터 영역에 선택한 색조로 표시됨을 확인할 수 있다. 값의 분포 및 흐름도 함께 분석할 수 있다.

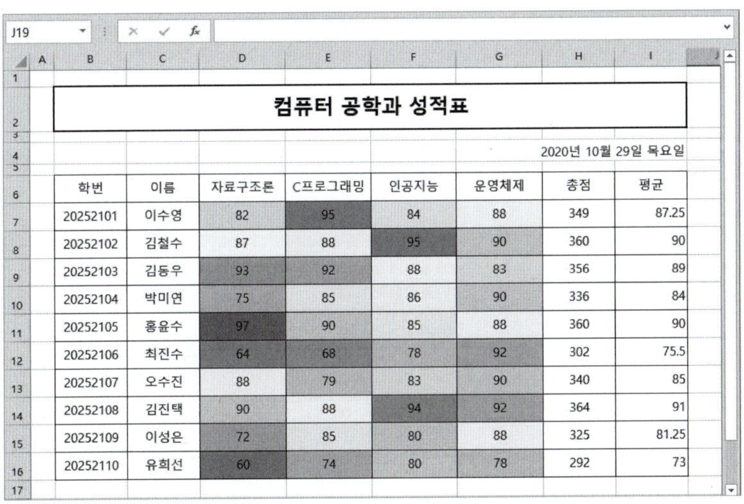


| 학번 | 이름 | 자료구조론 | C프로그래밍 | 인공지능 | 운영체제 | 총점 | 평균 |
|---|---|---|---|---|---|---|---|
| 20252101 | 이수영 | 82 | 95 | 84 | 88 | 349 | 87.25 |
| 20252102 | 김철수 | 87 | 88 | 95 | 90 | 360 | 90 |
| 20252103 | 김동우 | 93 | 92 | 88 | 83 | 356 | 89 |
| 20252104 | 박미연 | 75 | 85 | 86 | 90 | 336 | 84 |
| 20252105 | 홍윤수 | 97 | 90 | 85 | 88 | 360 | 90 |
| 20252106 | 최진수 | 64 | 68 | 78 | 92 | 302 | 75.5 |
| 20252107 | 오수진 | 88 | 79 | 83 | 90 | 340 | 85 |
| 20252108 | 김진택 | 90 | 88 | 94 | 92 | 364 | 91 |
| 20252109 | 이성은 | 72 | 85 | 80 | 88 | 325 | 81.25 |
| 20252110 | 유희선 | 60 | 74 | 80 | 78 | 292 | 73 |

## step 4 조건부 서식 지우기

서식을 지울 범위를 정하지 않고 **[홈]–[스타일]–[조건부 서식]–[규칙 지우기]–[시트 전체에서 규칙 지우기]**를 선택하면 워크시트에 적용된 서식들을 한꺼번에 지울 수 있다.

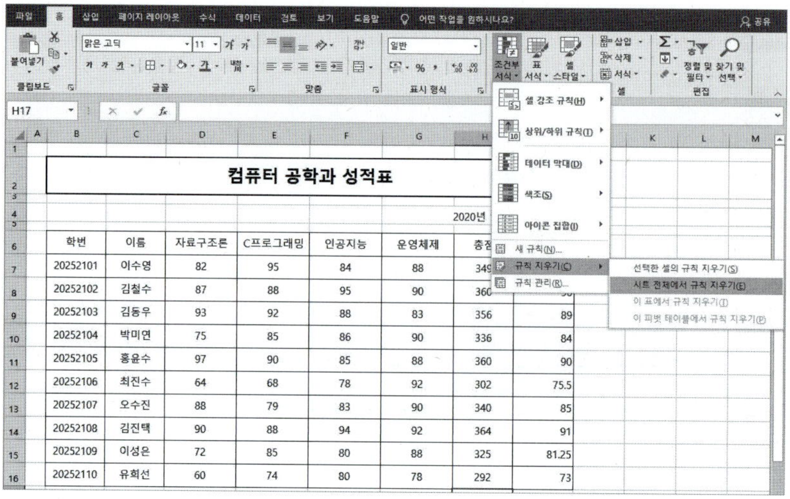

## 5.3.4 데이터 막대를 이용한 조건부 서식

데이터 막대는 데이터의 내용을 한눈에 보여줘야 하는 경우에 사용하는 조건부 서식이다. 서식 지정을 위해 선택한 데이터 범위 내의 값들과의 상대적인 크기에 따라 서식이 적용된다.

**step 1** **서식 지정 영역 선택하기**

데이터 막대 서식을 지정할 셀 [H7:H16]을 드래그 하여 블록 선택한다.

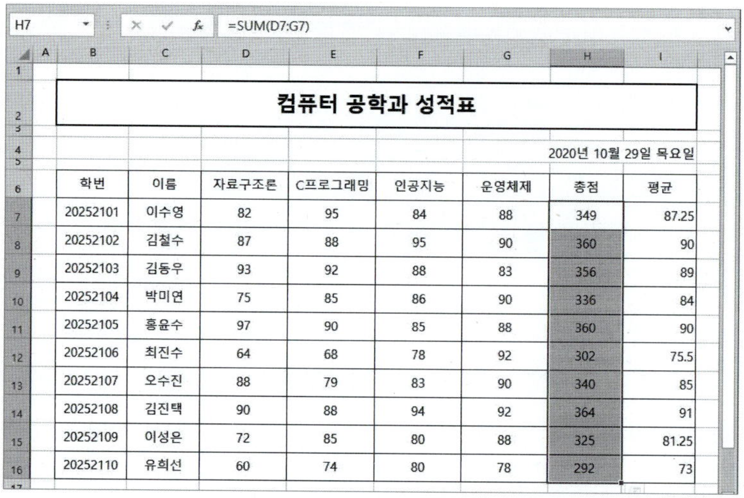

## step 2 [데이터 막대] 실행하기

[조건부 서식]-[스타일] 그룹-[데이터 막대]에서 원하는 색의 메뉴를 선택한다. [파랑 데이터 막대]를 선택한다.

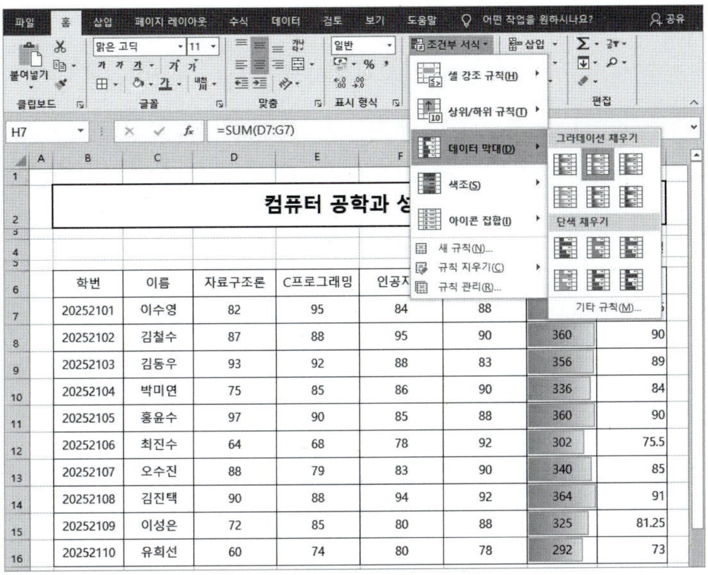


## step 3 결과 확인하기

셀 [H7:H16] 부분이 데이터와 함께 막대그래프로 보여진다.

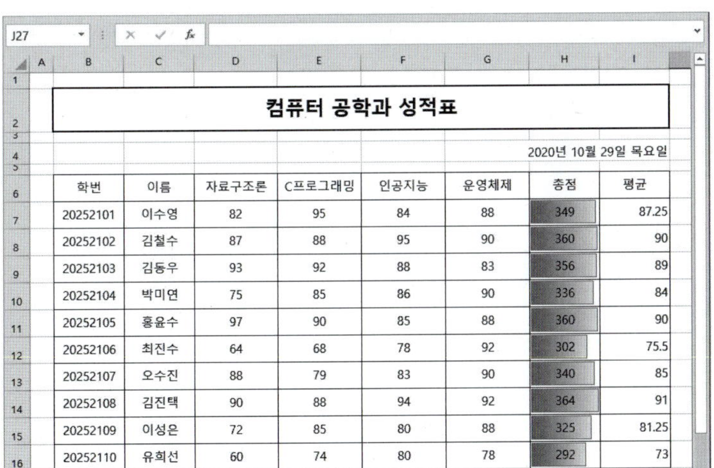

### step 4 조건부 서식 지우기

'셀 강조 규칙'과 '색조'에서 사용한 방법과 동일하게 조건부 서식을 지울 수 있다.

## 5.3.5 조건부 서식 비교하기

① 셀 [D7:D16]을 선택하고 셀 강조 규칙을 사용하여 '85점' 이상인 경우, 글자색 '빨강', 글꼴 '굵게', 채우기 '하늘색'을 적용해 보자.

② 셀 [E7:E16]을 선택하고 색조를 적용해 보자.

③ 셀 [F7:F16]을 선택하고 데이터 막대를 적용해 보자.

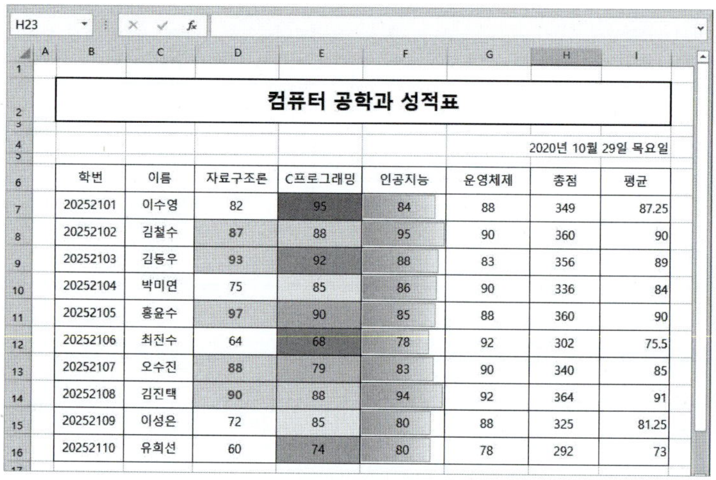

컴퓨터 공학과 성적표

2020년 10월 29일 목요일

| 학번 | 이름 | 자료구조론 | C프로그래밍 | 인공지능 | 운영체제 | 총점 | 평균 |
|---|---|---|---|---|---|---|---|
| 20252101 | 이수영 | 82 | 95 | 84 | 88 | 349 | 87.25 |
| 20252102 | 김철수 | 87 | 88 | 95 | 90 | 360 | 90 |
| 20252103 | 김동우 | 93 | 92 | 88 | 83 | 356 | 89 |
| 20252104 | 박미연 | 75 | 85 | 86 | 90 | 336 | 84 |
| 20252105 | 홍윤수 | 97 | 90 | 85 | 88 | 360 | 90 |
| 20252106 | 최진수 | 64 | 68 | 78 | 92 | 302 | 75.5 |
| 20252107 | 오수진 | 88 | 79 | 83 | 90 | 340 | 85 |
| 20252108 | 김진택 | 90 | 88 | 94 | 92 | 364 | 91 |
| 20252109 | 이성은 | 72 | 85 | 80 | 88 | 325 | 81.25 |
| 20252110 | 유희선 | 60 | 74 | 80 | 78 | 292 | 73 |

# 연습문제

**1.** [문화센터 강좌현황] 테이블을 워크시트에 입력하고 다음과 같이 서식을 지정하시오.

| | A | B | C | D | E | F |
|---|---|---|---|---|---|---|
| 1 | 문화센터 강좌현황 | | | | | |
| 2 | | | | | | |
| 3 | | | | | 2025년3월1일 | |
| 4 | 강좌명 | 수강기간 | 수강인원 | 수강료 | 접수현황 | 대상 |
| 5 | 신나는 요가 | 32회 | 20 | 30000 | 마감 | 성인 |
| 6 | 전래놀이 | 8회 | 20 | 20000 | 접수중 | 유아 |
| 7 | 과학탐구 | 12회 | 20 | 25000 | 마감 | 초등학생 |
| 8 | 한국사 | 12회 | 20 | 25000 | 접수중 | 중학생 |
| 9 | 문화체험 | 2회 | 30 | 50000 | 접수중 | 중학생 |
| 10 | 한글붓글씨 | 32회 | 30 | 30000 | 접수중 | 성인 |
| 11 | 우리춤 | 32회 | 10 | 30000 | 마감 | 성인 |
| 12 | 도자기 만들기 | 24회 | 20 | 40000 | 마감 | 성인 |

(1) 워크시트 이름을 '문화센터 강좌현황'으로 변경하시오.

(2) 행 높이 조절

① 1행 높이 '40'

② 2행 높이 '15'

③ 3행 – 12행 높이 '25'

(3) 열 너비 조절

① A열, E열, F열 너비 '15'

② B열–D열 너비 '10'

③ [A1:F1], [E3:F3] : 병합, 오른쪽 맞춤

(4) 테두리 그리기

① [A1:F1] : 굵은 상자 테두리

② [A4:F11] : 모든 테두리, 굵은 상자 테두리

(5) 행/열 삽입

① 1행 삽입 : 높이 '10'

② A열 삽입 : 너비 '5'

2. [지역별 전년 대비 판매수량] 데이터를 입력하고 다음과 같이 서식 지정하시오.

**지역별 전년 대비 판매수량**

| 지역 | 상점명 | 전년도 판매수량 | 계획수량 | 판매수량 |
|---|---|---|---|---|
| 서울 | 한아름 | 482 | 400 | 450 |
| | 대광 | 570 | 600 | 550 |
| | 알뜰 | 552 | 550 | 510 |
| 부산 | 새롬 | 384 | 400 | 380 |
| | 대성 | 495 | 400 | 450 |
| | 백두산 | 510 | 500 | 520 |
| 대전 | 대박 | 398 | 350 | 400 |
| | 독수리 | 412 | 400 | 430 |
| | 사계절 | 350 | 300 | 310 |
| 제주 | 산마루 | 468 | 450 | 470 |
| | 빅플러스 | 420 | 400 | 380 |
| | 장미 | 550 | 500 | 510 |

(1) 워크시트 이름 : '판매수량비교'

(2) 행 높이

① 1행과 3행 '15'

② 2행 '40'

③ 4행 – 16행 '23'

(3) 열 너비 : A열 '5', B열과 C열 '8', D열 '12', E열과 F열 '10'

(4) 셀 [D4] : 텍스트 줄 바꿈 적용

(5) [B2:F2], [B5:B7], [B8:B10], [B11:B13], [B14:B16] : '병합하고 가운데 맞춤'

(6) [B2:F2] : 굵은 상자 테두리, [B4:F16] : 모든 테두리, 굵은 상자 테두리

(7) '전년도 판매수량'이 450 이상 500 이하인 데이터에 대하여 글자색 '빨강', 글꼴 '굵게'로 조건부 서식을 지정하시오.

(8) 셀 [D5:F16] 범위에 색조를 이용한 조건부 서식(파랑–흰색–빨강 색조)을 설정하시오.

6
CHAPTER

# 복잡한 수식을 간단하게 해결하는 함수 사용하기

6.1 도서 판매 현황표 만들기 / 6.2 직원 관리 현황표 만들기

함수는 어떤 수를 작용시켜 알맞은 수를 구하는 것을 의미하는데 엑셀에서 특정 값, 즉 인수를 사용하여 계산하는 미리 정의된 수식을 말한다. 함수 실행에 사용 가능한 인수로는 숫자, 문자열, 논리값, 배열, 셀 참조 등을 지정할 수 있다. 엑셀에는 재무, 논리, 텍스트, 날짜 및 시간, 찾기/참조 영역, 수학/삼각, 통계, 공학 등 여러 가지 범주의 함수들이 내장되어 있어서 다양한 업무에 활용할 수 있다는 것이 엑셀의 큰 특징이다.

엑셀 2019에서 CONCAT, IFS, MAXIFS, MINIFS, SWITCH, TEXTJOIN 등의 함수들이 새로 추가되어져서, 사용자들이 좀 더 편리하게 함수 기능을 사용할 수 있게 되었다.

엑셀에서 함수를 사용하는 방법에는 2가지가 있다.

- 사용자가 직접 셀에 입력하는 방법 : 함수가 간단하거나 함수 사용에 익숙한 경우
- 함수 마법사를 이용하는 방법 : 인수가 복잡하거나 함수 사용에 익숙하지 않은 경우

이번 장에서는 엑셀에 사용되는 기본적인 함수들에 대하여 알아보고자 한다.

다양한 예제를 통해 논리, 수학/삼각, 통계, 텍스트, 찾기/참조 범주에 있는 함수들을 사용법을 이해하고 실제 문제에 적용해 본다. 또한 함수는 각각 하나씩 단독으로 사용하기도 하지만 경우에 따라서는 2개 또는 이상의 함수들을 중첩하여 사용하는 경우도 있다. 예제를 통해 함수의 중첩 방법을 배움으로써 함수들을 보다 더 다양하게 활용할 수 있다.

## TIP

**함수의 구조**

| =SUM(A1, A2, A3:A10) | |
|---|---|
| = | 텍스트 데이터와 구별되는 수식임을 나타냄 |
| SUM | 함수 이름 |
| A1, A2, A3:A10 | 인수. 함수 계산을 위해 필요로 하는 데이터 |
| ( ) | 인수를 묶어주는 괄호. 함수임을 나타냄. 반드시 필요 |
| , | 인수와 인수를 구분하는 기호 |

# 6.1 도서 판매 현황표 만들기

함수 라이브러리 중 수학/삼각, 통계, 텍스트, 찾기/참조 범주에 있는 함수들을 이용하여 제품별 판매 현황을 관리할 수 있는 표를 만들어 보자.

[배울 내용]

① SUM 함수 : 지정한 셀 범위의 데이터들의 합을 구하는 함수

② AVERAGE 함수 : 지정한 셀 범위의 데이터들의 평균을 구하는 함수

③ RANK.EQ 함수 : 지정된 범위의 목록들의 순위를 구하는 함수

④ MAX 함수/MIN 함수 : 지정된 범위 내에서 최댓값/최솟값을 구하는 함수

⑤ COUNTA 함수 : 지정된 범위의 셀들 중 숫자, 문자 값을 가진 셀의 개수를 세는 함수

⑥ COUNT 함수 : 지정된 범위의 셀들 중 숫자 값을 가진 셀의 개수를 세는 함수

⑦ COUNTIF( ) : 지정된 범위의 셀들 중 조건에 맞는 셀의 개수를 세는 함수

⑧ SUMIFS( ) : 주어진 조건에 맞는 목록의 합계를 계산하는 함수

### step 1 도서 판매 현황표 그리기

도서 판매 현황표를 완성하기 위해 데이터 입력하고 다음과 같이 서식을 지정해보자.

① 행 높이 지정하기 : 1행과 3행 '18', 2행 '40', 4행~20행 '25'

② 열 너비 지정하기 : B열 '9', C열 '19', D열~H열 '9', I열 '10', J열~K열 '9'

③ [B2:K2] : '병합하고 가운데 맞춤', '굵은 상자 테두리' 지정, 세로 가운데 맞춤

④ [B15:D15], [B16:D16], [B17:D17], [B18:D18], [B19:D19], [B20:F20], [G20:H20] : '병합하고 가운데 맞춤', 세로 가운데 맞춤

⑤ [I18:K19] : '병합하고 가운데 맞춤', 양쪽 대각선

⑥ [B4:K17] : '모든 테두리'

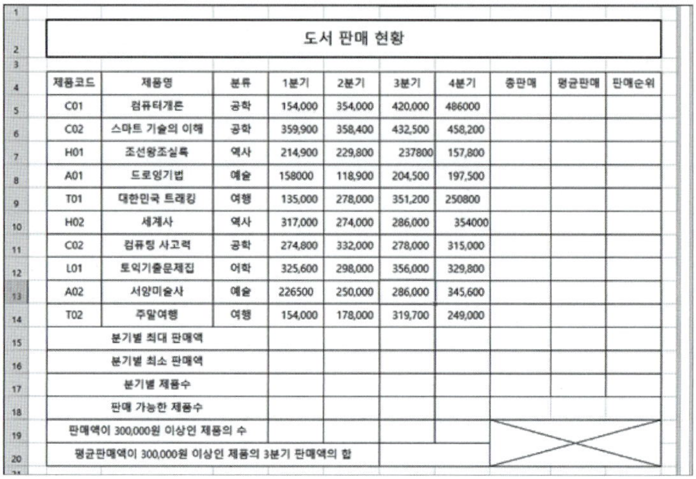

도서 판매 현황

| 제품코드 | 제품명 | 분류 | 1분기 | 2분기 | 3분기 | 4분기 | 총판매 | 평균판매 | 판매순위 |
|---|---|---|---|---|---|---|---|---|---|
| C01 | 컴퓨터개론 | 공학 | 154,000 | 354,000 | 420,000 | 486000 | | | |
| C02 | 스마트 기술의 이해 | 공학 | 359,900 | 358,400 | 432,500 | 458,200 | | | |
| H01 | 조선왕조실록 | 역사 | 214,900 | 229,800 | 237800 | 157,800 | | | |
| A01 | 드로잉기법 | 예술 | 158000 | 118,900 | 204,500 | 197,500 | | | |
| T01 | 대한민국 트래킹 | 여행 | 135,000 | 278,000 | 351,200 | 250800 | | | |
| H02 | 세계사 | 역사 | 317,000 | 274,000 | 286,000 | 354000 | | | |
| C02 | 컴퓨팅 사고력 | 공학 | 274,800 | 332,000 | 278,000 | 315,000 | | | |
| L01 | 토익기출문제집 | 어학 | 325,600 | 298,000 | 356,000 | 329,800 | | | |
| A02 | 서양미술사 | 예술 | 226500 | 250,000 | 286,000 | 345,600 | | | |
| T02 | 주말여행 | 여행 | 154,000 | 178,000 | 319,700 | 249,000 | | | |
| 분기별 최대 판매액 | | | | | | | | | |
| 분기별 최소 판매액 | | | | | | | | | |
| 분기별 제품수 | | | | | | | | | |
| 판매 가능한 제품수 | | | | | | | | | |
| 판매액이 300,000원 이상인 제품의 수 | | | | | | | | | |
| 평균판매액이 300,000원 이상인 제품의 3분기 판매액의 합 | | | | | | | | | |

셀에 대각선을 그리기 위해서는 셀 [I19:K20]을 선택하고 '병합하고 가운데 맞춤'으로 셀을 병합한 후, [홈]-[글꼴] 그룹-[테두리]-[다른 테두리]를 선택한다.

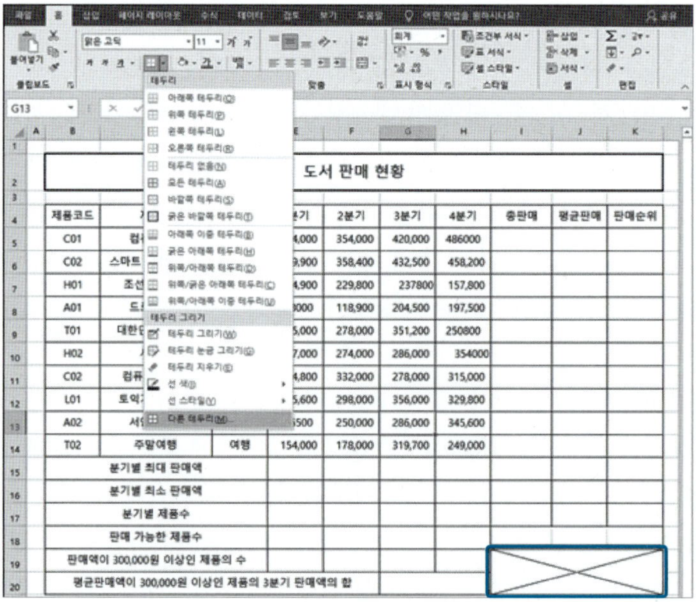

'셀 서식' 대화 상자에서 '테두리' 탭을 선택하고 선 스타일은 '실선'을 선택하고 테두리에서 대각선 모양의 버튼을 눌러 미리보기 창에 대각선이 그려지도록 하고 [확인] 버튼을 누르면 병합한 셀에 대각선이 그려진다.

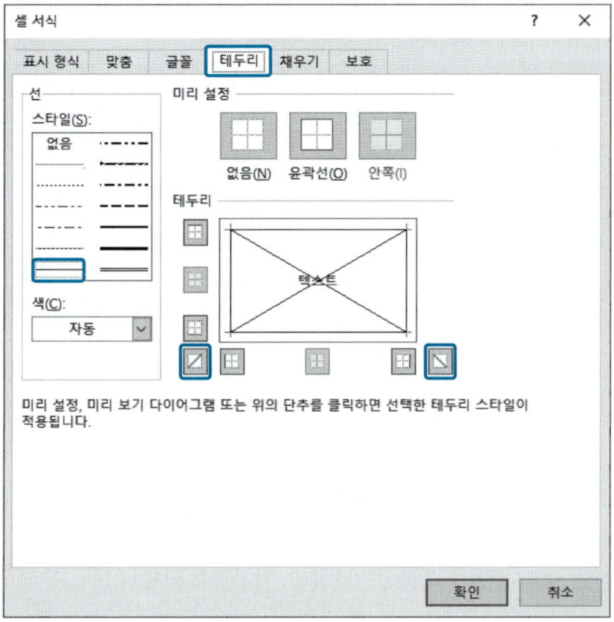


## step 2 총판매 구하기 : SUM 함수

주어진 범위내의 값을 모두 더하여 합을 계산하는 SUM 함수를 이용하여 각 도서의 총판매 금액을 계산해 보자.

| 범주 | 수학/삼각 함수 |
|---|---|
| 함수 구조 | =SUM(Number1, Number2,...) |
| Number | 합계를 구하려고 하는 값들로 255개까지 지정 가능 |
| 사용 예 | =SUM(E6,G6), =SUM(E6:H6), =SUM(E5,E6,G5:H5) |

① 총판매액 계산 결과를 넣고자 하는 셀 [I5]를 선택하고 [수식]-[함수 라이브러리] 그룹-[수학/삼각]에서 SUM을 선택한다.

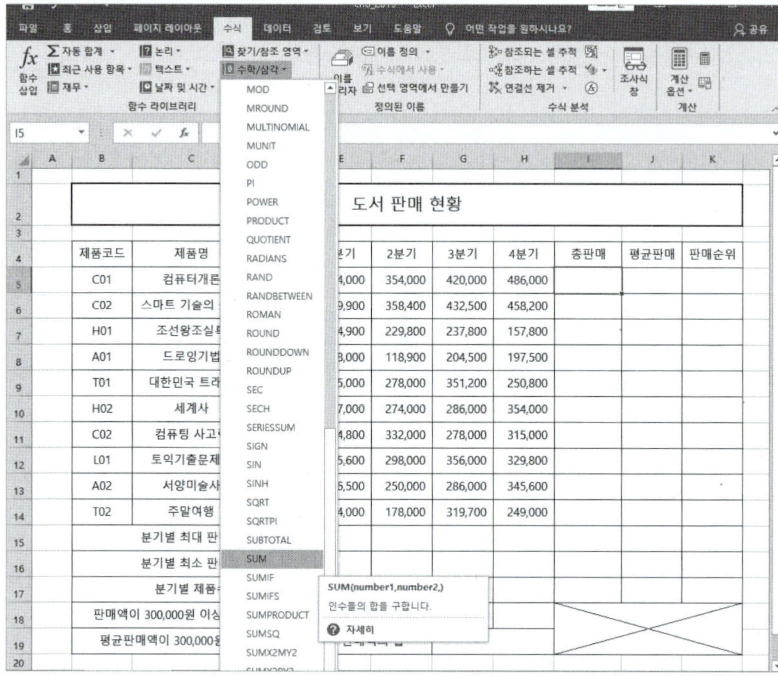

또는 [수식]–[함수 라이브러리] 그룹에서 '자동 합계'나 '함수 삽입'을 선택한다.

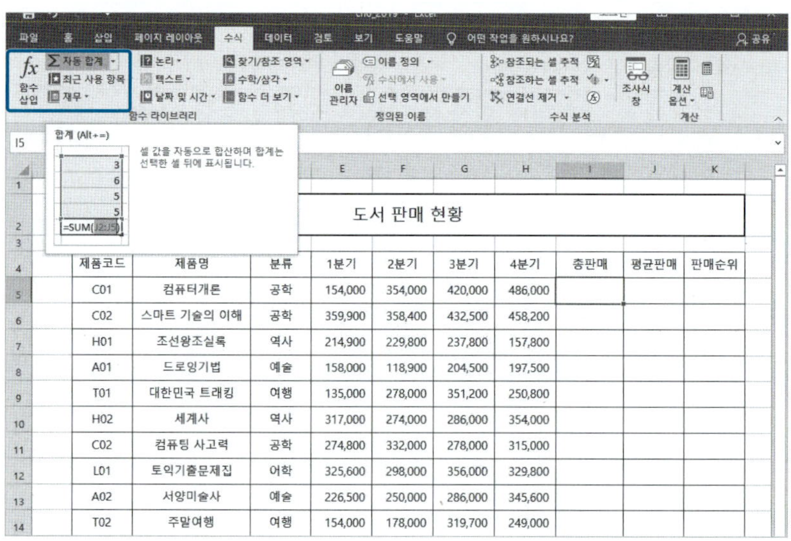

② [함수 인수] 대화 상자에서 'Number1'에 합을 계산할 셀 [E5:H5]를 직접 입력하거나 마우스로 셀을 드래그 하여 입력한 후 [확인] 버튼을 누른다.

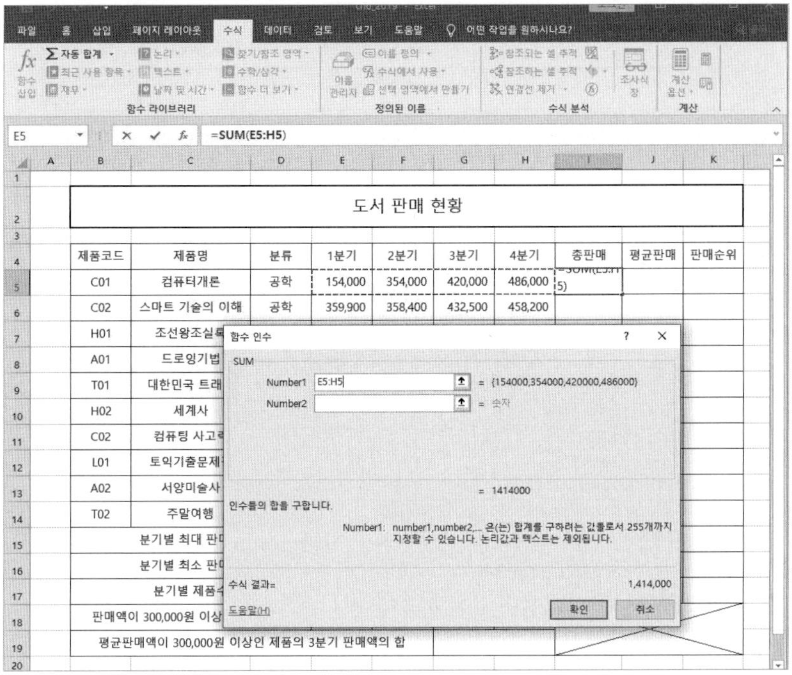


③ 첫 번째 제품명 '컴퓨터개론'에 대한 '총판매'액이 계산되어서 [I5]셀에 입력된다.

④ 나머지 제품에 대한 '총판매'액은 '채우기 핸들러'를 이용하여 간단하게 입력한다.

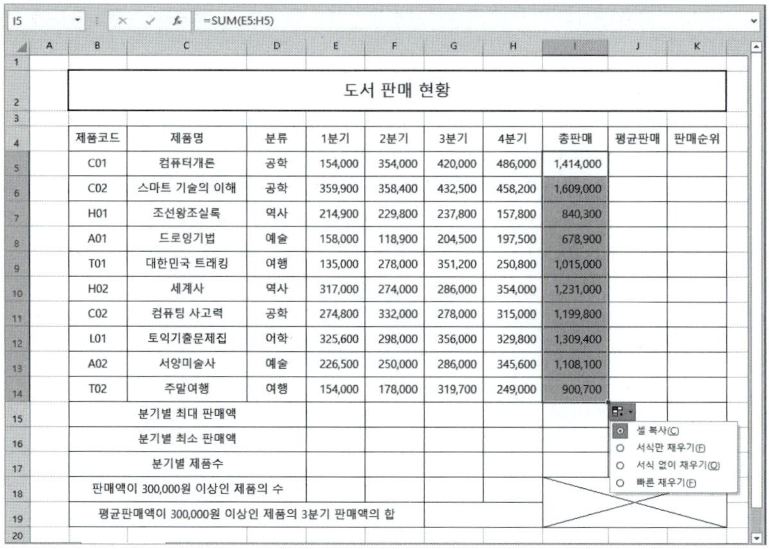

I5 =SUM(E5:H5)

도서 판매 현황

| 제품코드 | 제품명 | 분류 | 1분기 | 2분기 | 3분기 | 4분기 | 총판매 | 평균판매 | 판매순위 |
|---|---|---|---|---|---|---|---|---|---|
| C01 | 컴퓨터개론 | 공학 | 154,000 | 354,000 | 420,000 | 486,000 | 1,414,000 | | |
| C02 | 스마트 기술의 이해 | 공학 | 359,900 | 358,400 | 432,500 | 458,200 | 1,609,000 | | |
| H01 | 조선왕조실록 | 역사 | 214,900 | 229,800 | 237,800 | 157,800 | 840,300 | | |
| A01 | 드로잉기법 | 예술 | 158,000 | 118,900 | 204,500 | 197,500 | 678,900 | | |
| T01 | 대한민국 트레킹 | 여행 | 135,000 | 278,000 | 351,200 | 250,800 | 1,015,000 | | |
| H02 | 세계사 | 역사 | 317,000 | 274,000 | 286,000 | 354,000 | 1,231,000 | | |
| C02 | 컴퓨팅 사고력 | 공학 | 274,800 | 332,000 | 278,000 | 315,000 | 1,199,800 | | |
| L01 | 토익기출문제집 | 어학 | 325,600 | 298,000 | 356,000 | 329,800 | 1,309,400 | | |
| A02 | 서양미술사 | 예술 | 226,500 | 250,000 | 286,000 | 345,600 | 1,108,100 | | |
| T02 | 주말여행 | 여행 | 154,000 | 178,000 | 319,700 | 249,000 | 900,700 | | |
| 분기별 최대 판매액 | | | | | | | | | |
| 분기별 최소 판매액 | | | | | | | | | |
| 분기별 제품수 | | | | | | | | | |
| 판매액이 300,000원 이상인 제품의 수 | | | | | | | | | |
| 평균판매액이 300,000원 이상인 제품의 3분기 판매액의 합 | | | | | | | | | |



## step 3 평균 매출 구하기 : AVERAGE 함수

주어진 범위의 값들에 대한 평균을 계산하는 AVERAGE 함수를 이용하여 평균 매출액을 구하여 보자.

| 범주 | 통계 함수 |
|---|---|
| 함수구조 | =AVERAGE(Number1, Number2,...) |
| Number | 평균을 구하려고 하는 값들로 255개까지 지정 가능 |
| 사용 예 | =AVERAGE(E5,G5), =AVERAGE(E5:H5), =AVERAGE(E5,G5:H5) |

① 평균을 넣을 셀 [J5]를 선택하고 [수식]–[함수 라이브러리] 그룹–[함수 더 보기]–[통계]에서 AVERAGE를 선택한다.

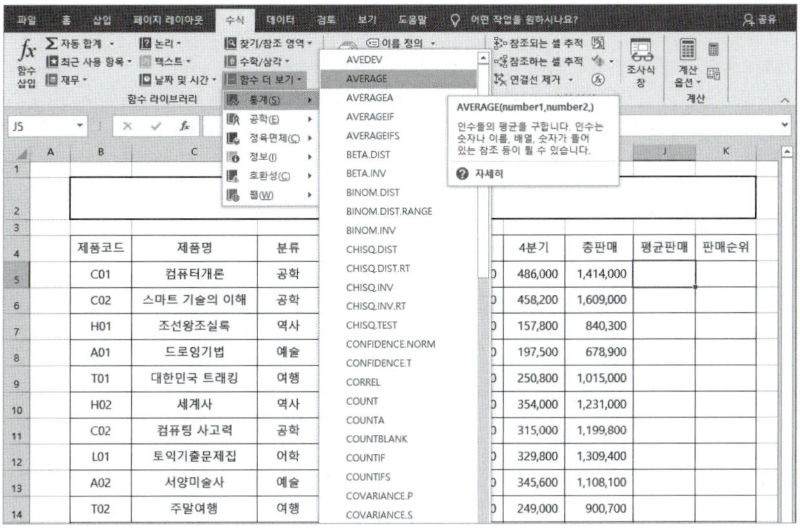

또는 [수식]-[함수 라이브러리] 그룹-[함수 삽입] 선택하면, [함수 마법사] 대화 상자가 나타난다. [함수 마법사] 대화 상자에서 '범주 선택'은 '통계', '함수 선택'은 'AVERAGE'를 선택하고 [확인] 버튼을 누른다.

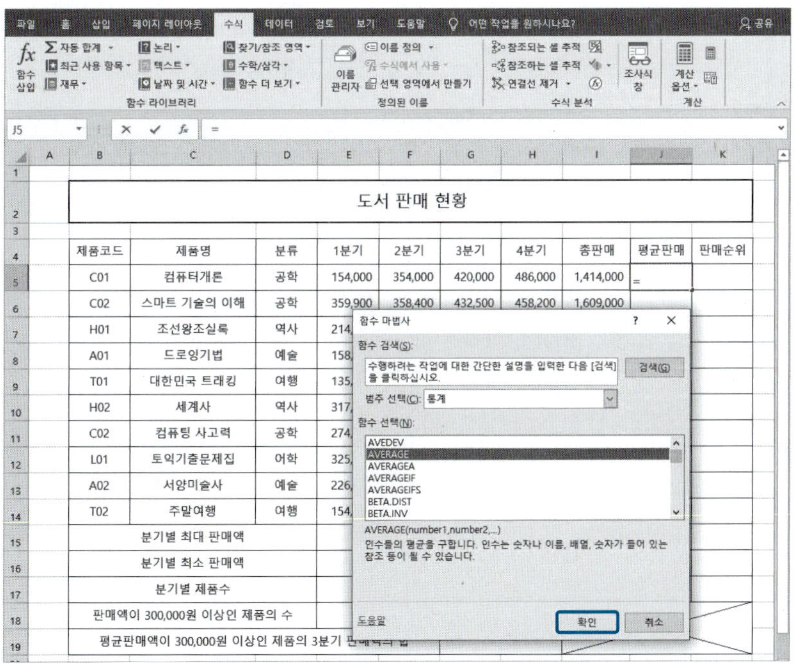

## TIP

[함수 마법사]에서 함수를 선택하면 대화 상자 하단에 선택한 함수에 대한 설명을 볼 수 있다.

② SUM 함수와 동일하게 평균을 구하고자 하는 셀 [E5:H5]을 마우스로 드래그 하여 선택하고 [**확인**] 버튼을 누른다.

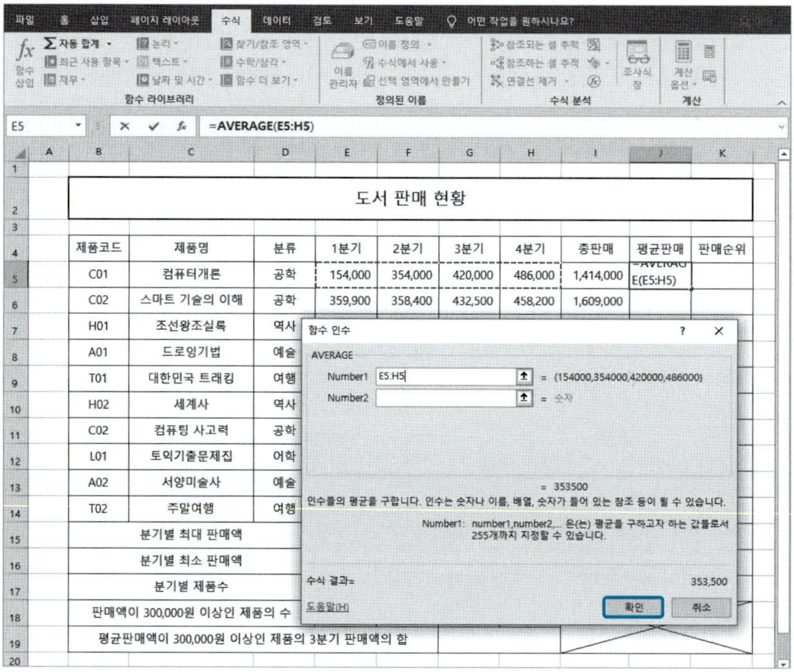

## TIP

[함수 인수] 대화 상자에서도 함수의 기능과 각 인수들에 대한 설명을 볼 수 있다.

③ 결과가 계산되어 셀 [J5]에 표시되면 나머지 셀들은 '채우기 핸들러'를 이용하여 함수식을 복사한다.

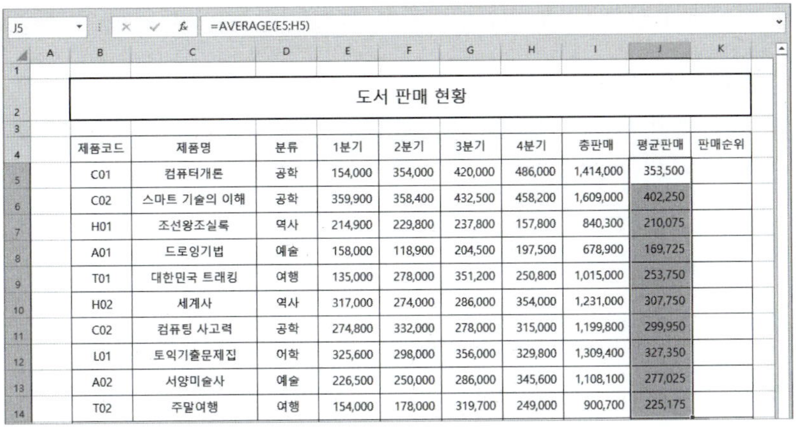

J5 =AVERAGE(E5:H5)

도서 판매 현황

| 제품코드 | 제품명 | 분류 | 1분기 | 2분기 | 3분기 | 4분기 | 총판매 | 평균판매 | 판매순위 |
|---|---|---|---|---|---|---|---|---|---|
| C01 | 컴퓨터개론 | 공학 | 154,000 | 354,000 | 420,000 | 486,000 | 1,414,000 | 353,500 | |
| C02 | 스마트 기술의 이해 | 공학 | 359,900 | 358,400 | 432,500 | 458,200 | 1,609,000 | 402,250 | |
| H01 | 조선왕조실록 | 역사 | 214,900 | 229,800 | 237,800 | 157,800 | 840,300 | 210,075 | |
| A01 | 드로잉기법 | 예술 | 158,000 | 118,900 | 204,500 | 197,500 | 678,900 | 169,725 | |
| T01 | 대한민국 트래킹 | 여행 | 135,000 | 278,000 | 351,200 | 250,800 | 1,015,000 | 253,750 | |
| H02 | 세계사 | 역사 | 317,000 | 274,000 | 286,000 | 354,000 | 1,231,000 | 307,750 | |
| C02 | 컴퓨팅 사고력 | 공학 | 274,800 | 332,000 | 278,000 | 315,000 | 1,199,800 | 299,950 | |
| L01 | 토익기출문제집 | 어학 | 325,600 | 298,000 | 356,000 | 329,800 | 1,309,400 | 327,350 | |
| A02 | 서양미술사 | 예술 | 226,500 | 250,000 | 286,000 | 345,600 | 1,108,100 | 277,025 | |
| T02 | 주말여행 | 여행 | 154,000 | 178,000 | 319,700 | 249,000 | 900,700 | 225,175 | |

## step 4 판매 순위 구하기 : RANK.EQ 함수

RANK 함수는 주어진 범위 내에서 선택한 목록의 순위를 구하는 함수로 'Ref' 인수에서의 수식 복사 오류를 방지하기 위해 절대주소 참조를 사용한다.

RANK 함수는 RANK.EQ와 RANK.AVG가 있다.

- RANK.EQ : 기존의 RANK 함수와 동일하게 둘 이상의 값이 순위가 같으면 해당 값 집합에서 가장 높은 순위를 반환한다.
- RANK.AVG : 둘 이상의 값이 순위가 같으면 평균 순위를 반환한다.

예를 들어 동일한 평균 판매를 갖는 데이터가 있다고 하면 RANK.EQ 함수로 순위를 구하는 경우 두 제품은 동일한 등수(예를 들면 3등)를 부여받는다. 반면, RANK.AVG 함수는 등수에 대한 평균값, 즉 3등이 2명이면 3.5등, 3등이 3명이면 3.3등, 3등이 4명이면 3.25등을 부여하는 함수이다.

본 예제에서는 RANK.EQ 함수를 이용하여 평균 판매액을 구하고, 평균 판매액에 따른 매출 순위를 구해보도록 하자.

| 범주 | 통계 함수 |
|---|---|
| 함수 구조 | =RANK.EQ(Number, Ref, Order) |
| Number | 순위를 구하려는 셀(상대주소 참조 사용) |
| Ref | 순위를 구하고자 하는 셀들의 범위(절대주소 참조 사용) |
| Order | 순위를 지정하는 방법<br>내림차순 : 0이나 생략<br>오름차순 : 0이 아닌 임의의 값 |
| 사용 예 | =RANK.EQ(J5,$J$5:$J$14,0) |

① 순위를 계산해서 넣을 셀 [K5]를 선택하고 [수식]–[함수 라이브러리] 그룹–[함수 더 보기]–[통계]에서 RANK.EQ를 선택한다.

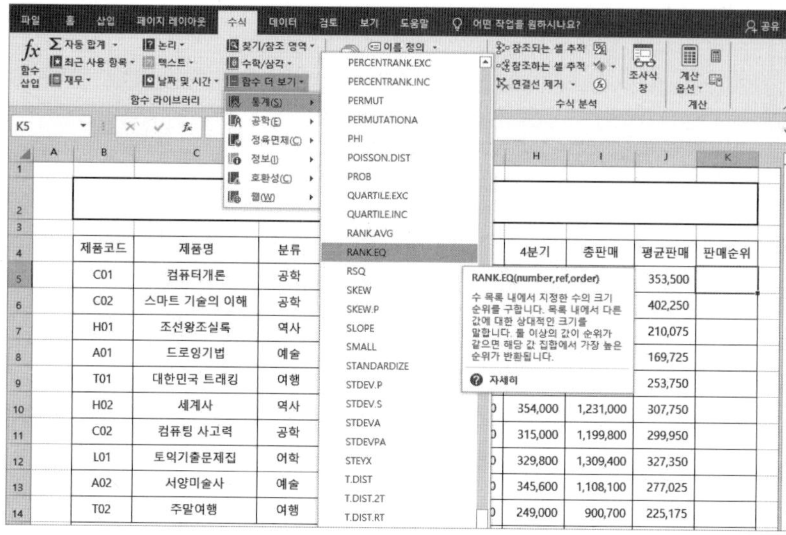


② RANK.EQ 함수의 인수를 입력한다.

- Number : 순위를 구하려는 셀 값으로 첫 번째 상품의 평균 매출인 셀 [J5]를 선택한다.
- Ref : 순위를 구하고자 하는 전체 셀들의 범위이므로 전체 제품에 대한 평균매출 셀 [J5]부터 [J14]까지를 선택한다. 이때 'Ref'는 실행 과정에서 바뀌면 안 되는 범위이기 때문에 셀 주소에 '$' 기호를 이용하여 절대주소($J$5:$J$14)로 만든다.
- Order : 순위를 지정하는 방법으로 내림차순 순위를 위해 '0'을 쓰거나 아무것도 쓰지 않는다.

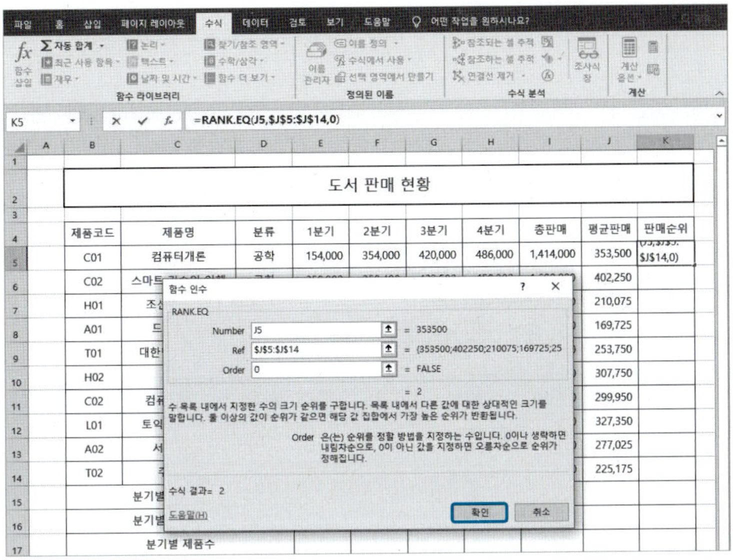


### ▶ 절대주소 참조

인수 'Ref'는 순위를 구하고자 하는 전체 셀들의 범위로써 순위를 구하는 모든 사람에게 동일한 범위가 계산에 사용될 수 있도록 해야 한다. 이와 같이 계산에 사용되는 셀의 위치가 바뀌어도 참조하고 있는 셀의 주소가 바뀌지 않는 것을 '절대주소 참조'라고 한다.

절대주소를 만들기 위해서는 고정시키고자 하는 행이나 열 이름 앞에 '$' 표시를 붙인다. 매번 '$' 표시를 직접 입력하는 것은 불편하기 때문에 절대주소로 만들고자 하는 범위를 블록으로 선택하고 키보드에서 〈F4〉 키를 누르면 간단하게 절대주소 형태를 만들 수 있다.

③ [확인] 버튼을 눌러 결과값을 확인하고 '채우기 핸들러'를 이용하여 나머지 셀에 함수식을 복사하여 순위를 계산한다.

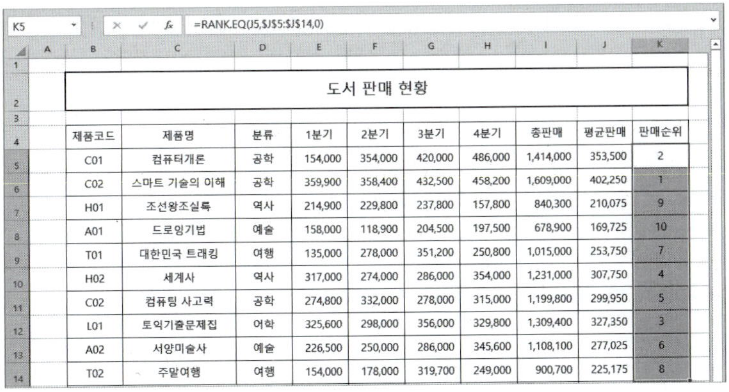

K5 =RANK.EQ(J5,$J$5:$J$14,0)

도서 판매 현황

| 제품코드 | 제품명 | 분류 | 1분기 | 2분기 | 3분기 | 4분기 | 총판매 | 평균판매 | 판매순위 |
|---|---|---|---|---|---|---|---|---|---|
| C01 | 컴퓨터개론 | 공학 | 154,000 | 354,000 | 420,000 | 486,000 | 1,414,000 | 353,500 | 2 |
| C02 | 스마트 기술의 이해 | 공학 | 359,900 | 358,400 | 432,500 | 458,200 | 1,609,000 | 402,250 | 1 |
| H01 | 조선왕조실록 | 역사 | 214,900 | 229,800 | 237,800 | 157,800 | 840,300 | 210,075 | 9 |
| A01 | 드로잉기법 | 예술 | 158,000 | 118,900 | 204,500 | 197,500 | 678,900 | 169,725 | 10 |
| T01 | 대한민국 트래킹 | 여행 | 135,000 | 278,000 | 351,200 | 250,800 | 1,015,000 | 253,750 | 7 |
| H02 | 세계사 | 역사 | 317,000 | 274,000 | 286,000 | 354,000 | 1,231,000 | 307,750 | 4 |
| C02 | 컴퓨팅 사고력 | 공학 | 274,800 | 332,000 | 278,000 | 315,000 | 1,199,800 | 299,950 | 5 |
| L01 | 토익기출문제집 | 어학 | 325,600 | 298,000 | 356,000 | 329,800 | 1,309,400 | 327,350 | 3 |
| A02 | 서양미술사 | 예술 | 226,500 | 250,000 | 286,000 | 345,600 | 1,108,100 | 277,025 | 6 |
| T02 | 주말여행 | 여행 | 154,000 | 178,000 | 319,700 | 249,000 | 900,700 | 225,175 | 8 |

## TIP

**상대주소 참조**

수식을 입력한 후 해당 셀을 다른 곳으로 복사하면, 해당 셀의 위치에 맞게 수식의 셀 주소가 자동으로 변환되어서 계산된다. 이렇게 셀의 위치에 따라 셀의 주소가 바뀌는 것을 '상대주소 참조'라고 한다. 동일한 수식을 사용하는 경우에는 상대주소 참조 기능에 의해서 셀 수식을 복사해서 간단하게 셀의 값을 채울 수 있다.

### step 5 최대 판매액 구하기 : MAX 함수

지정된 범위 내에서의 최대값을 계산해 주는 함수이다.

| 범주 | 통계 함수 |
|---|---|
| 함수 구조 | =MAX(Number1, Number2,...) |
| Number | 최대값을 구하려고 하는 값들로 255개까지 지정 가능 |
| 사용 예 | =MAX(E5,E7,E9), =MAX(E5,E7,E9:E11), =MAX(E5:E14) |

① 최대값을 찾아 넣을 셀 [E15]을 선택하고 [수식]–[함수 라이브러리] 그룹–[함수 더 보기]–[통계]에서 MAX 함수를 선택한다.

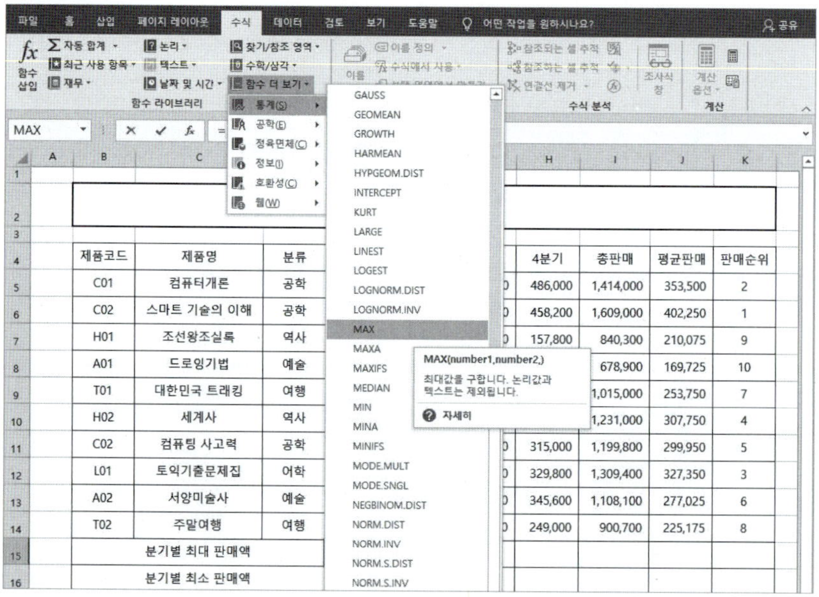

또는 [수식]–[함수 라이브러리] 그룹–[자동 합계]–[최대값]을 선택한다.

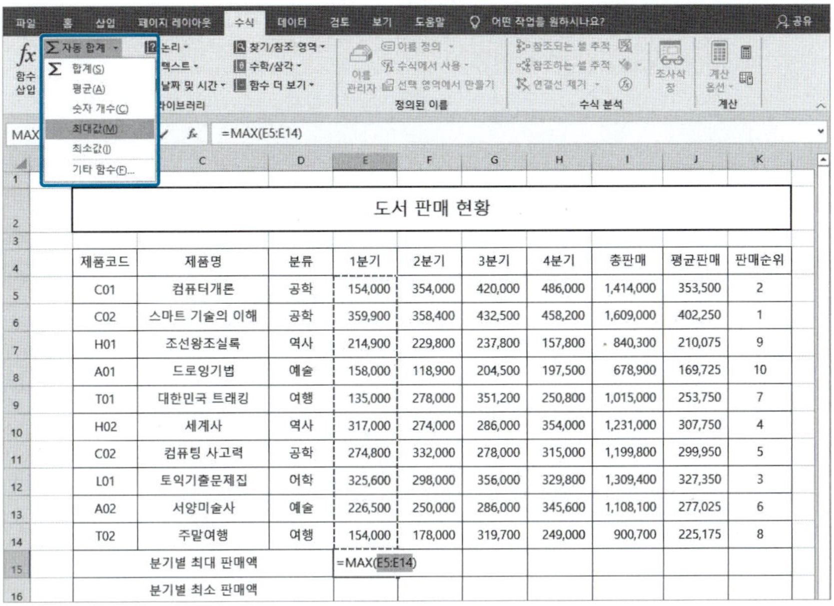


② MAX 함수를 적용하고자 하는 셀 범위를 지정한다.

최대값을 찾고자 하는 데이터 범위를 선택하기 위해 Number1에 커서를 위치시키고 1분기 매출 [E5:E14]를 드래그한다.

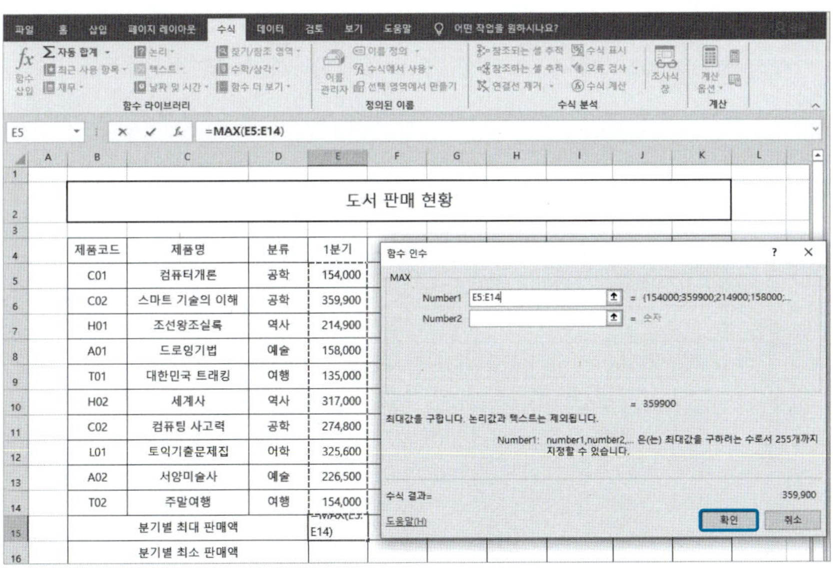

③ [확인] 버튼을 눌러 결과를 확인하고 2분기, 3분기, 4분기의 최대값은 '채우기 핸들러'를 가로로 드래그하여 결과를 입력한다.

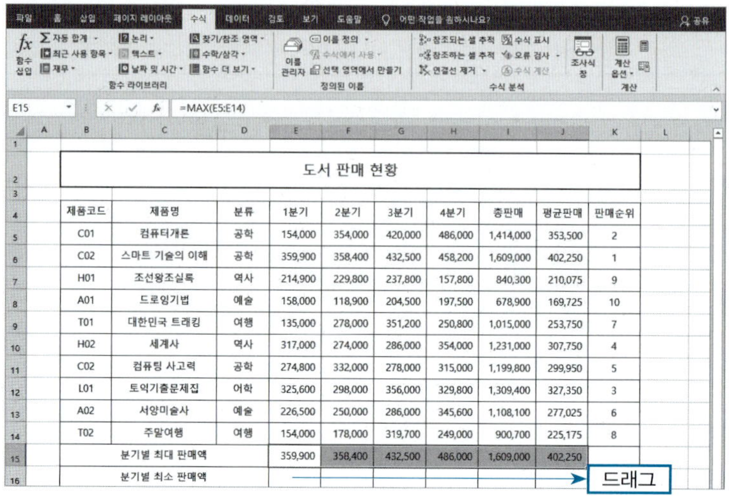


## step 6 최소 판매액 구하기 : MIN 함수

선택한 범위 내에서의 최소값을 찾아 주는 함수이다.

| 범주 | 통계 함수 |
|---|---|
| 함수 구조 | =MIN(Number1, Number2,...) |
| Number | 최소값을 구하려고 하는 값들로 255개까지 지정 가능 |
| 사용 예 | =MIN(E5,E7,E9), =MIN(E5,E7,E9:E11), =MIN(E5:E14) |

위의 MAX 함수와 동일한 방법으로 각 분기별 최소 판매액을 계산한다.

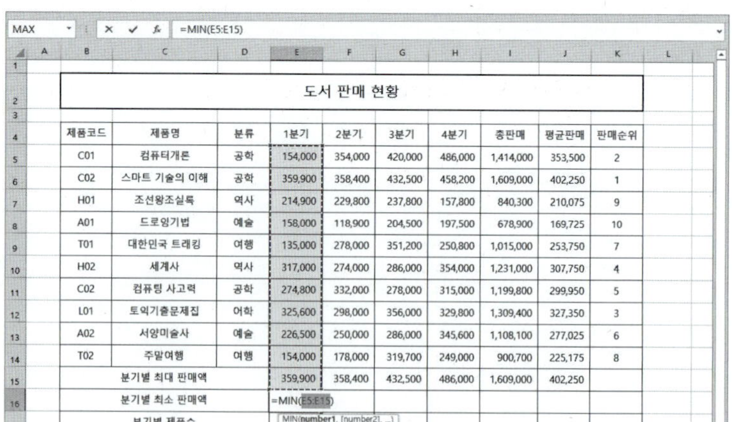

E16 =MIN(E5:E15)

| 도서 판매 현황 | | | | | | | | | | |
|---|---|---|---|---|---|---|---|---|---|---|
| 제품코드 | 제품명 | 분류 | 1분기 | 2분기 | 3분기 | 4분기 | 총판매 | 평균판매 | 판매순위 |
| C01 | 컴퓨터개론 | 공학 | 154,000 | 354,000 | 420,000 | 486,000 | 1,414,000 | 353,500 | 2 |
| C02 | 스마트 기술의 이해 | 공학 | 359,900 | 358,400 | 432,500 | 458,200 | 1,609,000 | 402,250 | 1 |
| H01 | 조선왕조실록 | 역사 | 214,900 | 229,800 | 237,800 | 157,800 | 840,300 | 210,075 | 9 |
| A01 | 드로잉기법 | 예술 | 158,000 | 118,900 | 204,500 | 197,500 | 678,900 | 169,725 | 10 |
| T01 | 대한민국 트래킹 | 여행 | 135,000 | 278,000 | 351,200 | 250,800 | 1,015,000 | 253,750 | 7 |
| H02 | 세계사 | 역사 | 317,000 | 274,000 | 286,000 | 354,000 | 1,231,000 | 307,750 | 4 |
| C02 | 컴퓨팅 사고력 | 공학 | 274,800 | 332,000 | 278,000 | 315,000 | 1,199,800 | 299,950 | 5 |
| L01 | 토익기출문제집 | 어학 | 325,600 | 298,000 | 356,000 | 329,800 | 1,309,400 | 327,350 | 3 |
| A02 | 서양미술사 | 예술 | 226,500 | 250,000 | 286,000 | 345,600 | 1,108,100 | 277,025 | 6 |
| T02 | 주말여행 | 여행 | 154,000 | 178,000 | 319,700 | 249,000 | 900,700 | 225,175 | 8 |
| 분기별 최대 판매액 | | | 359,900 | 358,400 | 432,500 | 486,000 | 1,609,000 | 402,250 | |
| 분기별 최소 판매액 | | | 135,000 | 118,900 | 204,500 | 157,800 | 678,900 | 169,725 | |
| 분기별 제품수 | | | | | | | | | |

## step 7 분기별 제품수 구하기 : COUNTA 함수

지정된 범위 내에서 비어있지 않은 셀들의 개수를 계산하는 함수이다. 셀 값이 숫자나 문자 상관없이 셀의 수를 셀 수 있다.

| 범주 | 통계 함수 |
|---|---|
| 함수 구조 | =COUNTA(Value1, Value2,...) |
| Value | 개수를 구할 값과 셀로써 255개까지 인수 지정 가능 |
| 사용 예 | =COUNTA(E5:E14), =COUNTA(I5,I8,I11:I16) |

① COUNT 함수군의 실습을 위해 데이터의 색칠해진 셀을 다음과 같이 수정해 보자.

I23

| 도서 판매 현황 | | | | | | | | | | |
|---|---|---|---|---|---|---|---|---|---|---|
| 제품코드 | 제품명 | 분류 | 1분기 | 2분기 | 3분기 | 4분기 | 총판매 | 평균판매 | 판매순위 |
| C01 | 컴퓨터개론 | 공학 | 154,000 | 354,000 | 420,000 | 재고없음 | 928,000 | 309,333 | 3 |
| C02 | 스마트 기술의 이해 | 공학 | 359,900 | 358,400 | 432,500 | 458,200 | 1,609,000 | 402,250 | 1 |
| H01 | 조선왕조실록 | 역사 | 214,900 | 229,800 | | 157,800 | 602,500 | 200,833 | 9 |
| A01 | 드로잉기법 | 예술 | 재고없음 | 118,900 | 204,500 | 197,500 | 520,900 | 173,633 | 10 |
| T01 | 대한민국 트래킹 | 여행 | 135,000 | 278,000 | 351,200 | 재고없음 | 764,200 | 254,733 | 7 |
| H02 | 세계사 | 역사 | 317,000 | 274,000 | 286,000 | | 877,000 | 292,333 | 6 |
| C02 | 컴퓨팅 사고력 | 공학 | 274,800 | 332,000 | 278,000 | 315,000 | 1,199,800 | 299,950 | 4 |
| L01 | 토익기출문제집 | 어학 | 325,600 | 298,000 | 356,000 | 329,800 | 1,309,400 | 327,350 | 2 |
| A02 | 서양미술사 | 예술 | 재고없음 | 250,000 | 286,000 | 345,600 | 881,600 | 293,867 | 5 |
| T02 | 주말여행 | 여행 | 154,000 | 178,000 | 319,700 | 249,000 | 900,700 | 225,175 | 8 |
| 분기별 최대 판매액 | | | 359,900 | 358,400 | 432,500 | 458,200 | 1,609,000 | 402,250 | |
| 분기별 최소 판매액 | | | 135,000 | 118,900 | 204,500 | 157,800 | 520,900 | 173,633 | |
| 분기별 제품수 | | | | | | | | | |
| 판매 가능한 제품수 | | | | | | | | | |
| 판매액이 300,000원 이상인 제품의 수 | | | | | | | | | |
| 평균판매액이 300,000원 이상인 제품의 3분기 판매액의 합 | | | | | | | | | |

② 제품의 수를 계산해 넣을 셀 [E17]를 선택하고 [수식]–[함수 라이브러리] 그룹–[함수 더 보기]–[통계]에서 COUNTA 함수를 선택한다.

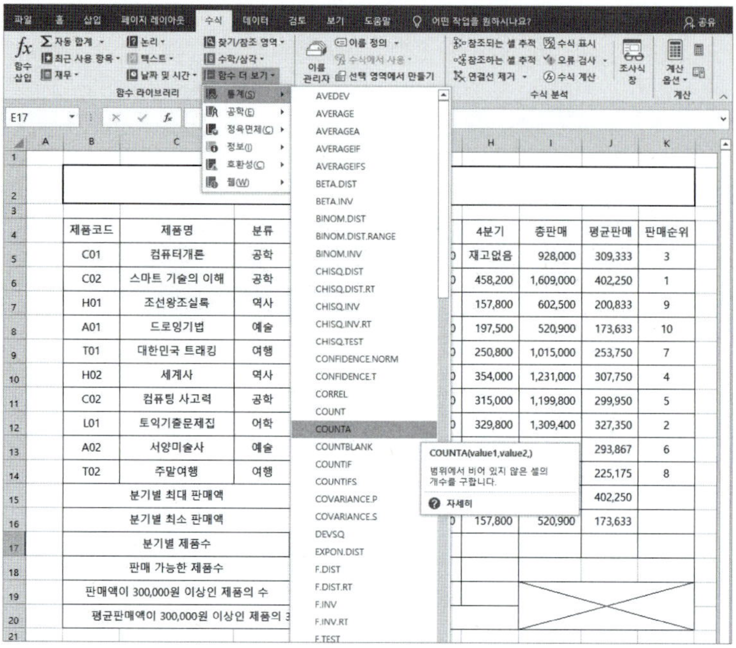

③ '1분기' 데이터 셀 [E5:E14]를 드래그 하여 선택한다.

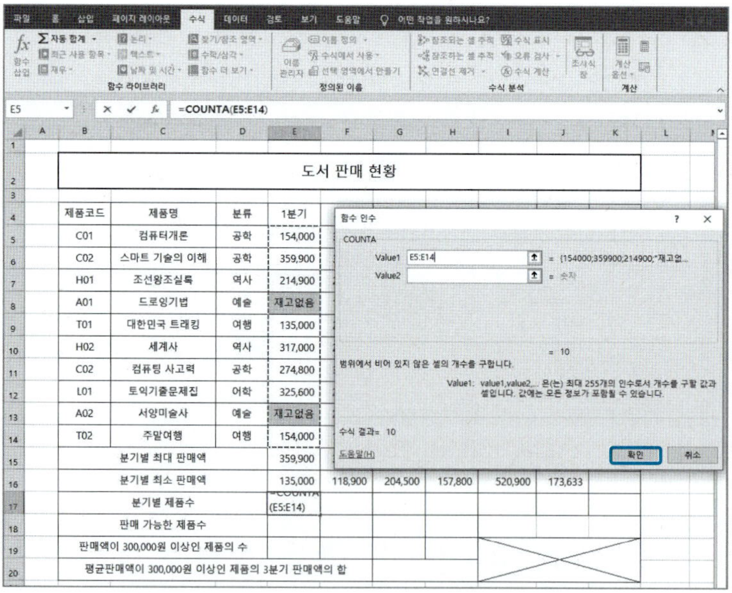

④ [확인]버튼을 누른 후 전체 제품수를 확인한다.

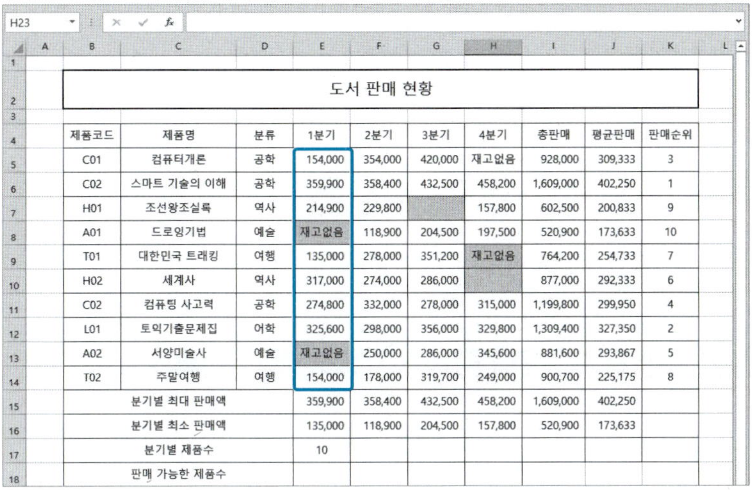

H23 | fx

도서 판매 현황

| 제품코드 | 제품명 | 분류 | 1분기 | 2분기 | 3분기 | 4분기 | 총판매 | 평균판매 | 판매순위 |
|---|---|---|---|---|---|---|---|---|---|
| C01 | 컴퓨터개론 | 공학 | 154,000 | 354,000 | 420,000 | 재고없음 | 928,000 | 309,333 | 3 |
| C02 | 스마트 기술의 이해 | 공학 | 359,900 | 358,400 | 432,500 | 458,200 | 1,609,000 | 402,250 | 1 |
| H01 | 조선왕조실록 | 역사 | 214,900 | 229,800 | | 157,800 | 602,500 | 200,833 | 9 |
| A01 | 드로잉기법 | 예술 | 재고없음 | 118,900 | 204,500 | 197,500 | 520,900 | 173,633 | 10 |
| T01 | 대한민국 트래킹 | 여행 | 135,000 | 278,000 | 351,200 | 재고없음 | 764,200 | 254,733 | 7 |
| H02 | 세계사 | 역사 | 317,000 | 274,000 | 286,000 | | 877,000 | 292,333 | 6 |
| C02 | 컴퓨팅 사고력 | 공학 | 274,800 | 332,000 | 278,000 | 315,000 | 1,199,800 | 299,950 | 4 |
| L01 | 토익기출문제집 | 어학 | 325,600 | 298,000 | 356,000 | 329,800 | 1,309,400 | 327,350 | 2 |
| A02 | 서양미술사 | 예술 | 재고없음 | 250,000 | 286,000 | 345,600 | 881,600 | 293,867 | 5 |
| T02 | 주말여행 | 여행 | 154,000 | 178,000 | 319,700 | 249,000 | 900,700 | 225,175 | 8 |
| 분기별 최대 판매액 | | | 359,900 | 358,400 | 432,500 | 458,200 | 1,609,000 | 402,250 | |
| 분기별 최소 판매액 | | | 135,000 | 118,900 | 204,500 | 157,800 | 520,900 | 173,633 | |
| 분기별 제품수 | | | 10 | | | | | | |
| 판매 가능한 제품수 | | | | | | | | | |

⑤ 2분기, 3분기, 4분기에 해당하는 값은 채우기 핸들러를 사용하여 옆으로 드래그하여 수식 복사를 수행한다.
COUNTA 함수는 빈칸을 제외하고는 셀의 수를 모두 셀 수 있기 때문에 3분기와 4분기의 경우는 빈칸 셀에 의해 '분기별 제품수'가 9로 산출되어진다.

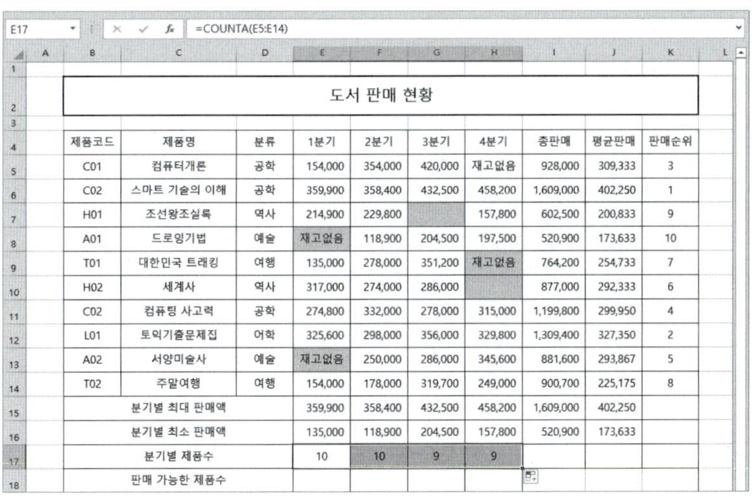

E17 | fx =COUNTA(E5:E14)

도서 판매 현황

| 제품코드 | 제품명 | 분류 | 1분기 | 2분기 | 3분기 | 4분기 | 총판매 | 평균판매 | 판매순위 |
|---|---|---|---|---|---|---|---|---|---|
| C01 | 컴퓨터개론 | 공학 | 154,000 | 354,000 | 420,000 | 재고없음 | 928,000 | 309,333 | 3 |
| C02 | 스마트 기술의 이해 | 공학 | 359,900 | 358,400 | 432,500 | 458,200 | 1,609,000 | 402,250 | 1 |
| H01 | 조선왕조실록 | 역사 | 214,900 | 229,800 | | 157,800 | 602,500 | 200,833 | 9 |
| A01 | 드로잉기법 | 예술 | 재고없음 | 118,900 | 204,500 | 197,500 | 520,900 | 173,633 | 10 |
| T01 | 대한민국 트래킹 | 여행 | 135,000 | 278,000 | 351,200 | 재고없음 | 764,200 | 254,733 | 7 |
| H02 | 세계사 | 역사 | 317,000 | 274,000 | 286,000 | | 877,000 | 292,333 | 6 |
| C02 | 컴퓨팅 사고력 | 공학 | 274,800 | 332,000 | 278,000 | 315,000 | 1,199,800 | 299,950 | 4 |
| L01 | 토익기출문제집 | 어학 | 325,600 | 298,000 | 356,000 | 329,800 | 1,309,400 | 327,350 | 2 |
| A02 | 서양미술사 | 예술 | 재고없음 | 250,000 | 286,000 | 345,600 | 881,600 | 293,867 | 5 |
| T02 | 주말여행 | 여행 | 154,000 | 178,000 | 319,700 | 249,000 | 900,700 | 225,175 | 8 |
| 분기별 최대 판매액 | | | 359,900 | 358,400 | 432,500 | 458,200 | 1,609,000 | 402,250 | |
| 분기별 최소 판매액 | | | 135,000 | 118,900 | 204,500 | 157,800 | 520,900 | 173,633 | |
| 분기별 제품수 | | | 10 | 10 | 9 | 9 | | | |
| 판매 가능한 제품수 | | | | | | | | | |

## step 8 판매 가능한 제품수 구하기 : COUNT 함수

지정된 범위 내에서 숫자가 포함된 셀의 개수를 계산하는 함수이다. 셀 값이 숫자인 경우의 셀 만 셀 수 있다.

| 범주 | 통계 함수 |
|---|---|
| 함수 구조 | =COUNT(Value1, Value2,...) |
| Value | 개수를 구할 값과 셀로써 255개까지 인수 지정 가능 |
| 사용 예 | =COUNT(E5:E14), =COUNT(I5,I8,I11:I16) |

① 1분기의 판매 가능한 제품수를 넣을 셀 [E18]을 선택하고 [수식]-[함수 라이브러리] 그룹-[함수 더 보기]-[통계]에서 COUNT 함수를 선택한다. 또는 [수식]-[함수 라이브러리] 그룹-[자동 합계]-[숫자 개수]를 선택한다.

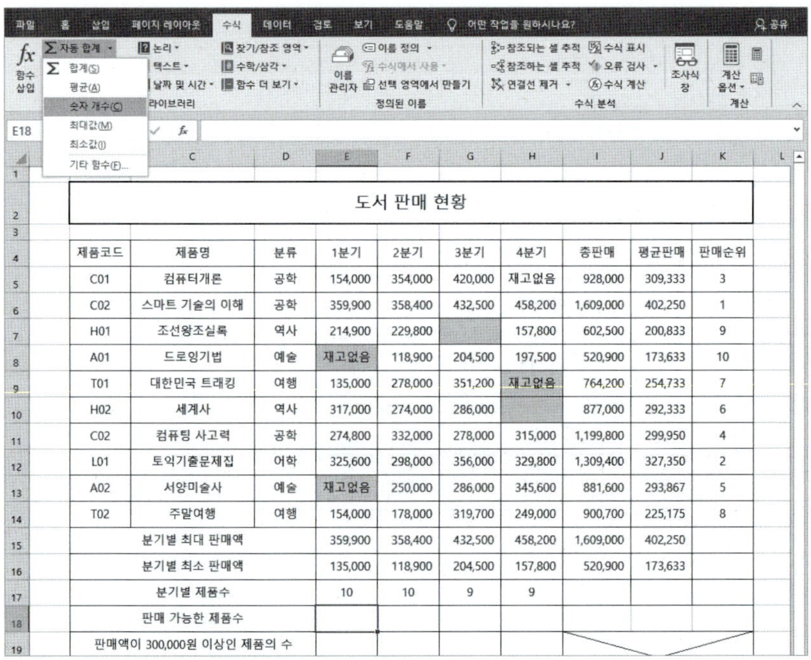


② 개수를 세고자 하는 범위를 드래그하여 선택한다.

E5 | =COUNT(E5:E14)

| 제품코드 | 제품명 | 분류 | 1분기 | 2분기 | 3분기 | 4분기 | 총판매 | 평균판매 | 판매순위 |
|---|---|---|---|---|---|---|---|---|---|
| C01 | 컴퓨터개론 | 공학 | 154,000 | 354,000 | 420,000 | 재고없음 | 928,000 | 309,333 | 3 |
| C02 | 스마트 기술의 이해 | 공학 | 359,900 | 358,400 | 432,500 | 458,200 | 1,609,000 | 402,250 | 1 |
| H01 | 조선왕조실록 | 역사 | 214,900 | 229,800 | | 157,800 | 602,500 | 200,833 | 9 |
| A01 | 드로잉기법 | 예술 | 재고없음 | 118,900 | 204,500 | 197,500 | 520,900 | 173,633 | 10 |
| T01 | 대한민국 트래킹 | 여행 | 135,000 | 278,000 | 351,200 | 재고없음 | 764,200 | 254,733 | 7 |
| H02 | 세계사 | 역사 | 317,000 | 274,000 | 286,000 | | 877,000 | 292,333 | 6 |
| C02 | 컴퓨팅 사고력 | 공학 | 274,800 | 332,000 | 278,000 | 315,000 | 1,199,800 | 299,950 | 4 |
| L01 | 토익기출문제집 | 어학 | 325,600 | 298,000 | 356,000 | 329,800 | 1,309,400 | 327,350 | 2 |
| A02 | 서양미술사 | 예술 | 재고없음 | 250,000 | 286,000 | 345,600 | 881,600 | 293,867 | 5 |
| T02 | 주말여행 | 여행 | 154,000 | 178,000 | 319,700 | 249,000 | 900,700 | 225,175 | 8 |
| 분기별 최대 판매액 | | | 359,900 | 358,400 | 432,500 | 458,200 | 1,609,000 | 402,250 | |
| 분기별 최소 판매액 | | | 135,000 | 118,900 | 204,500 | 157,800 | 520,900 | 173,633 | |
| 분기별 제품수 | | | 10 | 10 | 9 | 9 | | | |
| 판매 가능한 제품수 | | | =COUNT(E5:E14) | | | | | | |
| 판매액이 300,000원 이상인 제품... | | | COUNT(value1, [value2], ...) | | | | | | |

③ Enter↵를 눌러 실행하면 1분기의 판매 가능한 제품수가 입력된다. 2분기~4분기의 판매 가능한 제품수는 채우기 핸들러로 수식을 복사하여 실행한다.

E18 | =COUNT(E5:E14)

| 제품코드 | 제품명 | 분류 | 1분기 | 2분기 | 3분기 | 4분기 | 총판매 | 평균판매 | 판매순위 |
|---|---|---|---|---|---|---|---|---|---|
| C01 | 컴퓨터개론 | 공학 | 154,000 | 354,000 | 420,000 | 재고없음 | 928,000 | 309,333 | 3 |
| C02 | 스마트 기술의 이해 | 공학 | 359,900 | 358,400 | 432,500 | 458,200 | 1,609,000 | 402,250 | 1 |
| H01 | 조선왕조실록 | 역사 | 214,900 | 229,800 | | 157,800 | 602,500 | 200,833 | 9 |
| A01 | 드로잉기법 | 예술 | 재고없음 | 118,900 | 204,500 | 197,500 | 520,900 | 173,633 | 10 |
| T01 | 대한민국 트래킹 | 여행 | 135,000 | 278,000 | 351,200 | 재고없음 | 764,200 | 254,733 | 7 |
| H02 | 세계사 | 역사 | 317,000 | 274,000 | 286,000 | | 877,000 | 292,333 | 6 |
| C02 | 컴퓨팅 사고력 | 공학 | 274,800 | 332,000 | 278,000 | 315,000 | 1,199,800 | 299,950 | 4 |
| L01 | 토익기출문제집 | 어학 | 325,600 | 298,000 | 356,000 | 329,800 | 1,309,400 | 327,350 | 2 |
| A02 | 서양미술사 | 예술 | 재고없음 | 250,000 | 286,000 | 345,600 | 881,600 | 293,867 | 5 |
| T02 | 주말여행 | 여행 | 154,000 | 178,000 | 319,700 | 249,000 | 900,700 | 225,175 | 8 |
| 분기별 최대 판매액 | | | 359,900 | 358,400 | 432,500 | 458,200 | 1,609,000 | 402,250 | |
| 분기별 최소 판매액 | | | 135,000 | 118,900 | 204,500 | 157,800 | 520,900 | 173,633 | |
| 분기별 제품수 | | | 10 | 10 | 9 | 9 | | | |
| 판매 가능한 제품수 | | | 8 | 10 | 9 | 7 | | | |

각 분기별 판매 가능한 제품수를 살펴보면 COUNT 함수는 숫자가 들어있는 셀만 셀 수 있기 때문에 1분기 8, 2분기 10, 3분기 9, 4분기 7로 데이터가 들어있지 않은 빈 셀과 문자 값이 들어있는 셀은 세지 않음을 확인할 수 있다.

**step 9** **판매액이 300,000원 이상인 제품수 구하기 : COUNTIF 함수**

COUNTIF 함수는 지정한 범위 내에서 조건에 맞는 셀의 개수를 구하는 함수이다. 각 분기별로 판매액이 300,000원 이상인 제품을 수를 세어보자.

| 범주 | 통계 함수 |
|---|---|
| 함수 구조 | =COUNTIF(Range, Criteria) |
| Range | 조건에 맞는 셀의 수를 구하려는 셀 범위 |
| Criteria | 숫자, 식, 텍스트 형태의 조건 |
| 사용 예 | =COUNTIF(E5:E14,">=300000") |

① 판매액이 300,000원 이상인 제품수를 넣을 셀 [E16]을 선택하고 **[수식]–[함수 라이브러리]–[함수 더 보기]–[통계]**에서 COUNTIF를 선택한다.

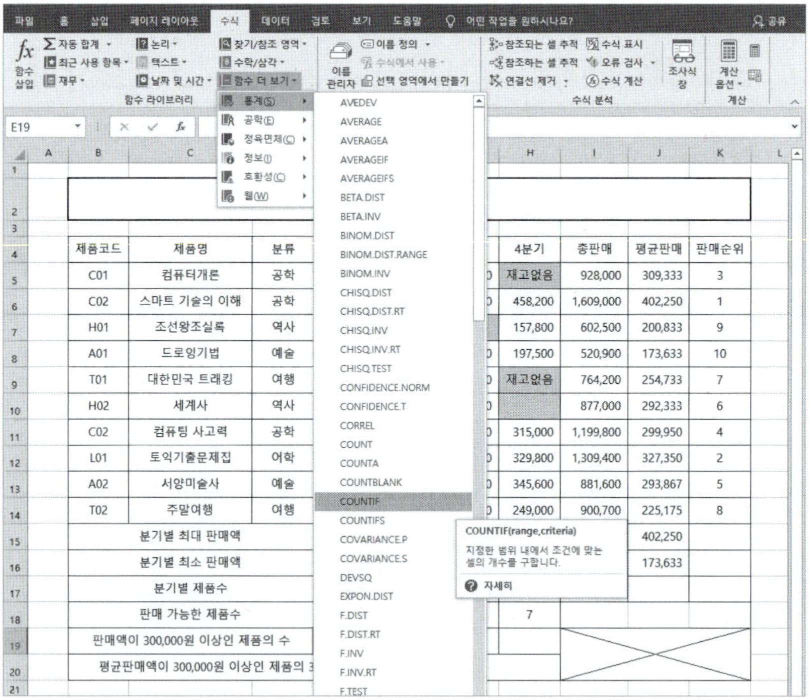

② COUNTIF 함수의 인수들을 입력한다.

- Range : 조건을 검사할 셀 범위로 1분기 매출 데이터 [E5:E14]를 선택한다.
- Criteria : 조건을 입력하는 부분으로 ">=300000"을 입력한다.

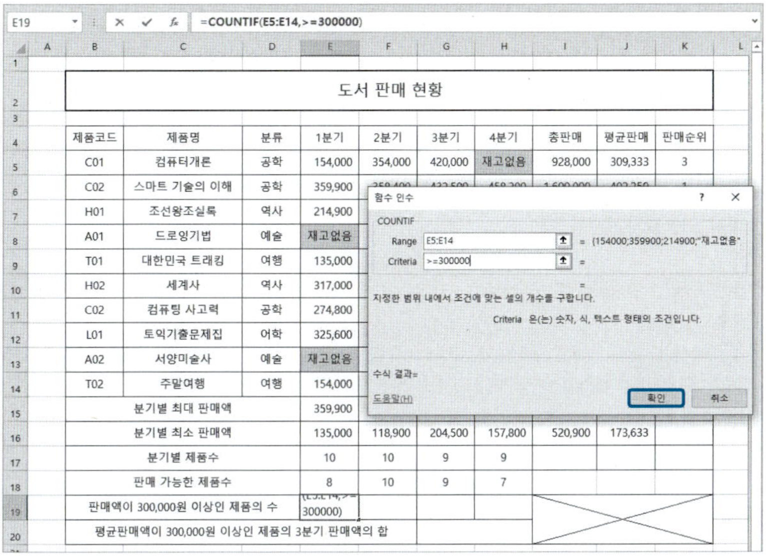


③ [확인] 버튼을 누르면 조건에 해당하는 제품의 수가 계산된다. '채우기 핸들러'를 이용하여 2분기, 3분기, 4분기에 해당하는 값을 계산한다.

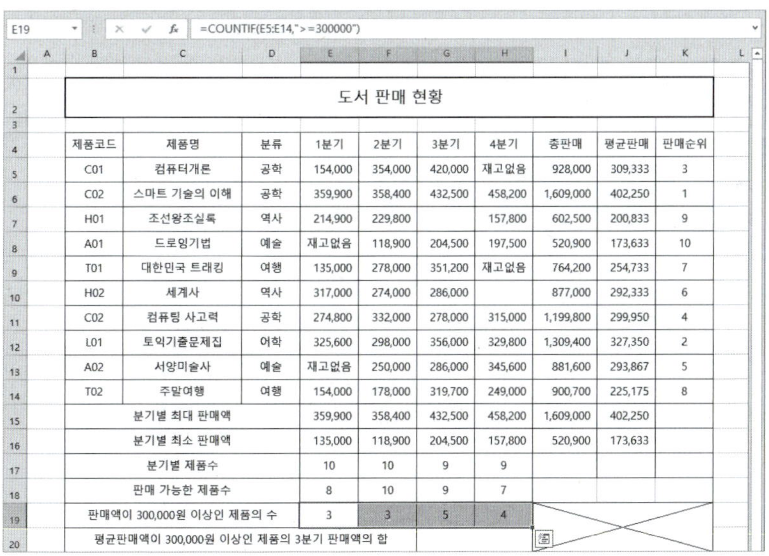

## TIP

- COUNT 함수
  범위 내에서 숫자가 포함된 셀의 개수를 구한다.
- COUNTA 함수
  범위 내에서 비어 있지 않은 셀의 개수를 구한다.
- COUNTBLANK 함수
  범위 내에서 비어 있는 셀의 개수를 구한다.
- COUNTIF 함수
  범위 내에서 조건에 맞는 셀의 개수를 구한다.
- COUNTIFS 함수
  범위 내에서 조건에 맞는 셀의 개수를 구하는데, COUNTIF 함수는 한 개의 범주와 한 개의 조건을 넣을 수 있는데 COUNTIFS 함수는 여러 개의 범주와 여러 개의 조건을 이용하여 조건에 맞는 셀의 개수를 구한다.

### step 10 총 매출액이 300,000원 이상인 제품의 3분기 판매액의 합 구하기 : SUMIFS 함수

SUM 함수는 범위 내의 값들을 모두 더하는 함수이다. 반면 범위 내의 값들 중 주어진 조건을 만족하는 값의 합을 구하고 싶다면 SUMIF 함수나 SUMIFS 함수를 이용한다. 조건이 하나이면 SUMIF, 여러 조건을 동시에 만족해야 한다면 SUMIFS를 사용한다.

| 범주 | 수학/삼각 함수 |
|---|---|
| 함수 구조 | =SUMIFS(Sum_range, Criteria_range1, Criteria1, [Criteria_range2], [Criteria2],... ) |
| Sum_range | 합을 구할 실제 셀 범위 |
| Criteria_range1 | 조건을 적용시킬 셀 범위 |
| Criteria1 | 숫자, 식, 텍스트 형식으로 된 조건식으로 더할 셀 정의 |

① 결과를 넣을 셀 [G20]을 선택하고 [수식]–[함수 라이브러리]–[수학/삼각]에서 SUMIFS 함수를 선택한다.

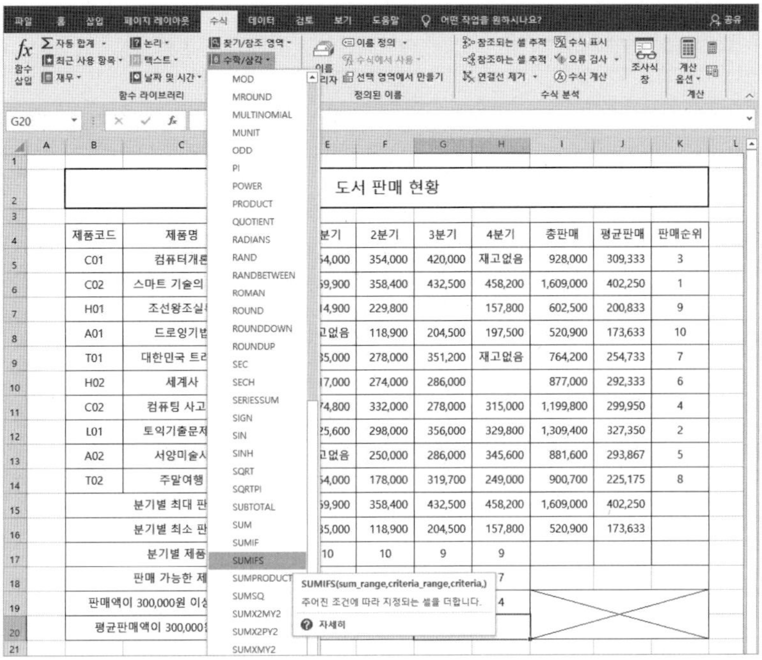

② SUMIFS 함수의 인수들을 입력한다.

- Sum_range : 합을 구할 실제 셀
  3분기 판매액을 더해야 하므로 [G5:G14] 범위를 선택한다.
- Criteria_range1 : 조건이 맞는지 검사할 셀 범위
  평균판매액이 300,000원 이상인 제품의 3분기 판매액의 합을 구하는 것이므로 '평균판매' 전체 셀 [J5:J14]를 선택한다.
- Criteria1 : 더할 셀을 선택할 조건식
  300,000원 이상이어야 하므로 ">=300,000"라고 입력한다.

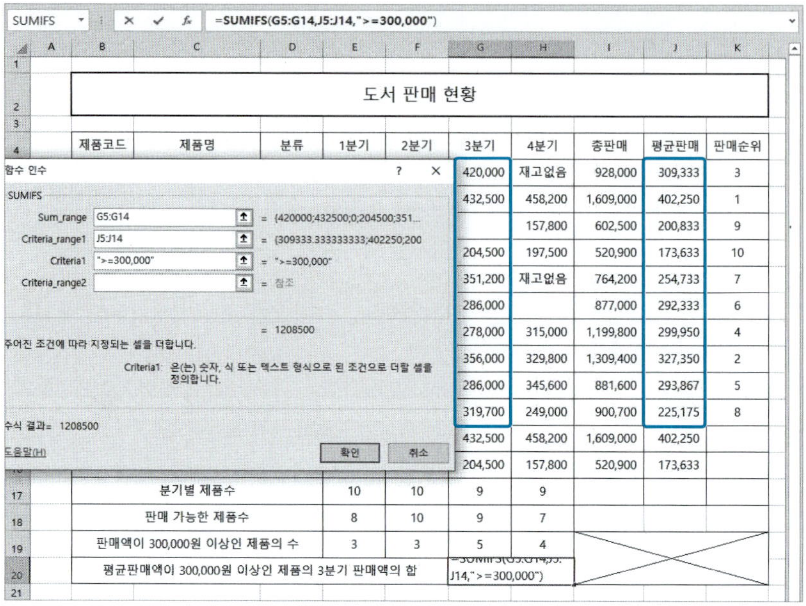


③ [확인] 버튼을 누르면 셀 [G20]에 계산된 결과가 입력된다. 평균판매의 색칠된 부분이 300,000원이 넘는 제품으로 해당 제품에 해당하는 3분기 판매액을 더한 결과가 나온다.

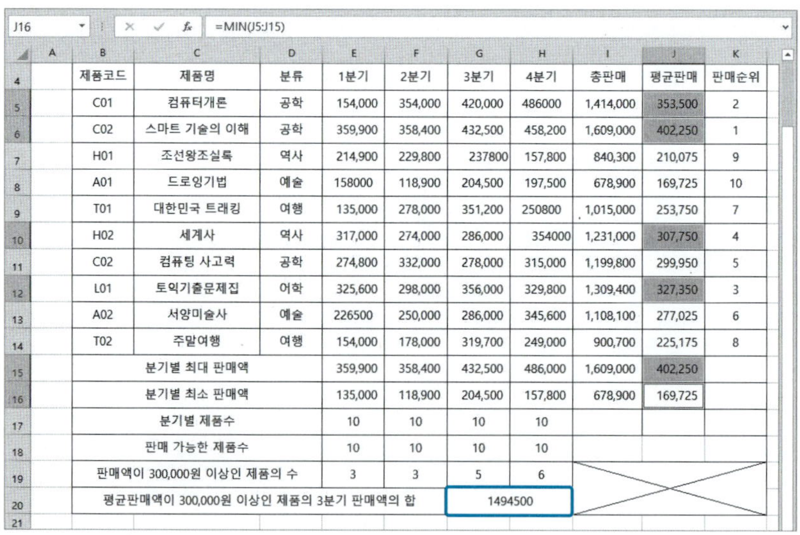

## 6.2 직원 관리 현황표 만들기

직원 관리 현황표 만들기 예제를 이용하여 논리함수, 텍스트 함수, 찾기/참조 영역, 날짜 및 시간 함수에 대하여 학습하도록 한다.

[배울 내용]

① LEFT 함수 : 선택한 문자열의 왼쪽부터 지정한 개수의 문자를 추출하는 함수

② RIGHT 함수 : 선택한 문자열의 오른쪽부터 지정한 개수의 문자를 추출하는 함수

③ MID 함수 : 선택한 문자열의 특정 위치에서부터 지정한 개수의 문자를 추출하는 함수

④ YEAR 함수 : 1900에서 9999 사이의 정수로 일정 날짜의 년도를 구하는 함수

⑤ TODAY 함수 : 현재 날짜를 날짜 서식으로 표시하는 함수

⑥ IF 함수 : 논리 검사를 수행하여 TRUE(참)나 FALSE(거짓)에 해당하는 값을 반환하는 함수

⑦ VLOOKUP 함수 / HLOOKUP 함수 : 범위의 첫 번째 열에서 값을 찾아서 찾은 값과 같은 행에 있는 특정 열의 데이터 값을 돌려주는 함수

⑧ OR 함수/AND 함수 : 함수 내의 조건이 모두 거짓이면 FALSE, 그렇지 않으면 TRUE를 반환하는 함수

⑨ ROUND 함수 : ROUND 함수 : 선택한 숫자를 지정한 자릿수로 반올림하는 함수

⑩ DAVERAGE 함수 : 지정한 조건에 맞는 데이터베이스나 목록에서 열의 평균을 구하는 함수

⑪ DCOUNTA 함수 : 지정한 조건에 맞는 데이터베이스 필드 값 중 비어있지 않은 셀의 수를 구하는 함수

⑫ DMAX 함수 : 지정한 조건에 맞는 데이터베이스 필드 값 중 가장 큰 수를 구하는 함수

⑬ DMIN 함수 : 지정한 조건에 맞는 데이터베이스 필드 값 중 가장 작은 수를 구하는 함수

### step 1 데이터 입력하고 서식 지정하기

① 행 높이 : 1행과 3행 '16', 2행 '40', 4행~16행까지의 높이 '25'

② 열 너비 : [B4:C14] '8', [F4:L14] '8', [D4:D14] '16', [E4:E14] '12'

③ [B2:L2] : '병합하고 가운데 맞춤', 글자 크기 '20', '굵게'

④ [B4:L16] : '모든 테두리', 가로 가운데, 세로 가운데

⑤ [B15:D15], [F15:H15], [I15:J15], [B16:D16], [F16:H16], [I16:J16] : '병합하고 가운데 맞춤'

⑥ [K15:L16] : '병합하고 가운데 맞춤', '대각선 그리기'

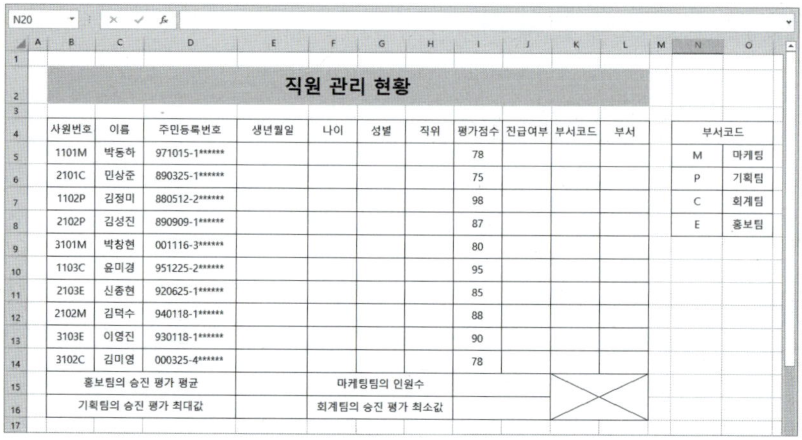

직원 관리 현황

| 사원번호 | 이름 | 주민등록번호 | 생년월일 | 나이 | 성별 | 직위 | 평가점수 | 진급여부 | 부서코드 | 부서 |
|---|---|---|---|---|---|---|---|---|---|---|
| 1101M | 박동하 | 971015-1****** | | | | | 78 | | | |
| 2101C | 민상준 | 890325-1****** | | | | | 75 | | | |
| 1102P | 김정미 | 880512-2****** | | | | | 98 | | | |
| 2102P | 김성진 | 890909-1****** | | | | | 87 | | | |
| 3101M | 박창현 | 001116-3****** | | | | | 80 | | | |
| 1103C | 윤미경 | 951225-2****** | | | | | 95 | | | |
| 2103E | 신종현 | 920625-1****** | | | | | 85 | | | |
| 2102M | 김덕수 | 940118-1****** | | | | | 88 | | | |
| 3103E | 이영진 | 930118-1****** | | | | | 90 | | | |
| 3102C | 김미영 | 000325-4****** | | | | | 78 | | | |
| 홍보팀의 승진 평가 평균 | | | | 마케팅팀의 인원수 | | | | | | |
| 기획팀의 승진 평가 최대값 | | | | 회계팀의 승진 평가 최소값 | | | | | | |

| 부서코드 | |
|---|---|
| M | 마케팅 |
| P | 기획팀 |
| C | 회계팀 |
| E | 홍보팀 |

**step 2 주민등록번호로부터 생년월일 추출하기 : LEFT(), MID(), "&"**

텍스트 함수를 이용하여 주민등록번호로부터 생년월일을 추출해보자.

텍스트 함수는 문자열의 특정 위치에 있는 문자를 추출할 수 있다.

- LEFT 함수 : 주어진 문자열의 왼쪽 끝부터 원하는 수만큼의 문자를 추출하는 함수

| 범주 | 텍스트 함수 |
|---|---|
| 함수 구조 | =LEFT(Text, Num_chars) |
| Text | 추출하려는 문자가 들어있는 텍스트 문자열 |
| Num_chars | 추출할 문자수 지정. 생략하면 1 |

- MID 함수 : 주어진 문자열의 시작 위치에서 원하는 수만큼의 문자를 추출하는 함수

| 범주 | 텍스트 함수 |
|---|---|
| 함수 구조 | =MID(Text, Start_num, Num_chars) |
| Text | 추출하려는 문자가 들어있는 텍스트 문자열 |
| Start_num | 문자열로부터 추출할 시작 위치 |
| Num_chars | 추출할 문자수 지정. 생략하면 1 |

- & : 수식과 문자열, 문자열과 문자열을 연결시켜주는 연산자

### 가. 생일의 년도 추출하기 : LEFT()

① 첫 번째 직원의 생년월일을 추출하여 넣을 셀 [E5]를 선택하고 [수식]–[함수 라이브러리] 그룹–[텍스트]에서 LEFT를 선택한다.

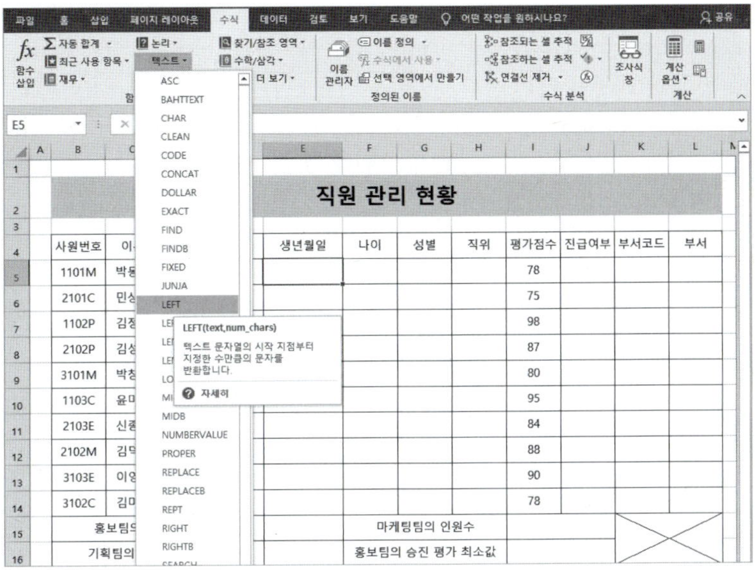

② LEFT 함수의 인수를 입력한다.

주민등록번호로부터 생일의 년도를 추출해야 하므로 'Text'는 셀 [D5], 주민등록번호 왼쪽부터 추출하고자 하는 문자의 수인 'Num_chars'는 년도에 해당하는 두 개의 문자만 가져오기 위해 '2'를 입력한다.

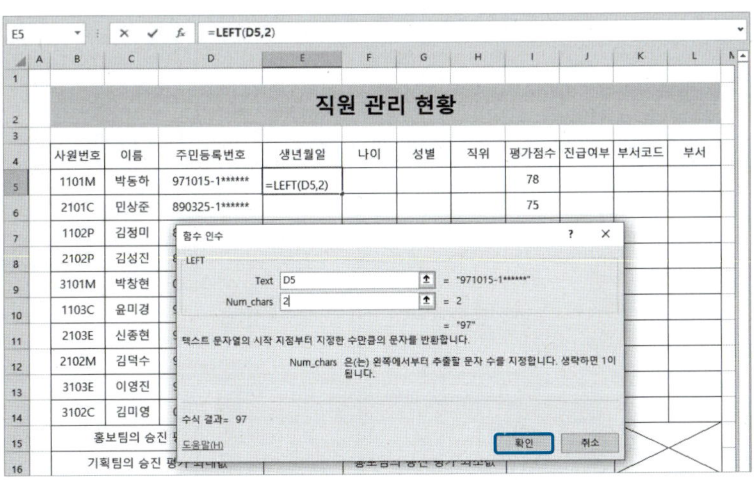

③ [확인] 버튼을 누르면 주민등록번호로부터 생일의 '년도' 2자리가 추출된다.

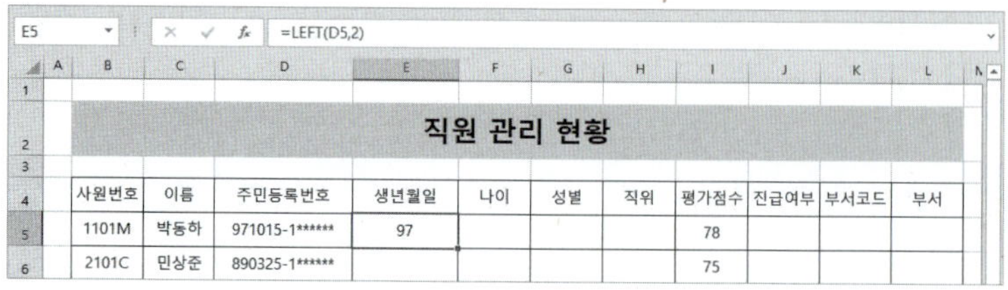


④ 추출된 년도 앞에 '19' 또는 '20'을 붙이기 위해 '&'를 사용한다.

수식 입력줄에 커서를 클릭하고 LEFT 함수 앞에 "19"& (="19"&LEFT(D5,2))를 추가하고 Enter↵를 누르면 '1997'로 입력된다.

주민등록번호 앞자리가 '00'인 2000년생인 경우는 "19" 대신 "20"을 사용한다.

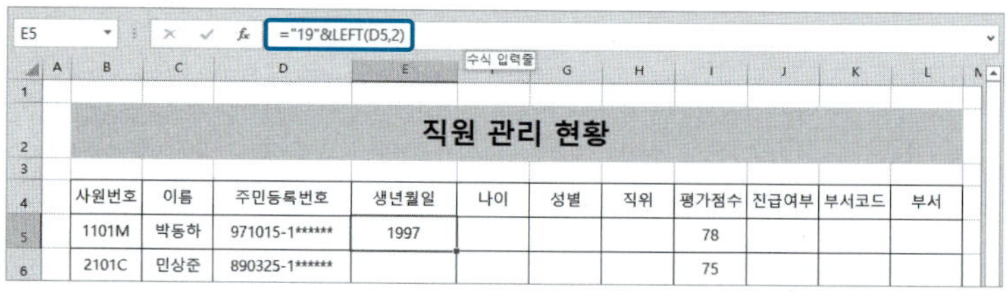


## 나. 생일의 '월' 추출하기 : MID()

① 생일의 월을 추출하기 위해 셀 [E5]를 선택하고, 수식 입력줄을 클릭한다. [&"–"&]를 추가하고 [수식]–[함수 라이브러리] 그룹–[텍스트]에서 MID를 선택한다.

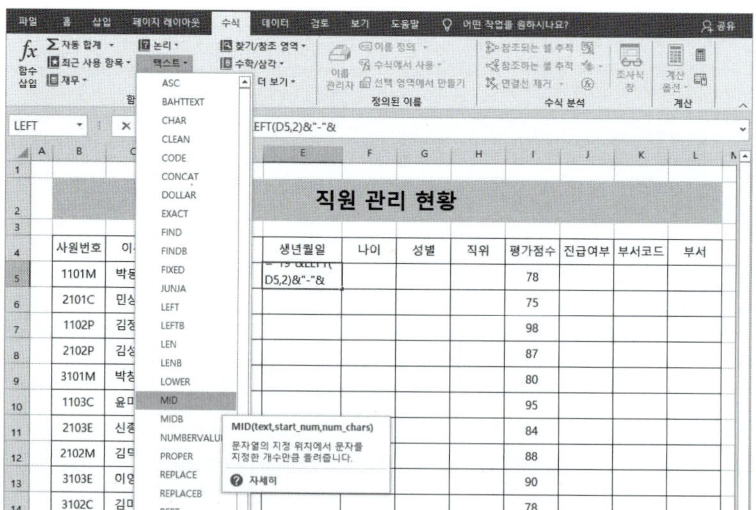

② MID 함수의 인수를 입력한다.

'Text'는 주민등록번호가 들어있는 셀 [D5], 주민등록번호로부터 생일의 달은 3번째 문자부터 시작하므로 Start_num은 '3', 달은 2자리로 구성되어져 있으므로 Num_chars는 '2'를 입력한다.

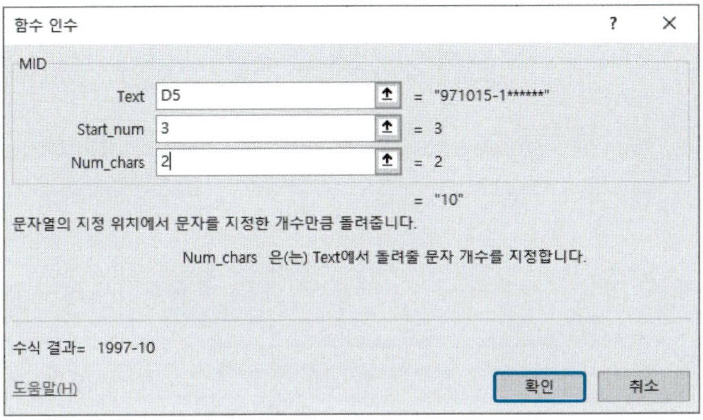


③ **[확인]**을 클릭하면 주민등록번호로부터 생일의 '월'이 추출된다.

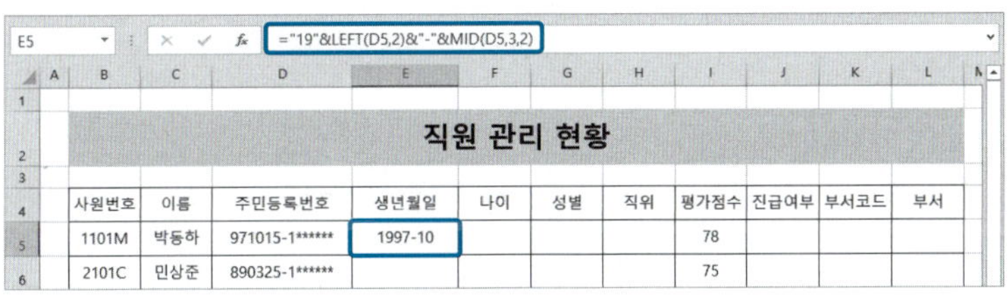


## 다. 생일의 '일' 추출하기 : MID()

① 생일의 일을 추출하기 위해 셀 [E5]를 선택하고, 수식 입력줄을 클릭한다. [&"–"&]를 추가하고 **[수식]–[함수 라이브러리]** 그룹–**[텍스트]**에서 MID를 선택한다.

② MID 함수의 인수를 입력한다.

'Text'는 주민등록번호가 들어있는 셀 [D5], 주민등록번호로부터 생일의 일은 5번째 문자부터 시작하므로 Start_num은 '5', 일은 2자리로 구성되어져 있으므로 Num_chars는 '2'를 입력한다.

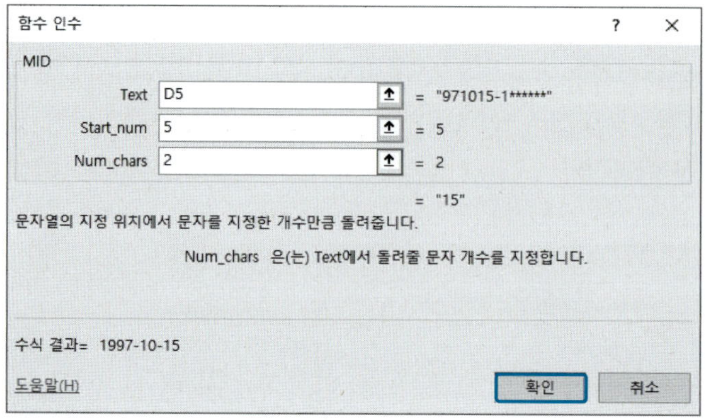


③ [확인]을 클릭하면 주민등록번호로부터 생일의 '일'이 추출된다.

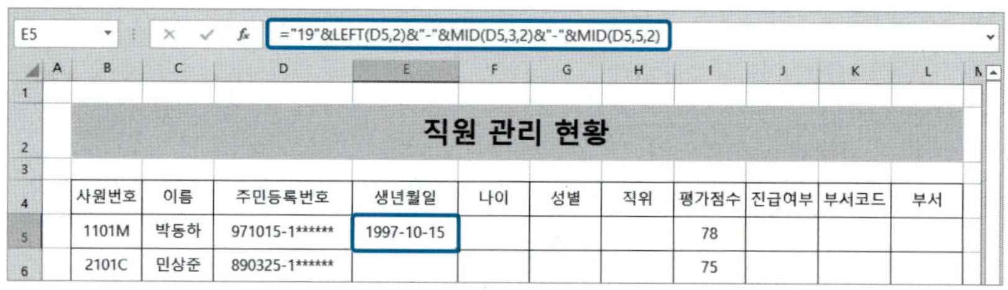


직원 관리 현황

| 사원번호 | 이름 | 주민등록번호 | 생년월일 | 나이 | 성별 | 직위 | 평가점수 | 진급여부 | 부서코드 | 부서 |
|---|---|---|---|---|---|---|---|---|---|---|
| 1101M | 박동하 | 971015-1****** | 1997-10-15 | | | | 78 | | | |
| 2101C | 민상준 | 890325-1****** | | | | | 75 | | | |

라. 나머지 직원들에 대한 생년월일은 채우기 핸들러를 이용하여 입력한다.

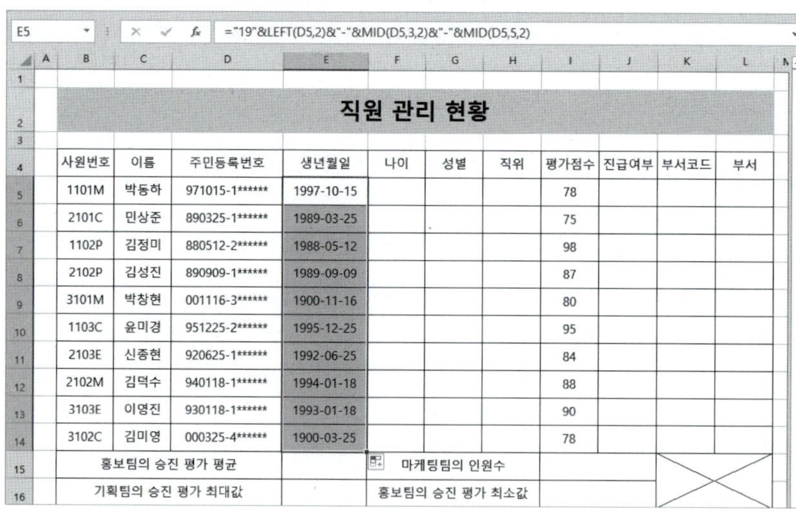


직원 관리 현황

| 사원번호 | 이름 | 주민등록번호 | 생년월일 | 나이 | 성별 | 직위 | 평가점수 | 진급여부 | 부서코드 | 부서 |
|---|---|---|---|---|---|---|---|---|---|---|
| 1101M | 박동하 | 971015-1****** | 1997-10-15 | | | | 78 | | | |
| 2101C | 민상준 | 890325-1****** | 1989-03-25 | | | | 75 | | | |
| 1102P | 김정미 | 880512-2****** | 1988-05-12 | | | | 98 | | | |
| 2102P | 김성진 | 890909-1****** | 1989-09-09 | | | | 87 | | | |
| 3101M | 박창현 | 001116-3****** | 1900-11-16 | | | | 80 | | | |
| 1103C | 윤미경 | 951225-2****** | 1995-12-25 | | | | 95 | | | |
| 2103E | 신종현 | 920625-1****** | 1992-06-25 | | | | 84 | | | |
| 2102M | 김덕수 | 940118-1****** | 1994-01-18 | | | | 88 | | | |
| 3103E | 이영진 | 930118-1****** | 1993-01-18 | | | | 90 | | | |
| 3102C | 김미영 | 000325-4****** | 1900-03-25 | | | | 78 | | | |
| 홍보팀의 승진 평가 평균 | | | | 마케팅팀의 인원수 | | | | | | |
| 기획팀의 승진 평가 최대값 | | | | 홍보팀의 승진 평가 최소값 | | | | | | |

### step 3 생년월일을 이용하여 나이 추출하기 : YEAR( ), TODAY( ), "&"

• YEAR 함수 : 일정 날짜의 년도를 추출하는 함수

| 범주 | 날짜 및 시간 함수 |
|---|---|
| 함수 구조 | =YEAR(serial_number) |
| serial_number | Microsoft Excel에서 사용하는 날짜-시간 코드 형식의 수 |

• TODAY 함수 : 오늘 날짜를 추출하는 함수

| 범주 | 날짜 및 시간 함수 |
|---|---|
| 함수 구조 | =TODAY( )　( 인수 필요 없음) |

• & : 수식(함수)과 문자열, 문자열과 문자열을 연결시켜주는 연산자

YEAR 함수와 TODAY 함수를 이용하여 나이를 계산해 보도록 하자. 데이터 추출 방법은 다음과 같다.

a. 오늘 날짜로부터 올해 년도 추출 : YEAR(TODAY( ))

b. 생년월일에 들어있는 출생 년도 추출 : YEAR( )

c. 나이 계산 : 올해년도 - 출생년도

① 나이가 입력될 셀 [F5]를 선택하고 [수식]-[함수 라이브러리] 그룹-[날짜 및 시간]에서 YEAR 함수를 선택한다.

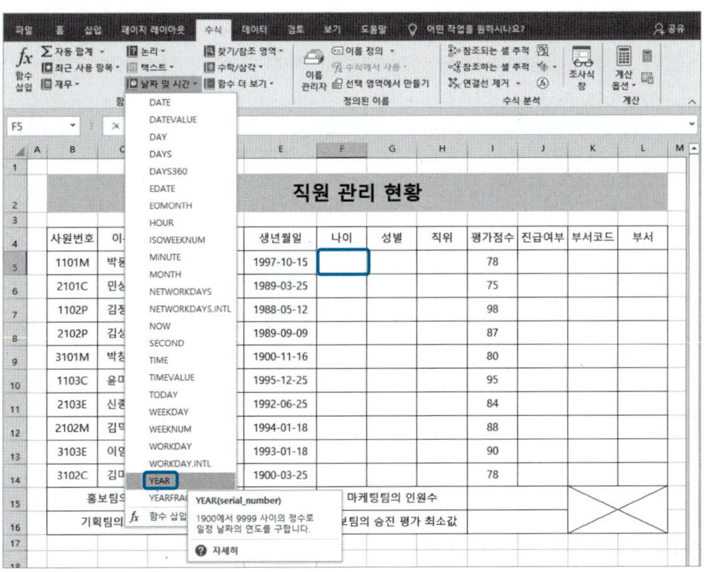

② YEAR 함수에 대한 인수를 입력한다.

오늘 날짜에 대한 년도를 구하기 위해 'Serial_number' 값으로 현재 날짜를 가져오는 TODAY()를 입력한다.

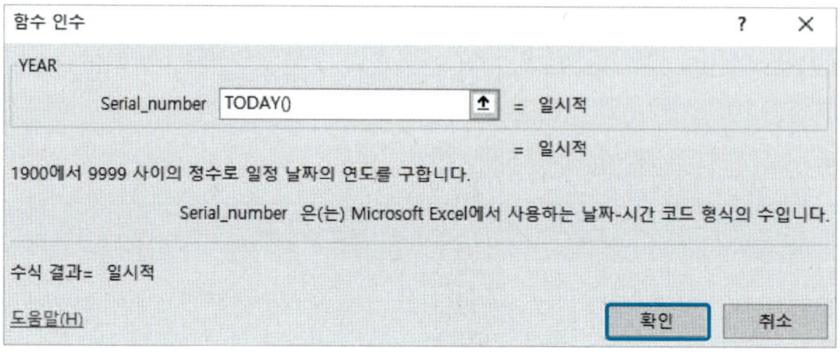


[확인] 버튼을 누르면 오늘 날짜에서 년도만 값으로 추출된다.

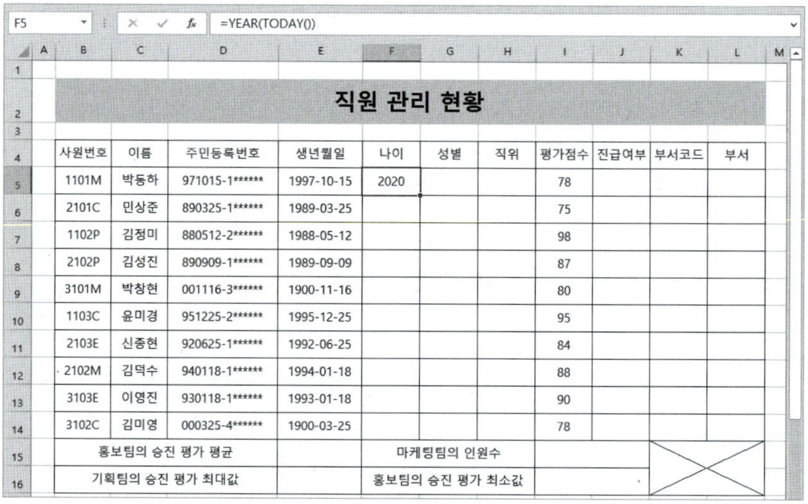
F5 =YEAR(TODAY())

직원 관리 현황

| 사원번호 | 이름 | 주민등록번호 | 생년월일 | 나이 | 성별 | 직위 | 평가점수 | 진급여부 | 부서코드 | 부서 |
|---|---|---|---|---|---|---|---|---|---|---|
| 1101M | 박동하 | 971015-1****** | 1997-10-15 | 2020 | | | 78 | | | |
| 2101C | 민상준 | 890325-1****** | 1989-03-25 | | | | 75 | | | |
| 1102P | 김정미 | 880512-2****** | 1988-05-12 | | | | 98 | | | |
| 2102P | 김성진 | 890909-1****** | 1989-09-09 | | | | 87 | | | |
| 3101M | 박창현 | 001116-3****** | 1900-11-16 | | | | 80 | | | |
| 1103C | 윤미경 | 951225-2****** | 1995-12-25 | | | | 95 | | | |
| 2103E | 신종현 | 920625-1****** | 1992-06-25 | | | | 84 | | | |
| 2102M | 김덕수 | 940118-1****** | 1994-01-18 | | | | 88 | | | |
| 3103E | 이영진 | 930118-1****** | 1993-01-18 | | | | 90 | | | |
| 3102C | 김미영 | 000325-4****** | 1900-03-25 | | | | 78 | | | |
| 홍보팀의 승진 평가 평균 | | | | 마케팅팀의 인원수 | | | | | | |
| 기획팀의 승진 평가 최대값 | | | | 홍보팀의 승진 평가 최소값 | | | | | | |

③ 생년월일로부터 년도만 추출한다.

오늘 날짜에 해당하는 년도에서 생년월일에 해당하는 년도를 빼야하므로 수식 입력줄에 커서를 두고 빼기(−)기호 입력 후 **[수식]−[함수 라이브러리]** 그룹−**[날짜 및 시간]**에서 YEAR를 선택하고 인수로 [E5]를 선택한다.

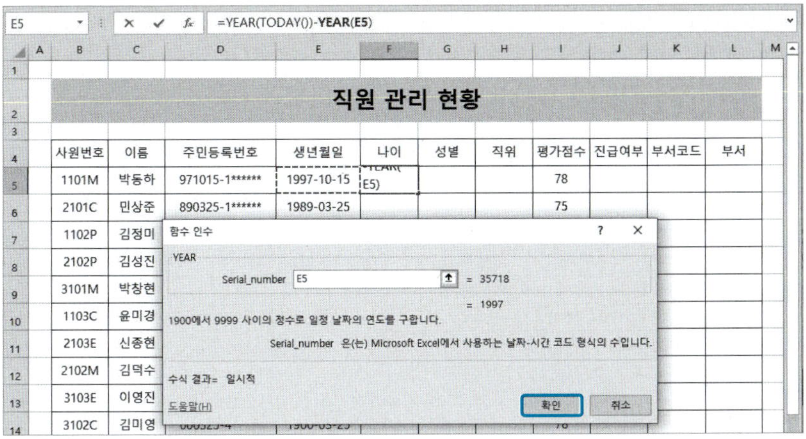


[확인] 버튼을 누르면 계산된 나이가 입력된다. 이때 나이가 나오지 않고 날짜가 표시되면 '셀 서식'에서 표시 형식을 '일반'으로 변경한다. 또는 [홈]–[표시 형식] 그룹–[일반]을 선택한다.

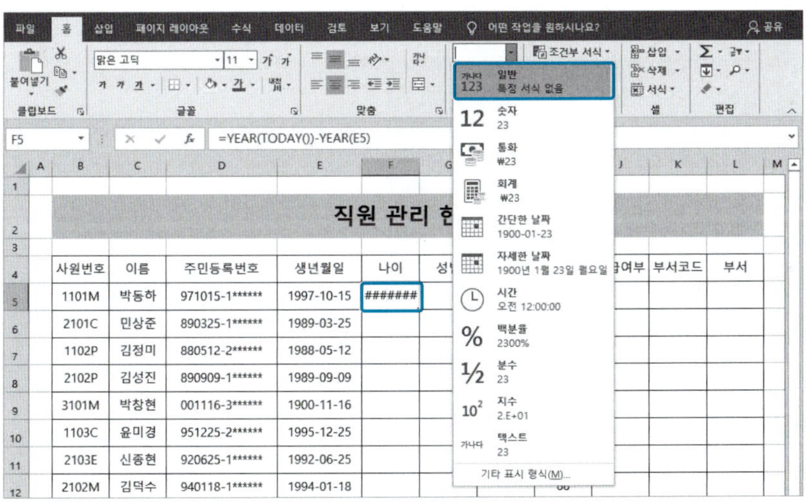


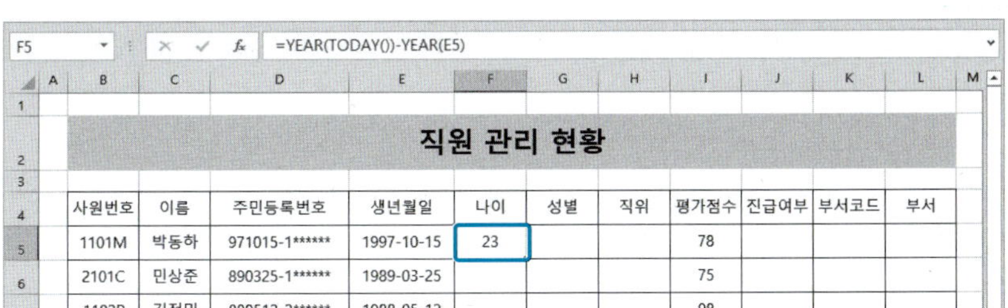

④ 추출된 나이 뒤에 "세"자를 붙이기 위해 수식 입력줄의 수식 뒤에 커서를 두고 '&"세"'를 입력하고 엔터를 치면 추출된 나이 뒤에 "세"를 붙일 수 있다.

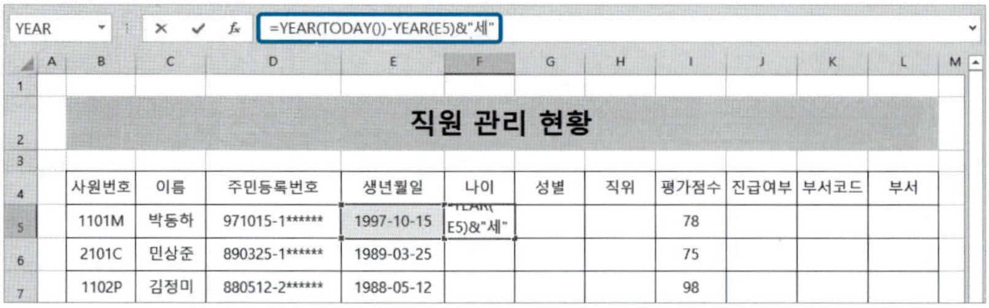


결과를 확인한 후, '채우기 핸들러'를 이용하여 함수식을 나머지 셀에 복사하여 데이터를 입력한다.

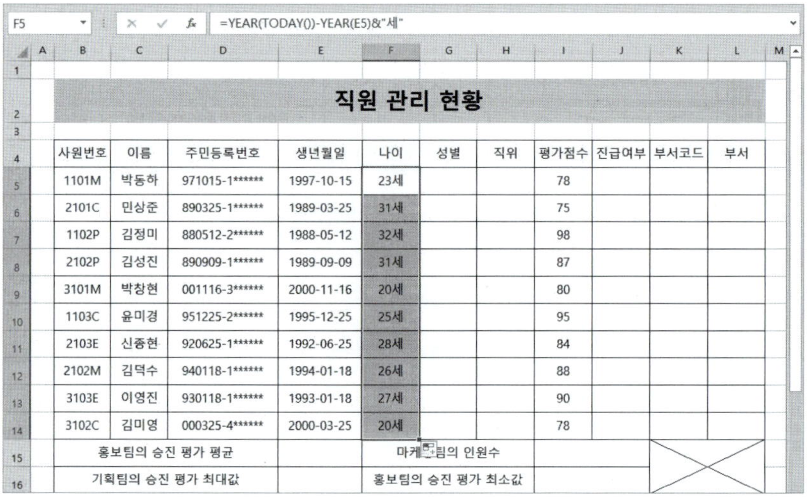


## step 4 사원번호로부터 부서코드 추출하기 : RIGHT()

지정한 텍스트 문자열의 오른쪽부터 지정한 수만큼의 문자를 추출하는 함수이다.

| 범주 | 텍스트 함수 |
|---|---|
| 함수 구조 | =RIGHT(Text, Num_chars) |
| Text | 추출하려는 문자가 들어있는 텍스트 문자열 |
| Num_chars | 추출할 문자수 지정. 생략하면 1 |

사원번호를 이용하여 부서코드를 추출하여 보자.

① 추출된 부서코드가 입력될 셀 [K5]를 선택하고 [수식]-[함수 라이브러리] 그룹-[텍스트]에서 RIGHT를 선택한다.

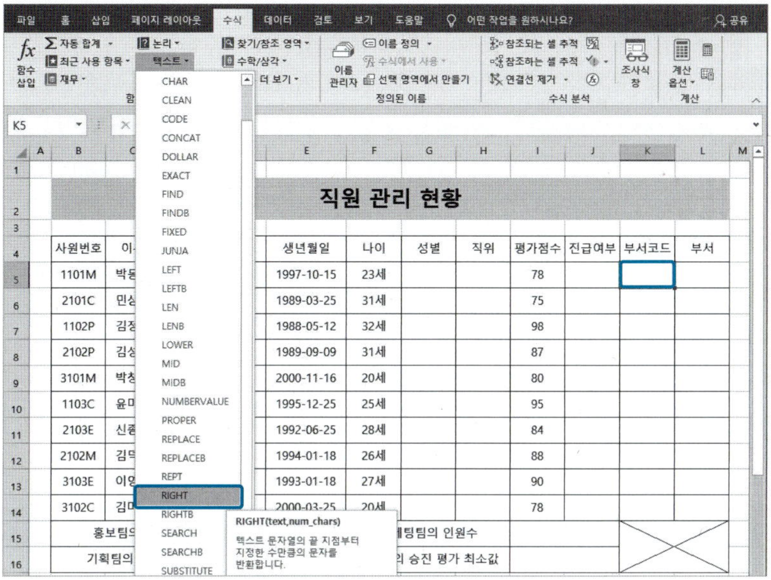

② RIGHT 함수의 인수를 입력한다.
사원번호의 마지막 글자가 부서코드이므로 'Text'는 [B5], 사원번호는 1자리이므로 'Num_chars'는 1을 입력한다.

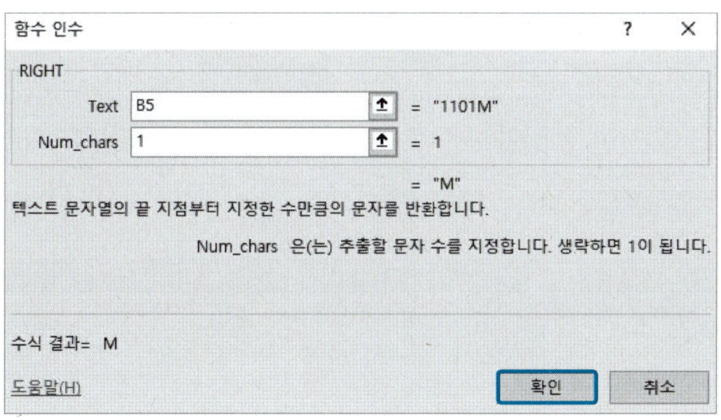


③ [확인] 버튼을 누르면 추출된 부서코드가 입력된다. 나머지 데이터는 '채우기 핸들러'를 이용하여 함수식을 복사하여 추출한다.

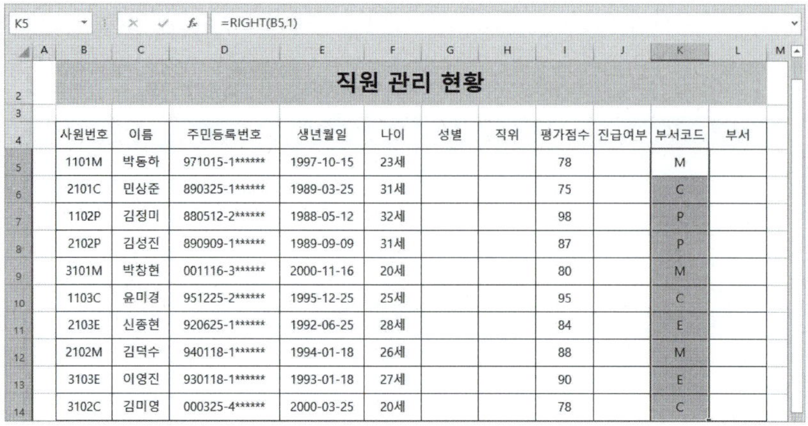


## step 5 평가점수를 이용하여 진급여부 추출하기 : IF( )

- IF 함수 : 논리 검사를 수행하여 TRUE(참)나 FALSE(거짓)에 해당하는 값을 반환하는 함수

| 범주 | 논리 함수 |
|---|---|
| 함수 구조 | =IF(Logical_test, Value_if_true, Value_if_false) |
| Logical_test | TRUE나 FALSE로 판정될 값이나 식 |
| Value_if_true | Logical_test가 TRUE일 때 돌려주는 값. 생략하면 TRUE 반환 |
| Value_if_false | Logical_test가 FALSE일 때 돌려주는 값. 생략하면 FALSE 반환 |

평가점수가 85점 이상이면 '진급여부'에 '가능' 그렇지 않으면 '불가능'이라고 입력해보자

가. '진급여부'를 입력할 셀 [J5]를 선택하고 [수식]-[함수 라이브러리] 그룹-[논리]에서 IF를 선택한다.

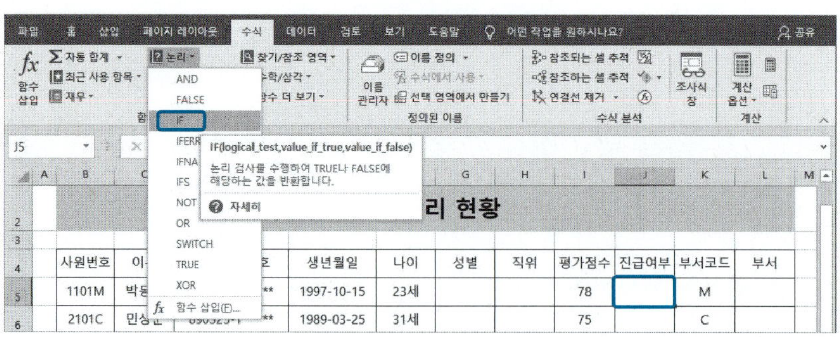

나. IF 함수의 인수를 입력한다.

① Logical_test : 평가할 조건식으로 평가점수가 85점 이상인지를 확인해야 하므로 평가점수가 들어있는 셀 [I5]를 선택하고 “>=85”라고 입력한다.

② Value_if_true : 조건이 참인 경우 실행할 값으로 “가능”이라고 입력한다.

③ Value_if_false : 조건이 거짓인 경우 실행할 값으로 “불가능”이라고 입력한다.

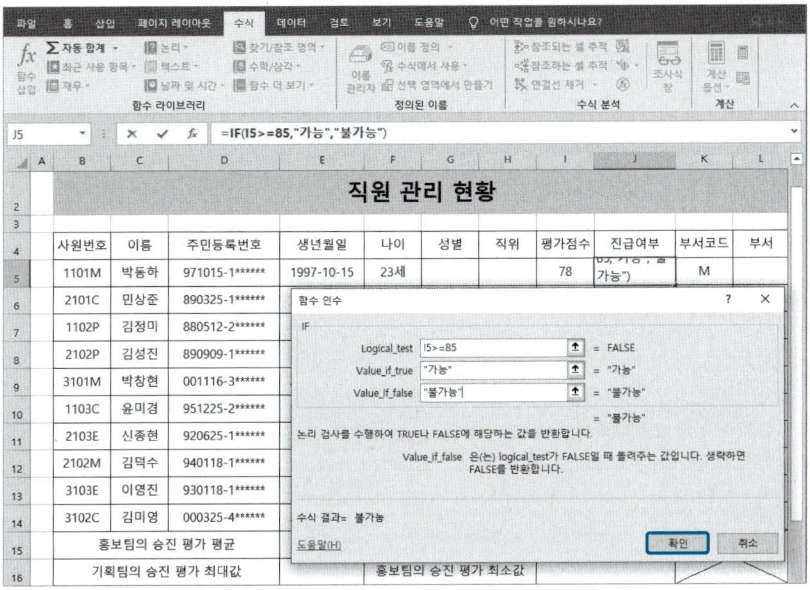


다. [확인] 버튼을 눌러 결과를 확인하고, ‘채우기 핸들러’를 이용하여 나머지 셀에 함수식을 복사하여 결과를 추출한다.

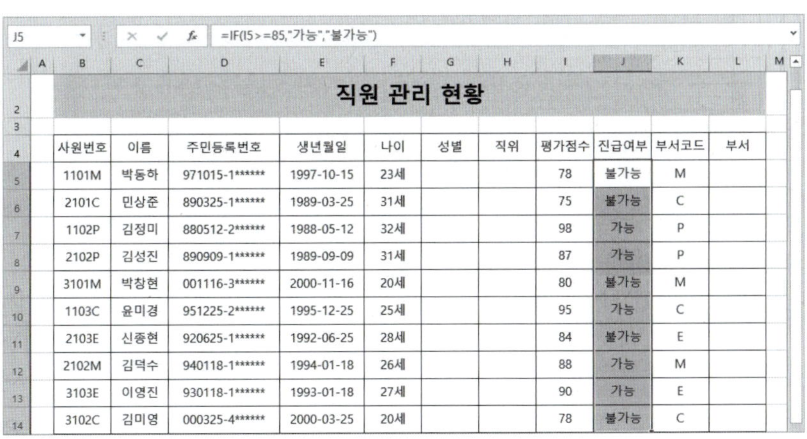

### step 6 사원번호로부터 직위 추출하기 : IF( ), LEFT( )

함수는 각각 독립적으로 사용할 수도 있지만 여러 개를 중첩해서 사용할 수도 있다. 생년월일 추출에 사용하였던 LEFT 함수와 진급여부 추출에 사용하였던 IF 함수 중첩하여 사원번호로부터 직위를 추출하는 방법을 배워보도록 하자.

사원번호의 왼쪽 두 자리는 직위를 나타내고 있다. '11'이면 사원, '21'이면 과장, '31'이면 부장으로 직위를 추출하여 보자. 사원번호로부터 직위를 추출하기 위해서

a. IF 함수를 먼저 실행시킨다.

b. IF 함수의 Logical_test 인수로 LEFT 함수에서 추출한 문자가 '11', '21', '31'과 같은지 차례대로 비교하면서 해당하는 숫자에 대한 직위를 출력하도록 한다.

① '직위'를 입력할 셀 [H5]를 선택하고 IF 함수를 실행시킨다. IF 함수는 **[수식]–[함수 라이브러리]** 그룹–**[논리]**에서 선택한다.

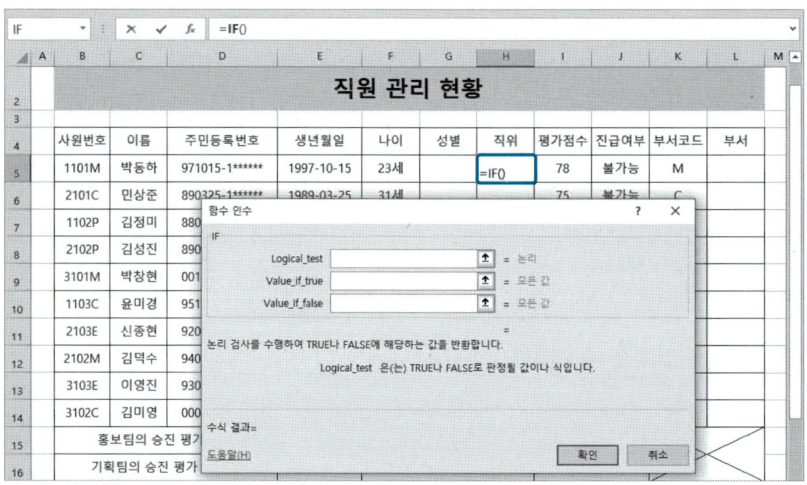


② 사원번호로부터 직위에 해당하는 왼쪽 두 자리를 추출하기 위해 LEFT 함수를 실행한다. IF 함수의 Logical_test에 커서를 두고 LEFT 함수를 실행시키기 위해서는 **[수식]–[함수 라이브러리]** 그룹의 메뉴를 사용할 수 없다. 수식 입력줄 왼쪽 이름 상자 부분의 화살표를 클릭하여 LEFT 함수를 선택한다.

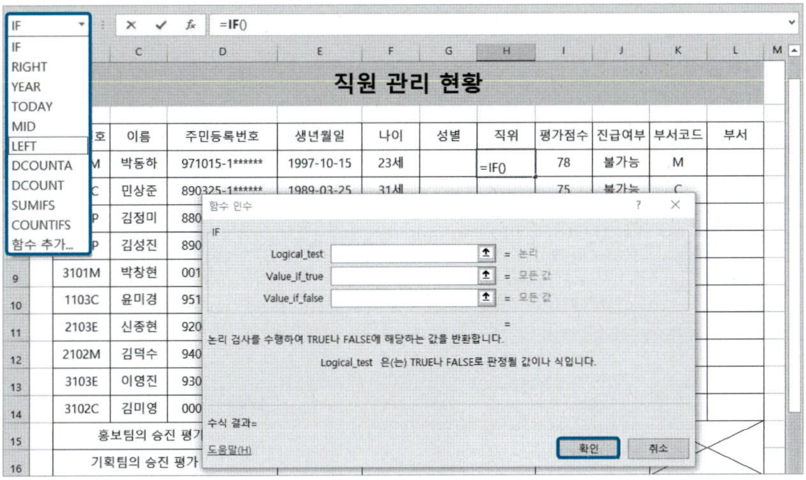

목록에 LEFT 함수가 보이지 않을 경우 목록 가장 아래쪽의 **[함수 추가]**를 클릭하여 **[함수 마법사]**를 실행하여 함수를 검색하여 선택한다.

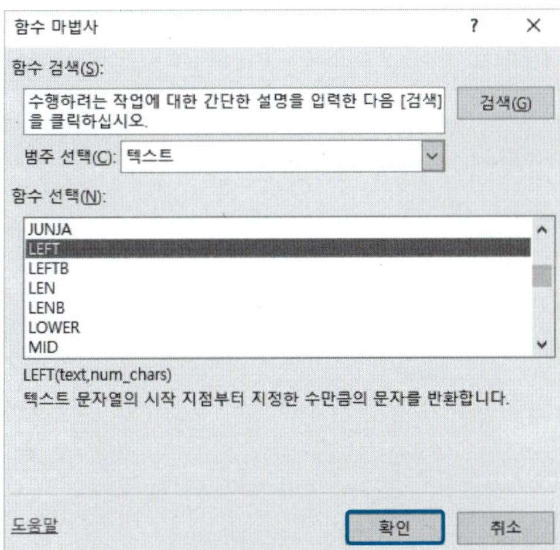

③ LEFT 함수 대화 상자를 이용하여 사원번호로부터 직위에 해당하는 코드를 추출한다.

Text : 사원번호 데이터 [B5]를 선택한다.

Num_chars : 2 (사원번호 왼쪽 2개의 문자가 직위 코드)

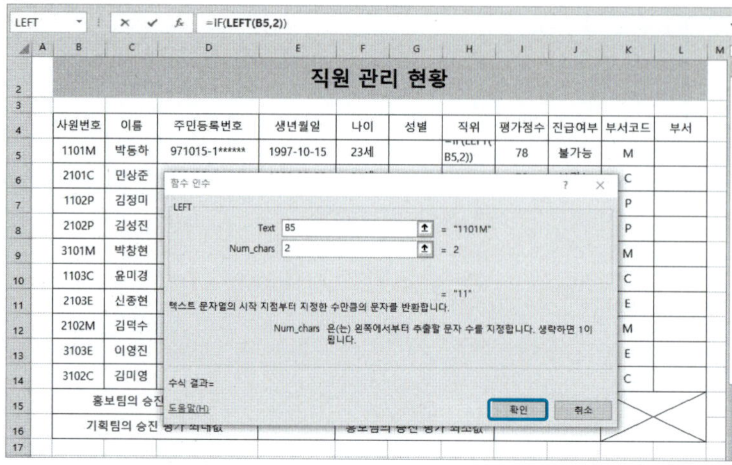


④ LEFT 함수에 값을 입력한 후 LEFT 함수를 호출한 IF 함수로 돌아가야 하므로 **[확인] 버튼을 누르지 말고 수식 입력줄에서 IF를 클릭**한다. 그러면 LEFT 함수 입력창이 IF 함수 입력창으로 바뀐다.

IF 함수의 Logical_test에서 LEFT 함수가 가지고 온 값이 사원에 해당하는 '11'과 같은지 비교한다. '11'은 숫자가 아니라 문자이므로 Logical_test 값 입력 시 따옴표를 사용해서 "11"과 같이 입력해야 한다. Logical_test 값이 '참'인 경우, 즉 LEFT 함수로 가져온 값이 "11"인 경우는 "사원"이라는 결과값을 출력하기 위해 Value_if_true에는 "사원"을 입력한다.

- Logical_test : LEFT(B5, 2) = "11"
- Value_if_true : "사원"

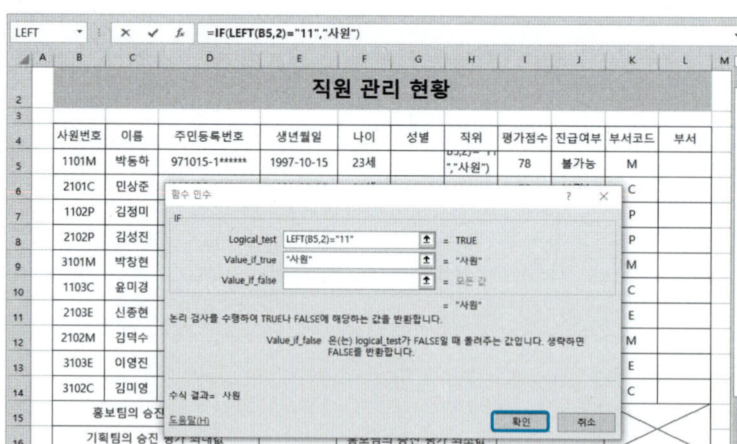

- Value_if_false : 조건에 만족하지 않는 경우, 즉 LEFT 함수를 통해 가지고 온 값이 "11"이 아닌 경우 다시 새로운 IF 함수를 이용하여 사원번호의 왼쪽 두 글자가 "22"인지 비교하여야 한다. Value_if_false에 커서를 두고 화면 상단 수식입력줄 옆 이름상자 부분에서 IF 함수를 선택한다.

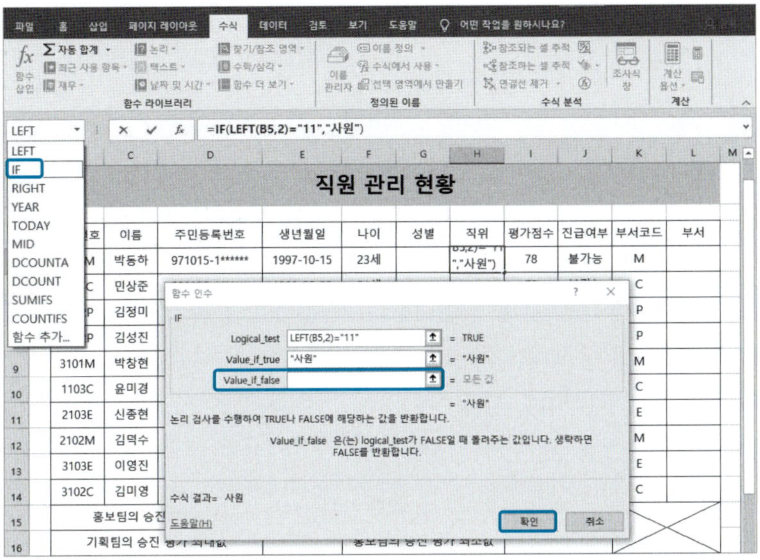


⑤ 새로운 IF 함수 입력 대화 상자가 뜨면 ②와 동일한 방법으로 사원번호를 추출하기 위해 LEFT 함수를 실행시켜 인수를 입력한다.

- Text : 사원번호 데이터 [B5]를 선택한다.
- Num_chars : 2 (사원번호 왼쪽 2개의 문자가 직위 코드)

그리고 다시 LEFT 함수를 호출한 IF 함수로 돌아오기 위해 수식 입력줄에서 두 번째 IF 함수를 클릭한다.

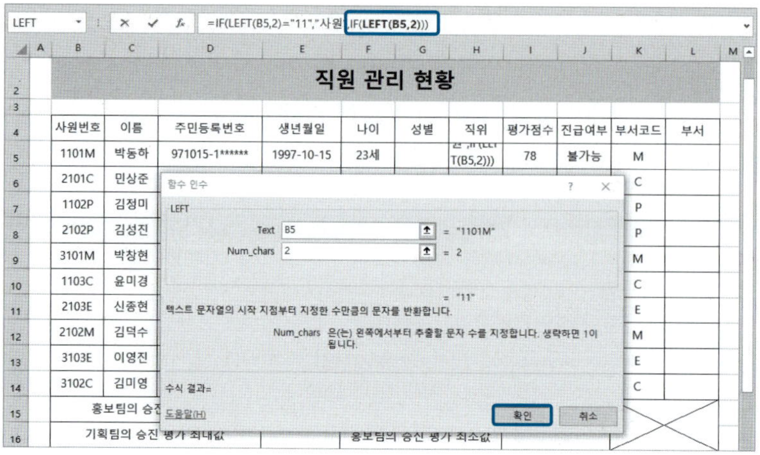


IF 함수 대화 상자에 다음과 같이 입력한다. 사원번호의 직위 코드가 "21"이면 "과장", 그렇지 않으면 "부장"을 출력한다.

- Logical_test : LEFT(B5, 2) = "21"
- Value_if_true : "과장"
- Value_if_false : "부장"

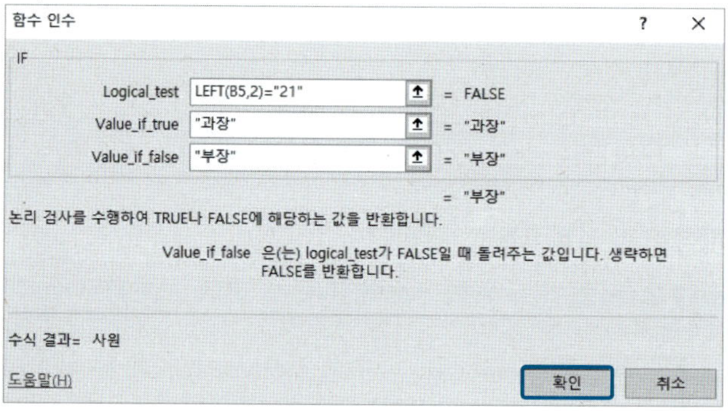


마지막 Value_if_false에서는 "사원"과 "과장"이 아니면 남은 직위가 "부장"이므로 사원번호의 앞자리가 '31'인지 비교하지 않고 입력해도 판별할 수 있다.

⑥ **[확인]** 버튼을 누르면 '직위'란에 값이 입력된다. '채우기 핸들러'를 이용하여 나머지 셀에 함수식을 복사하여 직위를 입력한다.

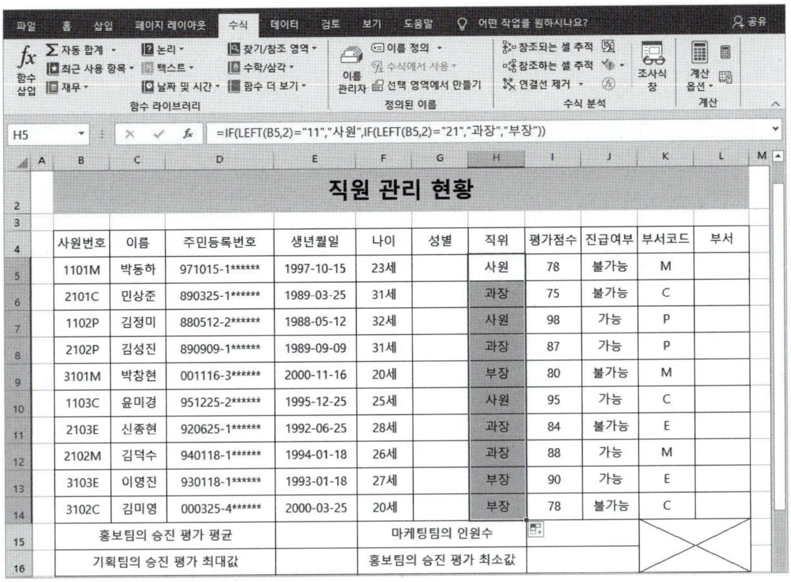

## step 7 부서코드를 이용하여 부서 추출하기 : VLOOKUP( )

VLOOKUP 함수는 대표적인 [찾기] 함수이다. 세로로 입력된 데이터 테이블의 첫 번째 열에서 찾으려고 하는 값을 검색하고, 검색된 값과 같은 행에 있는 데이터 중 지정된 열의 데이터 값을 돌려주는 함수이다.

| 범위 | 찾기/참조 영역 함수 |
|---|---|
| 함수 구조 | =VLOOKUP(Lookup_value, Table_array, Col_index_num, Range_lookup) |
| Lookup_value | 표의 첫 열에서 찾으려는 값(값, 셀 주소, 텍스트) |
| Table_array | 데이터를 검색하고 추출하려는 표 |
| Col_index_num | Table_array 내의 열 번호로 값을 추출할 열 지정 |
| Range_lookup | 정확하게 일치하는 것을 찾으려면 FALSE<br>비슷하게 일치하는 것을 찾으려면 TRUE |

VLOOKUP 함수를 이용하여 부서코드 테이블 셀 [N5:O8]로부터 부서코드에 맞는 부서명을 추출해 보도록 하자.

① VLOOKUP 함수를 실행한다.

부서명을 넣을 셀 [L5]를 선택하고 [수식]-[함수 라이브러리] 그룹-[찾기/참조 영역]에서 VLOOKUP 함수를 선택한다.

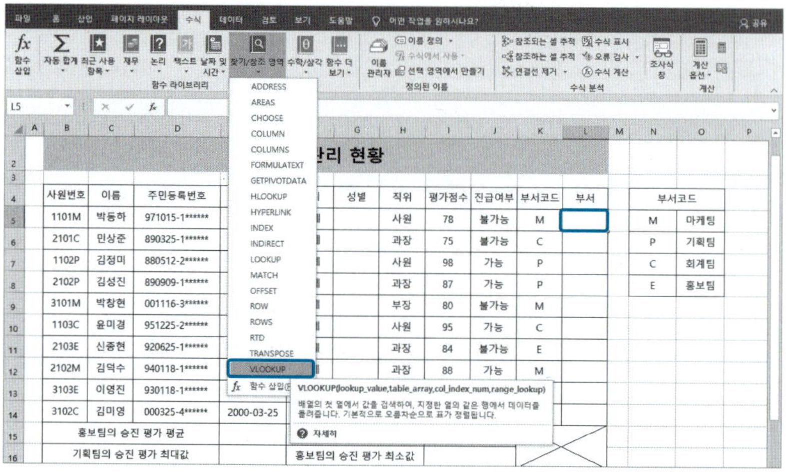

② VLOOKUP 함수의 인수들을 입력한다.

- Lookup_value : 부서코드 테이블 셀 [N5:O8]의 첫 번째 열에서 찾으려는 값으로 부서코드에 해당한다. 첫 번째 사람의 부서코드 [K5]를 선택한다.
- Table_array : 데이터를 검색하고 추출하려는 표로써 부서코드 테이블 셀 [N5:O8]을 선택한다. 이때 테이블 영역은 바뀌면 안 되므로 '$' 표시를 이용하여 절대주소로 지정한다. 부서코드 테이블 셀 [N5:O8] 영역을 선택하고 F4를 누르면 전체 영역에 '$' 표시가 자동 설정된다.
- Col_index_num : 부서코드 테이블 셀 [N5:O8]에서 가져오고자 하는 값은 부서명이므로 부서명은 테이블 내에서 두 번째 열이므로 '2'를 입력한다.
- Range_lookup : 부서코드와 정확하게 일치되는 값이 있는 경우만 값을 반환하기 위해서 'FALSE'를 입력한다.

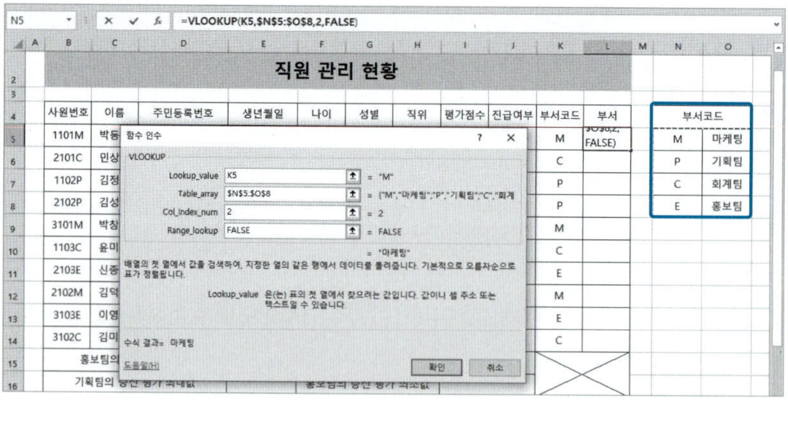

③ [확인] 버튼을 누르면 결과가 입력된다. '채우기 핸들러'를 사용하여 함수식을 나머지 셀에 복사하여 부서명을 출력한다.

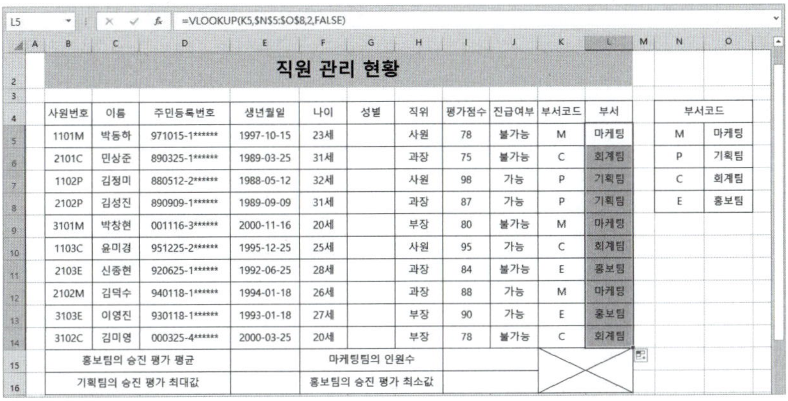

L5 =VLOOKUP(K5,$N$5:$O$8,2,FALSE)

직원 관리 현황

| 사원번호 | 이름 | 주민등록번호 | 생년월일 | 나이 | 성별 | 직위 | 평가점수 | 진급여부 | 부서코드 | 부서 |
|---|---|---|---|---|---|---|---|---|---|---|
| 1101M | 박동하 | 971015-1****** | 1997-10-15 | 23세 | | 사원 | 78 | 불가능 | M | 마케팅 |
| 2101C | 민상준 | 890325-1****** | 1989-03-25 | 31세 | | 과장 | 75 | 불가능 | C | 회계팀 |
| 1102P | 김정미 | 880512-2****** | 1988-05-12 | 32세 | | 사원 | 98 | 가능 | P | 기획팀 |
| 2102P | 김성진 | 890909-1****** | 1989-09-09 | 31세 | | 과장 | 87 | 가능 | P | 기획팀 |
| 3101M | 박창현 | 001116-3****** | 2000-11-16 | 20세 | | 부장 | 80 | 불가능 | M | 마케팅 |
| 1103C | 윤미경 | 951225-2****** | 1995-12-25 | 25세 | | 사원 | 95 | 가능 | C | 회계팀 |
| 2103E | 신종현 | 920625-1****** | 1992-06-25 | 28세 | | 과장 | 84 | 불가능 | E | 홍보팀 |
| 2102M | 김덕수 | 940118-1****** | 1994-01-18 | 26세 | | 과장 | 88 | 가능 | M | 마케팅 |
| 3103E | 이영진 | 930118-1****** | 1993-01-18 | 27세 | | 부장 | 90 | 가능 | E | 홍보팀 |
| 3102C | 김미영 | 000325-4****** | 2000-03-25 | 20세 | | 부장 | 78 | 불가능 | C | 회계팀 |
| 홍보팀의 승진 평가 평균 | | | | 마케팅팀의 인원수 | | | | | | |
| 기획팀의 승진 평가 최대값 | | | | 홍보팀의 승진 평가 최소값 | | | | | | |

| 부서코드 | |
|---|---|
| M | 마케팅 |
| P | 기획팀 |
| C | 회계팀 |
| E | 홍보팀 |

## TIP

HLOOKUP 함수 : VLOOKUP 함수와 함께 [찾기] 범주에 속하는 함수이다. 가로로 나열된 데이터 테이블의 첫 번째 행에서 찾으려고 하는 값을 검색하고, 검색된 값과 같은 열에 있는 데이터 중 지정된 행의 데이터 값을 돌려주는 함수이다.

## step 8 주민등록번호를 이용하여 성별 추출하기 : IF(), MID(), OR()

성별 추출을 위해 사용하는 함수 중 OR 함수는 함수 내의 조건이 모두 거짓이면 FALSE, 그렇지 않으면 TRUE를 반환하는 함수이다.

| 범주 | 논리 함수 |
|---|---|
| 함수 구조 | =OR(Logical1, Logical2,...) |
| Logical1 | TRUE나 FALSE값을 가지는 조건으로 1부터 255까지 지정가능 |

주민등록번호를 이용하여 성별을 추출하기 위해서 IF 함수, MID 함수, OR 함수 세 개를 혼합하여 사용하는 방법(중첩 함수 사용)에 대하여 알아보자. 실행방법은 다음과 같다.

- 주민등록번호의 뒷자리 중 첫 번째 값(8번째 자리 값)인 성별 식별코드를 추출한다.
- 성별 식별코드가 '1'이거나 '3'이면 남자, 그렇지 않으면 '여자'라고 결과값을 산출한다.

혼합해서 사용할 각 함수들의 역할은 다음과 같다.

- IF 함수 : OR 함수로부터 얻은 정보(TRUE, FALSE)를 이용하여 '남자' 또는 '여자'의 결과값을 출력하기 위해 사용

- OR 함수 : MID 함수로부터 추출된 주민등록번호 뒷자리의 첫 번째 값(8번째 자리 값)이 1 또는 3인지 확인하여 맞으면 IF 함수에 TRUE를 반환하고 그렇지 않으면 FALSE를 반환한다.

  같은 결과에 대해 여러 개의 조건이 있는 경우 IF 함수를 사용하여 중첩 구문을 사용하므로 수식이 복잡해지지만 OR 함수를 사용하면 편리하다.
- MID 함수 : OR 함수에서 조건식 평가를 위해 필요한 주민등록번호의 뒷자리 첫 번째 정보(성별식별코드)를 문자열로부터 추출하기 위해 사용

함수는 IF 함수 → OR 함수 → MID 함수 순으로 실행한다.

① IF 함수를 실행한다.

성별을 산출해 입력할 셀 [G5]를 선택하고 **[수식]-[함수 라이브러리]** 그룹 -**[논리]**에서 IF 함수를 선택한다.

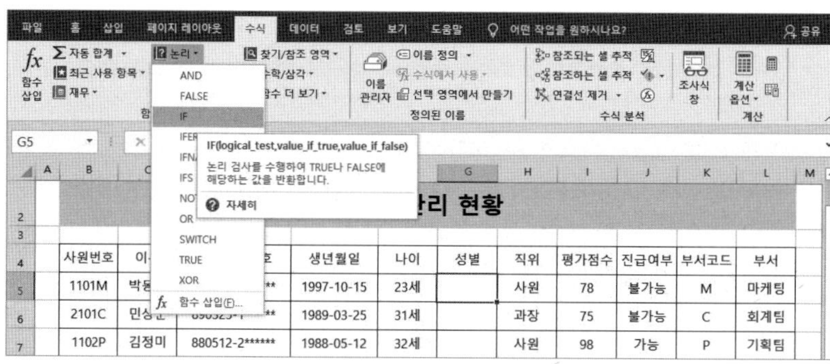


② OR 함수를 실행한다.

IF 함수 인수 입력 대화 상자의 Logical_test 값으로 OR 함수의 실행결과를 받아야 함으로 Logical_test에 커서를 두고 화면 상단 이름 상자 부분에서 OR 함수를 선택한다. 만약 이름 상자 부분에 OR 함수가 없다면 **[함수 추가]**를 선택하여 **[함수 마법사]**에서 선택한다.

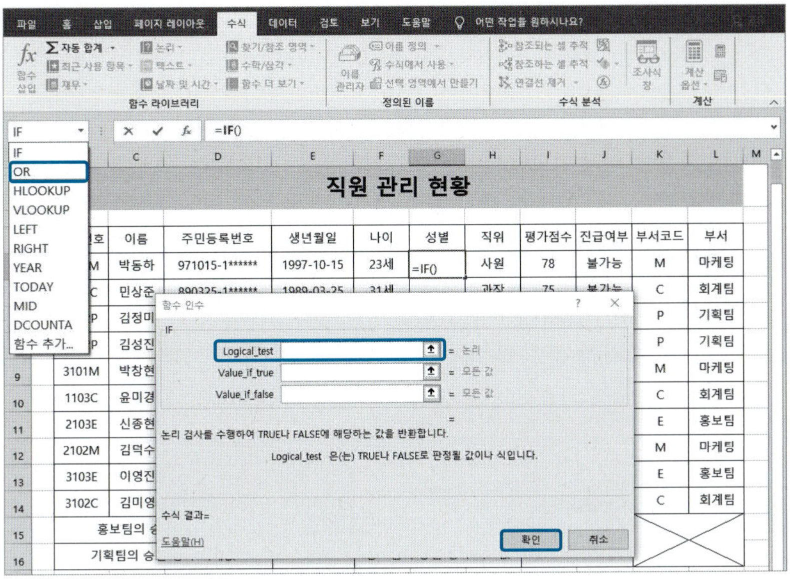

③ MID 함수를 실행한다.

②번 과정을 수행하면 화면에는 OR 함수 대화 상자가 보여진다. OR 함수에서 주민등록번호의 성별 식별코드가 1이거나 3인지를 평가해야 한다. 인수 입력 대화 상자의 **Logical1에 커서를 두고** 주민등록번호 8번째 값으로부터 성별식별코드를 추출하기 위해 MID 함수를 실행시킨다.

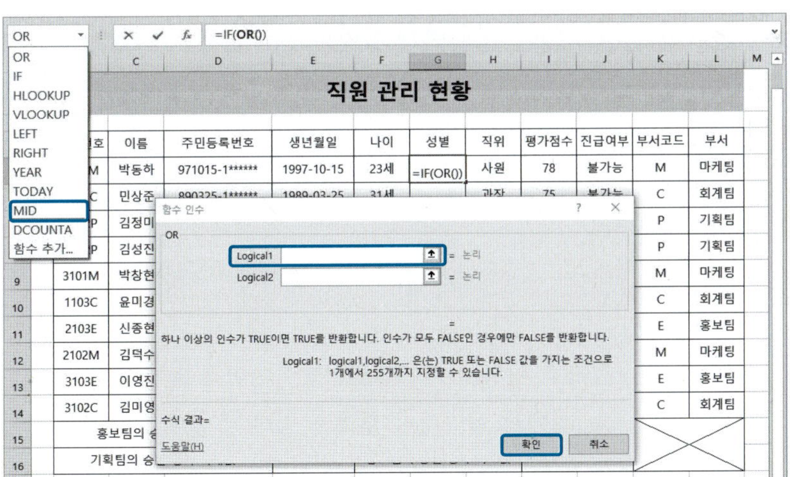

④ MID 함수의 인수를 입력한다.

③번을 수행하면 화면에 MID 함수 인수 입력 대화 상자가 보여진다. 주민등록번호 뒷자리 첫 번째 문자를 추출하기 위하여 다음과 같이 입력한다.

- Text : 돌려줄 문자들이 포함된 문자열이므로 첫 번째 사원의 주민등록번호 [D5]를 선택한다.
- Start_num : 돌려줄 문자열에서 첫째 문자의 위치이므로 '8'을 입력한다. 주민등록번호 앞 6개 문자와 연결 기호 '–'를 포함하여 위치를 계산한다.
- Num_chars : 돌려줄 문자의 개수이므로 성별 식별코드 1개이므로 '1'을 입력한다.

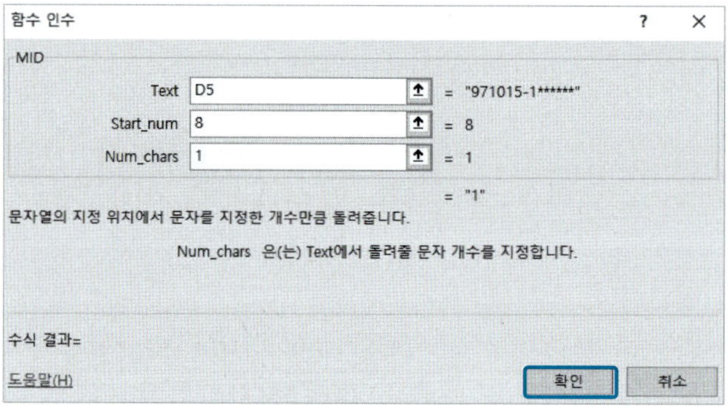


⑤ OR 함수의 인수를 입력한다.

MID 함수에 인수들을 모두 입력하고 **[확인]** 버튼을 누르면 오류가 발생한다. 이유는 OR 함수의 인수가 모두 입력되지 않았기 때문이다. MID 함수의 입력이 끝나면 MID 함수를 호출했던 OR 함수로 돌아와야 한다. 그러므로 수식 입력줄에서 MID 함수를 호출한 OR 함수를 클릭하면 OR 함수 인수 대화 상자로 변환된다. MID 함수에 의해 추출된 값이 '1' 또는 '3'인지 확인하기 위해 OR 함수 인수 대화 상자에다음과 같이 입력한다.

- Logical1 : MID 함수가 추출해 온 값이 '1'과 같은지를 확인하는 조건식이 들어가야 하므로 MID(D5, 8, 1)="1"
- Logical2 : Logical1과 동일하게 주민등록번호의 8번째 자리의 값이 '3'인지를 확인해야 하므로 Logical1에서 입력했던 것과 동일한 방법으로 MID 함수를 호출하여 수식을 입력한다. 또는 Logical1의 수식을 복사하여 MID(D5, 8, 1)="3"으로 수정하여 입력한다.

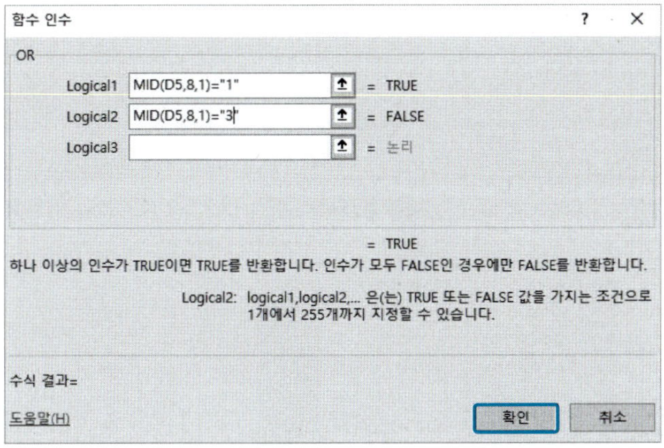


⑥ IF 함수의 인수를 입력한다.

OR 함수의 인수 입력이 끝나면 수식 입력줄의 OR 함수를 호출한 IF 함수를 클릭하면 IF 함수 인수 입력 대화 상자로 전환된다.

조건식에 대한 결과가 TRUE인지 FALSE인지는 OR 함수에서 판단하여 IF 함수에 전달되므로 IF 함수에서는 별다른 수식없이 조건이 참일 때는 '남자', 그렇지 않은 경우는 '여자'로 출력되도록 인수를 입력한다.

- Value_if_true : Logical_test의 결과가 참인 경우 실행문으로 "남자"라고 입력한다.
- Value_if_false : Logical_test의 결과가 거짓인 경우 실행문으로 "여자"라고 입력한다.

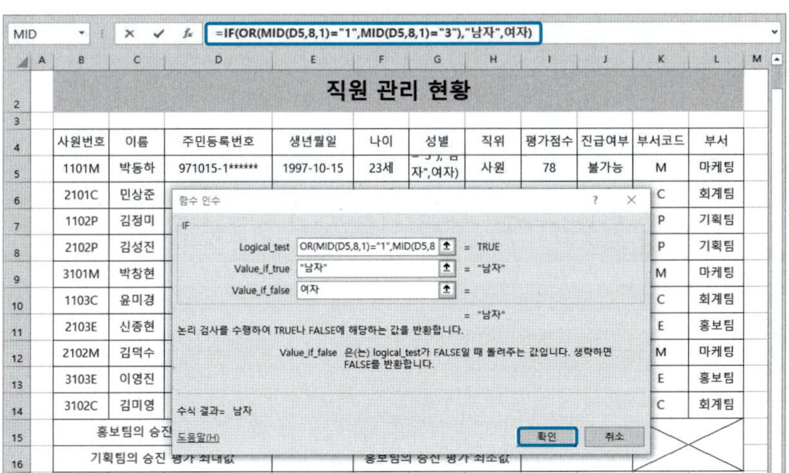

⑦ [확인] 버튼을 누르고 결과를 확인한다. '채우기 핸들러'를 이용하여 나머지 셀에 함수식을 복사하여 입력값을 얻는다.

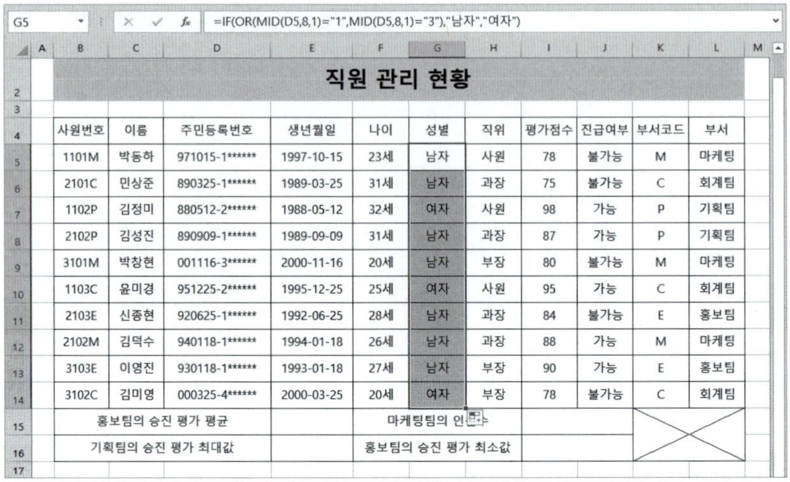

G5 =IF(OR(MID(D5,8,1)="1",MID(D5,8,1)="3"),"남자","여자")

직원 관리 현황

| 사원번호 | 이름 | 주민등록번호 | 생년월일 | 나이 | 성별 | 직위 | 평가점수 | 진급여부 | 부서코드 | 부서 |
|---|---|---|---|---|---|---|---|---|---|---|
| 1101M | 박동하 | 971015-1****** | 1997-10-15 | 23세 | 남자 | 사원 | 78 | 불가능 | M | 마케팅 |
| 2101C | 민상준 | 890325-1****** | 1989-03-25 | 31세 | 남자 | 과장 | 75 | 불가능 | C | 회계팀 |
| 1102P | 김정미 | 880512-2****** | 1988-05-12 | 32세 | 여자 | 사원 | 98 | 가능 | P | 기획팀 |
| 2102P | 김성진 | 890909-1****** | 1989-09-09 | 31세 | 남자 | 과장 | 87 | 가능 | P | 기획팀 |
| 3101M | 박창현 | 001116-3****** | 2000-11-16 | 20세 | 남자 | 부장 | 80 | 불가능 | M | 마케팅 |
| 1103C | 윤미경 | 951225-2****** | 1995-12-25 | 25세 | 여자 | 사원 | 95 | 가능 | C | 회계팀 |
| 2103E | 신종현 | 920625-1****** | 1992-06-25 | 28세 | 남자 | 과장 | 84 | 불가능 | E | 홍보팀 |
| 2102M | 김덕수 | 940118-1****** | 1994-01-18 | 26세 | 남자 | 과장 | 88 | 가능 | M | 마케팅 |
| 3103E | 이영진 | 930118-1****** | 1993-01-18 | 27세 | 남자 | 부장 | 90 | 가능 | E | 홍보팀 |
| 3102C | 김미영 | 000325-4****** | 2000-03-25 | 20세 | 여자 | 부장 | 78 | 불가능 | C | 회계팀 |
| 홍보팀의 승진 평가 평균 | | | | 마케팅팀의 인원수 | | | | | | |
| 기획팀의 승진 평가 최대값 | | | | 홍보팀의 승진 평가 최소값 | | | | | | |

## TIP

**AND 함수**

OR 함수는 인수의 결과 중 하나라도 참이면 TRUE를 반환하지만 AND 함수는 주어진 인수의 결과가 모두 참일 때만 TRUE를 반환한다.

## step 9 평가 점수를 이용하여 승진 평가 평균 구하기 : ROUND(), DAVERAGE()

ROUND 함수는 선택한 숫자를 지정한 자릿수로 반올림하는 함수이다. DAVERAGE 함수를 이용하여 평균을 구하면 소수점이 발생하는 데 이때 ROUND 함수를 이용하여 원하는 자릿수까지 나타내도록 한다.

| 범주 | 수학/삼각 범주 |
|---|---|
| 함수 구조 | =ROUND(Number, Num_digit) |
| Number | 반올림하고자 하는 수 |
| Num_digit | 반올림하고자 하는 자릿수 |

DAVERAGE는 지정한 조건에 맞는 데이터베이스나 목록에서 열의 평균을 구하는 함수이다.

| 범주 | 데이터베이스 함수 |
|---|---|
| 함수 구조 | =DAVERAGE(Database, Field, Criteria) |
| Database | 데이터베이스나 목록으로 지정할 셀 범위 |
| Field | 목록에서 열의 위치를 나타내는 숫자나 열 레이블 |
| Criteria | 지정한 조건이 있는 셀 범위 |

ROUND 함수와 DAVERAGE 함수를 혼합하여 홍보팀의 승진 평가 평균을 구해보도록 하자. 각 함수의 역할은 다음과 같다.

- ROUND 함수 : DAVERAGE 함수에 의해 구해지는 월급에 대한 평균값의 소수점 이하 자리수를 설정한다.
- DAVERAGE 함수 : 홍보팀에 대한 승진 평가 평균을 구한다.

함수 호출 순서는 ROUND 함수를 호출하고 ROUND 함수의 인수로 DAVERAGE 함수를 호출한다.

① ROUND 함수를 실행한다.

ROUND 함수의 인수로 DAVERAGE 함수를 호출해야 하므로 ROUND 함수를 먼저 실행한다. 홍보팀의 승진 평가 평균을 넣을 셀 [E15]을 선택하고 **[수식]-[함수 라이브러리] 그룹-[수학/삼각]**에서 ROUND 함수를 선택한다.

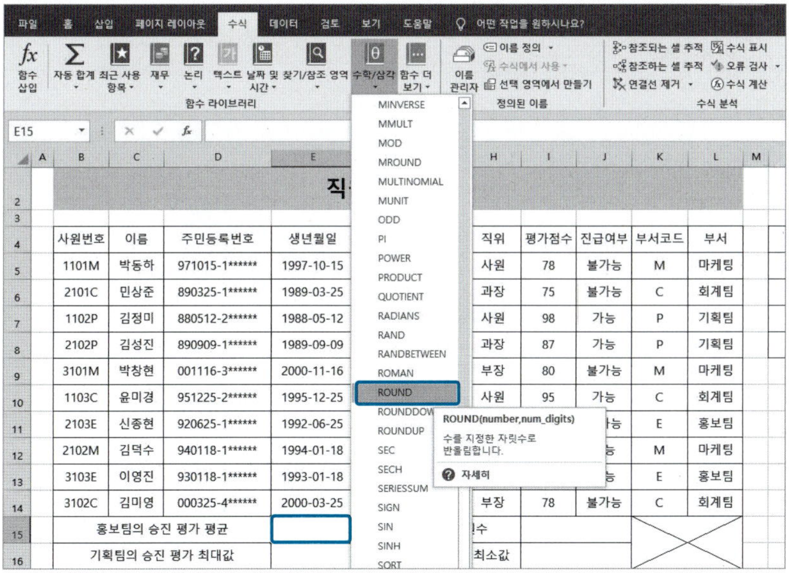

② ROUND 함수의 인수들을 입력한다.

- Number : 반올림하고자 하는 숫자가 입력되어야 하므로 화면 왼쪽 상단의 이름 상자 리스트에서 DAVERAGE 함수를 선택한다. DAVERAGE 함수가 보이지 않으면 **[함수 추가]**를 클릭하고 **[함수 마법사]**에서 검색한다.
- Num_digit : 소수점 이하의 자리수로 '2'를 입력한다. 소수점 이하 두 번째 자리까지 나타낸다.

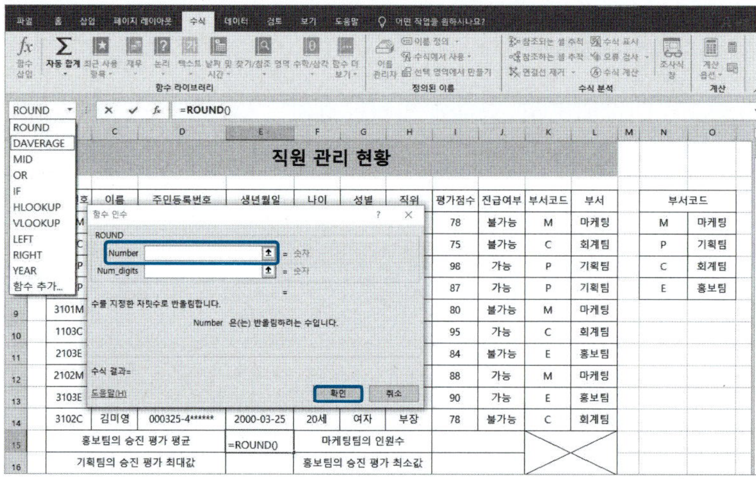


이름 상자 리스트에 DAVERAGE 함수가 없는 경우 **[함수 추가]**를 선택하고 **[함수 마법사 대화 상자]**의 '함수 검색'에 DAVERAGE를 입력하고 **[검색]** 버튼을 누르면 함수 선택 부분에 DAVERAGE 함수가 보여진다. **[확인]** 버튼을 누르면 DAVERAGE 함수 인수 입력창이 뜬다.

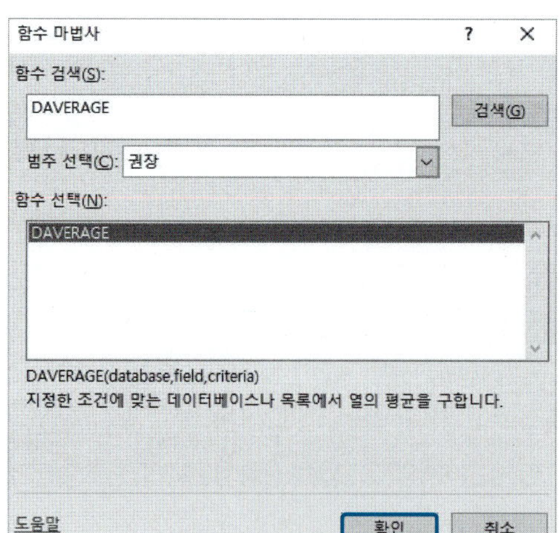

③ DAVERAGE 함수의 인수들을 입력한다.

- Database : 데이터베이스나 목록으로 지정할 셀 범위로 직원 관리 현황표 전체 테이블 영역 [B4:L14]를 선택한다.
- Field : 목록에서 평균을 계산할 열의 위치를 나타내는 값으로 평가점수는 여덟 번째 열이므로 '8'를 입력한다.
- Criteria : 지정한 조건이 있는 셀 범위로 부서가 홍보팀이어야 함으로 조건테이블 셀 [N10:N11]를 선택한다. 필요하다면 조건 테이블을 만들어서 사용하면 된다.

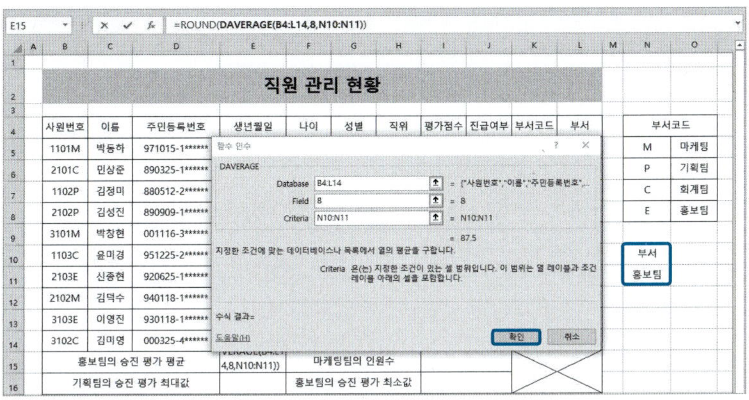


④ 결과를 확인한다.

수식 입력줄에서 DAVERAGE 함수를 호출했던 ROUND 함수를 클릭하여 ROUND 함수의 인수 입력창으로 돌아와 'Num_digit' 값으로 1를 입력하고 **[확인]** 버튼을 누르면 결과가 보여진다.

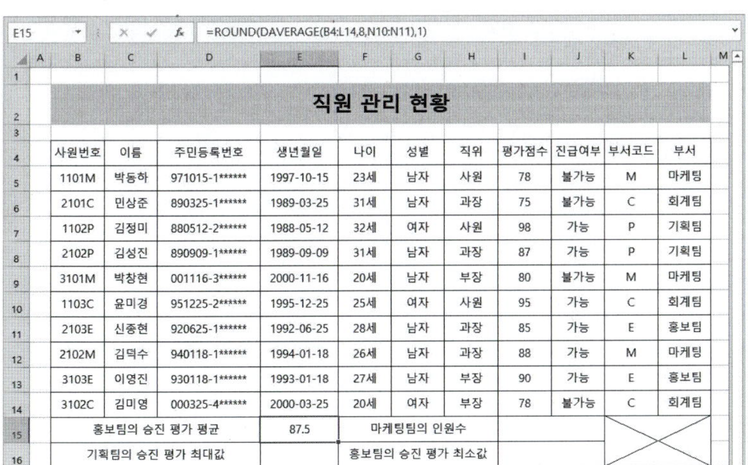

E15 =ROUND(DAVERAGE(B4:L14,8,N10:N11),1)

직원 관리 현황

| 사원번호 | 이름 | 주민등록번호 | 생년월일 | 나이 | 성별 | 직위 | 평가점수 | 진급여부 | 부서코드 | 부서 |
|---|---|---|---|---|---|---|---|---|---|---|
| 1101M | 박동하 | 971015-1****** | 1997-10-15 | 23세 | 남자 | 사원 | 78 | 불가능 | M | 마케팅 |
| 2101C | 민상준 | 890325-1****** | 1989-03-25 | 31세 | 남자 | 과장 | 75 | 불가능 | C | 회계팀 |
| 1102P | 김정미 | 880512-2****** | 1988-05-12 | 32세 | 여자 | 사원 | 98 | 가능 | P | 기획팀 |
| 2102P | 김성진 | 890909-1****** | 1989-09-09 | 31세 | 남자 | 과장 | 87 | 가능 | P | 기획팀 |
| 3101M | 박창현 | 001116-3****** | 2000-11-16 | 20세 | 남자 | 부장 | 80 | 불가능 | M | 마케팅 |
| 1103C | 윤미경 | 951225-2****** | 1995-12-25 | 25세 | 여자 | 사원 | 95 | 가능 | C | 회계팀 |
| 2103E | 신종현 | 920625-1****** | 1992-06-25 | 28세 | 남자 | 과장 | 85 | 가능 | E | 홍보팀 |
| 2102M | 김덕수 | 940118-1****** | 1994-01-18 | 26세 | 남자 | 과장 | 88 | 가능 | M | 마케팅 |
| 3103E | 이영진 | 930118-1****** | 1993-01-18 | 27세 | 남자 | 부장 | 90 | 가능 | E | 홍보팀 |
| 3102C | 김미영 | 000325-4****** | 2000-03-25 | 20세 | 여자 | 부장 | 78 | 불가능 | C | 회계팀 |
| 홍보팀의 승진 평가 평균 | | | 87.5 | 마케팅팀의 인원수 | | | | | | |
| 기획팀의 승진 평가 최대값 | | | | 홍보팀의 승진 평가 최소값 | | | | | | |

## TIP

- **ROUNDDOWN 함수**
  0에 가까운 방향으로 수를 내림하는 함수. 무조건 내림
- **ROUNDUP 함수**
  0에서 먼 방향으로 수를 올림하는 함수. 무조건 올림

### step 10 데이터베이스로부터 마케팅팀의 인원수 구하기 : DCOUNTA()

DCOUNTA 함수는 목록이나 데이터베이스의 필드에서 지정한 조건에 맞는 비어있지 않은 셀의 수를 구한다. DCOUNTA 함수를 이용하여 마케팅팀의 총 인원수를 세어보자.

| 범주 | 데이터베이스 함수 |
|---|---|
| 함수 구조 | =DCOUNTA(Database, Field, Criteria) |
| Database | 데이터베이스나 목록으로 지정할 셀 범위 |
| Field | 목록에서 열의 위치를 나타내는 숫자나 열 레이블 |
| Criteria | 지정한 조건이 있는 셀 범위 |

① DCOUNTA 함수를 실행한다.

기획팀의 총 인원수를 계산해 넣을 셀 [I15]을 선택하고 **[수식]-[함수 삽입]**을 클릭하여 **[함수 마법사]**를 실행한다. 함수 검색란에 'DCOUNTA'를 입력하여 함수를 검색하고, 함수 선택창에서 함수를 선택하고 **[확인]**을 클릭한다.

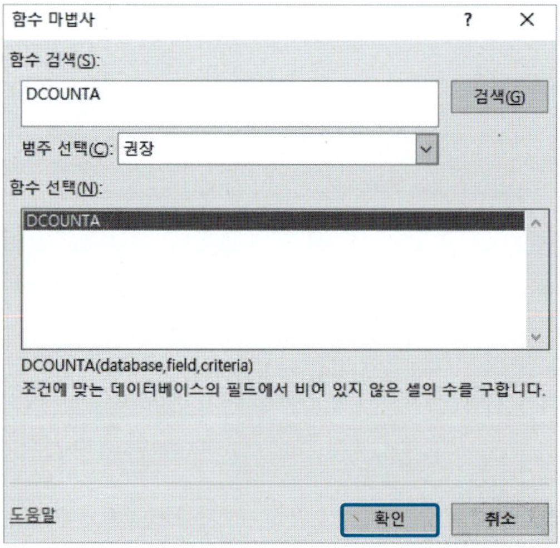

② DCOUNTA 함수의 인수들을 입력한다.

- Database : 데이터베이스나 목록으로 지정할 셀 범위로 직원 관리 현황표 전체 테이블 영역 [B4:L14]를 선택한다.
- Field : 목록에서 팀의 인원수를 계산할 열의 위치를 나타내는 값으로 직원 관리 현황표 맨 왼쪽부터 부서명이 있는 열은 열 한 번째 이므로 '11'을 입력한다.
- Criteria : 지정한 조건이 있는 셀 범위로 부서가 마케팅이어야 함으로 셀 [L4:L5]를 선택한다. 필요하다면 조건 테이블을 만들어서 사용하면 된다.

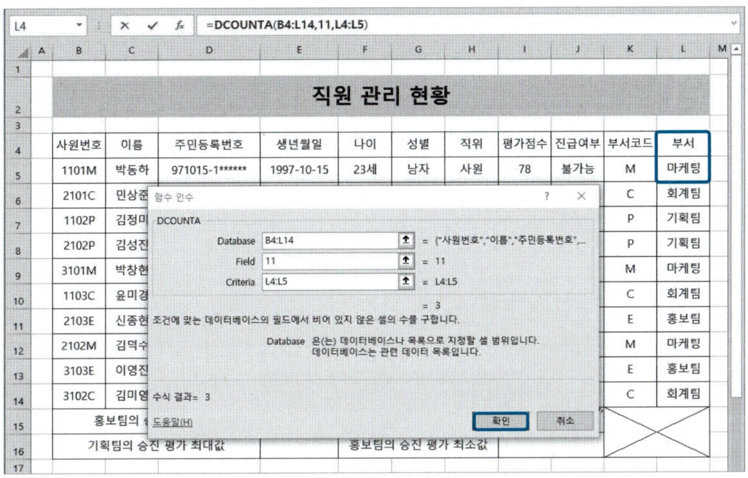


③ [확인] 버튼을 클릭하여 결과를 확인한다.
마케팅 팀의 인원수를 3명임을 알 수 있다.

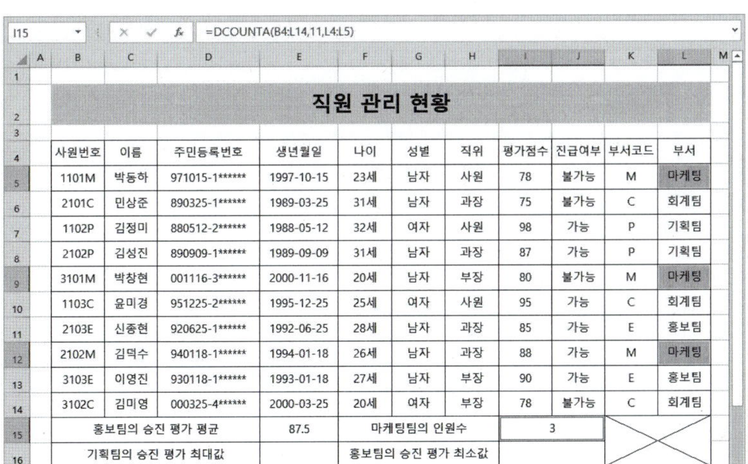

### step 11 데이터베이스로부터 기획팀의 승진평가 최대값 구하기 : DMAX()

DMAX 함수는 목록이나 데이터베이스의 필드에서 지정한 조건에 맞는 가장 큰 수를 구한다. DMAX 함수를 이용하여 기획팀의 승진 평가 최대값을 구해보자

| 범주 | 데이터베이스 함수 |
|---|---|
| 함수 구조 | =DMAX(Database, Field, Criteria) |
| Database | 데이터베이스나 목록으로 지정할 셀 범위 |
| Field | 목록에서 열의 위치를 나타내는 숫자나 열 레이블 |
| Criteria | 지정한 조건이 있는 셀 범위 |

① DMAX 함수를 실행한다.

기획팀의 승진 평가 최대값을 계산해 넣을 셀 [E16]을 선택하고 **[수식]–[함수 삽입]**을 클릭하여 **[함수 마법사]**를 실행한다. 함수 검색란에 'DMAX'를 입력하여 함수를 검색하고, 함수 선택창에서 함수를 선택하고 **[확인]**을 클릭한다.

② DMAX 함수의 인수들을 입력한다.

- Database : 데이터베이스나 목록으로 지정할 셀 범위로 직원 관리 현황표 전체 테이블 영역 [B4:L14]를 선택한다.
- Field : 목록에서 평가 점수가 있는 열의 위치를 나타내는 값으로 직원 관리 현황표 맨 왼쪽부터 평가점수가 있는 열은 여덟 번째이므로 '8'을 입력한다.
- Criteria : 지정한 조건이 있는 셀 범위로 부서가 기획팀이어야 함으로 조건테이블 [N12:N13]을 선택한다. 필요하다면 조건 테이블을 만들어서 사용하면 된다.

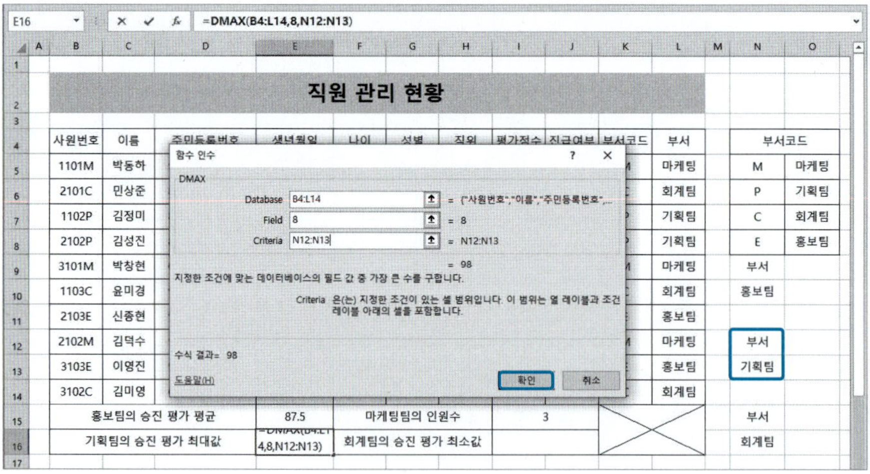

③ **[확인]** 버튼을 클릭하여 결과를 확인한다.

기획팀의 승진 평가 최대값은 98임을 알 수 있다.

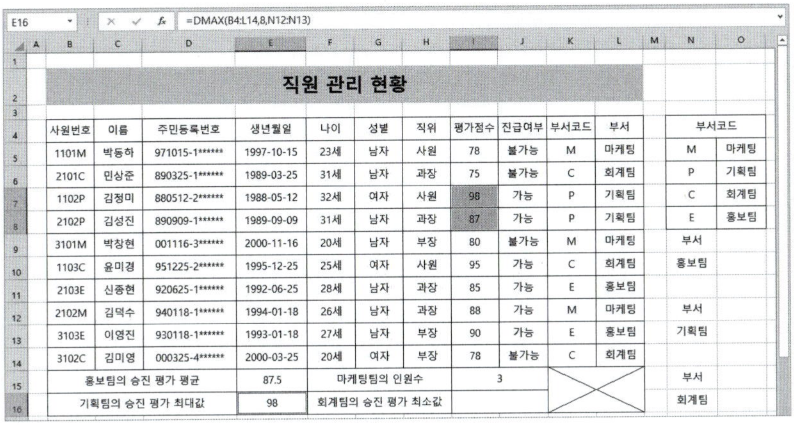

E16 =DMAX(B4:L14,8,N12:N13)

직원 관리 현황

| 사원번호 | 이름 | 주민등록번호 | 생년월일 | 나이 | 성별 | 직위 | 평가점수 | 진급여부 | 부서코드 | 부서 | | 부서코드 | |
|---|---|---|---|---|---|---|---|---|---|---|---|---|---|
| 1101M | 박동하 | 971015-1****** | 1997-10-15 | 23세 | 남자 | 사원 | 78 | 불가능 | M | 마케팅 | | M | 마케팅 |
| 2101C | 민상준 | 890325-1****** | 1989-03-25 | 31세 | 남자 | 과장 | 75 | 불가능 | C | 회계팀 | | P | 기획팀 |
| 1102P | 김정미 | 880512-2****** | 1988-05-12 | 32세 | 여자 | 사원 | 98 | 가능 | P | 기획팀 | | C | 회계팀 |
| 2102P | 김성진 | 890909-1****** | 1989-09-09 | 31세 | 남자 | 과장 | 87 | 가능 | P | 기획팀 | | E | 홍보팀 |
| 3101M | 박창현 | 001116-3****** | 2000-11-16 | 20세 | 남자 | 부장 | 80 | 불가능 | M | 마케팅 | | 부서 | |
| 1103C | 윤미경 | 951225-2****** | 1995-12-25 | 25세 | 여자 | 사원 | 95 | 가능 | C | 회계팀 | | 홍보팀 | |
| 2103E | 신종현 | 920625-1****** | 1992-06-25 | 28세 | 남자 | 과장 | 85 | 가능 | E | 홍보팀 | | | |
| 2102M | 김덕수 | 940118-1****** | 1994-01-18 | 26세 | 남자 | 과장 | 88 | 가능 | M | 마케팅 | | 부서 | |
| 3103E | 이영진 | 930118-1****** | 1993-01-18 | 27세 | 남자 | 부장 | 90 | 가능 | E | 홍보팀 | | 기획팀 | |
| 3102C | 김미영 | 000325-4****** | 2000-03-25 | 20세 | 여자 | 부장 | 78 | 불가능 | C | 회계팀 | | | |
| 홍보팀의 승진 평가 평균 | | | 87.5 | 마케팅팀의 인원수 | | | 3 | | | | | 부서 | |
| 기획팀의 승진 평가 최대값 | | | 98 | 회계팀의 승진 평가 최소값 | | | | | | | | 회계팀 | |

## step 12 데이터베이스로부터 홍보팀의 승진 평가 최소값 구하기 : DMIN()

DMIN 함수는 목록이나 데이터베이스의 필드에서 지정한 조건에 맞는 가장 작은 수를 구한다. DMIN 함수를 이용하여 회계팀의 승진 평가 최소값을 구해보자.

| 범주 | 데이터베이스 함수 |
|---|---|
| 함수 구조 | =DMIN(Database, Field, Criteria) |
| Database | 데이터베이스나 목록으로 지정할 셀 범위 |
| Field | 목록에서 열의 위치를 나타내는 숫자나 열 레이블 |
| Criteria | 지정한 조건이 있는 셀 범위 |

① DMIN 함수를 실행한다.

회계팀의 승진 평가 최소값을 계산해 넣을 셀 [I16]을 선택하고 **[수식]–[함수 삽입]**을 클릭하여 **[함수 마법사]**를 실행한다. 함수 검색란에 'DMIN'를 입력하여 함수를 검색하고, 함수 선택창에서 함수를 선택하고 **[확인]**을 클릭한다.

② DMIN 함수의 인수들을 입력한다.

- Database : 데이터베이스나 목록으로 지정할 셀 범위로 직원 관리 현황표 전체 테이블 영역 [B4:L14]를 선택한다.
- Field : 목록에서 평가 점수가 있는 열의 위치를 나타내는 값으로 직원 관리 현황표 맨 왼쪽부터 평가점수가 있는 열은 여덟 번째이므로 '8'을 입력한다.

- Criteria : 지정한 조건이 있는 셀 범위로 부서가 회계팀이어야 함으로 조건테이블 [N15:N16]을 선택한다. 필요하다면 조건 테이블을 만들어서 사용하면 된다.

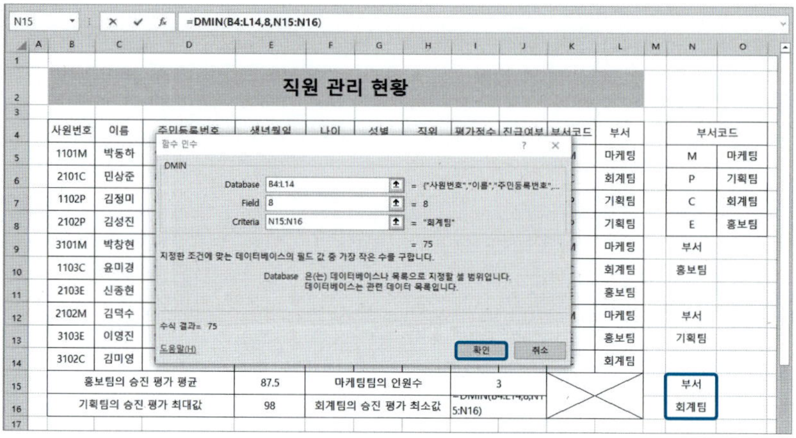


③ [확인] 버튼을 클릭하여 결과를 확인한다.

회계팀의 승진 평가 최소값은 75임을 알 수 있다.

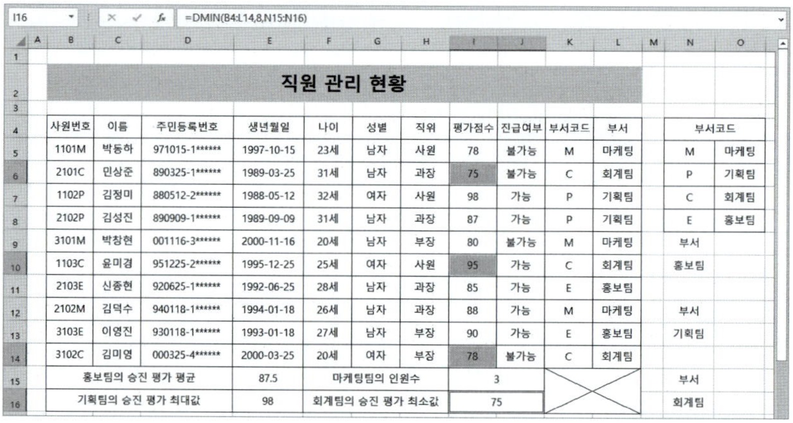

# 연습문제

**1.** 다음 표의 내용을 입력하고 사항에 맞게 완성하시오.

[표1] 지점별 경영성과

| 지점명 | 매출액 | 매출원가 | 매출이익 | 매출 구성비 |
|---|---|---|---|---|
| 서울 | 1,137,500 | 823,000 | 314,500 | |
| 대구 | 1,027,300 | 720,000 | 307,300 | |
| 광주 | 923,400 | 792,000 | 131,400 | |
| 부산 | 1,278,000 | 879,000 | 399,000 | |
| 인천 | 1,087,000 | 811,000 | 276,000 | |
| 합계 | 5,453,200 | 4,025,000 | 1,428,200 | |

[표3] 제품 분석

| 모델명 | 디자인 | 성능 | 실용성 | 평균 | 80점 이상 개수 |
|---|---|---|---|---|---|
| AP-234 | 75 | 80 | 75 | | |
| AP-235 | 70 | 75 | 95 | | |
| AP-236 | 60 | 75 | 86 | | |
| AP-237 | 75 | 90 | 79 | | |
| AP-238 | 65 | 70 | 68 | | |
| AP-239 | 55 | 50 | 59 | | |

[표2] 제품 분석

| 모델명 | 디자인 | 성능 | 합격 여부 |
|---|---|---|---|
| AP-234 | 75 | 80 | |
| AP-235 | 70 | 75 | |
| AP-236 | 60 | 70 | |
| AP-237 | 75 | 90 | |
| AP-238 | 65 | 70 | |
| AP-239 | 55 | 50 | |

[표4] 수산물 경매가격표

| 품목 | 산지 | 상품 | 중품 | 하품 | 상품+하품 |
|---|---|---|---|---|---|
| 광어 | 서해 | 41,000 | 24,000 | 6,000 | |
| 농어 | 남해 | 10,000 | 7,000 | 5,000 | |
| 대구 | 동해 | 17,000 | 11,000 | 6,000 | |
| 도미 | 남해 | 8,000 | | 5,000 | |
| 방어 | 동해 | 25,000 | 15,000 | 5,000 | |
| 붕장어 | 남해 | 16,000 | | 14,000 | |

(1) [표1]에서 매출구성비를 구하시오.
- 매출구성비 = 매출액 / 매출액 합계 [C9]

(2) [표2]에서 디자인과 성능의 평균이 '70' 이상이면 '합격' 그렇지 않으면 '불합격'으로 입력하시오.
- AVERAGE 함수와 IF 함수 사용

(3) [표3]에서 평균을 구하여 소수점 둘째자리까지 나타내시오.
- AVERAGE 함수와 ROUND 함수 사용

(5) [표3]에서 모델별 디자인, 성능, 실용성 점수 중 80점 이상인 분야의 수를 구하시오.
- COUNTIF 함수 사용

(4) [표4]에서 상품과 하품의 합을 구하시오.
- SUM 함수 사용

**2.** 다음 표의 내용을 입력하고 지시사항에 맞게 완성하시오.

[표1] 제품 분석

| 디자인 | 성능 | 총점 | 평균 | 순위 |
|---|---|---|---|---|
| 75 | 80 | 155 | 77.5 | |
| 70 | 75 | 145 | 72.5 | |
| 60 | 75 | 135 | 67.5 | |
| 75 | 90 | 165 | 82.5 | |
| 65 | 70 | 135 | 67.5 | |
| 55 | 50 | 105 | 52.5 | |

[표2] 승진심사표

| 성명 | 부서명 | 주민번호 | 성별 |
|---|---|---|---|
| 이원섭 | 영업부 | 730405-1234567 | |
| 한성현 | 전산실 | 001111-3234567 | |
| 이은영 | 비서실 | 670505-2103455 | |
| 안유경 | 비서실 | 880909-1324567 | |
| 최은하 | 기획실 | 000304-4345677 | |
| 이병숙 | 전산실 | 750216-1326777 | |

[표3] 사원별 수당지급현황

| 근무년수 | 기본급 | 상여비율 | 수당 |
|---|---|---|---|
| 15 | 2,550,000 | 15% | |
| 9 | 1,500,000 | 10% | |
| 10 | 2,000,000 | 12% | |
| 8 | 2,200,000 | 10% | |
| 4 | 1,300,000 | 7% | |
| 추가 상여율 | 5% | | |

[표4] 승진시험 성적관리

| 성명 | 소속 | 청취 | 독해 | 문법 | 합계 |
|---|---|---|---|---|---|
| 이원섭 | 한국고 | 98 | 89 | 87 | |
| 한성현 | 서울고 | 97 | 92 | 88 | |
| 이은영 | 경기고 | 85 | 90 | 90 | |
| 안유경 | 한국고 | 92 | 90 | 90 | |
| 강홍석 | 경기고 | 84 | 89 | 84 | |
| 안두리 | 서울고 | 81 | 70 | 88 | |

| | 경기고 | 서울고 | 한국고 |
|---|---|---|---|
| 독해 | | | |

(1) [표1]에서 평균에 대한 순위를 구하시오.
- 표시 예 : 1위, 2위, 3위….
- 평균 점수가 가장 높은 학생이 1위
- RANK.EQ 함수와 & 사용

(2) [표2]에서 성별을 구하시오.
- 주민번호 8번째 값이 1이거나 3이면 '남자', 2이거나 4이면 '여자'로 표기
- IF 함수, MID 함수, OR 함수 사용

(3) [표3]에서 수당을 계산하시오.
- 수당 = 기본급 + 기본급 * (상여비율 + 추가 상여율)

(4) [표4]에서 청취, 독해, 문법의 합을 구하여 합계 영역에 표시하시오.
- 합계는 십의 자리에서 반올림하여 백의 자리까지 표시(예: 23456 → 23500)
- ROUND 함수와 SUM 함수 사용

(5) [표4]에서 각 고등학교 별 독해점수의 합계를 구하시오.
- SUMIF 함수 사용

# 7 CHAPTER 차트 다루기

7.1 전형별 경쟁률 비교 차트 만들기 / 7.2 간트 차트(Gantt chart) 만들기

차트는 엑셀에서 데이터를 좀 더 쉽게 파악할 수 있도록 시각화한 것으로 차트를 이용하면 숫자로 된 자료를 그림으로 제공하여 자료를 비교 · 분석하거나 추세 등을 쉽게 파악할 수 있다. 엑셀에서 제공되는 차트는 매우 강력하고 작성하기 쉽다는 것이 큰 장점이며 작성된 차트는 워드프로그램의 개체로써 삽입이 가능하다.

엑셀에서 만들 수 있는 차트 종류는 세로 막대형, 꺾은 선형, 원형, 가로 막대형, 영역형, 분산형, 주식형, 표면형, 방사형, 트리맵, 선버스트, 히스토그램, 상자수염, 폭포, 혼합 등 다양한 차트를 제공하고 있다. 특히 엑셀 2019에서는 지도, 깔때기형 차트가 추가되었다.

## 7.1 전형별 경쟁률 비교 차트 만들기

전형별 경쟁률을 이용하여 엑셀에서의 기본 차트를 그려보도록 하자.

### step 1 원본 데이터 입력하기

원본 데이터를 다음과 같이 입력한다.

- 평균 경쟁률 : AVERAGE 함수를 사용하여 2021년부터 2024년까지 경쟁률에 대한 평균을 구한다. =AVERAGE(D5:G5)
- 경쟁률 순위 : RANK.EQ 함수를 사용하여 평균 경쟁률에 대한 순위를 매긴다. =RANK.EQ(H5,$H$5:$H$14,0)

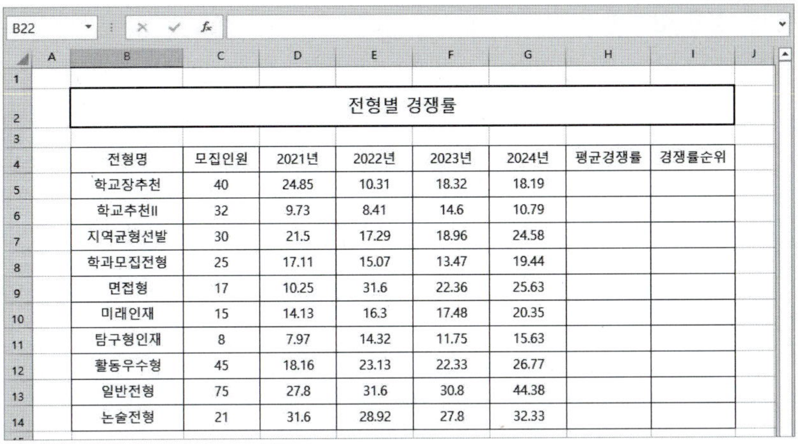

B22

| 전형명 | 모집인원 | 2021년 | 2022년 | 2023년 | 2024년 | 평균경쟁률 | 경쟁률순위 |
|---|---|---|---|---|---|---|---|
| 학교장추천 | 40 | 24.85 | 10.31 | 18.32 | 18.19 | | |
| 학교추천II | 32 | 9.73 | 8.41 | 14.6 | 10.79 | | |
| 지역균형선발 | 30 | 21.5 | 17.29 | 18.96 | 24.58 | | |
| 학과모집전형 | 25 | 17.11 | 15.07 | 13.47 | 19.44 | | |
| 면접형 | 17 | 10.25 | 31.6 | 22.36 | 25.63 | | |
| 미래인재 | 15 | 14.13 | 16.3 | 17.48 | 20.35 | | |
| 탐구형인재 | 8 | 7.97 | 14.32 | 11.75 | 15.63 | | |
| 활동우수형 | 45 | 18.16 | 23.13 | 22.33 | 26.77 | | |
| 일반전형 | 75 | 27.8 | 31.6 | 30.8 | 44.38 | | |
| 논술전형 | 21 | 31.6 | 28.92 | 27.8 | 32.33 | | |

## step 2 차트 작성에 필요한 데이터 선택하기

원본 데이터에서 차트 작성에 필요한 데이터 범위를 블록으로 설정한다.

각 전형별 모집인원과 평균 경쟁률을 비교하기 위해서는 전형명, 모집인원, 평균 경쟁률을 한꺼번에 블록으로 선택한다.

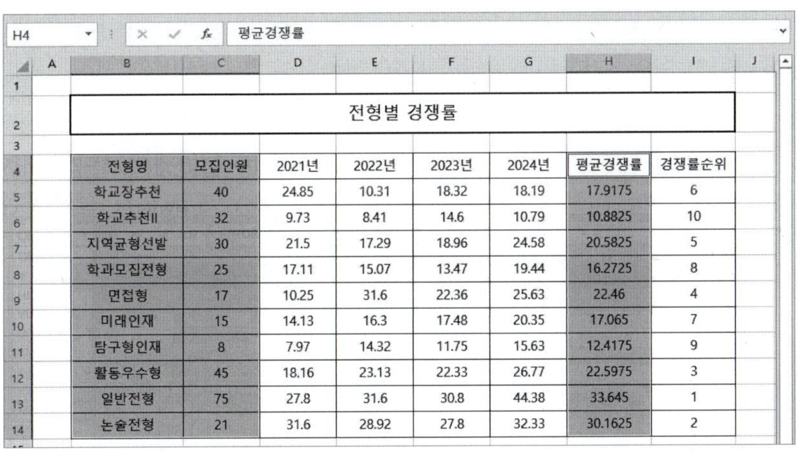

H4 평균경쟁률

| 전형명 | 모집인원 | 2021년 | 2022년 | 2023년 | 2024년 | 평균경쟁률 | 경쟁률순위 |
|---|---|---|---|---|---|---|---|
| 학교장추천 | 40 | 24.85 | 10.31 | 18.32 | 18.19 | 17.9175 | 6 |
| 학교추천II | 32 | 9.73 | 8.41 | 14.6 | 10.79 | 10.8825 | 10 |
| 지역균형선발 | 30 | 21.5 | 17.29 | 18.96 | 24.58 | 20.5825 | 5 |
| 학과모집전형 | 25 | 17.11 | 15.07 | 13.47 | 19.44 | 16.2725 | 8 |
| 면접형 | 17 | 10.25 | 31.6 | 22.36 | 25.63 | 22.46 | 4 |
| 미래인재 | 15 | 14.13 | 16.3 | 17.48 | 20.35 | 17.065 | 7 |
| 탐구형인재 | 8 | 7.97 | 14.32 | 11.75 | 15.63 | 12.4175 | 9 |
| 활동우수형 | 45 | 18.16 | 23.13 | 22.33 | 26.77 | 22.5975 | 3 |
| 일반전형 | 75 | 27.8 | 31.6 | 30.8 | 44.38 | 33.645 | 1 |
| 논술전형 | 21 | 31.6 | 28.92 | 27.8 | 32.33 | 30.1625 | 2 |

### TIP

**차트를 그리기 위해 필요한 데이터를 선택하는 방법**

- 선택하고자 하는 데이터가 연속되어져 있는 경우 : 한 번에 전체 데이터를 드래그한다.
- 선택하고자 하는 데이터가 연속되지 않은 경우 : 첫 번째 데이터 열 선택 후 Ctrl를 누른 상태에서 나머지 데이터 열을 선택한다.

## step 3 차트 종류 선택하기

차트 모양은 나타내려고 하는 내용을 정확히 표현할 수 있는 것으로 선택한다.

여기에서는 가장 기본이 되는 세로 막대형 그래프로 그려보도록 하자. 차트 모양을 선택하는 방법은 **[삽입]-[차트] 그룹-[추천 차트]** 또는 **[삽입]-[차트]-[세로 막대형]**으로 그릴 수 있다.

**[삽입]-[차트] 그룹-[추천 차트]**를 클릭한 후 **[차트 삽입]** 대화 상자의 **[추천 차트]** 탭에서 데이터에 적합한 차트 모양을 선택한다.

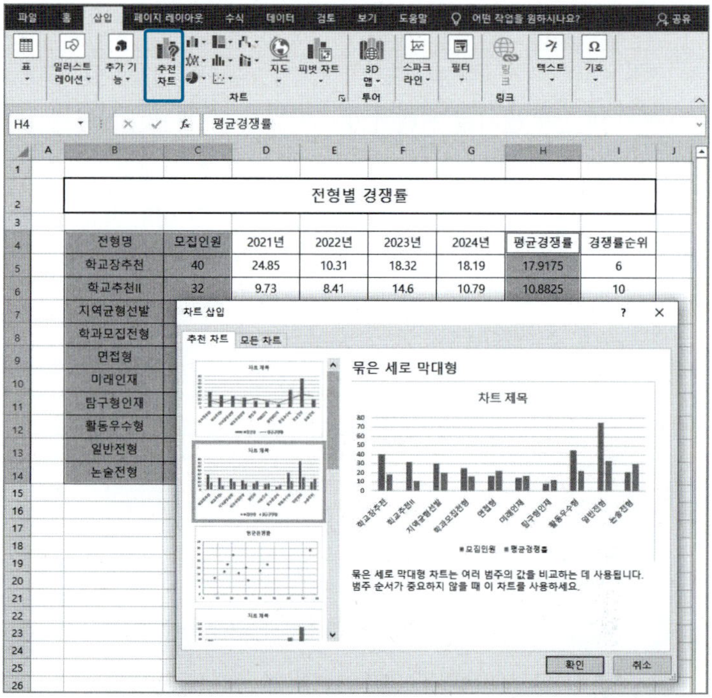


또는 **[삽입]-[차트] 그룹-[세로 막대형]-[묶은 세로 막대형]**을 선택하면 워크시트에서 선택한 범위에 대한 차트가 그려진다.

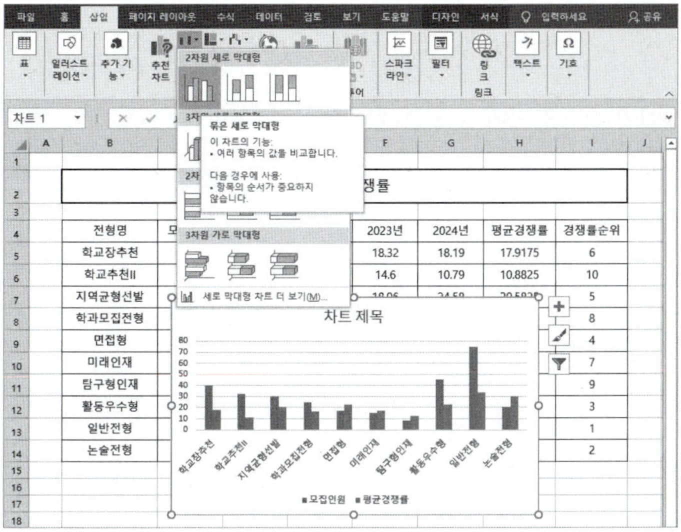

## step 4 차트 제목 입력하기

삽입된 차트를 선택하면 메뉴바에 [차트 도구] 메뉴가 생성되며, 서브 메뉴인 '디자인'과 '서식'을 이용하여 차트를 보기 좋게 꾸밀 수 있다. 차트의 스타일과 레이아웃 변경 방법은 세 가지가 있다.

### ▶ [차트 도구]-[디자인]-[차트 스타일] 그룹 이용

[차트 스타일]은 이미 만들어진 형태의 다양한 레이아웃을 제공하고 있어서 사용자가 맘에 드는 모양이 있다면 간단하게 선택하여 바로 차트에 적용할 수 있다.

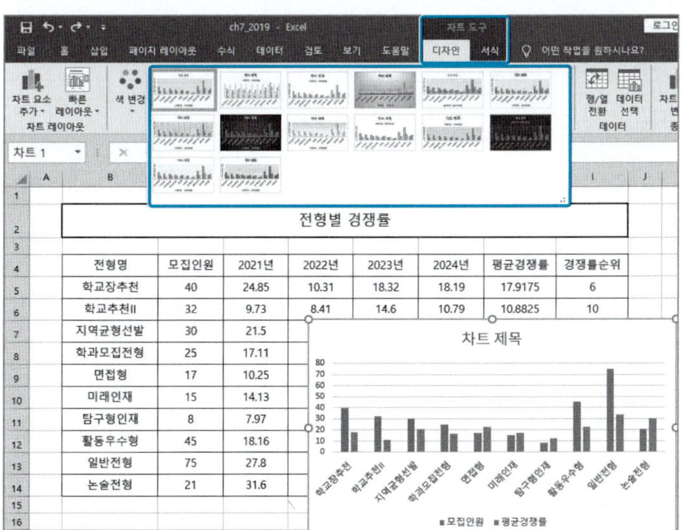

▶ [차트 도구]–[디자인]–[차트 레이아웃] 그룹–[빠른 레이아웃] 이용

**[빠른 레이아웃]** 메뉴에는 이미 만들어진 형태의 다양한 레이아웃을 제공하고 있어서 사용자가 원하는 레이아웃을 간단하게 차트에 적용할 수 있다.

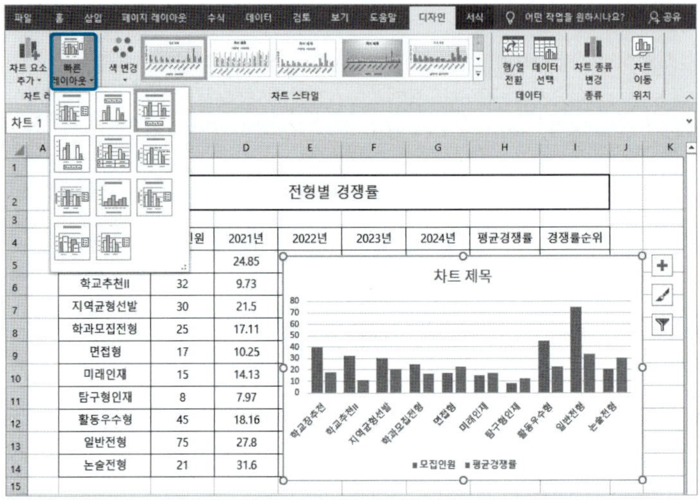

▶ [차트 도구]–[디자인]–[차트 요소 추가] 이용

**[차트 스타일]**이나 **[빠른 레이아웃]** 메뉴에 사용자가 원하는 스타일이 없거나 또는 선택한 레이아웃을 일부분만 변경하기 위해서 **[차트 요소 추가]**메뉴를 이용하여 원하는 부분에 새로운 레이아웃을 추가하여 사용할 수 있다.

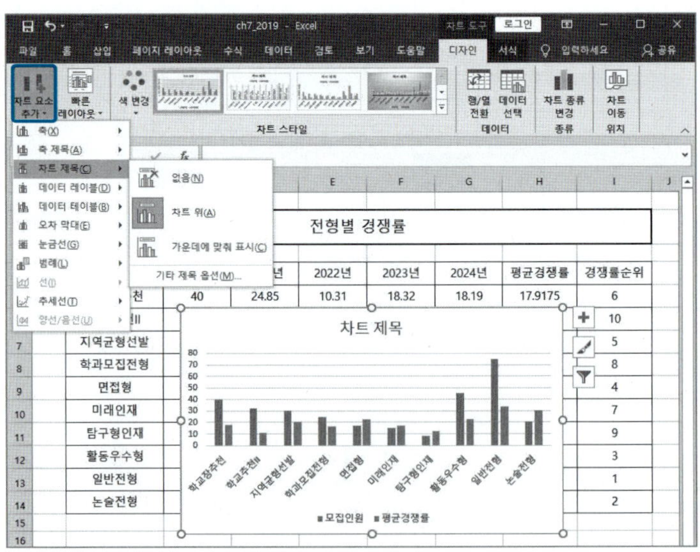

[차트 요소 추가] 메뉴를 이용하여 차트의 레이아웃과 스타일을 변경해보자.

차트 제목은 3가지 방법으로 넣을 수 있다.

① 차트 영역에 보이는 '차트 제목' 글씨를 클릭하여 원하는 제목을 입력한다.

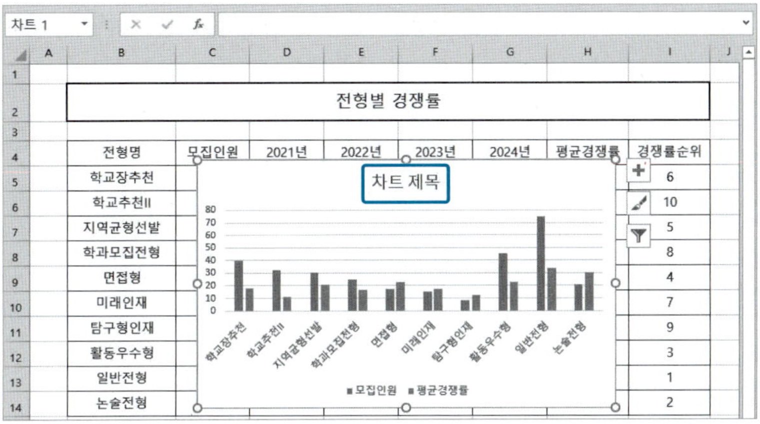

② [차트 도구]–[디자인]–[차트 레이아웃] 그룹–[차트 요소 추가]–[차트 제목] (화면 왼쪽 상단) 메뉴에서 [차트 위] 또는 [가운데에 맞춰 표시]를 선택한다.

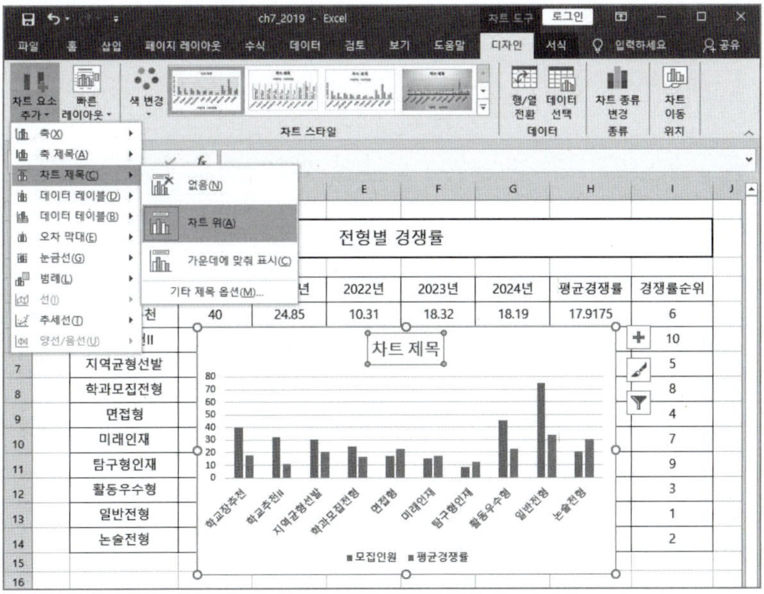

③ 차트 오른쪽의 ➕ 차트 요소 버튼을 클릭하면 **[차트 요소 추가]**에서 볼 수 있었던 메뉴가 보여진다. 원하는 메뉴를 간단하게 선택하여 사용할 수 있다.

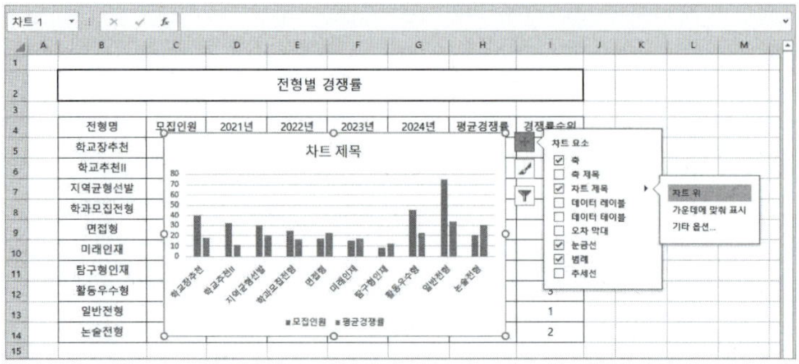

'차트 제목' 부분에 '전형별 경쟁률'을 입력한다.

## step 5 범례 설정하기

범례는 차트의 항목을 구분하기 위한 것으로 필요에 따라 나타낼 수도 있고 없앨 수도 있다. 또한 범례의 위치도 변경이 가능하다.

① **[차트 도구]–[디자인]–[차트 레이아웃]** 그룹–**[차트 요소 추가]–[범례]**를 선택하거나 차트 오른쪽의 **[차트요소 도구바]**를 이용하여 범례의 위치를 변경한다. 범례 위치를 '아래쪽'으로 선택한다.

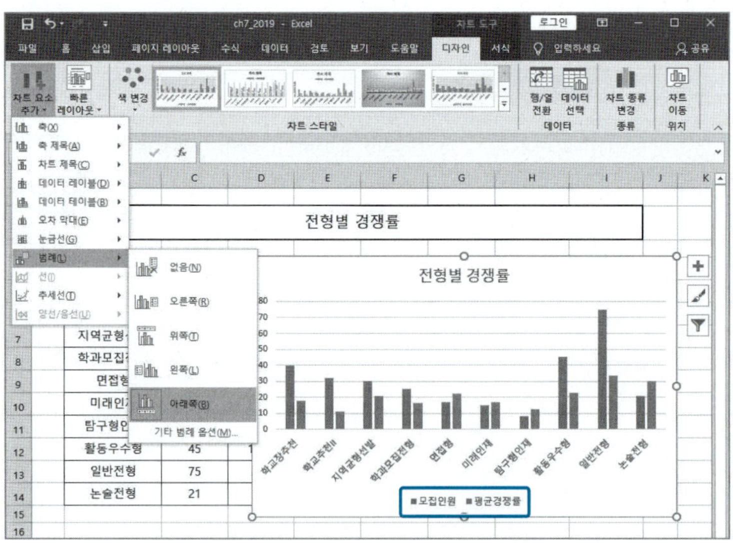

② 범례에 서식 적용하기

범례를 삽입한 후 서식을 적용하기 위해 차트에서 범례 부분을 선택하고 **[차트 도구]**–**[서식]**–**[도형 스타일]** 그룹에서 **[도형 채우기]**, **[도형 윤곽선]**, **[도형 효과]** 메뉴를 이용한다.

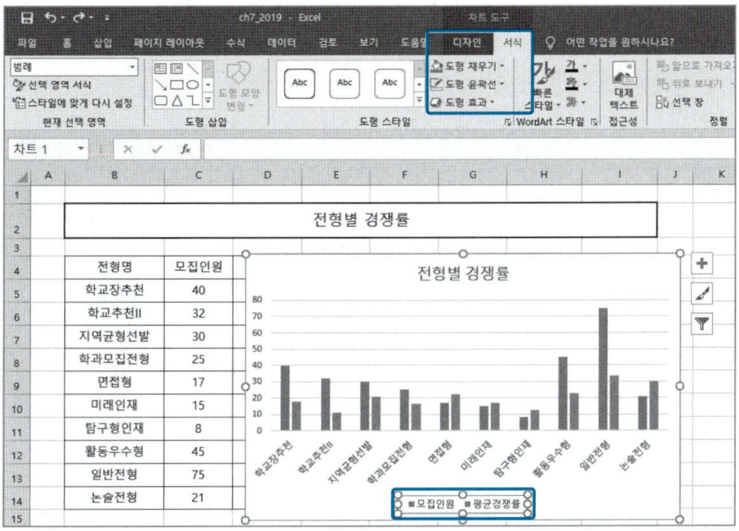

**[도형 채우기]**는 파랑, 강조1, 80%를 선택하고 **[도형 윤곽선]**은 '윤곽선 없음'을 선택하면 범례 부분의 서식이 다음과 같이 변경된다.

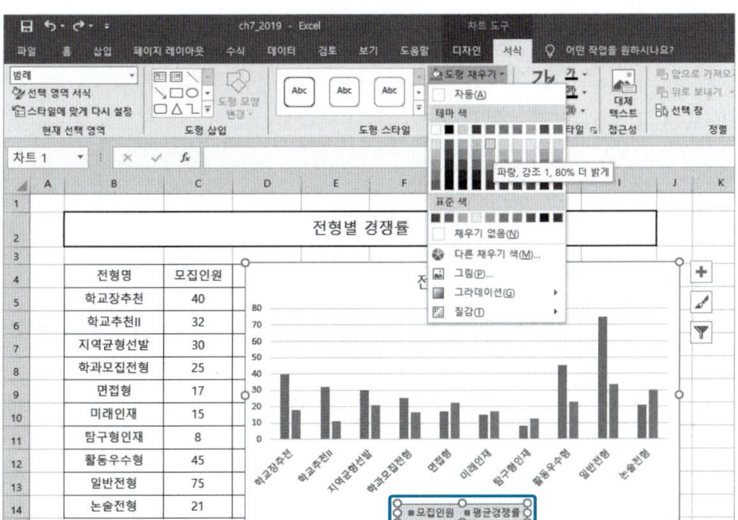

## step 6 축 옵션 변경하기

축 서식을 이용하여 축 값을 변경할 수 있다.

왼쪽 세로축의 최대값은 90, 주 단위를 15로 변경해 보도록 하자.

[축 서식] 대화 상자를 선택하는 방법은 세 가지가 있다.

① 왼쪽 축의 숫자부분을 더블클릭한다.

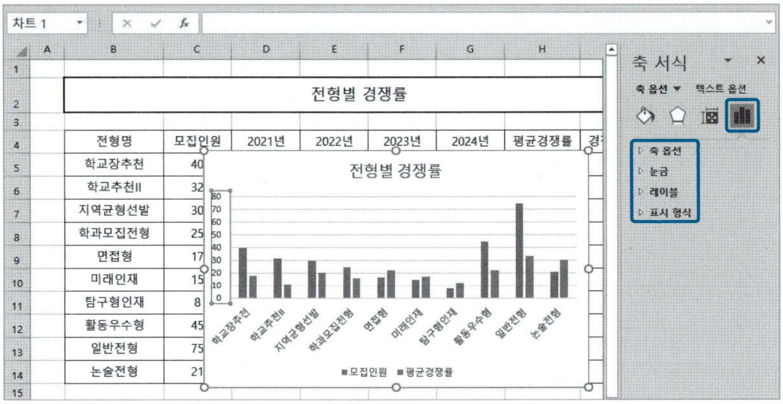


② 왼쪽 축을 선택한 후 마우스 오른쪽 버튼을 누르고 [축 서식]을 선택한다.

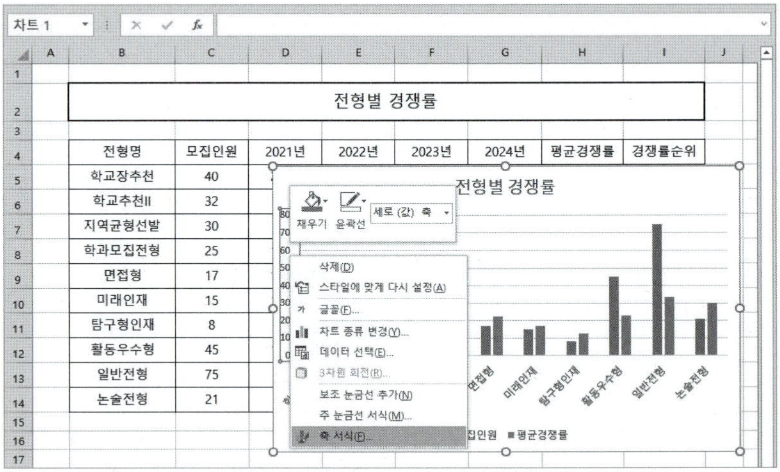


③ [차트 도구]–[디자인]–[차트 요소 추가]–[축]–[다른 축 옵션]을 선택한다.

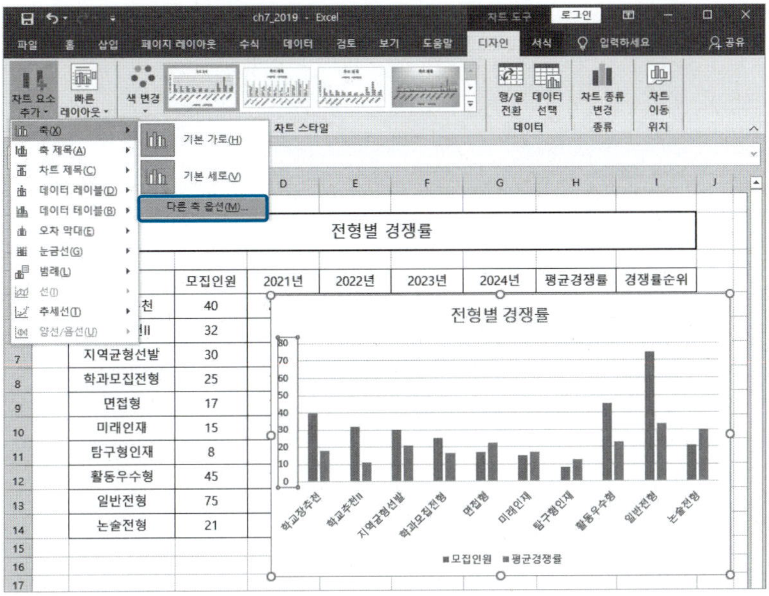

위의 세 가지 방법 중 하나를 이용하면 화면 오른 쪽에 [축 서식] 창이 보여진다.

오른쪽 [축 서식] 대화 상자에서 가장 오른쪽에 있는 [축 옵션] 아이콘을 클릭하면 [축 옵션], [눈금], [레이블], [표시 형식] 메뉴가 나온다.

[축 옵션]을 클릭하고 경계 최소값 0, 경계 최대값 90, 단위 기본 15, 단위 보조 5로 변경한다. 바로 그래프에 변경된 내용이 적용되는 것을 볼 수 있다.

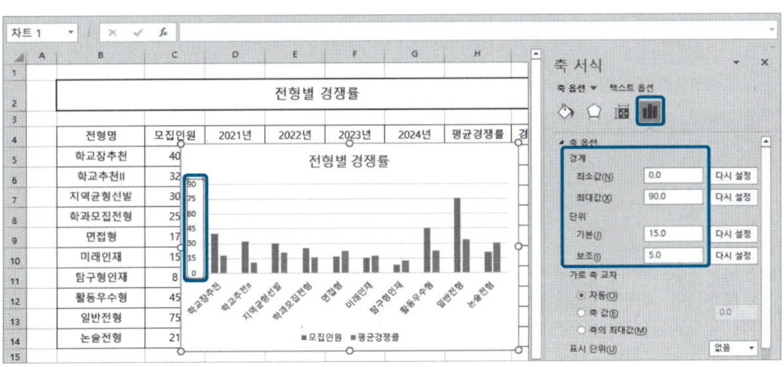

[축 서식] 창을 간단히 살펴보면 다음과 같다.

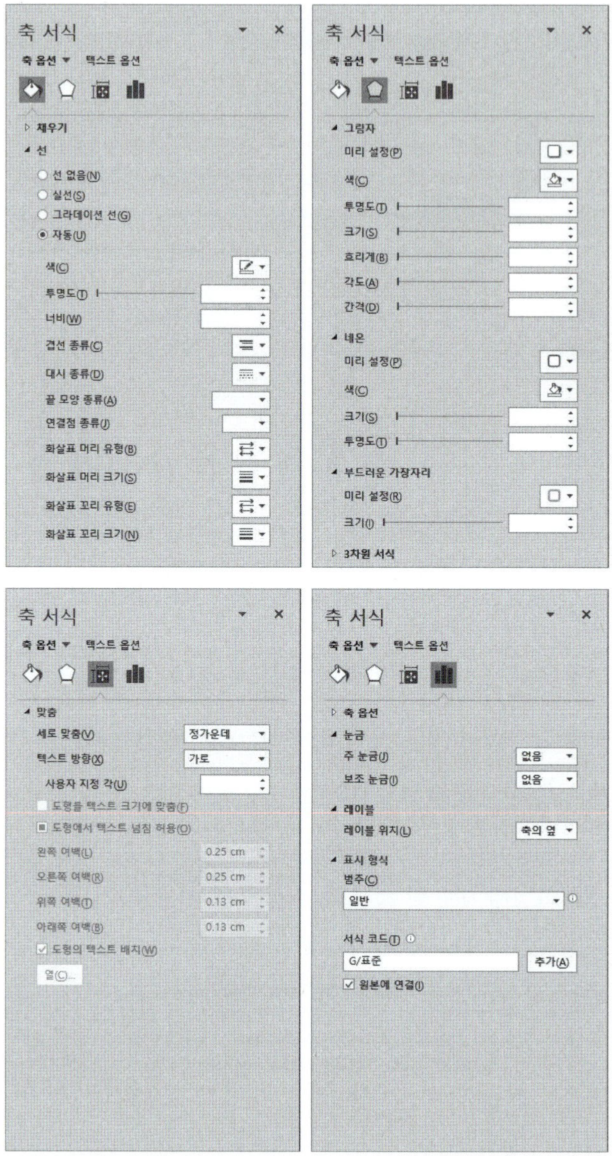


각각 원하는 옵션을 선택해서 값을 변경할 수 있다.

### step 7 보조축 만들기

위 차트의 경우 하나의 차트에서 보이고자 하는 '모집인원'과 '평균 경쟁률'의 값 차이가 커서 차트 왼쪽의 기본축을 이용하여 차트를 그린 경우 '평균 경쟁률' 데이터는 정확한 값을 알 수 없다. 이런 경우는 차트 오른쪽에 '평균 경쟁률' 데이터를 위한 보조축을 만들어 값의 범위가 다른 데이터를 하나의 차트로 나타낼 수 있다.

① 차트에서 '평균 경쟁률'을 나타내는 막대 중 하나를 선택하고, 마우스 오른쪽 버튼을 눌러 [데이터 계열 서식]을 선택한다.

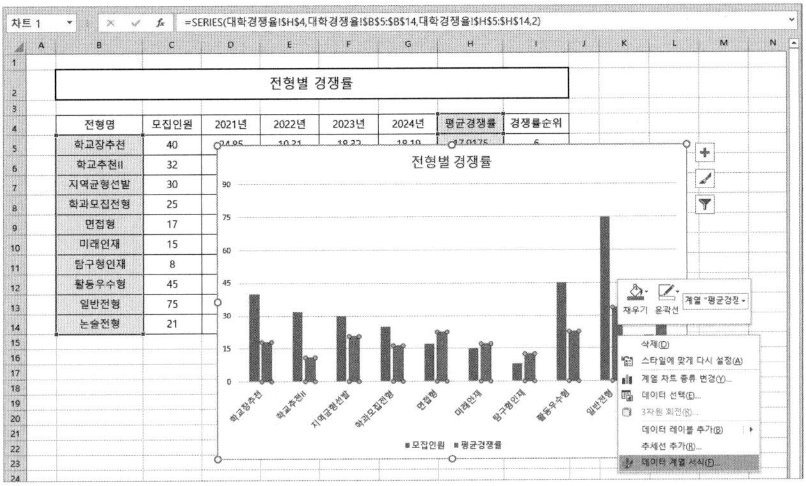

② 화면 오른쪽에 [데이터 계열 서식]창이 나타난다.
'계열 옵션'의 '데이터 계열 지정'에서 '보조 축'을 선택한다.
차트의 '평균 경쟁률' 막대가 오른쪽 축에 맞추어 높이가 높아지는 것을 확인할 수 있다.

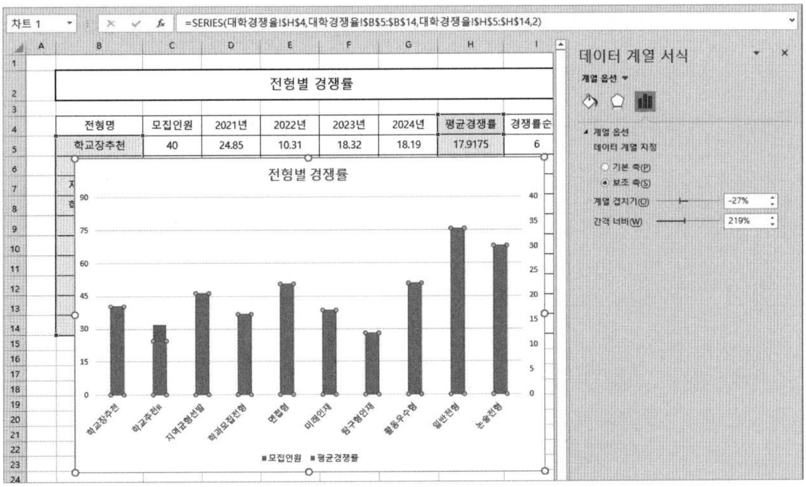

③ '모집인원'은 기본 축(왼쪽)에, '평균 경쟁률'은 보조 축(오른쪽)에 맞추어 그려져서 서로 다른 눈금선을 가지고 있음을 볼 수 있다. 기본 축과 보조 축의 값을 변경하여 눈금선을 맞추도록 한다.

기본축 : 최소값 0, 최대값 75, 단위 기본 15, 단위 보조 5

보조축 : 최소값 0, 최대값 35, 단위 기본 7, 단위 보조 1

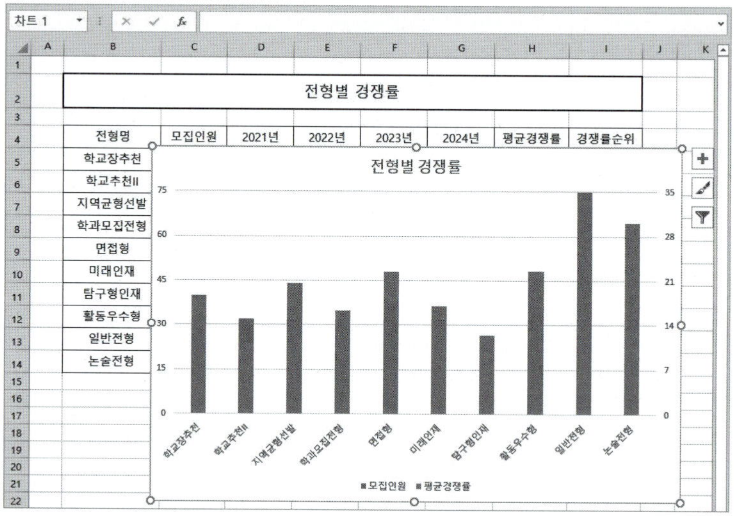


## step 8 차트 종류 변경하기

'평균 경쟁률'에 대한 보조 축을 만들고 보니 '모집인원'의 막대와 '평균 경쟁률'의 막대가 겹쳐져 모집인원의 값을 알아볼 수 없다. 이러한 문제를 해결하기 위해 '평균 경쟁률'에 해당하는 그래프의 모양을 변경한다.

① 차트 종류를 변경하기 위해서는 변경하고자 하는 계열('평균 경쟁률'에 해당하는 막대그래프)을 선택하고 마우스 오른쪽 버튼을 눌러 **[계열 차트 종류 변경]** 메뉴를 선택한다.

또는 메뉴바에서 **[차트 도구]–[디자인]–[종류]** 그룹–**[차트 종류 변경]**을 선택한다.

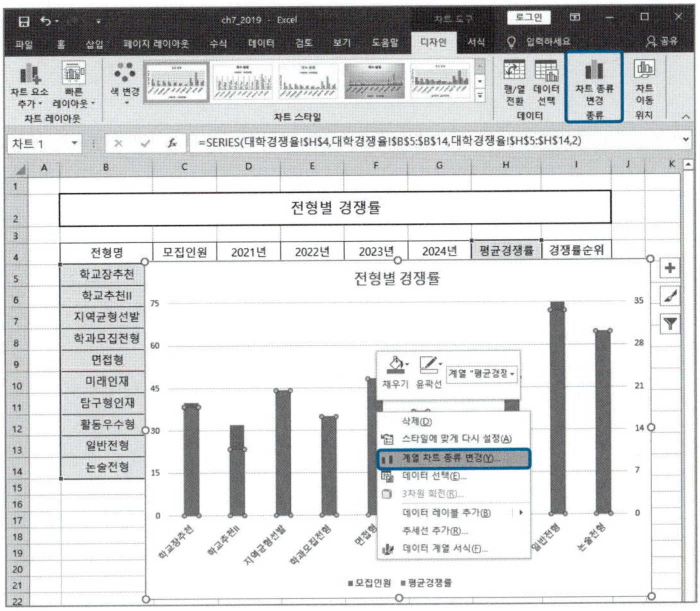

② [차트 종류 변경] 대화 상자에서 왼쪽 차트 종류 그룹에서는 '혼합'을 선택한다. 오른쪽 아래 차트 종류 선택에서 변경하려는 계열의 차트 모양을 선택한다.
평균 경쟁률의 차트 종류를 '표식이 있는 꺾은 선형'을 선택한다.

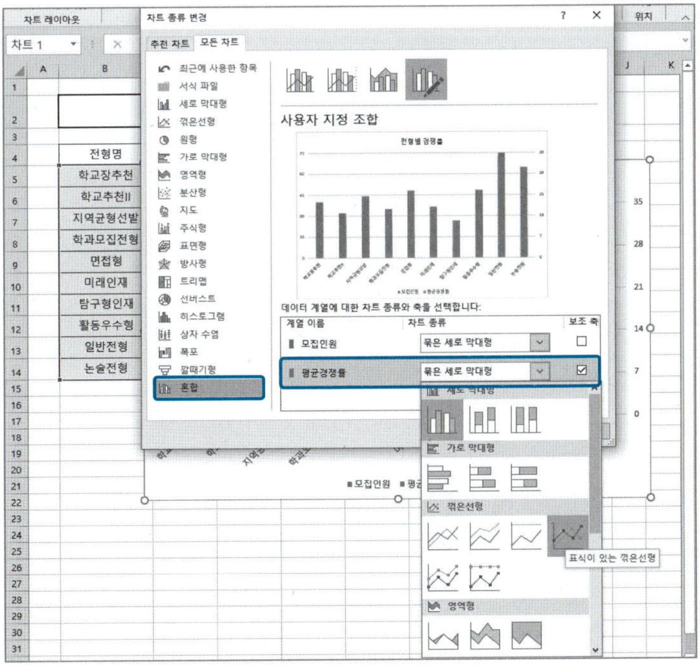

③ [확인] 버튼을 누르고 변경된 차트를 확인한다.

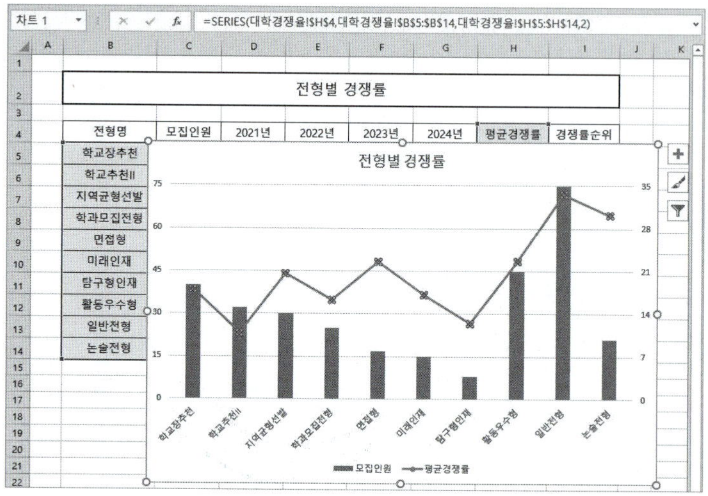


## step 9 차트 스타일 변경하기

차트의 스타일 변경은 두 가지 방법으로 가능하다.

① 차트 스타일 이용하기

차트를 선택한 후 [차트 도구]–[디자인]–[차트 스타일]에서 원하는 항목을 선택하여 차트 스타일을 한꺼번에 변경한다.

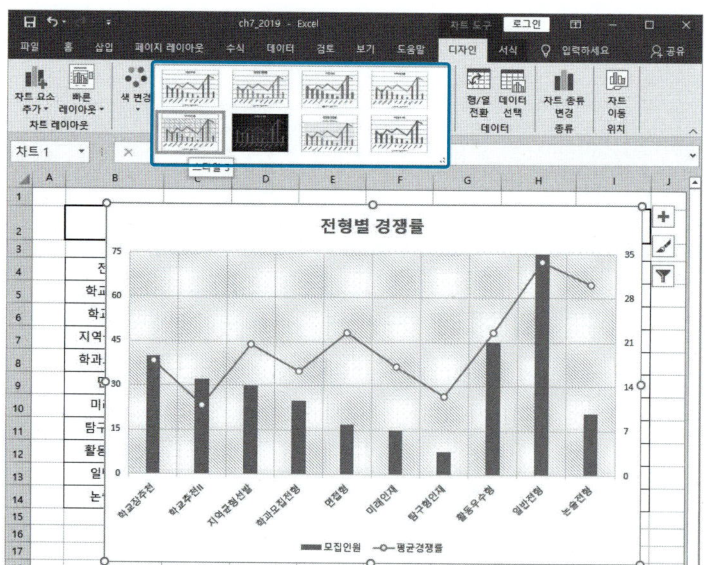

② [서식] 메뉴 이용하기

차트의 막대나 선의 색을 변경하기 위해 **[차트 도구]–[서식]**에서 원하는데로 변경할 수 있다. 막대의 색을 변경하기 위해서는 **[서식]–[도형 스타일]** 그룹–**[도형 채우기]**, 선의 색을 변경하기 위해서는 **[서식]–[도형 스타일]** 그룹–**[도형 윤곽선]**을 이용한다.

'모집인원'에 해당하는 막대의 색을 변경하기 위해 막대 중 하나를 선택하면 전체 막대가 모두 선택된다. 만약 색을 변경하고자 하는 막대가 1개인 경우는 막대 전체가 선택된 상태에서 색을 변경하고자 하는 막대만 한번 더 클릭한다. '일반전형' 막대만 선택하고 **[차트 도구]–[서식]–[도형 스타일]** 그룹–**[도형 채우기]**를 선택하고 원하는 색상(파랑, 강조 1, 80% 더 밝게)을 클릭하면 선택한 색으로 차트 막대의 색이 변경된다.

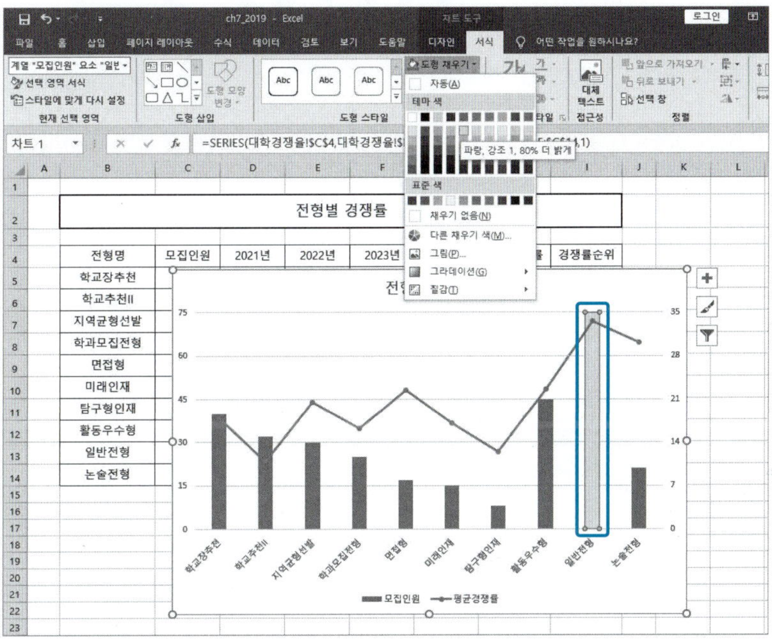


## step 10 원본 데이터 변경하기

차트를 2021년 경쟁률과 평균 경쟁률을 비교할 수 있는 차트로 변경하여 보자.

① 원본 데이터 변경 방법은 차트를 선택하고 마우스 오른쪽 버튼을 누른 후 나타나는 단축 메뉴에서 **[데이터 선택]**이나 **[차트 도구]–[디자인]–[데이터]** 그룹–**[데이터 선택]**을 이용한다.

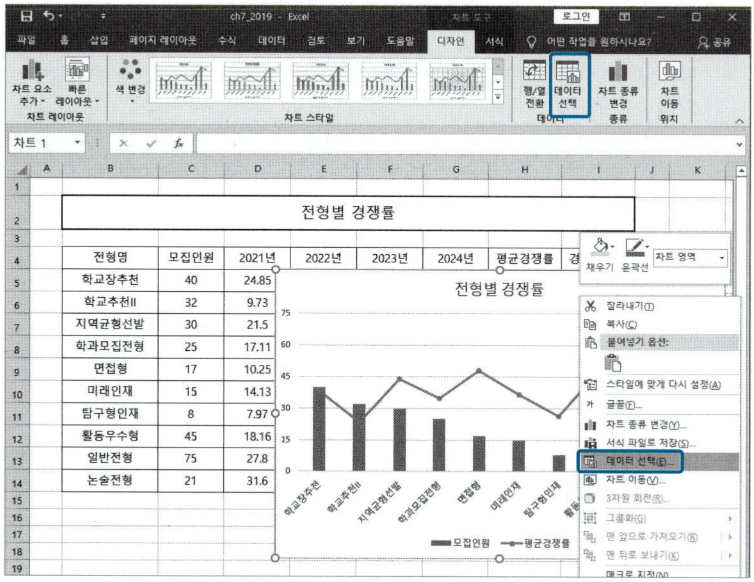


② 데이터 원본 선택 대화 상자에서 '모집인원'을 선택하고 '제거' 버튼을 누른다.

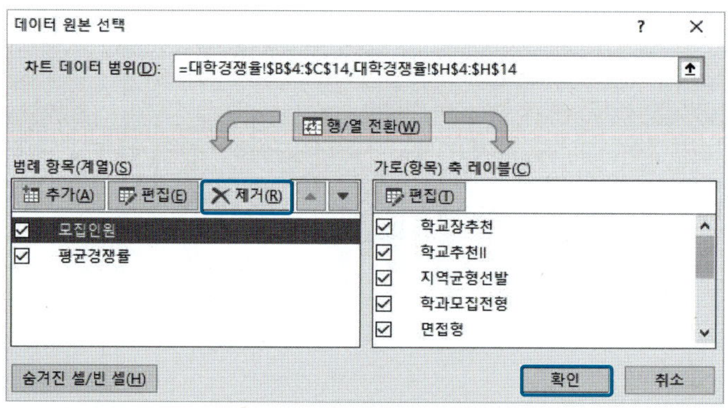


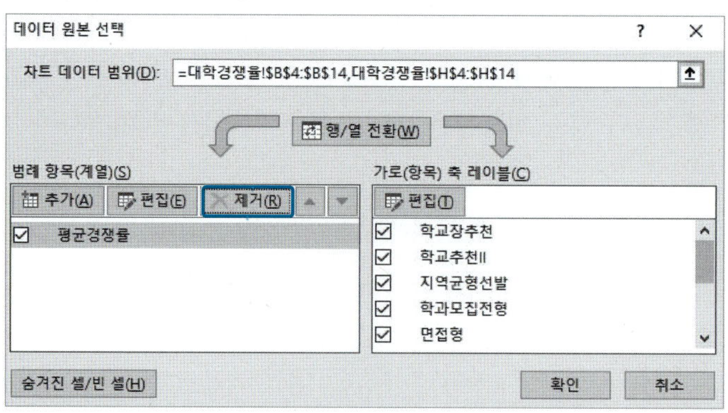

③ '추가' 버튼을 선택하고 계열 편집 대화 상자에서 '계열 이름'으로는 추가할 데이터의 이름인 '2021년 경쟁률'을 입력하고 '계열 값'으로는 원본 데이터에서 열 이름을 제외한 데이터 부분을 드래그하여 선택한다.

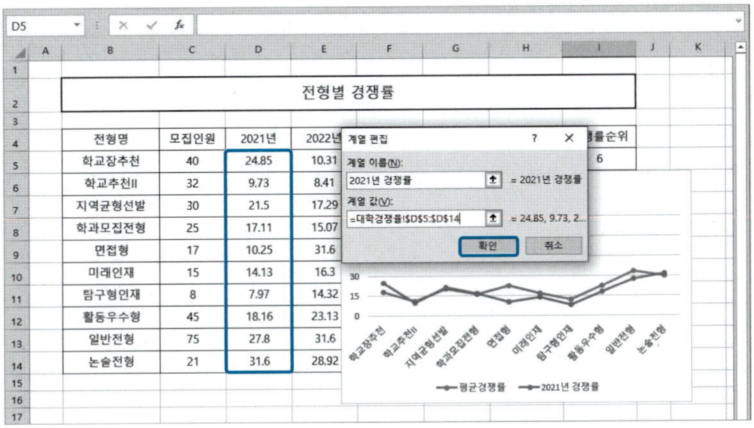


④ '데이터 원본 선택' 대화 상자 왼쪽의 '가로(항목) 축 레이블'은 '편집' 버튼을 누르고 열 이름을 제외한 '전형명' 데이터를 선택하고 '확인' 버튼을 누른다.

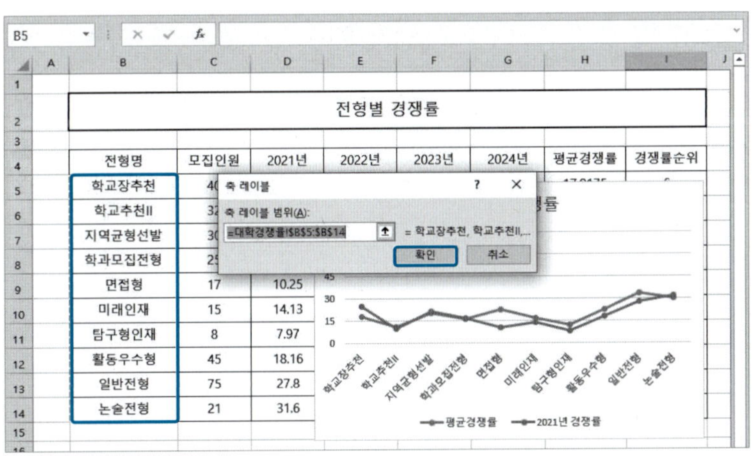

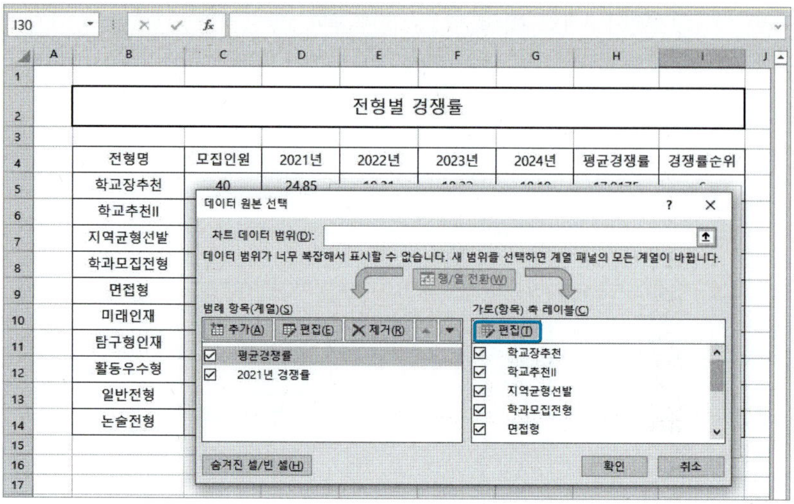

⑤ 변경된 차트 모양이 '평균 경쟁률'의 꺾은 선형 모양으로 보여진다.

**[차트 종류 변경]** 메뉴를 이용하여 '묶은 세로 막대형'으로 변경하고 축 옵션에서 최소값 '0', 최대값 '40', 단위 기본 '10', 단위 보조 '5'로 변경하여 차트 모양을 정리한다.

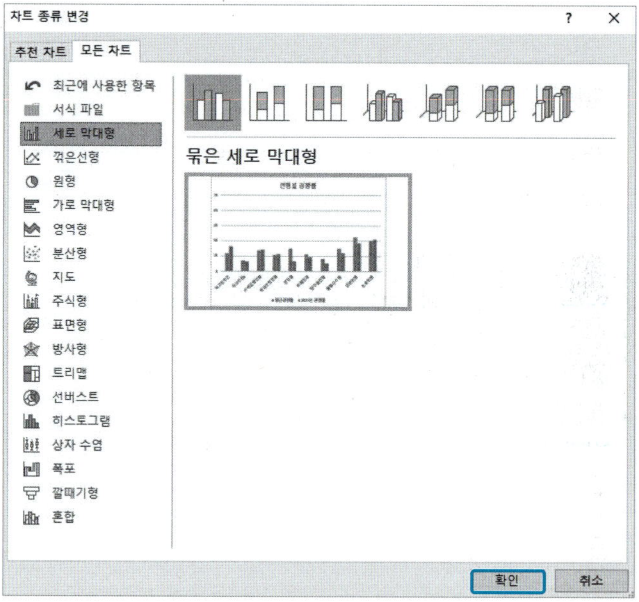

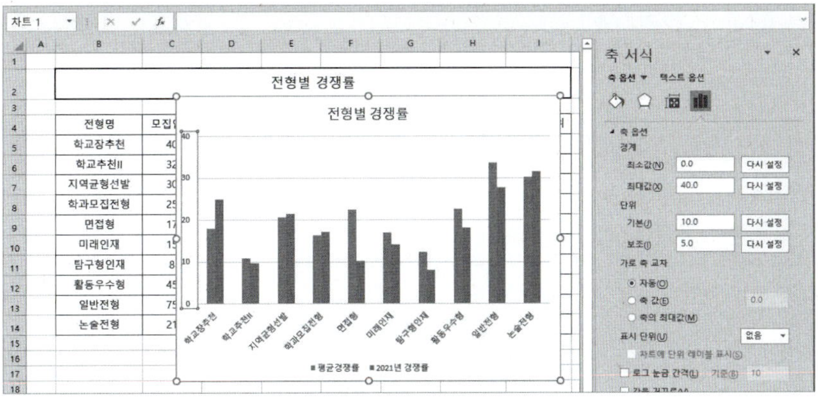


가로축을 더블클릭하고 '축 서식' 메뉴의 텍스트 옵션에서 **[텍스트 방향]**을 '세로'로 선택하여 차트 모양을 정리한다.

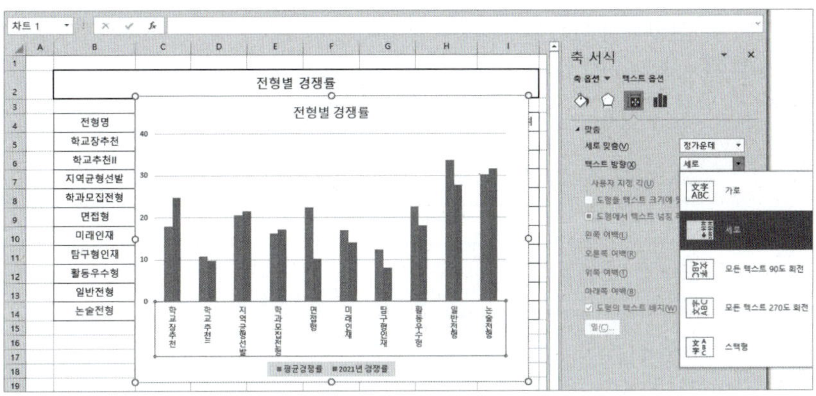


## step 11 스파크라인 추가하기

데이터를 추세를 분석하기 위한 스파크라인을 그려보자.

① 추세선을 그릴 셀 [D5:G14]를 선택하고 [삽입]-[스파크라인] 그룹-[꺾은 선형]을 선택한다.

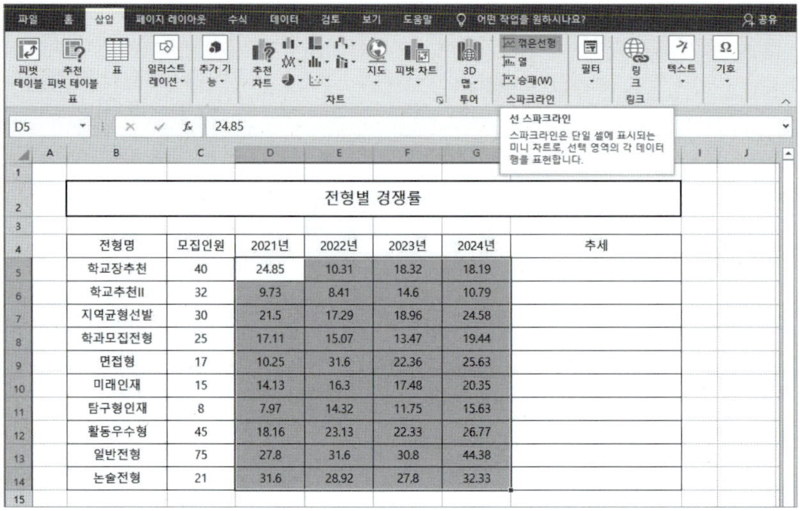


② '스파크라인을 배치할 위치 선택' 항목의 '위치 범위'를 클릭하고 추세선을 넣을 셀 [H5:H14]를 드래그하면 '위치 범위'란에 절대주소[$H$5:$H$14]로 변형되어 입력된다.

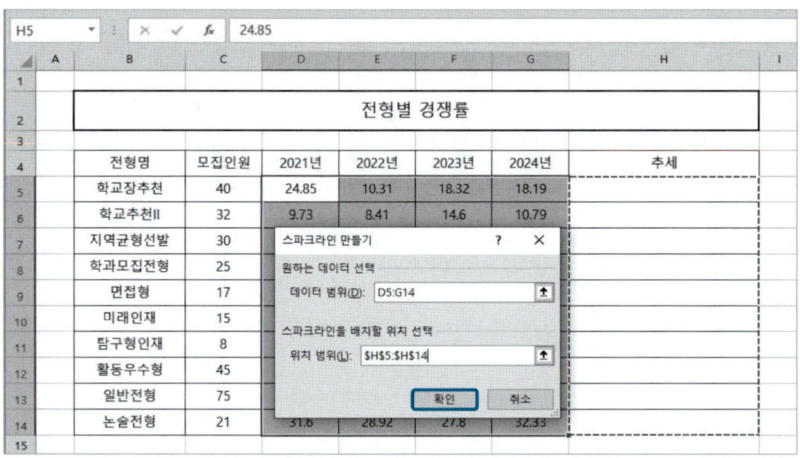


③ [확인] 버튼을 클릭하면 추세선이 추가된다.

[스파크라인 도구]–[디자인] 탭에서 다양한 서식 지정이 가능하다. [표시] 그룹에서 [표식]을 선택하여 스파크라인에 표식을 추가하여 나타낸다.

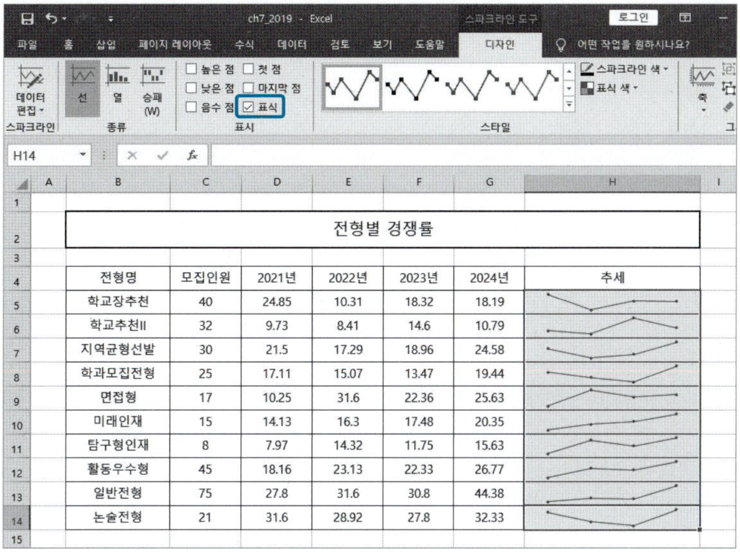

| 전형명 | 모집인원 | 2021년 | 2022년 | 2023년 | 2024년 | 추세 |
|---|---|---|---|---|---|---|
| 학교장추천 | 40 | 24.85 | 10.31 | 18.32 | 18.19 | |
| 학교추천II | 32 | 9.73 | 8.41 | 14.6 | 10.79 | |
| 지역균형선발 | 30 | 21.5 | 17.29 | 18.96 | 24.58 | |
| 학과모집전형 | 25 | 17.11 | 15.07 | 13.47 | 19.44 | |
| 면접형 | 17 | 10.25 | 31.6 | 22.36 | 25.63 | |
| 미래인재 | 15 | 14.13 | 16.3 | 17.48 | 20.35 | |
| 탐구형인재 | 8 | 7.97 | 14.32 | 11.75 | 15.63 | |
| 활동우수형 | 45 | 18.16 | 23.13 | 22.33 | 26.77 | |
| 일반전형 | 75 | 27.8 | 31.6 | 30.8 | 44.38 | |
| 논술전형 | 21 | 31.6 | 28.92 | 27.8 | 32.33 | |

## TIP

**차트의 종류**

- 세로 막대형
  일정 기간의 데이터 변화에 따른 각 항목을 나타냄
  계열을 수평으로 구성하고, 값을 수직으로 구성하면 시간에 따른 변화를 강조할 수 있음
- 가로 막대형
  기간보다는 각 항목을 비교할 때 주로 사용
  계열을 수직으로 구성하고, 값을 수평으로 구성하면 비교 값을 강조할 수 있음
- 꺾은 선형
  시간의 흐름에 따른 데이터의 변화를 일정한 간격으로 나타냄
  데이터의 변동률을 나타낼 때 효과적
  특정 값마다의 값을 선으로 연결하여 값들 간의 관계 표현
- 영역형
  시간(년, 월, 일) 또는 항목에 따른 추세를 보여줌
  항목의 순서가 중요하거나 시간에 따른 변화 정도를 강조하여 표시
- 원형 및 도넛형
  전체에 데이터의 비율을 나타내려 할 때 효과적
  원형 차트 : 한 데이터 계열만을 가지고 사용자가 중심 요소를 강조해서 나타내기에 편리
  도넛형 차트 : 여러 개의 데이터 계열에 대한 처리 가능

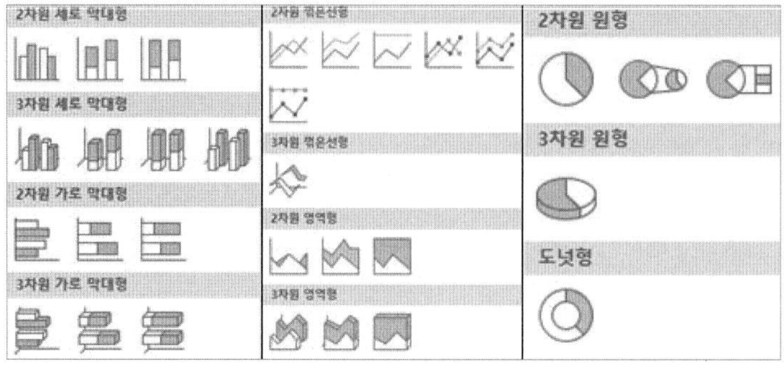


- 트리맵
  데이터를 계층에 따라 분류하여 표현하며 상대적 크기를 비교하는데 적합
- 선버스트
  계층 구조 데이터를 표시하기 위해 사용하며 하나의 고리가 어떤 요소로 구성되어 있는지를 보여주는 효과적
- 분산형과 거품형
  데이터의 불규칙한 간격이나 묶음을 나타낼 때 사용
  거품형은 두 평가 기준을 가지고 각 대상의 우열을 평가할 수 있음
- 폭포
  초기의 값이 다양한 시간이나 범주 요소에 의해 영향을 받은 후, 값의 변화를 파악하는데 유리
- 깔때기형
  엑셀 2019의 새로운 기능으로 깔때기 모양처럼 프로세스에서 데이터 값이 점차적으로 감소하는 비례를 표시하는 경우 사용
- 주식형
  주가 변동을 나타낼 때 사용
- 표면형
  두 데이터 집합 간의 최적의 조합을 찾을 때 사용하며, 항목과 데이터 계열이 모두 숫자인 경우만 사용 가능
- 방사형
  여러 데이터 계열의 집계 값을 비교할 때 사용
- 지도
  엑셀 2019의 새로운 기능으로 지역 데이터 값을 지도에 그라데이션 형태로 표현
- 히스토그램
  빈도 계급 구간으로 그룹화 된 데이터의 분포를 나타냄
- 상자수염
  데이터 분포를 사분위수로 나타내면 평균 및 이상값을 강조하여 표시
- 혼합형
  하나의 차트에서 여러 가지 종류의 차트를 병합할 수 있음
  특성이 다른 데이터를 같은 차트안에 함께 그려야 하는 경우 사용

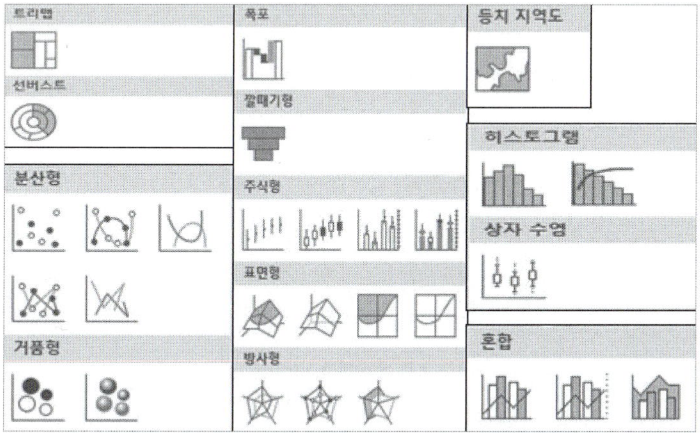


## 7.2 간트 차트(Gantt chart) 만들기

간트 차트는 작업 계획과 실제의 작업량을 작업 일정이나 시간으로 비교하여 평행선으로 표시하여 계획과 통제 기능을 동시에 수행할 수 있도록 설계된  일정 관리 기법이다. 간단하고 사용하기 쉬워 여러 가지 활동의 일정 계획에 많이 사용되고 있다. 간트 도표는 1919년 미국의 간트가 창안한 막대 도표로 '막대그래프 차트'라고도 한다. 간트 차트는 프로젝트 제안서 등에서 사용하는 것으로 엑셀을 이용하여 간단하게 간트 차트를 그려보도록 하자.

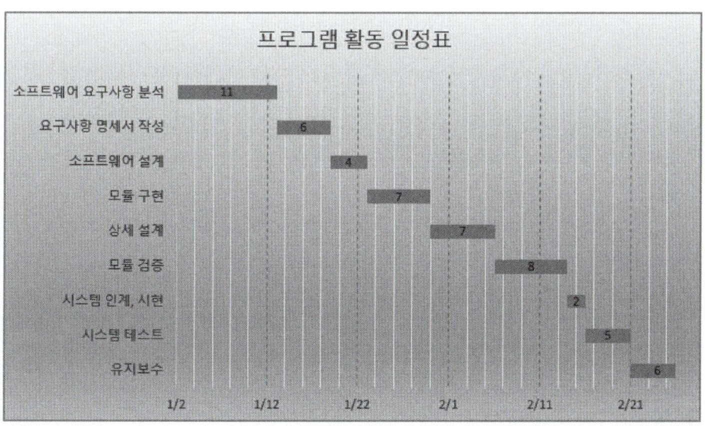

## step 1 간트 차트를 그리기 위한 원본 데이터 만들기

프로그램 개발을 위한 활동 일정표를 이용하여 간트 차트를 작성해보자. 종료일은 수식으로 입력한다.

① 다음과 같이 원본 데이터를 준비한다.

② 종료일은 다음의 수식에 의해 입력한다. 종료일 = 시작일+기간-1

**프로그램 활동 일정표**

| 내용 | 시작일 | 종료일 | 기간 |
|---|---|---|---|
| 소프트웨어 요구사항 분석 | 2025-01-02 | 2025-01-12 | 11 |
| 요구사항 명세서 작성 | 2025-01-09 | 2025-01-14 | 6 |
| 소프트웨어 설계 | 2025-01-13 | 2025-01-16 | 4 |
| 모듈 구현 | 2025-01-18 | 2025-01-24 | 7 |
| 상세 설계 | 2025-01-27 | 2025-02-02 | 7 |
| 모듈 검증 | 2025-02-03 | 2025-02-10 | 8 |
| 시스템 인계, 시현 | 2025-02-11 | 2025-02-12 | 2 |
| 시스템 테스트 | 2025-02-13 | 2025-02-17 | 5 |
| 유지보수 | 2025-02-18 | 2025-02-23 | 6 |

## step 2 기본 차트 그리기

간트 차트를 그리기 위해서는 먼저 차트에 필요한 데이터를 이용하여 기본 차트 모양을 만들어야 한다. 7.1절에서 다루었던 내용을 기반으로 차트를 그려보도록 하자.

① 기본 차트를 그리기 위한 원본 데이터 선택하기

간트 차트를 그리기 위해서 필요한 데이터인 '내용', '시작일', '기간'을 Ctrl를 이용하여 한꺼번에 블록 선택하고 [삽입]-[차트] 그룹-[2차원 가로 막대형]-[누적 가로 막대형]을 선택한다.

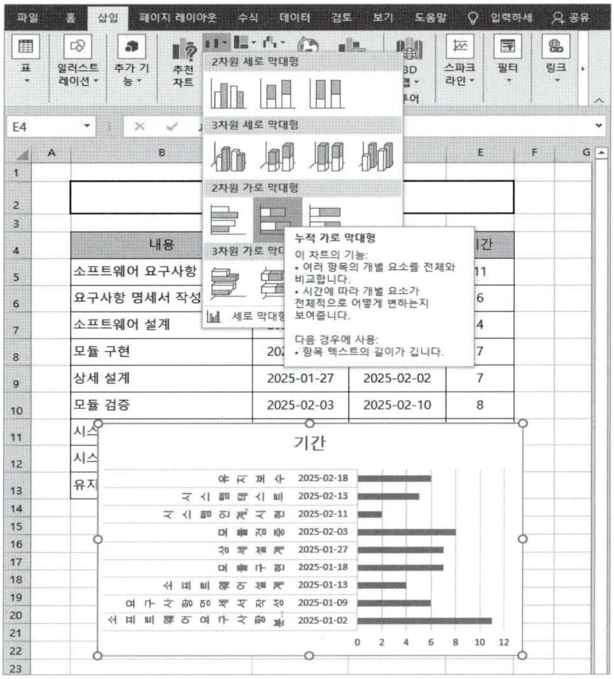

② 데이터 변경하기

간트 차트는 '누적 가로 막대형'으로 그려지는 것으로 '시작일'이 먼저 그려지고 그 다음에 '기간'을 그려야 하므로 [차트 도구]–[디자인]–[데이터] 그룹–[데이터 선택]이나 마우스 오른쪽 버튼을 눌러 [데이터 선택] 메뉴를 선택한다.

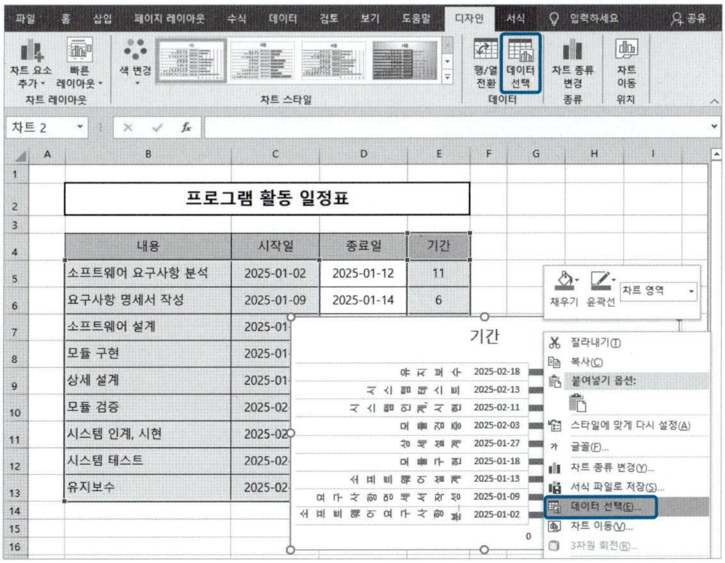

③ 데이터 원본 선택 창의 '범례 항목(계열)'에서 '기간'을 제거한다. 누적그래프는 먼저 표시될 데이터 순으로 선택을 해야 한다. 그러므로 '기간' 데이터가 사용되지만 삭제 후 '시작일'을 먼저 추가하고 그 다음에 '기간'을 다시 추가한다.

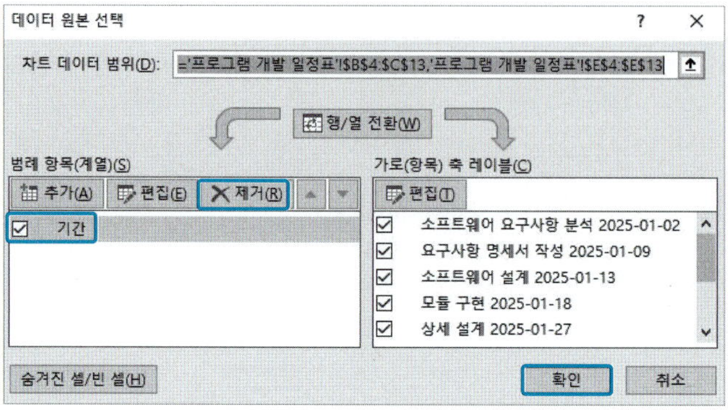


④ [데이터 원본 선택] 대화 상자에서 '추가' 버튼을 선택하고 '계열 편집' 창에서 '계열 이름'은 '시작일', '계열값'은 시작일에 해당하는 원본 데이터 셀 [C5:C13]를 드래그하여 선택한다.

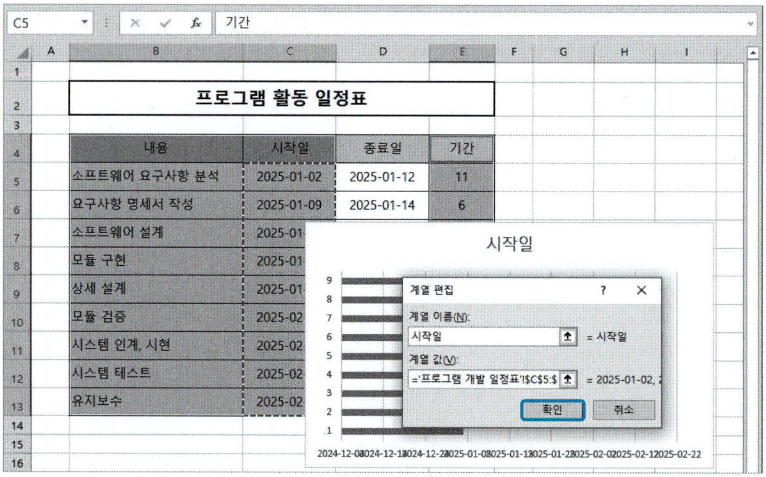


⑤ '확인' 버튼을 누르면 '시작일'이 범례 항목에 추가 된다. 차트의 가로축 레이블 범위를 설정하기 위해서 대화 상자 오른쪽의 '가로(항목)축 레이블'의 '편집' 버튼을 클릭한다.

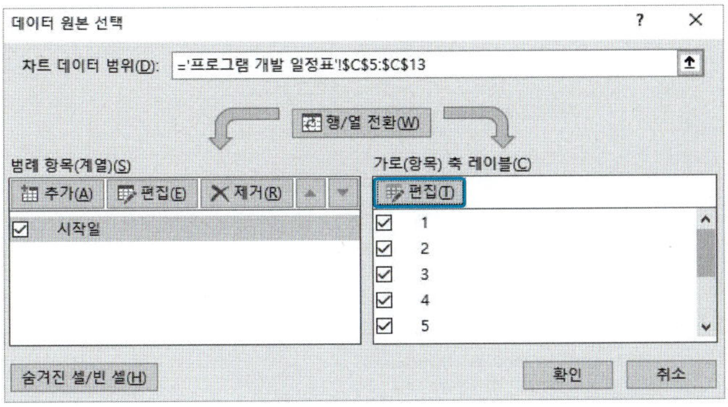


⑥ '축 레이블 범위'에 '내용'에 해당하는 셀 [B5:B13]를 드래그하여 선택한다. 숫자로 쓰여 있던 y축 레이블이 셀 [B5:B13]의 내용으로 변경됨을 볼 수 있다.

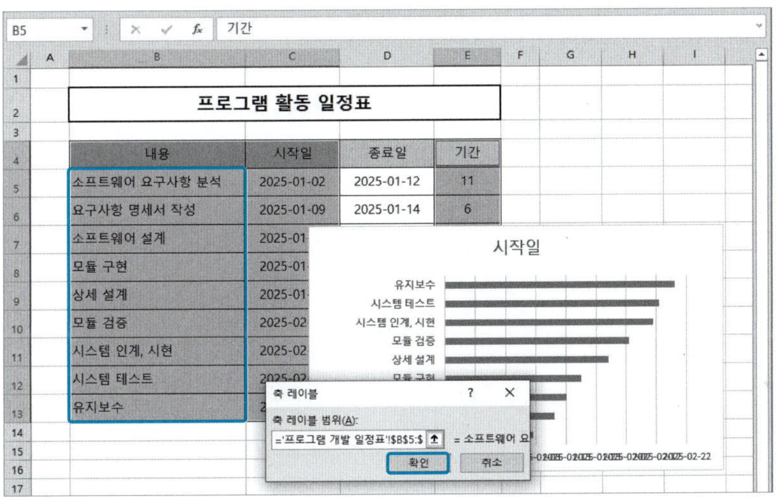


⑦ '시작일' 막대 다음에 '기간'에 해당하는 값을 나타내기 위해 **[데이터 원본 선택]** 대화상자에서 다시 **[추가]** 버튼을 클릭하여 '계열 편집' 창에서 '계열 이름'은 '기간', '계열 값'은 기간에 해당하는 [E5:E13]을 드래그하여 선택한다. 각 항목에 대한 '기간' 데이터 값만큼 누적 그래프가 그려진다.

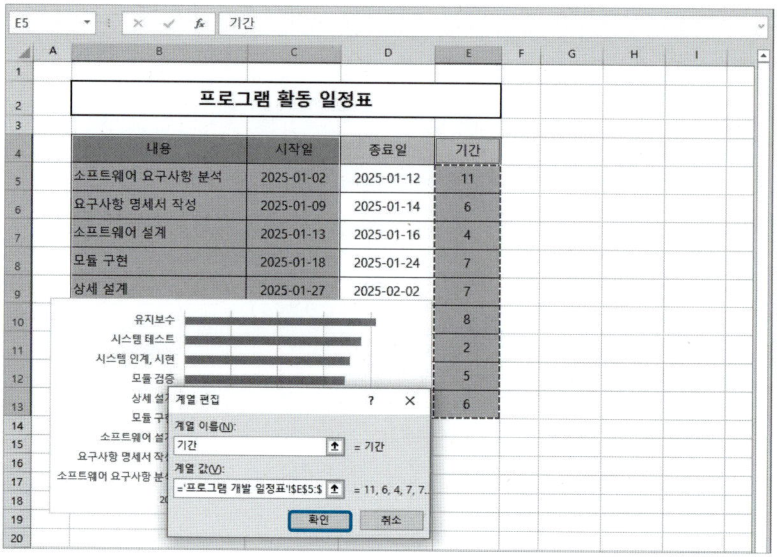

⑧ [데이터 원본 선택] 대화 상자에서 '가로(항목) 축 레이블'의 '편집'을 클릭하여 '축 레이블 범위'에 해당하는 [B5:B13]를 드래그하여 선택한다.

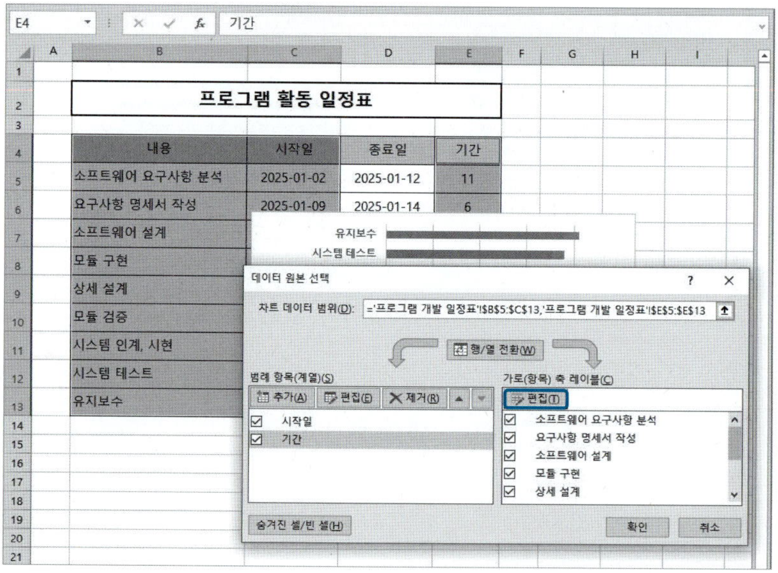

⑨ 눈금선 추가하기

[데이터 원본 선택] 대화 상자에서 '확인' 버튼을 누르면 삽입된 차트를 볼 수 있다.

삽입된 차트를 선택하고 [**차트 도구**]–[**디자인**]–[**차트 레이아웃**] 그룹–[**차트 요소 추가**]–[**눈금선**]–[**기본 보조 세로**]를 선택하여 세로축 방향으로 주 눈금선과 보조 눈금선을 추가한다.

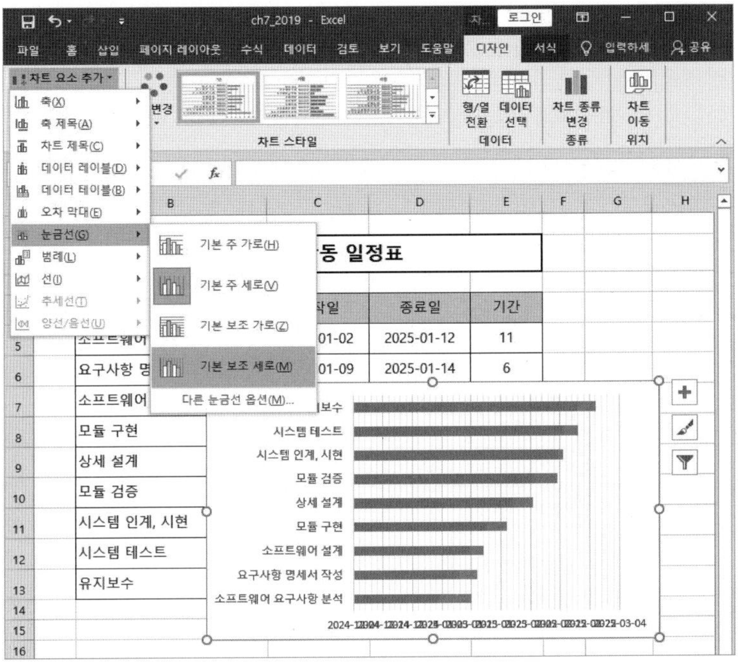


또는 차트를 선택하고 차트 오른쪽의 [**차트 요소**] 단추('+')를 클릭하고 차트 요소 중 [**눈금선**]–[**기본 주 세로**]와 [**기본 부 세로**]를 선택한다.

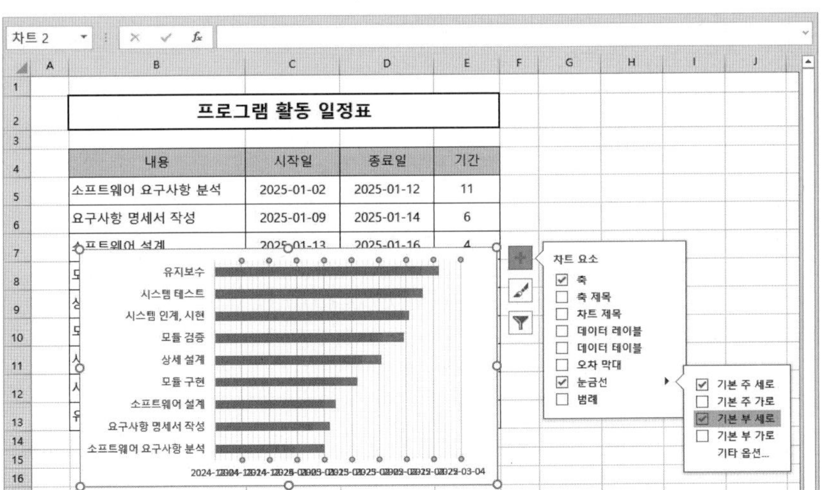

⑩ 차트 제목 넣기

차트 제목을 넣는 방법은 눈금선을 넣을 때와 마찬가지로 **[차트 도구]**–**[디자인]**–**[차트 레이아웃]** 그룹–**[차트 요소 추가]**–**[차트 제목]**–**[차트 위]**를 선택해서 차트 제목을 넣어도 되고, 차트 오른쪽의 **[차트 요소]** 단추('+')를 클릭하고 '차트 제목'을 선택한 후 '차트 위' 메뉴를 클릭하면 차트 상에 차트 제목을 넣을 수 있는 텍스트 박스가 생긴다.

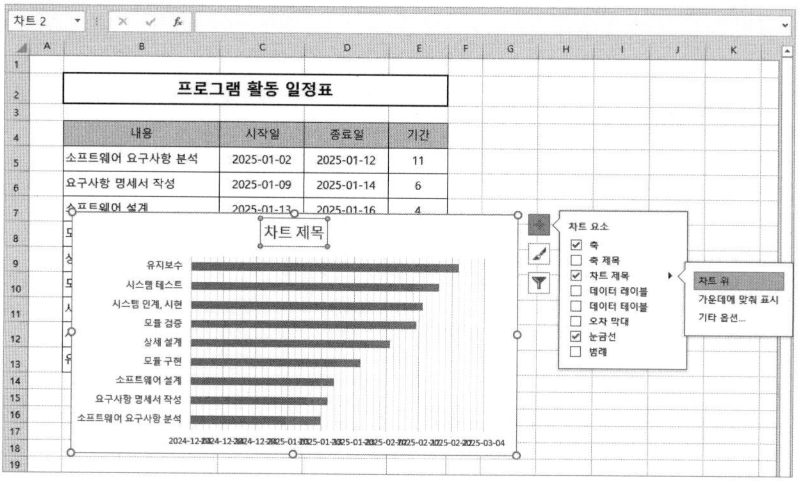

생성된 텍스트 박스를 클릭하고 차트 제목으로 '프로그램 활동 일정표'를 입력한다.

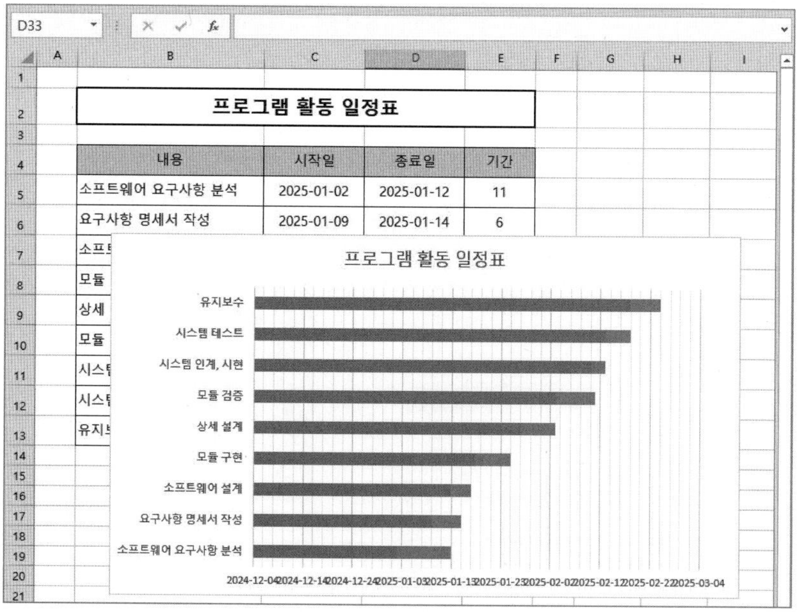

**step 3** **간트 차트로 만들기**

이전 단계에서 그린 차트를 간트 차트로 모양을 만들기 위해서는 차트에 그려진 영역 중에 기간에 해당하는 부분만 남기면 원하는 모양의 간트 차트를 완성할 수 있다.

① [축 옵션] 설정하기

가로축의 날짜 부분은 작업의 시작일부터 종료일까지만 필요함으로 [축 옵션] 메뉴를 이용하여 설정을 변경해 보도록 하자.

가로축의 날짜 부분을 더블클릭하거나 날짜 부분을 선택하고 마우스 오른쪽 버튼을 클릭하여 [축 서식]을 클릭하면 오른쪽에 보이는 [축 서식] 창의 [축 옵션]에서 최소값은 2025-01-02, 최대값은 2025-02-26로 변경하면 차트 막대에서 가로축의 날짜 부분이 '프로그램 활동 일정표'에 있는 기간에 해당하는 부분만 남는다. 기본 단위는 10, 보조 단위는 2로 설정한다.

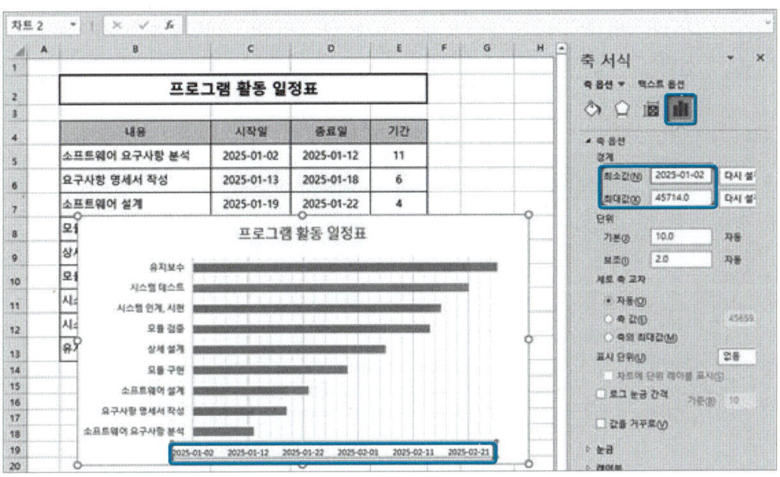


② 날짜 서식 변경하기

가로축의 날짜가 년-월-일을 표시하고 있는 서식이라 복잡하다. 년도를 제외하고 월/일 형태의 날짜 서식으로 변경하자.

[축 서식] 창의 [표시 형식]에서 범주는 '날짜', 형식은 '3/14'로 설정한다.

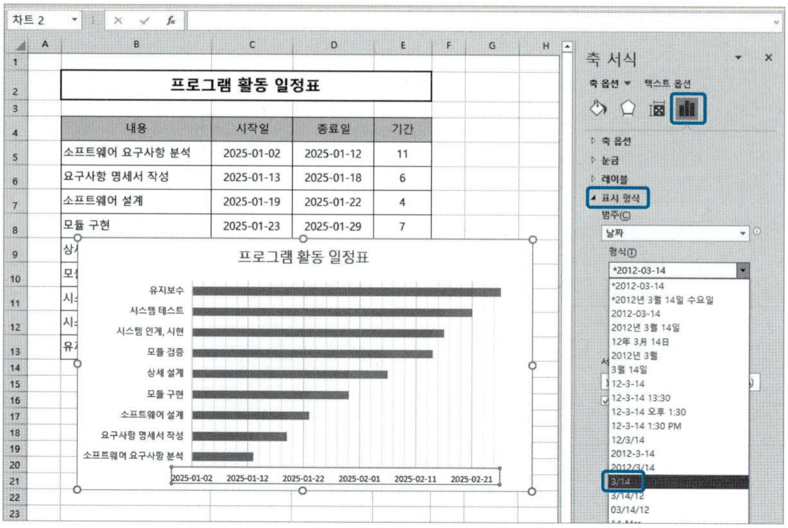

변경된 날짜 형식이 가로축에 표시된다.

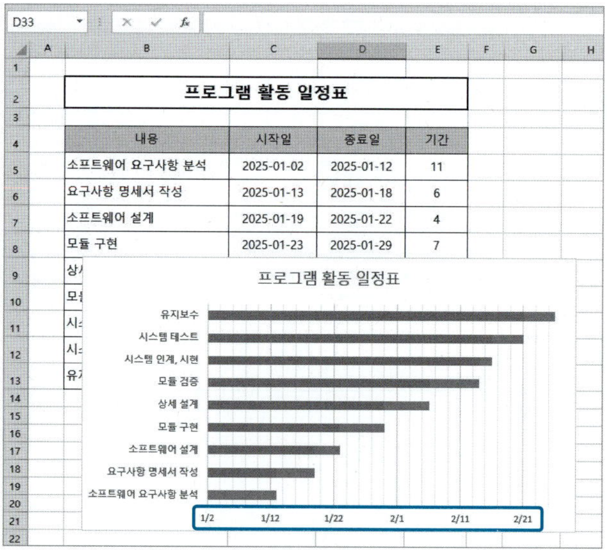

③ 세로축 옵션 변경하기

그래프의 세로축 항목을 살펴보면 첫 번째 작업 내용인 '소프트웨어 요구사항 분석'이 가장 아래쪽에 표시되어 있는 것을 볼 수 있다. 내용의 순서를 변경하여 보자.

세로축을 더블클릭하거나 마우스 오른쪽 버튼을 클릭하고 '축 서식'을 선택한다. 화면 오른쪽에 세로축에 해당하는 **[축 서식]** 창의 **[축 옵션]**에서 '항목을 거꾸로'를 선택한다.

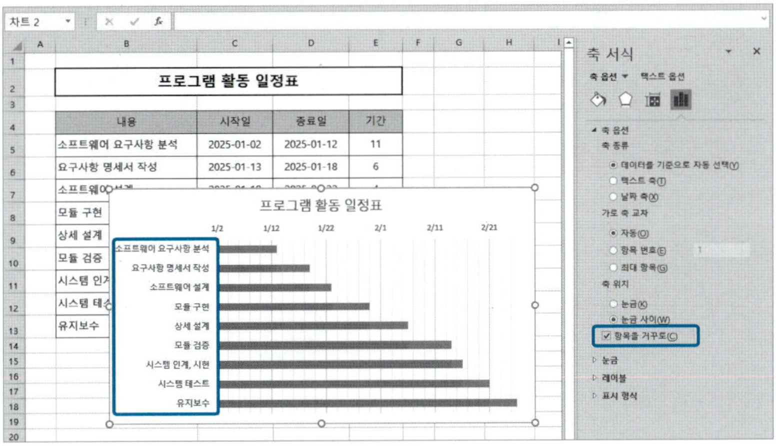

'항목을 거꾸로'를 실행하면서 세로축의 내용은 순서가 바뀌지만, 가로축이 차트 위쪽으로 올라간다. 가로축을 아랫부분으로 내리기 위해 **[축 옵션]**에서 '가로축 교차' 항목을 '최대 항목'으로 선택한다.

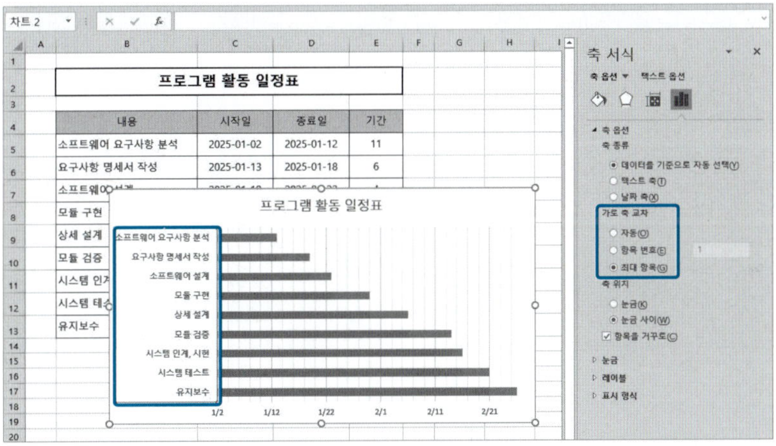

④ 간트 차트 모양 만들기

차트의 막대에서 '기간'에 해당하는 부분만 남기면 되기 때문에 '시작일'에 해당하는 부분은 차트에서 보이지 않도록 처리해야 한다. 현재 차트는 '시작일' 다음에 '기간'이 누적되어 그려져 있으므로 차트에서 '시작일'에 해당하는 막대 부분의 색을 없애기 위해서 해당하는 부분을 더블클릭하면 보여지는 **[데이터 계열 서식]** 창의 **[채우기 및 선]–[채우기]–[채우기 없음]**, **[테두리]–[선 없음]**을 선택하면 차트 막대의 해당 부분의 색과 테두리 선이 없어진다.

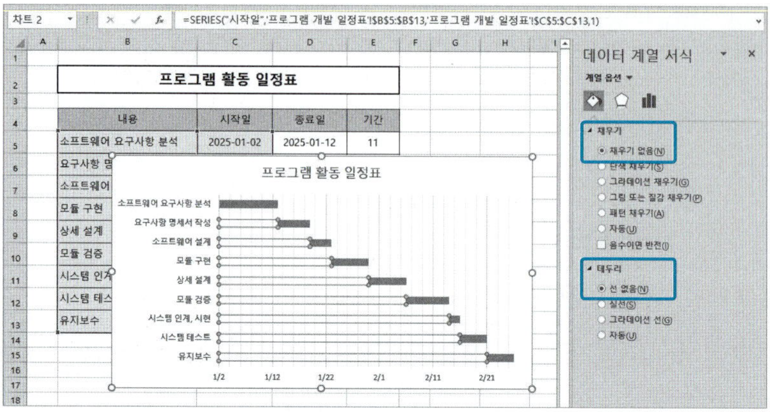

또는 색을 없애고자 하는 '시작일'에 해당하는 막대 부분을 클릭하고 **[차트 도구]–[서식]–[도형 채우기]–[채우기 없음]**, **[도형 윤곽선]–[윤곽선 없음]**을 선택하면 막대의 색과 테두리 선이 없어진다.

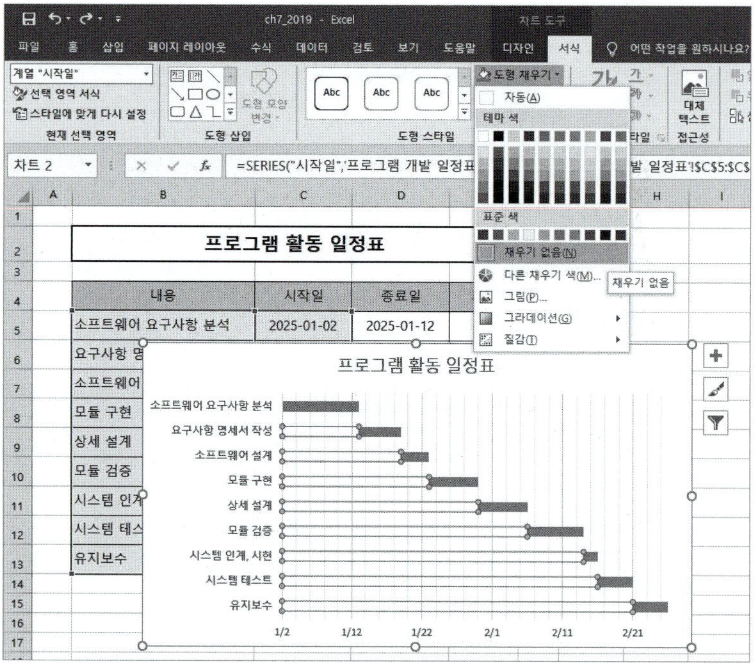

'프로그램 활동 일정표' 차트에는 '시작일'에 해당하는 막대의 색과 테두리가 없어지고 '기간'에 해당하는 부분만 차트에 표시되어 각 일정들이 어떻게 진행되는지를 간단하게 나타낼 수 있다.

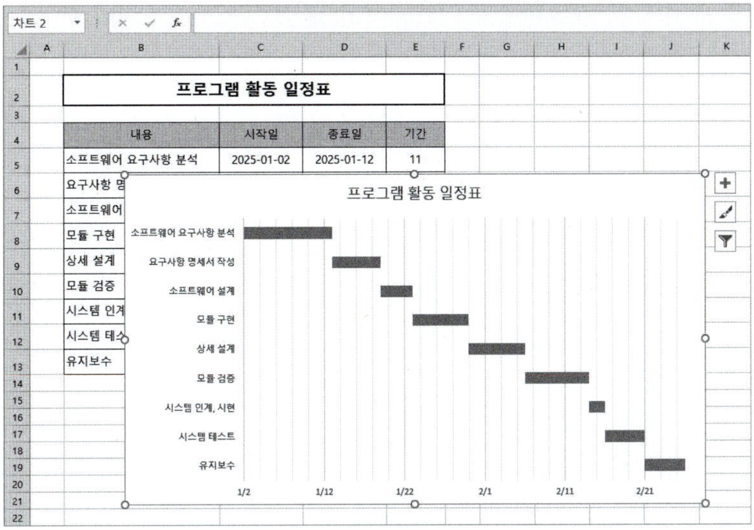

## step 4 차트 꾸미기

간트 차트 만들기의 마무리 단계로 차트의 내용을 좀 더 정확하게 볼 수 있도록 하기 위해 차트의 배경, 눈금선, 레이블 표시를 삽입하도록 하자.

① 차트 배경에 색 지정하기

차트의 그림 영역에 색을 지정하기 위해서 안쪽 차트 영역을 클릭한 후, 마우스 오른쪽 버튼을 누르고 **[차트 영역 서식]**을 선택하거나 차트의 빈 영역을 더블클릭하면 오른쪽에 **[차트 영역 서식]**창이 나타난다.

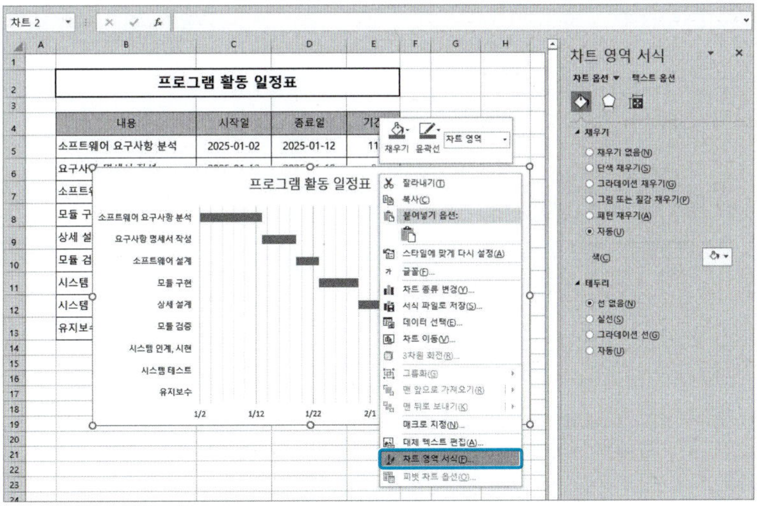

[차트 영역 서식] 창의 [채우기]에서 '그라데이션 채우기'는 '선형', '그라데이션 미리 설정'에서 원하는 색을 선택하면 차트의 배경색으로 설정된다.

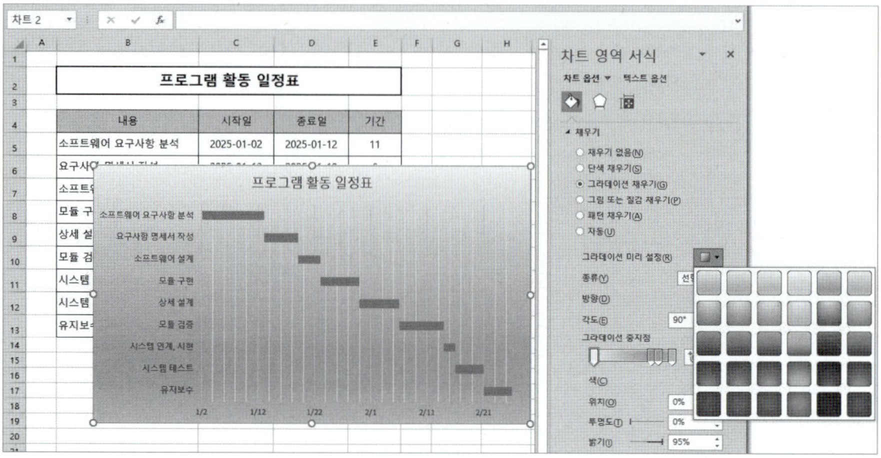


② 눈금선 그리기

차트 상의 주 눈금선과 보조 눈금선을 구별하기 위해 주 눈금선을 '파선'의 형태로 변경하여 보자. 차트 상의 주 눈금선(굵게 보이는 선)을 선택하고 더블클릭하면 오른쪽에 [주 눈금선 서식] 창이 나타난다. [선] 옵션에서 '실선', '대시 종류'는 '파선'을 선택한다.

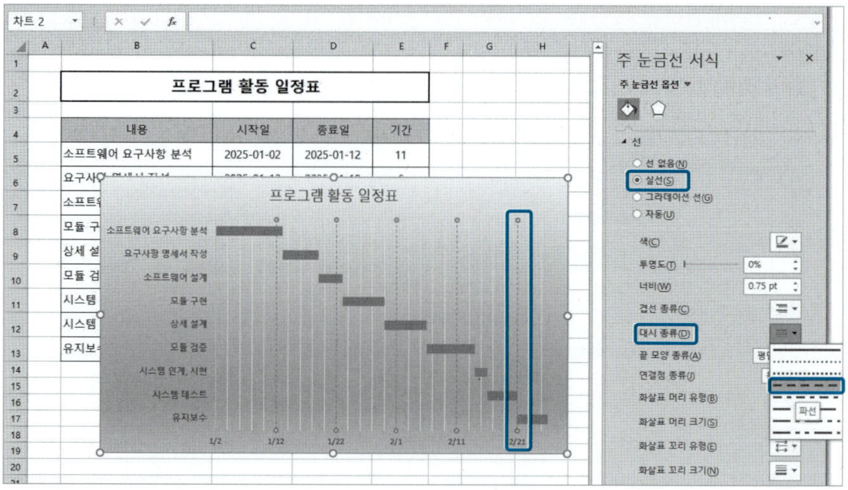


또는 주 눈금선을 선택하고 [차트 도구]–[서식]–[도형 윤곽선]–[대시]–[파선]을 선택한다. [도형 윤곽선]의 메뉴들을 활용하여 색상이나 두께의 변경도 가능하다.

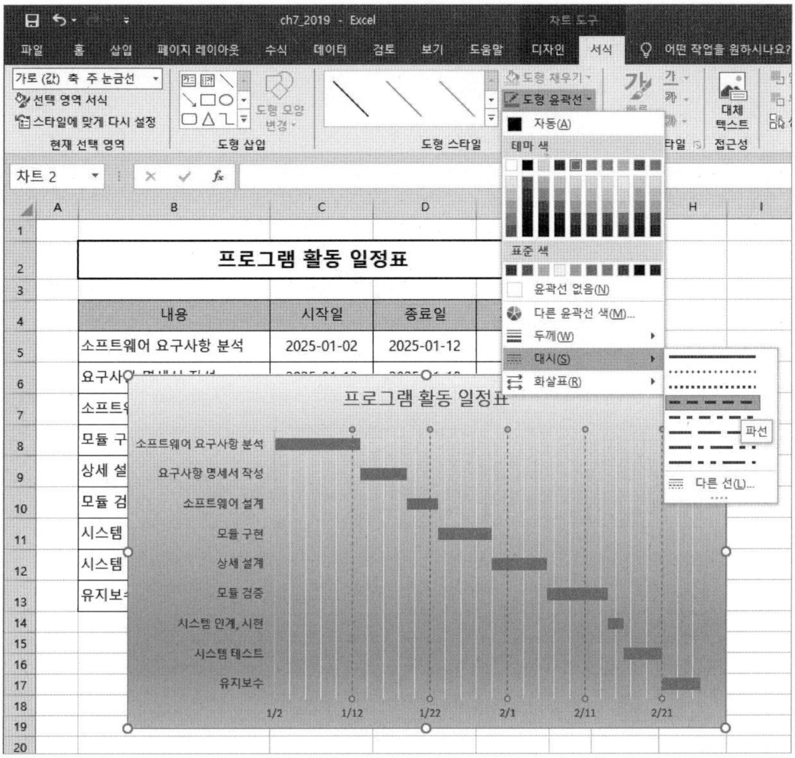

③ 막대에 레이블 표시하기

마지막으로 각 막대에 레이블을 표시해 보기로 하자. 기간에 해당하는 숫자를 막대에 표시하면 소요 시간을 정확하게 알아볼 수 있다.

레이블을 나타낼 기간에 해당하는 막대 중 한 개를 선택하면 전체 막대가 모두 선택된다. 레이블을 넣을 막대 부분이 모두 선택되면 **[차트 도구]–[디자인]–[차트 요소 추가]–[데이터 레이블]–[가운데]**를 선택하면 '기간'에 해당하는 데이터가 선택된 막대 가운데에 표시된다.

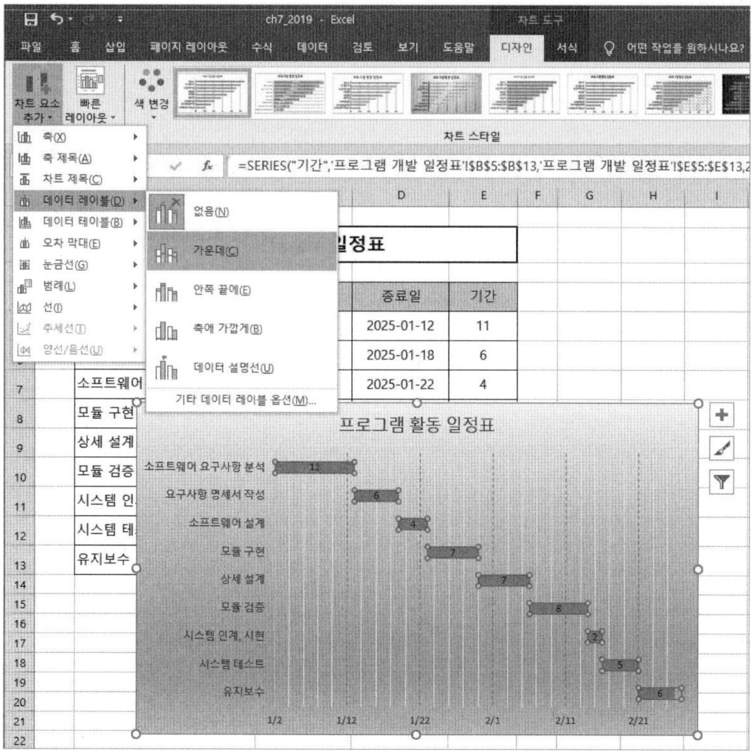


막대에 레이블을 나타내는 두 번째 방법은 차트 옆 차트 요소 버튼(+)을 클릭하고 [데이터 레이블]-[가운데 맞춤]을 표시하면 막대에 레이블을 표시할 수 있다. 각 활동들이 어떻게 진행되는지를 쉽게 알아볼 수 있는 간트 차트가 완성된다.

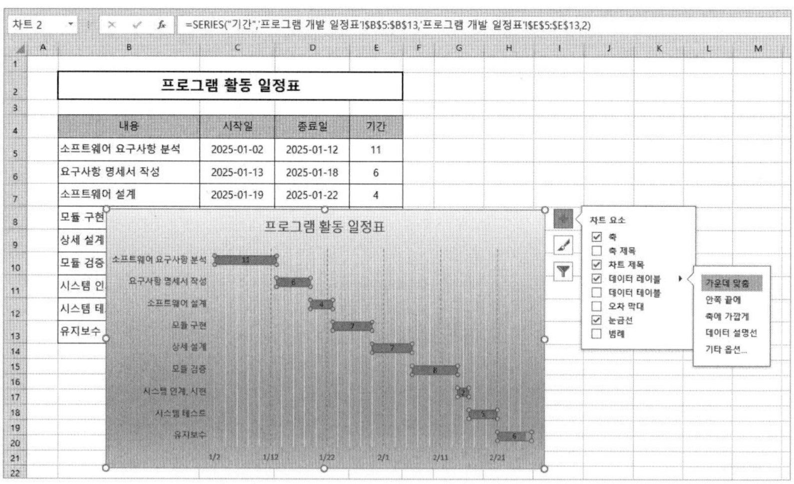

# 연습문제

**1.** [급여 지급 내역서] 표를 완성하고, 조건에 맞는 차트를 작성하시오.

| 년도별 대학 경쟁률 | | | | | | | |
|---|---|---|---|---|---|---|---|
| 대학명 | 전형 | 모집인원 | 2020년 경쟁률 | 2021년 경쟁률 | 2022년 경쟁률 | 평균 경쟁률 | 추세 |
| A대 | 논술우수자 | 285 | 35.12 | 42.82 | 48.34 | | |
| B대 | 네오르네상스 | 450 | 13.97 | 11.86 | 12.95 | | |
| C대 | 일반전형 | 250 | 43.4 | 36.84 | 33.84 | | |
| D대 | 논술전형 | 300 | 58.35 | 39.09 | 45.25 | | |
| E대 | 일반전형 | 450 | 39.63 | 40.02 | 41.85 | | |
| F대 | 일반전형 | 360 | 30.67 | 20.43 | 25.64 | | |
| G대 | 논술전형 | 358 | 39.04 | 22.31 | 25.41 | | |

(1) 평균 경쟁률 : 2020년, 2021년, 2022년 경쟁률 평균, 소수점 2자리까지 표시

(2) 대학별 2020년과 평균 경쟁률을 비교하는 차트를 작성하시오.

① 차트 종류 : 묶은 세로 막대형

② 차트 옵션

- 차트 제목 입력 : '2020년과 평균 경쟁률 비교'
- 범례 위치 : 아래쪽
- 가장 값이 큰 항목에 대하여 데이터 테이블의 값 표시
- 세로축 제목 : '경쟁률'
- 세로축 최대값 '60', 최소값 '0', 주 단위 '10'

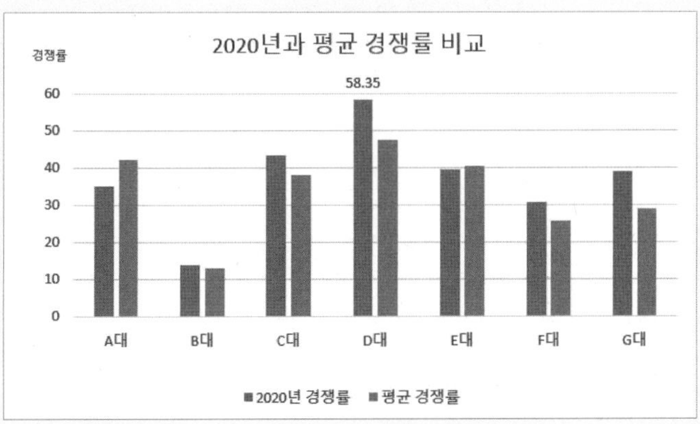

(3) 대학별 모집인원에 따른 2022년 경쟁률을 비교하는 차트를 작성하시오.

① 차트 종류

- 모집인원 : 묶은 세로 막대형
- 2022년 경쟁률 : 표식이 있는 꺾은 선형

② 차트 옵션

- 차트 제목 입력 : '모집인원에 따른 2022년 경쟁률'
- 범례 위치 : 위쪽
- 기본축 : 세로축 최대값 '500', 최소값 '0', 주 단위 '100'
- 보조축 : 세로축 최대값 '50', 최소값 '0', 주 단위 '10'

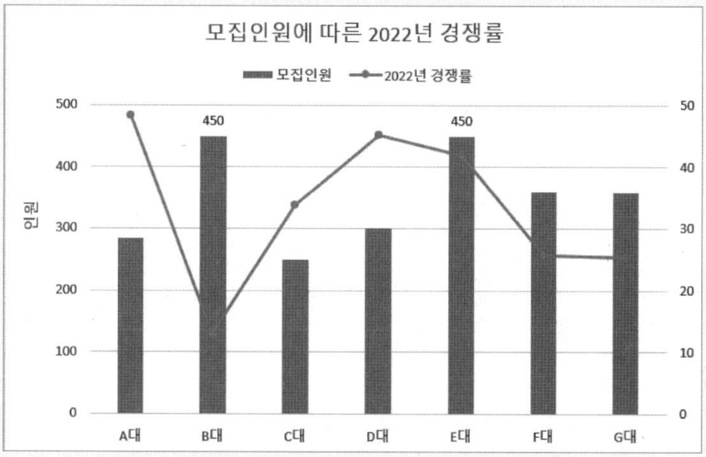


(4) 2020년부터 2022년까지 경쟁률에 대한 추세선을 그리시오.

| 대학명 | 전형 | 모집인원 | 2020년 경쟁률 | 2021년 경쟁률 | 2022년 경쟁률 | 평균 경쟁률 | 추세 |
|---|---|---|---|---|---|---|---|
| A대 | 논술우수자 | 285 | 35.12 | 42.82 | 48.34 | 42.09 | |
| B대 | 네오르네상스 | 450 | 13.97 | 11.86 | 12.95 | 12.93 | |
| C대 | 일반전형 | 250 | 43.4 | 36.84 | 33.84 | 38.03 | |
| D대 | 논술전형 | 300 | 58.35 | 39.09 | 45.25 | 47.56 | |
| E대 | 일반전형 | 450 | 39.63 | 40.02 | 41.85 | 40.50 | |
| F대 | 일반전형 | 360 | 30.67 | 20.43 | 25.64 | 25.58 | |
| G대 | 논술전형 | 358 | 39.04 | 22.31 | 25.41 | 28.92 | |

(표 제목: 년도별 대학 경쟁률)

**2.** [**지역별 판매 현황**]을 입력하여 완성하고, 조건에 맞는 차트를 작성하시오.

**지역별 판매현황**

| 지역명 | 1사분기 | 2사분기 | 3사분기 | 4사분기 | 총계 | 추세 |
|---|---|---|---|---|---|---|
| 서울 | 1500 | 1760 | 2750 | 2340 | | |
| 경기 | 1500 | 1380 | 1350 | 1250 | | |
| 부산 | 980 | 1030 | 990 | 1010 | | |
| 대구 | 2500 | 2750 | 2460 | 2760 | | |
| 인천 | 880 | 930 | 980 | 1100 | | |
| 강원 | 890 | 1250 | 1070 | 1140 | | |

(1) '총계'는 1사분기, 2사분기, 3,사분기, 4사분기의 합
- SUM 함수 이용

(2) '지역' 별로 '총계'를 표시하는 차트를 작성하시오.
- 차트 종류 : 3차원 원형
- 차트 제목 : 지역별 판매현황
- 각 지역에 대한 데이터 레이블을 백분율로 표시
- '대구' 지역을 원형에서 분리
- '범례'에 도형 윤곽서 그리기

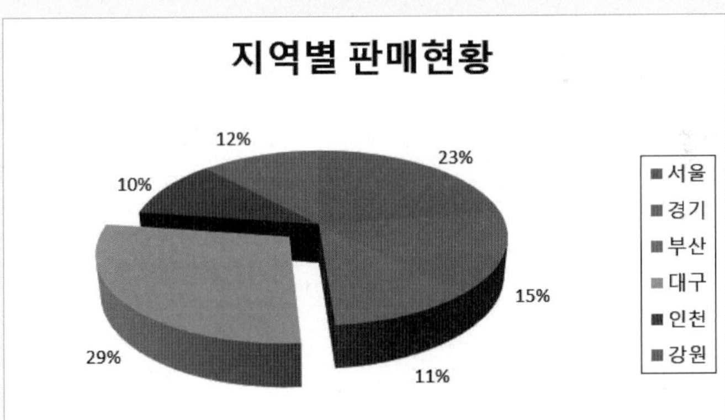

(3) 1사분기부터 4사분기까지를 추세를 파악할 수 있는 추세선을 그리시오.

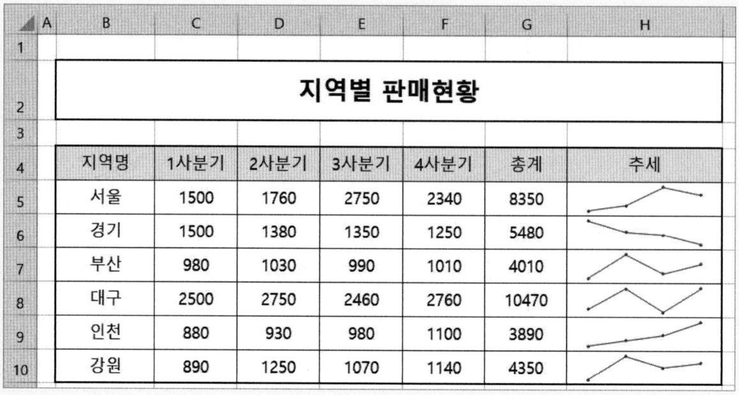

| | A | B | C | D | E | F | G | H |
|---|---|---|---|---|---|---|---|---|
| 1 | | | | | | | | |
| 2 | | 지역별 판매현황 | | | | | | |
| 3 | | | | | | | | |
| 4 | | 지역명 | 1사분기 | 2사분기 | 3사분기 | 4사분기 | 총계 | 추세 |
| 5 | | 서울 | 1500 | 1760 | 2750 | 2340 | 8350 | |
| 6 | | 경기 | 1500 | 1380 | 1350 | 1250 | 5480 | |
| 7 | | 부산 | 980 | 1030 | 990 | 1010 | 4010 | |
| 8 | | 대구 | 2500 | 2750 | 2460 | 2760 | 10470 | |
| 9 | | 인천 | 880 | 930 | 980 | 1100 | 3890 | |
| 10 | | 강원 | 890 | 1250 | 1070 | 1140 | 4350 | |

# 8 CHAPTER 데이터 관리 기능 익히기



엑셀은 많은 양의 데이터를 쉽게 관리할 수 있는 데이터베이스 기능을 제공한다. 엑셀에서 데이터를 정렬하고, 조건에 맞는 데이터를 필터링할 수 있다. 또한 부분합, 유효성 검사, 가상 분석, 피벗 테이블, 메모장 등의 기능을 제공한다.

엑셀에서 사용 가능한 다양한 데이터 관리 기능에 대하여 알아보자.

[배울 내용]

① 정렬 : 입력된 데이터들을 사용 목적에 맞게 순서를 재배열할 수 있는 기능
② 필터링 : 특정 조건에 맞는 데이터를 쉽게 검색해 볼 수 있는 기능
③ 부분합 : 데이터베이스 자료 중 특정 항목들의 합계나 평균 등을 쉽게 파악하기 위해 제공되는 기능
④ 시나리오 관리자 : 데이터에 대한 다양한 상황과 변수에 따른 여러 가지 결과를 예측해 보는 기능
⑤ 목표값 : 수식의 결과값은 알고 있으나, 수식에서 그 결과를 계산하기 위해 필요한 입력값을 모르는 경우에 사용하는 기능
⑥ 유효성 검사 : 잘못된 데이터를 입력하는 것을 방지하기 위한 기능
⑦ 피벗 테이블 : 기존 테이블에서 필요한 필드만을 사용해서 새로운 테이블을 구성할 수 있는 기능
⑧ 메모장 : 셀에 간단한 설명을 붙이기 위해서 사용하는 기능

## 8.1 정렬 기능을 이용하여 데이터 관리하기

정렬은 입력된 자료를 특정키에 의해 순차적으로 나열하는 것을 말하는 것으로 오름차순

정렬과 내림차순 정렬로 분류한다.

- 오름차순 정렬 : 작은 것부터 큰 것 순으로 나열하는 것
  예) 1, 2, 3, 4, 5
- 내림차순 정렬 : 큰 것부터 작은 것의 순으로 나열하는 것
  예) 5, 4, 3, 2, 1

데이터 테이블에서 정렬은 2가지 방법으로 수행할 수 있다.

- 하나의 조건으로 정렬
- 한 개 이상 다중 조건을 사용한 정렬

데이터 테이블에서 정렬 기능을 실행할 때 주의할 점은 원본 데이터에 대하여 정렬 기능을 수행한 후 데이터의 순서가 바뀐 데이터를 원본 데이터와 동일한 순서로 되돌리고자 하는 경우이다.

정렬 기능을 수행하게 되면 데이터의 순서가 처음 원본 데이터의 순서와 다르게 바뀌는데 이때 원래 데이터의 순서와 동일하게 되돌리고자 하면 데이터에 원본 데이터의 순서대로 되돌릴 수 있는 기준 데이터가 있어야 한다.

만약 데이터에 정렬 기준이 될 수 있는 데이터가 없다면 정렬 기능 수행 전에 '일련번호'와 같은 항목을 데이터에 추가한 후, 정렬 기능을 이용하여 작업을 실행한다. 그리고 작업이 다 끝나면 추가한 '일련번호'를 이용하여 원본 데이터의 순서로 다시 되돌리면 된다.

### 8.1.1 데이터 입력하기

다음과 같은 서식을 적용하여 원본 데이터를 입력한다.

- 1행, 3행 높이 : 20
- 2행 높이 : 40
- 4행 높이 : 25
- [B2:H2] : 병합하고 가운데 맞춤, 글자 크기 16, '굵게'
- [B4:H4] : 가로/세로 가운데 맞춤, 글자 '굵게'
- [B5:F18], [H5:H18] : 가로/세로 가운데 맞춤

- [G5:G18] : 세로 가운데 맞춤, 가로 오른쪽 맞춤, 천 단위 구분 기호 넣기
  [홈]–[표시 형식]–[쉼표]를 선택하면 간단하게 '천 단위 구분 기호'를 넣을 수 있다.
- B열, D열~ H열 너비 : 10
- C열 너비 : 20
- [B2:H2] : 굵은 상자 테두리
- [B4:H18] : 모든 테두리, 굵은 상자 테두리

**인터넷 개설 강좌**

| 분류 | 강좌명 | 강사명 | 모집인원 | 수강기간 | 수강료 | 교재유무 |
|---|---|---|---|---|---|---|
| 어학 | 토익기초LC | 오미정 | 30 | 10주 | 25,000 | 없음 |
| 인문학 | 한국문학사상 | 김지숙 | 50 | 4주 | 35,000 | 없음 |
| IT | 파이썬 프로그래밍 | 김창현 | 15 | 12주 | 60,000 | 제공 |
| IT | 스크래치 프로그래밍 | 김창현 | 25 | 12주 | 45,000 | 없음 |
| 어학 | 토익기초 RC | 오미정 | 20 | 7주 | 25,000 | 없음 |
| 어학 | 토익중급 RC | 마현숙 | 30 | 7주 | 35,000 | 구입 |
| 인문학 | 실용적 글쓰기 | 정찬수 | 20 | 10주 | 50,000 | 구입 |
| 인문학 | 동양사상 | 김지숙 | 50 | 4주 | 35,000 | 없음 |
| 어학 | 토익 실전모의고사 | 마현숙 | 20 | 4주 | 40,000 | 구입 |
| IT | 컴퓨터실무활용 | 박명진 | 15 | 12주 | 50,000 | 제공 |
| 어학 | 토익 기출문제풀이 | 마현숙 | 20 | 10주 | 40,000 | 제공 |
| 인문학 | 디지털 인문학 | 정찬수 | 60 | 7주 | 30,000 | 제공 |
| IT | 파워포인트 | 박명진 | 20 | 12주 | 45,000 | 구입 |
| 인문학 | 서양근대사 | 김지숙 | 60 | 4주 | 35,000 | 없음 |

## 8.1.2 한 가지 기준으로 정렬하기

다음과 같이 여러 개의 정렬 기준을 두지 않고 한 가지 조건으로 데이터를 정렬할 수 있다.

**인터넷 개설 강좌표에서 '강좌명'에 대하여 오름차순으로 정렬하시오.**

**step 1 정렬 기능 수행 후 원래 순서로 되돌릴 수 있는 '번호' 항목을 생성하기**

'인터넷 개설 강좌' 테이블 상에서 '강좌명'으로 정렬 작업 후 정렬 이전의 상태로 되돌리려고 하는 경우, 현재 데이터에는 원래 순서대로 되돌릴 수 있는 기준이 되는 항목이 없다. 그러므로 '분류' 항목 왼쪽에 열을 하나 삽입하고 '번호' 항목을 생성한다. '강좌명'에 대한 오름차순 정렬을 수행한 후 원래 순서대로 되돌리고자 하는 경우 임시로 만들어 놓은 '번호' 항목을 사용하면 된다.

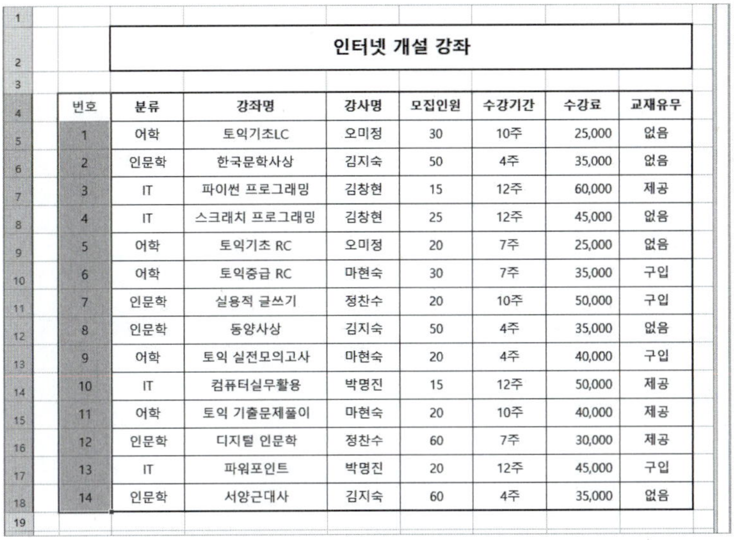

| 번호 | 분류 | 강좌명 | 강사명 | 모집인원 | 수강기간 | 수강료 | 교재유무 |
|---|---|---|---|---|---|---|---|
| 1 | 어학 | 토익기초LC | 오미정 | 30 | 10주 | 25,000 | 없음 |
| 2 | 인문학 | 한국문학사상 | 김지숙 | 50 | 4주 | 35,000 | 없음 |
| 3 | IT | 파이썬 프로그래밍 | 김창현 | 15 | 12주 | 60,000 | 제공 |
| 4 | IT | 스크래치 프로그래밍 | 김창현 | 25 | 12주 | 45,000 | 없음 |
| 5 | 어학 | 토익기초 RC | 오미정 | 20 | 7주 | 25,000 | 없음 |
| 6 | 어학 | 토익중급 RC | 마현숙 | 30 | 7주 | 35,000 | 구입 |
| 7 | 인문학 | 실용적 글쓰기 | 정찬수 | 20 | 10주 | 50,000 | 구입 |
| 8 | 인문학 | 동양사상 | 김지숙 | 50 | 4주 | 35,000 | 없음 |
| 9 | 어학 | 토익 실전모의고사 | 마현숙 | 20 | 4주 | 40,000 | 구입 |
| 10 | IT | 컴퓨터실무활용 | 박명진 | 15 | 12주 | 50,000 | 제공 |
| 11 | 어학 | 토익 기출문제풀이 | 마현숙 | 20 | 10주 | 40,000 | 제공 |
| 12 | 인문학 | 디지털 인문학 | 정찬수 | 60 | 7주 | 30,000 | 제공 |
| 13 | IT | 파워포인트 | 박명진 | 20 | 12주 | 45,000 | 구입 |
| 14 | 인문학 | 서양근대사 | 김지숙 | 60 | 4주 | 35,000 | 없음 |

## step 2 정렬 기준 선택하기

정렬하고자 하는 '강좌명' 항목에 해당하는 셀 [D5:D18] 중 임의의 셀을 선택하고 [홈]–[편집] 그룹–**[정렬 및 필터]–[텍스트 오름차순 정렬]**을 선택한다.

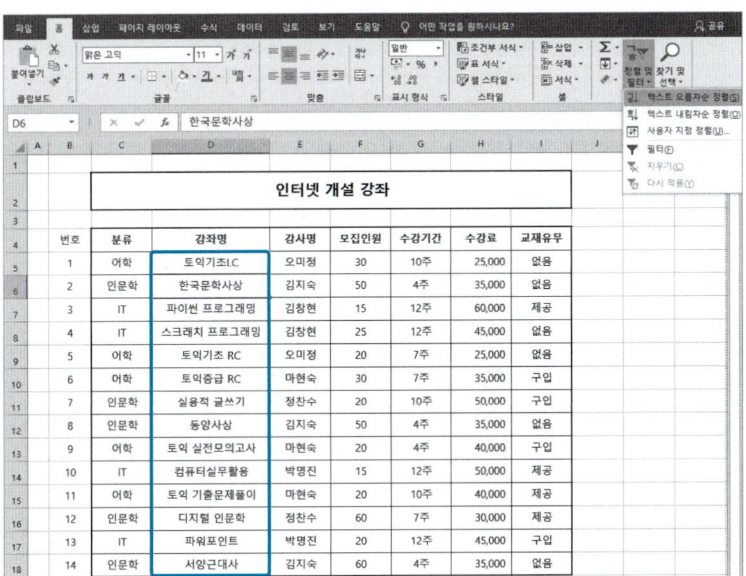


또는 셀 [D5:D18] 중 임의의 셀을 선택하고 마우스 오른쪽 버튼을 클릭하고 **[정렬]–[텍스트 오름차순 정렬]**을 선택하면 선택한 셀이 있는 열의 데이터가 오름차순으로 정렬된다.

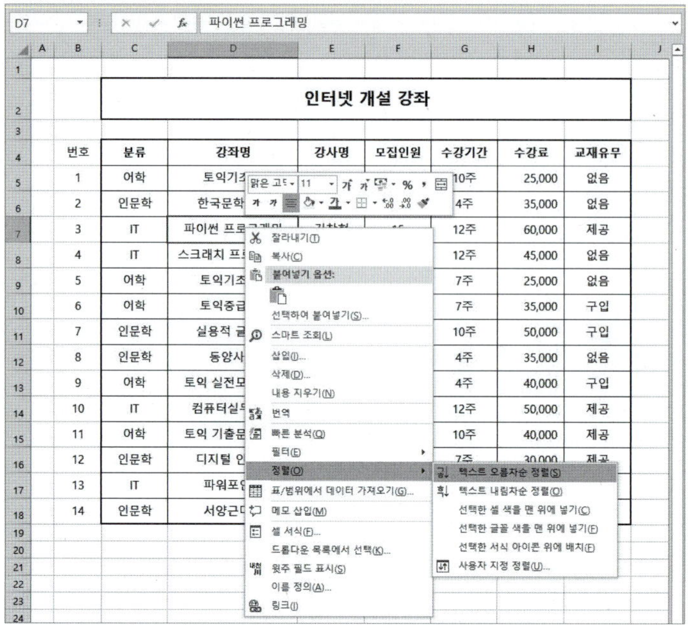


**step 3** **정렬 결과 확인하기**

데이터 '강좌명'을 기준으로 오름차순으로 정렬된다.

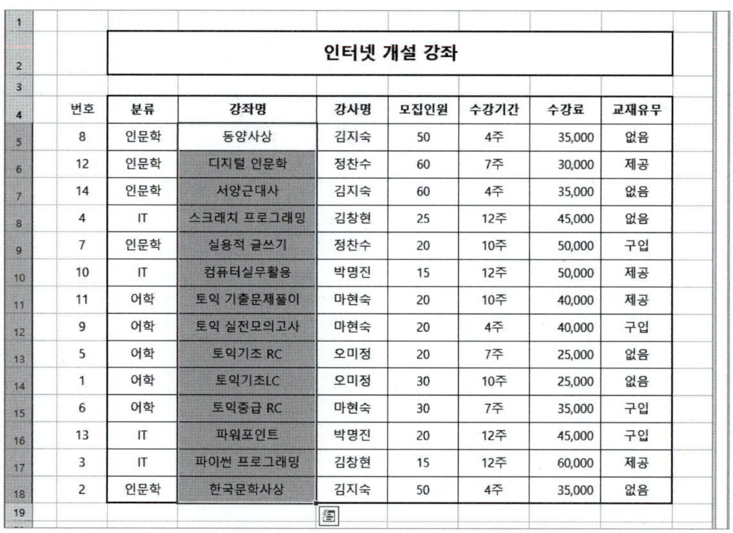

인터넷 개설 강좌

| 번호 | 분류 | 강좌명 | 강사명 | 모집인원 | 수강기간 | 수강료 | 교재유무 |
|---|---|---|---|---|---|---|---|
| 8 | 인문학 | 동양사상 | 김지숙 | 50 | 4주 | 35,000 | 없음 |
| 12 | 인문학 | 디지털 인문학 | 정찬수 | 60 | 7주 | 30,000 | 제공 |
| 14 | 인문학 | 서양근대사 | 김지숙 | 60 | 4주 | 35,000 | 없음 |
| 4 | IT | 스크래치 프로그래밍 | 김창현 | 25 | 12주 | 45,000 | 없음 |
| 7 | 인문학 | 실용적 글쓰기 | 정찬수 | 20 | 10주 | 50,000 | 구입 |
| 10 | IT | 컴퓨터실무활용 | 박명진 | 15 | 12주 | 50,000 | 제공 |
| 11 | 어학 | 토익 기출문제풀이 | 마현숙 | 20 | 10주 | 40,000 | 제공 |
| 9 | 어학 | 토익 실전모의고사 | 마현숙 | 20 | 4주 | 40,000 | 구입 |
| 5 | 어학 | 토익기초 RC | 오미정 | 20 | 7주 | 25,000 | 없음 |
| 1 | 어학 | 토익기초LC | 오미정 | 30 | 10주 | 25,000 | 없음 |
| 6 | 어학 | 토익중급 RC | 마현숙 | 30 | 7주 | 35,000 | 구입 |
| 13 | IT | 파워포인트 | 박명진 | 20 | 12주 | 45,000 | 구입 |
| 3 | IT | 파이썬 프로그래밍 | 김창현 | 15 | 12주 | 60,000 | 제공 |
| 2 | 인문학 | 한국문학사상 | 김지숙 | 50 | 4주 | 35,000 | 없음 |

**step 4** **'번호' 항목을 이용하여 원본 데이터 순서대로 되돌리기**

테이블의 왼쪽 '번호' 항목을 보면 순서가 뒤죽박죽 섞여 있는 것을 볼 수 있다. 원본 데이터의 순서가 변경되어졌다는 것을 알 수 있다.

원래 순서대로 되돌리기 위해 '번호' 항목을 기준으로 오름차순 정렬을 하면 원본 데이터 순서대로 다시 정렬된다. '번호' 항목 열의 임의의 셀을 선택하고 **[데이터]-[정렬 및 필터]** 그룹에서 를 선택하면 오름차순으로 정렬된다. 이때 선택한 데이터가 숫자인 경우는 **[숫자 오름차순/내림차순 정렬]**, 문자인 경우는 **[문자 오름차순/내림차순 정렬]**로 메뉴가 자동 변경되는 것을 확인할 수 있다.

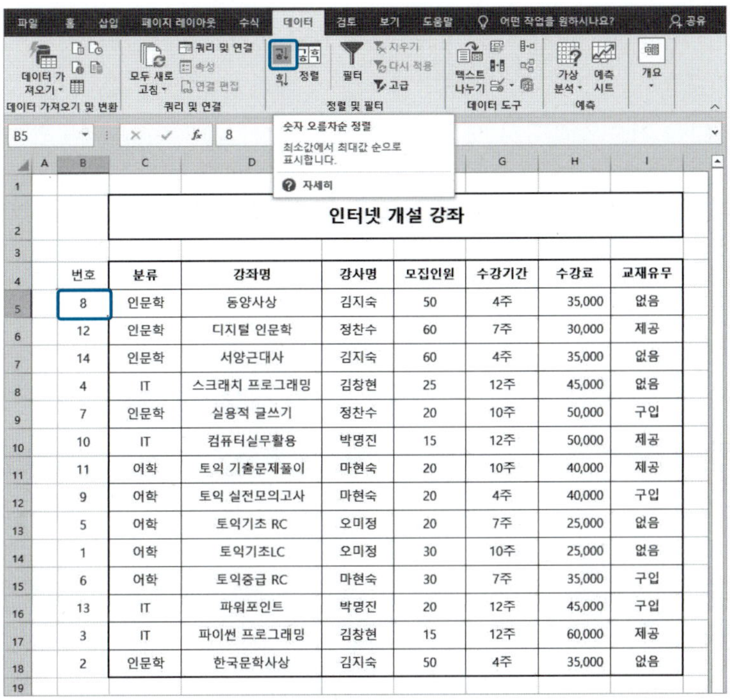


인터넷 개설 강좌

| 번호 | 분류 | 강좌명 | 강사명 | 모집인원 | 수강기간 | 수강료 | 교재유무 |
|---|---|---|---|---|---|---|---|
| 8 | 인문학 | 동양사상 | 김지숙 | 50 | 4주 | 35,000 | 없음 |
| 12 | 인문학 | 디지털 인문학 | 정찬수 | 60 | 7주 | 30,000 | 제공 |
| 14 | 인문학 | 서양근대사 | 김지숙 | 60 | 4주 | 35,000 | 없음 |
| 4 | IT | 스크래치 프로그래밍 | 김창현 | 25 | 12주 | 45,000 | 없음 |
| 7 | 인문학 | 실용적 글쓰기 | 정찬수 | 20 | 10주 | 50,000 | 구입 |
| 10 | IT | 컴퓨터실무활용 | 박명진 | 15 | 12주 | 50,000 | 제공 |
| 11 | 어학 | 토익 기출문제풀이 | 마현숙 | 20 | 10주 | 40,000 | 제공 |
| 9 | 어학 | 토익 실전모의고사 | 마현숙 | 20 | 4주 | 40,000 | 구입 |
| 5 | 어학 | 토익기초 RC | 오미정 | 20 | 7주 | 25,000 | 없음 |
| 1 | 어학 | 토익기초LC | 오미정 | 30 | 10주 | 25,000 | 없음 |
| 6 | 어학 | 토익중급 RC | 마현숙 | 30 | 7주 | 35,000 | 구입 |
| 13 | IT | 파워포인트 | 박명진 | 20 | 12주 | 45,000 | 구입 |
| 3 | IT | 파이썬 프로그래밍 | 김창현 | 15 | 12주 | 60,000 | 제공 |
| 2 | 인문학 | 한국문학사상 | 김지숙 | 50 | 4주 | 35,000 | 없음 |

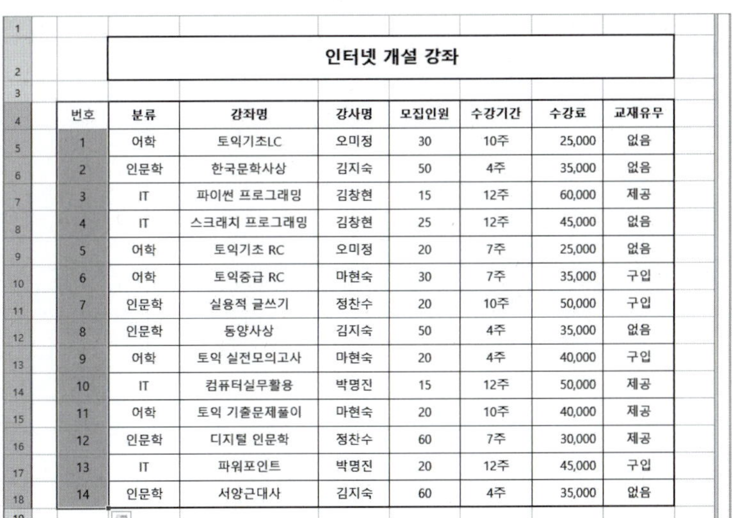

인터넷 개설 강좌

| 번호 | 분류 | 강좌명 | 강사명 | 모집인원 | 수강기간 | 수강료 | 교재유무 |
|---|---|---|---|---|---|---|---|
| 1 | 어학 | 토익기초LC | 오미정 | 30 | 10주 | 25,000 | 없음 |
| 2 | 인문학 | 한국문학사상 | 김지숙 | 50 | 4주 | 35,000 | 없음 |
| 3 | IT | 파이썬 프로그래밍 | 김창현 | 15 | 12주 | 60,000 | 제공 |
| 4 | IT | 스크래치 프로그래밍 | 김창현 | 25 | 12주 | 45,000 | 없음 |
| 5 | 어학 | 토익기초 RC | 오미정 | 20 | 7주 | 25,000 | 없음 |
| 6 | 어학 | 토익중급 RC | 마현숙 | 30 | 7주 | 35,000 | 구입 |
| 7 | 인문학 | 실용적 글쓰기 | 정찬수 | 20 | 10주 | 50,000 | 구입 |
| 8 | 인문학 | 동양사상 | 김지숙 | 50 | 4주 | 35,000 | 없음 |
| 9 | 어학 | 토익 실전모의고사 | 마현숙 | 20 | 4주 | 40,000 | 구입 |
| 10 | IT | 컴퓨터실무활용 | 박명진 | 15 | 12주 | 50,000 | 제공 |
| 11 | 어학 | 토익 기출문제풀이 | 마현숙 | 20 | 10주 | 40,000 | 제공 |
| 12 | 인문학 | 디지털 인문학 | 정찬수 | 60 | 7주 | 30,000 | 제공 |
| 13 | IT | 파워포인트 | 박명진 | 20 | 12주 | 45,000 | 구입 |
| 14 | 인문학 | 서양근대사 | 김지숙 | 60 | 4주 | 35,000 | 없음 |

[실습하기]

- '분류'에 대하여 내림차순으로 정렬하시오.
- '수강료'에 대하여 오름차순으로 정렬하시오.

### 8.1.3 여러 가지 기준으로 정렬하기

한 개 이상의 기준으로 정렬하여야 하는 경우 정렬을 하기 위한 기준의 순서를 정한다. 먼저 상위 기준으로 정렬한 후, 상위 단계 기준에 대하여 동일한 값을 가지고 있는 데이터에 대해서 다음 기준으로 다시 재정렬할 수 있다.

**'분류'에 대하여 내림차순 정렬하고, 각 분류에 대한 '강좌명'을 오름차순으로 정렬하시오.**

**step 1** **[사용자 지정 정렬] 메뉴 선택하기**

테이블 상의 임의의 셀에 커서를 두고 [홈]–[편집] 그룹–[정렬 및 필터]–[사용자 지정 정렬]을 선택하거나, 마우스 오른쪽 버튼을 클릭하고 [정렬]–[사용자 지정 정렬]을 선택한다.

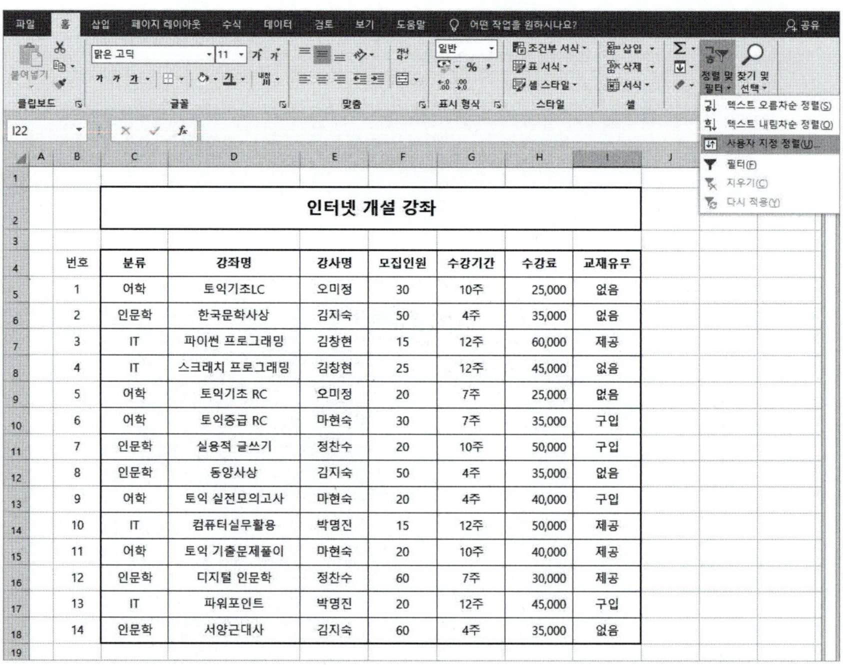


| 번호 | 분류 | 강좌명 | 강사명 | 모집인원 | 수강기간 | 수강료 | 교재유무 |
|---|---|---|---|---|---|---|---|
| 1 | 어학 | 토익기초LC | 오미정 | 30 | 10주 | 25,000 | 없음 |
| 2 | 인문학 | 한국문학사상 | 김지숙 | 50 | 4주 | 35,000 | 없음 |
| 3 | IT | 파이썬 프로그래밍 | 김창현 | 15 | 12주 | 60,000 | 제공 |
| 4 | IT | 스크래치 프로그래밍 | 김창현 | 25 | 12주 | 45,000 | 없음 |
| 5 | 어학 | 토익기초 RC | 오미정 | 20 | 7주 | 25,000 | 없음 |
| 6 | 어학 | 토익중급 RC | 마현숙 | 30 | 7주 | 35,000 | 구입 |
| 7 | 인문학 | 실용적 글쓰기 | 정찬수 | 20 | 10주 | 50,000 | 구입 |
| 8 | 인문학 | 동양사상 | 김지숙 | 50 | 4주 | 35,000 | 없음 |
| 9 | 어학 | 토익 실전모의고사 | 마현숙 | 20 | 4주 | 40,000 | 구입 |
| 10 | IT | 컴퓨터실무활용 | 박명진 | 15 | 12주 | 50,000 | 제공 |
| 11 | 어학 | 토익 기출문제풀이 | 마현숙 | 20 | 10주 | 40,000 | 제공 |
| 12 | 인문학 | 디지털 인문학 | 정찬수 | 60 | 7주 | 30,000 | 제공 |
| 13 | IT | 파워포인트 | 박명진 | 20 | 12주 | 45,000 | 구입 |
| 14 | 인문학 | 서양근대사 | 김지숙 | 60 | 4주 | 35,000 | 없음 |

또는 [데이터]–[정렬 및 필터] 그룹–[정렬]을 선택한다.

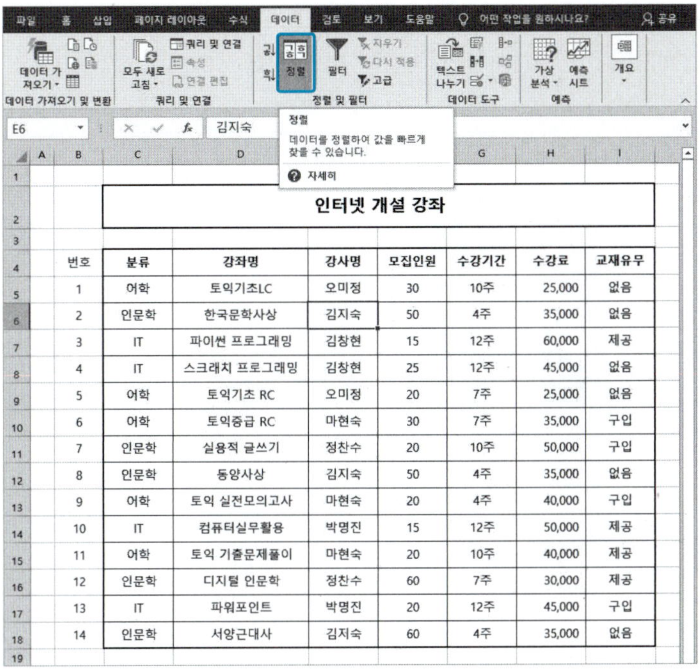


인터넷 개설 강좌

| 번호 | 분류 | 강좌명 | 강사명 | 모집인원 | 수강기간 | 수강료 | 교재유무 |
|---|---|---|---|---|---|---|---|
| 1 | 어학 | 토익기초LC | 오미정 | 30 | 10주 | 25,000 | 없음 |
| 2 | 인문학 | 한국문학사상 | 김지숙 | 50 | 4주 | 35,000 | 없음 |
| 3 | IT | 파이썬 프로그래밍 | 김창현 | 15 | 12주 | 60,000 | 제공 |
| 4 | IT | 스크래치 프로그래밍 | 김창현 | 25 | 12주 | 45,000 | 없음 |
| 5 | 어학 | 토익기초 RC | 오미정 | 20 | 7주 | 25,000 | 없음 |
| 6 | 어학 | 토익중급 RC | 마현숙 | 30 | 7주 | 35,000 | 구입 |
| 7 | 인문학 | 실용적 글쓰기 | 정찬수 | 20 | 10주 | 50,000 | 구입 |
| 8 | 인문학 | 동양사상 | 김지숙 | 50 | 4주 | 35,000 | 없음 |
| 9 | 어학 | 토익 실전모의고사 | 마현숙 | 20 | 4주 | 40,000 | 구입 |
| 10 | IT | 컴퓨터실무활용 | 박명진 | 15 | 12주 | 50,000 | 제공 |
| 11 | 어학 | 토익 기출문제풀이 | 마현숙 | 20 | 10주 | 40,000 | 제공 |
| 12 | 인문학 | 디지털 인문학 | 정찬수 | 60 | 7주 | 30,000 | 제공 |
| 13 | IT | 파워포인트 | 박명진 | 20 | 12주 | 45,000 | 구입 |
| 14 | 인문학 | 서양근대사 | 김지숙 | 60 | 4주 | 35,000 | 없음 |

**step 2** **[정렬] 대화 상자에서 정렬 기준 설정하기**

먼저 '분류'를 내림차순으로 정렬하기 위해 **[정렬]** 대화 상자에서 정렬 기준은 '분류', '셀 값', '내림차순'을 선택한다. 두 번째 정렬 기준을 추가하기 위해 대화 상자 윗부분의 **[기준 추가]** 버튼을 클릭하면 '다음 기준' 항목이 생성된다. 다음 기준으로 '강좌명', '셀 값', '오름차순'을 선택한다.

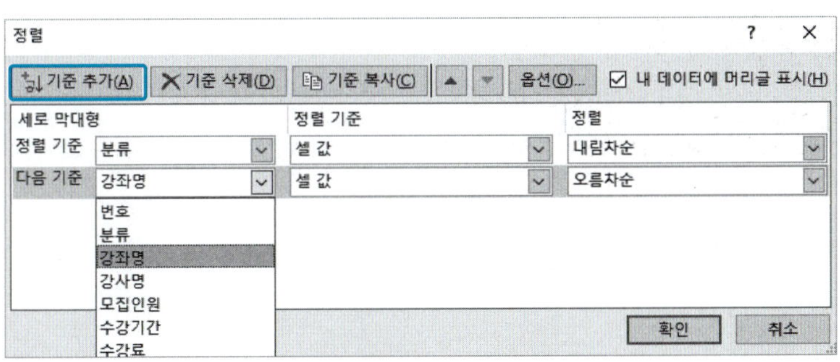


**step 3** **결과 확인하기**

**[확인]** 버튼을 누르면 원본 데이터가 기준에 따라 정렬된다.

먼저 '분류'를 기준으로 인문학, 어학, IT 순으로 내림차순 정렬을 한 후, 각 분류에 해당하는 강좌에 대하여 다시 오름차순 정렬을 수행한 결과를 보여준다. 인문학 5개 강좌, 어학 5개 강좌 그리고 IT 4개 강좌가 각각 강좌명이 오름차순으로 정렬된다.

**인터넷 개설 강좌**

| 번호 | 분류 | 강좌명 | 강사명 | 모집인원 | 수강기간 | 수강료 | 교재유무 |
|---|---|---|---|---|---|---|---|
| 8 | 인문학 | 동양사상 | 김지숙 | 50 | 4주 | 35,000 | 없음 |
| 12 | 인문학 | 디지털 인문학 | 정찬수 | 60 | 7주 | 30,000 | 제공 |
| 14 | 인문학 | 서양근대사 | 김지숙 | 60 | 4주 | 35,000 | 없음 |
| 7 | 인문학 | 실용적 글쓰기 | 정찬수 | 20 | 10주 | 50,000 | 구입 |
| 2 | 인문학 | 한국문학사상 | 김지숙 | 50 | 4주 | 35,000 | 없음 |
| 11 | 어학 | 토익 기출문제풀이 | 마현숙 | 20 | 10주 | 40,000 | 제공 |
| 9 | 어학 | 토익 실전모의고사 | 마현숙 | 20 | 4주 | 40,000 | 구입 |
| 5 | 어학 | 토익기초 RC | 오미정 | 20 | 7주 | 25,000 | 없음 |
| 1 | 어학 | 토익기초LC | 오미정 | 30 | 10주 | 25,000 | 없음 |
| 6 | 어학 | 토익중급 RC | 마현숙 | 30 | 7주 | 35,000 | 구입 |
| 4 | IT | 스크래치 프로그래밍 | 김창현 | 25 | 12주 | 45,000 | 없음 |
| 10 | IT | 컴퓨터실무활용 | 박명진 | 15 | 12주 | 50,000 | 제공 |
| 13 | IT | 파워포인트 | 박명진 | 20 | 12주 | 45,000 | 구입 |
| 3 | IT | 파이썬 프로그래밍 | 김창현 | 15 | 12주 | 60,000 | 제공 |

[실습하기]

- '분류'에 대하여 오름차순 정렬한 후, '강사명'에 대하여 내림차순 정렬을 하시오.
- '분류'에 대하여 내림차순 정렬한 후, '수강료'에 대하여 오름차순 정렬을 하시오.

## 8.2 필터링 기능으로 데이터 검색하기

필터 기능은 특정 조건을 통해서 조건에 맞는 자료들을 쉽게 검색해 볼 수 있도록 하는 기능이다. 필터 기능을 이용하여 데이터의 순서를 변경하지 않고 쉽게 조건에 맞는 데이터만 볼 수 있다.

엑셀의 필터 기능은 자동 필터와 고급 필터가 있다.

- 자동 필터 : 데이터 테이블에 나타나는 스크롤 항목을 이용하여 간단하게 필터링하는 방법
- 고급 필터 : 외부 조건식을 이용하여 필터링하는 방법

### 8.2.1 자동 필터

자동 필터는 데이터베이스의 자료를 간단한 조건을 이용하여 검색할 수 있도록 제공하는 기능으로 조건에 맞는 레코드 항목들만을 검색하여 워크시트에 보여준다. 자동 필터는 같은 항목 내에서는 'OR' 연산이 가능하지만 서로 다른 항목들 간에는 'AND' 연산으로 필터링하는 것만 가능하다.

#### (1) 텍스트 데이터에 대한 자동 필터

**step 1 필터 기능 실행하기**

데이터 셀 [B4:I18] 내의 임의의 셀을 선택하고 [홈]–[편집] 그룹–[정렬 및 필터]–[필터]를 클릭하면 아래 그림에서 보이는 것처럼 각 항목에 화살표로 된 목록상자가 나타난다. 엑셀은 셀 [B4:I18]을 자동으로 데이터베이스 영역으로 간주한다.

[필터] 메뉴를 클릭하면 각 항목(번호, 분류, 강좌명, 강사명, 모집인원, 수강기간, 수강료, 교재유무)에 [확장 단추]가 나타난다. [확장 단추]를 클릭하여 필터링한다.

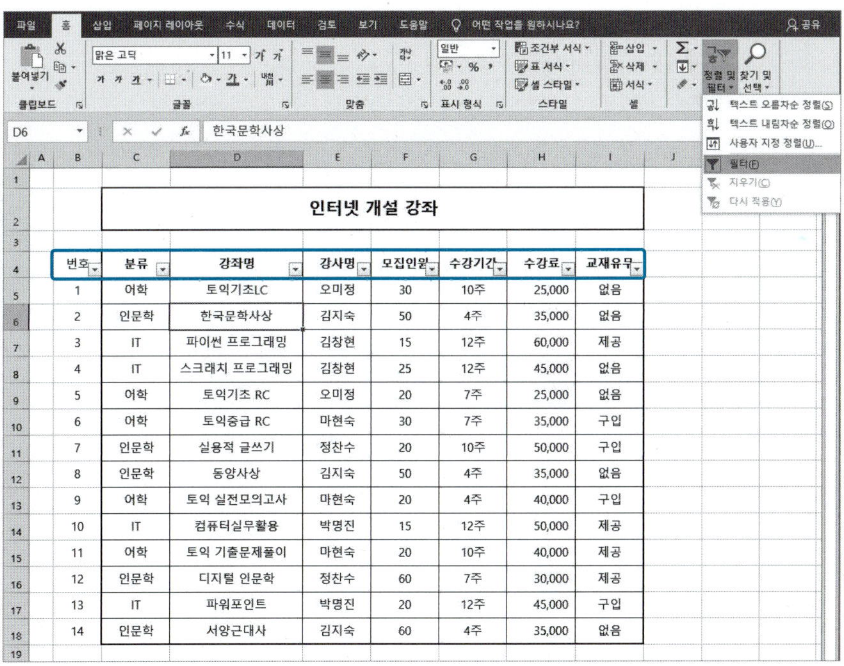


| 번호 | 분류 | 강좌명 | 강사명 | 모집인원 | 수강기간 | 수강료 | 교재유무 |
|---|---|---|---|---|---|---|---|
| 1 | 어학 | 토익기초LC | 오미정 | 30 | 10주 | 25,000 | 없음 |
| 2 | 인문학 | 한국문학사상 | 김지숙 | 50 | 4주 | 35,000 | 없음 |
| 3 | IT | 파이썬 프로그래밍 | 김창현 | 15 | 12주 | 60,000 | 제공 |
| 4 | IT | 스크래치 프로그래밍 | 김창현 | 25 | 12주 | 45,000 | 없음 |
| 5 | 어학 | 토익기초 RC | 오미정 | 20 | 7주 | 25,000 | 없음 |
| 6 | 어학 | 토익중급 RC | 마현숙 | 30 | 7주 | 35,000 | 구입 |
| 7 | 인문학 | 실용적 글쓰기 | 정찬수 | 20 | 10주 | 50,000 | 구입 |
| 8 | 인문학 | 동양사상 | 김지숙 | 50 | 4주 | 35,000 | 없음 |
| 9 | 어학 | 토익 실전모의고사 | 마현숙 | 20 | 4주 | 40,000 | 구입 |
| 10 | IT | 컴퓨터실무활용 | 박명진 | 15 | 12주 | 50,000 | 제공 |
| 11 | 어학 | 토익 기출문제풀이 | 마현숙 | 20 | 10주 | 40,000 | 제공 |
| 12 | 인문학 | 디지털 인문학 | 정찬수 | 60 | 7주 | 30,000 | 제공 |
| 13 | IT | 파워포인트 | 박명진 | 20 | 12주 | 45,000 | 구입 |
| 14 | 인문학 | 서양근대사 | 김지숙 | 60 | 4주 | 35,000 | 없음 |

또는 셀 [B4:I18] 내의 임의의 셀을 선택하고 [데이터]–[정렬 및 필터] 그룹–[필터]를 선택한다.

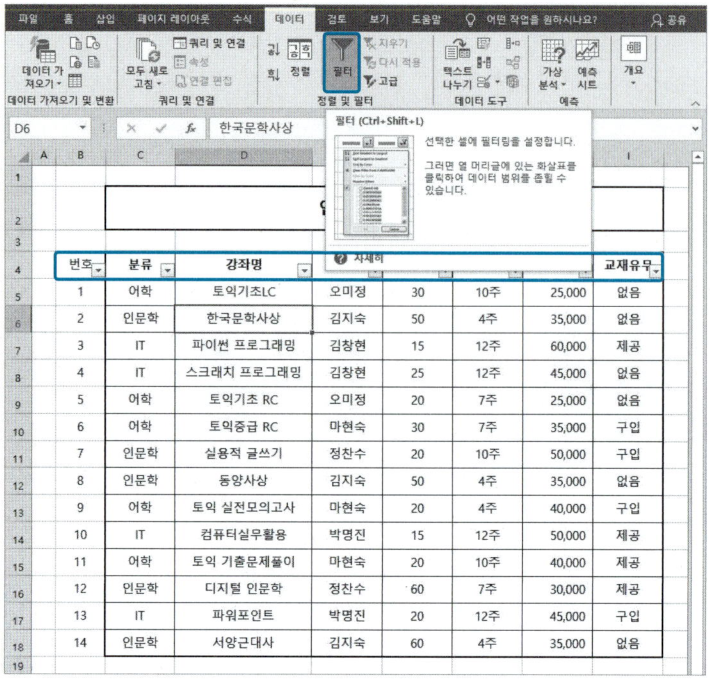


## step 2 특정 항목에 대해 필터하기

'강사명' 항목의 [확장 단추]를 클릭하면 보이는 텍스트 값 목록상자에서 '모두 선택'의 체크박스를 클릭하면 전체 선택이 해지되고 텍스트값 중 필터 기준으로 사용할 텍스트 값(마현숙, 오미정)을 선택한다.

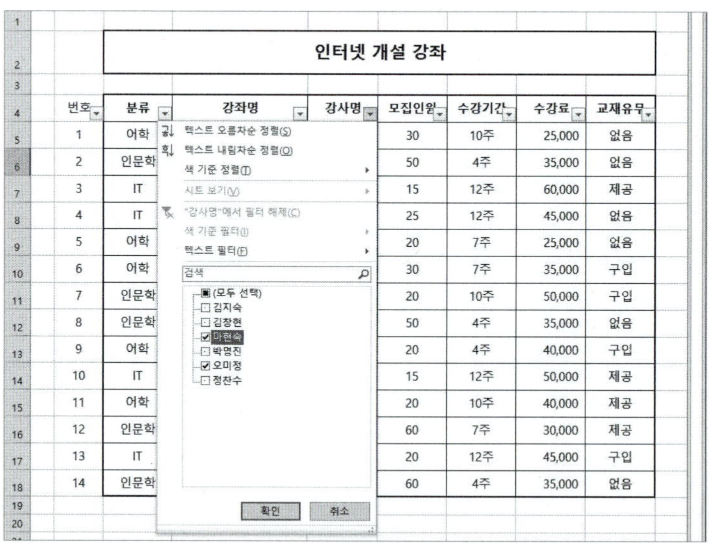

## step 3 필터링 된 결과보기

[확인] 버튼을 누르면 필터링 된 결과를 볼 수 있다. 왼쪽 행의 이름이 '5, 9, 10, 13, 15'로 보여지는 것을 확인할 수 있다. 이것은 조건에 맞지 않는 셀이 삭제된 것이 아니라 숨겨져 있음을 알 수 있다.

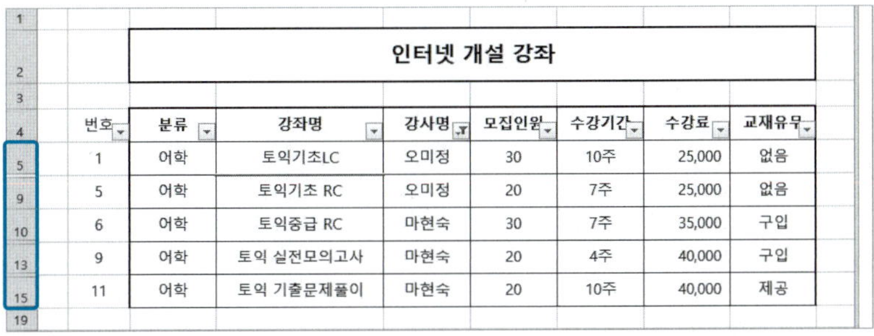


## step 4 필터링 해지하기

다시 모든 데이터를 표시하기 위해서 '강사명' 항목의 목록상자에서 '모두 선택'을 클릭한다.

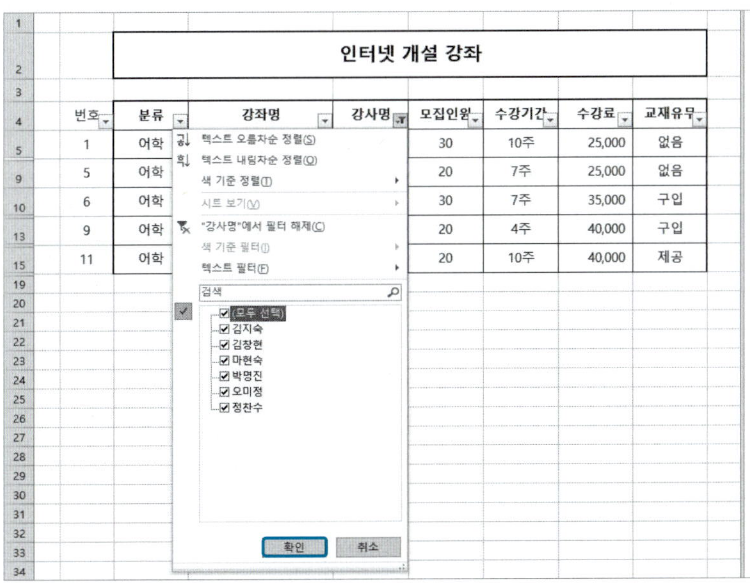

**step 5** [확인] 버튼을 누르면 처음과 같이 전체 데이터를 볼 수 있다.

| | | 인터넷 개설 강좌 | | | | | | |
|---|---|---|---|---|---|---|---|---|
| 번호 | 분류 | 강좌명 | 강사명 | 모집인원 | 수강기간 | 수강료 | 교재유무 |
| 1 | 어학 | 토익기초LC | 오미정 | 30 | 10주 | 25,000 | 없음 |
| 2 | 인문학 | 한국문학사상 | 김지숙 | 50 | 4주 | 35,000 | 없음 |
| 3 | IT | 파이썬 프로그래밍 | 김창현 | 15 | 12주 | 60,000 | 제공 |
| 4 | IT | 스크래치 프로그래밍 | 김창현 | 25 | 12주 | 45,000 | 없음 |
| 5 | 어학 | 토익기초 RC | 오미정 | 20 | 7주 | 25,000 | 없음 |
| 6 | 어학 | 토익중급 RC | 마현숙 | 30 | 7주 | 35,000 | 구입 |
| 7 | 인문학 | 실용적 글쓰기 | 정찬수 | 20 | 10주 | 50,000 | 구입 |
| 8 | 인문학 | 동양사상 | 김지숙 | 50 | 4주 | 35,000 | 없음 |
| 9 | 어학 | 토익 실전모의고사 | 마현숙 | 20 | 4주 | 40,000 | 구입 |
| 10 | IT | 컴퓨터실무활용 | 박명진 | 15 | 12주 | 50,000 | 제공 |
| 11 | 어학 | 토익 기출문제풀이 | 마현숙 | 20 | 10주 | 40,000 | 제공 |
| 12 | 인문학 | 디지털 인문학 | 정찬수 | 60 | 7주 | 30,000 | 제공 |
| 13 | IT | 파워포인트 | 박명진 | 20 | 12주 | 45,000 | 구입 |
| 14 | 인문학 | 서양근대사 | 김지숙 | 60 | 4주 | 35,000 | 없음 |

### (2) 숫자 데이터에 대한 자동 필터

숫자 값을 가진 데이터의 경우 동일한 값에 대한 필터링도 필요하지만 일정 범위 안에 있는 데이터의 검색이 필요한 경우도 있다. 이때 텍스트 데이터와 같은 방법으로 필터링 필드 목록상자에서 범위 내의 숫자 값을 모두 하나씩 클릭하여 필터링할 데이터를 선택하는 것은 불편하다. 일정 범위 내의 숫자 값을 데이터로 가진 레코드를 필터링하기 위해서는 '숫자 필터' 메뉴를 활용한다.

**step 1** [숫자 필터] 실행하기

**'모집인원'이 30명 이상 50명 미만의 레코드를 필터링해보자.**

'모집인원' 필드의 확장 단추를 클릭하고, 목록상자에서 [숫자 필터]–[해당 범위] 메뉴를 선택한다.

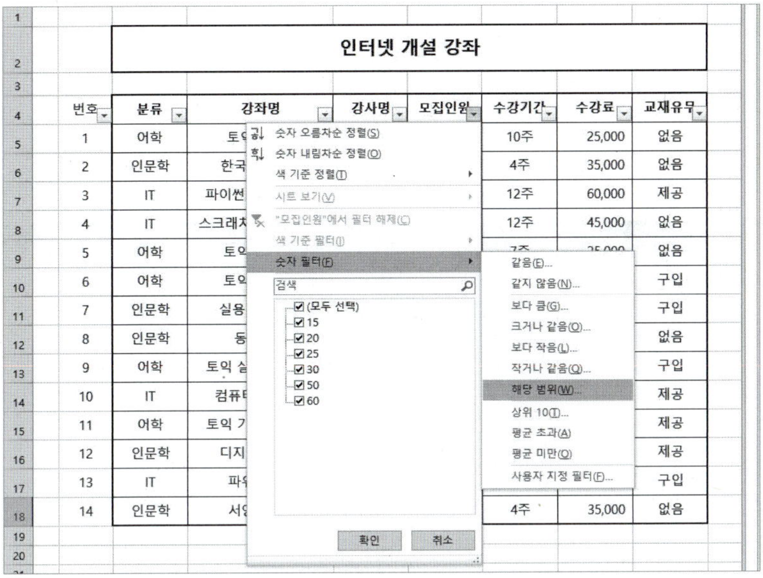


## step 2 필터 조건 입력하기

사용자 지정 자동 필터 대화 상자에 필터링하려는 조건을 입력한다.

조건이 30명 이상 50명 미만이므로 '이상' 조건에는 '>=', '미만' 조건에는 '<' 기호를 사용하여 조건을 입력한다.

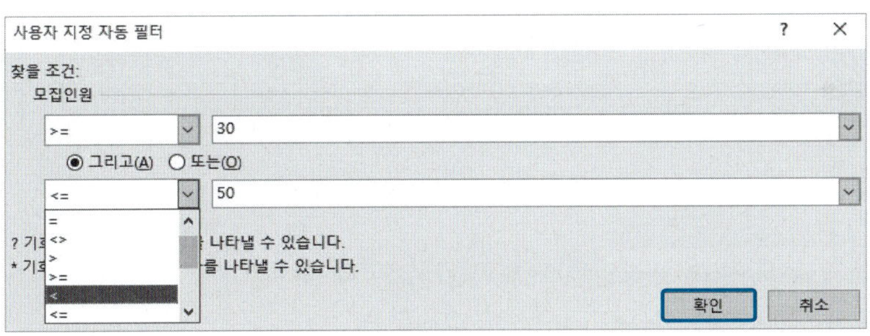


## step 3 필터링 결과 보기

[확인] 버튼을 누르면 필터링 된 결과가 워크시트에 표시된다.

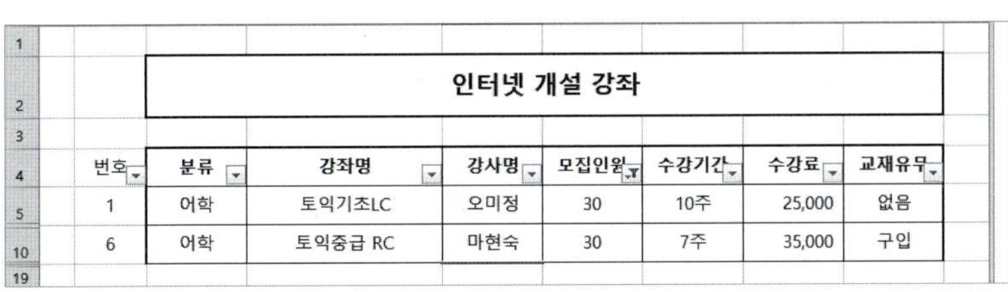

## step 4 데이터 테이블에서 자동 필터 제거하기

자동 필터 기능을 해지하기 위해서는 현재 눌려져 있는 [데이터]–[정렬 및 필터] 그룹–[필터] 아이콘을 다시 클릭하여 선택을 해지한다.

원본 데이터 테이블에서 화살표 목록상자가 제거되고 원본 데이터가 보여진다.

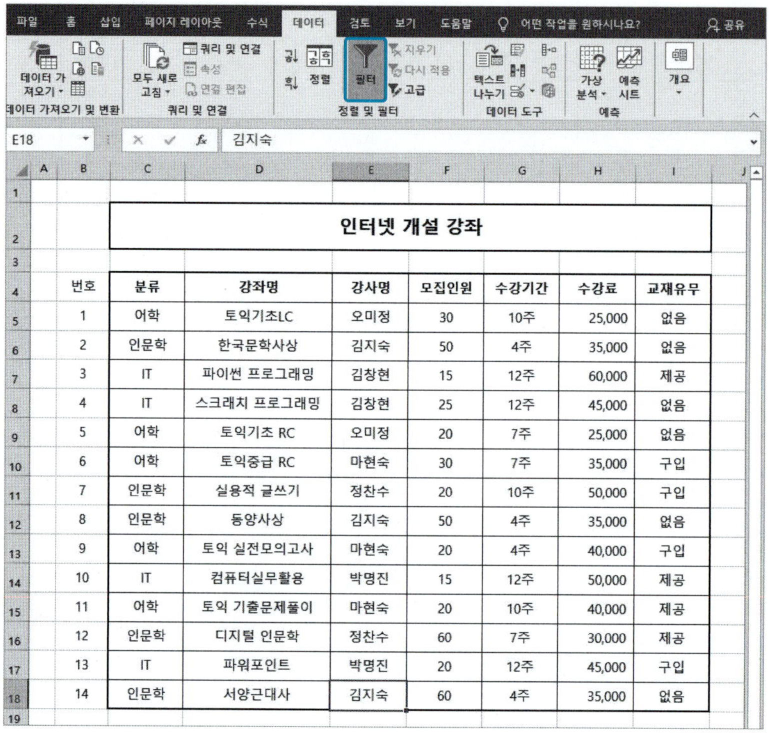

인터넷 개설 강좌

| 번호 | 분류 | 강좌명 | 강사명 | 모집인원 | 수강기간 | 수강료 | 교재유무 |
|---|---|---|---|---|---|---|---|
| 1 | 어학 | 토익기초LC | 오미정 | 30 | 10주 | 25,000 | 없음 |
| 2 | 인문학 | 한국문학사상 | 김지숙 | 50 | 4주 | 35,000 | 없음 |
| 3 | IT | 파이썬 프로그래밍 | 김창현 | 15 | 12주 | 60,000 | 제공 |
| 4 | IT | 스크래치 프로그래밍 | 김창현 | 25 | 12주 | 45,000 | 없음 |
| 5 | 어학 | 토익기초 RC | 오미정 | 20 | 7주 | 25,000 | 없음 |
| 6 | 어학 | 토익중급 RC | 마현숙 | 30 | 7주 | 35,000 | 구입 |
| 7 | 인문학 | 실용적 글쓰기 | 정찬수 | 20 | 10주 | 50,000 | 구입 |
| 8 | 인문학 | 동양사상 | 김지숙 | 50 | 4주 | 35,000 | 없음 |
| 9 | 어학 | 토익 실전모의고사 | 마현숙 | 20 | 4주 | 40,000 | 구입 |
| 10 | IT | 컴퓨터실무활용 | 박명진 | 15 | 12주 | 50,000 | 제공 |
| 11 | 어학 | 토익 기출문제풀이 | 마현숙 | 20 | 10주 | 40,000 | 제공 |
| 12 | 인문학 | 디지털 인문학 | 정찬수 | 60 | 7주 | 30,000 | 제공 |
| 13 | IT | 파워포인트 | 박명진 | 20 | 12주 | 45,000 | 구입 |
| 14 | 인문학 | 서양근대사 | 김지숙 | 60 | 4주 | 35,000 | 없음 |

[실습하기]

- '분류'가 '인문학'이고 '모집인원'이 50명 이상인 데이터를 필터링하시오.
- '수강료'가 40,000원 이상인 데이터를 필터링하시오.
- '수강기간'이 10주 이상인 데이터를 필터링하시오.

## 8.2.2 고급 필터

자동 필터를 이용하여 목록상자에서 간단하게 원하는 데이터를 가진 레코드를 검색하여 볼 수 있다. 자동 필터는 하나의 항목 내에서는 중복 선택이 가능한 OR 연산으로 필터링이 가능하지만 다른 항목들과는 AND 연산으로 필터링할 수 있다.

고급 필터 기능을 이용하면 다른 항목 간에 OR 연산과 AND 연산을 모두 수행할 수 있다. 고급 필터를 실행하기 위해서는 필터 기능을 수행하기 전에 필터 조건식을 작성하여야 한다. 필터링할 조건에 따라 조건식 작성 방법이 다르다.

- AND 연산 : 여러 개의 조건이 있을 때, 그 조건들을 모두 만족해야만 필터링이 되는 연산
- OR 연산 : 여러 개의 조건 중에 하나만이라도 만족하면 필터링이 되는 연산

### (1) AND 조건 실행하기

**'분류'가 '인문학'이고 '수강료'가 '50000' 이상인 데이터를 필터링하시오.**

AND 조건이므로 두 개의 조건 모두를 만족하는 데이터가 필터링 되도록 해야 한다.

#### step 1 필터 조건 입력하기

워크시트 내 임의의 위치에 필터 조건식을 입력한다. 셀 [B20:C21]에 필터링 조건을 입력한다.

AND 조건을 실행하기 위해서는 그림과 같이 각 항목에 대한 데이터 값(인문학, >=50000)을 같은 행에 입력한다.

**인터넷 개설 강좌**

| 분류 | 강좌명 | 강사명 | 모집인원 | 수강기간 | 수강료 | 교재유무 |
|---|---|---|---|---|---|---|
| 어학 | 토익기초LC | 오미정 | 30 | 10주 | 25,000 | 없음 |
| 인문학 | 한국문학사상 | 김지숙 | 50 | 4주 | 35,000 | 없음 |
| IT | 파이썬 프로그래밍 | 김창현 | 15 | 12주 | 60,000 | 제공 |
| IT | 스크래치 프로그래밍 | 김창현 | 25 | 12주 | 45,000 | 없음 |
| 어학 | 토익기초 RC | 오미정 | 20 | 7주 | 25,000 | 없음 |
| 어학 | 토익중급 RC | 마현숙 | 30 | 7주 | 35,000 | 구입 |
| 인문학 | 실용적 글쓰기 | 정찬수 | 20 | 10주 | 50,000 | 구입 |
| 인문학 | 동양사상 | 김지숙 | 50 | 4주 | 35,000 | 없음 |
| 어학 | 토익 실전모의고사 | 마현숙 | 20 | 4주 | 40,000 | 구입 |
| IT | 컴퓨터실무활용 | 박명진 | 15 | 12주 | 50,000 | 제공 |
| 어학 | 토익 기출문제풀이 | 마현숙 | 20 | 10주 | 40,000 | 제공 |
| 인문학 | 디지털 인문학 | 정찬수 | 60 | 7주 | 30,000 | 제공 |
| IT | 파워포인트 | 박명진 | 20 | 12주 | 45,000 | 구입 |
| 인문학 | 서양근대사 | 김지숙 | 60 | 4주 | 35,000 | 없음 |

| 분류 | 수강료 |
|---|---|
| 인문학 | >=50000 |

## step 2 고급 필터 기능 선택하기

원본 데이터 테이블 [B4:H18] 내의 임의의 셀을 선택하고 [데이터]–[정렬 및 필터] 그룹–[고급]을 선택한다.

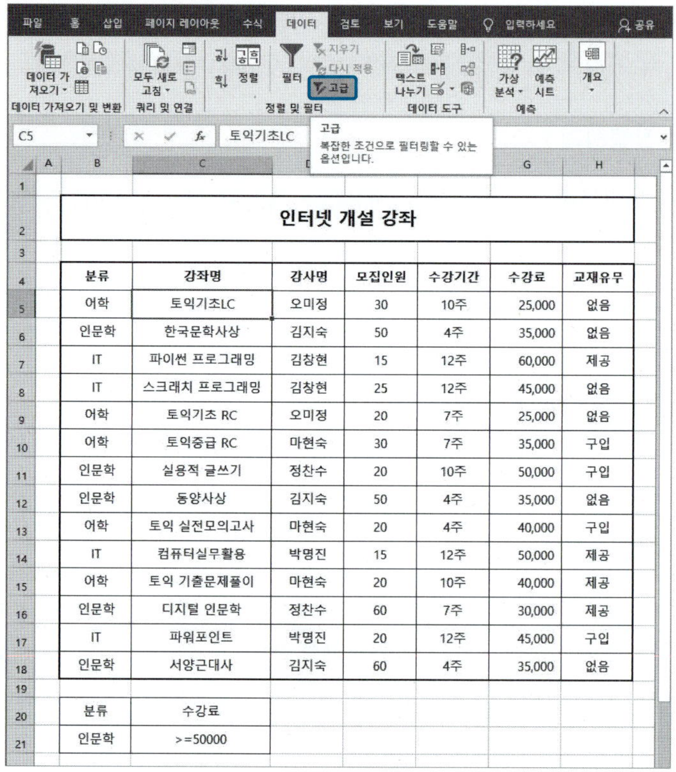


인터넷 개설 강좌

| 분류 | 강좌명 | 강사명 | 모집인원 | 수강기간 | 수강료 | 교재유무 |
|---|---|---|---|---|---|---|
| 어학 | 토익기초LC | 오미정 | 30 | 10주 | 25,000 | 없음 |
| 인문학 | 한국문학사상 | 김지숙 | 50 | 4주 | 35,000 | 없음 |
| IT | 파이썬 프로그래밍 | 김창현 | 15 | 12주 | 60,000 | 제공 |
| IT | 스크래치 프로그래밍 | 김창현 | 25 | 12주 | 45,000 | 없음 |
| 어학 | 토익기초 RC | 오미정 | 20 | 7주 | 25,000 | 없음 |
| 어학 | 토익중급 RC | 마현숙 | 30 | 7주 | 35,000 | 구입 |
| 인문학 | 실용적 글쓰기 | 정찬수 | 20 | 10주 | 50,000 | 구입 |
| 인문학 | 동양사상 | 김지숙 | 50 | 4주 | 35,000 | 없음 |
| 어학 | 토익 실전모의고사 | 마현숙 | 20 | 4주 | 40,000 | 구입 |
| IT | 컴퓨터실무활용 | 박명진 | 15 | 12주 | 50,000 | 제공 |
| 어학 | 토익 기출문제풀이 | 마현숙 | 20 | 10주 | 40,000 | 제공 |
| 인문학 | 디지털 인문학 | 정찬수 | 60 | 7주 | 30,000 | 제공 |
| IT | 파워포인트 | 박명진 | 20 | 12주 | 45,000 | 구입 |
| 인문학 | 서양근대사 | 김지숙 | 60 | 4주 | 35,000 | 없음 |

| 분류 | 수강료 |
|---|---|
| 인문학 | >=50000 |

## step 3 [고급 필터] 대화 상자 입력하기

- 결과 : 현재 위치에 필터 – 원본 데이터에 필터링 결과를 보여줌
  다른 장소에 복사 – 워크시트의 임의의 셀에 필터링 결과를 보여줌
  여기에서는 '다른 장소에 복사'를 선택한다.
- 목록 범위 : 필터링하기 위한 전체 데이터 범위이므로 [B4:H18]을 드래그하여 선택한다. 데이터 중 임의의 셀을 클릭한 상태로 고급 필터 기능을 클릭하면 자동으로 전체 범위가 선택된다.
- 조건 범위 : 필터 조건을 적어놓은 셀로써 [B20:C21]을 드래그하여 선택한다.
- 복사 위치 : 필터 결과를 보여줄 위치로 셀 [B23]을 선택한다.
  필터 결과가 보여 질 범위의 왼쪽 위 셀 한 칸만 선택하면 된다.

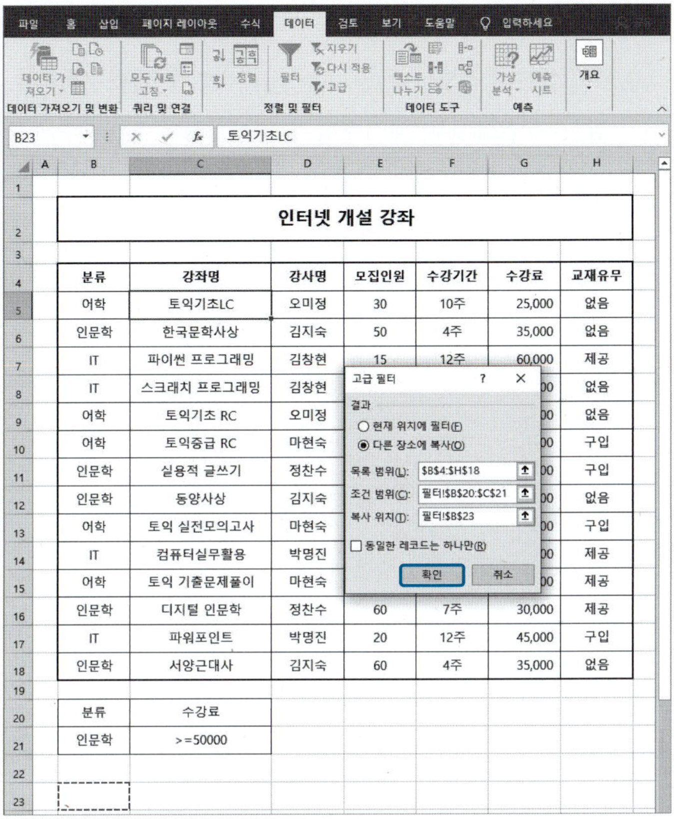


| 분류 | 강좌명 | 강사명 | 모집인원 | 수강기간 | 수강료 | 교재유무 |
|---|---|---|---|---|---|---|
| 어학 | 토익기초LC | 오미정 | 30 | 10주 | 25,000 | 없음 |
| 인문학 | 한국문학사상 | 김지숙 | 50 | 4주 | 35,000 | 없음 |
| IT | 파이썬 프로그래밍 | 김창현 | 15 | 12주 | 60,000 | 제공 |
| IT | 스크래치 프로그래밍 | 김창현 | | | 00 | 없음 |
| 어학 | 토익기초 RC | 오미정 | | | 00 | 없음 |
| 어학 | 토익중급 RC | 마현숙 | | | 00 | 구입 |
| 인문학 | 실용적 글쓰기 | 정찬수 | | | 00 | 구입 |
| 인문학 | 동양사상 | 김지숙 | | | 00 | 없음 |
| 어학 | 토익 실전모의고사 | 마현숙 | | | 00 | 구입 |
| IT | 컴퓨터실무활용 | 박명진 | | | 00 | 제공 |
| 어학 | 토익 기출문제풀이 | 마현숙 | | | 00 | 제공 |
| 인문학 | 디지털 인문학 | 정찬수 | 60 | 7주 | 30,000 | 제공 |
| IT | 파워포인트 | 박명진 | 20 | 12주 | 45,000 | 구입 |
| 인문학 | 서양근대사 | 김지숙 | 60 | 4주 | 35,000 | 없음 |

| 분류 | 수강료 |
|---|---|
| 인문학 | >=50000 |



## step 4 결과 확인하기

[확인] 버튼을 누르면 분류가 '인문학'인 데이터 중에서 수강료가 '50,000원' 이상인 데이터가 필터된 것을 셀 [B23]부터 확인할 수 있다. 원본 데이터에 분류가 '인문학'이고 수강료가 '50,000원 이상'인 데이터는 한 강좌 있다.

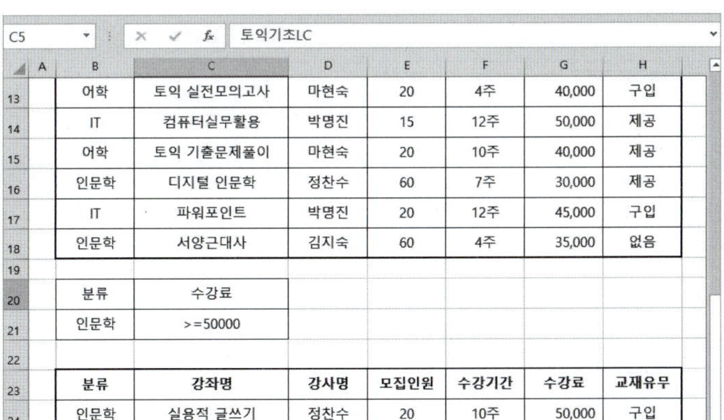


| 어학 | 토익 실전모의고사 | 마현숙 | 20 | 4주 | 40,000 | 구입 |
|---|---|---|---|---|---|---|
| IT | 컴퓨터실무활용 | 박명진 | 15 | 12주 | 50,000 | 제공 |
| 어학 | 토익 기출문제풀이 | 마현숙 | 20 | 10주 | 40,000 | 제공 |
| 인문학 | 디지털 인문학 | 정찬수 | 60 | 7주 | 30,000 | 제공 |
| IT | 파워포인트 | 박명진 | 20 | 12주 | 45,000 | 구입 |
| 인문학 | 서양근대사 | 김지숙 | 60 | 4주 | 35,000 | 없음 |

| 분류 | 수강료 |
|---|---|
| 인문학 | >=50000 |

| 분류 | 강좌명 | 강사명 | 모집인원 | 수강기간 | 수강료 | 교재유무 |
|---|---|---|---|---|---|---|
| 인문학 | 실용적 글쓰기 | 정찬수 | 20 | 10주 | 50,000 | 구입 |

[실습하기]

- 수강료가 30,000원 이상이고 50,000원 미만인 데이터를 필터링하시오.
- 분류가 'IT'이고 강사가 '김창현'인 데이터를 필터링하시오.

### (2) OR 조건 실행하기

**'분류'가 '인문학'이거나 '수강료'가 '50,000원 이상'인 데이터를 필터링하시오.**

OR 조건이므로 원본 데이터 중에서 두 개의 조건 중 한 개라도 만족하는 데이터는 모두 필터링 되도록 해야 한다.

#### step 1 필터 조건 입력하기

워크시트의 임의의 셀 [B26:C28]에 필터링을 위한 조건을 입력한다.

OR 조건을 실행하기 위해서는 항목에 대한 데이터 값(인문학, >=50,000)을 그림과 같이 다른 행에 입력해야 한다.

**인터넷 개설 강좌**

| 분류 | 강좌명 | 강사명 | 모집인원 | 수강기간 | 수강료 | 교재유무 |
|---|---|---|---|---|---|---|
| 어학 | 토익기초LC | 오미정 | 30 | 10주 | 25,000 | 없음 |
| 인문학 | 한국문학사상 | 김지숙 | 50 | 4주 | 35,000 | 없음 |
| IT | 파이썬 프로그래밍 | 김창현 | 15 | 12주 | 60,000 | 제공 |
| IT | 스크래치 프로그래밍 | 김창현 | 25 | 12주 | 45,000 | 없음 |
| 어학 | 토익기초 RC | 오미정 | 20 | 7주 | 25,000 | 없음 |
| 어학 | 토익중급 RC | 마현숙 | 30 | 7주 | 35,000 | 구입 |
| 인문학 | 실용적 글쓰기 | 정찬수 | 20 | 10주 | 50,000 | 구입 |
| 인문학 | 동양사상 | 김지숙 | 50 | 4주 | 35,000 | 없음 |
| 어학 | 토익 실전모의고사 | 마현숙 | 20 | 4주 | 40,000 | 구입 |
| IT | 컴퓨터실무활용 | 박명진 | 15 | 12주 | 50,000 | 제공 |
| 어학 | 토익 기출문제풀이 | 마현숙 | 20 | 10주 | 40,000 | 제공 |
| 인문학 | 디지털 인문학 | 정찬수 | 60 | 7주 | 30,000 | 제공 |
| IT | 파워포인트 | 박명진 | 20 | 12주 | 45,000 | 구입 |
| 인문학 | 서양근대사 | 김지숙 | 60 | 4주 | 35,000 | 없음 |

| 분류 | 수강료 |
|---|---|
| 인문학 | |
| | >=50000 |

## step 2 고급 필터 기능 선택하기

원본 데이터 테이블 [B4:H18] 내의 임의의 셀을 선택하고 [데이터]-[정렬 및 필터] 그룹-[고급]을 선택한다.

## step 3 [고급 필터] 대화 상자 입력하기

- 결과 : '다른 장소에 복사'를 선택한다.
- 목록 범위 : [B4:H17] 선택한다.
- 조건 범위 : [B28:C30]을 드래그하여 선택한다.
- 복사 위치 : 셀 [B32]를 선택한다.

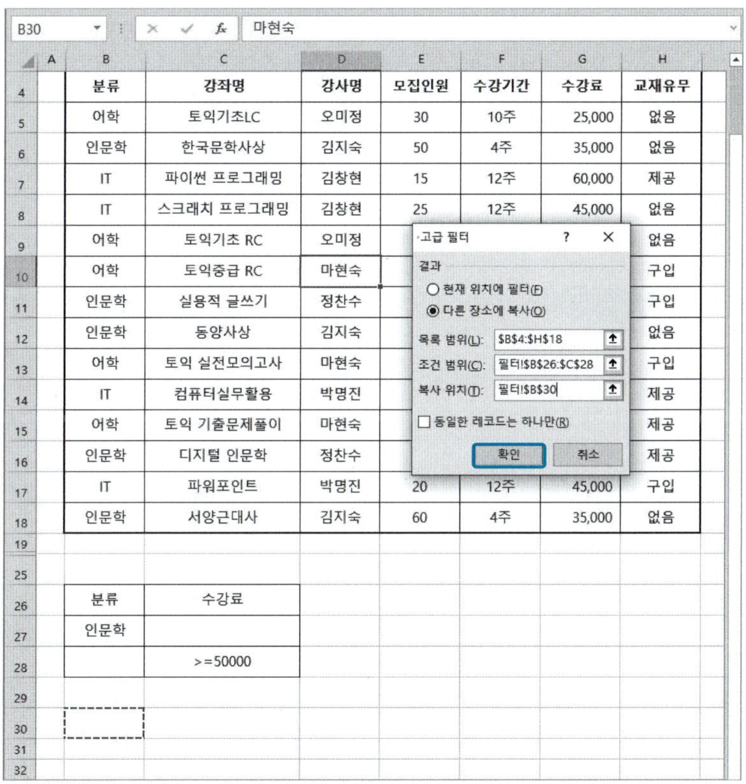


## step 4 결과 확인하기

[확인] 버튼을 누르면 분류가 '인문학'이거나 수강료가 '>=50000'인 데이터가 모두 필터링 된 것을 확인할 수 있다.

| | 분류 | 수강료 |
|---|---|---|
| 26 | 분류 | 수강료 |
| 27 | 인문학 | |
| 28 | | >=50000 |

| | 분류 | 강좌명 | 강사명 | 모집인원 | 수강기간 | 수강료 | 교재유무 |
|---|---|---|---|---|---|---|---|
| 31 | 인문학 | 한국문학사상 | 김지숙 | 50 | 4주 | 35,000 | 없음 |
| 32 | IT | 파이썬 프로그래밍 | 김창현 | 15 | 12주 | 60,000 | 제공 |
| 33 | 인문학 | 실용적 글쓰기 | 정찬수 | 20 | 10주 | 50,000 | 구입 |
| 34 | 인문학 | 동양사상 | 김지숙 | 50 | 4주 | 35,000 | 없음 |
| 35 | IT | 컴퓨터실무활용 | 박명진 | 15 | 12주 | 50,000 | 제공 |
| 36 | 인문학 | 디지털 인문학 | 정찬수 | 60 | 7주 | 30,000 | 제공 |
| 37 | 인문학 | 서양근대사 | 김지숙 | 60 | 4주 | 35,000 | 없음 |

[실습하기]

- 강좌명이 '파이썬 프로그램'이거나 강사명이 '김창현'인 데이터를 필터링하시오.
- 모집인원이 '20명' 이상이고 수강 기간이 '10주' 이상인 데이터를 필터링하시오.

## 8.3 부분합 기능 활용하기

부분합은 데이터 테이블 중 특정 항목을 기준으로 합계, 평균 등을 쉽게 파악하기 위한 기능이다. 각 그룹별로 계산을 수행하므로 그룹별 소계와 총계를 쉽게 구할 수 있다.

부분합을 구하기 위해서는 일반적으로 부분합을 구하고자 하는 항목의 동일한 데이터가 연속되어야 하므로 기준 항목을 중심으로 정렬을 수행한 후 부분합을 구해야 한다.

다음 조건으로 부분합을 구해보자.

**'분류'별 모집인원과 수강료의 부분합을 구하시오.**

**step 1 부분합을 구할 기준 데이터를 이용하여 정렬하기**

부분합을 구하기 위해서는 반드시 기준이 되는 항목의 동일 데이터들이 연속되어져 있어야 하므로 '분류'를 기준으로 오름차순 정렬을 한다.

부분합 실행 후 원본 데이터 순서로 되돌리기 위해서 '번호' 항목을 데이터에 추가하고 정렬을 실행한다.

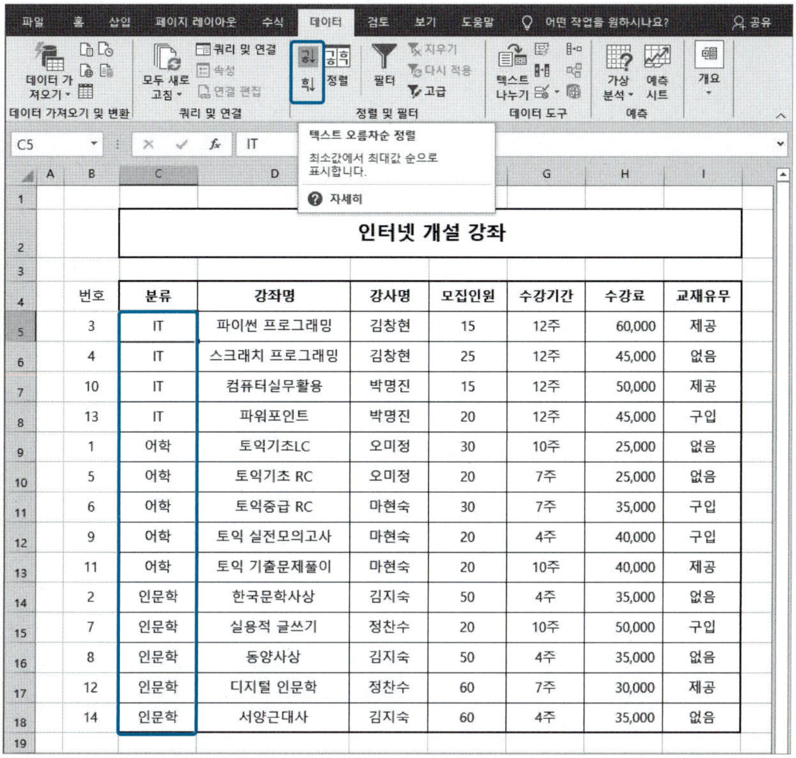


## step 2 [부분합] 실행하기

데이터 셀 [B4:I18] 위의 임의의 셀을 선택하고 [데이터]–[개요] 그룹–[부분합]을 선택한다.

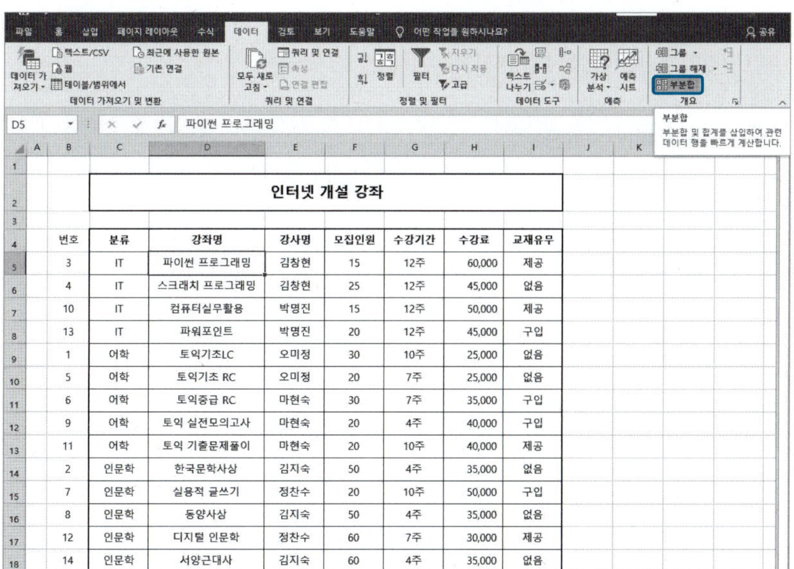

**step 3** **[부분합] 대화 상자 입력하기**

- 그룹화할 항목 : 부분합을 구하기 위해 기준이 되는 항목으로 '분류'를 선택한다. 정렬을 수행한 항목이 된다.
- 사용할 함수 : 합계 이외에 개수, 평균, 최대, 최소, 곱, 표준 편차, 분산 등을 구할 수 있다. '합계'를 선택한다.
- 부분합 계산 항목 : 기준 항목에 따라 합을 계산할 항목으로 '모집인원'과 '수강료'을 선택한다. 한 가지 이상의 항목을 중복 선택하여 동시에 선택한 함수에 대한 계산이 가능하다.
- 새로운 값으로 대치 : 선택을 해제하지 않으면 기존에 있던 부분합이 지워지고 새로운 부분합이 표시된다. 선택을 해지한다.

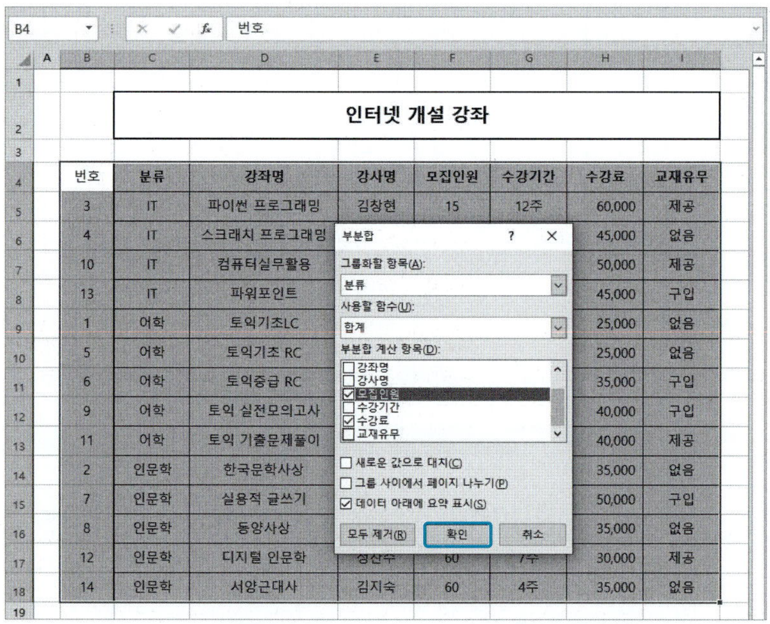


**step 4** **[확인] 버튼을 눌러 결과 확인하기**

'분류' 항목의 동일 데이터에 대한 '모집인원'과 '수강료'의 합이 계산된다.

**인터넷 개설 강좌**

| 번호 | 분류 | 강좌명 | 강사명 | 모집인원 | 수강기간 | 수강료 | 교재유무 |
|---|---|---|---|---|---|---|---|
| 3 | IT | 파이썬 프로그래밍 | 김창현 | 15 | 12주 | 60,000 | 제공 |
| 4 | IT | 스크래치 프로그래밍 | 김창현 | 25 | 12주 | 45,000 | 없음 |
| 10 | IT | 컴퓨터실무활용 | 박명진 | 15 | 12주 | 50,000 | 제공 |
| 13 | IT | 파워포인트 | 박명진 | 20 | 12주 | 45,000 | 구입 |
| | IT 요약 | | | 75 | | 200,000 | |
| 1 | 어학 | 토익기초LC | 오미정 | 30 | 10주 | 25,000 | 없음 |
| 5 | 어학 | 토익기초 RC | 오미정 | 20 | 7주 | 25,000 | 없음 |
| 6 | 어학 | 토익중급 RC | 마현숙 | 30 | 7주 | 35,000 | 구입 |
| 9 | 어학 | 토익 실전모의고사 | 마현숙 | 20 | 4주 | 40,000 | 구입 |
| 11 | 어학 | 토익 기출문제풀이 | 마현숙 | 20 | 10주 | 40,000 | 제공 |
| | 어학 요약 | | | 120 | | 165,000 | |
| 2 | 인문학 | 한국문학사상 | 김지숙 | 50 | 4주 | 35,000 | 없음 |
| 7 | 인문학 | 실용적 글쓰기 | 정찬수 | 20 | 10주 | 50,000 | 구입 |
| 8 | 인문학 | 동양사상 | 김지숙 | 50 | 4주 | 35,000 | 없음 |
| 12 | 인문학 | 디지털 인문학 | 정찬수 | 60 | 7주 | 30,000 | 제공 |
| 14 | 인문학 | 서양근대사 | 김지숙 | 60 | 4주 | 35,000 | 없음 |
| | 인문학 요약 | | | 240 | | 185,000 | |
| | 총합계 | | | 435 | | 550,000 | |

## step 5 윤곽 기호 사용하기

부분합 실행 후 워크시트 왼쪽에 윤곽기호가 보여진다.

[1]을 클릭하면 전체 총계만 표시된다.

**인터넷 개설 강좌**

| 번호 | 분류 | 강좌명 | 강사명 | 모집인원 | 수강기간 | 수강료 | 교재유무 |
|---|---|---|---|---|---|---|---|
| | 총합계 | | | 435 | | 550,000 | |

[2]를 클릭하면 그룹화한 항목에 대한 소계만 볼 수 있고, [3]을 클릭하면 전체 데이터가 워크시트에 표시된다.

**인터넷 개설 강좌**

| 번호 | 분류 | 강좌명 | 강사명 | 모집인원 | 수강기간 | 수강료 | 교재유무 |
|---|---|---|---|---|---|---|---|
| | IT 요약 | | | 75 | | 200,000 | |
| | 어학 요약 | | | 120 | | 165,000 | |
| | 인문학 요약 | | | 240 | | 185,000 | |
| | 총합계 | | | 435 | | 550,000 | |

[+]를 클릭하면 하위 수준을 보여주고, [-]를 클릭하면 하위 수준의 데이터들이 숨겨진다.

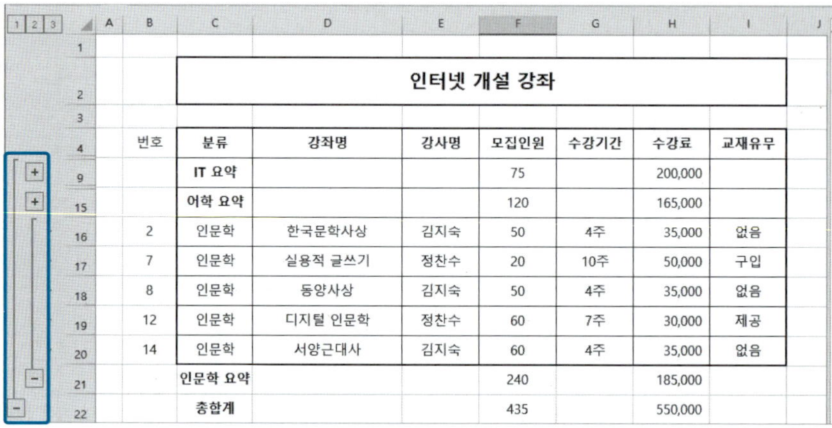

## step 6 데이터 테이블에서 부분합 제거하기

데이터상에서 부분합을 제거하고 원본 데이터 상태로 되돌리기 위해서 [데이터]–[개요] 그룹–[부분합]의 부분합 대화 상자에서 [모두 제거] 버튼을 선택한다.

'번호' 항목을 기준으로 오름차순 정렬을 수행한다.

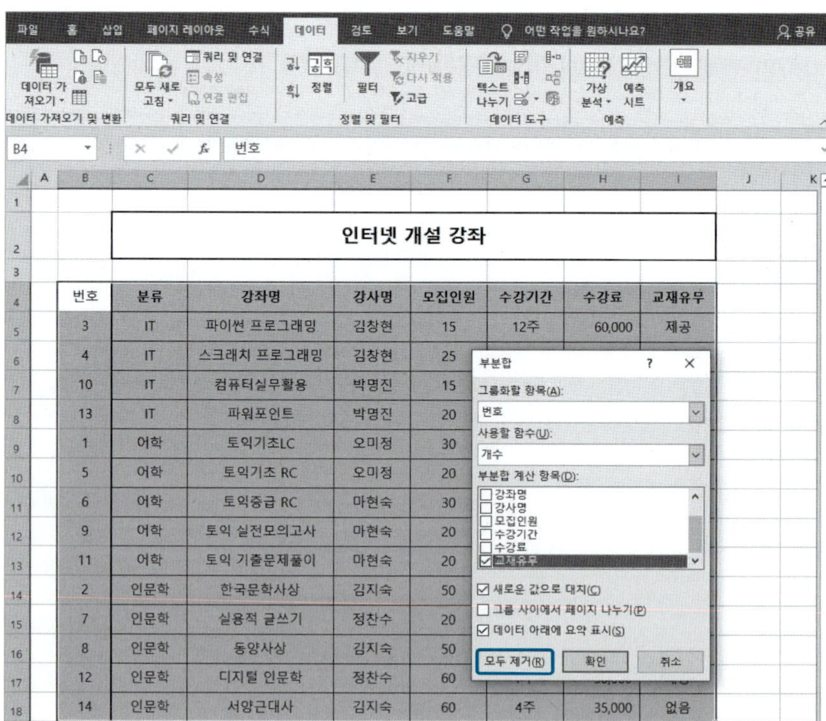

[실습하기]

- '수강기간'별 '수강인원'의 합을 구하시오.
- '분류'별 '수강료'와 '재료비'의 합계를 구하시오.

## 8.4 시나리오 관리자를 사용하여 대출금 상환액 계산하기

시나리오는 다양한 상황과 변수에 따른 여러 가지 결과의 변화를 가상의 값을 통해 예측할 수 있는 기능이다. 수익률이나 주가 분석에 많이 사용할 수 있는 기능으로, 데이터의 변화에 따른 여러 가지 시나리오를 만들어 변화하는 상황을 미리 분석해 볼 수 있다. 또한 예측 분석을 통한 결과를 요약하는 보고서의 생성이 가능하다.

**금리가 10%와 5%로 변경될 경우, 대출금 상환액을 비교할 수 있는 시나리오를 작성해 보자.(할부 개월은 12개월)**

### step 1 데이터 입력하기

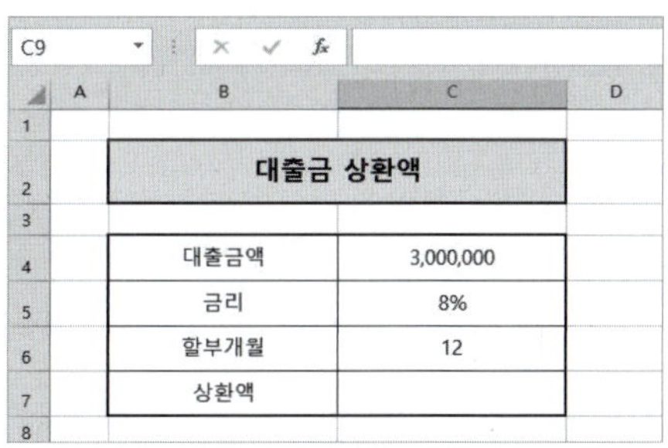


먼저 상환액을 구하고 금리 변화에 따른 상환액을 계산해 보도록 하자.
셀 [C7] 상환액은 주기적이고 고정적인 지급액과 고정적인 이율에 대한 대출 상환액을 계산하는 함수인 PMT 함수를 사용하여 계산한다.

| 함수 구조 | =PMT(Rate, Nper, Pv, Fv, Type) |
|---|---|
| Rate | 대출에 대한 기간별 이자율(예: 연이율 8%인 경우 8%/12) |
| Nper | 대출 상환금의 총 지급 기간 수 |
| Pv | 일련의 미래 지급액에 상응하는 현재 가치 |
| Fv | 상환이 완료된 후 얻고자 하는 미래 가치 또는 현금 잔액. 생략하면 0 |
| Type | 상환 시기. 1은 상환 주기 초, 0 또는 생략하면 상환 주기 말 |

① 상환액을 계산해 넣을 셀 [C7]을 선택하고 [수식]-[함수 라이브러리] 그룹-[재무]에서 PMT 함수를 선택한다.

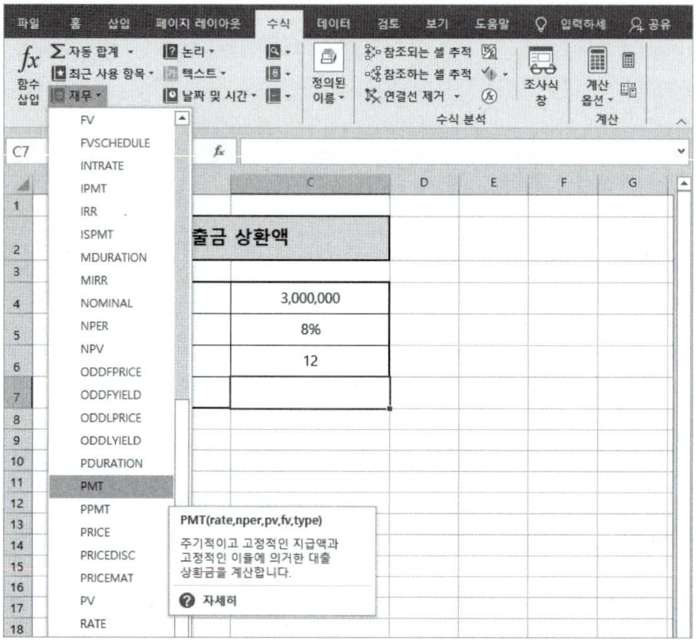

② 함수 인수 대화 상자에서 인수를 입력한다.

- Rate : 기간별 이자율. C5/12
- Nper : 지급 기간수. C6
- Pv : 할부 원금. C4

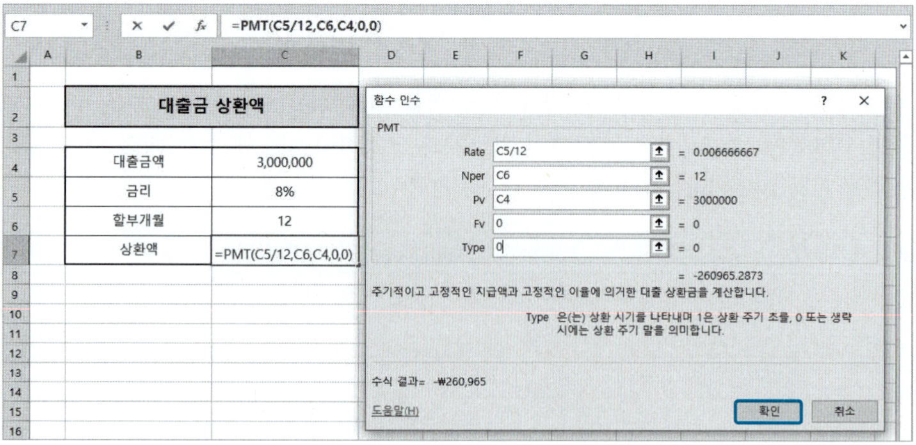

③ [**확인**] 버튼을 클릭하면 현재 금리와 할부 개월 수에 대한 상환액을 얻을 수 있다.

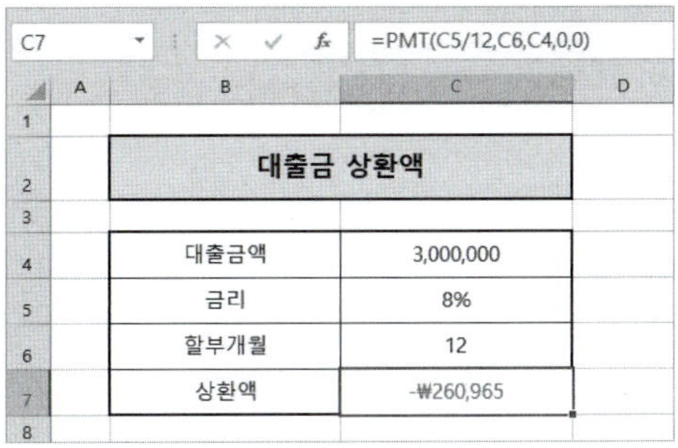


## step 2 시나리오 관리자 실행하기

금리에 변동이 있는 경우 상환액의 변화를 예측하기 위해서 [**데이터**]–[**예측**] 그룹–[**가상 분석**]–[**시나리오 관리자**]를 클릭한다.

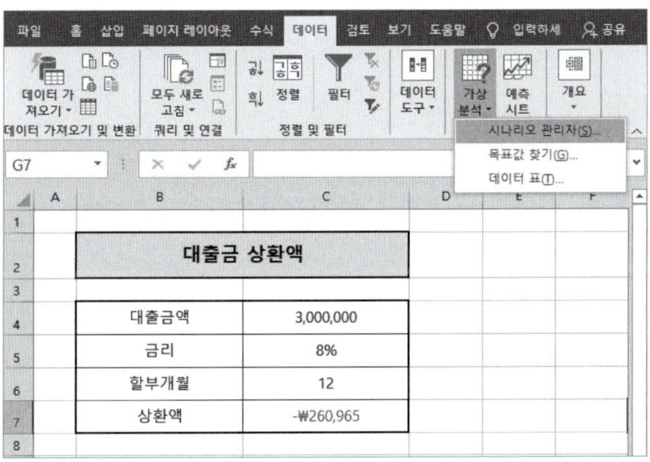


## step 3 시나리오 추가하기

시나리오 관리자 대화 상자에서 [**추가**] 버튼을 클릭하여 시나리오를 추가한다. 다음과 같이 시나리오를 추가한다. 금리의 변동에 따른 상환액을 계산해 볼 것이므로 [**시나리오 추가**] 대화 상자에서 변경 셀은 원본 데이터에서 금리에 해당하는 셀 [C5]가 된다.

- 시나리오 1 : 시나리오 이름 '금리인상', 금리 10%
- 시나리오 2 : 시나리오 이름 '금리인하', 금리 5%

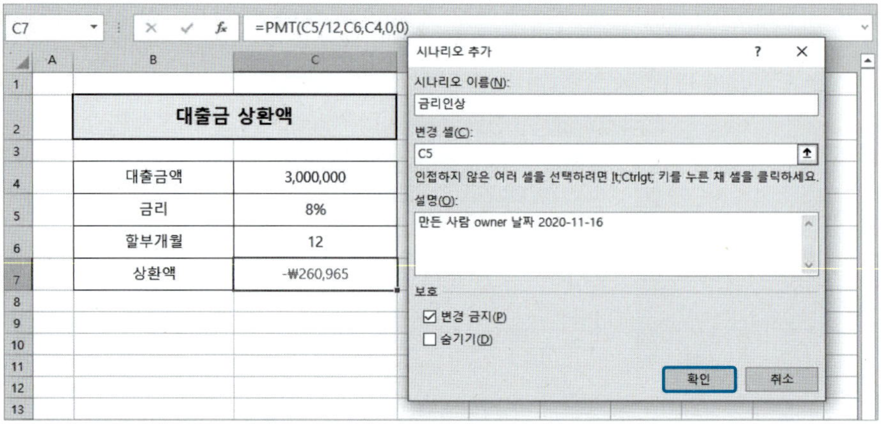


① 첫 번째 시나리오 만들기

- 시나리오 이름 : '금리인상'
- 변경 셀 : 시나리오에서 변경될 값 금리에 해당하는 셀 [C5]을 선택한다.

② 두 번째 시나리오 만들기

- 시나리오 이름 : '금리인하'
- 변경 셀 : 시나리오에서 변경될 값 금리에 해당하는 셀 [C5]을 선택한다.

### step 4 시나리오 값 대화 상자 입력하기

[시나리오 추가] 대화 상자에서 [확인] 버튼을 누르면 [시나리오 값] 대화 상자가 나타난다. [시나리오 추가] 대화 상자에서 변경 셀로 선택했던 셀 [C5]의 변경되는 값을 입력한다. '금리인상' 시나리오의 금리이므로 0.1(10%)을 입력한다.

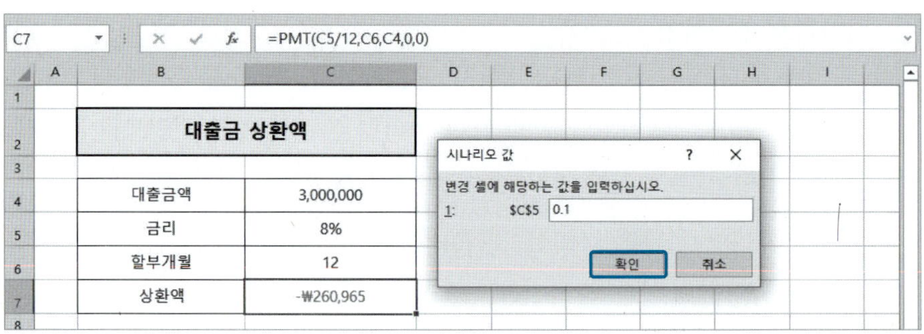

**[확인]**을 클릭하면 **[시나리오 관리자]** 대화 상자로 이동한다. 두 번째 시나리오에 대해서도 동일한 방법으로 〈Step 3〉과 〈Step 4〉를 반복한다.

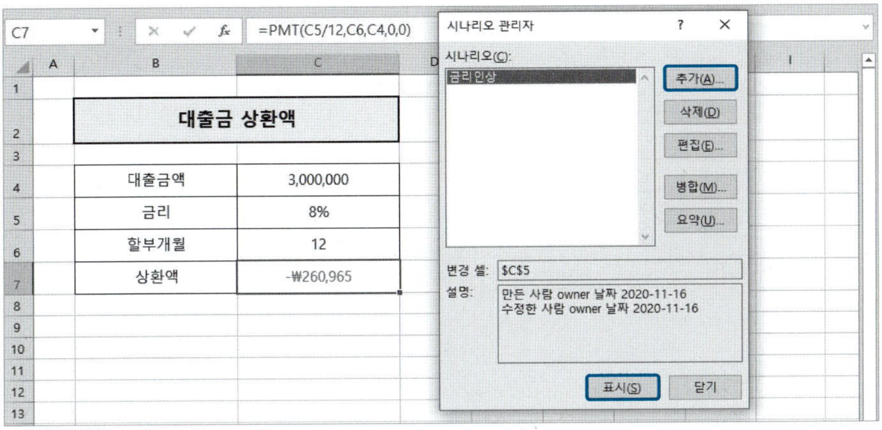


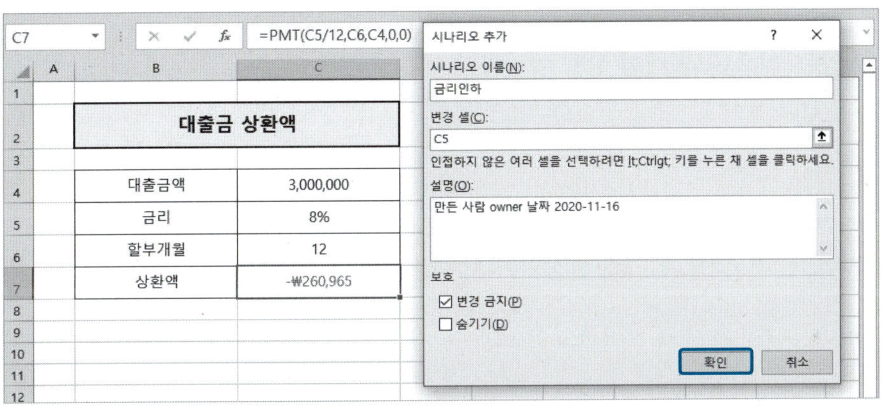


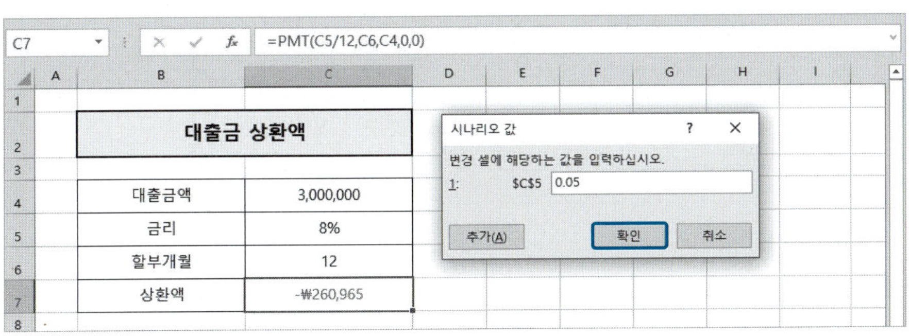

두 가지 시나리오가 모두 입력되면 [시나리오 관리자] 대화 상자에 다음과 같이 추가된 시나리오 리스트가 보여진다.

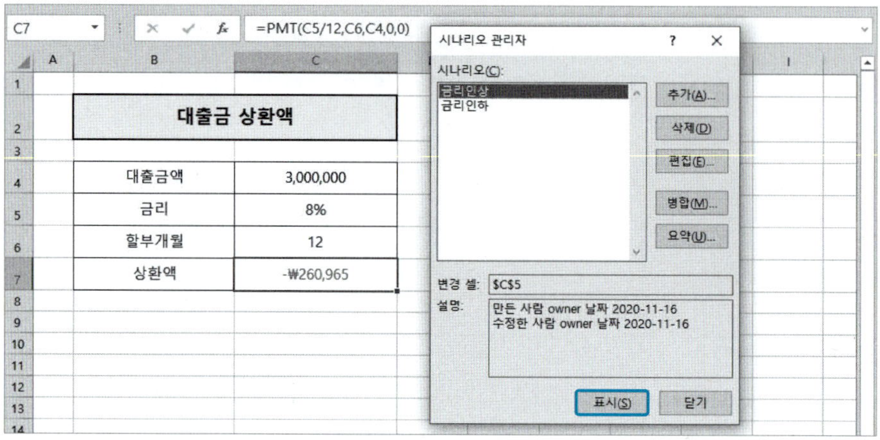


## step 5 시나리오 요약 대화 상자 입력하기

[시나리오 관리자] 대화 상자에서 [요약] 버튼을 누르면 '시나리오 요약' 대화 상자가 보여진다.

- 보고서 종류 : 시나리오 요약 선택
- 결과 셀 : 시나리오에 의해 변경되어 보여질 셀 [C7] 선택

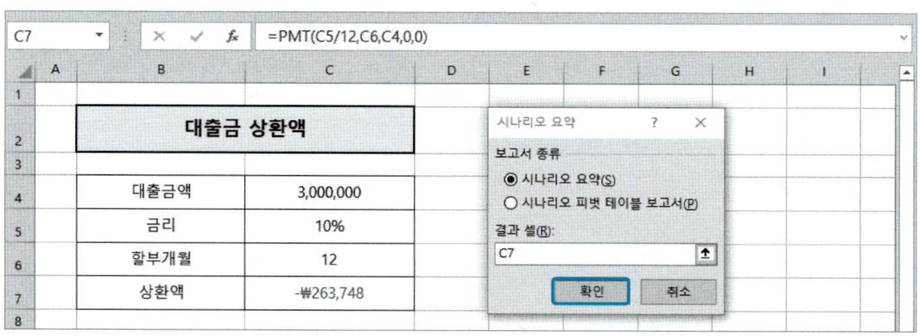


## step 6 시나리오 요약 워크시트 만들기

[시나리오 요약] 대화 상자에서 [확인] 버튼을 누르면 워크시트에 '시나리오 요약'이 생성된다.

현재 값과 금리인상 시나리오, 금리인하 시나리오의 금리가 변경되는 경우 상환액의 변화를 보여준다.

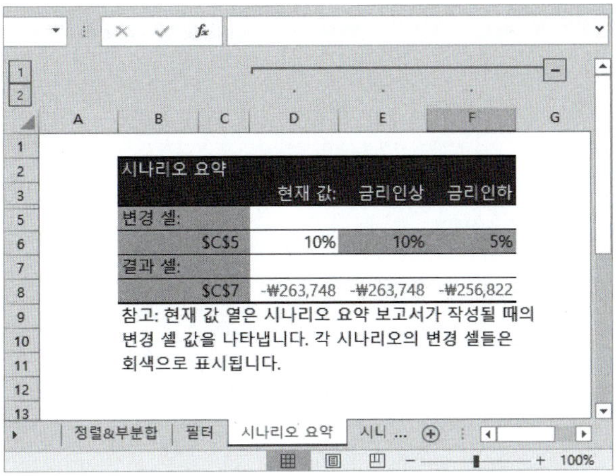


[실습하기]

- 금리가 12%인 경우 할부 개월을 5개월과 10개월로 하는 시나리오를 작성하시오.
- 금리가 8%인 경우 할부 개월을 12개월과 24개월로 하는 시나리오를 작성하시오.

## 8.5 목표값 기능을 이용하여 상환액에 따른 대출금액 계산하기

목표값 찾기는 수식의 결과값을 알고 있으나, 수식에서 그 결과를 계산하기 위해 필요한 입력값을 모르는 경우에 사용하는 기능이다. 주어진 결과값에 대해 하나의 입력값만 변경이 가능하다. 목표값 찾기를 수행하면 엑셀에서 특정 셀을 참조하는 수식에서 원하는 결과가 반환될 때까지 그 셀의 값이 변경된다.

시나리오와는 반대 개념으로 매달 상환할 수 있는 금액을 정한 후, 기간에 따른 대출금액을 찾아보도록 한다.

**'상환액'을 '500,000원'으로 변경할 경우의 대출금액을 계산하시오.**

### step 1 목표값 찾기 메뉴 실행하기

목표값을 찾기 위해 상환액 셀 [C7]을 선택하고 [데이터]–[데이터 도구]–[가상 분석]–[목표값 찾기]를 실행한다.

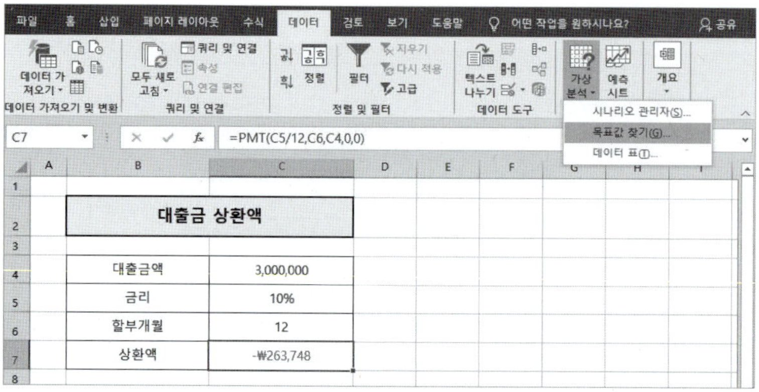


## step 2 목표값 찾기 대화 상자 입력하기

- 수식 셀 : 확인할 수식이 있는 셀로 상환액 셀 [C7]을 선택한다.
- 찾는 값 : 사용자가 원하는 상환액(500,000원)을 입력한다.
- 값을 바꿀 셀 : 조정할 값이 있는 셀로 상환액에 따른 대출금액을 산출할 수 있으므로 셀 [C4]를 선택한다.

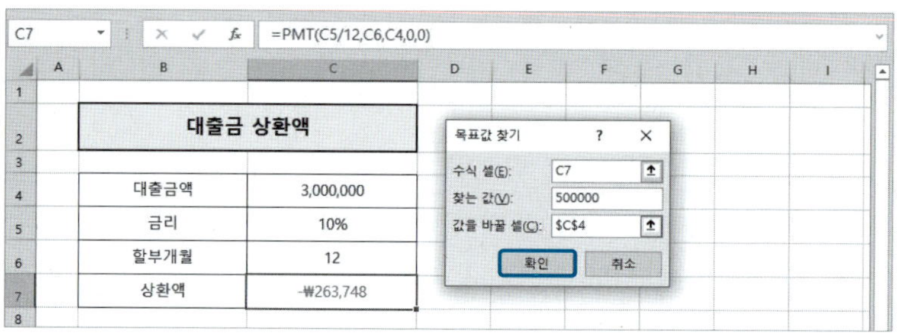


## step 3 찾아진 목표값 확인하기

[목표값 찾기] 대화 상자에서 [확인] 버튼을 클릭하면 [목표값 찾기 상태] 대화 상자가 나오고, 목표값에 따른 대출금액의 변화를 원본 데이터 셀 [C4]에서 확인할 수 있다. 이때 대출금액은 셀 [C5:C6]에 있는 금리와 할부 개월이 반영된 것이다.

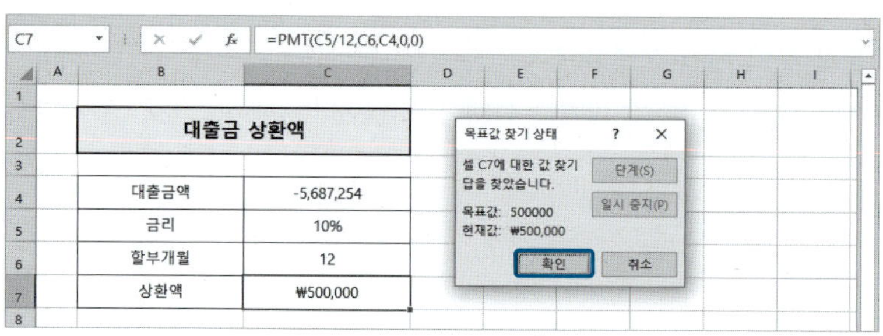

[실습하기]

- '상환액'을 300,000원으로 할 경우의 '대출금액'을 계산하시오.
- '상환액'을 700,000원으로 할 경우의 '대출금액'을 계산하시오.

## 8.6 다양한 유효성 검사

유효성 검사는 잘못된 데이터가 입력되는 것을 방지하기 위한 기능으로 셀에 입력되는 값의 범위를 지정하거나 특정 데이터만 입력되게 할 수 있다. 또한 한/영 전환이 자동으로 이루어지게 할 수 있다. 데이터를 입력하기 전에 입력 오류를 줄이기 위해서 데이터 유효성 설정을 사용하는 것이 좋다.

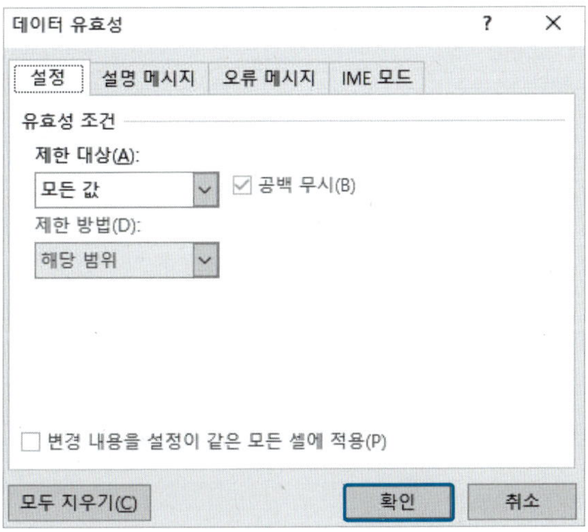


- 설정 : 셀에 어떤 제한 기준을 설정할 것인지 선택
- 설명 메시지 : 특정 셀을 선택할 경우 자동으로 표시될 메시지 입력
- 오류 메시지 : 제한 기준에 맞지 않는 데이터가 입력될 경우 표시할 메시지 설정
- IME 모드 : 특정 셀을 선택하면 자동으로 한/영 변환이 이루어질 수 있도록 설정

**유효성 검사 기능을 이용하여 '분류'의 입력 항목을 어학, 인문학, IT로 입력할 수 있도록 입력 목록을 제한하도록 설정하시오.**

## step 1 [데이터 유효성 검사] 실행하기

가. 데이터 유효성 검사 기능을 넣을 '분류' 항목의 데이터 셀 [B5:B18]을 마우스로 드래그하여 블록 선택하고 [데이터]–[데이터 도구] 그룹–[데이터 유효성 검사]–[데이터 유효성 검사]를 선택한다.

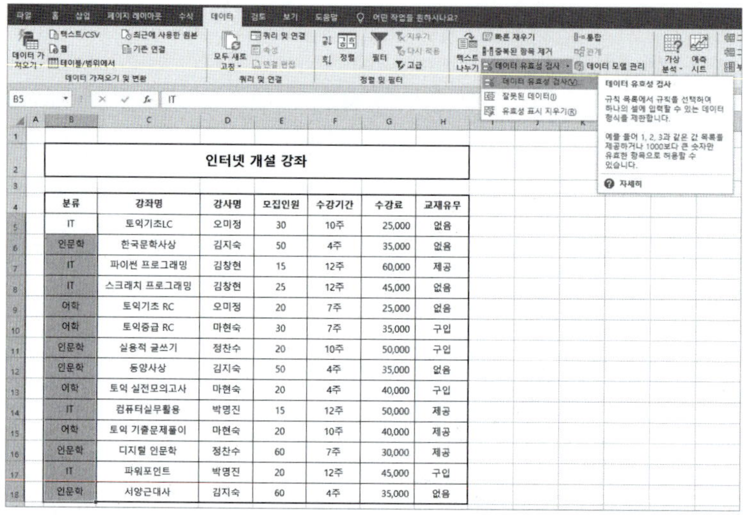


### 나. 유효성 검사 형식 선택하기

[데이터 유효성] 대화 상자의 '설정' 탭의 '제한 대상'에서 원하는 데이터 유효성 검사 형식을 선택한다. '분류' 항목에는 'IT, 인문학, 어학' 3가지의 정해진 데이터 목록이 있으므로 '목록' 항목을 선택한다.

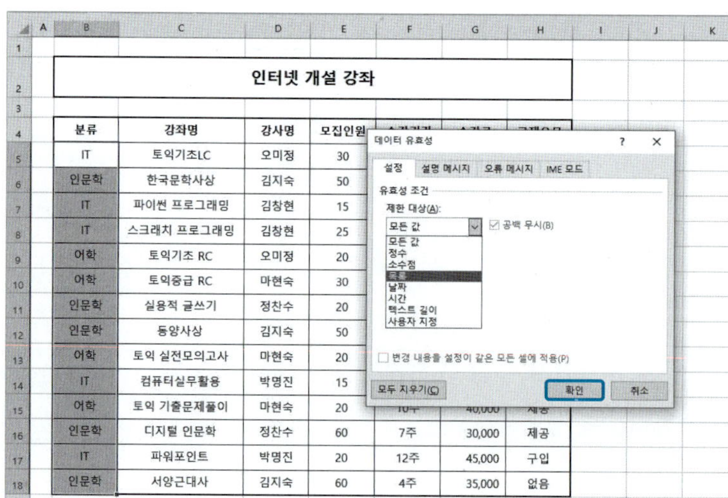

### 다. 입력 목록 설정하기

목록 옆의 '드롭다운 표시'를 선택하면 '분류' 데이터 입력 시 드롭다운 버튼이 생긴다. 대화 상자 아랫부분의 '원본' 부분에 '분류' 항목에 표시될 'IT, 어학, 인문학'을 입력한다.

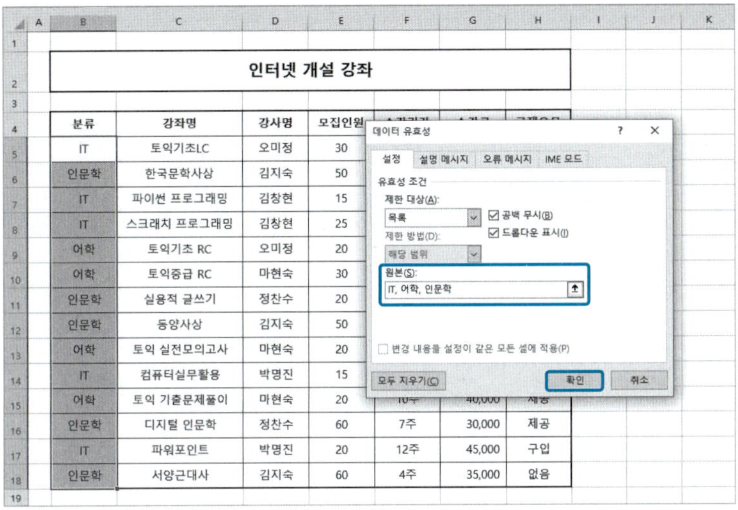


### 라. 원본 데이터에 입력 목록 확인하기

[확인] 버튼을 클릭하면 원본 데이터 테이블의 '분류' 항목에 드롭다운 버튼이 생긴다. 데이터를 입력할 때 드롭다운 버튼을 클릭하여 데이터를 입력하면 입력 오류를 방지할 수 있다. 리스트 항목을 이용하지 않고 직접 입력도 가능하다.

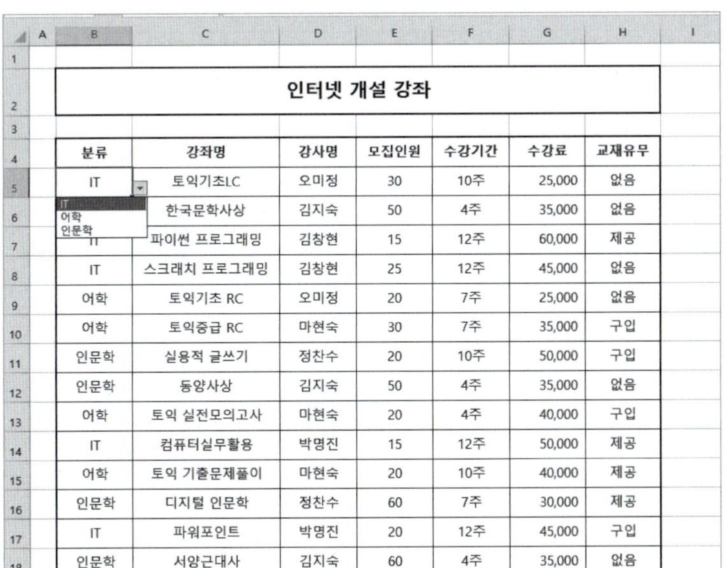


인터넷 개설 강좌

| 분류 | 강좌명 | 강사명 | 모집인원 | 수강기간 | 수강료 | 교재유무 |
|---|---|---|---|---|---|---|
| IT | 토익기초LC | 오미정 | 30 | 10주 | 25,000 | 없음 |
|  | 한국문학사상 | 김지숙 | 50 | 4주 | 35,000 | 없음 |
| IT | 파이썬 프로그래밍 | 김창현 | 15 | 12주 | 60,000 | 제공 |
| IT | 스크래치 프로그래밍 | 김창현 | 25 | 12주 | 45,000 | 없음 |
| 어학 | 토익기초 RC | 오미정 | 20 | 7주 | 25,000 | 없음 |
| 어학 | 토익중급 RC | 마현숙 | 30 | 7주 | 35,000 | 구입 |
| 인문학 | 실용적 글쓰기 | 정찬수 | 20 | 10주 | 50,000 | 구입 |
| 인문학 | 동양사상 | 김지숙 | 50 | 4주 | 35,000 | 없음 |
| 어학 | 토익 실전모의고사 | 마현숙 | 20 | 4주 | 40,000 | 구입 |
| IT | 컴퓨터실무활용 | 박명진 | 15 | 12주 | 50,000 | 제공 |
| 어학 | 토익 기출문제풀이 | 마현숙 | 20 | 10주 | 40,000 | 제공 |
| 인문학 | 디지털 인문학 | 정찬수 | 60 | 7주 | 30,000 | 제공 |
| IT | 파워포인트 | 박명진 | 20 | 12주 | 45,000 | 구입 |
| 인문학 | 서양근대사 | 김지숙 | 60 | 4주 | 35,000 | 없음 |

## step 2 설명 메시지 입력하기

'데이터 유효성' 대화 상자의 '설명 메시지' 탭에 자동으로 표시될 설명 메시지를 작성하면 해당 셀을 선택했을 때 간단한 설명을 표시할 수 있다.

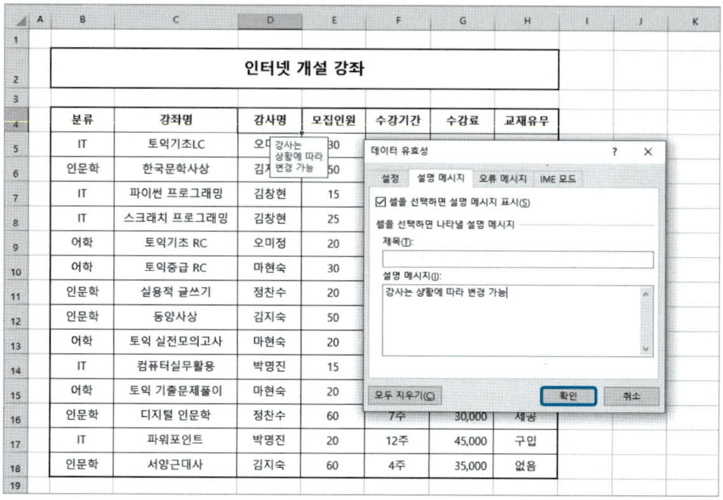


## step 3 오류 메시지 입력하기

'수강료' 항목에 대하여 '설정' 탭에서 '제한 대상'을 '정수'로 하고 최소값 25,000, 최대값 60,000을 입력한다.

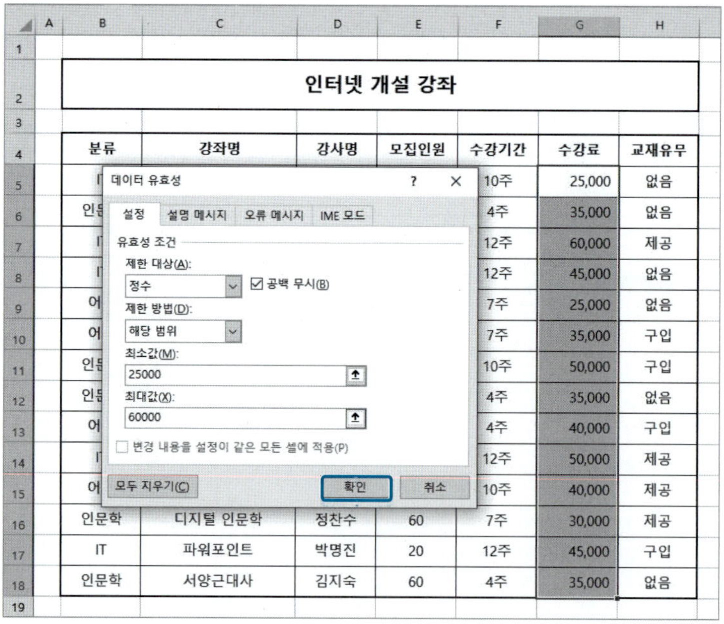

'오류 메시지' 탭에서 입력 오류가 발생했을 경우 표시할 메시지를 입력한다.

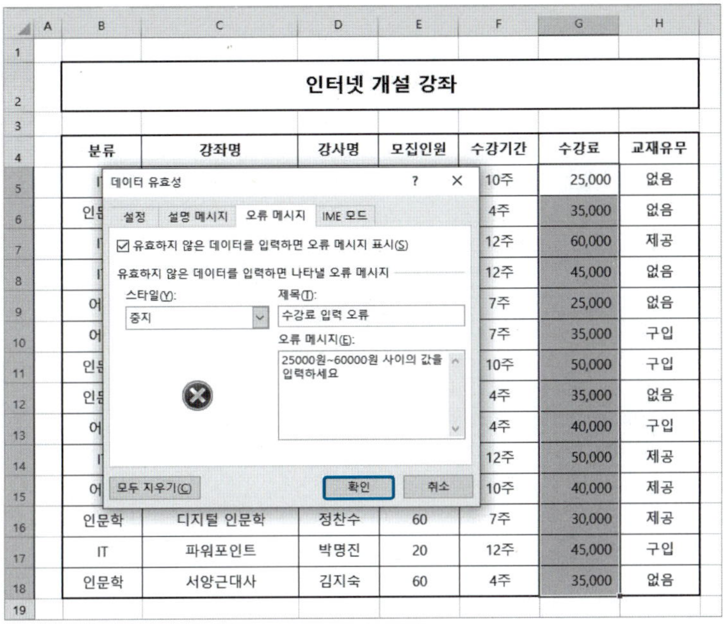


범위 이외의 값이 입력되면 오류 메시지를 나타낸다.

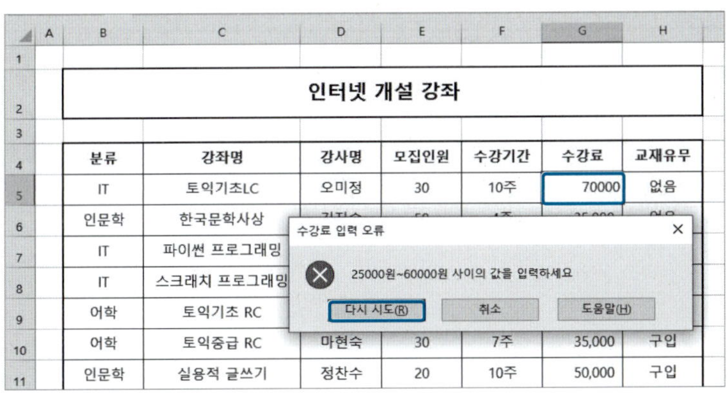


## step 4 잘못 입력된 데이터 찾기

[데이터]-[데이터 도구] 그룹-[데이터 유효성 검사]-[잘못된 데이터]를 선택하면 데이터 테이블에서 잘못 입력된 데이터를 찾아 표시해 준다. '수강료' 데이터의 범위를 25,000원~60,000원으로 설정했으므로 '15,000원'으로 입력된 셀 [G9]에 빨간색으로 오류 표시가 나타난다. 새로 입력되는 값에 대해서는 설정에서 입력 범위를 정해서 오류를 방지할

수 있고, 미리 입력되어져 있는 값에 대해서는 **[잘못된 데이터]**를 통해서 오류를 찾아낼 수 있다.

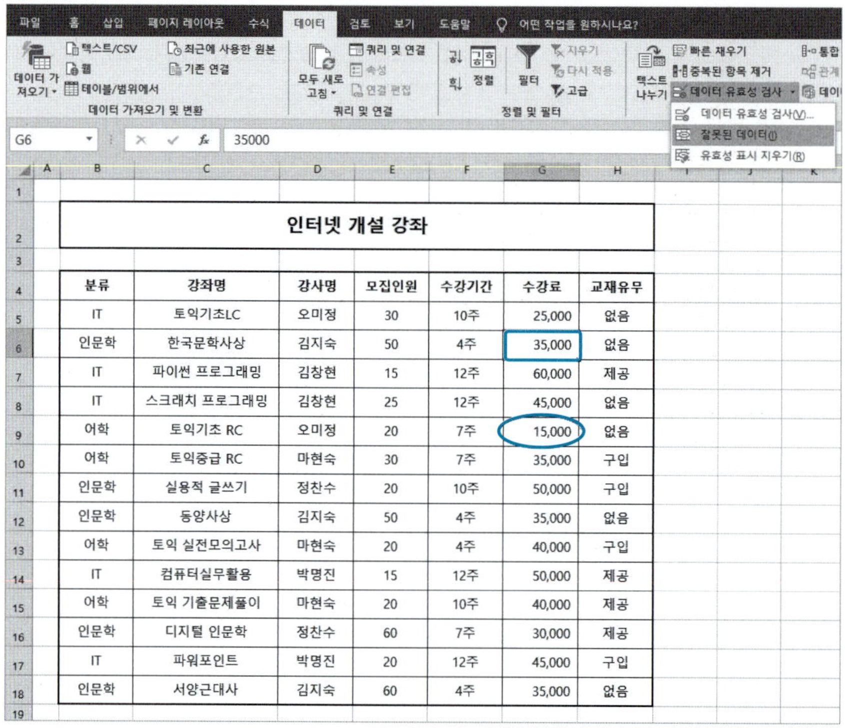

| 분류 | 강좌명 | 강사명 | 모집인원 | 수강기간 | 수강료 | 교재유무 |
|---|---|---|---|---|---|---|
| IT | 토익기초LC | 오미정 | 30 | 10주 | 25,000 | 없음 |
| 인문학 | 한국문학사상 | 김지숙 | 50 | 4주 | 35,000 | 없음 |
| IT | 파이썬 프로그래밍 | 김창현 | 15 | 12주 | 60,000 | 제공 |
| IT | 스크래치 프로그래밍 | 김창현 | 25 | 12주 | 45,000 | 없음 |
| 어학 | 토익기초 RC | 오미정 | 20 | 7주 | 15,000 | 없음 |
| 어학 | 토익중급 RC | 마현숙 | 30 | 7주 | 35,000 | 구입 |
| 인문학 | 실용적 글쓰기 | 정찬수 | 20 | 10주 | 50,000 | 구입 |
| 인문학 | 동양사상 | 김지숙 | 50 | 4주 | 35,000 | 없음 |
| 어학 | 토익 실전모의고사 | 마현숙 | 20 | 4주 | 40,000 | 구입 |
| IT | 컴퓨터실무활용 | 박명진 | 15 | 12주 | 50,000 | 제공 |
| 어학 | 토익 기출문제풀이 | 마현숙 | 20 | 10주 | 40,000 | 제공 |
| 인문학 | 디지털 인문학 | 정찬수 | 60 | 7주 | 30,000 | 제공 |
| IT | 파워포인트 | 박명진 | 20 | 12주 | 45,000 | 구입 |
| 인문학 | 서양근대사 | 김지숙 | 60 | 4주 | 35,000 | 없음 |

### step 5 잘못 입력된 데이터에 대한 표식 지우기

잘못 입력된 데이터에 대한 표식을 지우기 위해서는 **[데이터]–[데이터 도구]** 그룹–**[데이터 유효성 검사]–[유효성 표시 지우기]**를 선택하면 데이터 테이블 상의 표시를 지울 수 있다.

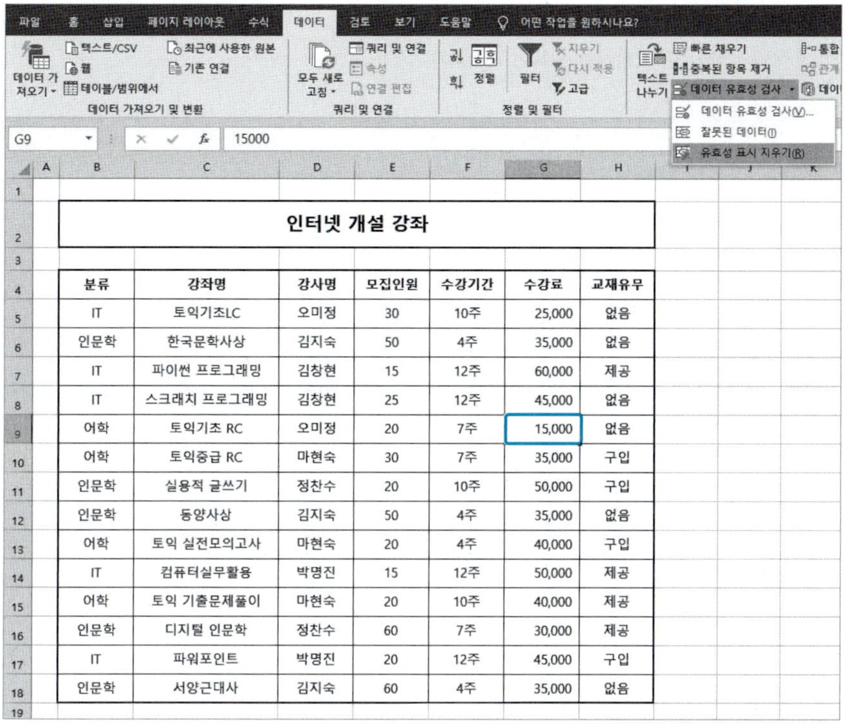

| 인터넷 개설 강좌 | | | | | | |
|---|---|---|---|---|---|---|
| 분류 | 강좌명 | 강사명 | 모집인원 | 수강기간 | 수강료 | 교재유무 |
| IT | 토익기초LC | 오미정 | 30 | 10주 | 25,000 | 없음 |
| 인문학 | 한국문학사상 | 김지숙 | 50 | 4주 | 35,000 | 없음 |
| IT | 파이썬 프로그래밍 | 김창현 | 15 | 12주 | 60,000 | 제공 |
| IT | 스크래치 프로그래밍 | 김창현 | 25 | 12주 | 45,000 | 없음 |
| 어학 | 토익기초 RC | 오미정 | 20 | 7주 | 15,000 | 없음 |
| 어학 | 토익중급 RC | 마현숙 | 30 | 7주 | 35,000 | 구입 |
| 인문학 | 실용적 글쓰기 | 정찬수 | 20 | 10주 | 50,000 | 구입 |
| 인문학 | 동양사상 | 김지숙 | 50 | 4주 | 35,000 | 없음 |
| 어학 | 토익 실전모의고사 | 마현숙 | 20 | 4주 | 40,000 | 구입 |
| IT | 컴퓨터실무활용 | 박명진 | 15 | 12주 | 50,000 | 제공 |
| 어학 | 토익 기출문제풀이 | 마현숙 | 20 | 10주 | 40,000 | 제공 |
| 인문학 | 디지털 인문학 | 정찬수 | 60 | 7주 | 30,000 | 제공 |
| IT | 파워포인트 | 박명진 | 20 | 12주 | 45,000 | 구입 |
| 인문학 | 서양근대사 | 김지숙 | 60 | 4주 | 35,000 | 없음 |

[실습하기]

- '모집인원'의 입력 범위를 최소값 10, 최대값 30으로 설정하시오.
- '교재유무'의 입력값을 '구입, 없음, 제공'으로 설정하시오.

## 8.7 피벗 테이블 보고서 작성하기

피벗 테이블은 가상의 중심축을 기준으로 행 방향의 필드를 열 방향으로 또는 열 방향의 필드를 행 방향으로 변경할 수 있어서 붙여진 이름이다. 기존 테이블의 필드 중에서 데이터 분석을 위해 필요한 필드만 이용해 새로운 테이블을 구성하여 요약된 정보만을 제공해 주는 기능이다. 피벗 테이블을 사용하면 복잡한 데이터를 쉽게 요약하여 볼 수 있고, 필요에 따라 자유롭게 테이블 내의 필드들을 추가/삭제하면서 데이터를 분석해 볼 수 있다.

피벗 테이블 보고서를 만드는 순서는 다음과 같다.

① 피벗 테이블 보고서를 만들 데이터를 선택한다.

② [삽입]–[표] 그룹–[피벗 테이블]을 실행시킨다.

③ [피벗 테이블 만들기] 대화 상자에서 분석할 데이터의 범위와 피벗 테이블 보고서를 넣을 위치를 선택한다.

④ [피벗 테이블 필드]에서 보고서에 추가할 필드를 선택하거나 생성될 피벗 테이블 보고서의 각 부분 위치로 필드들을 드래그하여 테이블을 구성한다.

'인터넷 개설 강좌' 테이블을 이용하여 피벗 테이블 보고서를 만들어 보자.

**분류별 모집인원과 수강료를 비교하는 피벗 테이블 보고서를 작성하시오.**

### step 1 [피벗 테이블] 메뉴 실행하기

원본 데이터 위의 임의의 셀을 선택하고 [삽입]–[표] 그룹–[피벗 테이블]을 선택한다. 또는 [삽입]–[표] 그룹–[추천 피벗 테이블]을 클릭하여 목록의 특성에 따라 추천된 피벗 테이블에서 선택하여 사용할 수 있다.

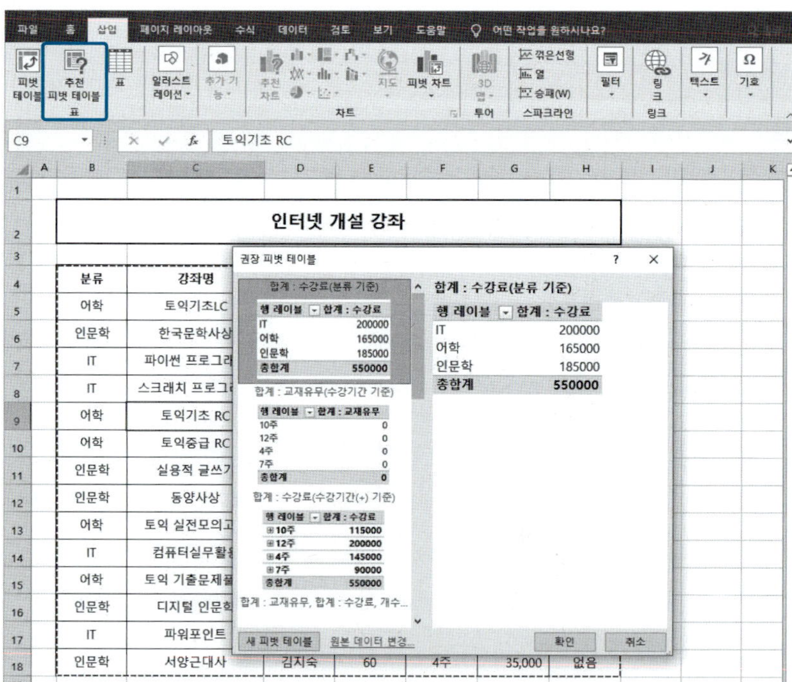

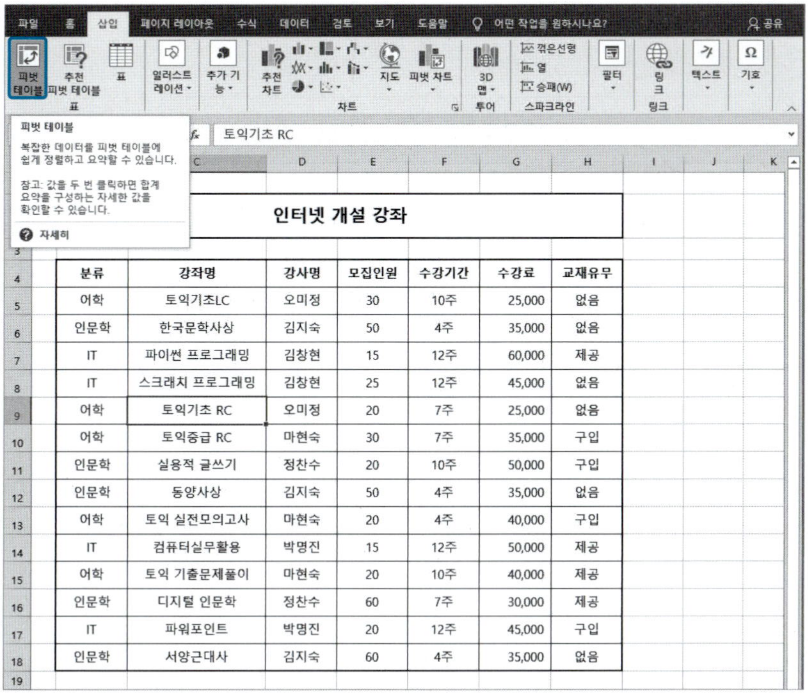


## step 2 [피벗 테이블 만들기] 대화 상자 옵션 설정

- 분석할 데이터 선택

  피벗 테이블을 만들기 위해서 사용할 데이터 범위를 선택한다.

  표 전체 또는 일부분을 선택하거나 외부 데이터를 이용할 수 있다.

  '표/범위'을 클릭하고 피벗 테이블 만들기에 사용할 데이터를 선택한다. 전체 데이터의 임의의 셀 위에 커서를 두고 [피벗 테이블] 메뉴를 실행하면 별도의 선택 없이 표 전체를 범위로 포함할 수 있다.

- 피벗 테이블 보고서 넣을 위치 선택

  만들어질 피벗 테이블을 넣을 위치를 선택한다.

  새 워크시트나 기존 워크시트 중 하나를 선택하여 생성되는 피벗 테이블을 삽입할 수 있다. 기존 워크시트를 선택하는 경우, 워크시트 내에서 피벗 테이블 보고서를 넣을 위치를 선택한다.

'새 워크시트'를 선택한다.

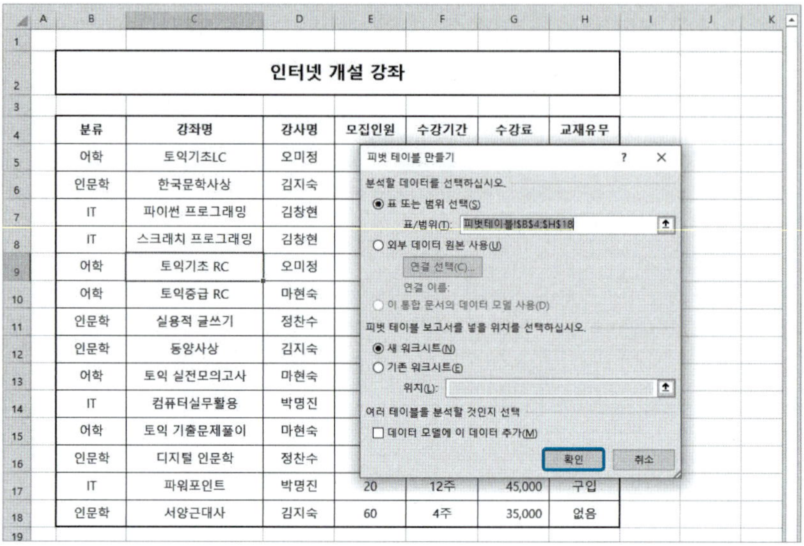


step 3 [확인] 버튼을 누르면 피벗 테이블 작성을 위한 새 워크시트가 추가된다.

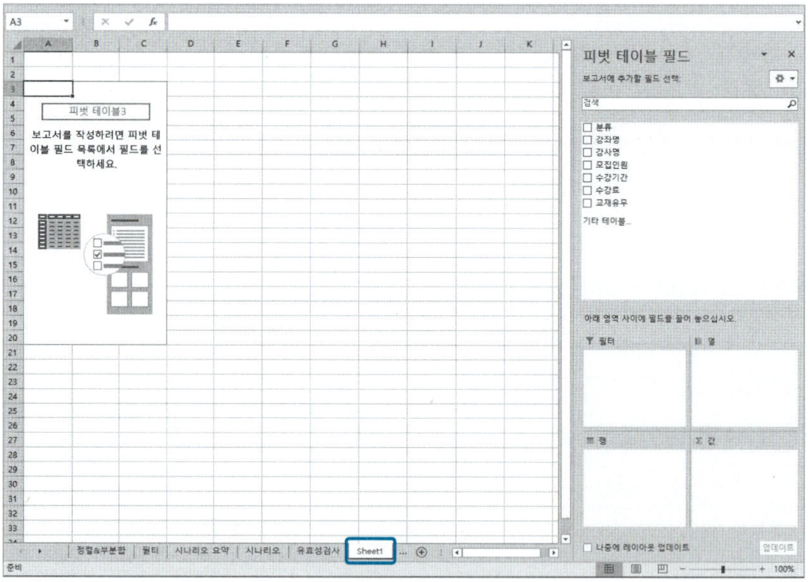


step 4 화면 왼쪽 '피벗 테이블 필드'에서 피벗 테이블 작성을 위한 필드를 선택하면 워크시트 상에 피벗 테이블이 그려진다. '피벗 테이블 목록' 아래쪽 영역에 원하는 형태로 필드를 드래그하여 피벗 테이블을 생성할 수도 있다.

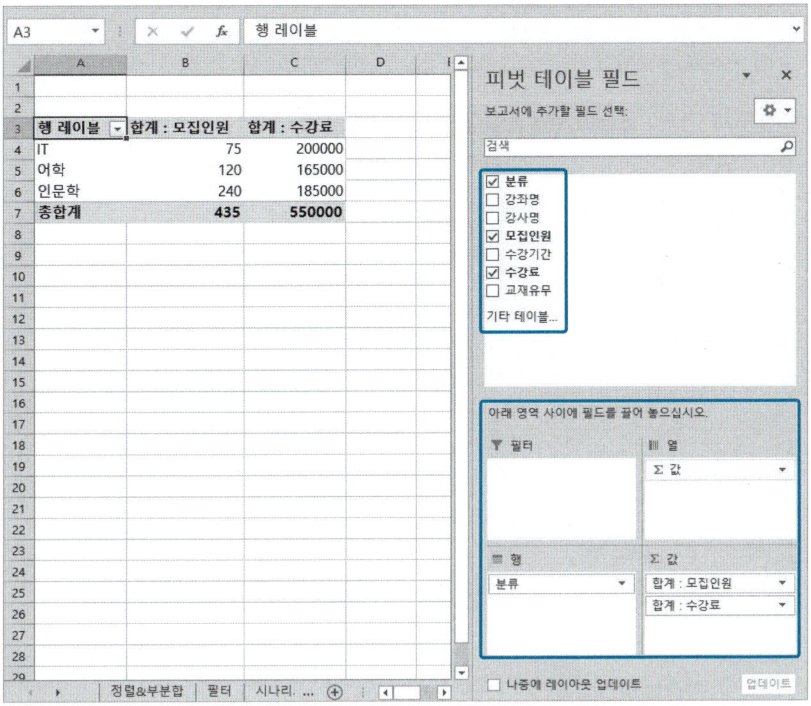


## step 5 피벗 테이블 변형하기

피벗 테이블 형태를 변형하기 위해서는 생성할 때와 동일하게 '피벗 테이블 필드'에서 피벗 테이블을 위한 필드를 선택하거나 선택을 해지하면 워크시트 상의 테이블에 바로 적용되어 나타난다. 또는 '아래 영역 사이에 필드를 끌어 놓으십시오.'에 위의 필드를 드래그하여 넣거나 들어 있는 항목을 드래그하여 밖으로 빼내면서 필드를 추가 또는 삭제할 수 있다.

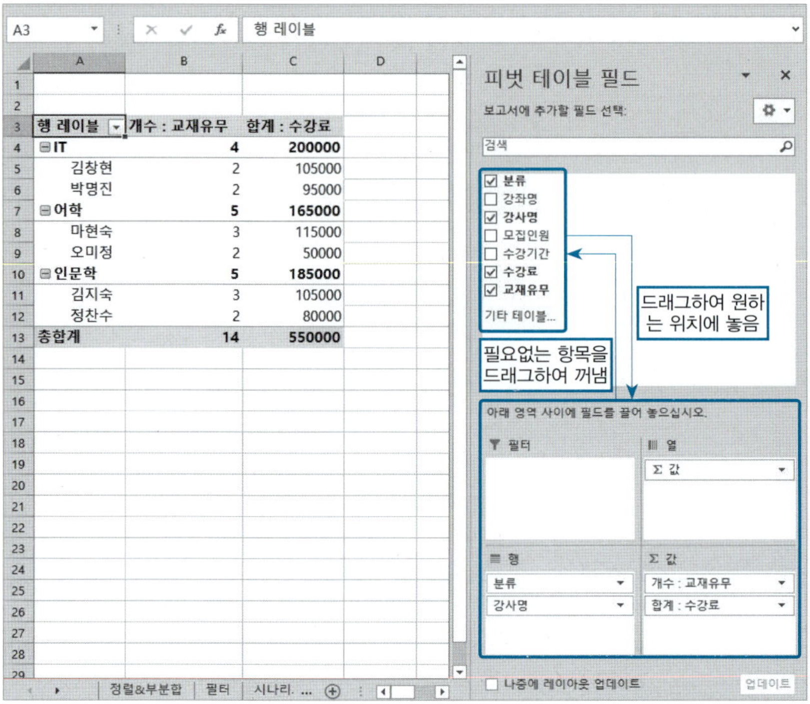


[실습하기]

- '분류'에 따른 '강사'별 '모집인원'을 비교할 수 있는 피벗 테이블을 작성하시오.
- '수강기간'에 따른 '수강인원'과 '수강료'을 비교할 수 있는 피벗 테이블을 작성하시오.

## 8.8 설명을 붙이기 위한 메모 사용하기

메모는 특정 셀에 설명을 붙이기 위해 사용하는 기능으로 추가, 편집, 삭제가 쉽다.

### step 1 메모 추가하기

① 메모를 삽입하려는 셀 [B2]를 선택하고 [검토]–[메모]–[새 메모]를 선택한다.

또는 마우스 오른쪽 버튼을 눌러 단축메뉴에서 '메모 삽입'을 선택한다.

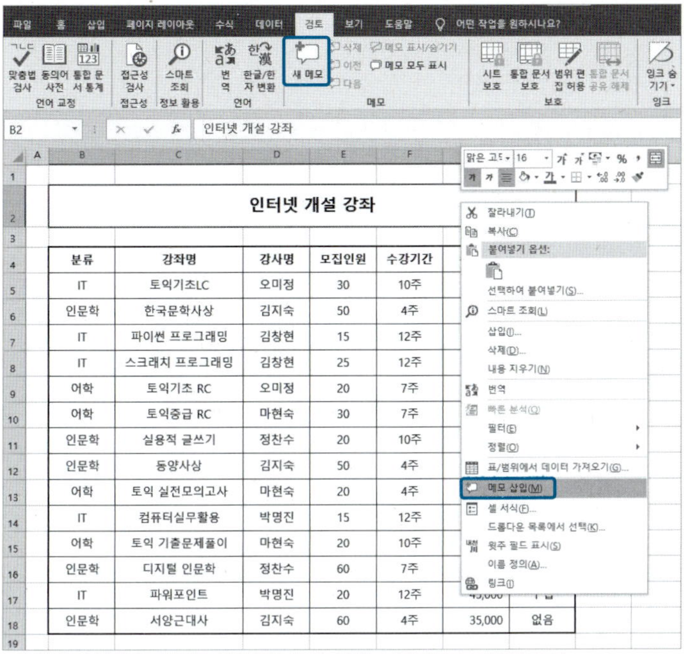

② 선택한 셀 옆에 메모 입력 상자가 보여진다.
메모 상자 안에 커서를 클릭하고 '2025학년도 1학기'라고 입력한다.

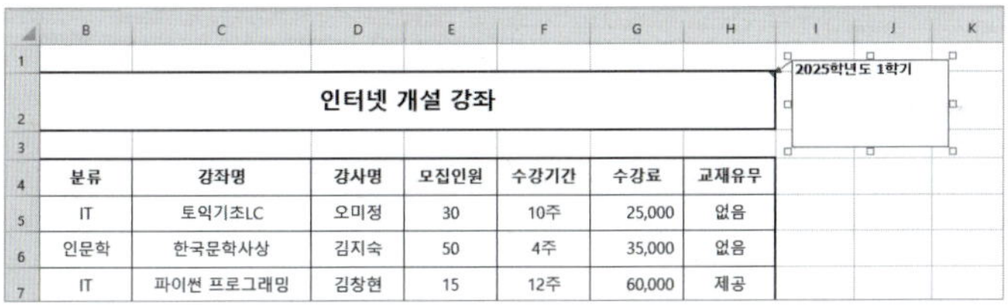

③ 메모 상자에 내용을 모두 입력하고 워크시트 내의 임의의 셀을 클릭하면 메모 삽입이 완료되고 메모는 화면에서 사라진다. 메모가 입력되어 있는 셀은 오른쪽 상단에 빨강색으로 표시된다.

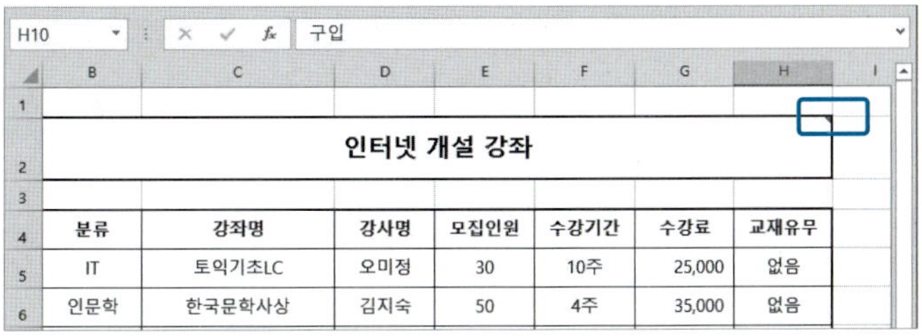

④ 메모의 내용을 보고 싶으면 메모가 삽입된 셀에 마우스를 놓으면 메모 상자가 펼쳐져 내용을 볼 수 있다.

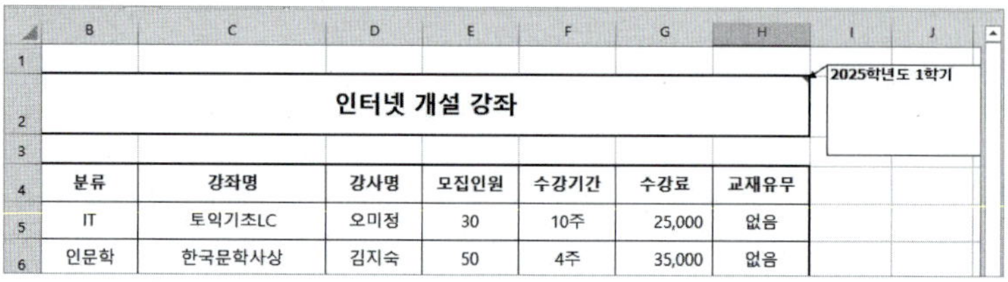

**step 2** **메모 편집하기**

① 삽입된 메모의 내용을 편집하기 위해서 메모가 삽입된 셀을 선택하고 마우스 오른쪽 버튼을 누르고 단축메뉴에서 '메모 편집'을 선택한다.
또는 [검토]–[메모] 그룹–[메모 편집]을 클릭한다.

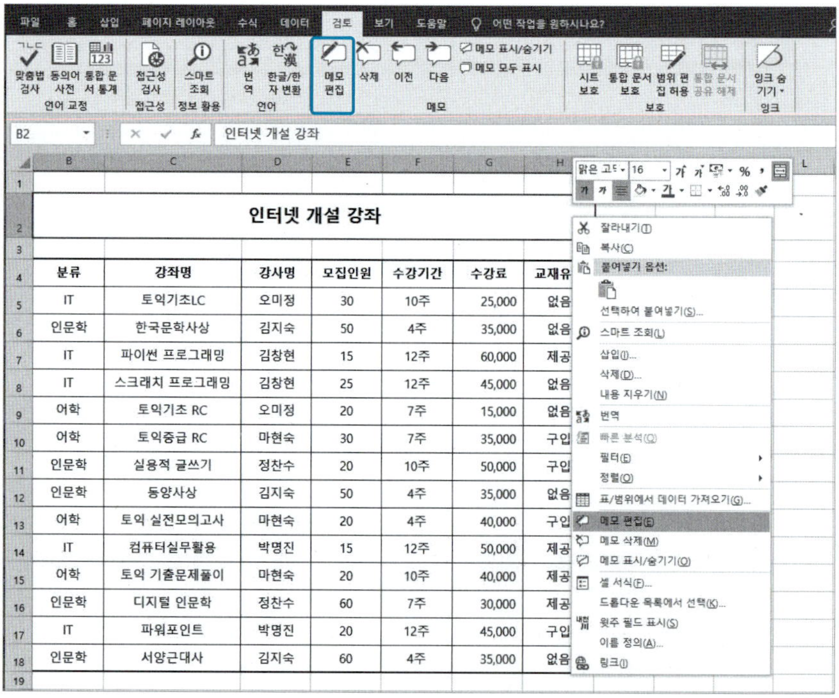

② 메모 입력상자에 커서가 생겨 내용을 입력할 수 있다. 또 입력 상자의 테두리에 마우스 포인트를 놓고 드래그하며 상자의 크기를 조절할 수 있다.

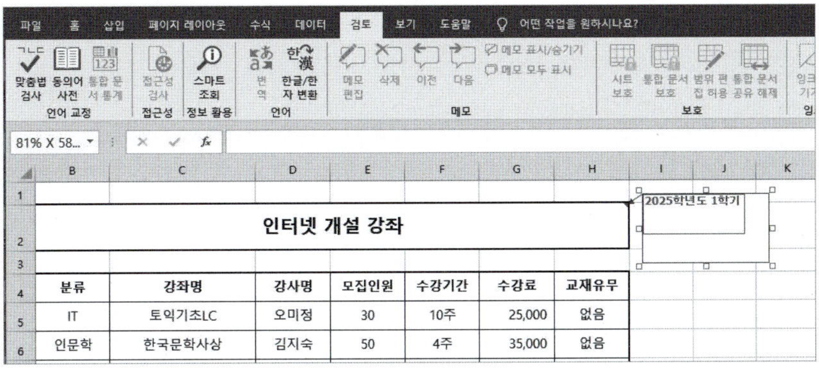

## step 3 메모 표시/숨기기

메모가 삽입되면 메모 표시 기본 옵션은 '메모 숨기기'가 된다. 즉, 메모가 삽입된 셀에 마우스를 올려놓아야 메모 상자의 내용을 볼 수 있다. 그러나 항상 메모가 워크시트 상에서 보이도록 하기 위해서 **[메모 표시]** 메뉴를 사용한다.

① 메모가 삽입된 셀 위에 커서를 두고 마우스 오른쪽 버튼을 눌러 단축메뉴에서 **[메모 표시/숨기기]**를 선택하거나 **[검토]–[메모]** 그룹–**[메모 표시/숨기기]**를 선택한다.

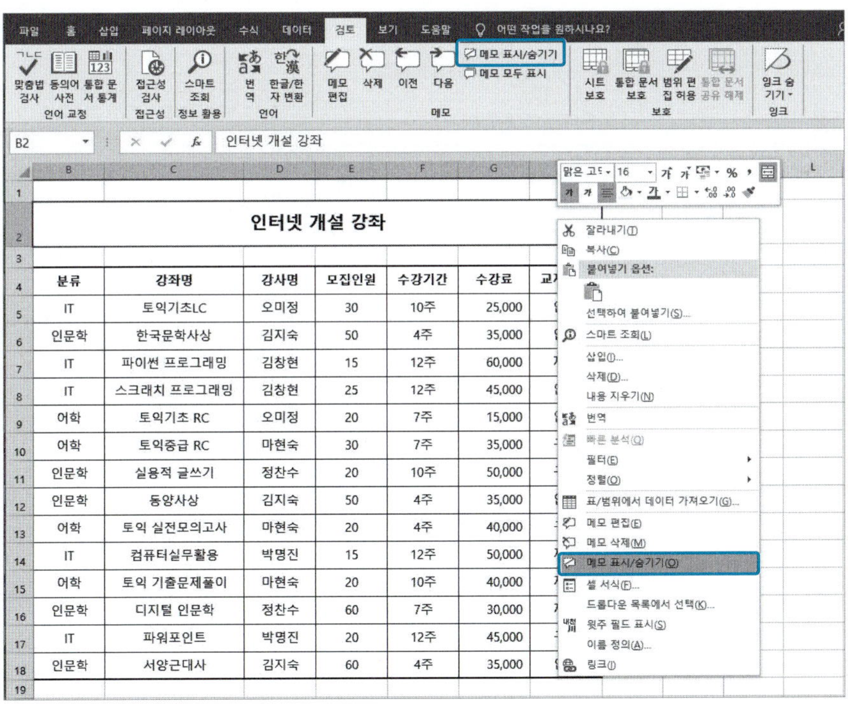

② 셀 위에 커서를 두지 않아도 메모가 워크시트에서 계속 표시된다.

메모 표시 상태에서 [**메모 표시/숨기기**]를 선택하면 숨기기 상태가 되고, 숨기기 상태에서 [**메모 표시/숨기기**]를 선택하면 메모 표시 상태가 된다.

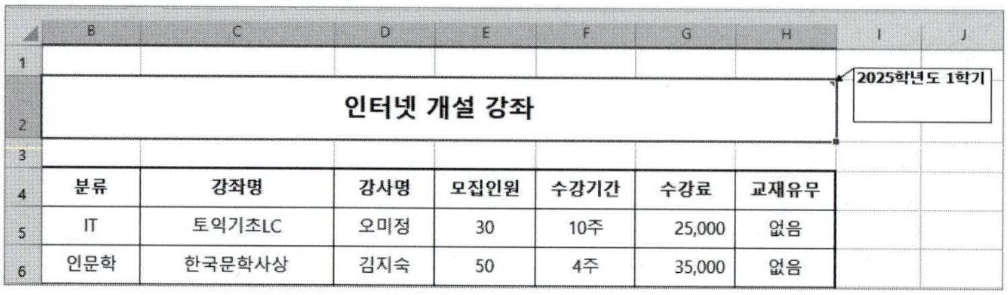


## step 4 메모 삭제하기

삽입된 메모를 삭제하기 위해서 사용한다. 메모가 삽입된 셀을 선택하고 마우스 오른쪽 버튼을 누른 후 단축메뉴에서 '메모 삭제'를 선택한다.

또는 [**검토**]–[**메모**] 그룹–[**삭제**]를 선택하면 메모가 셀에서 삭제된다.

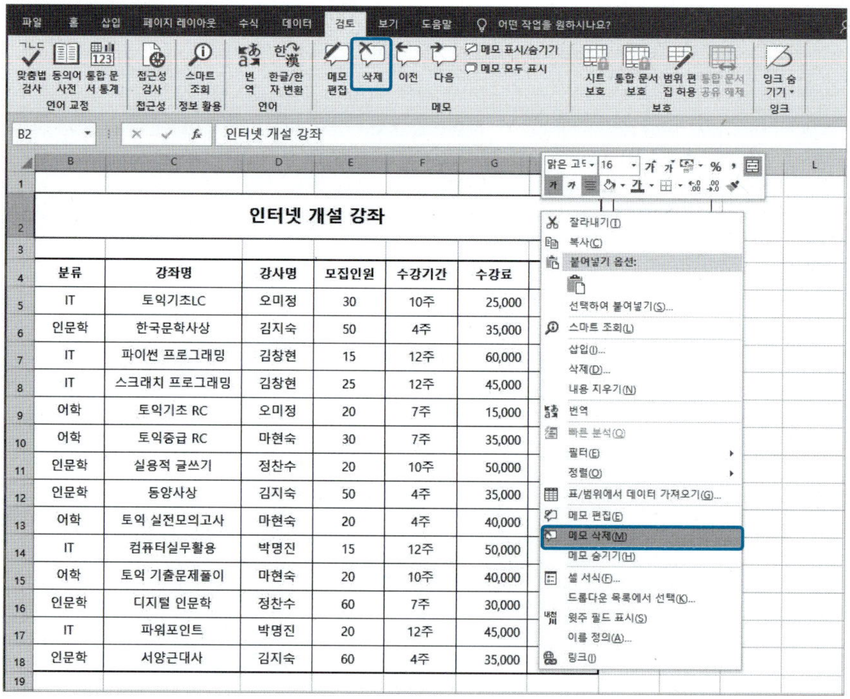

워크시트에서 메모는 삭제되고, [검토]-[메모] 그룹의 메모 관련 메뉴도 [새 메뉴]만 활성화 되어지고 메뉴 관련 다른 기능들은 비활성화된다.

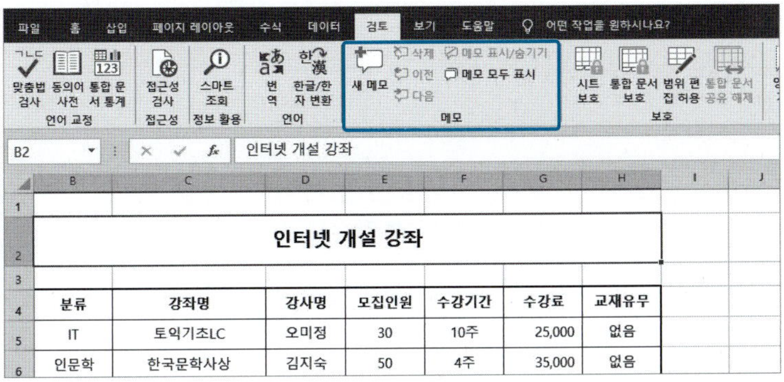

# 연습문제

**1.** [대한전자 급여표] 표를 완성하고, 지시 사항을 처리하시오.

**취미 특강 시간표**

| 분류 | 특강명 | 강사 | 모집인원 | 수강료 | 재료비 | 총금액 |
|---|---|---|---|---|---|---|
| 양식 | 스파게티 | 황숙정 | 10 | 25,000 | 10,000 | |
| 양식 | 돈까스 | 김지아 | 10 | 35,000 | 15,000 | |
| 한식 | 떡갈비 | 송아연 | 15 | 30,000 | 20,000 | |
| 베이커리 | 떡케익 | 박현아 | 12 | 20,000 | 5,000 | |
| 중식 | 짜장면 | 김정순 | 20 | 10,000 | 5,000 | |
| 베이커리 | 브라우니 | 마현숙 | 12 | 15,000 | 5,000 | |
| 한식 | 구절판 | 정찬웅 | 15 | 30,000 | 30,000 | |
| 중식 | 양장피 | 김진숙 | 20 | 35,000 | 20,000 | |
| 양식 | 스테이크 | 이혁진 | 10 | 35,000 | 30,000 | |
| 한식 | 산적 | 박명진 | 15 | 25,000 | 20,000 | |
| 베이커리 | 쵸코쿠키 | 이민아 | 12 | 15,000 | 10,000 | |
| 한식 | 탕평채 | 김민숙 | 15 | 30,000 | 20,000 | |
| 중식 | 탕수육 | 한지숙 | 20 | 25,000 | 15,000 | |

(1) 총금액 = 수강료 + 재료비

(2) '총금액'에 대하여 내림차순 정렬하시오.

(3) 첫 번째 기준은 '분류'에 대하여 내림차순 정렬, 두 번째 기준은 '재료비'에 대하여 오름차순 정렬하시오.

(4) 자동 필터 기능을 이용하여 '모집인원'이 10명 이상 15명 이하인 데이터를 필터하시오.

(5) 고급 필터 기능을 이용하여 '분류'가 '양식'이고 '수강료'가 '30,000원' 이상인 데이터를 필터하시오.

(6) 고급 필터 기능을 이용하여 '분류'가 '중식'이거나 '재료비'가 '30,000원' 이상인 데이터를 필터하시오.

(7) '분류'별 모집인원과 총금액의 부분합을 구하시오.

(8) 유효성 검사 기능을 사용하여 '분류'의 입력 항목을 양식, 중식, 한식, 베이커리로 입력할 수 있도록 입력 목록을 제한하도록 설정하시오.

(9) '모집인원'의 입력 범위를 10-30명으로 제한하도록 설정하시오.

(10) 제목 셀 [B2]에 메모를 삽입하고 메모 내용으로 '상반기'를 입력하시오.

**2.** [수출입 현황] 표를 완성하고, 다음 지시사항을 처리하시오.

**수출입 현황**

| 날짜 | 코드 | 제품명 | 구분 | 제품단가 | 수량 | 입금금액 |
|---|---|---|---|---|---|---|
| 2025-07-22 | S200 | 가공품 | 수입 | 4000 | 144 | |
| 2025-07-23 | S200 | 식품 | 수출 | 4000 | 135 | |
| 2025-07-24 | S200 | 화장품 | 수출 | 4000 | 125 | |
| 2025-08-09 | C100 | 농산물 | 수출 | 4500 | 117 | |
| 2025-09-10 | C100 | 농산물 | 수입 | 4500 | 115 | |
| 2025-08-06 | G111 | 자동차 | 수출 | 5500 | 124 | |
| 2025-09-09 | G111 | 가공품 | 수입 | 5500 | 133 | |
| 2025-10-09 | S200 | 화장품 | 수출 | 4000 | 145 | |
| 2025-10-10 | G111 | 화장품 | 수입 | 5500 | 135 | |
| 2025-10-11 | S200 | 식품 | 수출 | 4000 | 166 | |
| 2025-11-11 | C100 | 농산물 | 수출 | 4500 | 155 | |
| 2025-10-29 | G111 | 식품 | 수입 | 5500 | 67 | |
| 2025-11-02 | S200 | 화장품 | 수출 | 4000 | 54 | |

(1) 입금금액 = 제품단가 * 수량

(2) '수량'에 대하여 오름차순 정렬하시오.

(3) '입금 금액'이 '500,000' 이상이거나 '구분'이 '수입'인 데이터를 고급 필터를 사용하여 추출하시오.

(4) '수량'이 '100' 이상 '130' 미만의 데이터를 고급 필터를 사용하여 추출하시오.

(5) 자동 필터를 이용하여 '제품명'이 '농산물'이고 '구분'이 '수출'인 데이터를 추출하시오.

(6) '구분' 항목에 대한 입금 금액과 수량에 대한 부분합을 구하시오.

(7) 셀 [B2]에 메모를 삽입하고 '2025년도 현황'이라고 입력하시오.

(8) 제품별 수입과 수출 수량을 비교하는 피벗 테이블을 작성하시오.

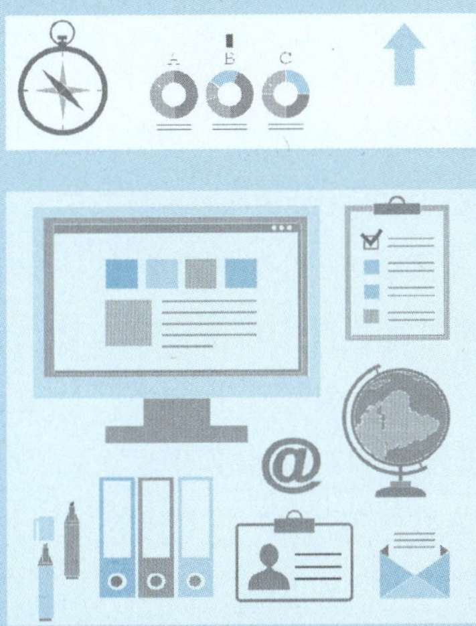

PART

# 03

# 파워포인트 2019

9

CHAPTER

# 파워포인트 배워보기

9.1 확대/축소를 이용한 제안서 슬라이드 만들기
9.2 그림편집을 이용한 정물화 슬라이드 만들기
9.3 슬라이드 마스터를 이용하여 나만의 테마 만들기

파워포인트는 효과적인 프레젠테이션을 위해서 개발된 프로그램으로 가장 보편적으로 사용되는 프레젠테이션 프로그램이다. 파워포인트는 학교에서 과제물 발표, 수업 보조도구 등으로 사용되며 회사, 사업 설명회에서 실적 및 목표를 발표할 때 가장 적절한 도구이다. 파워포인트의 주요 목적은 프레젠테이션이지만, 파워포인트의 기능이 확장되고 강력해짐에 따라 제품 전시 또는 광고 및 콘텐츠 제작에도 적극적으로 활용된다. 파워포인트 2019는 디자이너 아이디어, 3D 개체, 애니메이션 등 다양한 멀티미디어 디자인적 요소를 추가 및 보강하여 설득력 있는 슬라이드 구성이 쉽다. 또한 발표자 코치, 온라인 프레젠테이션, 예행연습, 발표자 보기 등의 발표 보조 도구를 통해 설득력 있는 프레젠테이션을 할 수 있게 도와준다. 접근성이 좋아 누구나 쉽고 간단하게 사용할 수 있을 뿐만 아니라 사용범위가 프레젠테이션에만 한정되지 않고, 캐주얼한 문서 작성부터 시각적 디자인 요소가 필요한 콘텐츠 제작까지 확장되고 있다.

## 9.1 확대/축소를 이용한 제안서 슬라이드 만들기

파워포인트 2019의 확대/축소를 이용한 프레젠테이션 작성 및 편집 방법에 대해 살펴본다. 확대/축소 기능과 아이콘, 그래프를 이용하여 프레젠테이션을 더욱 동적으로 만들고 시각효과를 극대화하여 다음과 같이 제안서 슬라이드를 만들어보자.

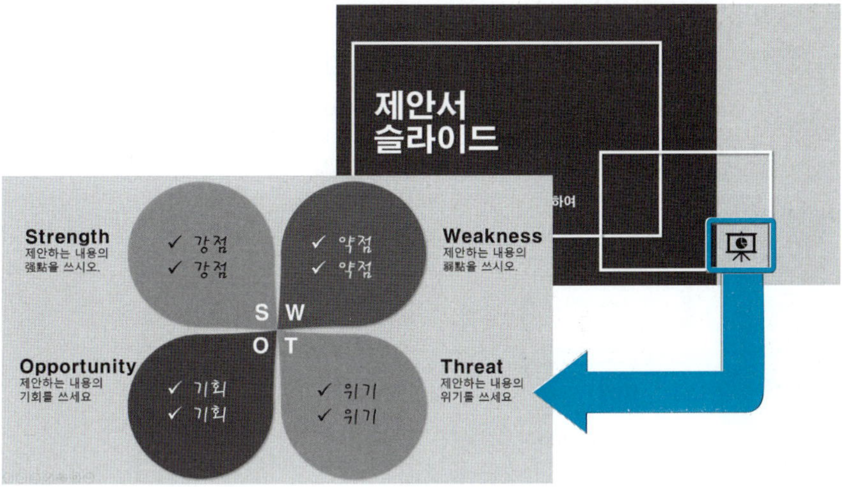


step 1 '제안서' 슬라이드를 만들기 위해 [시작]-[검색]에서 PowerPoint를 검색하여 [PowerPoint]를 선택한다.

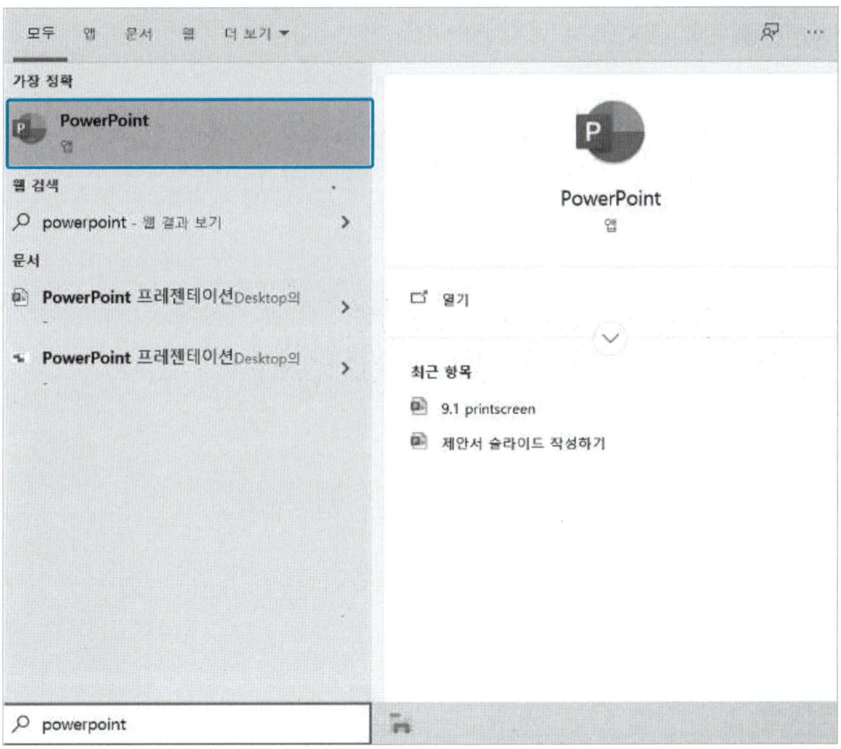

**step 2** '파워포인트 2019'를 실행하면 파워포인트 초기화면이 나타난다. 원하는 서식 파일 또는 테마가 있을 경우 **[온라인 서식 파일 및 테마 검색]**의 검색 상자에 키워드를 검색하여 사용할 수 있다. 새 슬라이드를 만들기 위해서 **[새로 만들기]–[새 프레젠테이션]**을 선택한다.

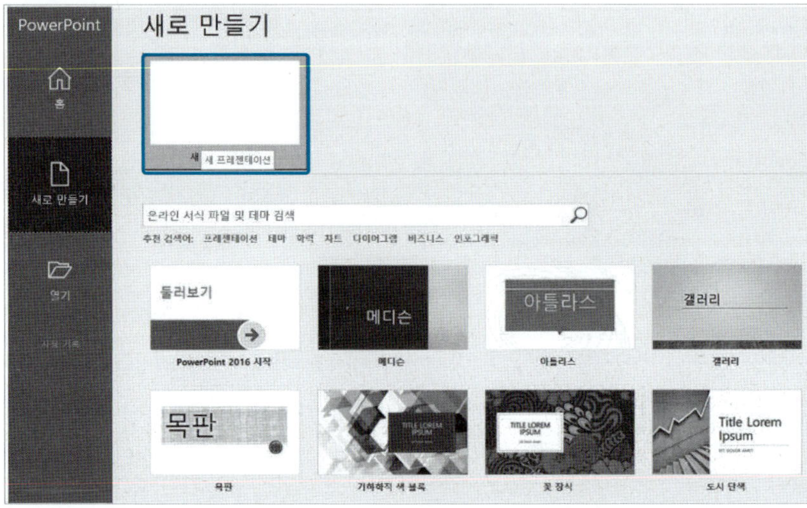


**step 3** **[새 프레젠테이션]**을 선택하면 다음과 같이 '프레젠테이션1 – PowerPoint'라는 제목으로 프레젠테이션이 생성된다. 우측의 **[디자인 아이디어]**는 office 지능형 서비스로서 슬라이드에 대한 디자인 아이디어를 추천해준다.

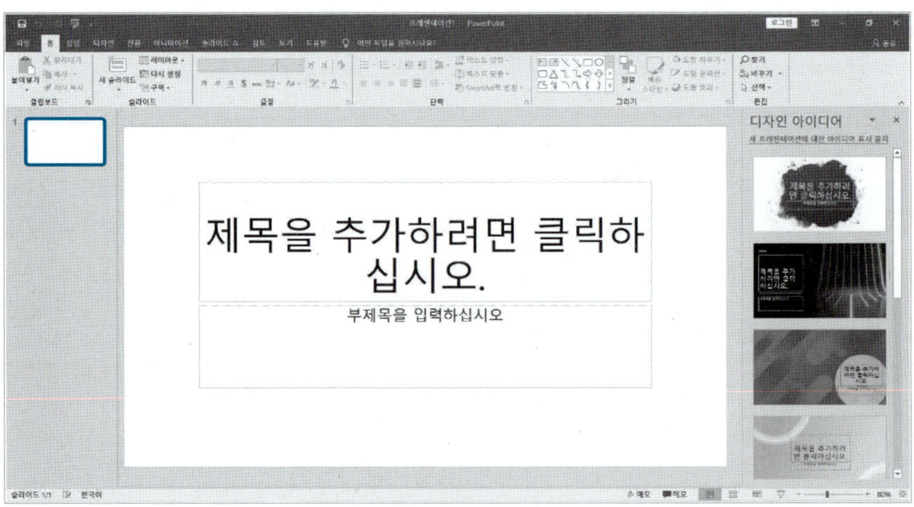

**step 4** '제목 슬라이드'에서 '구역 머리글'로 레이아웃을 변경한다. 레이아웃 변경 방법은 [홈]-[슬라이드]-[레이아웃]에서 [구역 머리글]을 선택한다.

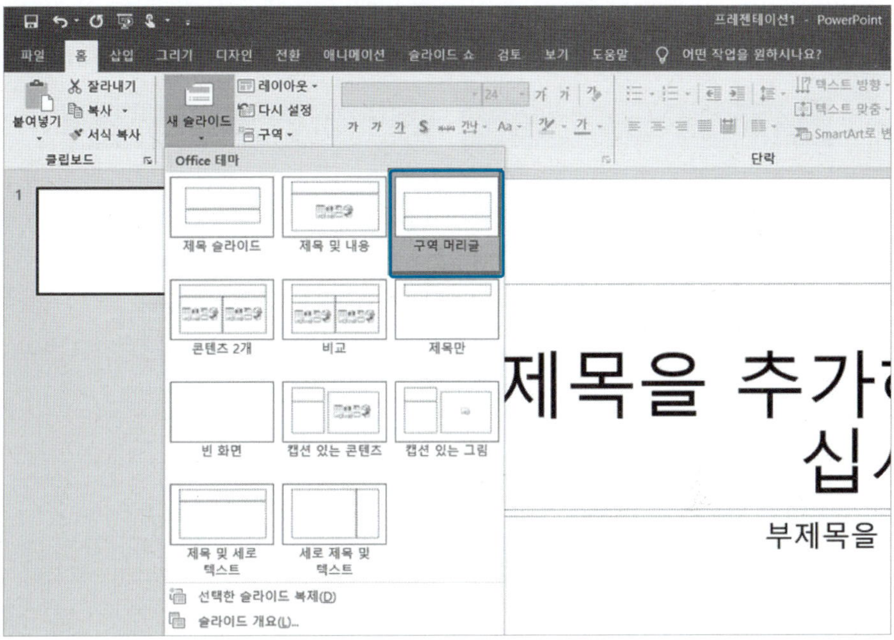


**step 5** [구역 머리글] 선택 후 제목 부분에 마우스를 클릭한 후 제안할 내용인 '제안서 슬라이드'를 작성한다. 부제목 텍스트 상자에 '파워포인트의 확대/축소를 이용하여'를 작성한다.

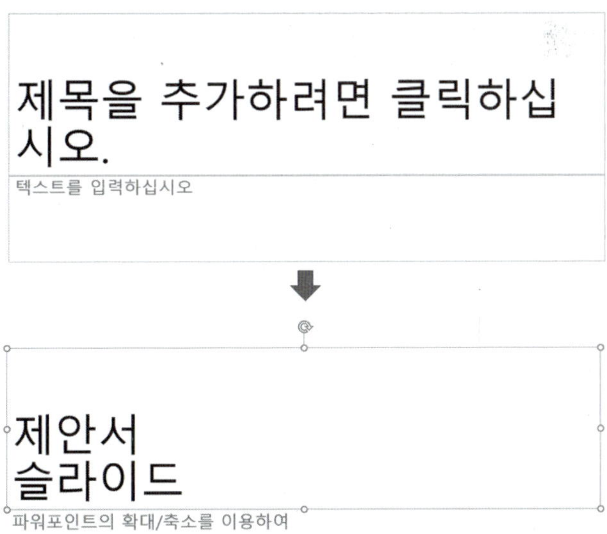

**step 6** 글꼴과 텍스트 크기를 변경하기 위해 제목 텍스트 상자를 선택하고, 리본 메뉴에서 [홈]–[글꼴]을 선택한다. 글꼴은 'HY 견고딕'으로 변경하고, 주제목의 텍스트 크기를 '60'으로 설정한다. 부제목 텍스트 크기는 '24'로 설정한다. 텍스트 그림자를 선택하여 글자에 그림자 효과를 주고, 글꼴 색을 '흰색, 배경 1'으로 선택한다.

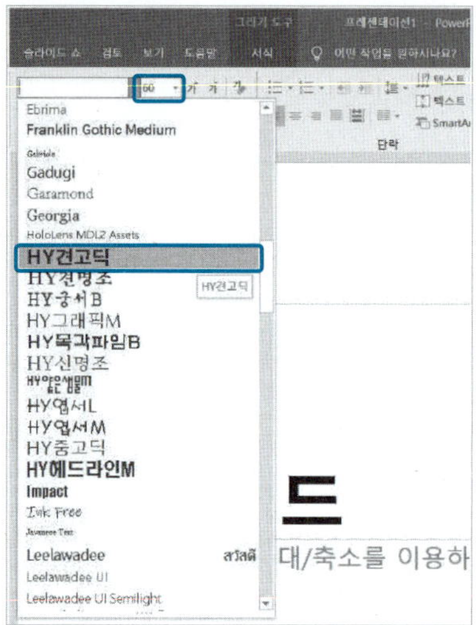


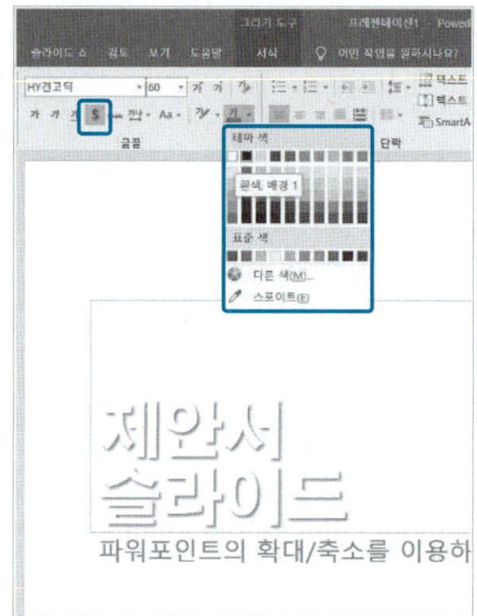


**step 7** 배경을 꾸미기 위한 사각형을 삽입한다. 사각형 삽입 방법은 리본 메뉴의 [삽입]–[도형]–[사각형]에서 '직사각형'을 선택한다.

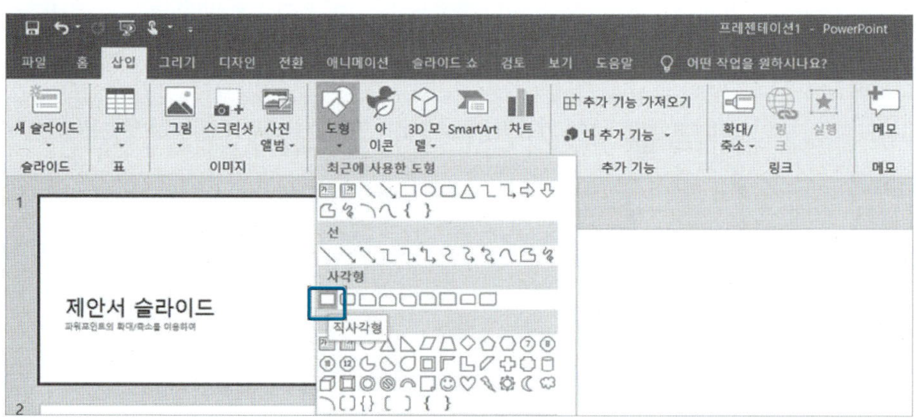


**step 8** '직사각형' 도형을 전체 슬라이드의 약 2/3를 가리도록 지정하여 삽입한다. 그 다음 '직사각형'을 선택한 상태에서 마우스를 우클릭 하고 [맨 뒤로 보내기(K)]–[맨 뒤로 보내기(K)]를 적용한다.

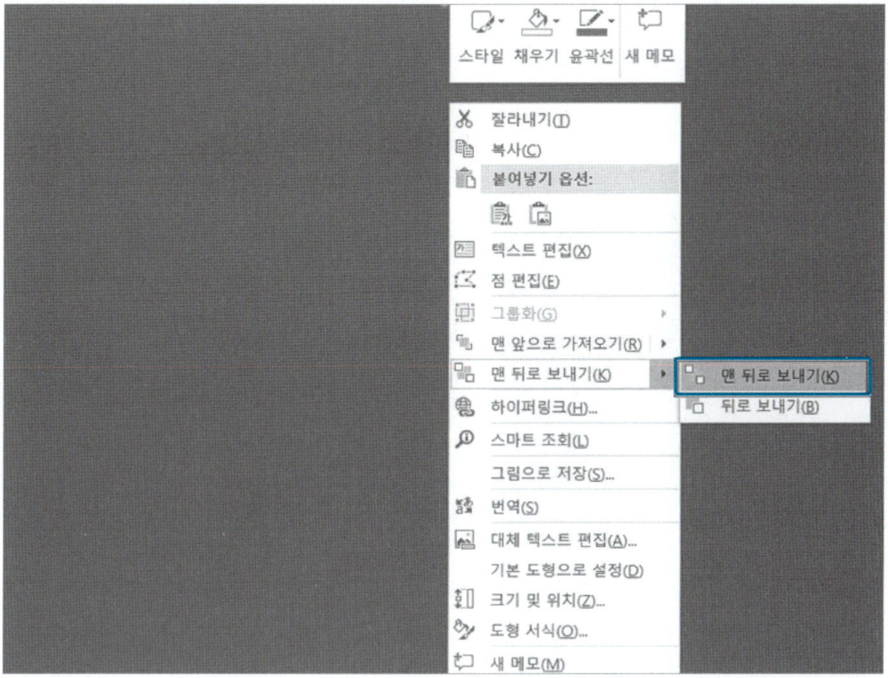


step 9 '직사각형'의 색을 변경해보자. '직사각형'의 색을 변경하는 방법은 '직사각형'을 선택한 상태에서 **[서식]–[도형 채우기]–[테마색]**에서 '파랑, 강조 1, 50%, 더 어둡게'를 선택한다. 또는 원하는 색으로 변경한다.

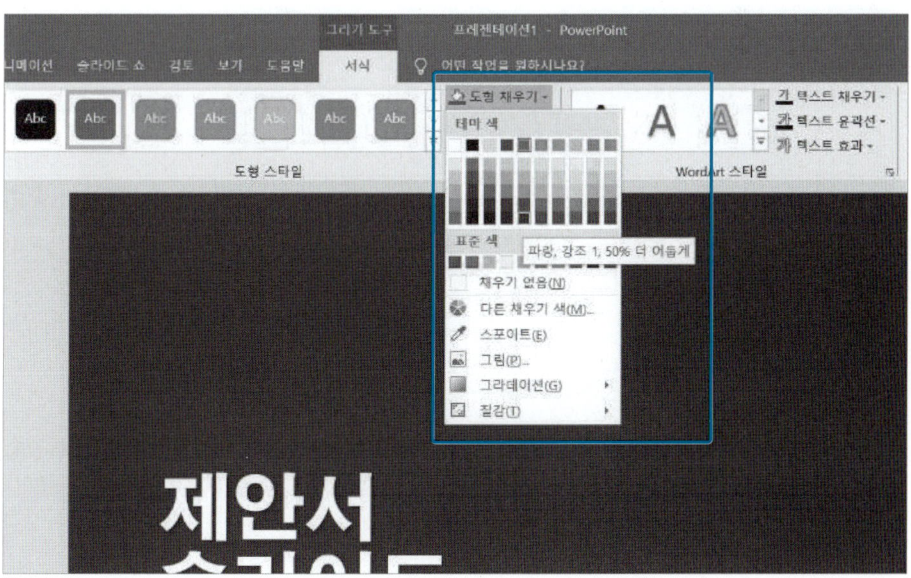

**step 10** 프레젠테이션 바탕을 꾸미기 위해 빈 공간을 마우스를 우클릭 하여 **[배경 서식(B)]**을 선택한다. **[배경 서식(B)]-[채우기]-[단색 채우기]-[테마색]**에서 '파랑, 강조 1, 80% 더 밝게'로 설정한다. 또는 원하는 색으로 변경한다.

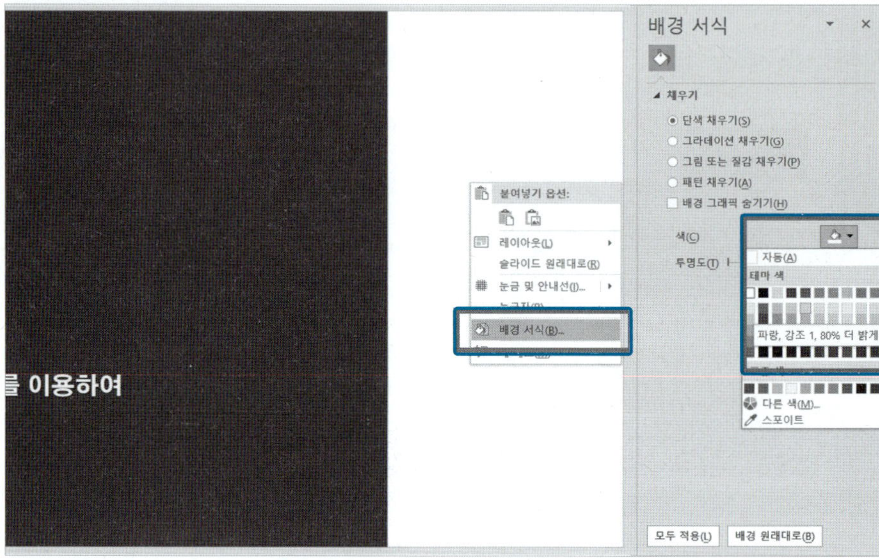


**step 11** **step 8** 과 같은 방법으로, 텍스트 박스를 꾸미기 위해 제목과 부제목 텍스트가 가려질 만큼 '직사각형'을 생성한다.

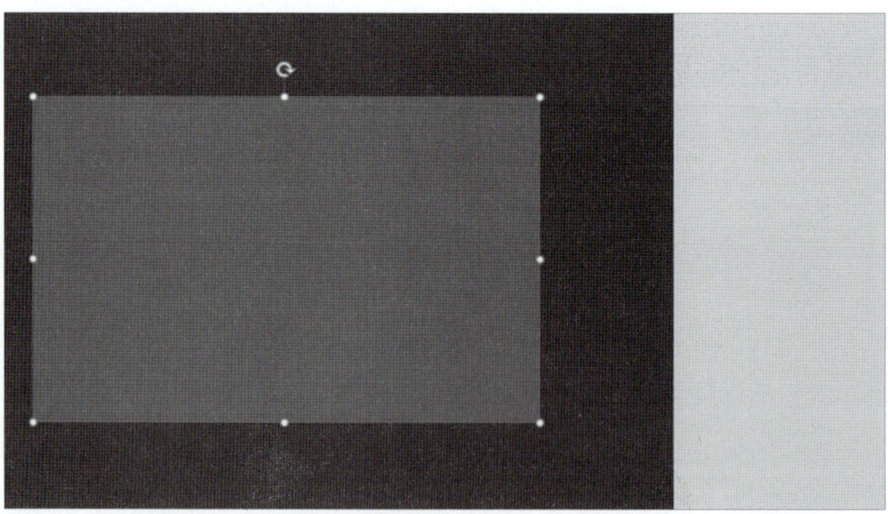

**step 12** '직사각형'을 꾸미기 위해 [서식]–[도형 채우기]에서 '채우기 없음(N)'으로 설정한다. 같은 방법으로 [도형 윤곽선]–[두께(W)]에서 '6pt'로 설정한다.

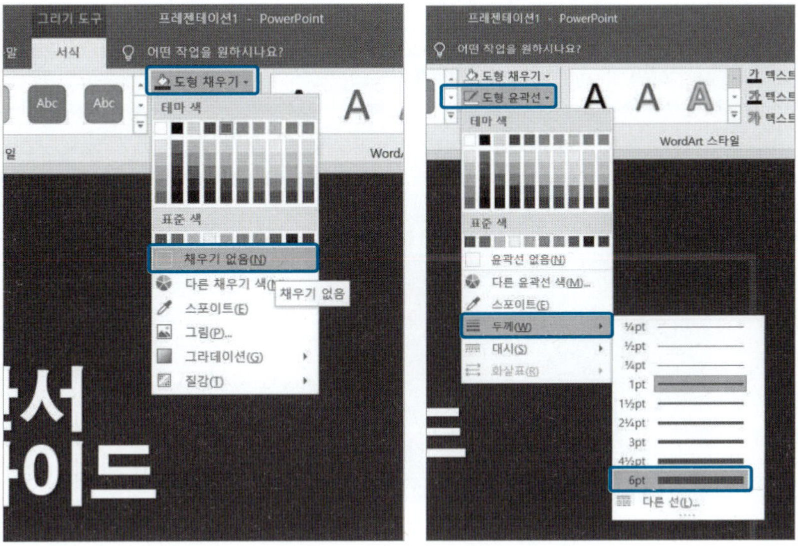


**step 13** **step 12** 와 같은 방법으로, '직사각형'을 꾸미기 위해 [도형 윤곽선]–[테마색]에서 '흰색, 배경 1'로 설정한다.

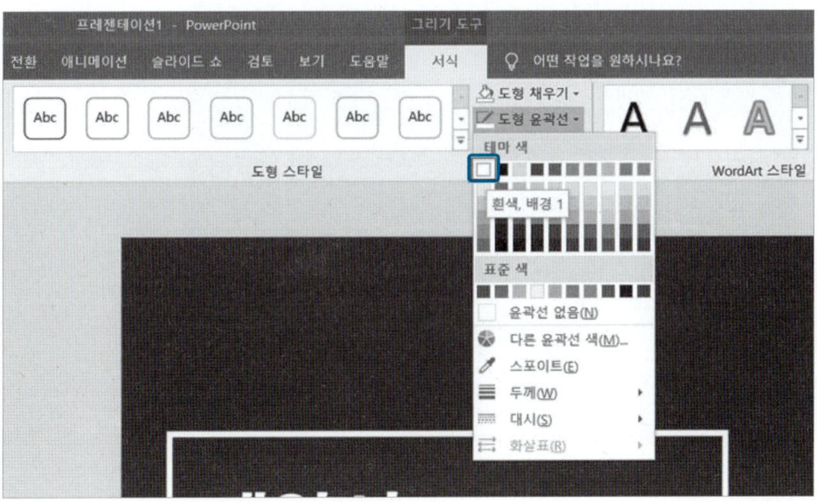

**step 14** 수정된 도형에 그림자 효과를 적용해보자. 그림자 효과 적용 방법은 도형을 선택 후 [도형 효과]-[그림자(S)]-[바깥쪽]에서 '오프셋: 오른쪽 아래'를 설정한다. 혹은 원하는 색으로 바꾸거나 그림자 방향을 변경한다.

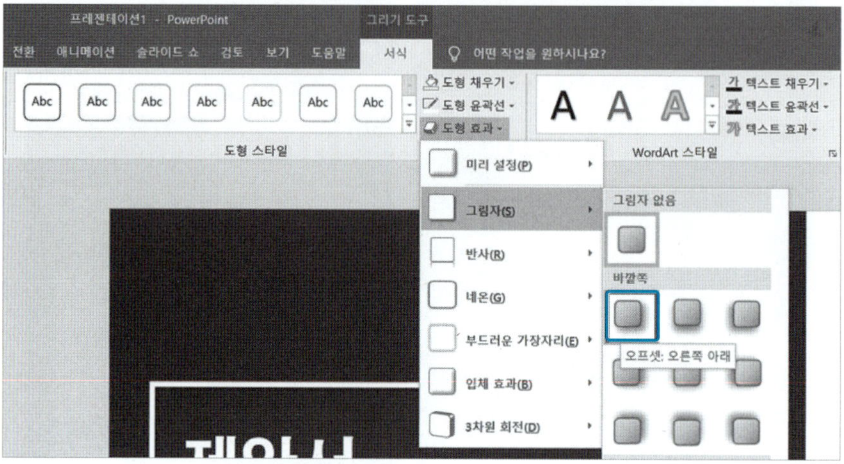


**step 15** 만들어진 텍스트 박스를 복사하여 크기를 변경하고 오른쪽 아래에 배치한다. 다음과 같이 '확대/축소를 이용한 제안서 슬라이드 만들기'의 첫 슬라이드가 완성된다.

**step 16** 'SWOT 분석' 슬라이드를 만들기 위해 **[홈]–[새 슬라이드]**에서 '빈 화면'을 선택하여 두 번째 슬라이드를 생성한다.

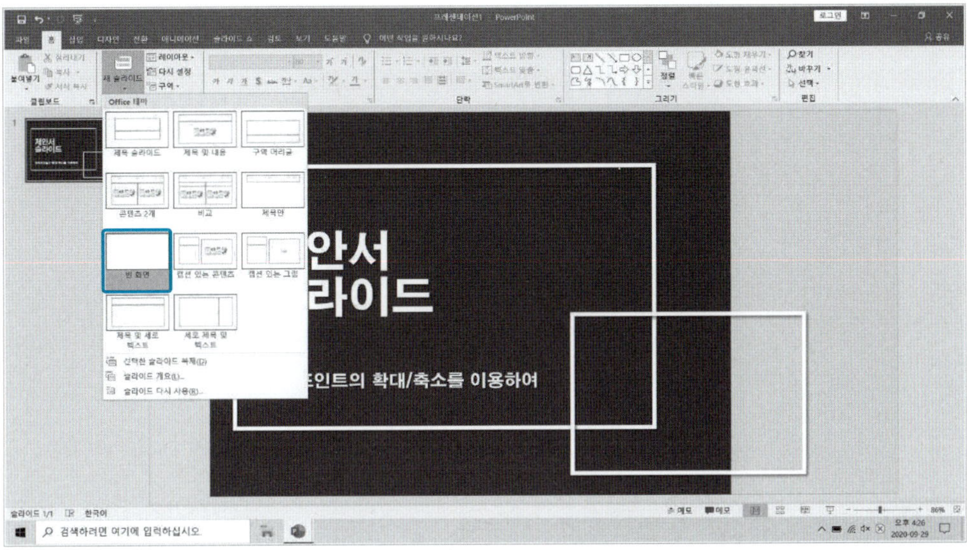

**step 17** 편리하게 도형을 배치하기 위하여 눈금자를 설정해보자. 빈 화면에서 마우스 우클릭하여 **[눈금 및 안내선(I)]**을 클릭한다. **[눈금 및 안내선]** 대화 상자가 나타나면, **[안내선 설정]**에서 '화면에 그리기 안내선 표시(I)'의 체크박스에 체크하고, '확인'을 클릭한다.

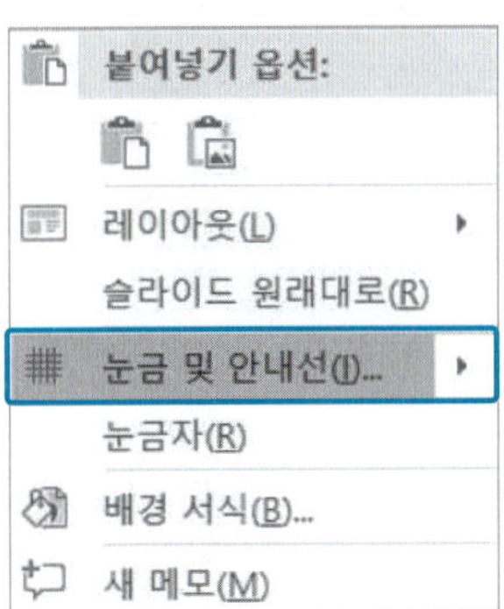


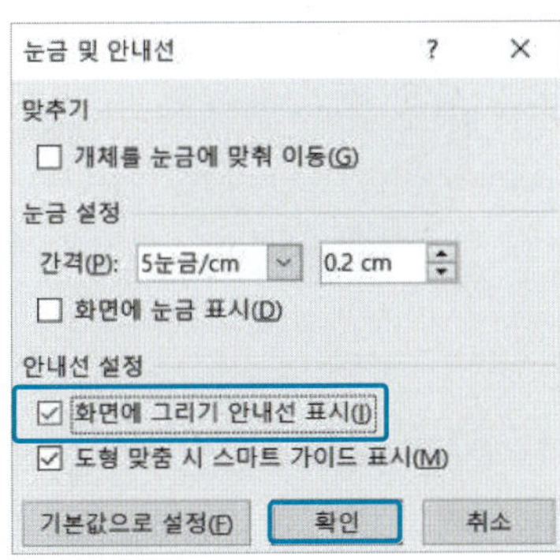

step 18 'SWOT 분석'은 물방울 모양을 응용하여 '클로버' 형태로 만든다. '물방울' 모양을 만드는 방법은 **[삽입]-[도형]-[기본 도형]**에서 '눈물 방울'을 선택한다.

step 19 **[기본 도형]-[눈물 방울]** 도형을 선택하면, 새 슬라이드 상에서 마우스 포인터는 '+' 상태로 변경된다. 선택한 도형을 위치에 마우스를 클릭하여 원하는 크기가 될 때까지 마우스로 드래그하여 도형을 삽입한다.

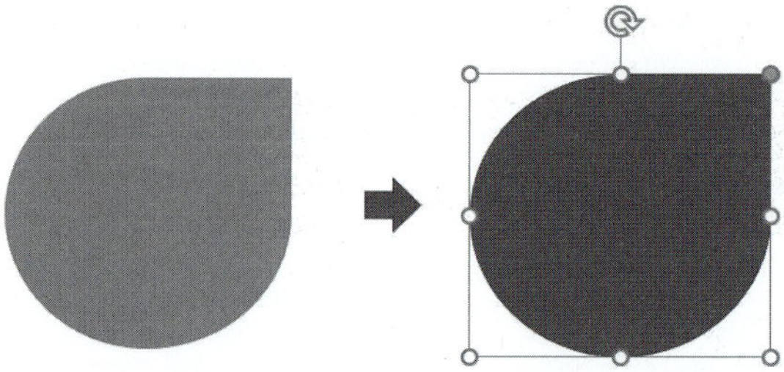

step 20 삽입한 '눈물 방울' 도형의 오른쪽 위에 위치한 노란색 포인터 꼭짓점을 마우스로 클릭하고 위쪽으로 살짝 잡아 올려 물방울 모양으로 만든다.

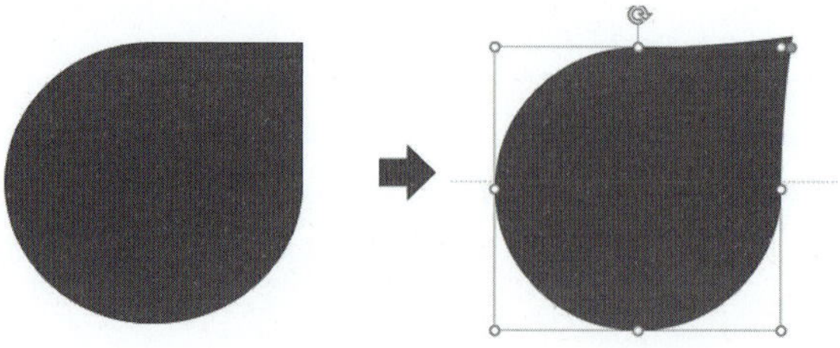

**step 21** '눈물 방울' 도형에 색 변경과 그림자를 적용해보자. 색 변경과 그림자 적용을 하는 방법은 도형을 선택한 후, 마우스를 우클릭 하여 **[도형 서식]**을 클릭하면 우측에 **[도형 서식]** 탭이 열린다. **[도형 서식]-[채우기]-[단색 채우기]-[테마 색]**에서 '파랑, 강조 1, 50% 더 어둡게'를 선택한다. 그 다음 **[그림자]-[미리 설정]-[바깥 쪽]**에서 '오프셋, 오른쪽 아래'를 선택하여 그림자 효과를 준다. 또는 원하는 색으로 변경하거나 그림자 방향을 변경한다.

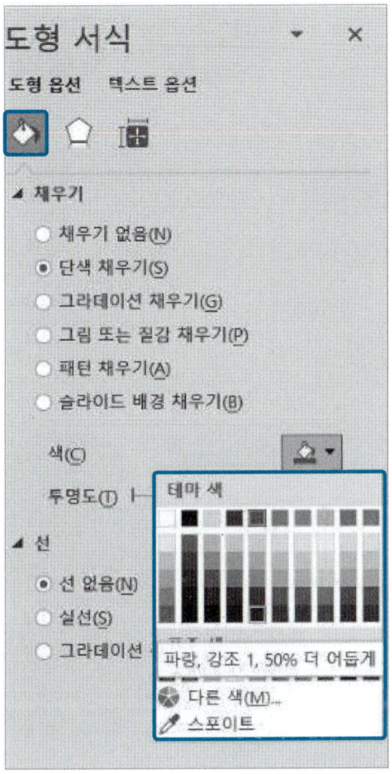


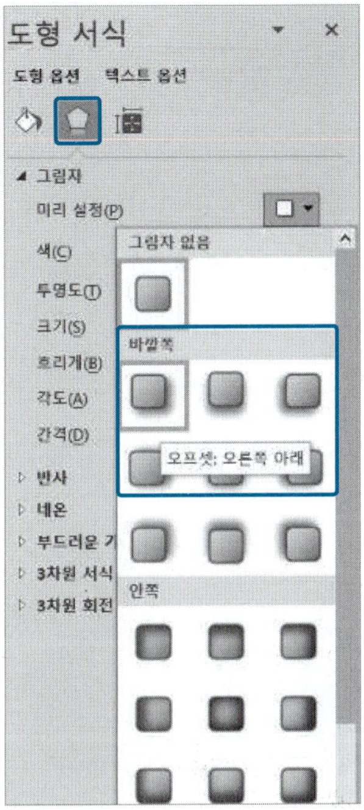


**step 22** 수정된 '눈물 방울'의 위치를 변경하여 알맞게 배치한다. 위치를 배치하는 방법은 눈금자를 보면서 '눈물 방울의 꼬리'가 중앙을 향하도록 마우스를 클릭한 상태로 이동하여 배치한다.

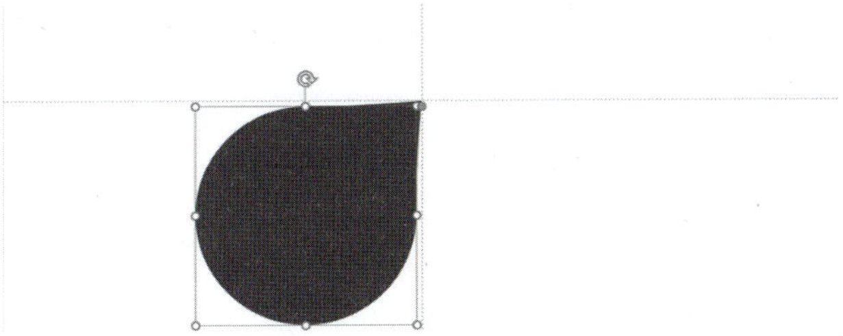

**step 23** '눈물 방울' 도형을 복사하여 **[리본 메뉴]**의 **[도형 서식]**–**[정렬]**–**[회전(O)]**에서 '좌우 대칭'을 적용하고 '눈물방울 도형의 꼬리'가 슬라이드의 중앙을 향하도록 정렬한다.

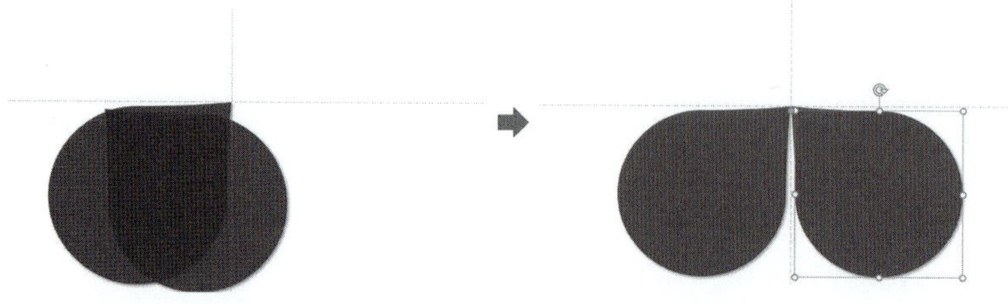

**step 24** '클로버의 윗 잎'을 만들기 위해 **step 23** 과 같이 두 개의 '눈물 방울' 도형을 복사한다. **[리본 메뉴]**의 **[도형 서식]**–**[정렬]**–**[회전(O)]**에서 '상하 대칭'을 적용하고 '눈물 방울 도형의 꼬리'가 슬라이드의 중앙을 향하도록 정렬한다. 그 다음 **step 21** 과 같은 방법으로 각 '눈물 방울'의 색을 원하는 색으로 변경한다.

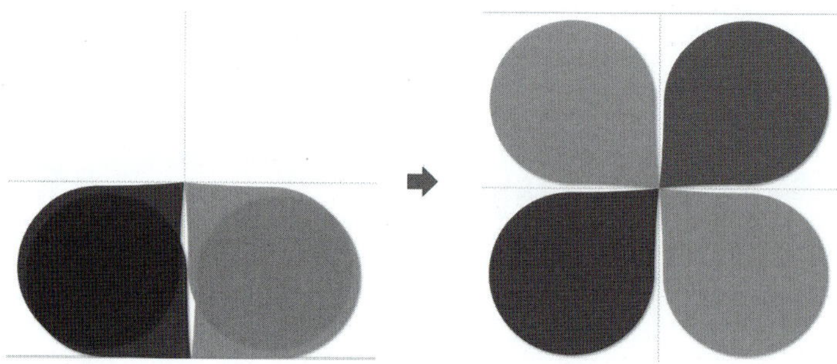

**step 25** '눈물 방울'로 만든 '클로버'에 텍스트 상자를 삽입하여 'S', 'W', 'O', 'T'를 작성한다. 텍스트 상자를 삽입하는 방법은 위해 **[리본 메뉴]**의 **[삽입]**–**[텍스트 상자]**에서 '가로 텍스트 상자 그리기(H)'를 선택하여 텍스트 상자를 생성하고, 'S'를 작성한다.

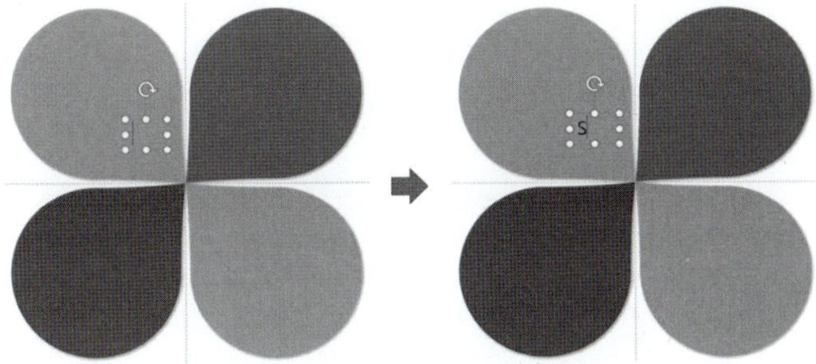

**step 26** 텍스트 상자를 선택하고, 리본 메뉴에서 [홈]-[글꼴]을 선택한다. 글꼴은 'HY 견고딕'으로 변경하고, 글자 크기를 '36', 글꼴 색을 '흰색'으로 설정한다. 생성한 텍스트 박스의 'S'를 '눈물 방울' 도형의 꼬리 쪽에 배치한다.

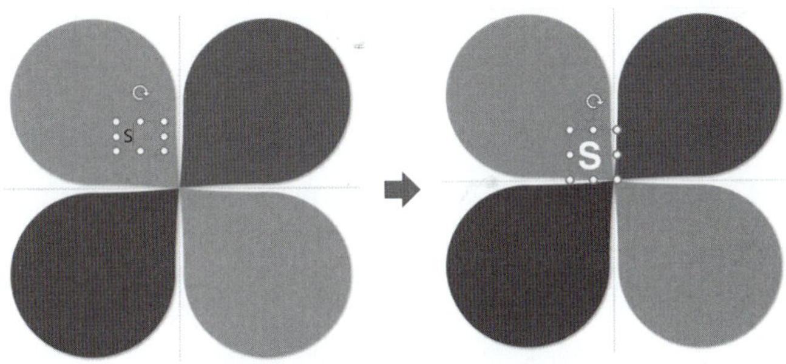


**step 27** **step 26** 과 같은 방법으로 'W', 'O', 'T'를 만들어 배치한다.

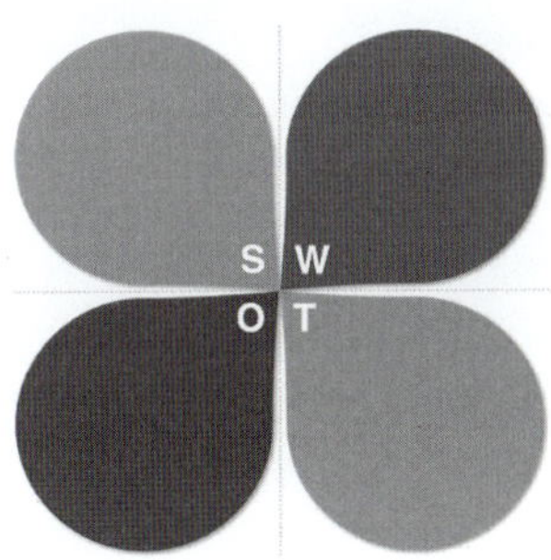


**step 28** 텍스트 상자를 추가로 생성하여 'Strength 제안하는 내용의 강점을 쓰시오.'라고 작성한다. 그리고 'Strength'를 드래그 하여 글꼴을 'HY 견고딕', 글자 크기를 '32'로 설정한다. 같은 방법으로 '제안하는 내용의 장점을 쓰시오.'의 글꼴을 '맑은 고딕(본문)', 글자 크기를 '20'으로 설정한다.

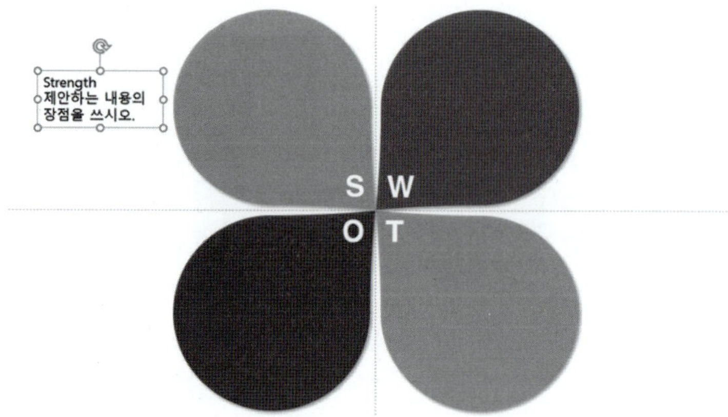


**step 29** 'Weakness 제안하는 내용의 약점을 쓰시오.', 'Opportunity 제안하는 내용의 기회를 쓰시오.', 'Threat 제안하는 내용의 위기를 쓰시오.' 텍스트 박스를 완성하여 배치한다. 그리고 **step 28** 과 같은 방법으로 'Weakness', 'Opportunity', 'Threat'은 드래그하여 글꼴을 'HY 견고딕', 글자 크기를 '32'로 설정한다. 그리고 '제안하는 내용의 약점을 쓰시오.', '제안하는 내용의 기회를 쓰시오.', '제안하는 내용의 위기를 쓰시오.'는 글꼴을 '맑은 고딕(본문)', 글자 크기를 '20'으로 설정한다.

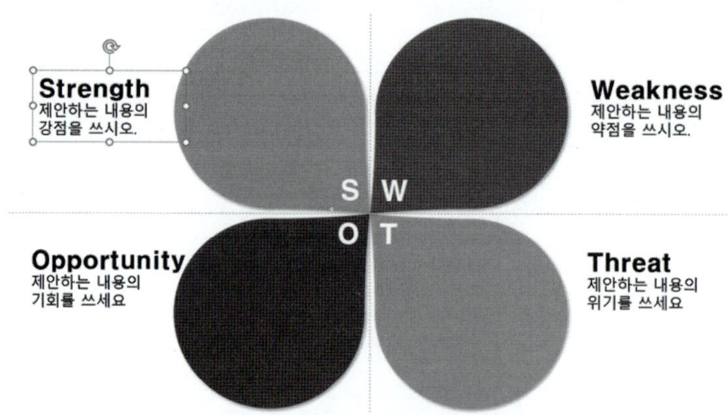


**step 30** 'Strength 제안하는 내용의 강점을 쓰시오.'의 '강점'을 한자 '強點'로 변환한다. 한자로 변환하는 방법은 변환하고자 하는 글자를 드래그 한 뒤, 키보드의 [한자]키를 이용하거나 리본 메뉴에서 [검토]–[언어]–[한글/한자 변환]을 사용한다.

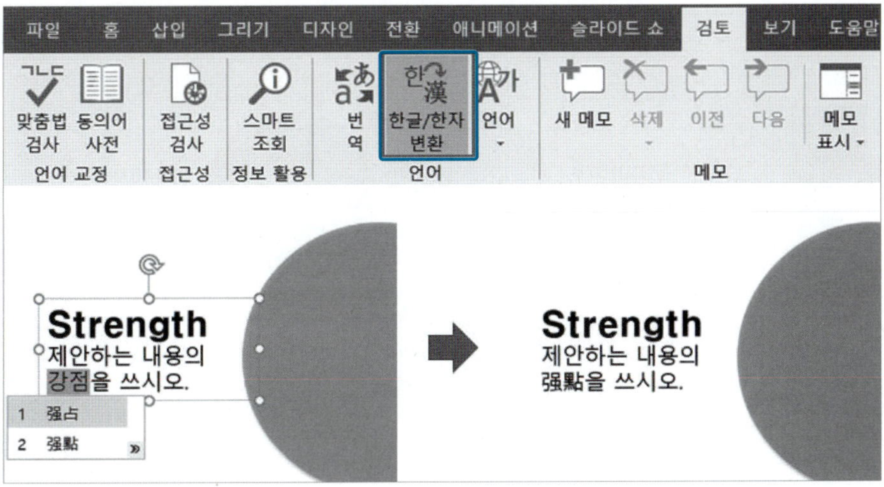


**step 31** 'SWOT'의 내용을 작성하고 글머리 기호를 적용한다. 'SWOT 분석'의 내용을 채우기 위해 **step 25** 와 같은 방법으로 텍스트 상자를 삽입하여 강점을 작성한다. 그 다음 글머리 기호를 적용하는 방법은 리본 메뉴의 [홈]–[단락]–[글머리 기호]에서 '대조표 글머리 기호'를 선택한다.

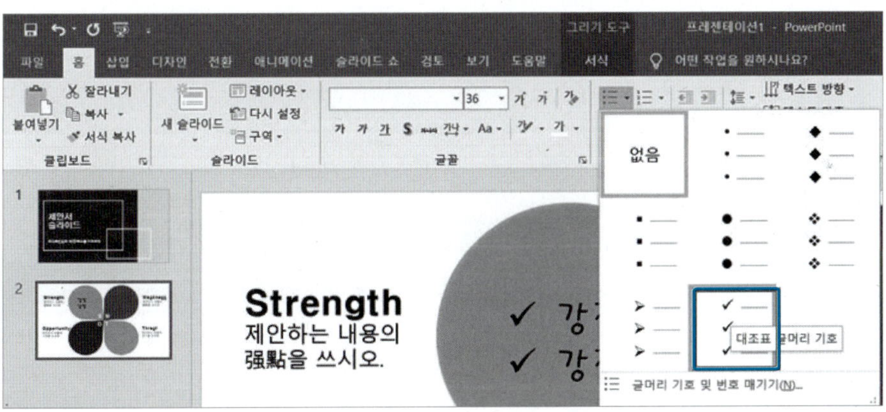


**step 32** **step 31** 과 같은 방법으로 글머리 기호를 설정한 텍스트 상자를 복사하여 'SWOT 분석'의 내용을 채워 넣는다. 필요에 따라 글자의 색을 바꾸어 슬라이드를 꾸며주면 다음과 같이' SWOT 분석' 슬라이드가 완성된다.

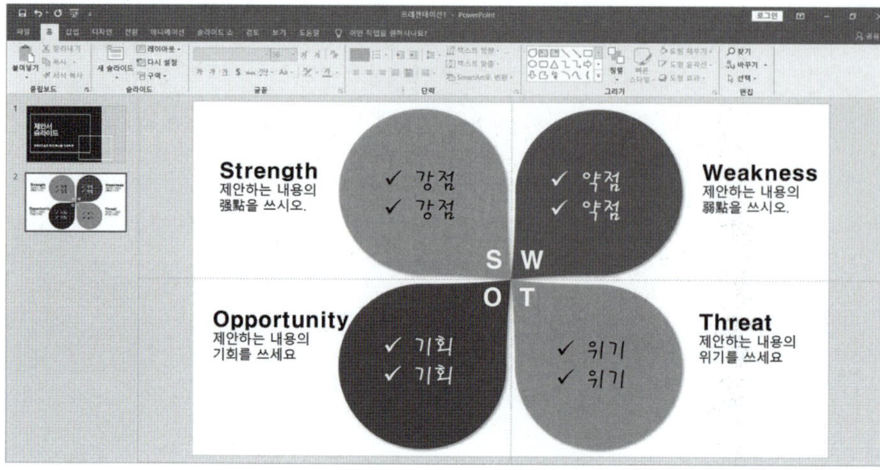


**step 33** 'SWOT 분석' 슬라이드에 시각효과를 적용하여 효과적인 제안서 슬라이드를 만들기 위해 '확대/축소 기능'을 활용한다. '확대/축소 기능'은 파워포인트 2019의 새로운 기능으로 프레젠테이션을 더 동적으로 만들며 발표 중에 특정 슬라이드를 원하는 순서대로 보여줄 수 있다. '확대/축소 기능'을 적용하기 위해 첫 번째 슬라이드 화면에서 리본메뉴의 [삽입]–[링크]–[확대/축소]–[슬라이드 확대/축소(D)]를 선택한다.

**step 34** '슬라이드 확대/축소(D)'를 선택하여 [슬라이드 확대/축소 삽입] 대화 상자가 나타나면, 삽입할 슬라이드를 체크하고 '삽입(I)' 버튼을 선택한다. 여기서는 'SWOT 분석' 내용의 두 번째 슬라이드를 선택한다.

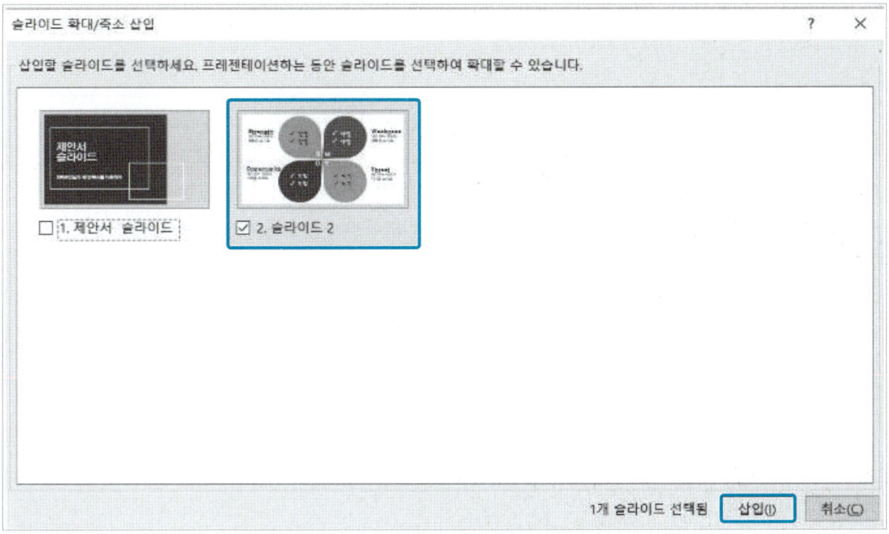


step 35 삽입된 슬라이드를 아이콘으로 변경해보자. 슬라이드를 선택하고 마우스를 우클릭하여 '이미지 변경(A)'을 선택한다.

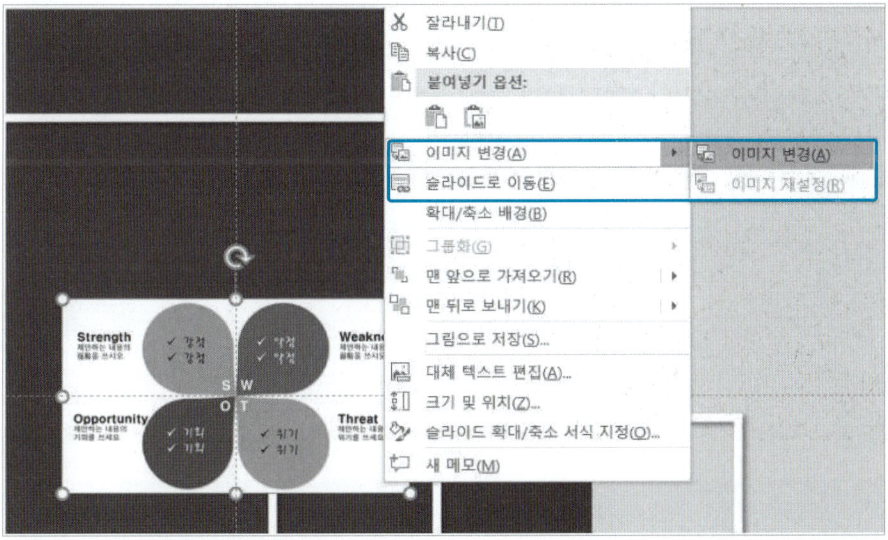


step 36 '이미지 변경'을 선택하면 **[그림 삽입]** 대화 상자가 나타난다. '아이콘에서'를 선택하여 적절한 아이콘을 찾아보자. '아이콘'은 파워포인트 2019에서 추가된 새로운 기능으로 간단한 아이콘을 내장하고 있어 슬라이드를 풍부하게 꾸미는 것이 가능하다.

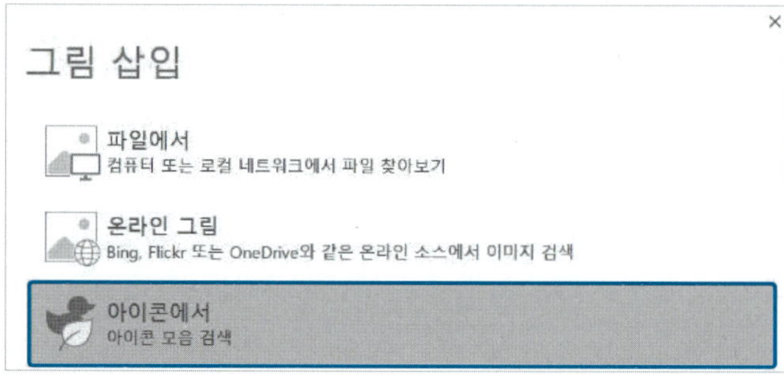


**step 37** [아이콘 삽입] 대화 상자가 나타나면, [분석] 탭에서 적절한 아이콘을 찾아 선택한 뒤 '삽입' 버튼을 클릭한다. 왼쪽의 검색 상자를 통해 적절한 아이콘을 손쉽게 찾을 수 있으며 여러 개의 아이콘을 선택하여 한 번에 삽입하는 것도 가능하다.

**step 38** 삽입된 슬라이드가 아이콘으로 변경되었다. 적절한 위치에 배치해주자.

**step 39** 아이콘을 꾸며주기 위해 아이콘으로 변경된 슬라이드를 선택한 뒤, 리본 메뉴의 [확대/축소 도구]-[서식]-[확대/축소 스타일] 탭으로 이동한다. '확대/축소 테두리'를 '윤곽선 없음(N)'으로 설정하면 아이콘을 덮고 있던 사각형이 사라진다.

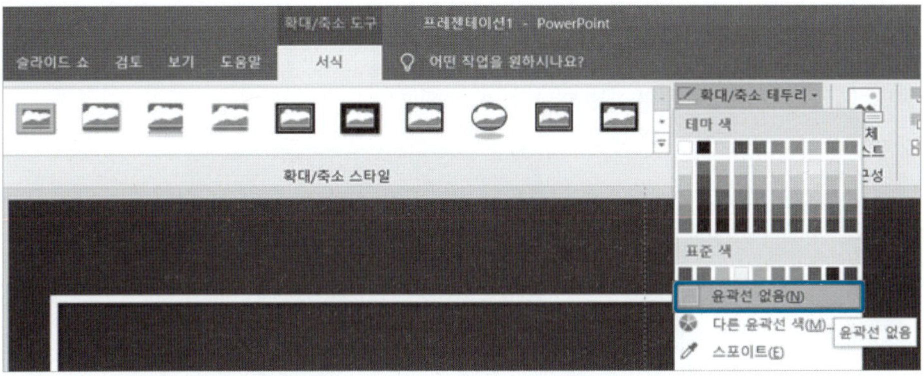


**step 40** 그 다음 '확대/축소 배경'을 선택하면, '확대/축소의 배경'이 숨겨진다.

**step 41** 아이콘을 적절한 곳에 배치시키면 '확대/축소 기능'을 사용한 제안서 슬라이드가 완성된다.

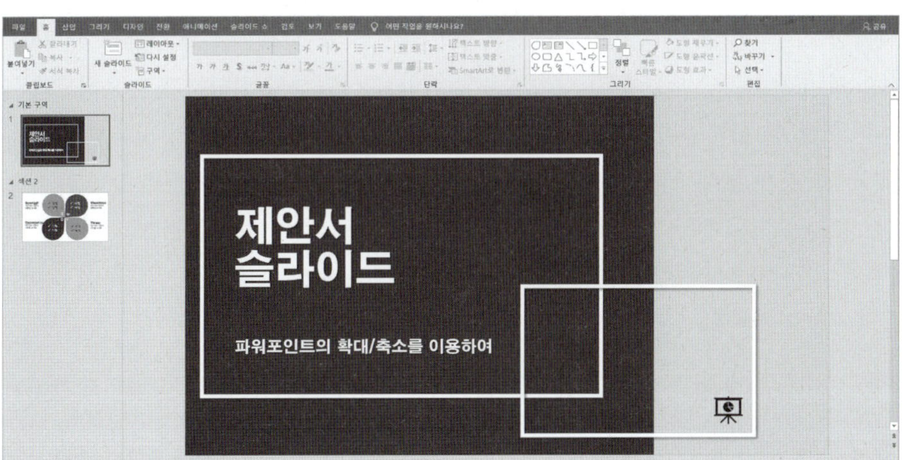

**step 42** 리본 메뉴의 [슬라이드 쇼]-[처음부터] 혹은 키보드의 F5를 사용하여 슬라이드 쇼를 시작한다. 홈 슬라이드에서 삽입한 아이콘을 클릭하면 확대되면서 'SWOT 분석' 슬라이드로 변환된다. 이때, **step 34** 에서 '확대/축소 배경'을 설정하였기 때문에 'SWOT 분석' 슬라이드의 배경 색이 홈 슬라이드와 같다. 'SWOT 분석' 슬라이드에서 뒤로 가면 슬라이드가 축소되면서 홈 슬라이드로 변환된다. 이처럼 파워포인트 2019에 새롭게 추가된 '확대/축소 기능'을 사용하면 동적인 프레젠테이션을 만들 수 있다.

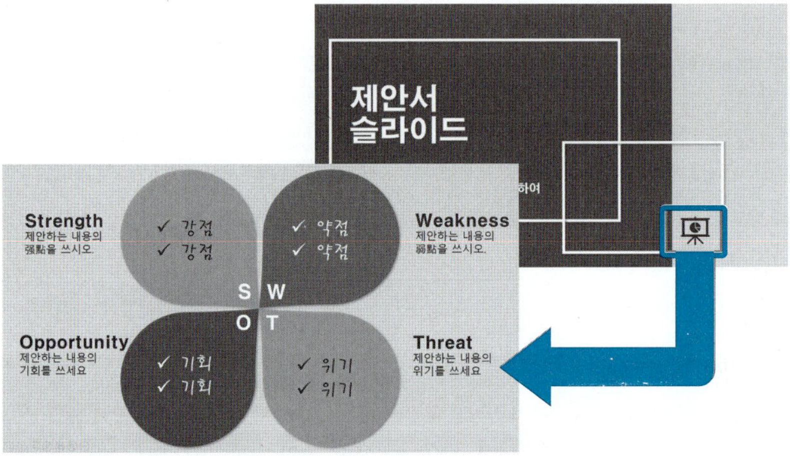


## 9.2 그림편집을 이용한 정물화 슬라이드 만들기

파워포인트는 꾸준한 업데이트를 반복하여 그림 및 기타 미디어를 효과적으로 편집하고 디자인을 추천하여 슬라이드를 세련되게 만들 수 있는 기능을 갖추었다. 파워포인트 2019는 파워포인트 안에서 온라인 그림을 검색하고 삽입하여 편리하게 사용하도록 강화되었다. 또한 더 쉽게 이미지의 배경을 제거할 수 있다. 이전 버전에서 지우고자 하는 배경에 직사각형을 통해 배경을 제거하여 경계선이 매끄럽지 못한 단점이 있었는데, 파워포인트 2019에서는 자동적으로 일반적인 배경영역을 감지하여 제거한다. 필요할 경우 연필로 유지하거나 제거할 영역을 표시할 때 자유 곡선으로 경계선을 선택하여 제거함으로써 매끄럽게 객체를 추출한다.

온라인 소스에서 적절한 이미지를 검색하여 가져오는 온라인 그림과 강화된 배경제거 기능 및 그림효과를 사용하여 다음과 같은 정물화 슬라이드를 만들어보자.

step 1 그림편집을 이용한 '정물화' 슬라이드를 만들기 위해 리본 메뉴의 **[홈]–[새 슬라이드]–[빈 화면]**을 선택하여 새 슬라이드를 생성한다.

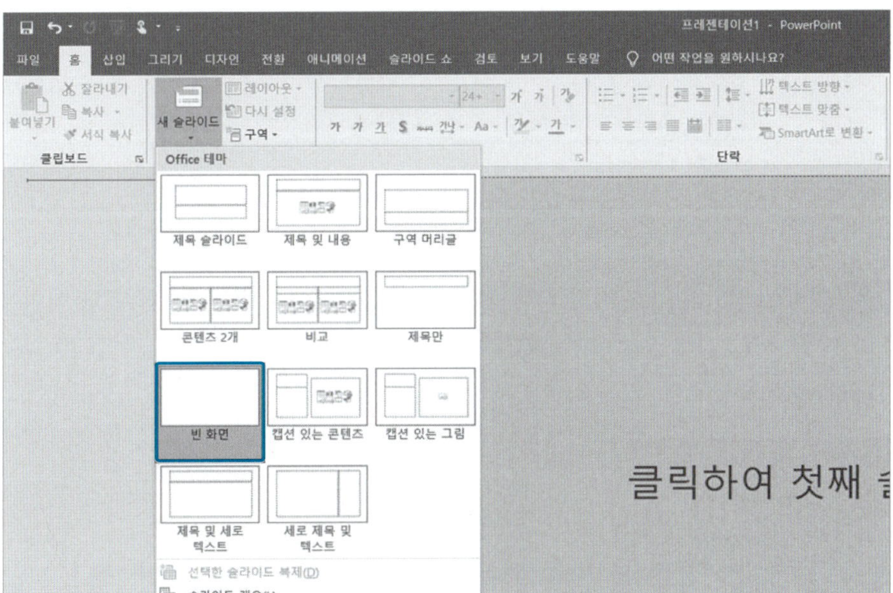


step 2 '정물화'의 액자가 될 이미지를 배경으로 설정해보자. 이미지를 배경으로 설정하는 방법은 빈 슬라이드를 우클릭 하여 '배경 서식(B)'을 클릭한다. 우측에 배경 서식 탭이 활성화되면 **[채우기]–[그림 또는 질감 채우기]–[그림 원본]**에서 '삽입(R)'을 선택한다.

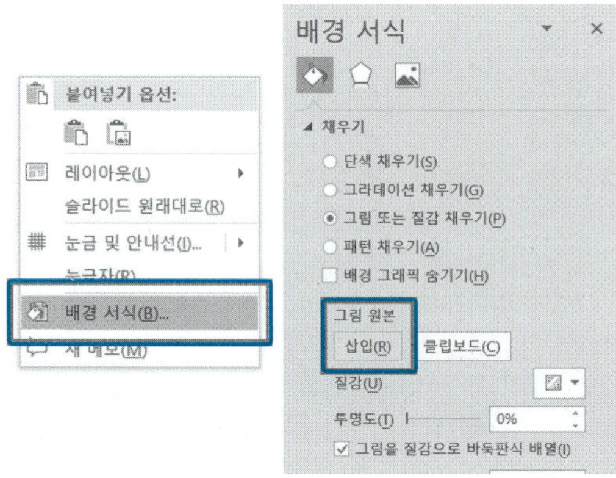


**step 3** 다음과 같이 [그림 삽입] 대화 상자가 나타나면 [온라인 그림]을 선택한다. '온라인 그림'은 다양한 온라인 소스에서 그림을 찾아 삽입할 수 있게 도와준다.

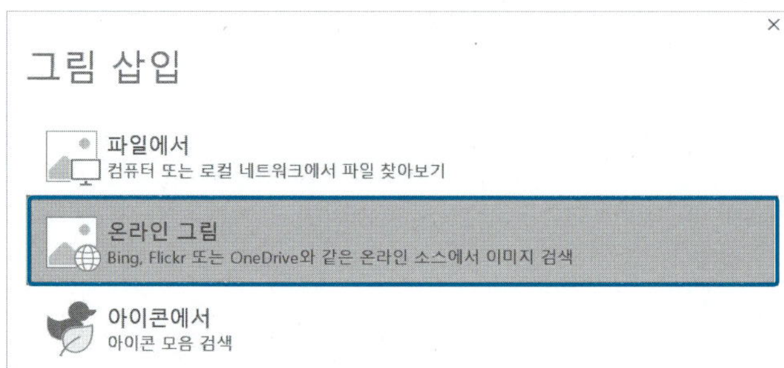


**step 4** [온라인 그림] 대화 상자가 나타나면, 검색 상자에 '액자'를 검색한다. 자신이 그릴 '정물화'의 액자가 될 만한 이미지를 선택한 뒤, '삽입' 버튼을 누르면 슬라이드의 배경이 '액자' 이미지로 변환된다.

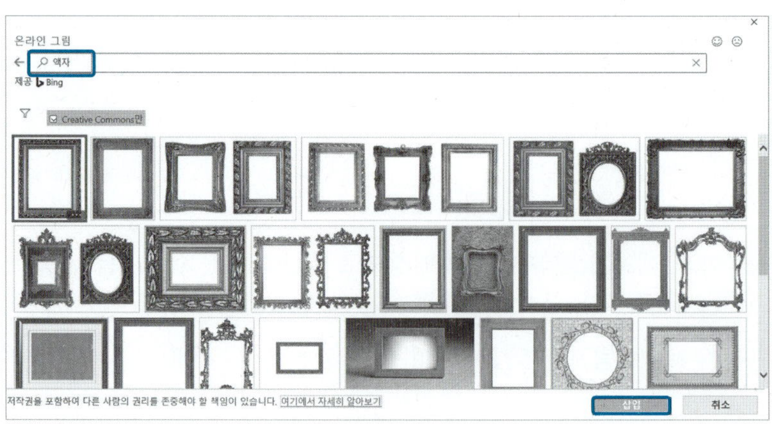

**step 5** '정물화'에 그릴 '과일'을 표현하기 위해 '과일' 그림을 삽입한다. '과일' 그림 삽입 방법은 리본 메뉴의 [삽입]-[그림]에서 '온라인 그림(O)'을 선택한다.

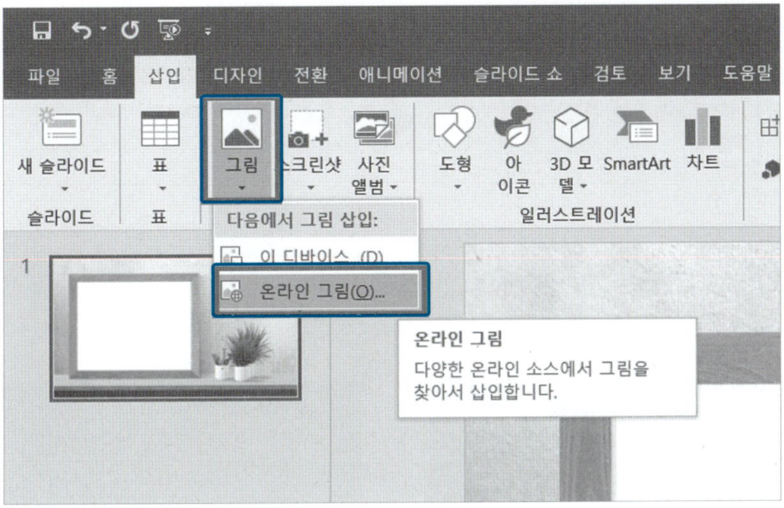


**step 6** [온라인 그림] 대화 상자가 나타나면, 검색 상자에 '과일'을 검색한다. 자신이 그릴 '정물화'의 대상이 될 이미지를 선택한 뒤, '삽입' 버튼을 누른다.

**step 7** 삽입된 과일 사진에서 '정물화'의 주인공이 될 '사과'만 추출한다. '사과'만을 추출하는 방법은 '사과' 사진을 선택하고 리본 메뉴의 [서식]-[배경 제거]를 선택한다. [배경 제거]를 선택하면 편집 창이 활성화된다. 상단 탭의 [보관할 영역 표시]와 [제거할 영역 표시]를 사용하면 마우스가 '펜'으로 변환된다. [보관할 영역 표시]가 활성화된 상태에서 추출하려는

'사과'를 드래그하여 영역을 표시해준다. 반대로 제거하려는 영역이 있다면 **[제거할 영역 표시]**를 활성화하여 '펜'으로 변환된 마우스로 제거하려는 영역을 드래그하여 표시해준다.

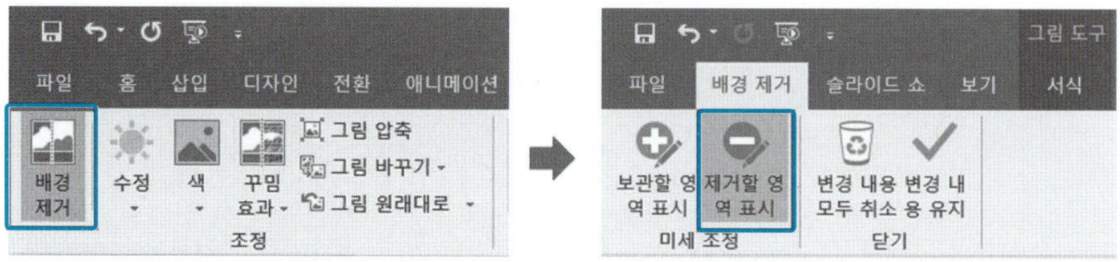


step 8 **[배경 제거]**의 **[제거할 영역 표시]**와 **[보관할 영역 표시]**를 이용하여 사용할 '사과'를 제외한 모든 부분을 제거한다.

step 9 '보관할 영역'과 '제거할 영역'의 표시를 마쳤다면 **[배경 제거]–[변경 내용 유지]**를 클릭한다.

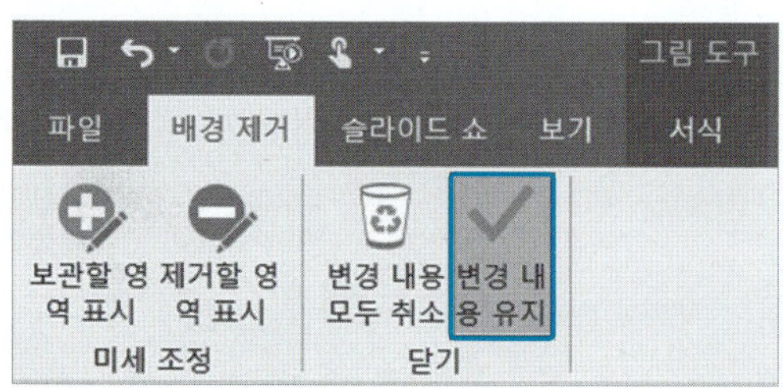

**step 10** 배경 제거를 완료하면 다음과 같이 보관할 영역으로 표시한 '사과'만 적절하게 추출된다.

**step 11** 배경을 제거한 '사과' 이미지의 크기가 제거하기 전과 똑같기 때문에, 용이한 편집을 위해 그림 크기를 잘라준다. 그림을 자르기 하는 방법은 '사과' 이미지를 선택하고 리본 메뉴의 [서식]–[크기]–[자르기]를 활성화 시켜 '사과'에 맞게 잘라준다.

**step 12** 수정된 '사과' 이미지에 그린 것 같은 효과를 적용해보자. '사과 '이미지를 선택하고 리본 메뉴의 [**서식**]–[**꾸밈 효과**]에서 '표식'을 선택한다. '표식'은 붓으로 그린 것 같은 효과가 적용된다.

**step 13** **step 4** 부터 **step 12** 을 반복하여 다양한 '과일' 그림을 넣어보자. 이미지를 삽입하고, 배경을 제거하여 이미지에 그린 것 같은 효과를 적용한다. 액자 안에 '과일'들을 적절히 배치해보자.

**step 14** '과일'을 배치할 때, 각도 조정이 필요한 경우가 있다. 각도를 조정하고자 하는 이미지를 선택하면 상단에 (↻)와 같은 원형 화살표가 활성화된다. 원형 화살표를 조정하여 적절한 각도로 조정해준다.

**step 15** 또한 '과일'을 배치할 때, '과일' 간의 앞, 뒤 위치 조정이 필요한 경우가 있다. 위치를 조정하고자 하는 '과일'을 선택하여 마우스를 우클릭 하면, '맨 앞으로 가져오기(R)', '맨 뒤로 보내기(K)' 기능이 있다. 이를 이용하여 '과일'을 적절한 위치로 조정해준다.

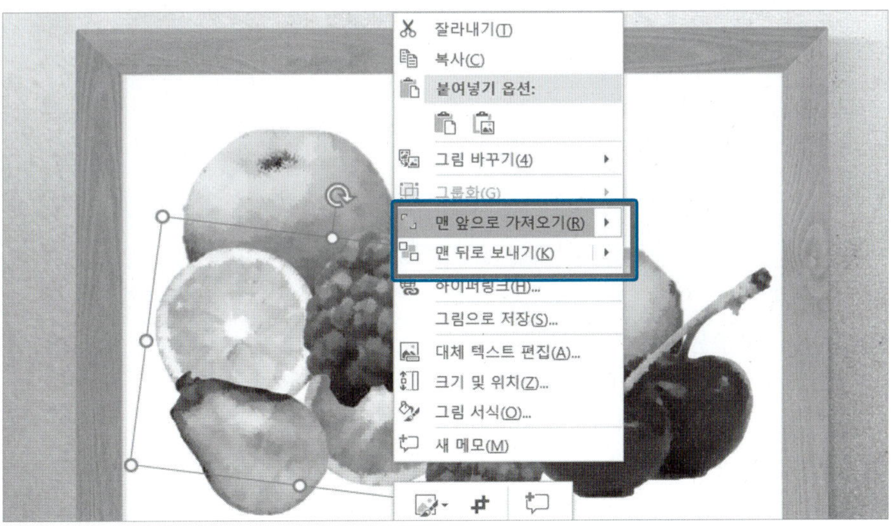

**step 16** '과일'의 배치가 완료되었다면 '액자'의 배경을 그려보자. 배경이 될 '직사각형'을 삽입하기 위해 리본 메뉴의 [삽입]-[도형]에서 '직사각형'을 선택하여 액자에 꽉 차도록 그려준다.

**step 17** 배경이 될 '직사각형'을 맨 뒤로 보내기 위해 **step 15** 와 같이 직사각형 도형에 '맨 뒤로 보내기(K)'를 적용시킨다.

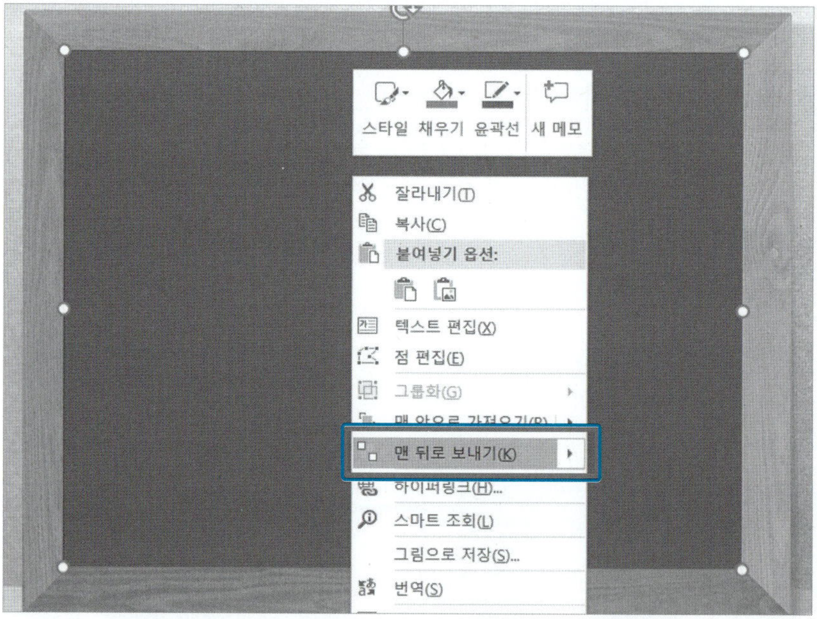


**step 18** 배경이 될 '직사각형'에 그라데이션 효과를 적용하여 '정물화'를 완성시켜 보자. '직사각형'을 선택하고 마우스를 우클릭 하여 '도형 서식(O)'을 선택하고 우측에 도형 서식 탭을 활성화시킨다. [도형 서식] 탭의 [그라데이션 채우기(G)]-[종류(Y)]에서 '경로형'으로 설정해준다.

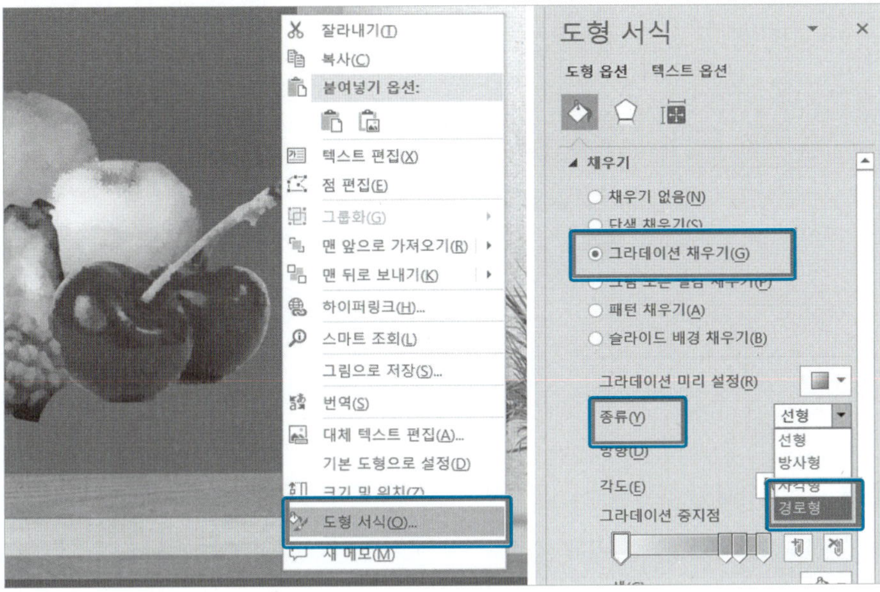


step 19 [그라데이션 채우기(G)]-[그라데이션 중지점]의 각 중지점을 '테마 색', '주황' 또는 '노랑'의 색으로 설정해준다. 또는 원하는 색으로 변경한다. 배경 사각형의 그라데이션 효과를 완성한다.

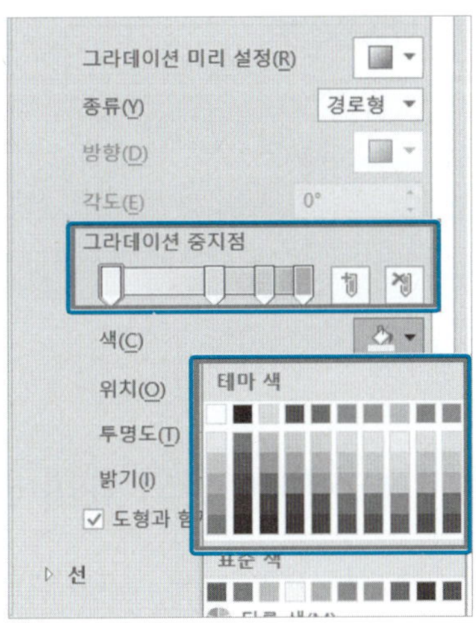


step 20 배경 사각형의 테두리를 지우기 위해 [도형 서식]-[도형 옵션]-[선]에서 '선 없음(N)'을 선택한다.

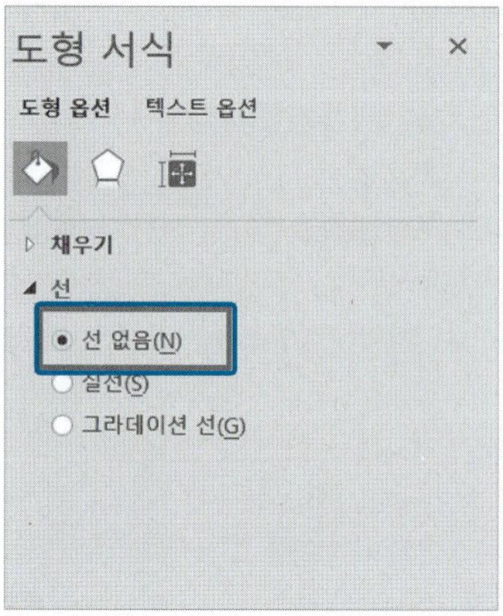


**step 21** 다음과 같이 그림편집을 이용한 '정물화' 슬라이드가 완성된다.

## 9.3 슬라이드 마스터를 이용하여 나만의 테마 만들기

슬라이드 마스터는 기본적으로 사용할 그림, 도형, 배경, 바닥글, 글자 등을 설정한 대로 모든 슬라이드에 동일하게 출력해주는 기능이다. 슬라이드 마스터를 사용하면 반복적으로 사용하는 팀명, 회사나 학교의 로고 등을 한 번에 삽입할 수 있다. 슬라이드 마스터를 이해하기 위하여 나만의 테마를 만들어보자.

**step 1** 슬라이드 마스터를 편집하기 위해 리본메뉴에서 **[보기]–[마스터 보기]**에서 **[슬라이드 마스터]**를 선택한다.

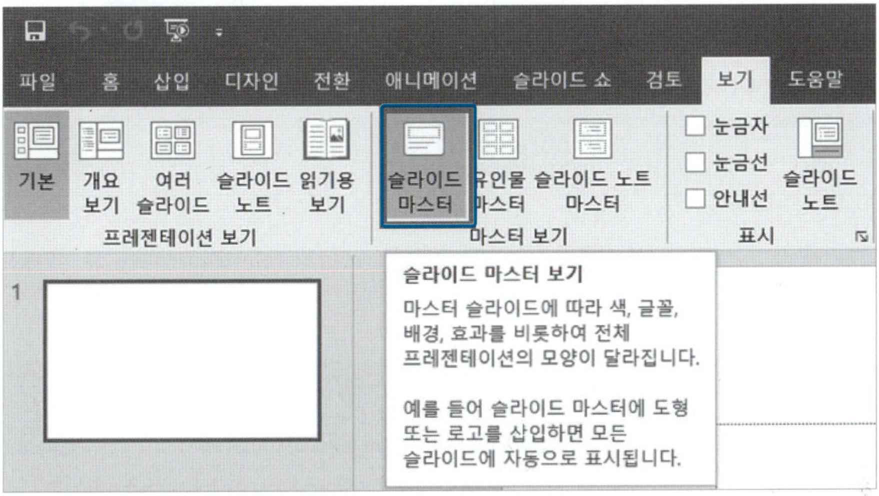


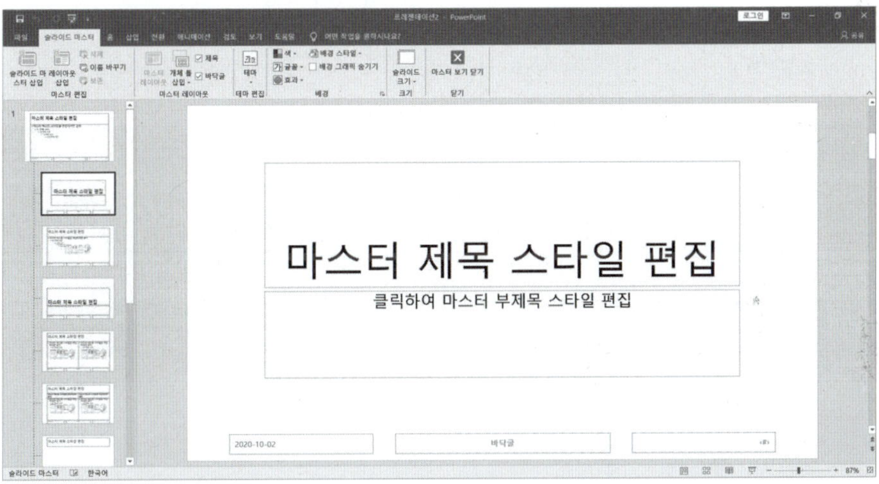


**step 2** 슬라이드 마스터를 이용하여 '나만의 파워포인트 테마'를 만들어보자. 배경 스타일을 변경하기 위해 리본 메뉴의 **[슬라이드 마스터]–[배경]–[배경 스타일]**에서 '스타일 3'을 적용한다.

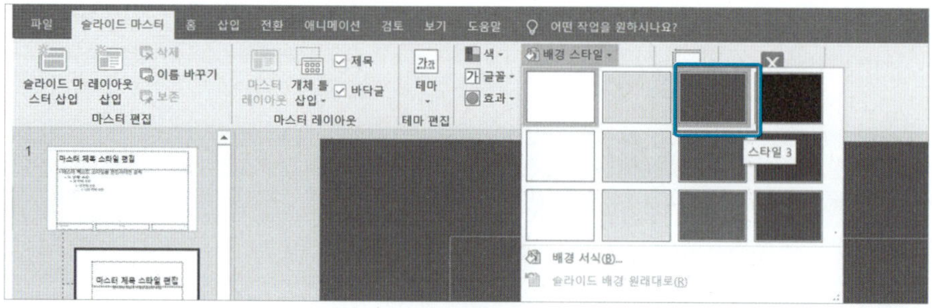


step 3 그 다음 제목과 부제목 스타일을 편집해보자. 제목과 부제목 텍스트 박스를 선택한 후, 리본 메뉴의 [홈]–[글꼴]에서 '굵게'와 '텍스트 그림자'를 적용한다.

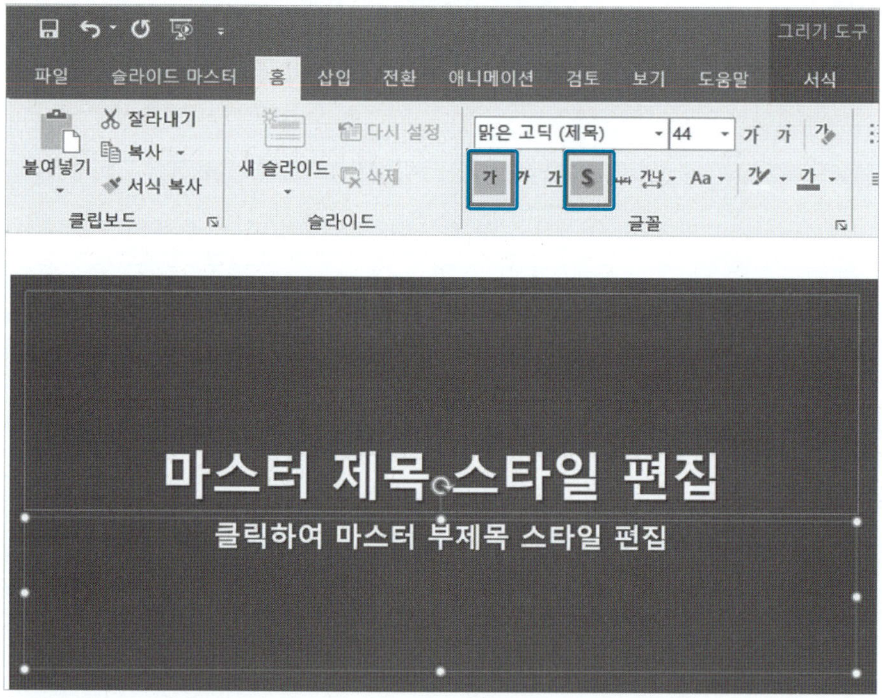

**step 4** 도형을 이용하여 '제목 텍스트 박스'를 꾸며보자. **[삽입]–[도형]**에서 '사각형: 잘린 대각선 방향 모서리'를 선택하여 제목 텍스트 박스 위에 그린다.

**step 5** 삽입한 도형을 선택하고 **[서식]–[도형 채우기]**에서 '채우기 없음(N)'을 선택하고, **[도형 효과]**에서 '그림자', '오프셋: 오른쪽 아래'를 적용한다. 혹은 원하는 색 또는 도형 효과로 변경한다.

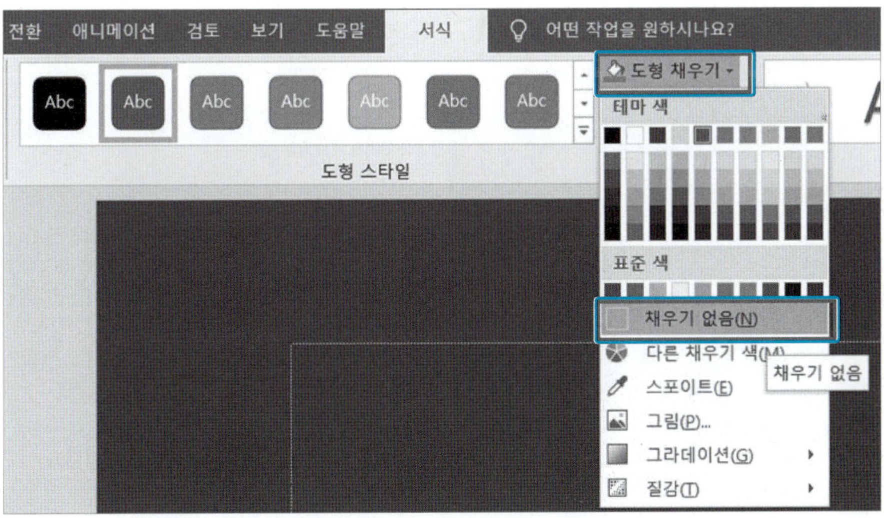

**step 6** [서식]-[도형 윤곽선]에서 '테마색', '흰색, 텍스트 1'을 설정하고 '두께(W)', '6pt'를 지정한다.

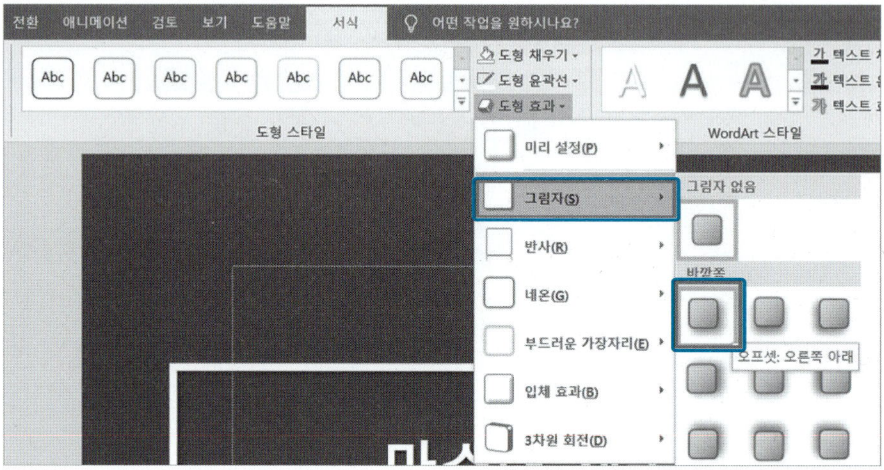


**step 7** 도형을 원하는 위치에 적절하게 위치시키면 다음과 같이 '나만의 테마의 제목' 슬라이드가 완성된다.

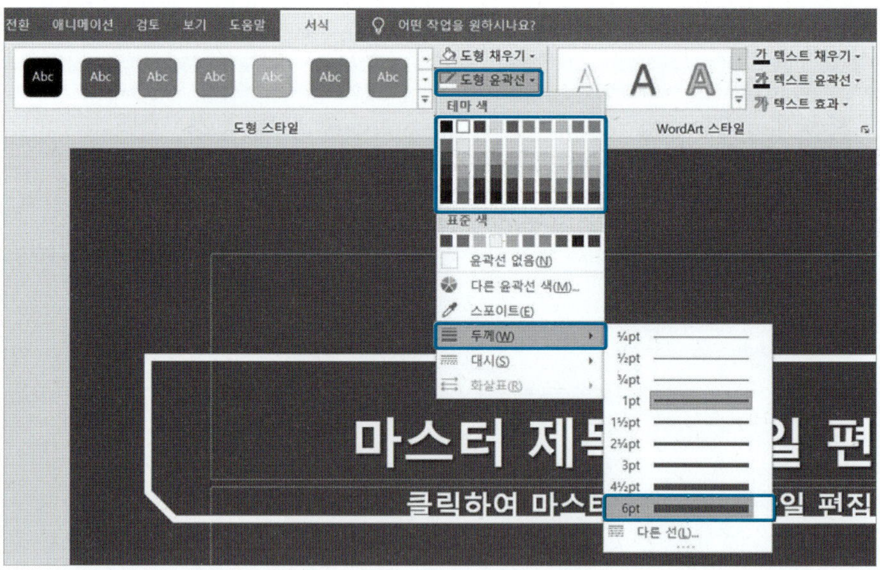

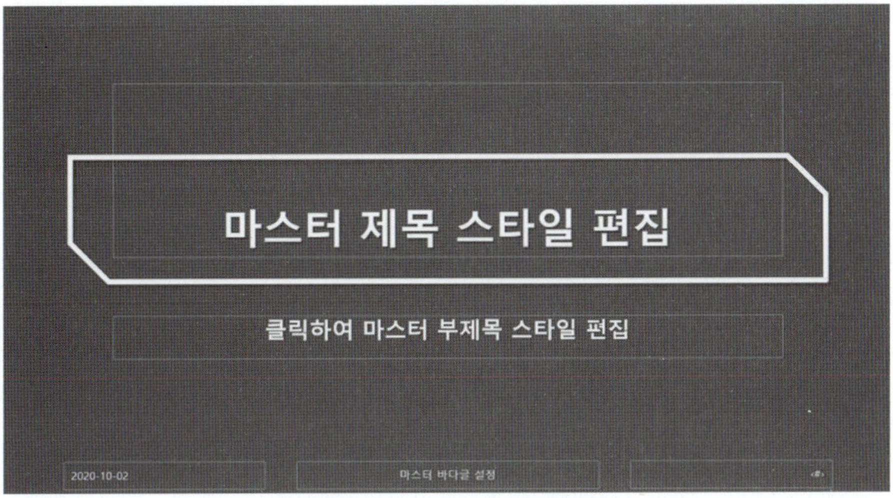


**step 8** '제목 슬라이드'가 완성되었으므로 '제목 및 내용' 슬라이드의 테마를 만들어보자. '제목 및 내용' 슬라이드의 '제목 텍스트 박스'를 선택한 후, 리본 메뉴의 [홈]–[글꼴]에서 '굵게'와 '텍스트 그림자'를 적용한다.

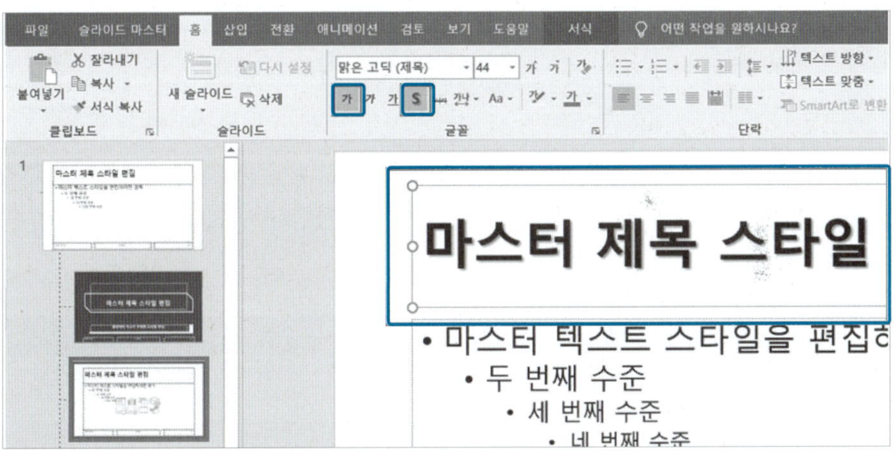


**step 9** **step 2** 와 같은 방법으로 리본 메뉴의 [슬라이드 마스터]–[배경]에서 '배경 스타일', '스타일 3'을 적용한다. **step 4** 와 같은 방법으로 사각형을 생성하여 제목 텍스트 박스의 좌측에 배치한다. 이때 [도형 윤곽선]과 [도형 채우기]는 '흰색, 텍스트 1', [도형 효과]에서 '그림자', '오프셋: 오른쪽 아래'를 적용한다. 또한 바닥글을 적용하기 위해 '바닥글'에 '컴퓨터 활용 – 마스터에서 바닥글 편집'을 작성한다.

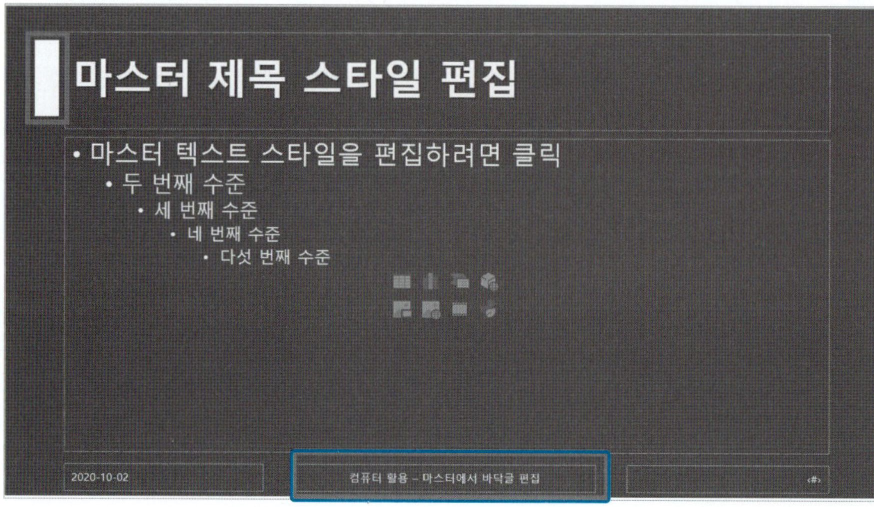


**step 10** 슬라이드 마스터 편집을 마쳤다면 [슬라이드 노트 마스터]–[마스터 보기 닫기]를 선택하여 편집 창을 닫는다.

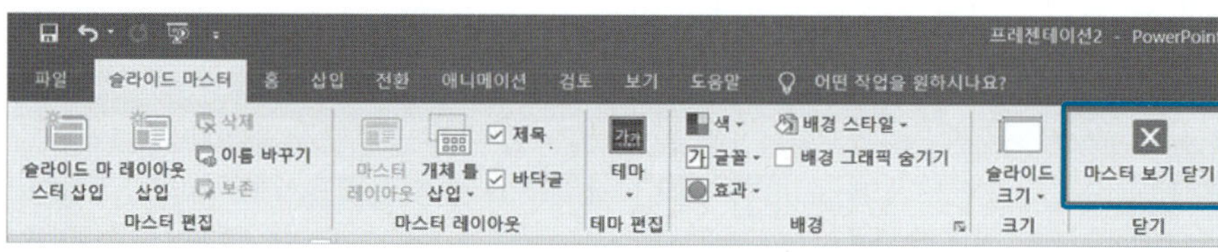


**step 11** 다음과 같이 '제목 슬라이드'에 나만의 테마가 적용되었다. 리본 메뉴의 [홈]–[새 슬라이드]에서 '제목 및 내용' 슬라이드를 추가해보자.

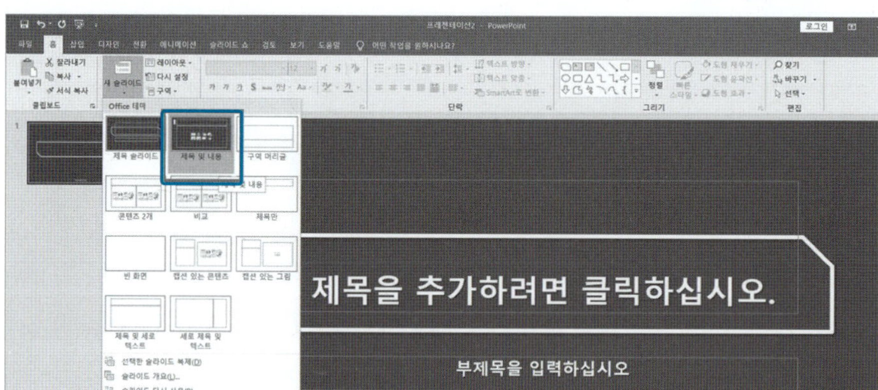

**step 12** '제목 슬라이드'와 마찬가지로 '제목 및 내용 슬라이드'에도 나만의 테마가 잘 적용이 되었는지 확인한다.

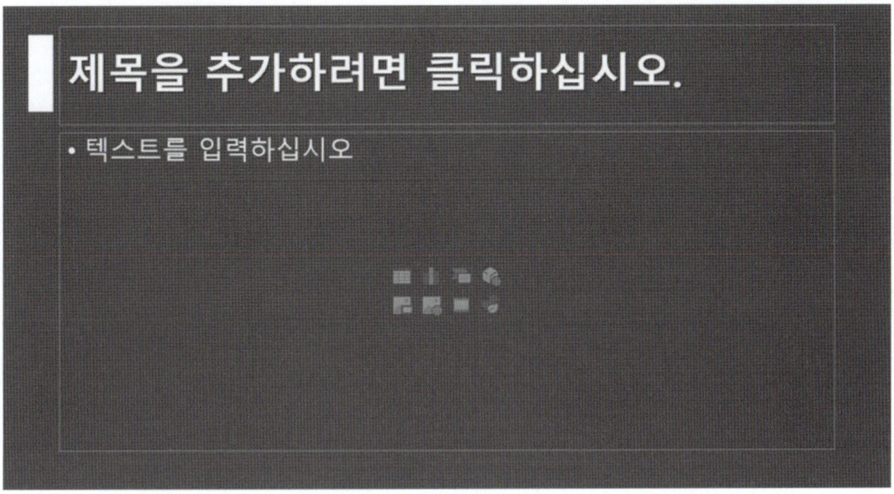


**step 13** 슬라이드 마스터에서 적용한 바닥글을 삽입해보자. 리본 메뉴의 [삽입]–[텍스트]–[머리글/바닥글]을 선택한다.

**step 14** [머리글/바닥글] 대화 상자가 나타나면, '바닥글'의 체크박스에 체크하고 '모두 적용(Y)' 또는 '적용(A)'을 선택한다.

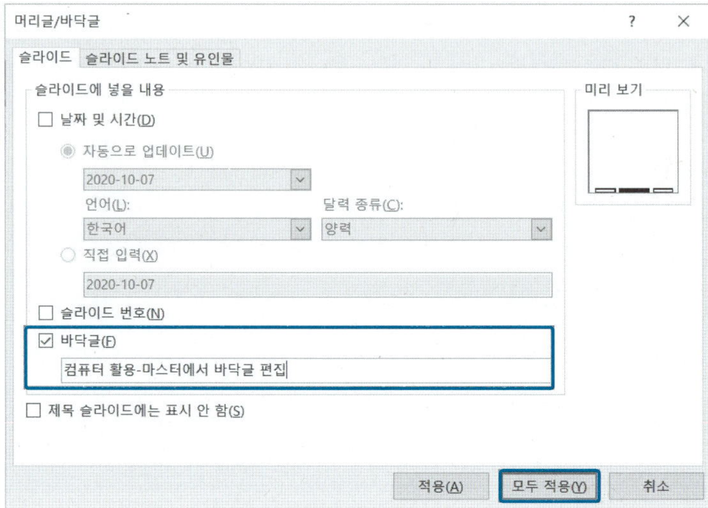


**step 15** 다음과 같이 '제목 및 내용 슬라이드'에 바닥글 '컴퓨터 활용 – 마스터에서 바닥글 편집'이 적용된다.

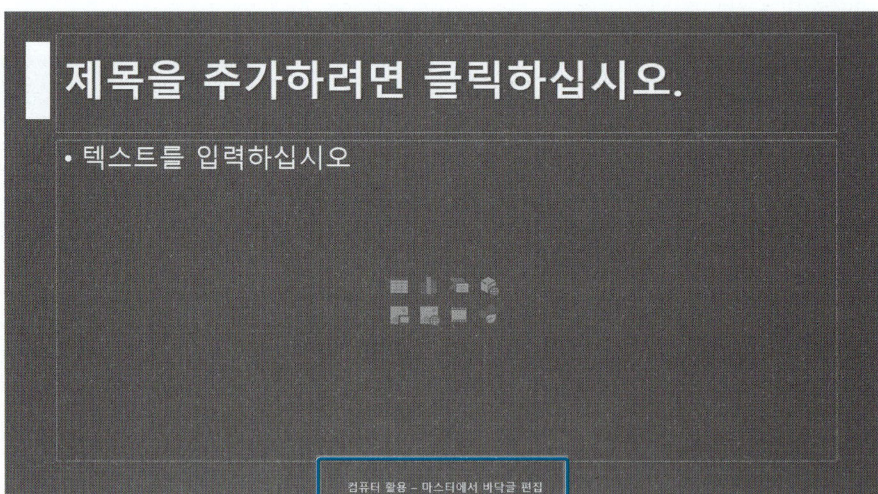

# 연습문제

1. 파워포인트의 장점과 효과에 대해서 설명하시오.

2. 다음과 같은 조건을 참고해서 '세계 지도' 슬라이드를 작성하시오.

   ① [삽입]-[아이콘]에서 '위치'탭의 '대륙', '핀' 아이콘 사용
   ② 아이콘을 선택하고 [서식]-[도형으로 변환] 적용
   ③ '대륙'과 '핀'의 색 변경
   ④ '대륙'과 '핀'의 각도 조정
   ⑤ '대륙'과 '핀'에 그림자 효과 적용

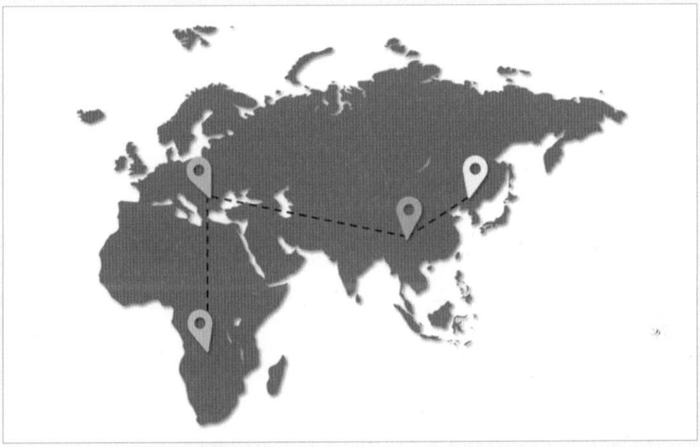

3. 표지 슬라이드 만들기, 확대/축소 기능을 이용하여 자유주제 프레젠테이션을 작성하시오.

4. 자신을 소개하는 프레젠테이션 슬라이드를 구성해보시오. 단, 슬라이드 마스터 기능을 사용하여 날짜, 학번, 학과 등의 내용을 머리글 및 바닥글에 입력하고, 학과 로고 또는 학교 로고를 슬라이드의 우측 상단에 일괄 배치하시오.

5. 온라인 그림 및 아이콘을 사용하여 다음과 같이 저녁식사 마인드맵 슬라이드를 만들어보자.

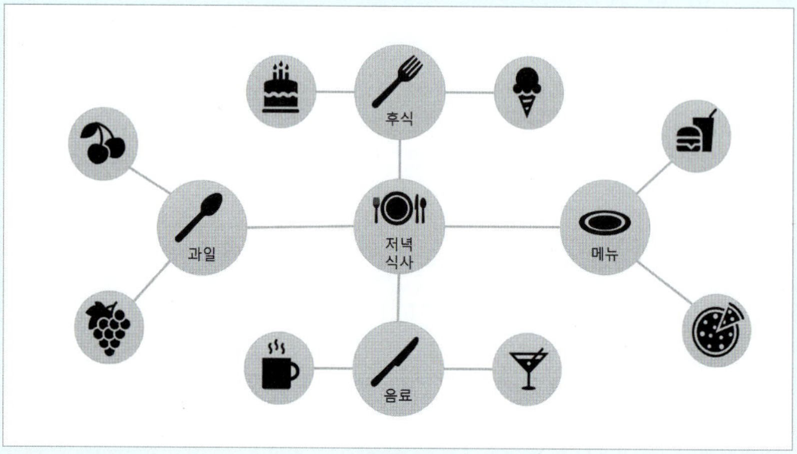

# 10 CHAPTER 디자인이 살아있는 프레젠테이션 만들기



파워포인트 2019는 이목을 집중시킬 수 있는 멋진 프레젠테이션이 가능하도록 디자인 부분에서 강력한 기능을 지원한다. 도형이나 그림을 통한 일러스트레이션 편집 기능과 차트 및 표의 편집 기능이 탁월하다.

본 장에서는 그리기 도구를 이용하여 요약 확대/축소를 이용한 우주 슬라이드 재구성, 그라데이션을 이용한 3차원 포켓볼 슬라이드 만들기, 차트를 이용한 나만의 생활계획표 슬라이드를 만들어보자.

## 10.1 요약 확대/축소를 이용한 우주 슬라이드 재구성하기

파워포인트의 장점은 텍스트와 더불어 편리한 도형개체 삽입을 통해 그림 편집 작업을 할 수 있고, 텍스트와 그림을 이용해서 개성적이며 다양하고 독창적인 프레젠테이션 슬라이드 작성이 가능하다. 본 장에서는 그리기 도구를 이용하여 도형 서식과 편집 방법에 대해 알아보고, 요약 확대/축소를 이용한 우주 슬라이드를 재구성한다. 다음과 같이 생동감 있는 우주백과사전 슬라이드를 만들어보자.

**step 1** 우주백과사전 슬라이드를 만들기 위해 [홈] 탭에서 [새 슬라이드]–[빈 화면]을 선택한다.

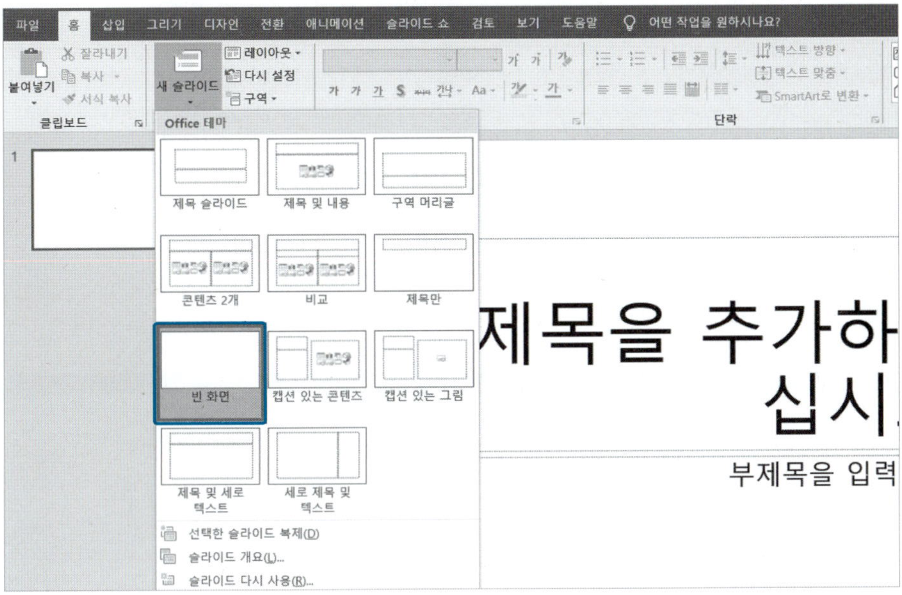


**step 2** 새 슬라이드에서 메뉴판의 타이틀을 그리기 위해 WordArt를 이용한다. WordArt 사용 방법은 리본 메뉴의 [삽입]에서 텍스트 메뉴의 [WordArt]를 선택한다. 그 중에서 '채우기: 검정, 텍스트 색 1, 윤곽선: 흰색, 배경색 1, 진한 그림자: 파랑, 강조색 5'를 선택한다.

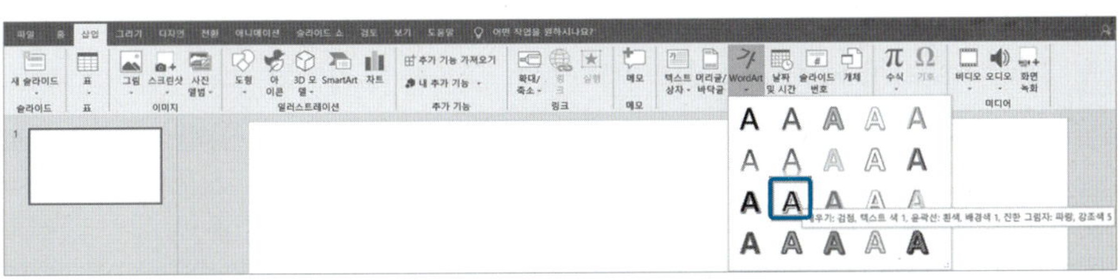

**step 3** WordArt 스타일을 선택하고 다음과 같이 '필요한 내용을 적으십시오.' 부분에 '우주백과사전'을 작성한다.

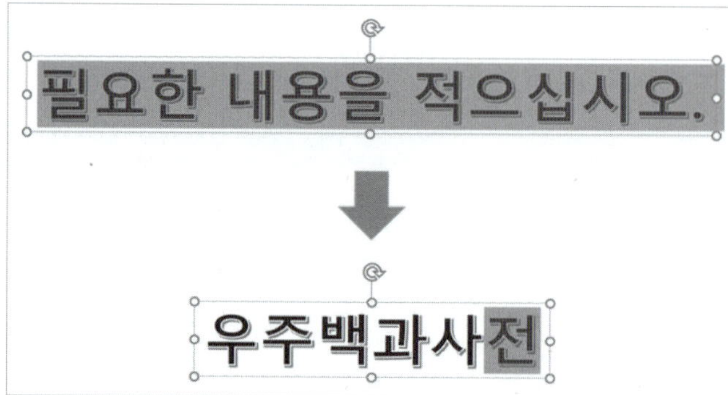


step 4 '우주백과사전'으로 변경된 WordArt는 오른쪽 상단으로 위치를 옮긴다.

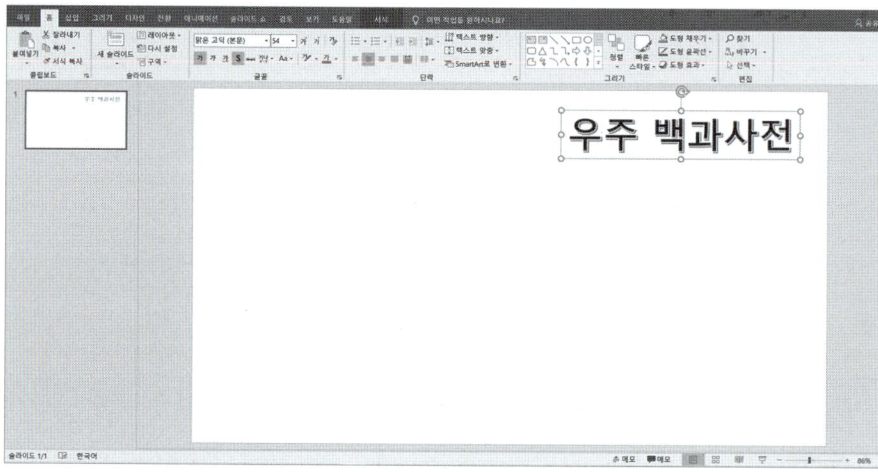


step 5 '우주백과사전'에 생동감 있는 시각적인 요소를 추가하기 위해 스톡 3D 모델을 추가한다. 3D 모델을 추가하는 방법은 리본 메뉴의 **[삽입]** 탭에서 일러스트메뉴 **[3D 모델]–[스톡 3D 모델(S)]**를 선택한다.

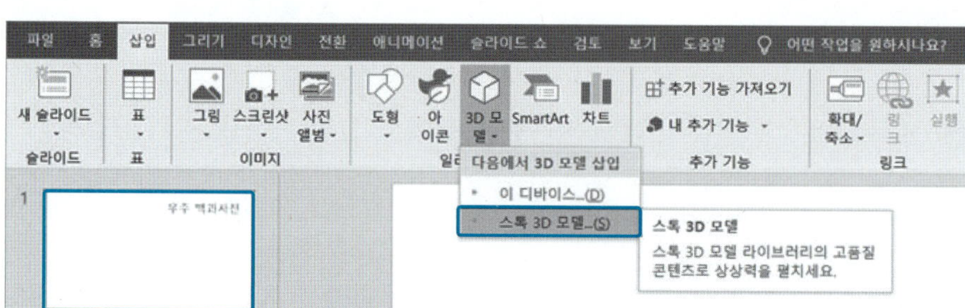

**step 6** 그 다음 [스톡 3D 모델(S)] 대화 상자가 나타나면 우주에 관련된 3D 모델이 있는 [Space]에서 우주백과사전에 알맞은 개체를 찾는다.

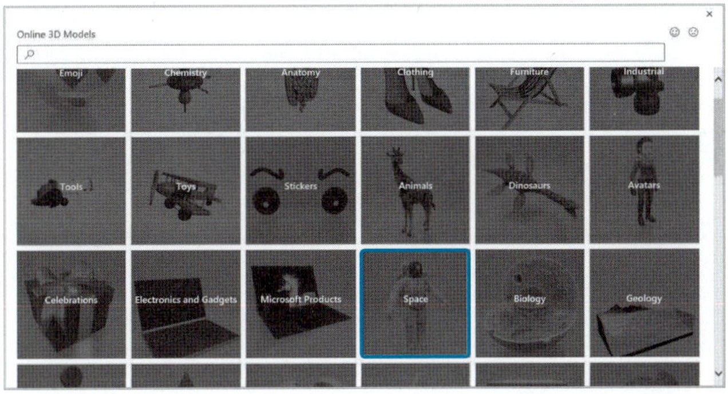


**step 7** [스톡 3D 모델(S)]–[Space]에서 '우주백과사전' 슬라이드를 만들기 위한 우주 관련 3D 모델을 선택하고 'Insert(I)'를 클릭하여 3D 모델을 삽입한다.

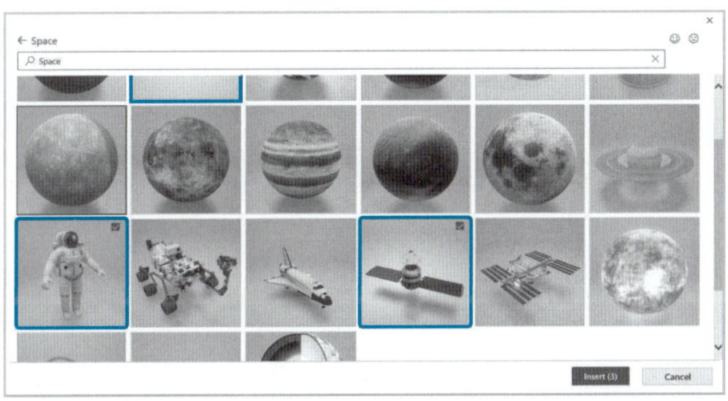


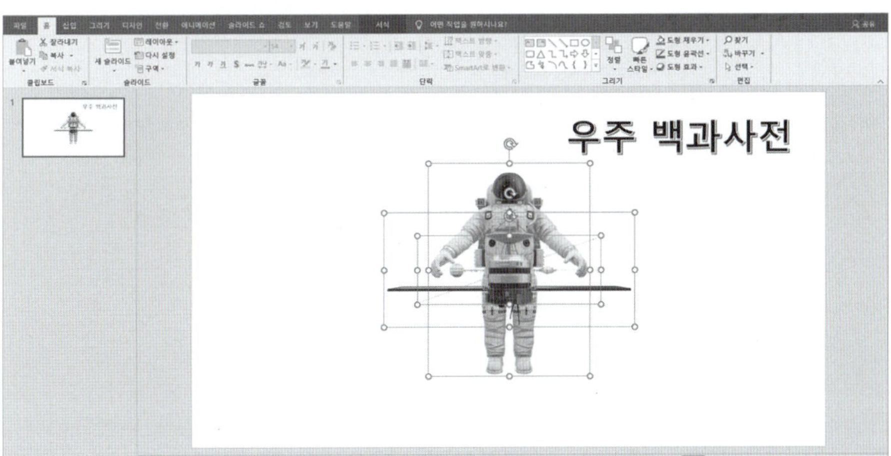

**step 8** 삽입된 3D 모델의 크기를 적절하게 조정하고 회전축 ( )에 마우스를 올려놓고 회전하여 적절한 위치에 배치한다.

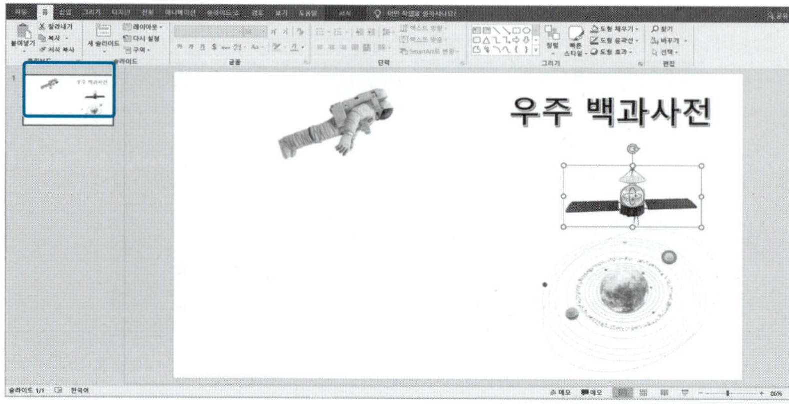


**step 9** 그 다음은 '우주백과사전'을 구성하는 콘텐츠를 만들기 위해 **step 1** 과 같은 방법으로 [홈] 탭에서 [새 슬라이드]–[빈 화면]을 선택한다.

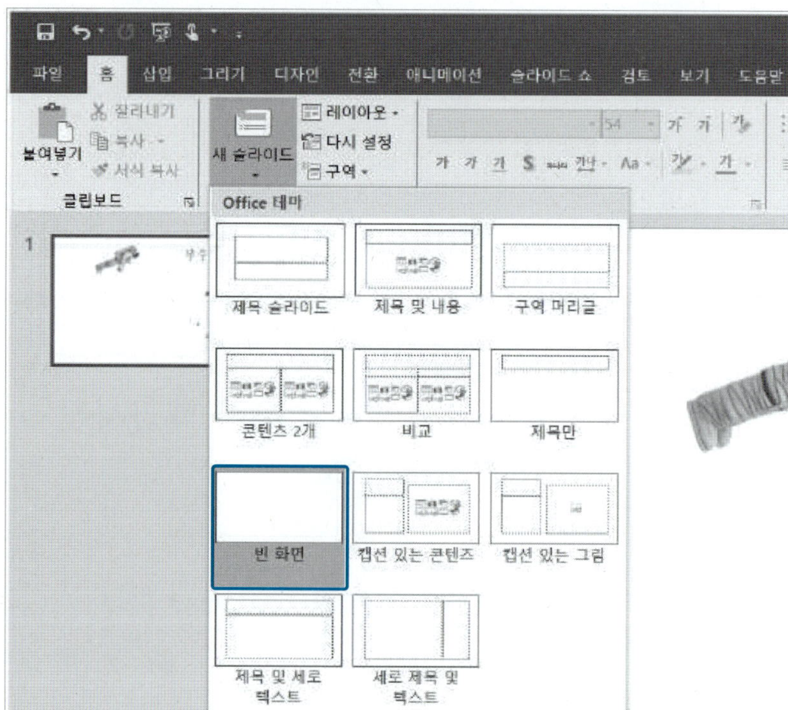

**step 10** 그 다음 **step 5** ~ **step 8** 과 같은 방법으로 콘텐츠 생성을 위해 3D 모델에서 '태양, 수성, 금성, 지구, 화성, 달'을 선택하여 슬라이드에 삽입한다. 각각의 주제에 맞게 삽입한 개체의 크기와 위치를 조정한다.

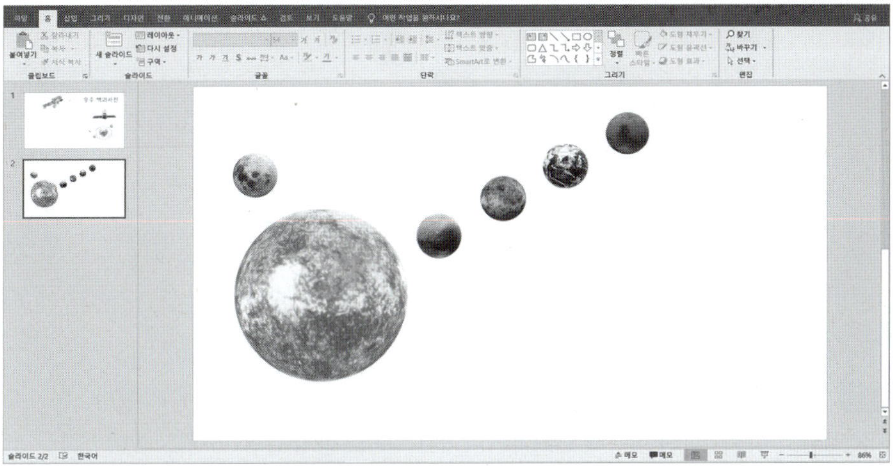

**step 11** 각각의 콘텐츠의 제목은 **step 3** 과 같은 방법으로 진행하며, 태양과 어울리는 '채우기: 황금색, 강조색 4, 부드러운 입체'를 선택한다.

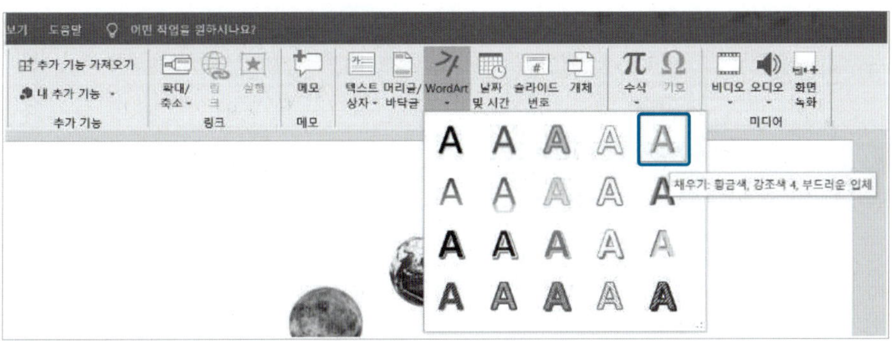


**step 12** 그 다음 '태양(Sun)'을 작성하여 태양과 관련된 콘텐츠 페이지를 구성한다.

**step 13** '태양'과 관련된 내용은 '텍스트 상자'를 삽입하고 내용을 추가한다. 텍스트 상자를 삽입하는 방법은 [삽입]–[텍스트] 탭의 [가로 텍스트 상자 그리기(H)]를 선택한다.

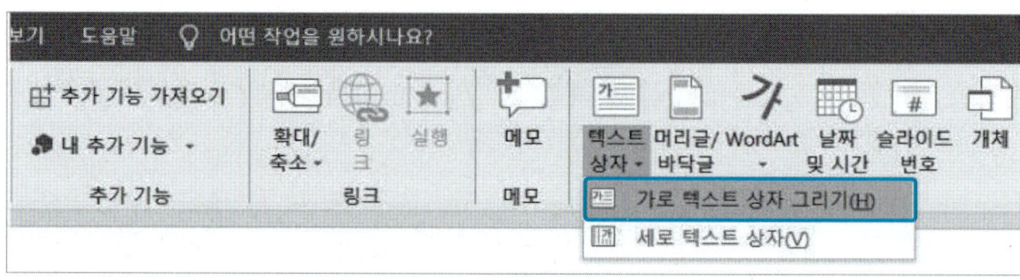


**step 14** 삽입된 텍스트 상자에 '태양의 특징', '태양의 크기', '태양의 온도'에 대한 정보를 작성한다.

**step 15** 그 다음 소제목과 내용을 구분하기 위해 소제목에 '글머리 기호'를 삽입한다. '글머리 기호' 삽입 방법은 글머리 기호를 삽입하려는 문장을 드래그 하고, [홈]–[단락] 탭에서 글머리 기호를 선택하여 삽입한다.

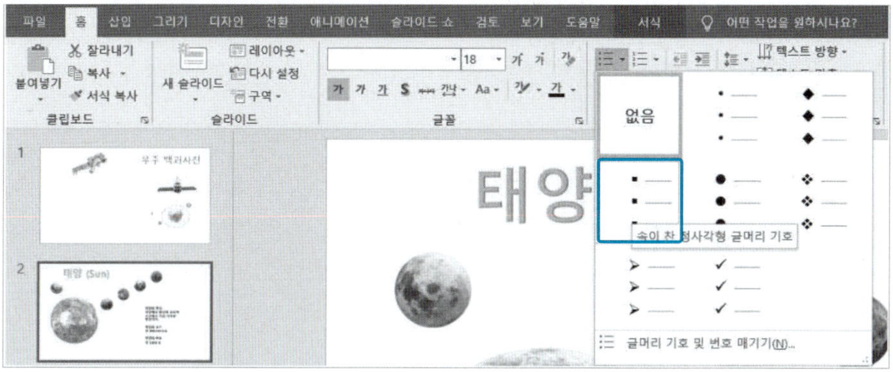

**step 16** '우주백과사전'의 배경을 우주 테마로 변경한다. 배경을 변경하는 방법은 흰색 바탕에서 마우스를 우클릭 하여 [배경 서식(H)]을 선택한다.

**step 17** 배경 서식에서 **[그림 또는 질감 채우기(P)]**를 선택하고 **[그림 원본]**의 '삽입(R)'을 클릭한다.

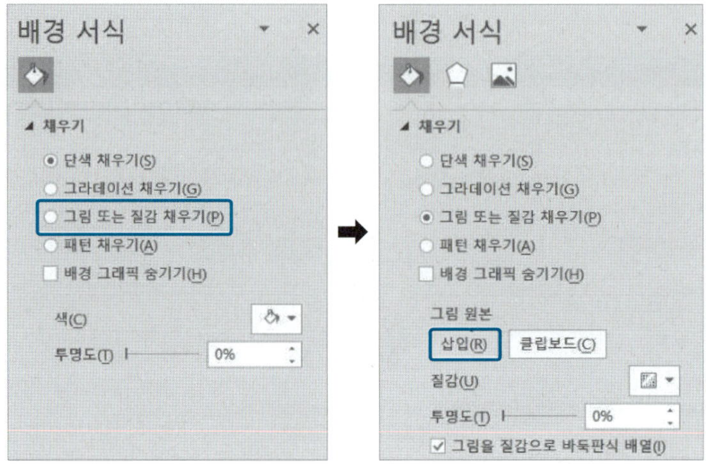


**step 18** '삽입(R)'을 클릭하면 **[그림 삽입]** 대화 상자가 나타난다. 그 중에서 '온라인 그림'을 선택한다. 온라인 소스에서 이미지 검색을 통해 적절한 그림을 삽입한다.

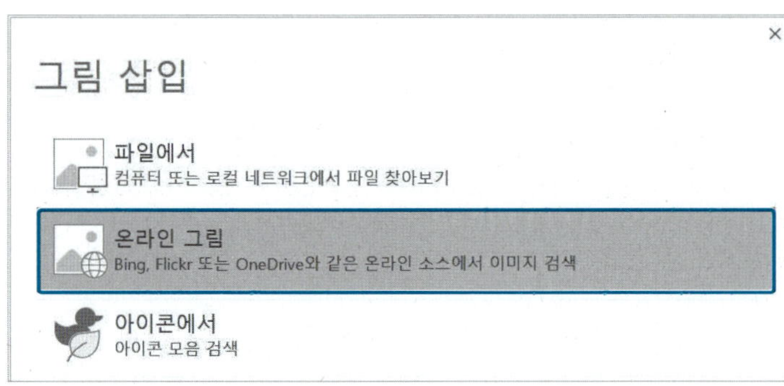


**step 19** '온라인 그림'에서 우주의 배경을 적용하기 위해 '은하계'를 검색한다. 검색 결과에서 원하는 배경을 선택하여 배경을 변경한다.

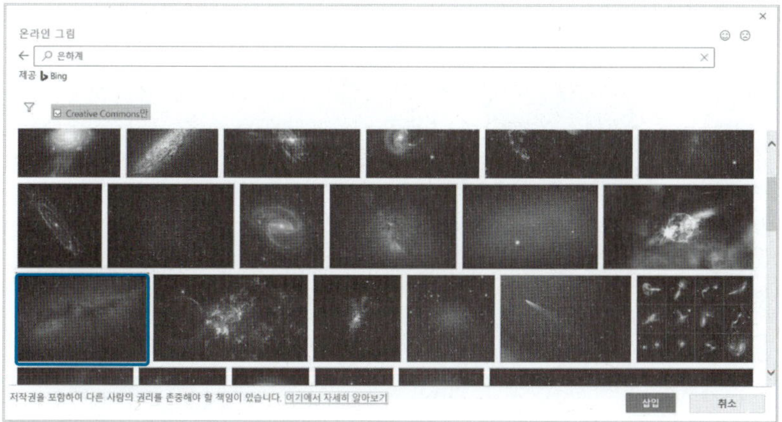


**step 20** **step 10** ~ **step 19** 와 같은 방법으로 '수성, 금성, 지구, 화성, 달'의 페이지를 만든다.

**step 21** 변경된 배경은 어두운 계열의 색이기 때문에 검정색 글자는 눈에 잘 띄지 않는다. '태양'을 설명하는 글자의 색을 변경해보자. 글자색을 변경하는 방법은 **[홈]-[글꼴]-[글꼴 색]**에서 '흰색, 배경1'을 선택한다.

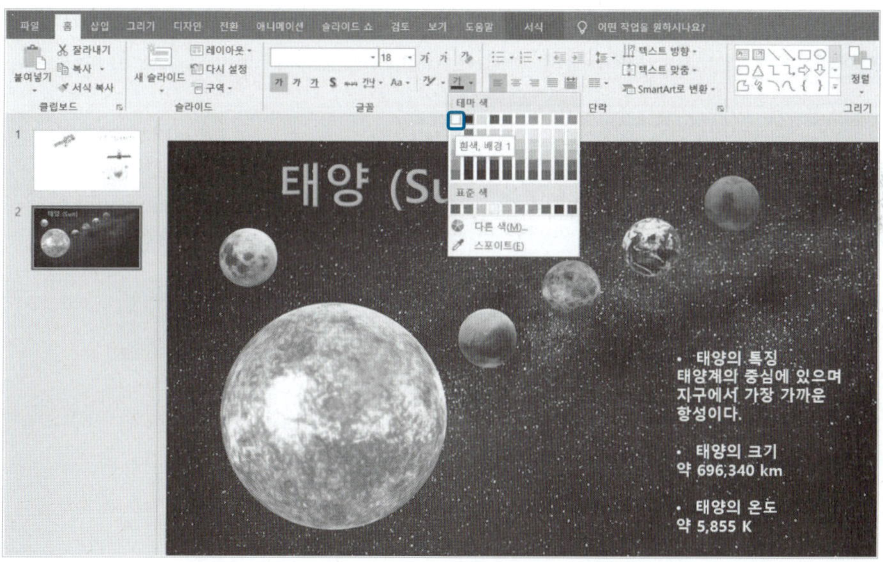


**step 22** '태양, 수성, 금성, 지구, 화성, 달'의 콘텐츠가 작성된 페이지와 '우주백과사전'에 해당하는 슬라이드가 다음과 같이 수정된다.

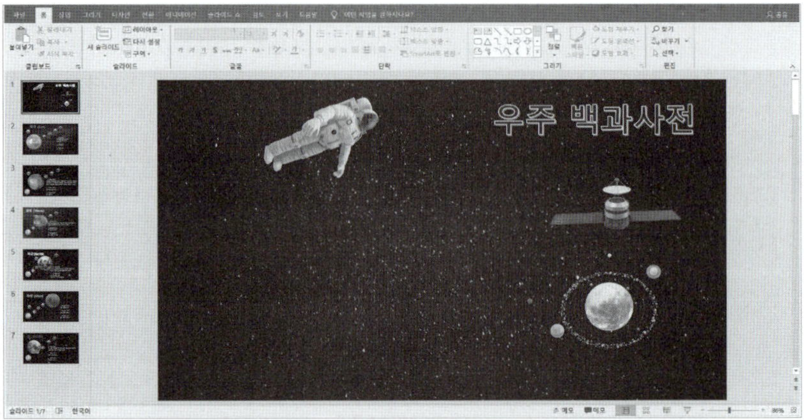


**step 23** 그 다음 [요약 확대/축소(M)] 기능은 [삽입]–[링크] 탭에서 [확대/축소]–[요약 확대/축소(M)]을 선택하여 적용한다.

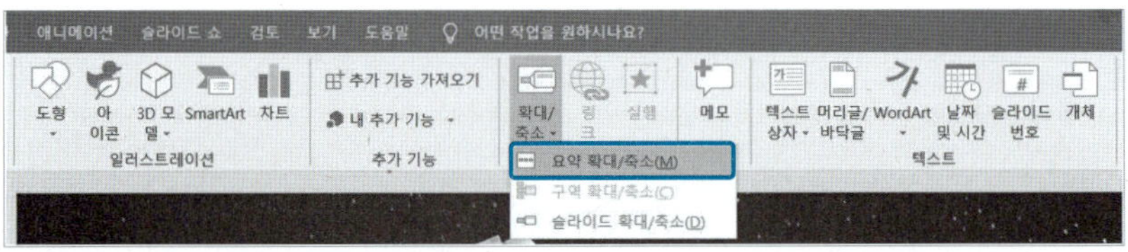


**step 24** [요약 확대/축소 삽입] 대화 상자에서 '우주백과사전' 슬라이드를 나타내는 '1. 슬라이드 1'을 제외한 나머지 슬라이드를 선택하고 삽입을 클릭한다.

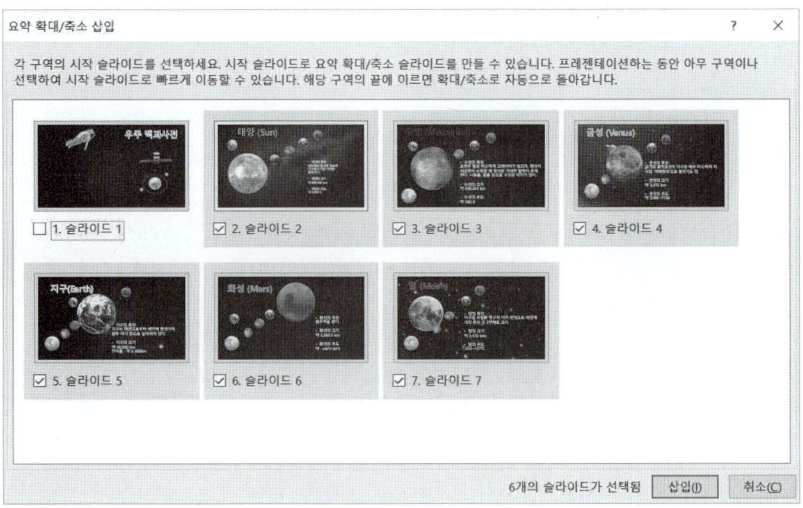

**step 25** [요약 확대/축소(M)] 기능을 적용하면 왼쪽에서 '요약 섹션'이 생성된다. 그리고 '우주백과사전' 슬라이드는 '기본 구역', '요약 섹션', 다른 콘텐츠는 '섹션 1~6'으로 구성된다.

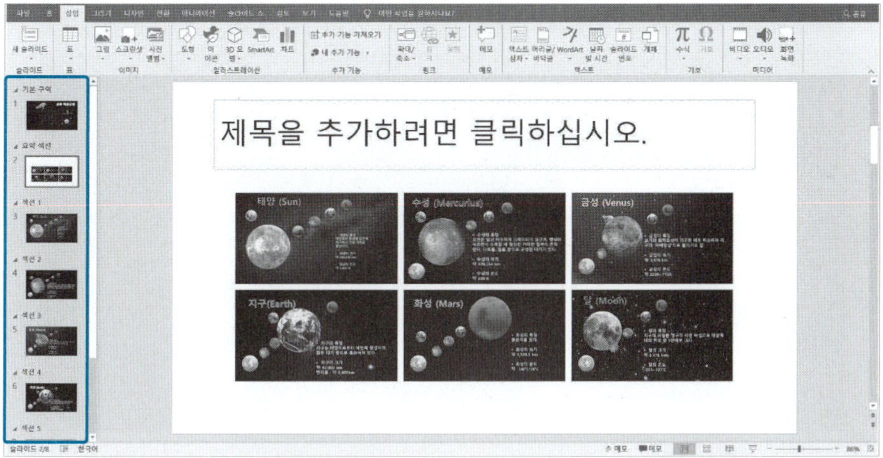


**step 26** '우주백과사전' 슬라이드에서 [요약 확대/축소(M)]를 위해 기본 구역에 있는 슬라이드를 마우스로 클릭한다. 슬라이드를 클릭한 상태에서 드래그하여 '요약 섹션'으로 이동시킨다.

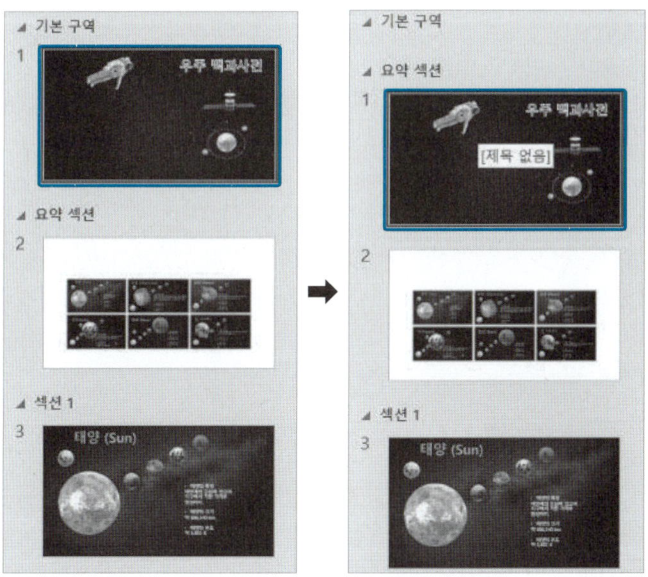

**step 27** 그 다음 '요약 섹션'에 '태양, 수성, 금성, 지구, 화성, 달'의 모양을 3D의 효과를 주는 모형으로 대체한다. 모형 대체 방법은 각 섹션에서 해당하는 주제의 아이콘을 선택한 다음 마우스를 우클릭 하여 [그림으로 저장(S)]을 선택한다.

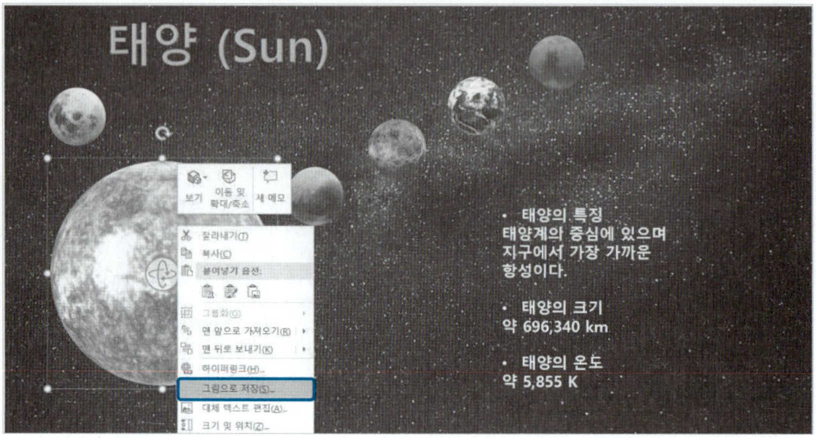


**step 28** [그림으로 저장] 대화 상자가 나타나면 파일 이름을 작성하여 'PNG 형식'으로 저장한다.

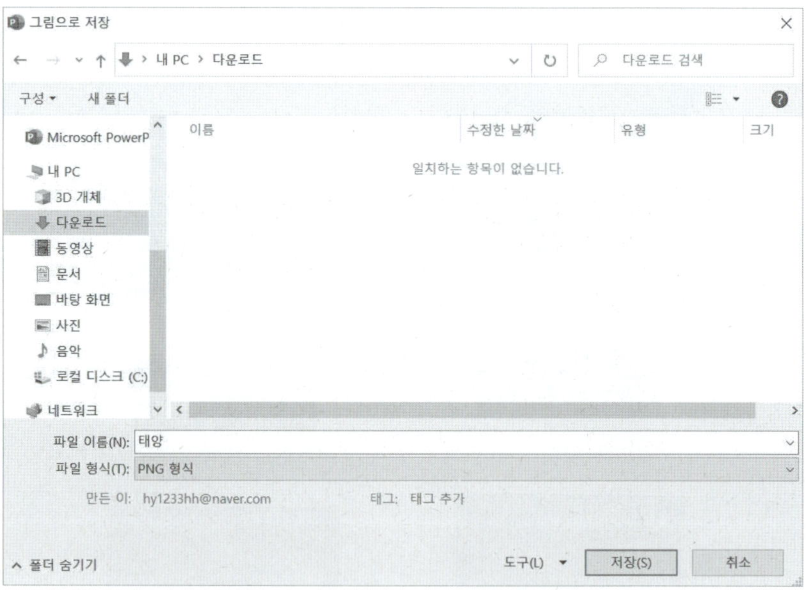

**step 29** 각 개체마다 **step 28** 와 같은 작업을 반복한다.

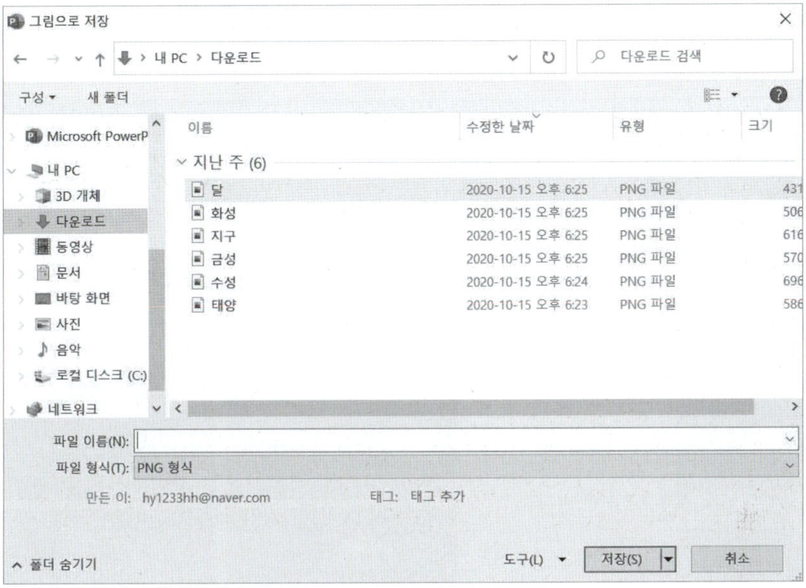


**step 30** '요약 세션'의 2번째 슬라이드에 있는 6개의 요약을 '우주백과사전' 슬라이드에 붙여 넣는다. 붙여 넣는 방법은 〈Ctrl+A〉로 전체를 선택 후, 〈Ctrl+C〉로 복사하고 〈Ctrl+V〉를 이용한다.

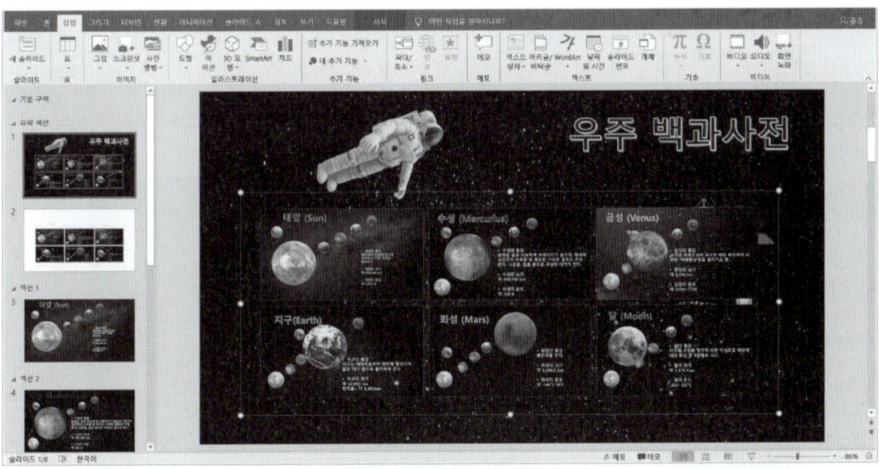

**step 31** 불필요한 요약 섹션의 2번 슬라이드를 제거한다. 슬라이드 제거 방법은 요약 섹션의 2번 슬라이드를 선택하고 마우스를 우클릭 하여 **[슬라이드 삭제(D)]**를 선택하여 제거한다.

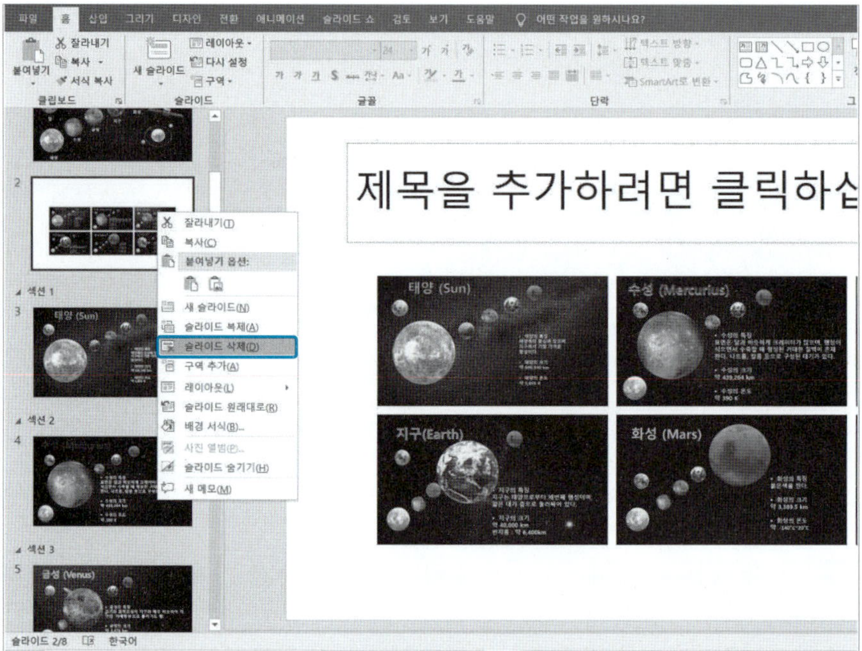


**step 32** 그 다음 각 요약마다 **step 29** 에서 저장된 이미지로 대체하여 생동감 있는 '우주백과사전' 요약 슬라이드를 만든다. 이미지를 대체하는 방법은 '태양' 요약 개체를 선택하고 마우스를 우클릭 한다. 그 다음 **[이미지 변경(A)]**를 선택한다.

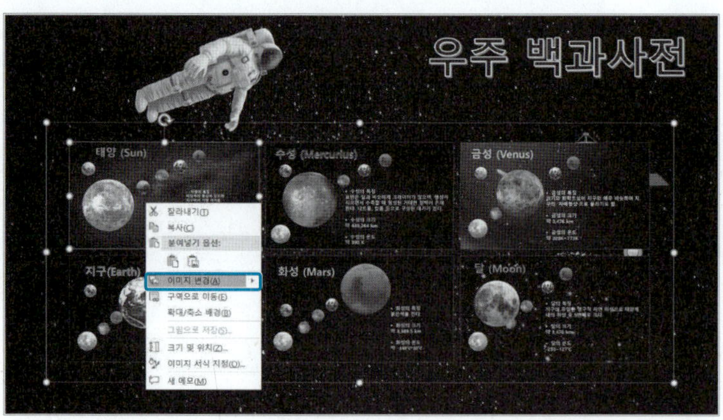

**step 33** [이미지 변경(A)]을 선택하여 [그림 삽입] 대화 상자가 나타나면 **step 29** 에서 저장한 이미지를 사용하기 위해 '파일에서'를 선택한다.

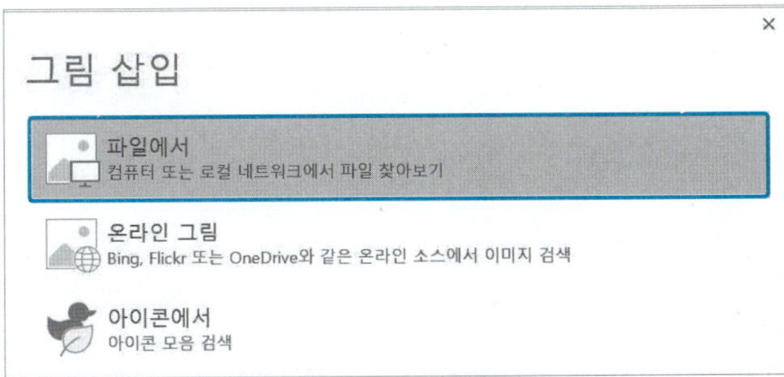


**step 34** 그 다음 저장된 위치에서 해당 이미지를 선택하고, [삽입(S)]를 클릭한다.

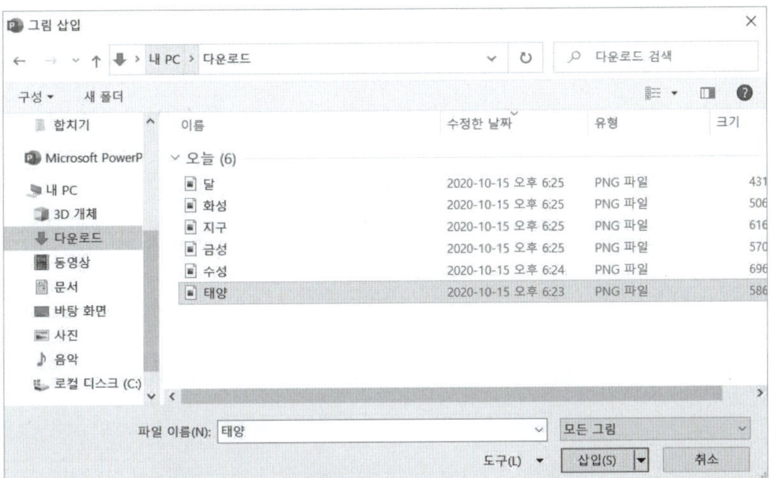


**step 35** **step 33** ~ **step 34** 와 같은 방법으로 '태양' 요약 개체가 태양 이미지로 변경된다.

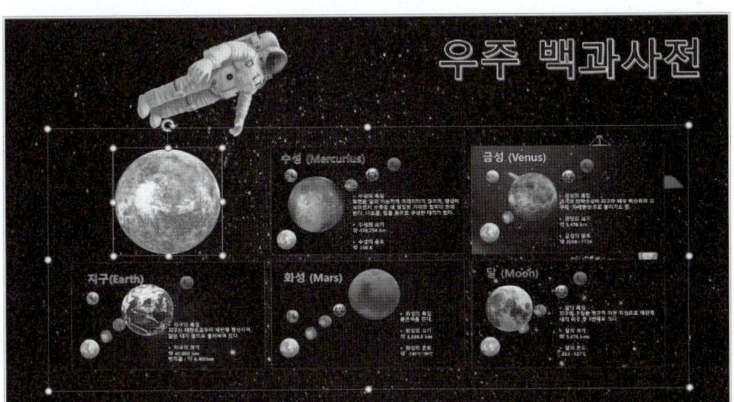

**step 36** **step 33** ~ **step 34** 와 같은 방법으로 '수성, 금성, 지구, 화성, 달' 요약 개체를 이미지로 변경한다.

**step 37** 각 요약 개체에는 흰색 윤곽선이 있기 때문에 제거한다. 윤곽선을 제거하는 방법은 요약 개체를 모두 선택하고, [서식]-[확대/축소 테두리]에서 [윤곽선 없음(N)]을 적용한다.

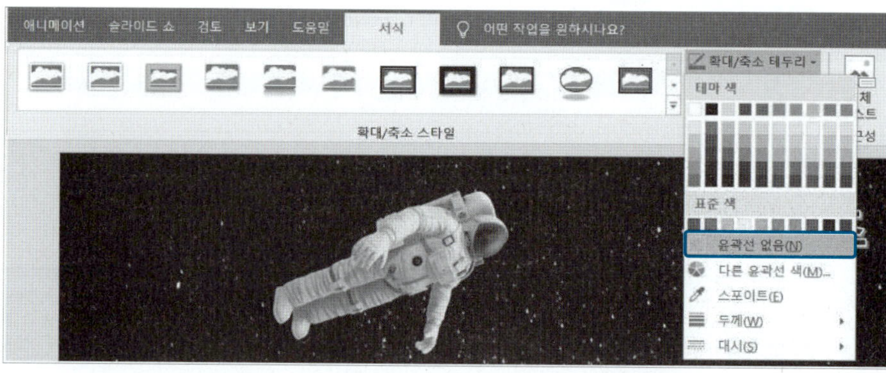


**step 38** 그 다음 각각의 요약 개체의 크기와 위치를 조정한다.

step 39 각각의 요약 개체에 라벨을 부여하기 위해 텍스트 상자를 삽입하여 명칭을 작성한다. 텍스트 상자를 삽입하는 방법은 [삽입]–[텍스트] 탭에서 [텍스트 상자]–[가로 텍스트 상자 그리기(H)]를 선택한다.

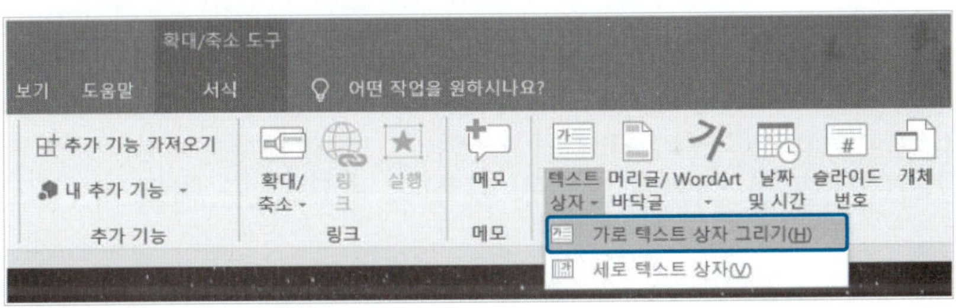


step 40 다음과 같이 각각의 요약 개체의 라벨을 작성하고 위치를 배정한다.

**step 41** 다음과 같이 '우주백과사전' 슬라이드가 재구성된다. [요약 확대/축소 기능]을 확인하기 위해 슬라이드 쇼를 시작해보자. 리본 메뉴의 [슬라이드 쇼]-[처음부터] 또는 키보드의 F5를 사용하여 슬라이드 쇼를 시작한다. '우주백과사전' 슬라이드에서 요약 개체를 클릭하면 해당 개체에 대한 콘텐츠가 확대되어 보인다.

## 10.2 그라데이션을 이용한 3차원 포켓볼 슬라이드 만들기

프레젠테이션에서 삽입한 도형은 도형 서식을 이용하여 다양하게 표현할 수 있다. 다양한 도형의 표현으로 프레젠테이션 슬라이드를 독창적이고 입체적인 3차원 표현이 가능하다. 본 장에서는 도형 서식과 그라데이션을 이용하여 다음과 같이 3차원 포켓볼 슬라이드를 만들어보자.

step 1 새로운 슬라이드에서 '3차원 포켓볼 슬라이드'를 만들기 위해 [홈] 탭에서 [새 슬라이드]–[빈 화면]을 선택한다.

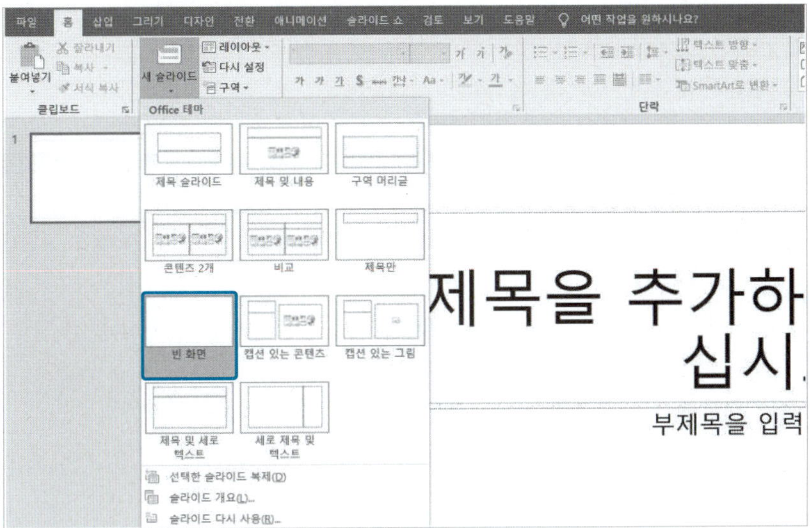


step 2 새 슬라이드에서 빈 화면에서 리본 메뉴의 [삽입]에서 일러스트레이션 메뉴 [도형]–[기본 도형]–[타원] 도형을 선택한다.

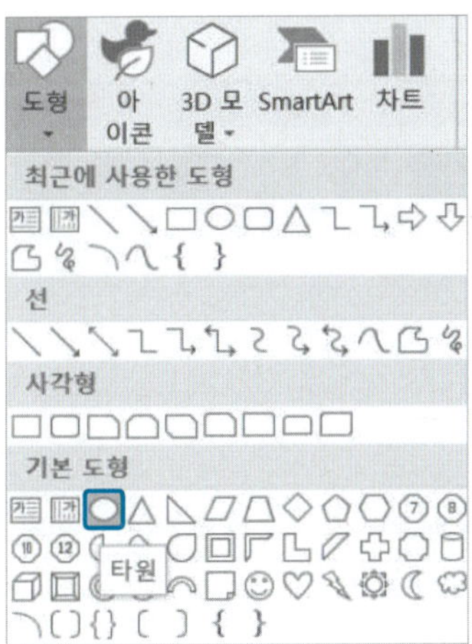

**step 3** [기본 도형]–[타원] 도형을 선택하면, 새 슬라이드 상에서 마우스 포인터는 '+' 십자형태로 변경된다. 선택한 도형을 그릴 위치에 마우스를 클릭하고 원하는 크기가 될 때까지 마우스로 드래그한다. 그려야 할 도형은 원이기 때문에 키보드의 〈Shift〉 키를 누른 상태로 마우스를 드래그하면 정원으로 쉽게 그릴 수 있다. [서식]–[크기] 탭에서 높이를 '6.75cm', 너비를 '6.75cm'로 수정한다.

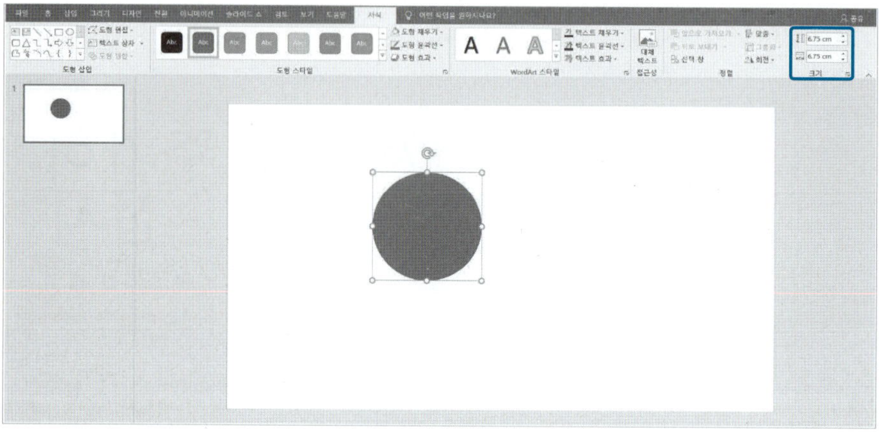

**step 4** 그려 넣은 [원] 도형을 선택한 상태에서, [서식]–[도형 스타일]–[도형 윤곽선]–[표준 색]–[윤곽선 없음(N)]을 선택하고 윤곽선을 없앤다.

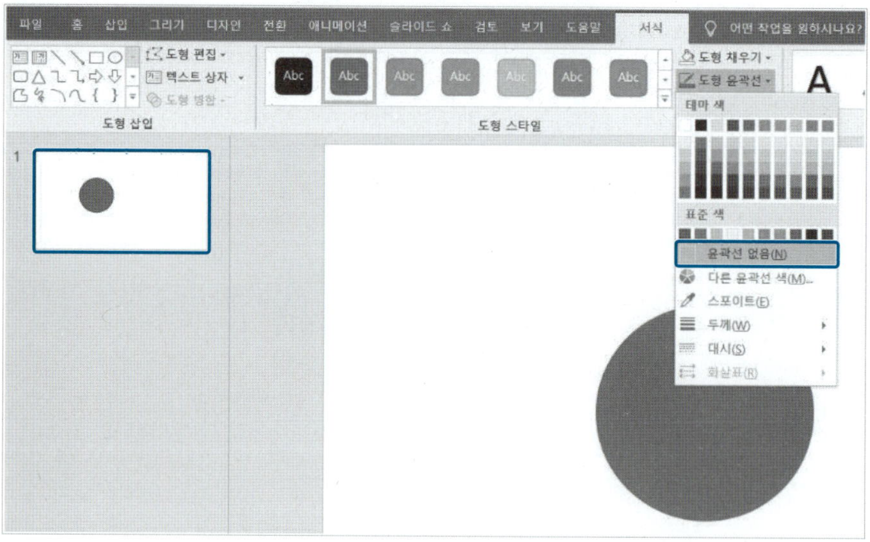

**step 5** 그려 넣은 [원] 도형을 선택한 상태에서, [서식]–[도형 스타일]–[도형 채우기]–[표준 색]–[빨간색]을 적용하여 도형의 색을 변경한다.

**step 6** 포켓볼에는 색공과 띠공이 있다. 원본 원 도형으로는 색공을 표현하고, 복사한 원 도형으로는 띠공을 만들어보자. 수정된 원 도형을 다음과 같이 Ctrl+[마우스 클릭]을 한 상태로 같은 원 도형을 복사한다.

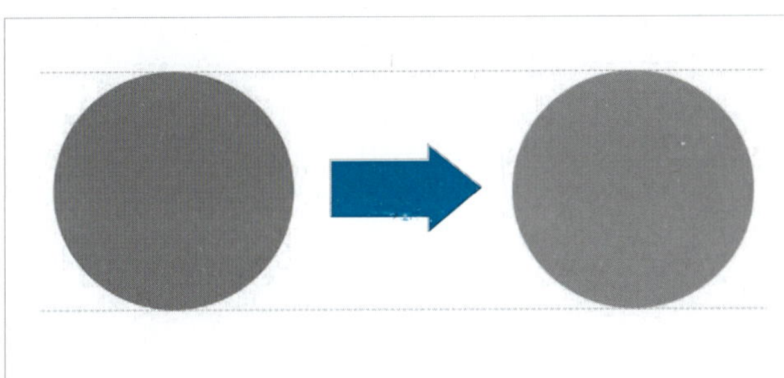

**step 7** 먼저 색공을 표현하기 위해서 3차원 효과를 적용한다. 원본 원 도형을 선택한 상태에서, 마우스를 우클릭 하고 [도형서식(O)]을 클릭한다.

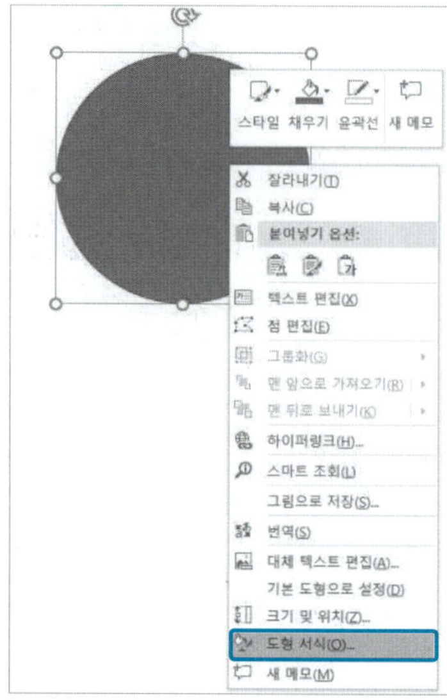


**step 8** [도형 서식(O)]에서 [도형 옵션]–[효과]–[3차원 서식]을 클릭한다. [위쪽 입체(T)]에서 [너비(W)]와 [높이(H)]는 각각 '71pt'로 한다. [아래쪽 입체(B)]에서 [너비(W)]와 [높이(H)]는 각각 '71pt'로 한다. [조명(L)]의 각도는 '30'으로 한다.

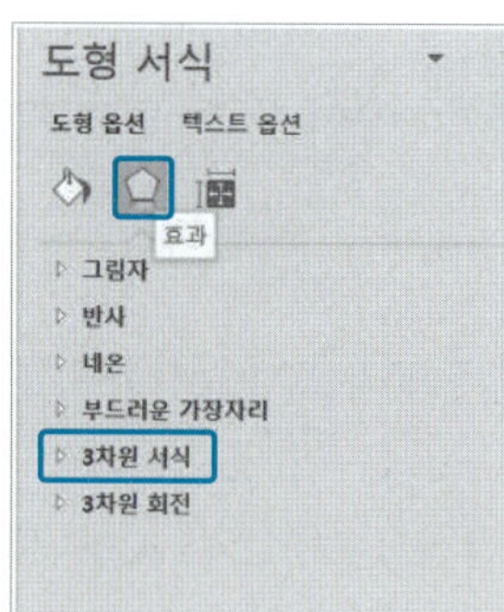


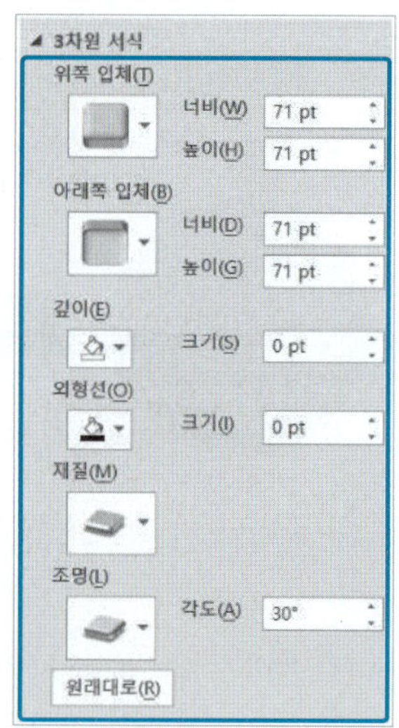

**step 9** 포켓볼의 띠공을 만들기 위해서 복사한 원 도형을 선택한 후, 마우스 우클릭 하여 [도형 서식(O)]을 선택한다. [도형 서식(O)]–[그라데이션 채우기(G)]를 선택한다.

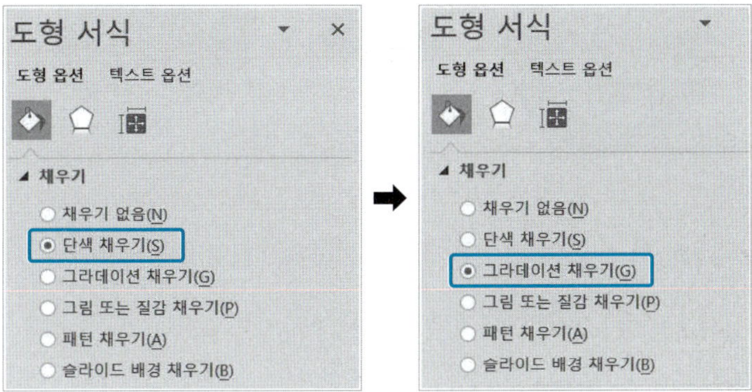


**step 10** 두 번째 도형을 선택한 상태에서, 다음과 같이 [그라데이션 채우기(G)]에서 그라데이션 중지점의 [중지점 1/4], [중지점 4/4]의 색을 흰색으로 변경한다. 다음으로 [중지점 2/4], [중지점 3/4]의 색을 빨간색으로 변경한다. [종류]–[선형], [방향]– [선형 아래쪽], [각도: 90도]으로 한다. [중지점 1/4]–[중지점 위치 32%], [투명도(T): 0%], [밝기(I): 0%]으로 한다. [중지점 2/4]–[중지점 위치 40%], [투명도(T): 0%], [밝기(I): 0%]으로 한다. [중지점 3/4]–[중지점 위치 64%], [투명도(T): 0%], [밝기(I): 0%]으로 한다. 마지막으로 [중지점 4/4]–[중지점 위치: 76%], [투명도(T): 0%], [밝기(I): 0%]으로 하여 포켓볼의 '띠공'을 표현한다.

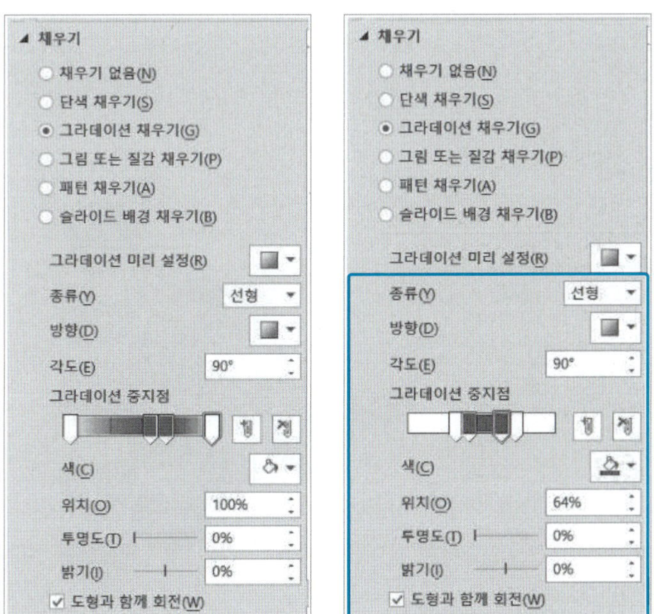

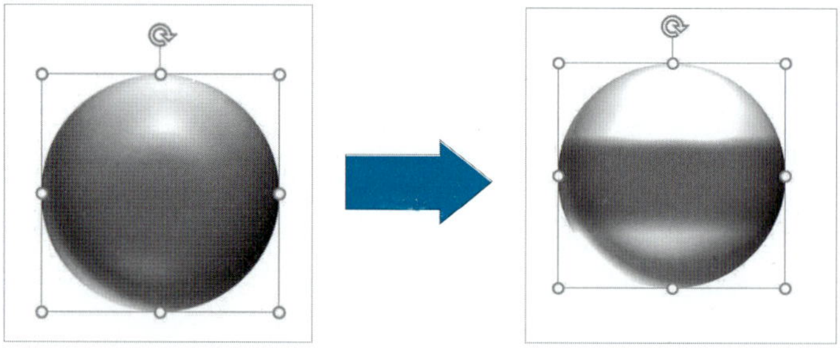

step 11 여러 개의 도형을 만들기 위해 Ctrl+[마우스 클릭]을 한 상태로 도형을 여러 개 복사한다.

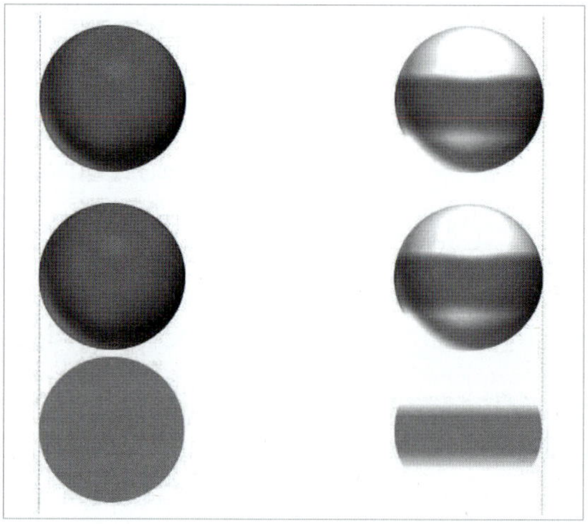

step 12 복사한 여러 개의 도형을 포켓볼의 공의 수에 맞게 색을 변경하여 그린 후 마우스를 움직여 공을 배치한다.

**step 13** 그 다음 **step 2**, **step 3** 과 같은 방법으로 [도형]–[타원]을 삽입하여 원으로 변형한다. 구성한 여러 개의 포켓볼에 번호를 넣는다.

**step 14** 배경을 넣기 위해 슬라이드의 바탕화면에서 마우스 오른쪽 버튼을 누르고, 단축 메뉴에서 [배경 서식(B)]를 선택한다.

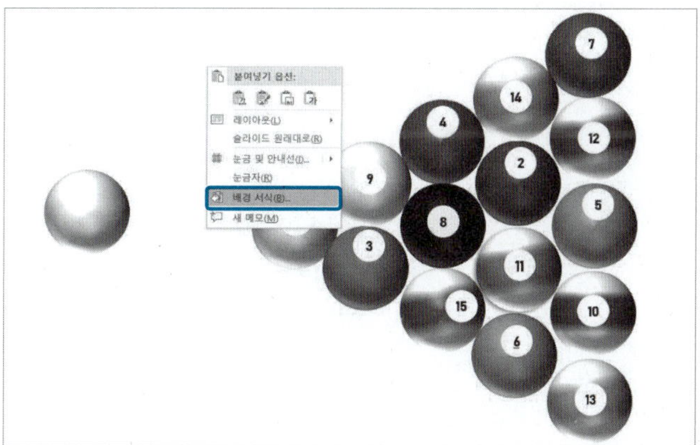


**step 15** [배경 서식]–[그라데이션 채우기(G)]를 선택한다. 그 다음 [중지점 3/4]를 제거한다. 첫 번째 중지점은 [색(C)]–[표준색]–[녹색]을 선택하고 [위치(O): 1%]로 한다. 두 번째 중지점은 [색(C)]–[표준색]–[녹색]을 선택하고 [위치(O): 46%]로 한다. 세 번째 중지점은 [색(C)]–[테마색]–[녹색, 강조 6, 50% 더 어둡게]를 선택하고 [위치(O)]–[100%]로 설정한다.

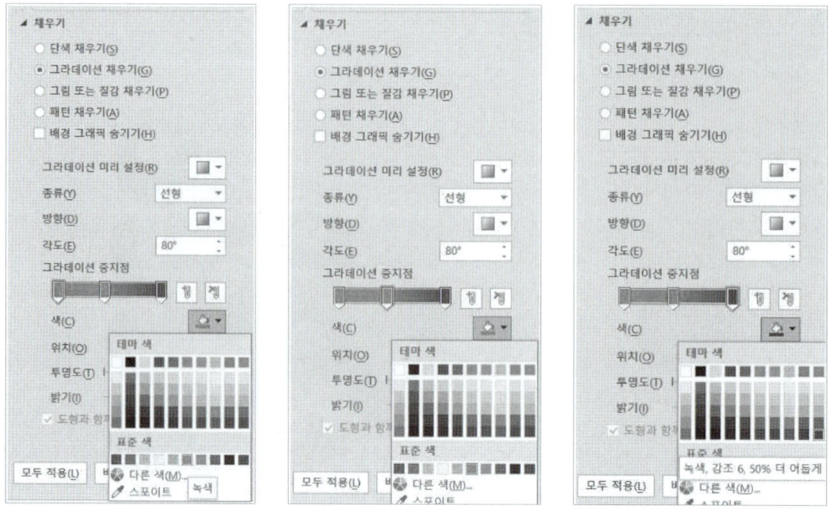


**step 16** 포켓볼에 그림자 효과를 적용하여 생동감 있는 느낌을 만들어보자. 그림자 효과를 적용하는 방법은 〈Ctrl+A〉를 통해 전체 선택하고, 마우스를 우클릭 하여 [**개체서식(O)**]를 선택한다.

**step 17** 도형 서식에서 [그림자]–[미리설정(P)]–[바깥쪽]에서 '오프셋: 오른쪽 아래'를 선택한다.

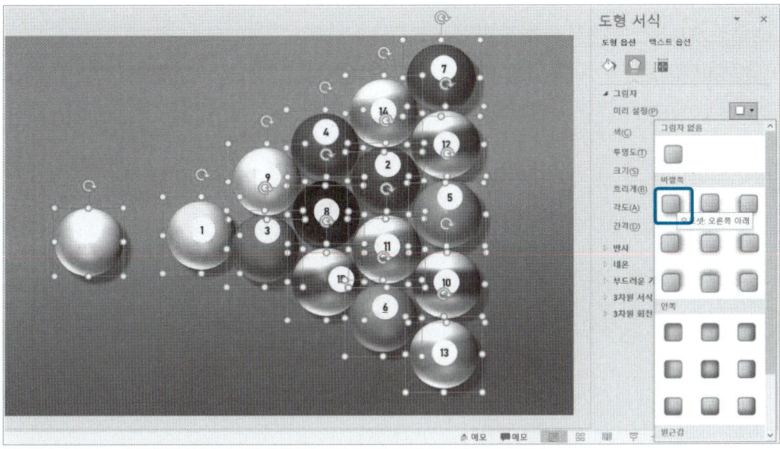


**step 18** 그림자 설정은 [투명도(T): 60%], [크기(S): 100%], [흐리게(B): 4pt], [각도(A): 45°], [간격(D): 16pt]로 지정한다.

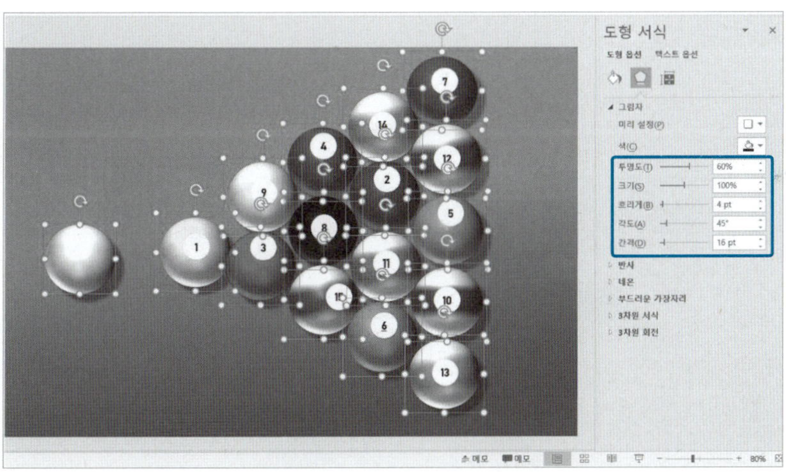

**step 19** 다음과 같이 3차원 포켓볼 슬라이드가 완성된다.

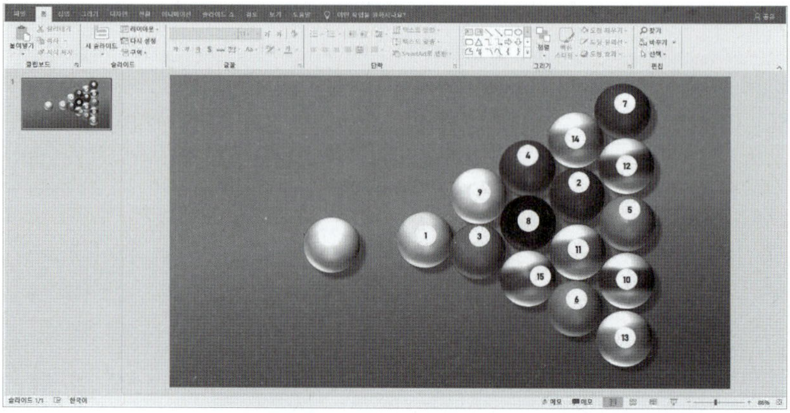

## 10.3 차트를 이용한 나만의 생활계획표 슬라이드 만들기

파워포인트 2019는 세로/가로 막대형, 꺾은선형, 원형, 도넛형, 영역형 등 차트를 지원하고 고급 편집 기능을 이용하여 차트의 다양한 표현이 가능하다. 본 장에서는 차트와 편집 기능을 이용하여 다음과 같이 독창적인 나만의 생활계획표 슬라이드를 만들어보자.

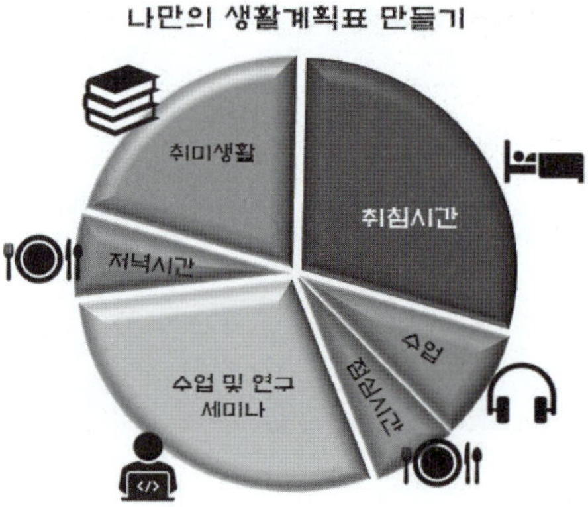

**step 1** '나만의 생활계획표' 슬라이드를 만들기 위해서 **[홈]** 탭에서 **[새 슬라이드]–[빈 화면]**을 선택한다.

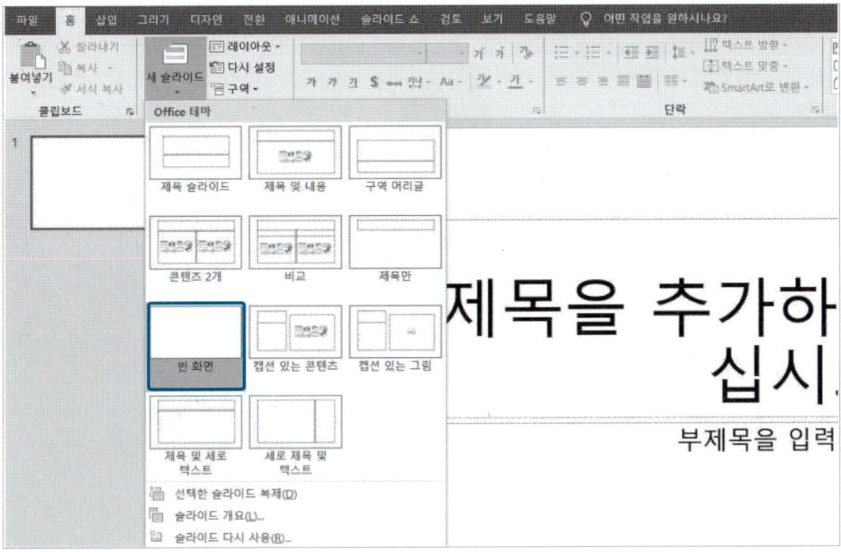


**step 2** 새 슬라이드의 빈 화면에서 리본 메뉴의 **[삽입]**에서 **[일러스트레이션 메뉴]–[차트]**를 선택한다.

**step 3** 새 슬라이드에서 빈 화면에 다음과 같은 **[차트 삽입]** 대화 상자가 나타나면, **[모든 차트]–[원형]–[원형]**의 차트를 선택하고 **[확인]** 버튼을 클릭한다.

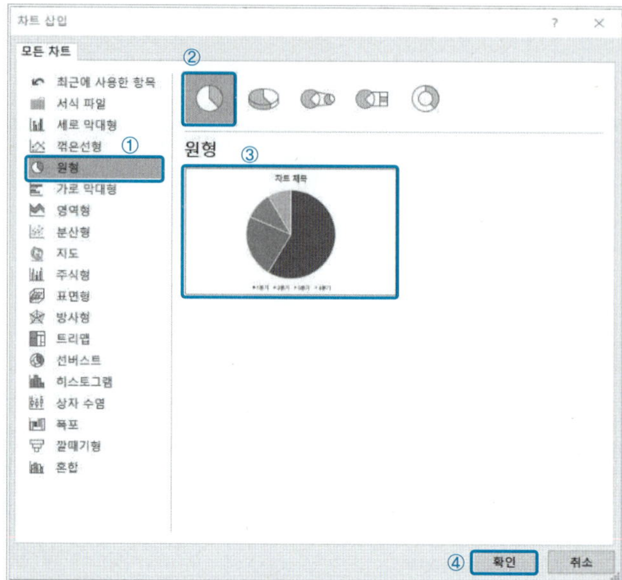


**step 4** **[원형]** 차트를 선택하면, 차트의 디자인과 서식 편집이 가능한 **[차트 도구]** 메뉴가 활성화 된다. 기본적인 디자인의 **[원형]** 차트가 나타나게 되고, 다음과 같이 데이터 수정을 위한 엑셀 형식의 표가 나타난다.

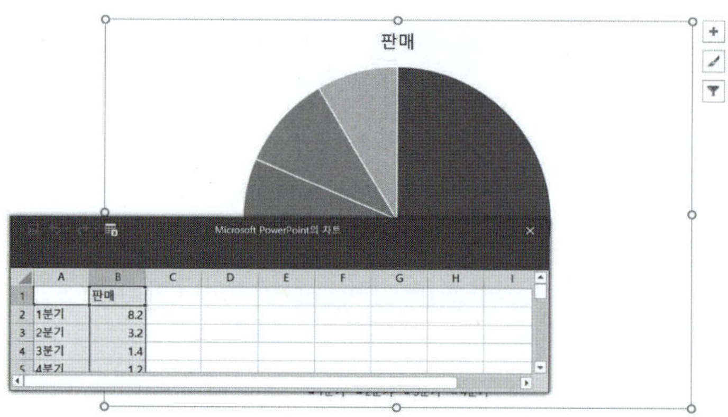


**step 5** **[원형]** 차트의 데이터를 수정하기 위해 엑셀 형식의 팝업창에 마우스 더블클릭을 하고, '1분기'에 '7', '2분기'에 '2', '3분기'에 '1.5', '4분기'에 '7'을 입력하고, '5분기'에 '1.5'와 '6분기'에 '5'를 추가적으로 입력한다. 그 다음에 **[닫기]** 버튼을 클릭하면 입력한 데이터에 따라 차트에 반영된다.

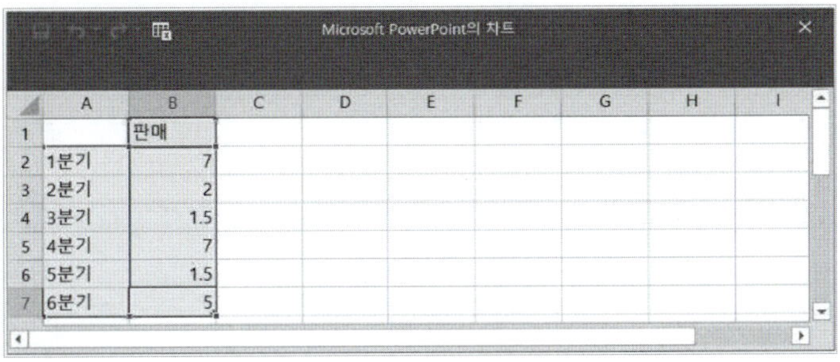


**step 6** 수정한 [**원형**] 차트를 선택하면 '+' 기호를 클릭한다. '+'는 차트 요소를 선택할 수 있다. 차트 요소 중에서 차트 제목을 제외하고 체크 표시를 제거한다. 체크표시를 제거하면 차트 제목과 차트만 남게 된다.

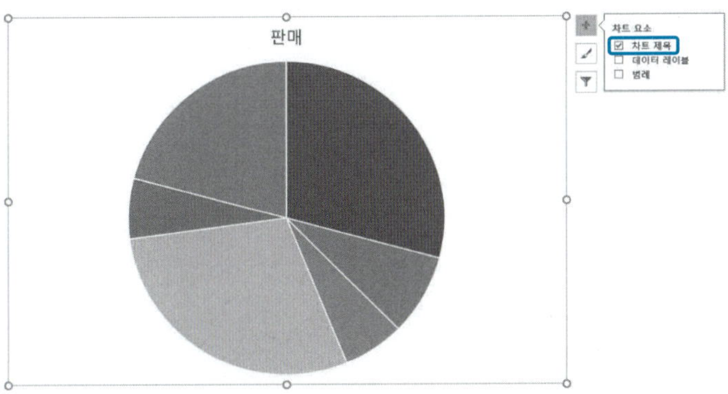


**step 7** 차트 제목의 기본 값은 '판매'이기 때문에 제목을 수정해보자. 차트 제목을 클릭하면, 차트 제목을 변경할 수 있다. 차트 제목에는 '나만의 생활계획표 만들기'를 작성한다.

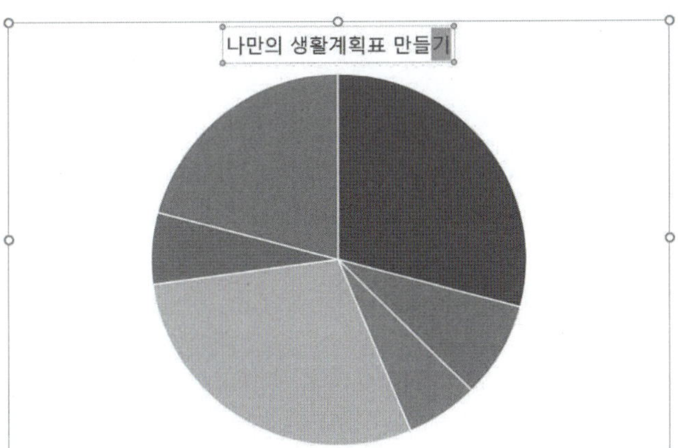

**step 8** 그 다음 차트를 더블클릭하면 오른쪽에 '데이터 계열 서식' 메뉴가 나타난다. 이 중에서 [효과]–[3차원 서식]에서 [위쪽 입체(T)]와 [아래쪽 입체(B)]의 [너비(W)]와 [높이(G)]를 각각 '20pt'를 입력한다.

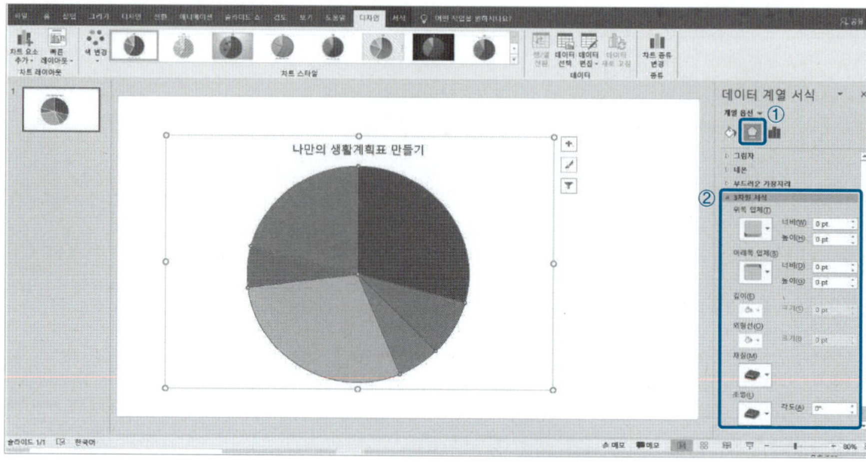


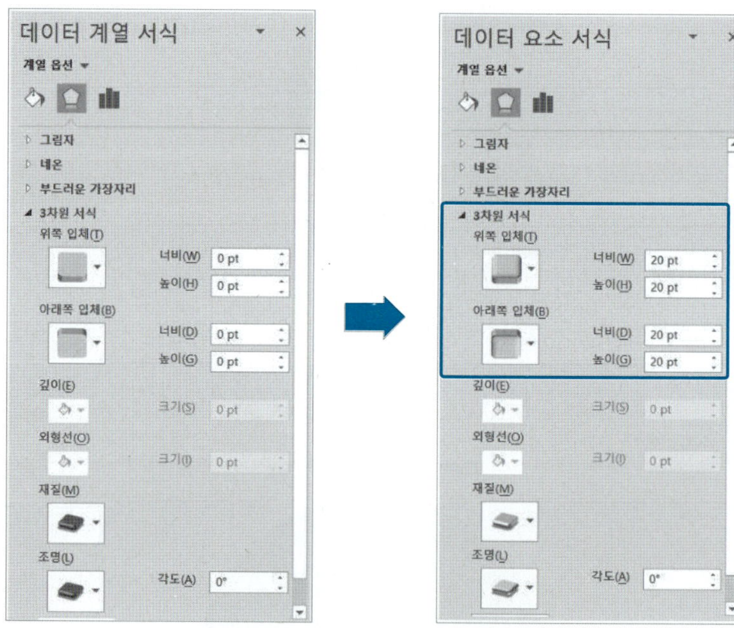

**step 9** 그 다음 차트에 간격으로 깔끔한 효과를 적용해보자. [데이터 요소 서식]-[계열 옵션]에서 [쪼개진 요소(X)]의 값을 '4%'로 입력한다.

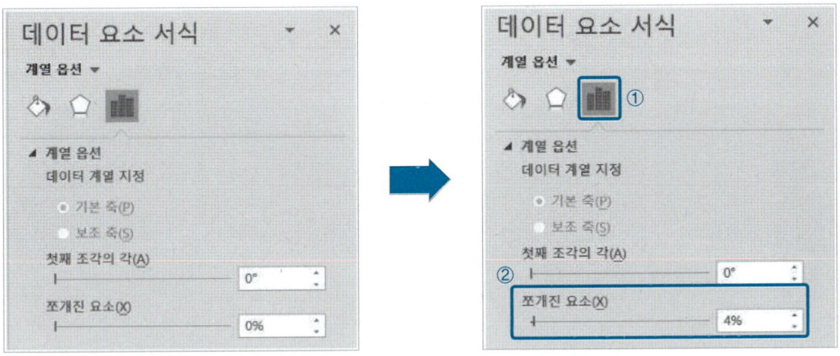


**step 10** 그 다음 **step 8** ~ **step 9** 와 같은 방법을 모든 차트에 적용한다.

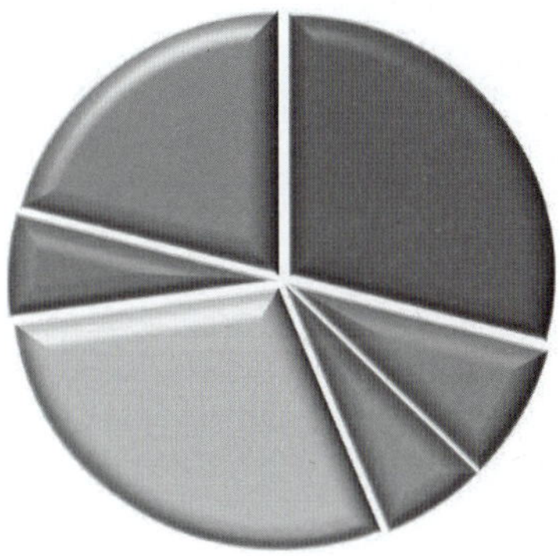


**step 11** 차트의 내용을 작성하기 위해 텍스트 상자를 이용한다. 텍스트 상자를 이용하는 방법은 [리본 메뉴]의 [삽입]-[텍스트]-[가로 텍스트 상자 그리기(H)]를 선택한다.

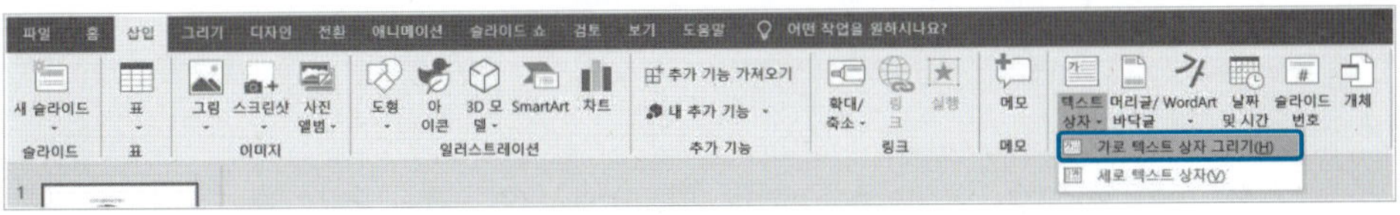

**step 12** 텍스트 상자를 해당 차트에 넣고 '취침시간'을 입력한다. 이와 같은 과정을 모든 차트에 적용한다.

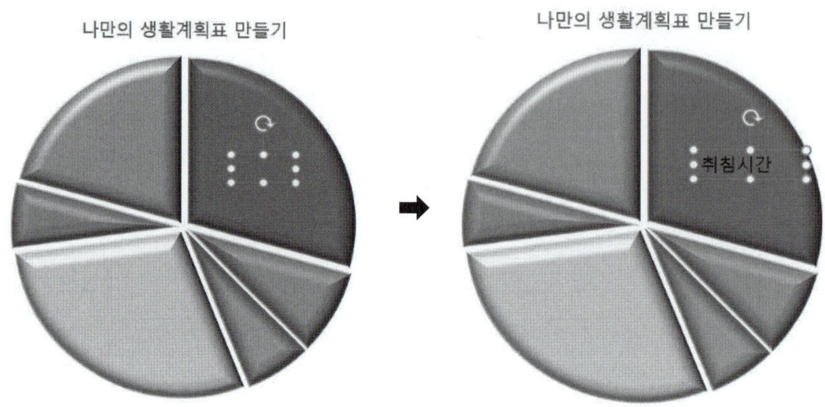


**step 13** 차트를 꾸미기 위해 [리본 메뉴]의 [삽입]–[일러스트레이션]–[아이콘]을 선택한다.

**step 14** [아이콘 삽입] 대화 상자가 나타나면 각 차트의 내용과 어울리는 아이콘을 선택하여 각각의 차트에 옆에 삽입한다.

**step 15** 차트 내용의 글씨체를 적절하게 변경하여 다음과 같이 '나만의 생활계획표 슬라이드'를 완성한다.

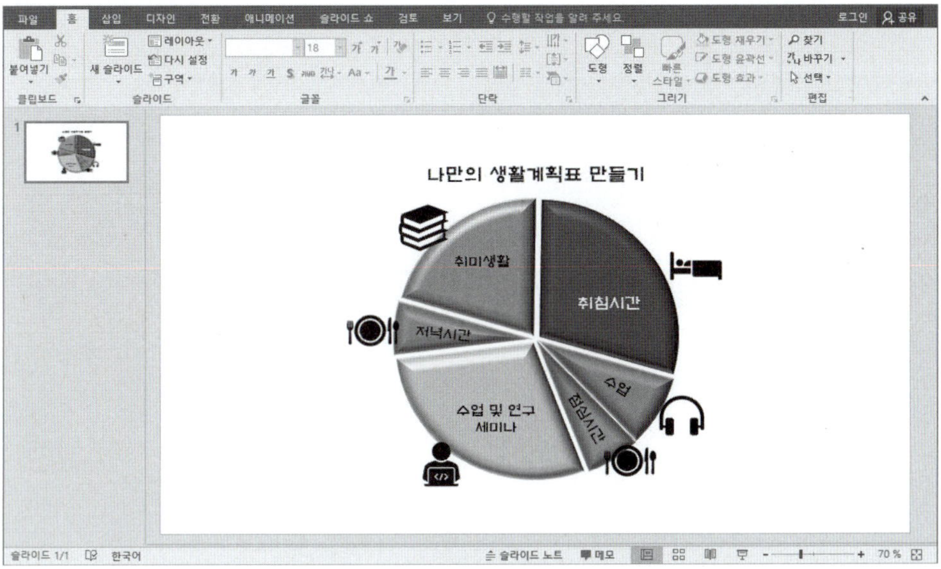

## 연습문제

1. 차트, 아이콘, 텍스트 상자 등을 응용하여 자신만의 계획표 슬라이드를 작성하시오.
2. WordArt, 표, 3D 모델, 요약/확대 축소 등의 기능을 이용하여 다음과 같은 슬라이드를 작성하시오.

3. 텍스트 상자, Smart Art, 도형, 도형편집 등의 기능을 이용하여 다음과 같은 슬라이드를 작성하시오.

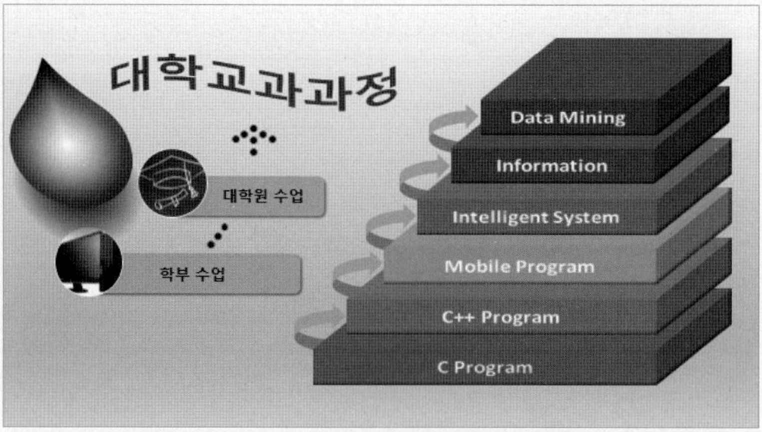

4. 그라데이션, 도형, 도형 서식 등을 이용하여 다음과 같은 슬라이드를 작성하시오.

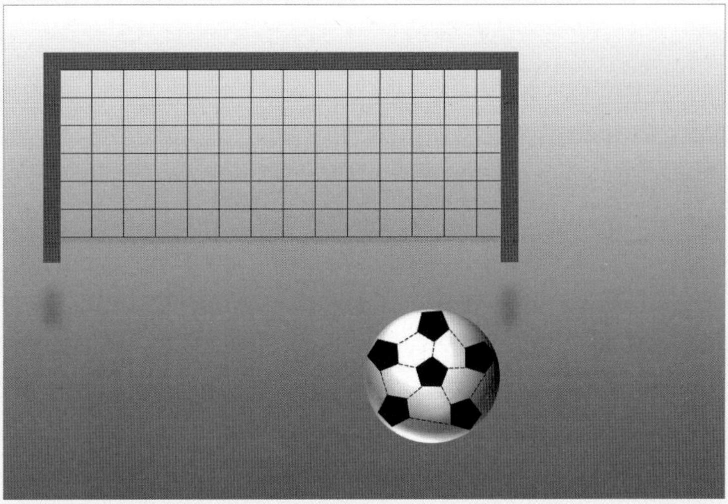

# 11 CHAPTER 역동적인 멀티미디어 슬라이드 작성하기



파워포인트 2019의 슬라이드에 역동적인 효과를 적용하여 청중들로 하여금 시선을 끌게 하는 기능에 대해 알아보자. 글자, 차트, 표, 그림 등에 시각적 효과나 소리 효과를 적용함으로써 슬라이드의 일부가 살아 움직이는 것처럼 강조하는 효과를 적용한다.

본 장에서는 모핑 전환 효과를 적용한 차트 슬라이드, 애니메이션을 적용한 메신저 슬라이드 만들고, 알림 효과음과 멀티미디어 영상을 삽입한 슬라이드를 만들어보자.

## 11.1 모핑 전환 효과를 적용한 차트 슬라이드 만들기

화면 전환 효과는 슬라이드 쇼에서 다음 슬라이드로 넘어가는 장면을 생동감 있고, 화려하게 구성하는 기능이다. 다음과 같이 모핑 전환 효과를 적용한 화려한 차트 슬라이드를 만들어보자. 본 장에서 화면 전환 효과는 파워포인트 2019의 새로운 기능으로 프레젠테이션을 역동적으로 표현할 수 있는 모핑 전환 효과를 사용한다.

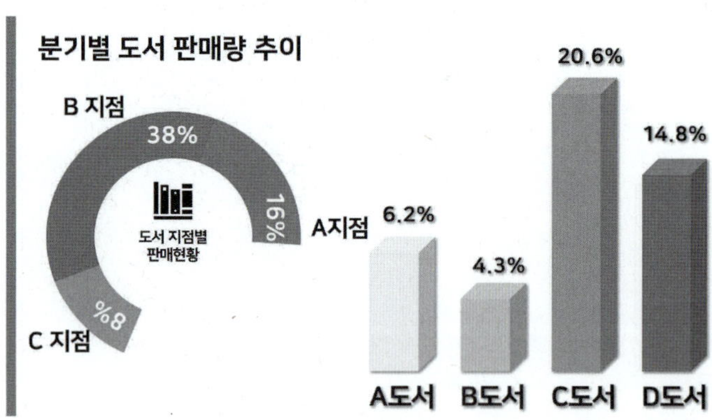

**step 1** 화면 전환 효과를 적용한 '차트 슬라이드'를 만들기 위해 **[홈]** 탭에서 **[새 슬라이드]–[빈 화면]**을 선택한다.

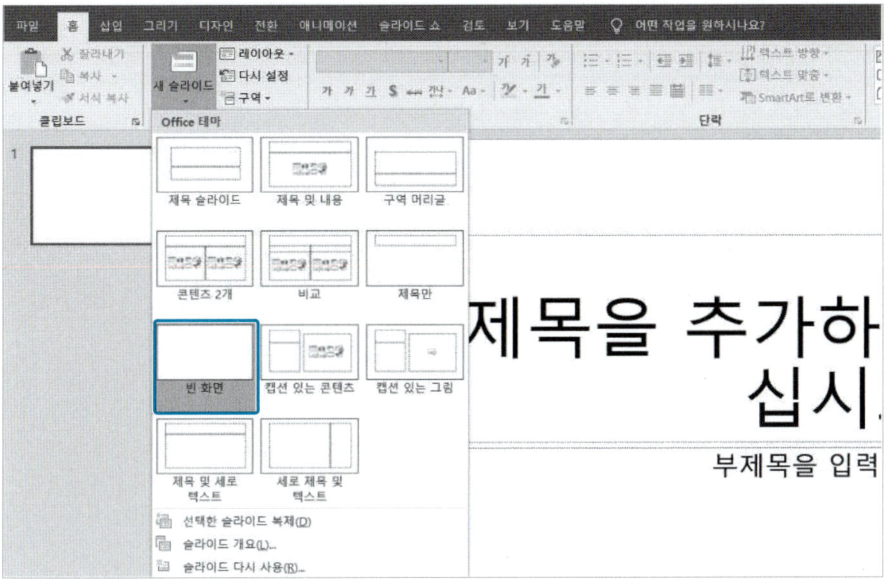


**step 2** 새 슬라이드에서 '차트 슬라이드'를 꾸며 주기 위해 **[삽입]–[도형]–[사각형]**을 선택하여 삽입한다.

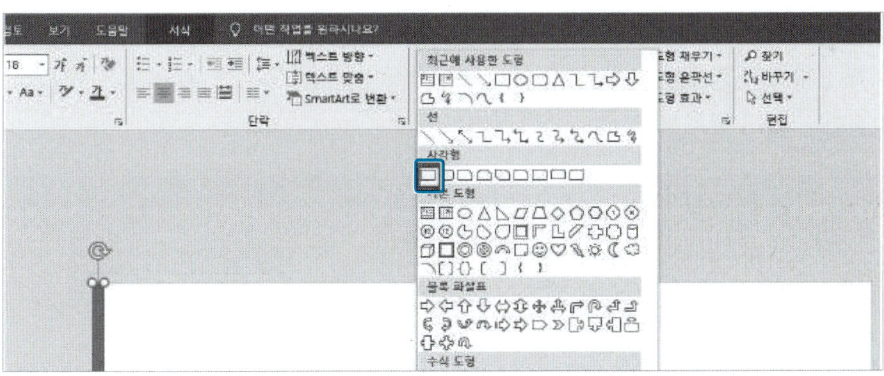

**step 3** 삽입된 도형의 크기는 [서식]–[크기]에서 [높이: 19.05cm], [너비: 0.48cm]으로 적용한다. 또한 도형의 색상을 변경하기 위해 마우스를 우클릭 하여 [도형 서식(O)]을 선택한다. 도형 서식에서 [채우기]–[단색채우기(S)]–[색(C)]에서 '표준색, 빨강'을 선택한다.

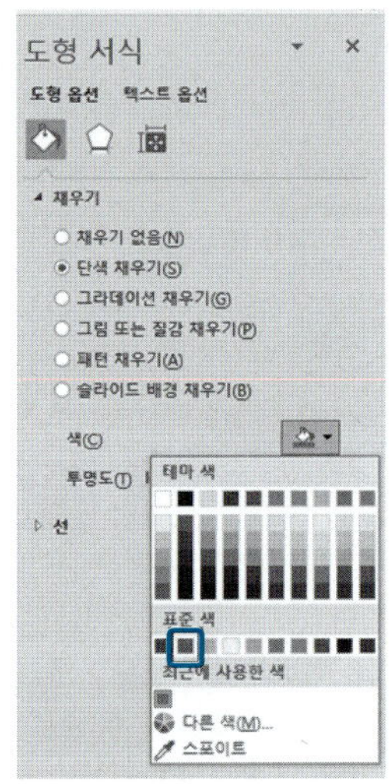


**step 4** 차트 슬라이드에서 제목을 위해 탭의 [삽입]–[텍스트 상자]–[가로 텍스트 상자 그리기(H)]를 선택하고 필요한 크기의 텍스트 상자를 삽입한다. 그 다음 필요한 정보를 작성하여 적절한 위치에 배치한다.

**step 5** '막대 차트'를 표현하는 개체를 만들기 위해 [삽입]-[도형]-[정육면체]를 선택하고 삽입한다. 〈Ctrl+D〉는 삽입된 개체를 일정한 간격으로 복제하는 기능이다. 〈Ctrl+D〉를 이용하여 처음 복제된 도형을 원하는 간격으로 맞춘 후, 〈Ctrl+D〉를 통해 다음과 같이 도형을 복제한다.

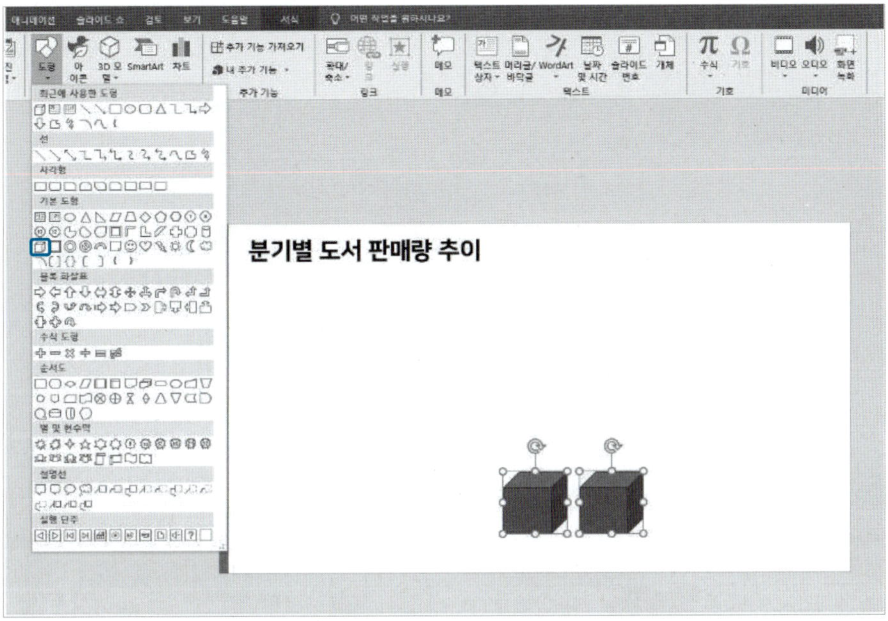


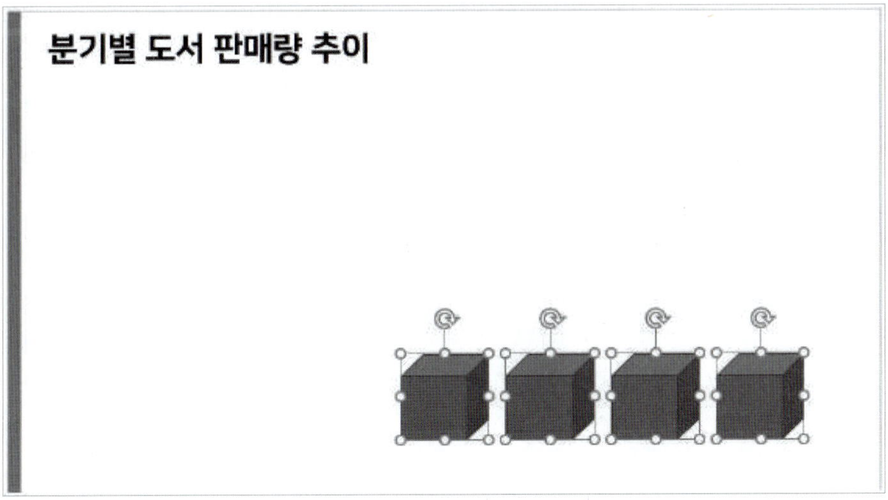

**step 6** 삽입된 '막대 차트'의 색상은 개체를 선택하고, 마우스를 우클릭 하여 **[개체 서식(O)]**을 선택한다. 그 다음 **[채우기 및 선]–[색]**에서 다음과 같이 원하는 색을 선택한다.

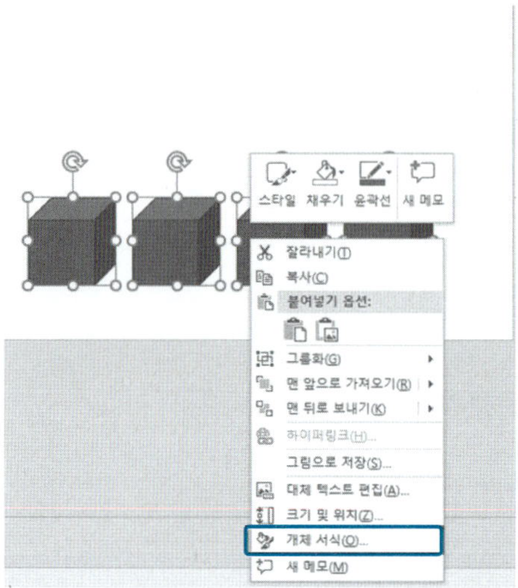


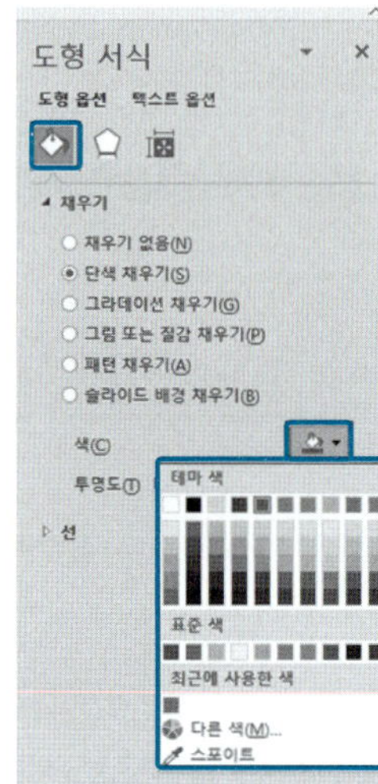


**step 7** **step 4** 와 같은 방법으로 텍스트 상자를 삽입하고 '막대 차트' 개체의 가로축, 범주 등을 표현한다. 그 다음 축의 값, 가로축 등 필요한 정보를 작성하여 적절한 위치에 배치한다. 또한 '막대 차트' 개체에 그림자를 적용하기 위해 **step 6** 과 같은 방법으로 전체 개체를 지정하여 개체서식을 선택하고, **[효과]–[그림자]–[미리 설정(P)]–[바깥쪽]**에서 '오프셋: 오른쪽 아래'를 선택한다.

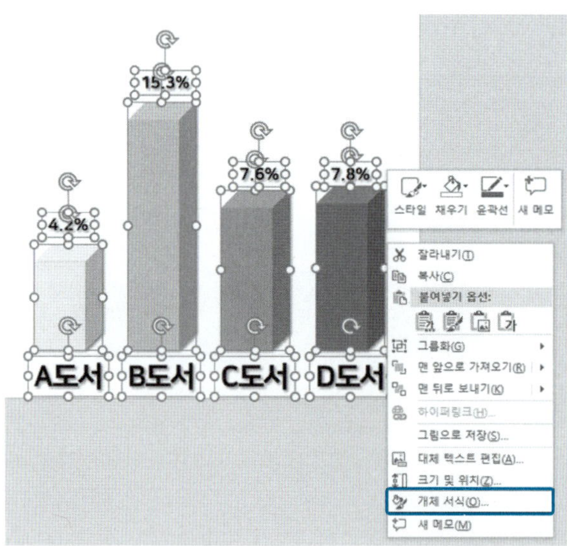


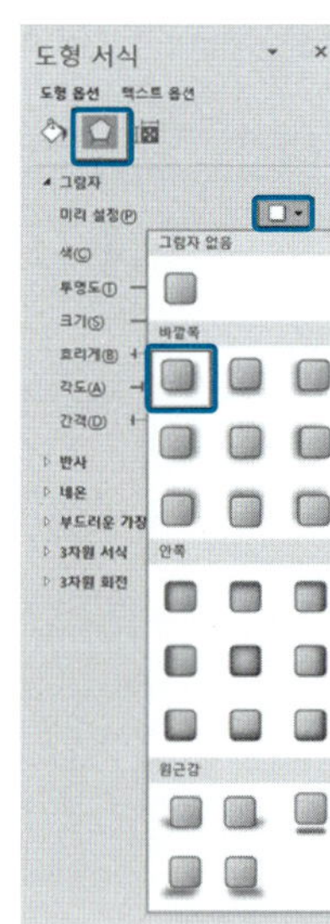

step 8 다음과 같은 '원 차트'를 표현하기 위해 [삽입]–[도형]–[부분 원형]을 선택하고 삽입한다.

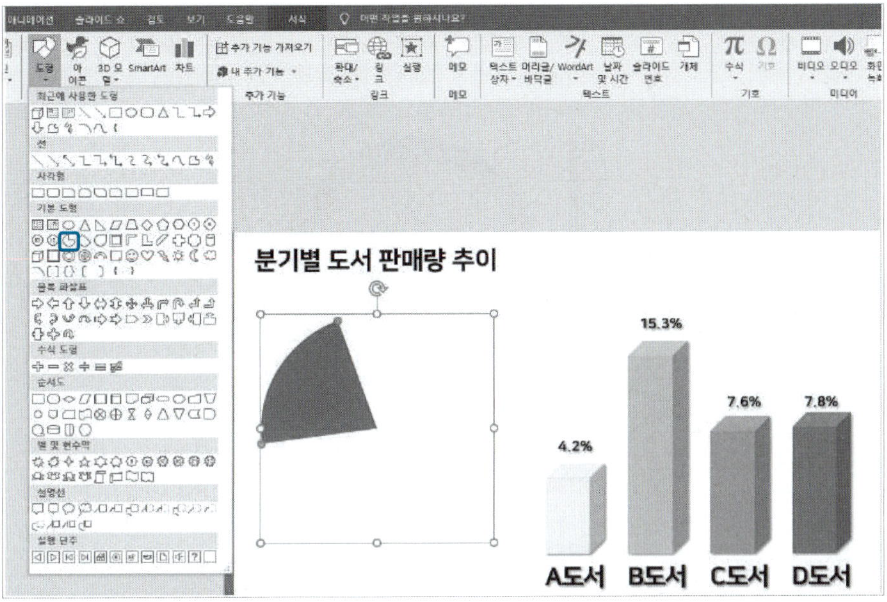


step 9 '원 차트'의 비율을 표현하기 위해 step8 과 같은 방법으로 [부분 원형]을 추가한다. 또한 차트의 개체의 색상은 step 6 과 같이 절절한 색상을 각각의 원 차트에 지정한다.

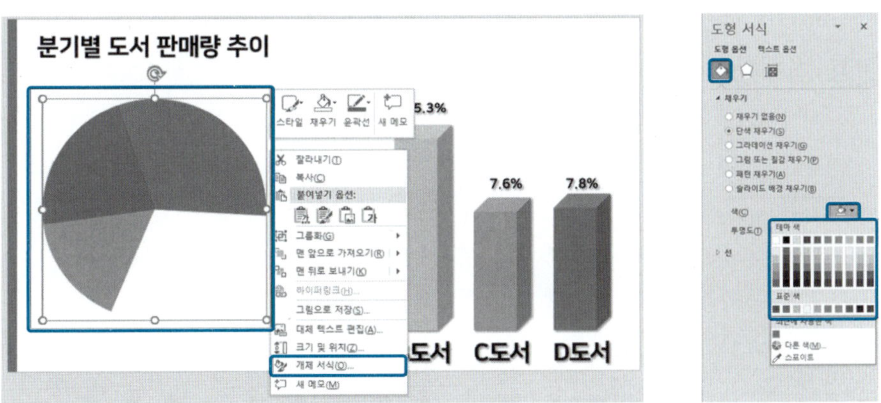

**step 10** '원 차트' 안에 정보를 넣어주기 위해 [삽입]–[도형]–[정육면체]를 선택하고 삽입한다. **step 4** 와 같은 방법으로 텍스트 상자를 삽입하고 필요한 정보를 입력한다. 또한 **step 6** 과 같은 방법으로 개체의 색을 '흰색, 배경1'로 설정하고 크기는 [높이: 10pt], [너비: 10pt]로 설정한다.

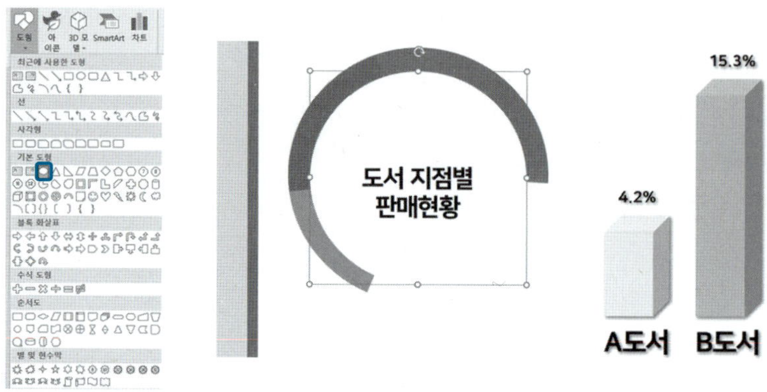


**step 11** 그 다음 정보를 직관적으로 표현하여 주기 위해 아이콘을 삽입한다. 아이콘은 메뉴의 [삽입]–[아이콘]을 선택한다.

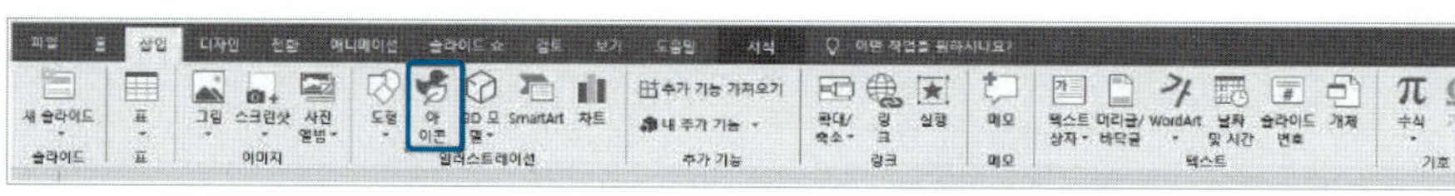

**step 12** 적절한 아이콘을 적용하기 위해 [아이콘 삽입] 대화 상자에서 [교육] 탭에 다음과 같은 아이콘을 선택한 후 삽입한다.

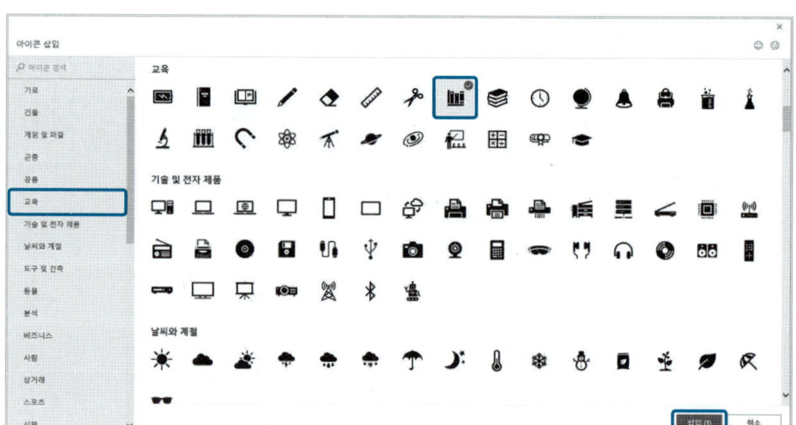

**step 13** **step 4** 와 같은 방법으로 텍스트 상자를 삽입하고 필요한 정보를 입력한다. 그래프 안에 텍스트는 배경색과의 조화를 위해 글자 색을 '흰색, 배경1' 로 변경한다.

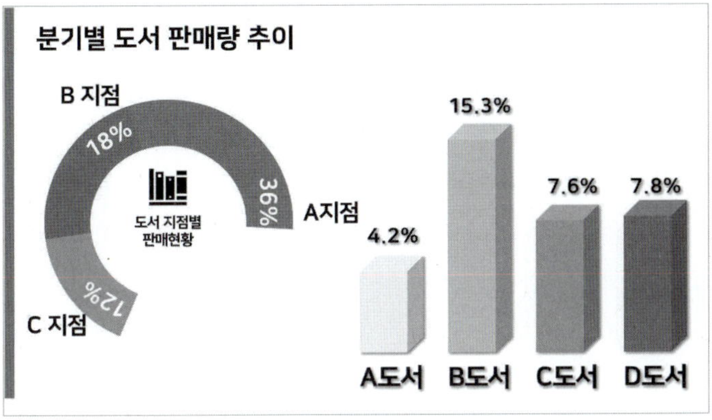


**step 14** 모핑 효과는 파워포인트 2019의 새로운 기능으로 프레젠테이션을 역동적으로 표현할 수 있는 화면 전환을 보여줄 수 있다. 모핑 효과를 통해 화면 전환 효과를 표현하기 위해 슬라이드 창에서 슬라이드를 선택하고 〈Ctrl+C〉와 〈Ctrl+V〉를 사용하여 복사하고 2, 3번 슬라이드를 추가한다.

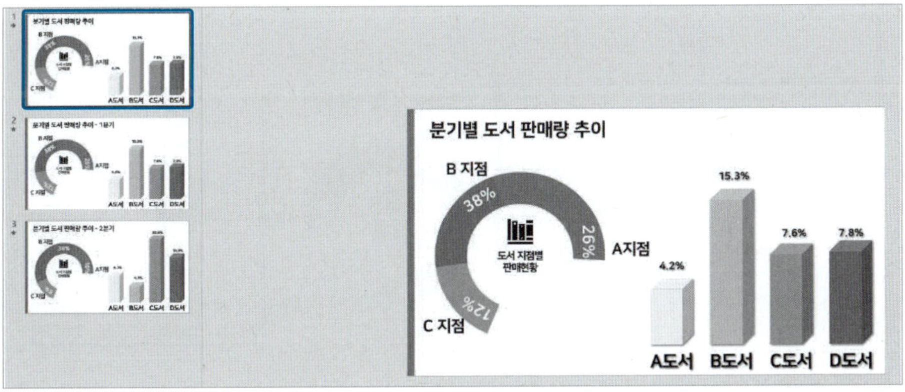

**step 15** 모핑 효과로 차트를 날아오게 표현하기 위해 1번 슬라이드에서 '원 차트'를 제거하고, '막대 차트'는 슬라이드의 오른쪽 바깥에 배치한다.

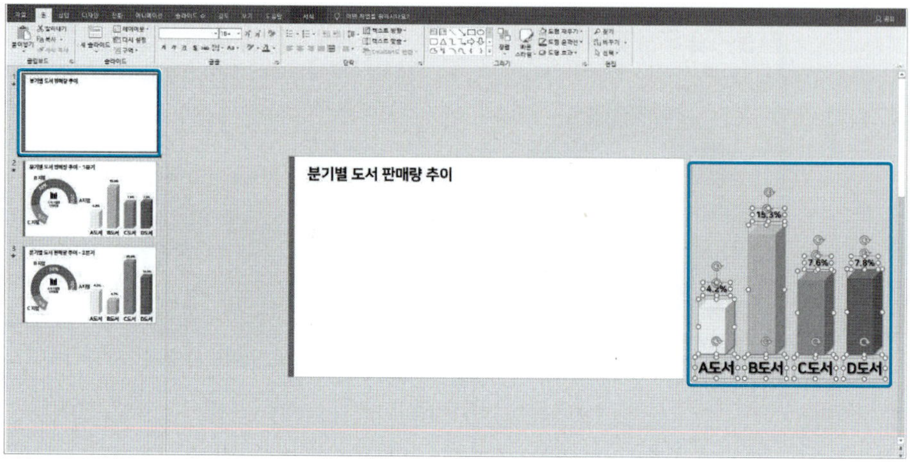


**step 16** 그 다음 2번 슬라이드로 넘어가서 막대차트가 날아올 위치를 지정하고 제목의 내용을 다음과 같이 변경한다.

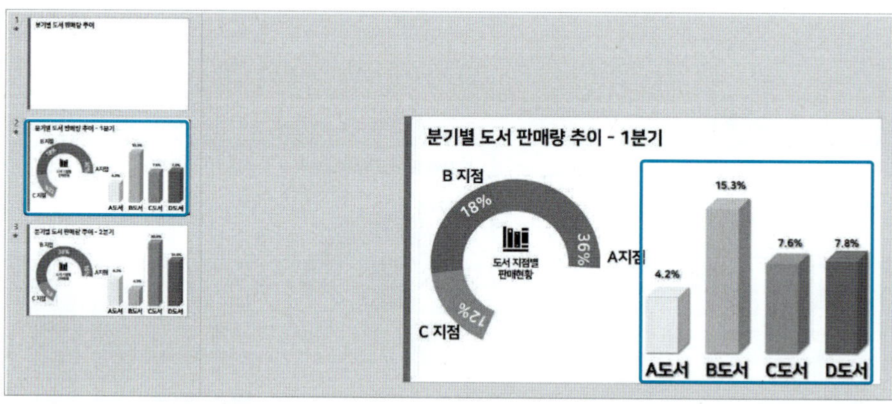

**step 17** 마지막 3번 슬라이드로 넘어가서 분기별 판매 현황에 대해 표현하기 위해 '원 차트'와 '막대 차트'의 비율을 조정한다.

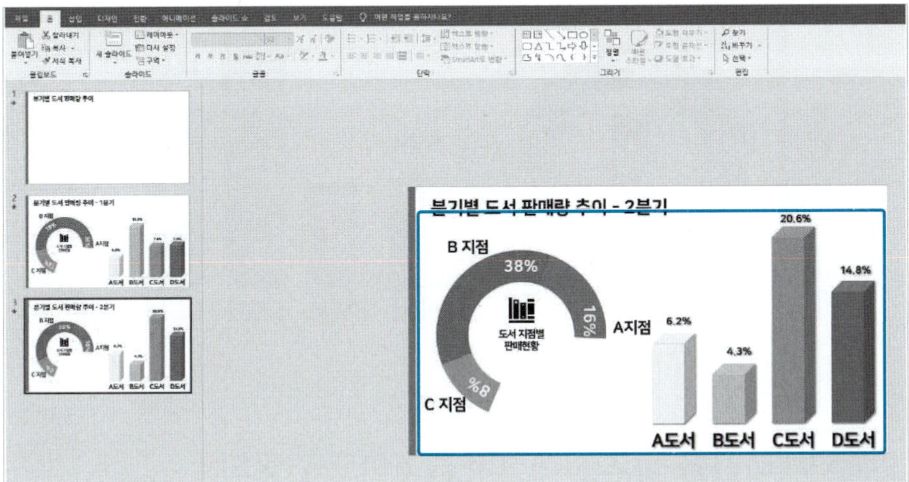


**step 18** 각 슬라이드에 전환 효과인 모핑 효과를 적용한다. 모핑 효과는 전체 슬라이드를 선택하고 [전환]–[모핑]을 선택한다.

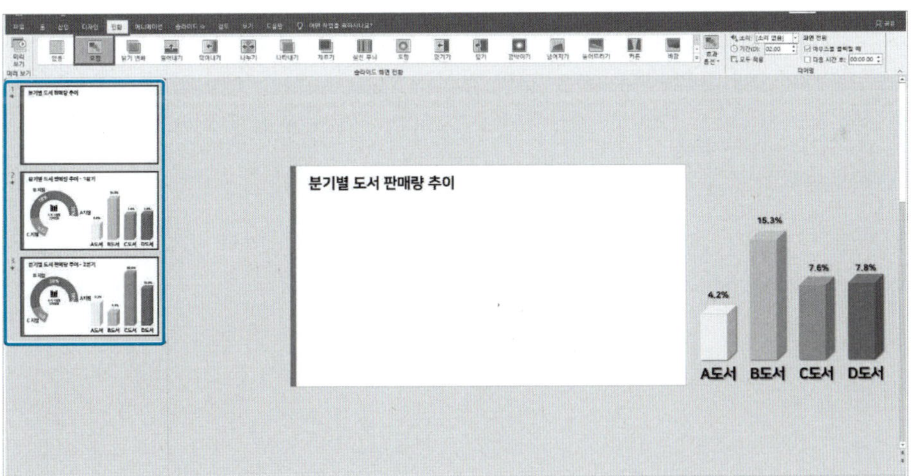

**step 19** 다음과 같이 화면 전환 효과인 모핑 효과가 적용된 슬라이드가 완성된다.

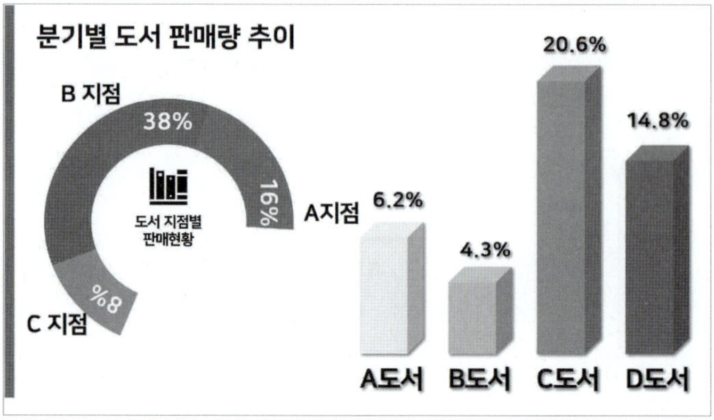


## 11.2 애니메이션을 적용한 메신저 슬라이드 만들기

슬라이드에 여러 가지 애니메이션 효과를 적용시키면 정지된 개체를 역동적으로 나타낼 수 있다. 청중들의 관심을 끌어 보다 효과적인 발표를 할 수 있는 슬라이드 쇼를 구성한다. 애니메이션은 텍스트, 그림, 도형, 표, 스마트아트, 그래픽 및 기타 개체를 애니메이션을 통해 나타내기, 강조, 끝내기, 이동경로, 3D, 추가기능 등의 강력한 시각적 효과를 적용할 수 있다. 애니메이션은 화면 전환 효과와 더불어 프레젠테이션 발표할 때 효과적으로 사용하는 방법이다. 화면 전환 효과가 슬라이드간의 이동시 동작 변화인데 비해서, 애니메이션 효과는 슬라이드의 중요한 부분을 강조할 때 사용한다.

본 장에서는 애니메이션 효과를 활용하여 메신저에 말풍선과 읽음 표시를 나타내고 사라지게 하는 메신저 슬라이드를 만들어보자.

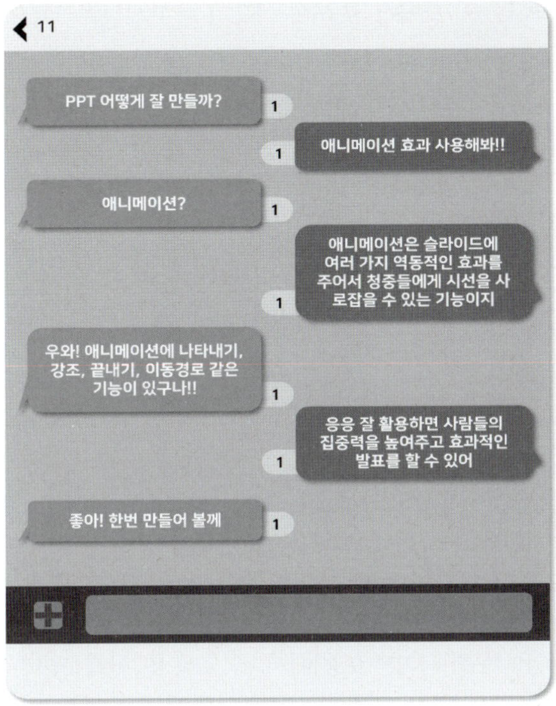


**step 1** '메신저 슬라이드'를 만들기 위해 [홈] 탭에서 [새 슬라이드]–[빈 화면]을 선택한다.

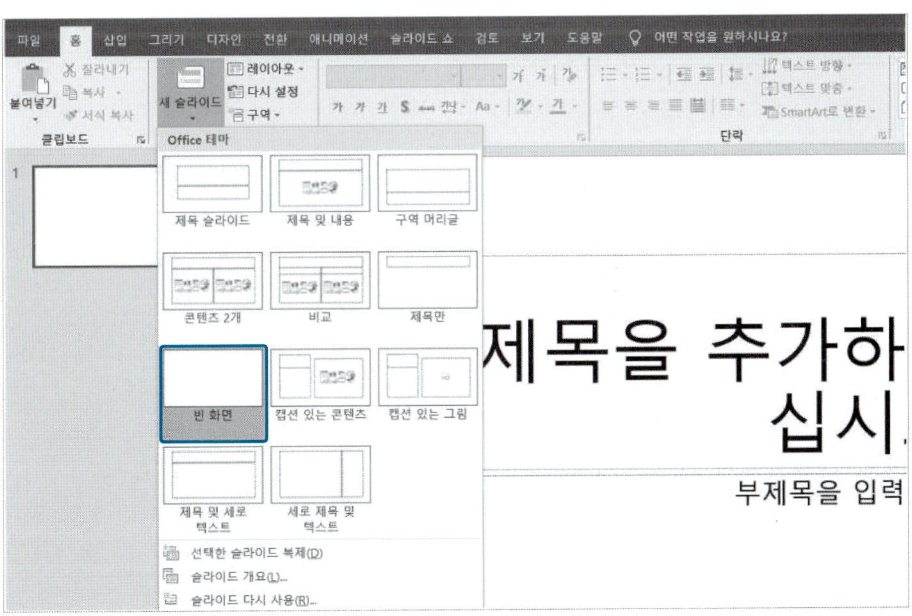

**step 2** '메신저 슬라이드'의 모양을 도형을 이용하여 구성한다. 메신저를 만드는 방법은 리본 메뉴의 **[삽입]-[도형]-[사각형]**에서 '직각 사각형'과 '사각형 : 둥근 모서리'를 생성한다. 그 다음 도형의 색을 변경하기 위해서 개체를 선택한다. **[도형 서식(O)]-[채우기 및 선]-[색]**에서 다음과 같이 원하는 색을 선택하고, 두 개의 도형을 겹친다.

**step 3** 그 다음 **[삽입]-[도형]-[기본 도형]**에서 'L 도형'을 선택하여 'L 도형'을 삽입한다. 적절한 위치에 배치한다.

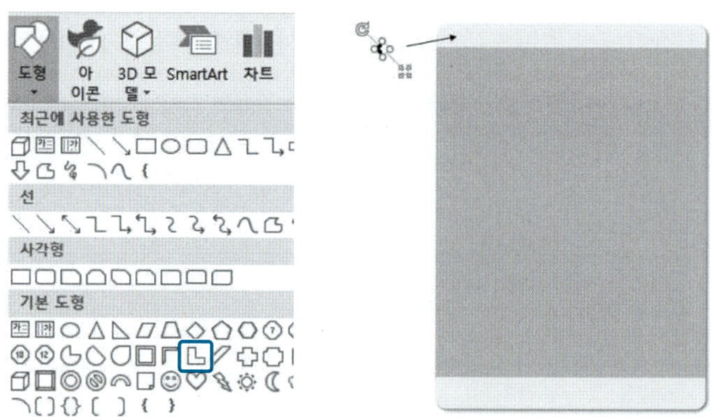

**step 4** 그 다음 '메신저 창'의 '대화 입력창'을 만든다. '대화 입력창'은 **[삽입]–[도형]–[기본 도형]**에서 '직선', '직사각형', '사각형 : 둥근 모서리'를 응용하여 삽입하고 적절한 위치에 배치한다.

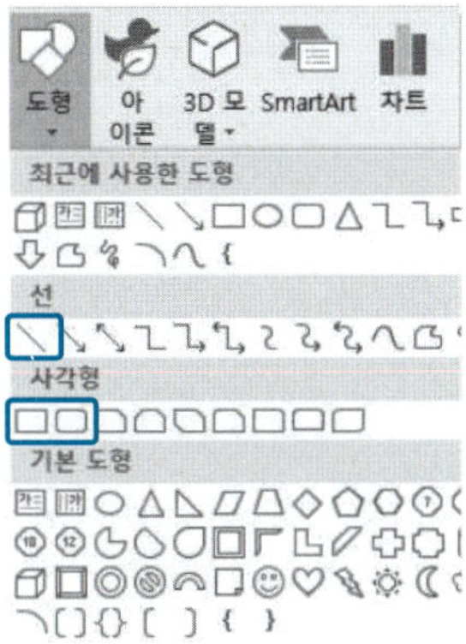

**step 5** '메신저 슬라이드'에서 개체 애니메이션을 적용할 말풍선을 만들기 위해, 리본 메뉴의 **[삽입]–[도형]–[설명선]**에서 **[말풍선]**을 선택한다.

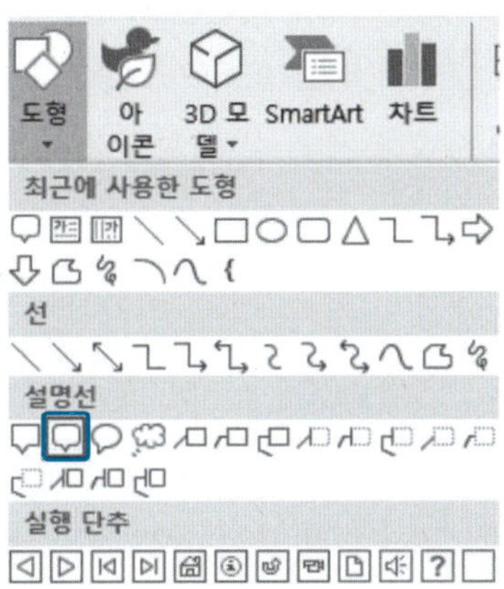

**step 6** '메신저'에 말풍선을 삽입하고, [서식] 탭에서 말풍선의 크기와 효과를 적용한다. [크기] 메뉴에서 [높이: 1.3cm], [너비: 6cm], [서식]–[도형 채우기]와 [도형 윤곽선]을 원하는 색으로 선택하고, [도형 효과]–[그림자(S)]–[바깥쪽: 오프셋 대각선 오른쪽 아래]를 선택한다.

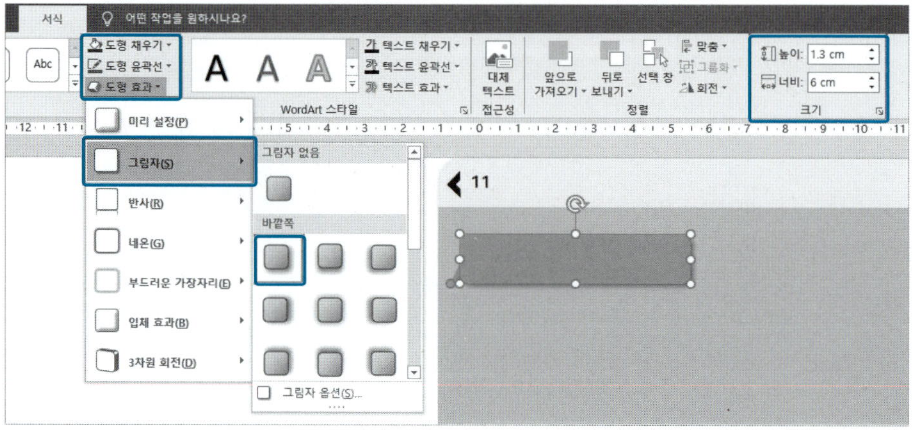


**step 7** '메신저'에 '읽음 표시'를 나타내는 도형을 만들기 위해, **step 2** 와 같은 방법으로 리본 메뉴의 [삽입]–[도형]–[사각형]–[사각형 : 둥근모서리]를 선택한다. 삽입된 도형에 '1'을 작성하고 [홈]–[그리기]–[정렬] 탭에서 [개체 위치]의 [맞춤(A)]–[오른쪽 정렬(T)]을 한다. 또한 말풍선 뒤로 도형을 보내기 위해 말풍선을 선택하고, 마우스를 우클릭 하여 [맨 뒤로 보내기(K)]–[뒤로 보내기(B)]를 선택한다.

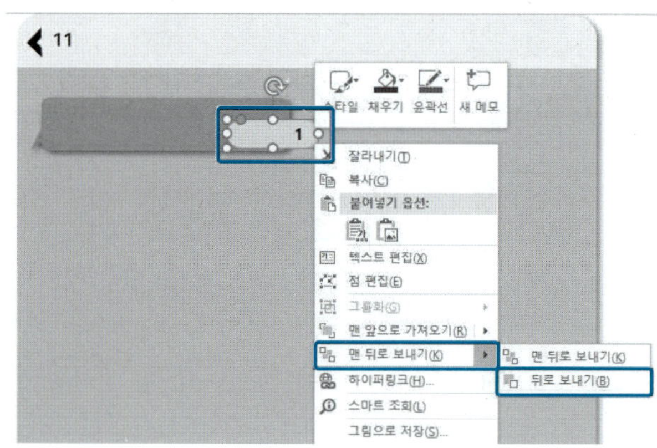

**step 8** 다른 말풍선을 표현하기 위해, 기존의 말풍선과 읽음 표시를 선택한 후, Ctrl+[마우스 왼쪽 버튼 클릭]+[오른쪽 드래그]를 활용하여 다음과 같이 도형을 복사한다. 그 다음 말풍선을 식별할 수 있도록 **step 2** 와 같은 방법으로 [서식] 탭에서 [서식]–[도형 채우기]와 [도형 윤곽선]의 색을 변경한다.

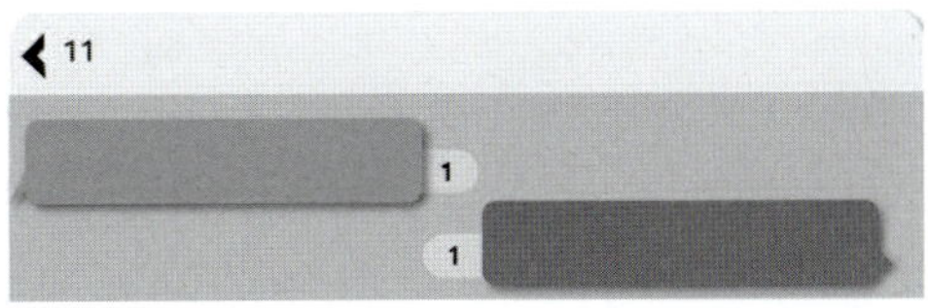


**step 9** **step 7** 과 **step 8** 과 같은 방법으로, '나의 말풍선 → 상대 말풍선 → 나의 말풍선'의 순으로 메신저처럼 다음과 같이 순서대로 '메신저'에 삽입한다.

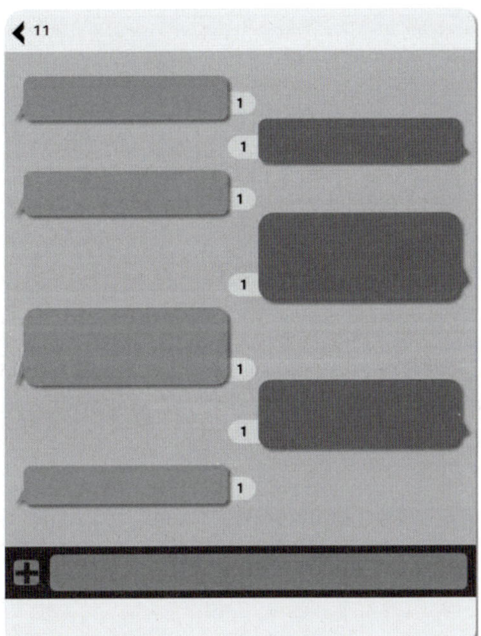


**step 10** 삽입한 말풍선에 개체 애니메이션 적용을 위해, 다음과 같이 첫 번째 말풍선을 선택하고, 애니메이션 메뉴의 [애니메이션]–[나타내기]를 선택한다.

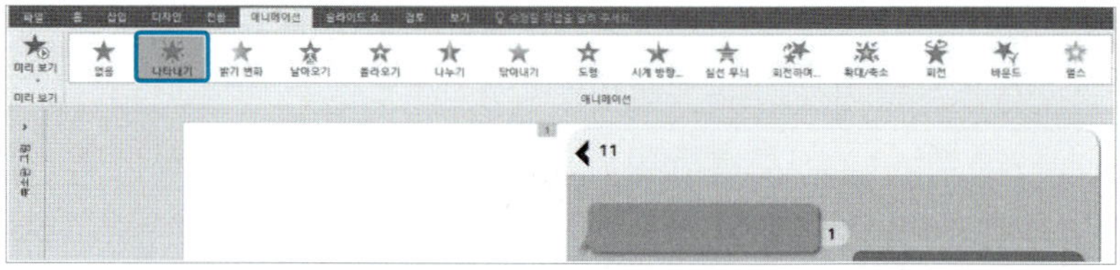

**step 11** 삽입된 모든 말풍선에 개체 애니메이션을 적용하기 위해, 애니메이션이 적용된 첫 번째 말풍선을 선택한다. 애니메이션 그룹의 [**애니메이션 복사**(Alt+Shift+C)]를 선택하면, 마우스의 포인터가 '붓 모양'으로 변하게 된다. 동일한 애니메이션을 적용하기 위해 두 번째 말풍선을 선택한다. 동일한 방법으로 읽음 표시 도형에 애니메이션을 적용하기 위해 애니메이션을 복사하여 '나의 읽음 표시 도형 → 상대의 말풍선 → 상대의 읽음 표시 도형 → 나의 두 번째 말풍선 순'으로 적용한다.

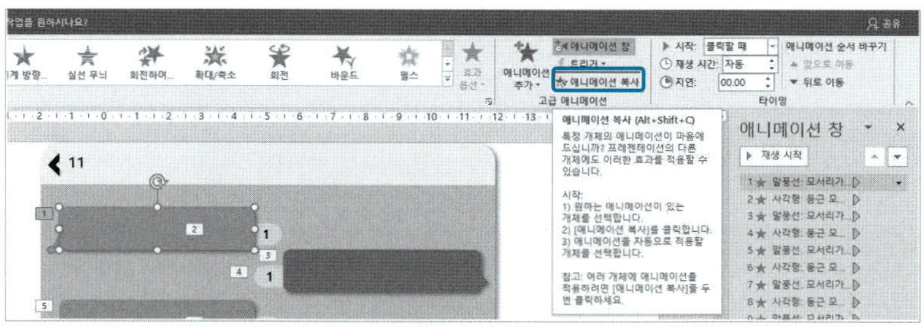


**step 12** 말풍선과 읽음 표시 도형의 애니메이션이 동시에 실행되기 위해 리본 메뉴의 [**애니메이션**]–[**애니메이션 창**]을 선택한다. 애니메이션 창에 읽음 표시 도형을 선택하고, 마우스 우클릭 하여 [**이전 효과와 함께 시작(W)**]을 선택한다.

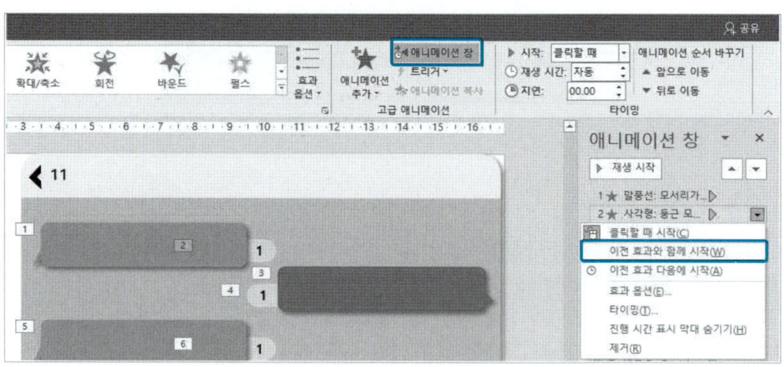

**step 13** 읽음 표시를 나타내는 '1'을 애니메이션을 통해 표현하기 위해 리본 메뉴의 [애니메이션]–[애니메이션 추가]–[나타내기], [사라지기]를 선택한다.

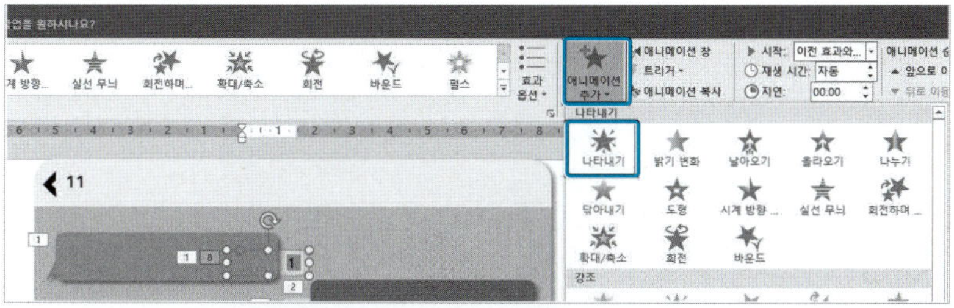


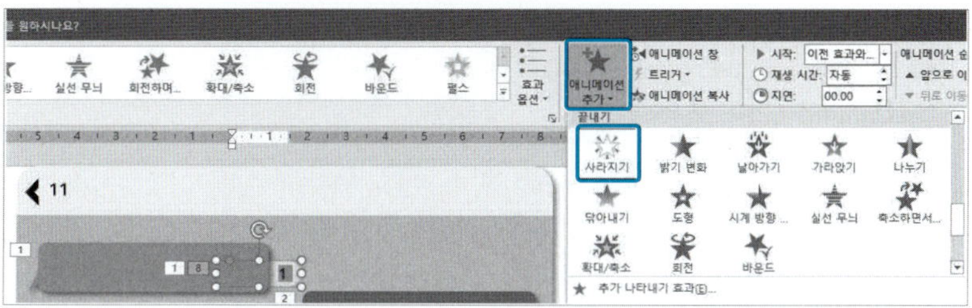


**step 14** '메신저'의 읽음 표시를 나타내는 '1'은 나의 말풍선과 같이 나타나고, 상대 말풍선이 나타날 때 사라진다. 따라서 애니메이션 그룹에서 [고급 애니메이션]–[애니메이션 창]을 선택하고, 순서가 잘못되어있는 애니메이션을 클릭하여 [애니메이션 창]에서 마우스 드래그를 이용하여 원하는 위치로 이동시킨다.

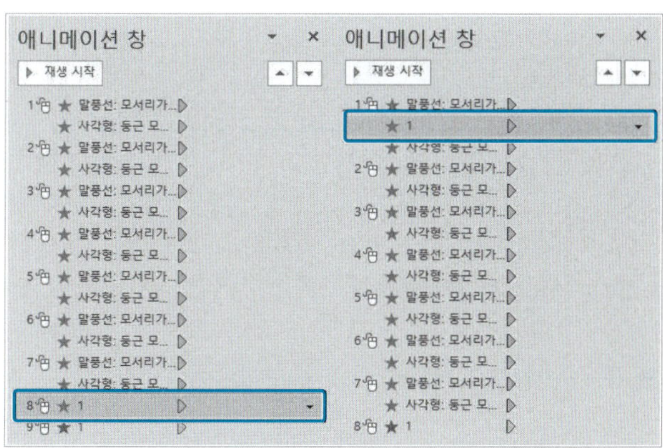

**step 15** 다음과 같이 애니메이션이 적용된 '메신저' 슬라이드가 완성된다. '내용을 적으세요.'에 알맞은 내용을 적어 애니메이션이 적용된 슬라이드를 사용해보자.

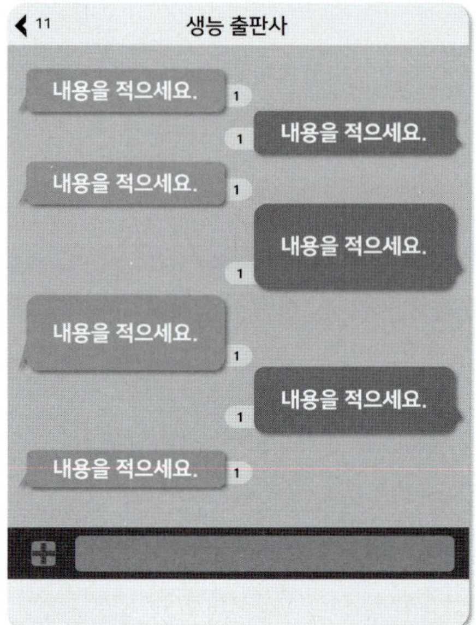


**step 16** 마지막으로 알맞은 내용을 적은 애니메이션이 적용된 '메신저' 슬라이드가 완성된다.

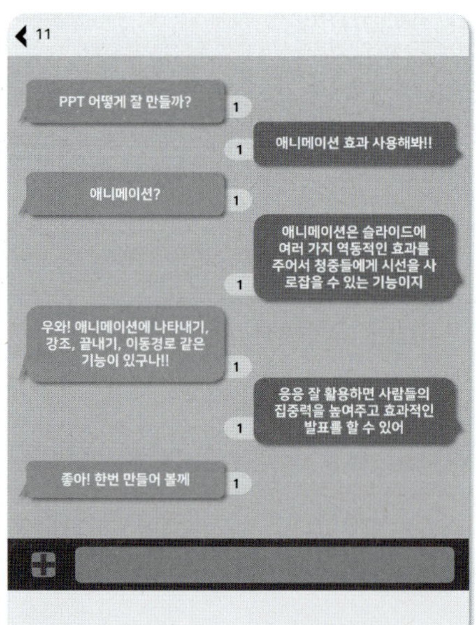

## TIP

### 다양한 애니메이션 효과

나타내기, 강조, 끝내기, 이동경로 각각 4가지 애니메이션 효과로 표현하고자 하는 개체에 적용한다.

① 나타내기: 특정 개체를 숨긴 상태에서 표시하는 효과

② 강조: 선택한 개체를 강조하기 위한 효과

③ 끝내기: 개체를 화면에서 사라지게 하는 효과

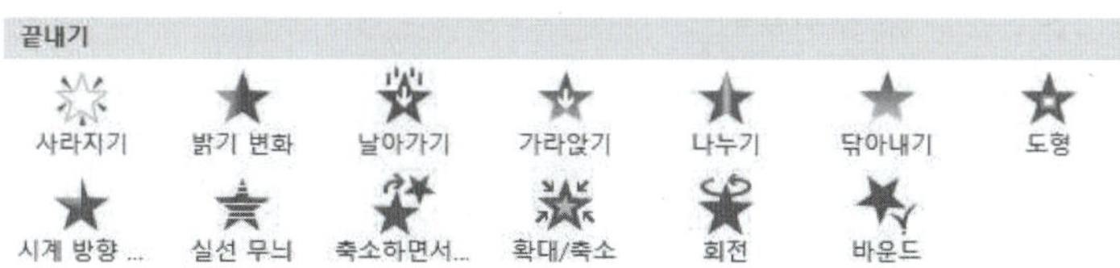


④ 이동 경로: 개체의 이동 방향을 지정하는 효과

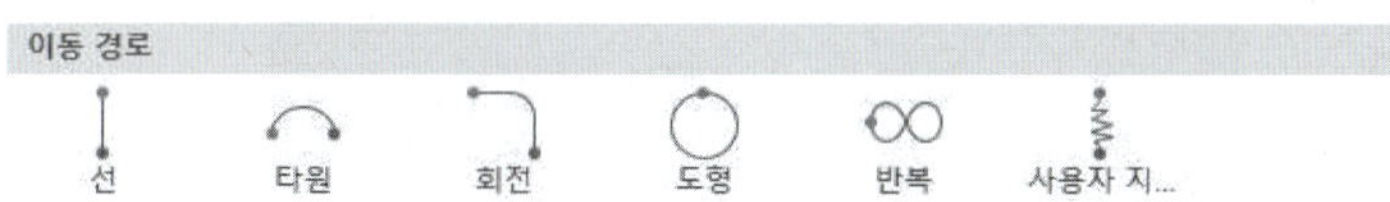


⑤ 3D : 3D 개체의 움직임을 나타내는 효과

## 11.3 메신저 슬라이드에 알림 효과음 삽입하기

슬라이드에 소리 파일을 삽입함으로써 보다 효과적인 프레젠테이션을 구성할 수 있다. 프레젠테이션은 기본적으로 시각적인 내용을 이용하여 작성되지만 배경음악이나 효과음을 삽입함으로써 청중의 관심도가 높아지므로 적절하게 사용하는 것이 중요하다. 삽입할 수 있는 소리 파일의 형식은 *.wav, *.mp3, *.mid 등을 비롯한 사운드 파일을 사용할 수 있다.

본 장에서는 다음과 같이 메신저 슬라이드에 알림 음원을 추가하여 슬라이드 쇼를 하는 동안 말풍선이 나타날 때마다 재생되게 해보자.

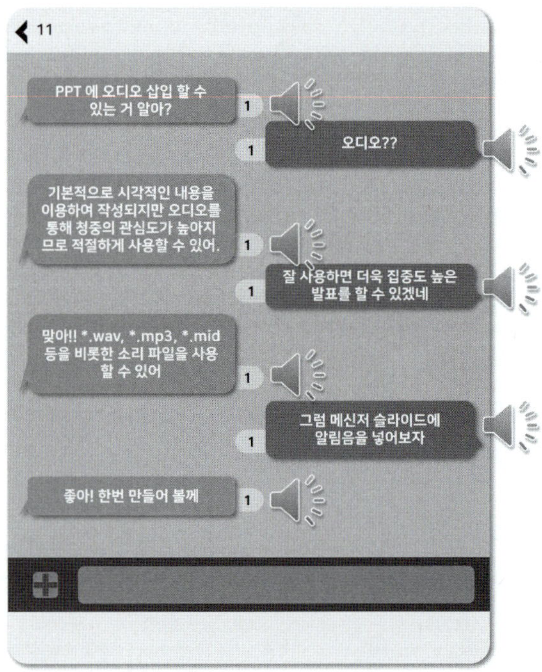


**step 1** 소리를 삽입하고자 하는 '메신저 슬라이드'를 클릭하고 메뉴에서 **[삽입]** 탭의 **[미디어]** 그룹에 있는 **[오디오]–[내 PC의 오디오(P)]**를 선택한다.

**step 2** [**오디오 삽입**] 대화 상자에서 삽입할 소리 파일을 선택하고 [**삽입(S)**] 버튼을 클릭한다. 여기서 삽입하는 소리파일은 '메신저 알림' 음원 파일이다.

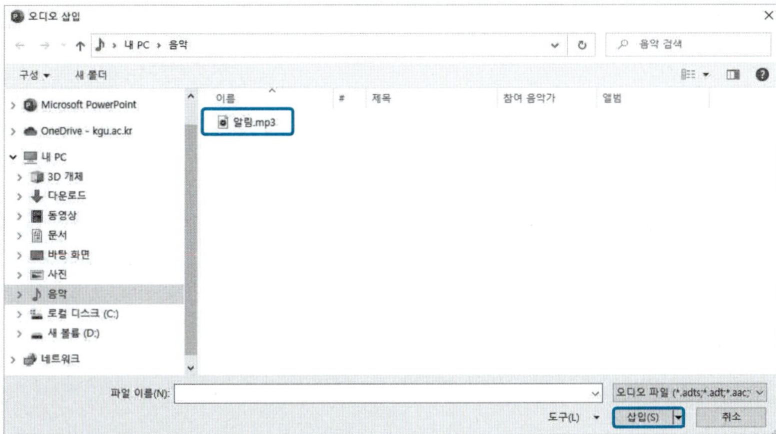


**step 3** 사운드 파일 실행 방법은 사운드 파일이 삽입된 후 메뉴에 [**오디오 도구**]인 [**서식**], [**재생**]에서 [**재생**]을 이용하여 변경이 가능하다. 또한 오디오 관련(책갈피, 편집, 옵션, 스타일 등) 설정이 가능하다.

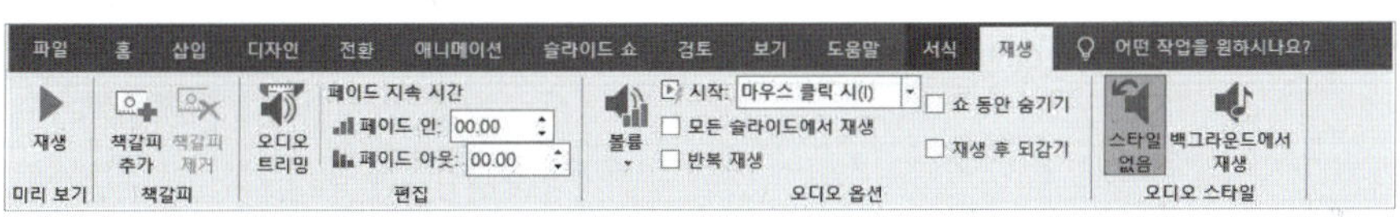


**step 4** '메신저 슬라이드'에 소리 아이콘이 삽입된다. 소리 파일을 실행하기 위해서 [**슬라이드 쇼**]를 실행하고 메신저 슬라이드에서 알림 음이 실행되는 것을 확인한다.

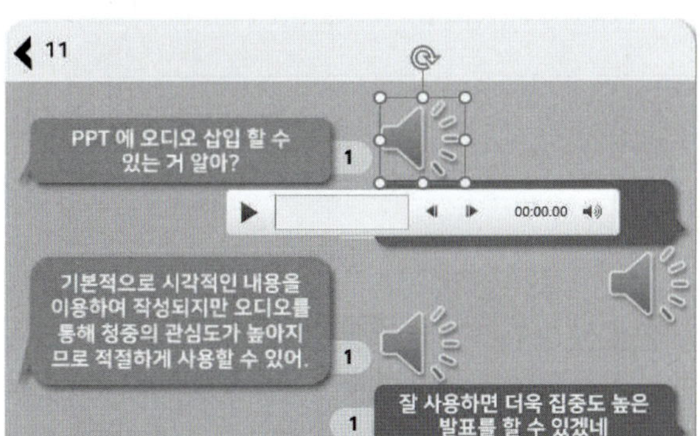

**step 5** 오디오를 삽입한 슬라이드에서 메뉴의 **[애니메이션]-[애니메이션 창]**에서 알림을 원하는 위치에 마우스 드래그를 통해 이동시킨다. 마우스 우클릭을 통해 **[효과 옵션(E)]**를 선택하면 **[오디오 재생]** 대화 상자가 나타난다. **[타이밍]** 옵션에서 **[시작(S)]** 옵션을 **[이전 효과와 함께]**를 선택한 후 확인 버튼을 클릭한다.

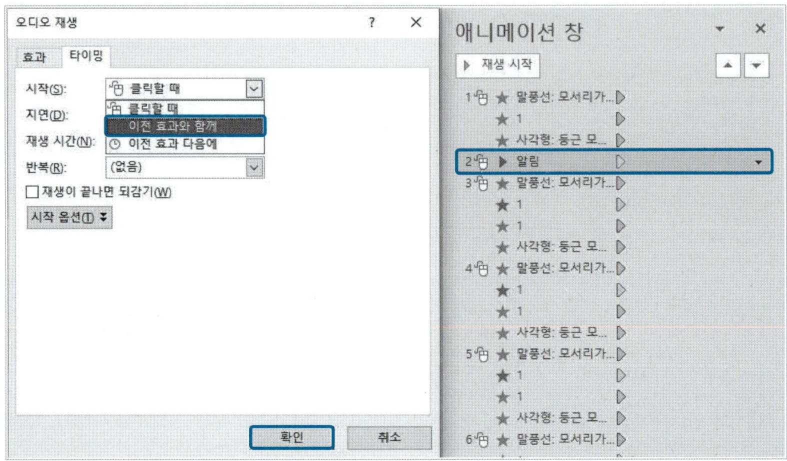


**step 6** 각각의 말풍선에 '알림음'을 삽입하고, 슬라이드 쇼 진행시 '알림음'이 재생되도록 설정한다. 다음과 같이 오디오가 적용된 '메신저 슬라이드'가 완성된다.

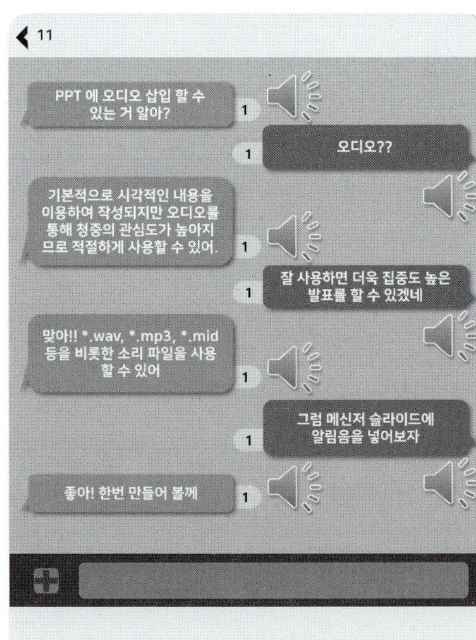

**step 7** 삽입된 소리 파일 삭제한다. 삽입한 소리 파일의 '스피커 아이콘'을 클릭하여 선택한 다음 키보드의 〈Delete〉 키로 간단하게 삭제하면 된다.

## 11.4 멀티미디어 영상을 슬라이드에 삽입하기

프레젠테이션의 슬라이드 내용에 적절한 나만의 비디오 파일을 삽입할 수 있다. 조금은 지루할 수 있는 프레젠테이션에 비디오 파일을 사용함으로써 청중의 관심을 끌어모아 현장감있는 효과를 얻을 수 있다. 삽입할 수 있는 비디오 파일의 형식은 *.avi, *.wmv, *.mov 등이 있다. 비디오 파일을 삽입하는 방법은 소리를 삽입하는 방법과 동일하다.

본 장에서는 다음과 같이 나만의 멀티미디어 영상 파일을 슬라이드에 삽입해보자. 멀티미디어 영상 파일은 자신의 핸드폰으로 촬영한 영상을 사용하거나 윈도우에서 기본적으로 제공하는 비디오 멀티미디어 샘플을 활용한다.

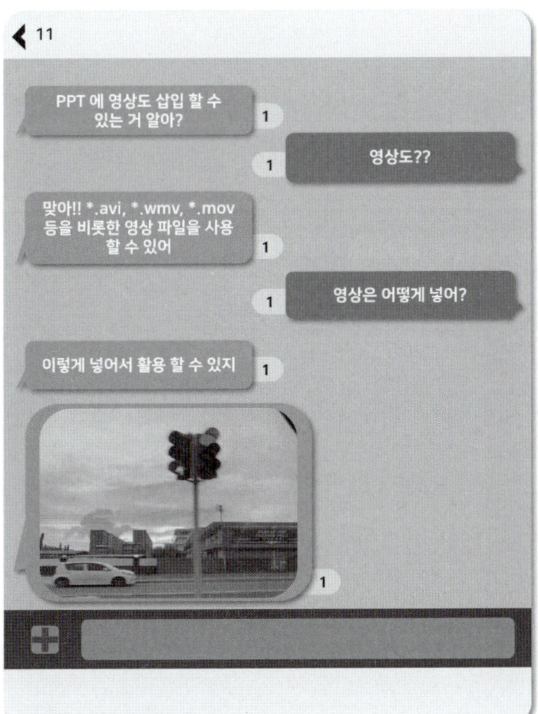

**step 1** 멀티미디어 영상을 삽입하고자 하는 '메신저 슬라이드'를 클릭하고 메뉴에서 **[삽입]** 탭의 **[미디어]** 그룹에 있는 **[내 PC의 비디오(P)]**를 선택한다. 여기서 **[온라인 비디오(O)]**는 다양한 온라인 소스에서 비디오를 찾아 삽입할 수 있다.

**step 2** **[비디오 삽입]** 대화 상자에서 슬라이드에 삽입할 영상을 선택한다. 삽입하려는 영상이 있는 폴더로 이동해서 해당 파일을 선택한다. 여기서 **[파일 형식(T)]**을 **[비디오 파일(*.asf, *.asx,*wpl)]**로 선택하고 **[삽입(S)]** 버튼을 클릭한다. 비디오는 자신의 핸드폰으로 촬영한 영상을 사용한다.

**step 3** 멀티미디어 영상 파일의 실행 방법은 사운드 파일이 삽입된 후 메뉴에 **[비디오 도구]**의 **[재생]**에서 '마우스 클릭 시(I)'를 선택한다. 이는 멀티미디어 영상을 마우스로 클릭할 때 재생된다.

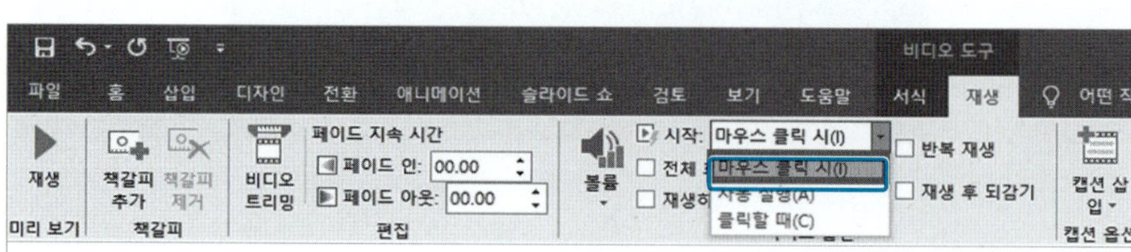

**step 4** '메신저 슬라이드'에 동영상이 삽입되며, 미리 보기를 통해 재생을 확인한다.

**step 5** 비디오의 모양이 말풍선의 모양과 자연스럽게 표현되도록 **[비디오 셰이프]**를 변경해보자. **[비디오 도구]-[서식]** 탭으로 이동하여 **[비디오 셰이프]**를 선택한다. **[비디오 셰이프]-[사각형]-[사각형 : 둥근 모서리]**를 선택한다.

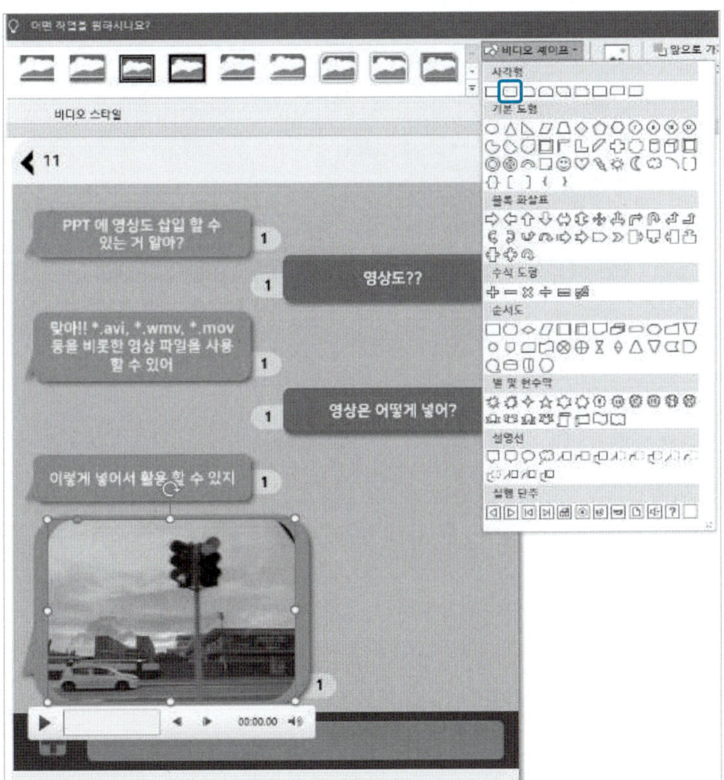

**step 6** 비디오 재생에 관련된 세부 설정을 적용한다. 메뉴에서 **[재생]-[비디오 옵션]** 그룹에 있는 도구를 사용하여 비디오 재생에 관련된 세부 설정을 할 수 있다. 여기서 '**클릭하여 실행**'으로 멀티미디어 영상 재생하고 영상 '자동 되감기'와 '반복 재생'을 선택해 보자.

**step 7** 다음과 같이 나만의 멀티미디어 영상이 삽입된 '메신저 슬라이드'가 완성된다.

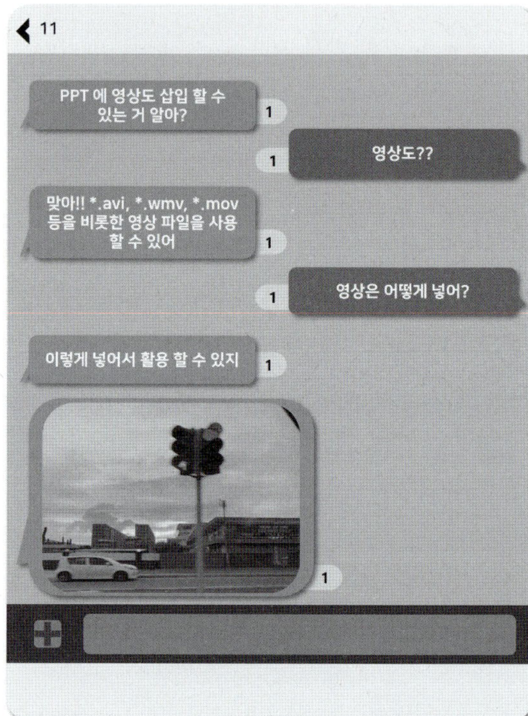

# 연습문제

**1.** 화면 전환과 애니메이션 기능을 적용한 앨범 판매량 차트 슬라이드를 만드시오.

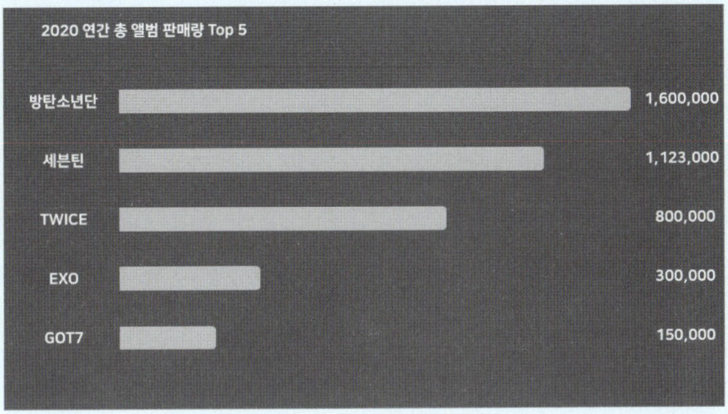


**2.** 다음과 같이 SW 자산관리 프로세스 슬라이드를 작성하고 애니메이션을 적용하자.

① 'SW 자산관리 프로세스' 텍스트 상자에 [나타내기] 효과를 적용하시오.
② 각각의 원형을 아래서부터 순서대로 [날아오기] 효과를 위에서 아래로 적용하시오.
③ 애니메이션 효과가 적용된 개체의 순서 번호를 바꾸고 속도를 느리게 지정하시오.

3. '인공지능'에 관한 주제로 프레젠테이션을 구성하여 만든 후, 각각의 슬라이드마다 화면 전환 효과 및 애니메이션 효과를 삽입하여 프레젠테이션을 작성하시오.

4. 디자인 및 워드아트를 이용하여 다음과 같이 슬라이드를 만들고 화살표가 움직이면서 아이콘이 나타나는 효과를 적용하여 슬라이드를 만드시오.

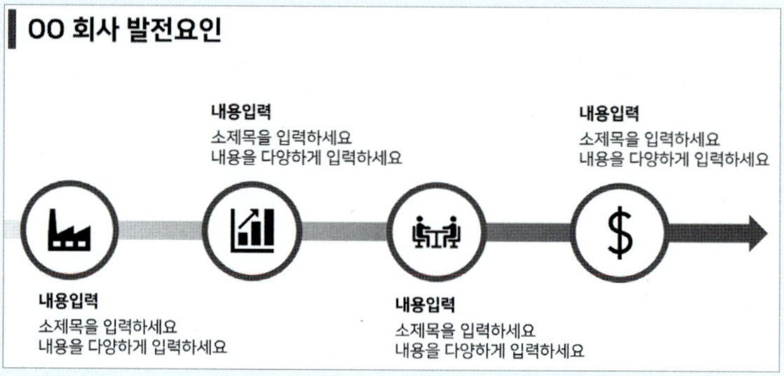


5. 제품을 소개하는 동영상을 제작한 후 슬라이드에 비디오 파일을 삽입하여 회사의 제품소개 슬라이드를 만드시오.

# 12 프레젠테이션 발표 및 마무리하기

CHAPTER

12.1 프레젠테이션 슬라이드 저장하기 / 12.2 온라인 프레젠테이션 제작하기
12.3 프레젠테이션 슬라이드 및 유인물 인쇄하기 / 12.4 프레젠테이션 보안 강화하기

## 12.1 프레젠테이션 슬라이드 저장하기

### 12.1.1 프레젠테이션 슬라이드 저장 방법

프레젠테이션의 작성이 완료되면 다시 파일을 열어보기 위해 저장이 필요하다. 파워포인트 2019 버전에서 작성한 프레젠테이션은 *.pptx 형식의 확장자를 사용한다. 자신이 작성한 프레젠테이션의 파일 이름을 설정하고, 원하는 경로에 저장해보자.

**step 1** 슬라이드 저장을 위해 단축키 〈Ctrl+S〉 또는 **[빠른 실행 도구 모음]**에서 저장(🖫) 버튼을 클릭한다.

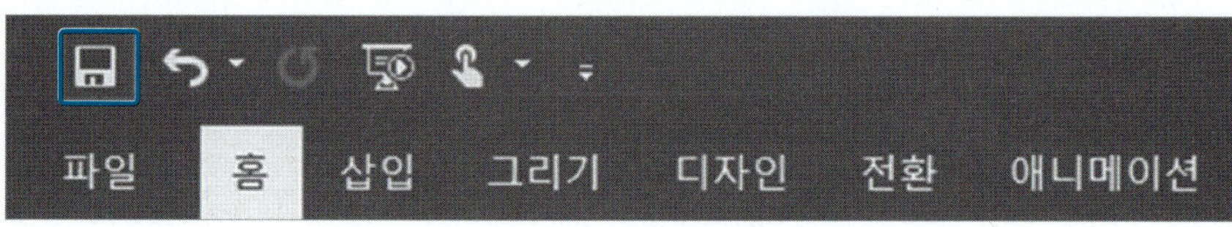


**step 2** 메뉴에서 **[파일]**을 선택하고, **[저장]** 또는 **[다른 이름으로 저장]**을 클릭한다. 프레젠테이션이 저장될 경로를 선택한다.

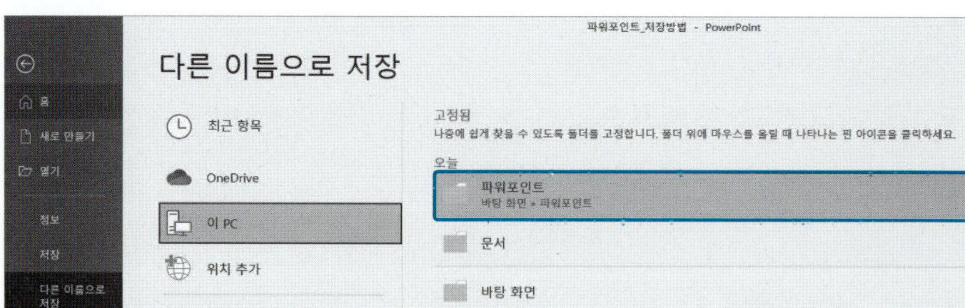

**step 3** [다른 이름으로 저장] 대화 상자에서 [파일 이름(N)]을 '파워포인트_저장방법'으로 입력하고 [기본 파일 형식(T)]인 PowerPoint 프레젠테이션(*.pptx)으로 저장한다.

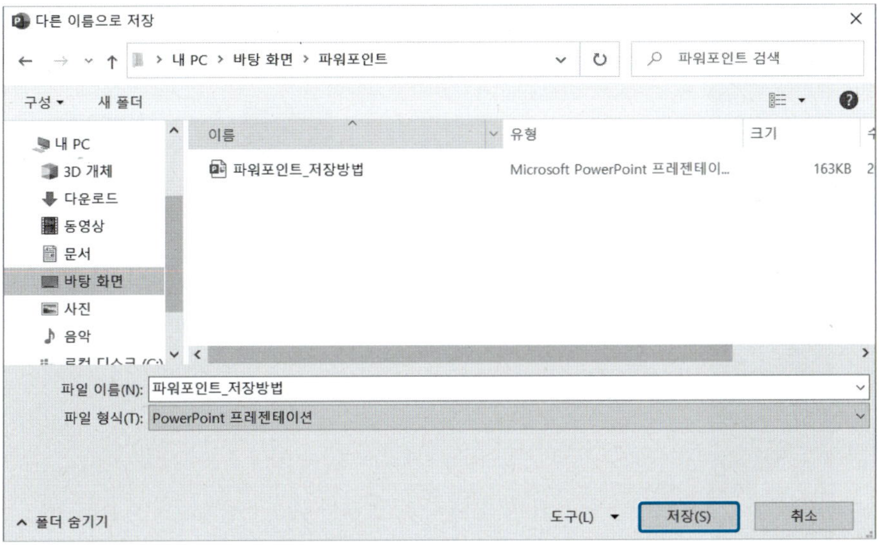


**step 4** 윈도우 탐색기에서 해당 경로에 저장된 프레젠테이션 파일을 확인한다.

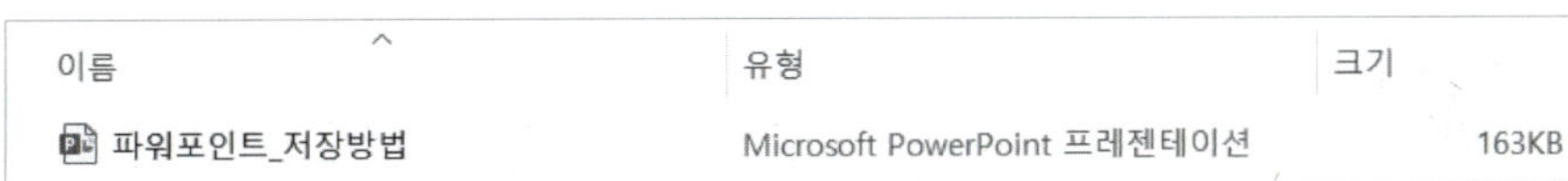


## 12.1.2 프레젠테이션 슬라이드 자동 저장 기능

문서 작업을 진행하다 보면 다양한 이유로 프로그램의 작동이 종료되는 경우가 있다. 시스템 과부하가 일어나거나, 정전 등의 이유로 작업파일을 저장하지 못하고 프로그램이 강제 종료되는 경우이다. 이러한 경우 사전에 저장을 하지 않았다면 지금까지 작업한 문서들을 복구할 수 없다. 작업파일을 잃는 경우를 방지하기 위해 파워포인트 2019에서는 자동 저장 기능을 제공한다. 사용자가 자동 복구 저장 간격을 지정할 수 있다.

step 1 메뉴의 **[파일]**을 선택하여 다음과 같이 **[옵션]**을 클릭한다.

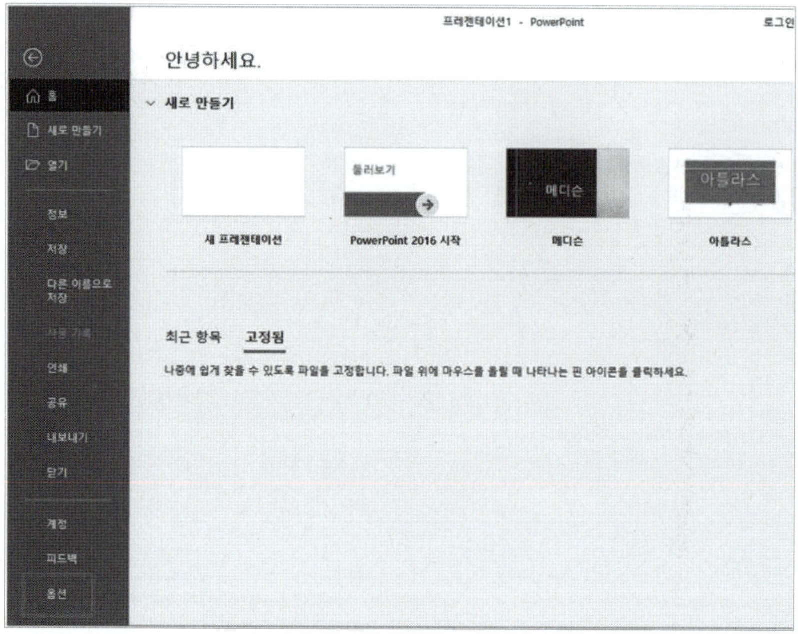


step 2 **[옵션]-[저장]**을 선택한 후 프레젠테이션 저장 메뉴를 확인한다. '프레젠테이션 저장' 탭의 **[자동 복구 정보 저장 간격(A)]**이 체크되었는지 확인한다. 현재 10분 간격으로 자동 복구 기능이 실행됨을 확인할 수 있다. 시간을 수정하여 자동 저장 간격을 지정할 수 있다.

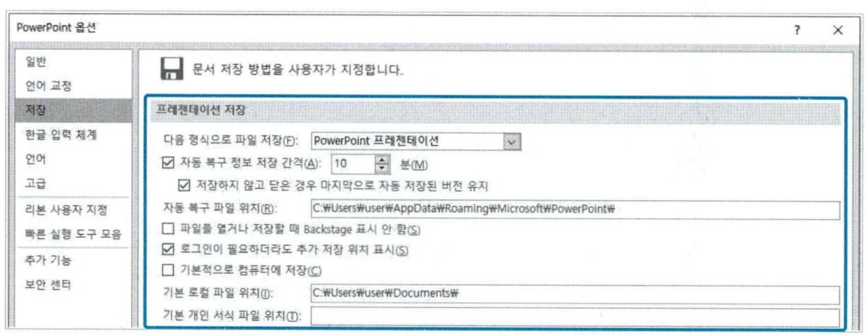


## 12.1.3 프레젠테이션 슬라이드 PDF 파일 형식으로 저장하기

PDF(Portable Document Format)파일 형식은 다른 시스템에서도 호환성이 높으며, 실행시간이 적게 소모되기 때문에 많이 사용된다. 또한 애니메이션 기능이나 미디어 파일이 프레젠테이션 내에 존재하지 않을 경우, 프레젠테이션 안에 글꼴을 포함하지 않아도 서식이 변경되는 것을 방지할 수 있다. 자신이 작성한 프레젠테이션을 PDF 파일 형식으로 변환해보자.

step 1 프레젠테이션을 PDF 파일 형식으로 저장하기 위해서 메뉴의 **[파일]**을 선택하고, **[내보내기]-[PDF/XPS 문서 만들기]**를 클릭한다.

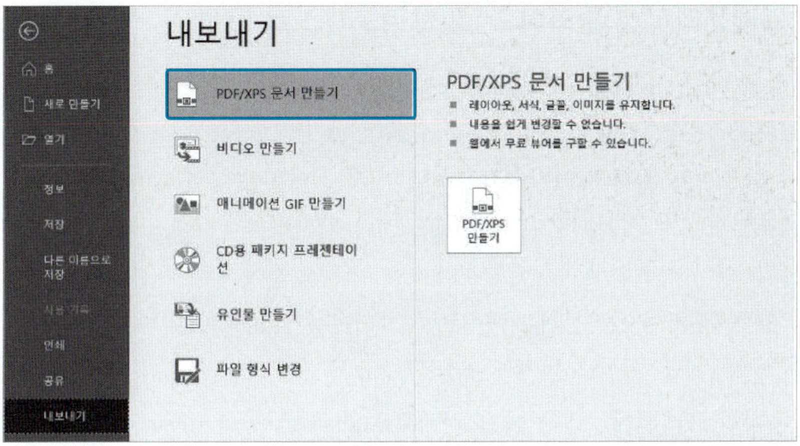


step 2 **[다른 이름으로 저장]** 대화 상자에서 **[파일 이름(N)]**을 '프레젠테이션 PDF로 저장'으로 입력한다. 그 다음 **[파일 형식(T)]**이 PDF로 되어 있는지 확인하고 **[저장(S)]**을 클릭한다. 저장 옵션으로 표준(온라인 게시 및 인쇄)(A)을 선택한다.

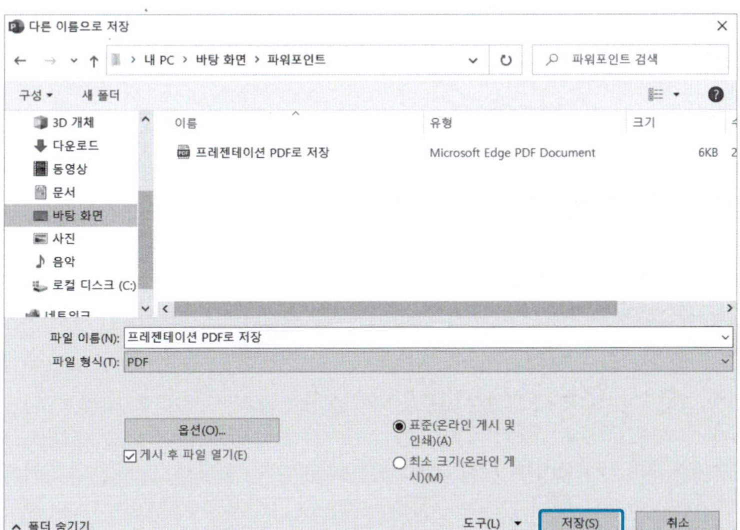

**step 3** 프레젠테이션을 저장한 경로에 가서 PDF 파일 형식으로 변환됐는지 확인한다.

| 이름 | 유형 | 크기 |
|---|---|---|
| 파워포인트_저장방법 | Microsoft PowerPoint 프레젠테이션 | 163KB |
| 프레젠테이션 PDF로 저장 | Microsoft Edge PDF Document | 6KB |

## 12.1.4 프레젠테이션 슬라이드 쇼 브로드캐스트 구성

파워포인트 2019는 '슬라이드 쇼 브로드캐스트 기능'을 통해 자신이 작성한 프레젠테이션을 공유할 수 있으며, 실시간으로 다수의 원격 참가자 앞에서 온라인 발표가 가능하다. 이를 통해 발표자는 원격 참가자에게 프레젠테이션 파일을 전송하지 않아도 된다. 또한 별도의 소프트웨어가 설치되어있지 않아도 인터넷 웹브라우저에서 링크를 열어 언제든 파일을 볼 수 있다. '슬라이드 쇼 브로드캐스트' 기능을 활용하여 자신의 프레젠테이션 링크를 공유하고, 온라인으로 프레젠테이션 슬라이드를 발표해 보자.

**step 1** 온라인 프레젠테이션을 하기 위해서 Microsoft 통합 ID로 로그인을 해야 한다. Microsoft ID가 있을 경우 로그인을 한 뒤 온라인 프레젠테이션을 진행한다. ID가 없을 경우 Microsoft에서 ID를 발급 받기 위해 계정을 신청한다. 계정신청 방법은 [http://login.live.com]에 접속해서 **[계정을 만드세요!]**를 클릭하여 가입절차에 따라 계정을 생성한다.

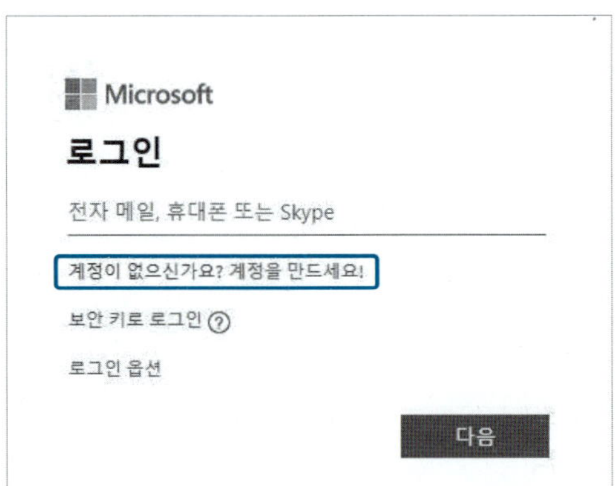


**step 2** 로그인을 완료하였다면 '슬라이드 쇼 브로드캐스트'를 진행한다. 리본 메뉴에서 **[슬라이드 쇼]–[온라인 프레젠테이션]**을 선택한다.

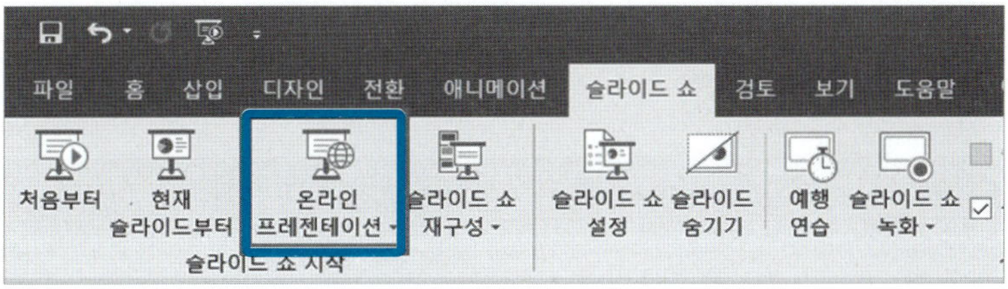


**step 3** 원격으로 보는 사용자에게 프레젠테이션을 다운로드할 수 있도록 허용하기 위해 체크 박스를 선택하고 **[연결(C)]**을 클릭한다.

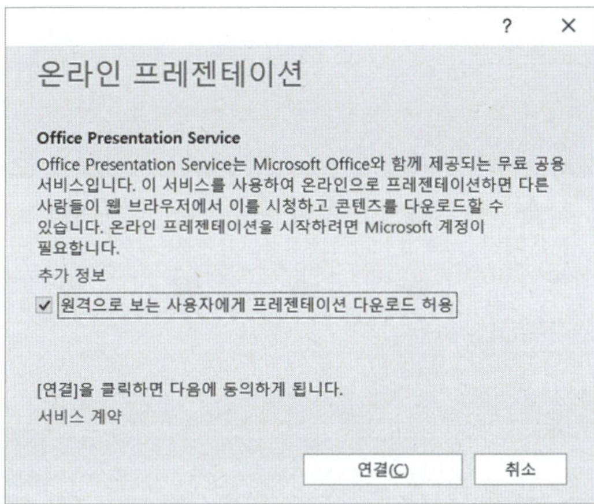


**step 4** **[온라인 프레젠테이션]** 대화 상자의 나타난 링크를 복사하거나 전자메일을 전송하여 원격 참가자에게 공유하고, **[프레젠테이션 시작(S)]**을 선택한다.

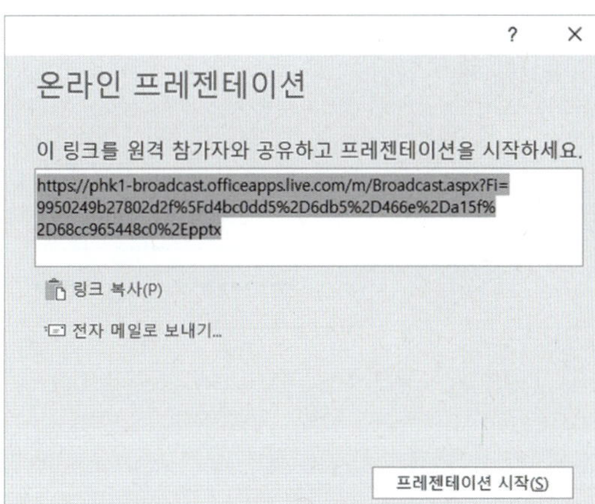

**step 5** 준비를 마치면 온라인 프레젠테이션을 시작한다. '원격 참가자'는 생성된 온라인 프레젠테이션 링크주소로 접속하게 되면 현재 진행되고 있는 슬라이드 쇼를 볼 수 있다.

**step 6** 온라인 프레젠테이션을 종료하기 위해 [ESC]를 눌러 종료한 뒤 [온라인 프레젠테이션]–[온라인 프레젠테이션 종료]를 선택한다.

**step 7** 온라인 프레젠테이션을 종료하려면 해당 대화 상자에서 [온라인 프레젠테이션 종료(E)]를 클릭하고 온라인 세션을 종료한다.

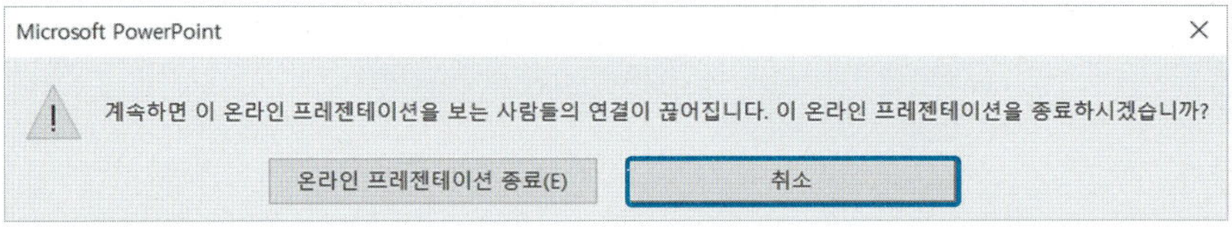

### 12.1.5 프레젠테이션 슬라이드 그림 형식으로 저장하기

프레젠테이션 슬라이드 파일형식(.pptx) 이외에 다양한 그림 파일 형식으로 저장할 수 있다. 파워포인트 2019에서 제공하는 파일형식은 JPEG 파일 교환 형식(*.jpg), Graphics Interchange Format(*.gif), PNG 형식(*.png), Tag Image Format(*.tif), 장치 독립적 비트맵(*.bmp)이 있다. 전체 슬라이드 또는 필요한 개별 슬라이드만 저장할 수 있다. 다음과 같이 PNG 형식으로 이미지를 저장해보자.

**step 1** 메뉴의 [파일]–[다른 이름으로 저장]을 선택한다.

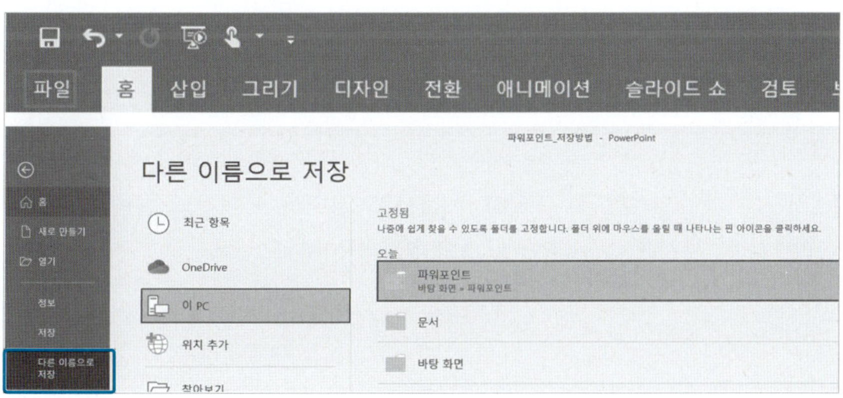


**step 2** [다른 이름으로 저장] 대화 상자에서 파워포인트를 저장할 경로를 선택한 후, [파일 형식(T)]을 'PNG 형식(*.png)'으로 지정하여 [저장(S)]을 선택한다. PNG 형식 이외에 적용하고 싶은 파일 형식을 자유롭게 지정할 수 있다.

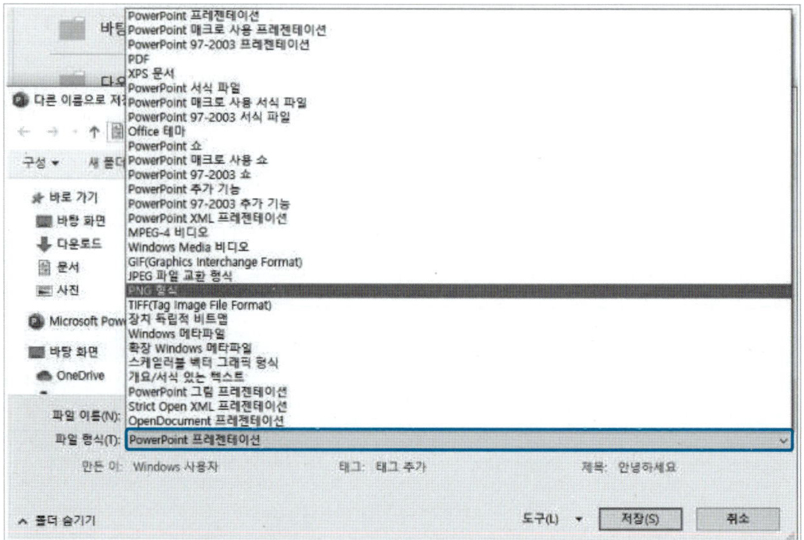


**step 3** 다음과 같은 대화 상자가 나타나면 전체 슬라이드와 개별 슬라이드를 선택할 수 있다. 내보낼 슬라이드는 [현재 슬라이드만(J)]을 선택한다. [모든 슬라이드(A)]를 선택하는 경우 한 개의 폴더에 묶음으로 저장된다.

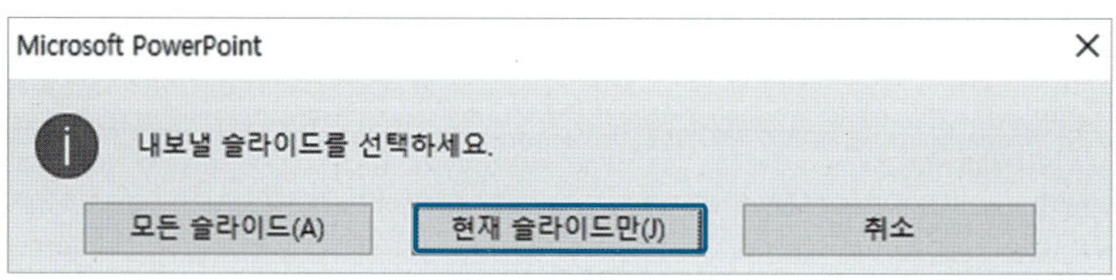


**step 4** 저장된 파일을 오른쪽 클릭하여 [속성]을 선택하면 저장된 파일의 형식을 확인할 수 있다. 'PNG 형식(*.png)'으로 저장된 것을 확인하자.

## 12.1.6 프레젠테이션 슬라이드 벡터 형식으로 저장하기

파워포인트 2019에서는 확장 가능한 벡터 형식의 파일 저장 기능을 제공하여 더 선명하고 뚜렷한 도형 저장이 가능하다. 벡터 형식의 도형 저장을 통해 프레젠테이션 슬라이드에서 그린 그림을 다른 문서에서 화질 저하 없이 사용할 수 있다. 지원하는 파일 형식은 Windows 메타파일 형식 (*.WMF), 향상 된 Windows 메타 파일 형식(*.EMF), 스케일러블 벡터 그래픽 형식(*.SVG)이 제공된다. 다음과 같이 프레젠테이션 슬라이드 작업이 완료된 프레젠테이션을 '스케일러블 벡터' 형식으로 저장해 보자.

**step 1** 도형을 '스케일러블 벡터' 형식으로 저장하기 위해 메뉴의 **[파일]-[다른 이름으로 저장]**을 선택한다.

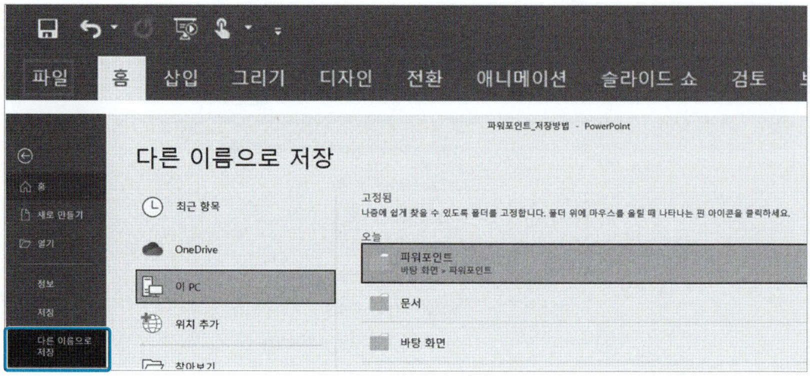


**step 2** **[다른 이름으로 저장]** 대화 상자에서 파워포인트를 저장할 경로를 선택한 후, **[파일 형식(T)]**을 '스케일러블 벡터 그래픽 형식(*.SVG)'으로 지정하여 **[저장(S)]**을 클릭한다. SVG 형식 이외에 적용하고 싶은 파일 형식을 자유롭게 지정할 수 있다.

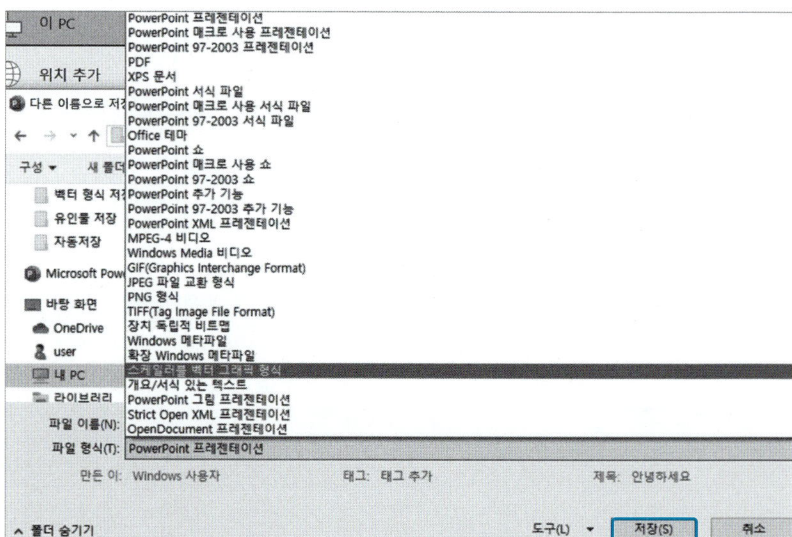


**step 3** 다음과 같은 대화 상자가 나타나면 전체 슬라이드와 개별 슬라이드를 선택할 수 있다. 내보낼 슬라이드는 **[현재 슬라이드만(J)]**을 선택한다. **[모든 슬라이드(A)]**를 선택하는 경우 한 개의 폴더에 묶음으로 저장된다.

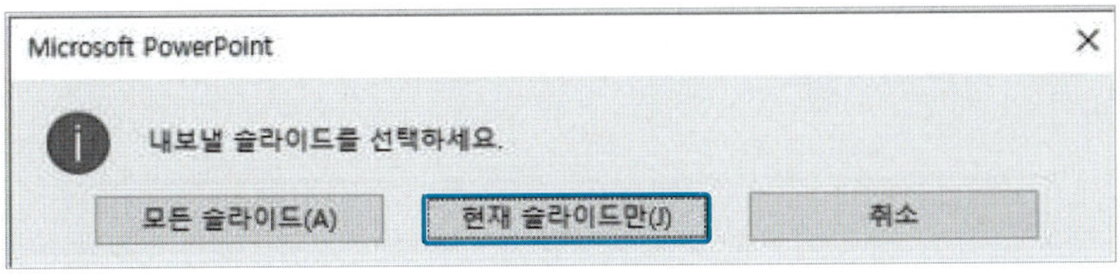


step 4 저장된 파일을 오른쪽 클릭하여 [속성]을 선택한다. '스케일러블 벡터 그래프 형식(*.SVG)'의 파일을 확인할 수 있다.

## 12.2 온라인 프레젠테이션 제작하기

### 12.2.1 프레젠테이션 슬라이드 녹화 시작하기

온라인 강의 혹은 비대면 회의의 필요성이 커지고 보급률이 증가하고 있다. 파워포인트 2019에서 제공하는 비디오 녹화 기능을 활용하여 온라인 강의 혹은 비대면 회의에 적용할 수 있다. 프레젠테이션을 비디오로 저장하면 프레젠테이션을 웹에 게시하거나, 파일을 첨부하여 프레젠테이션 이용자들에게 쉽게 배포할 수 있다. 또한 발표자의 카메라 화면을 통해 비언어적인 부연설명을 전달할 수 있어 청자의 이해력이 높아진다. 다음과 같이 파워포인트 작업이 완료된 프레젠테이션을 비디오 형식으로 저장해 보자.

**step 1** 프레젠테이션 슬라이드를 비디오 형식으로 생성하기 위해 [슬라이드 쇼]–[설정] 탭에서 [슬라이드 쇼 녹화]를 선택한 후 [슬라이드 쇼 녹화] 대화 상자에서 [처음부터 녹화(B)]를 클릭한다. [현재 슬라이드 녹화(R)]를 통해 부분적인 슬라이드만 녹화 가능하다.

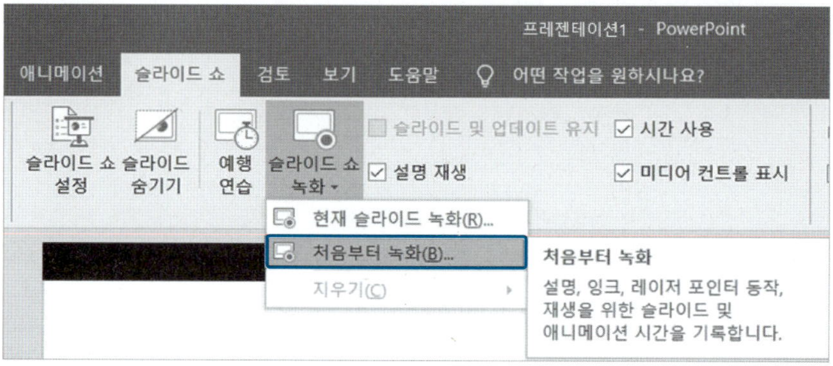


**step 2** 슬라이드 쇼를 녹화하기 위해서는 [녹음/녹화] 버튼을 클릭한다. 카메라와 마이크를 통해 발표자의 목소리와 영상을 녹화할 수 있다. 또한, 녹화 도중 마우스를 통해 슬라이드에 필기가 가능하다.

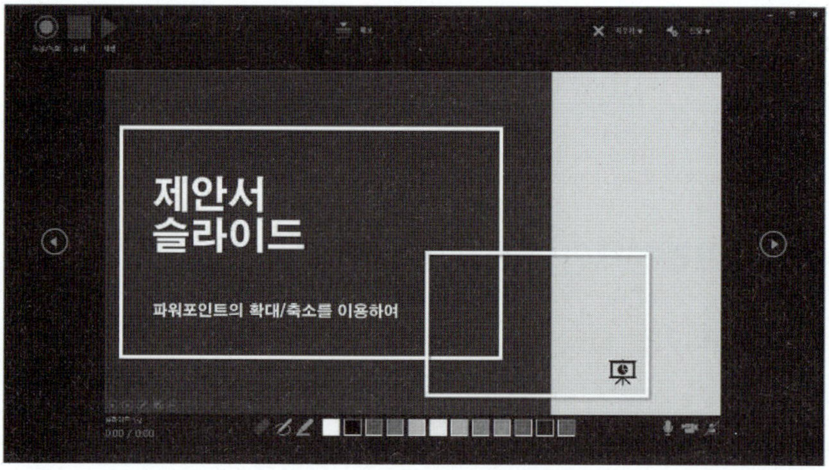

## TIP

**마이크와 카메라 설정하기**

① 녹화 화면에서 오른쪽 상단의 [설정]을 통해 마이크와 카메라 설정을 변경할 수 있다.

② 마이크와 웹캠이 내장되어 있는 기기의 경우는 기본 마이크와 웹캠이 자동으로 설정된다. 컴퓨터에 설정된 기기가 아닌 다른 기기를 사용하고 싶을 때 [설정]에서 사용하고자 하는 기기를 선택하면 된다.

**step 3** 녹화가 완료되면 오른쪽 하단에 (🔈)가 나타나며, 각 슬라이드에 발표 영상과 목소리가 녹음되어 저장된 것을 확인할 수 있다. 슬라이드 이동시에 녹음이 원활이 되지 않을 수 있으므로 매끄러운 설명을 위해서는 설명을 잠시 멈추는 것이 좋다.

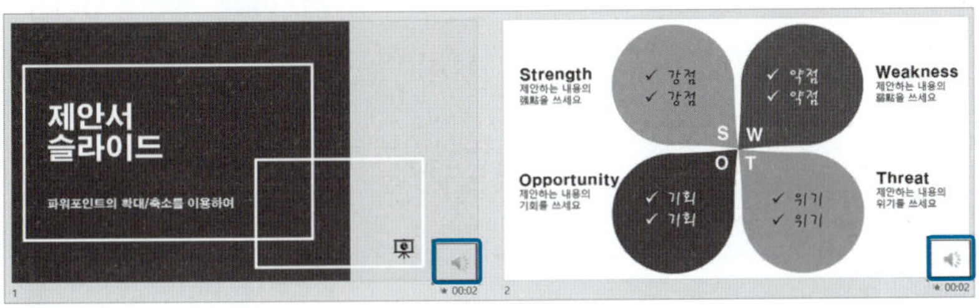


## 12.2.2 부연 설명을 위한 도구 활용하기

발표 시에 청자의 이해도를 높이기 위해서는 음성 이외에 다양한 도구를 사용할 수 있다. 발표자의 제스처, 표정 등의 비언어적 표현을 사용하여 더욱 설득력이 있는 발표가 가능하다. 쇼 브로드 캐스팅과 같이 발표자 노트를 참고하여 매끄러운 발표를 진행할 수 있다. 녹화 기능의 부가 기능을 활용하여 전달력이 높은 강의 슬라이드를 만들어보자.

**step 1** 각 슬라이드마다 부연 설명을 위한 슬라이드 노트를 작성한다.

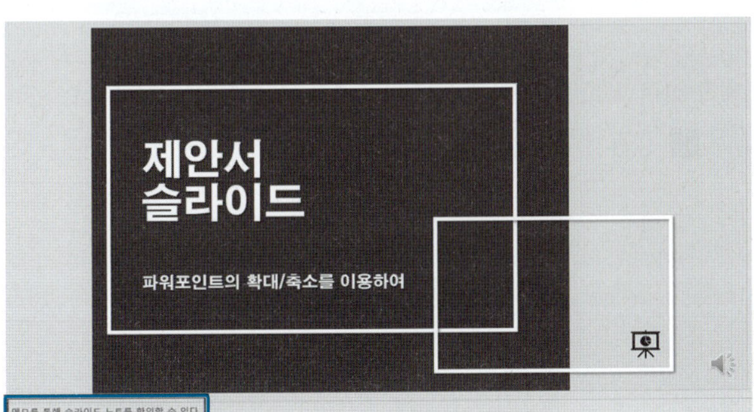

**step 2** 녹화 화면의 상단 중앙에 있는 [메모]를 클릭하여 '슬라이드 노트'를 확인할 수 있다. 이때 '슬라이드 노트'는 강의 녹화 시에 함께 녹화되지 않는다.

**step 3** '비언어적 표현'을 위해 발표자의 카메라 화면을 활용할 수 있다. 녹화 화면의 오른쪽 하단에 있는 '비디오 아이콘'을 클릭하여 '카메라 켜기( , Ctrl+K)'를 사용한다. 사용하지 않으려면 다시 '비디오 아이콘'을 선택하여 '카메라 끄기( , Ctrl+K)' 상태로 전환한다.

**step 4** 카메라 화면 녹화 시에 발표자의 화면에서 카메라 영역을 감추고 싶다면 '카메라 미리보기 끄기( , Ctrl+J)'를 선택한다.

**step 5** '레이저 포인터', '판서'와 같이 프레젠테이션 슬라이드에 강조하고 싶은 부분이 있다면 필기 기능을 사용한다. 녹화화면 하단의 '지우개', '펜', '형광펜'을 사용하여 다음과 같이 슬라이드에 필기해보자.

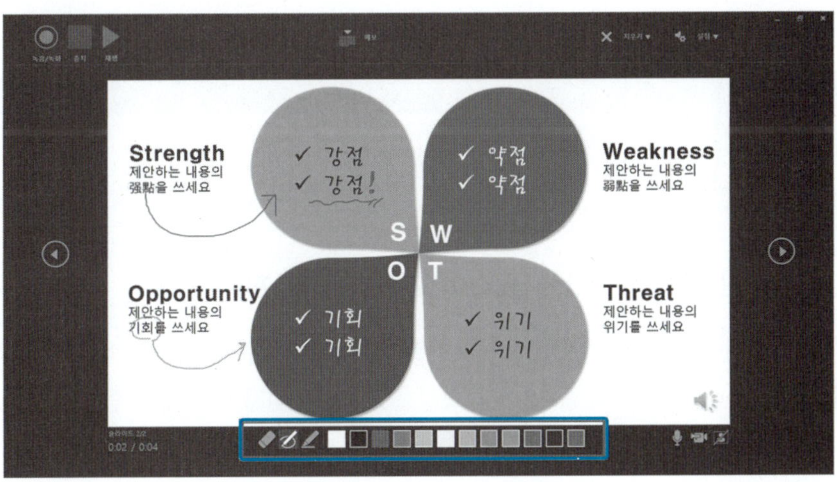


## 12.2.3 온라인 파워포인트 슬라이드 재녹화하기

온라인 강의 녹화를 끝내고 확인하였을 때, 녹음이나 필기를 수정할 경우가 존재한다. 수정을 위해 처음부터 재녹화하기에는 오랜 시간이 소요된다. 따라서 전체가 아닌 개별 슬라이드만을 재녹화하여 수정해보자.

**step 1** 재녹화를 진행할 슬라이드를 선택한 후 [슬라이드 쇼]-[설정]에서 [슬라이드 쇼 녹화]-[현재 슬라이드 녹화(R)]를 클릭한다.

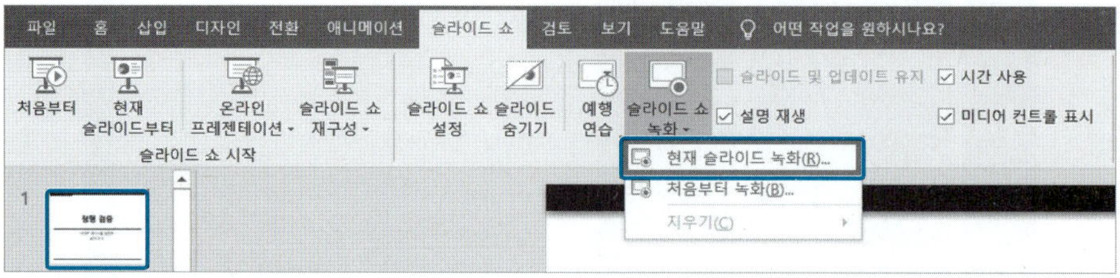


**step 2** 녹화 도구 막대에서 [녹음/녹화]를 클릭한 뒤 재녹화를 진행한다.

**step 3** 현재 슬라이드에 있는 동영상은 재녹화한 동영상으로 변경된다. 재녹화한 부분의 슬라이드를 선택하고 [슬라이드 쇼]-[슬라이드 쇼 시작] 탭에서 [현재 슬라이드부터]를 클릭하여 결과를 확인한다.

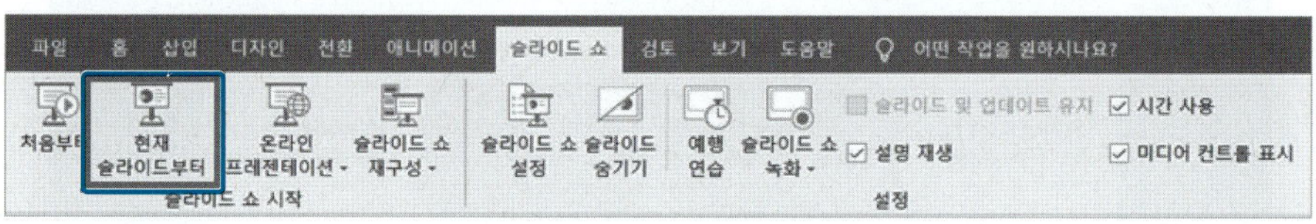


## 12.2.4 온라인 프레젠테이션 슬라이드 비디오로 저장하기

온라인 프레젠테이션 슬라이드 녹화를 마친 뒤, 녹화된 프레젠테이션을 비디오 형식으로 저장할 수 있다. 이를 통해 녹화 비디오 영상을 웹 또는 전자 메일에 손쉽게 업로드할 수 있다. 녹화한 프레젠테이션 슬라이드를 비디오 형태로 저장해보자.

**step 1** 프레젠테이션 슬라이드를 비디오 형태로 저장하기 위해 [파일]-[내보내기]-[비디오 만들기]를 선택한다.

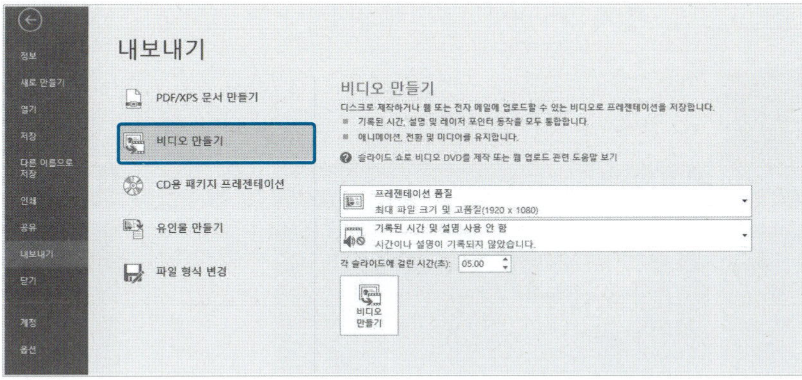


**step 2** 영상의 품질은 표준(480p)부터 Ultra HD(4K)까지 존재한다. 자신의 컴퓨터 성능에 맞는 비디오의 품질을 설정한다.

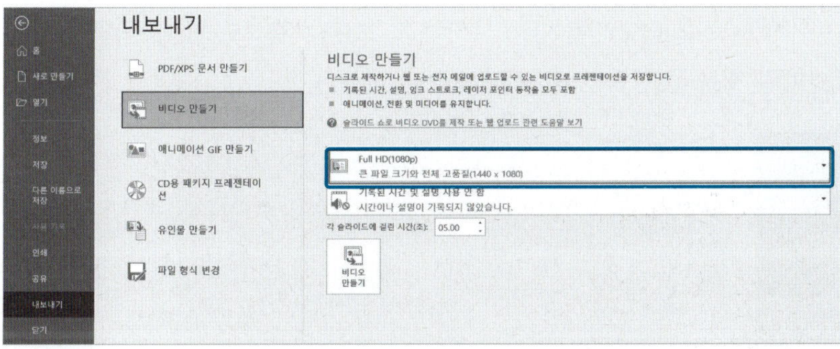


**step 3** [기록된 시간 및 설명 사용]–[시간 및 설명 미리보기]를 선택하면 자신이 만든 영상에 대한 정보를 확인할 수 있다.

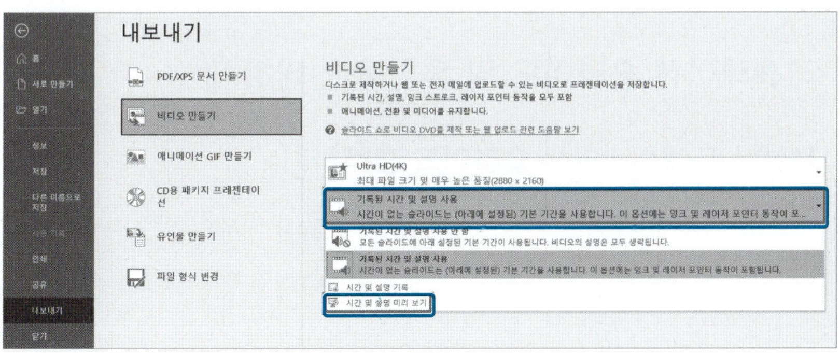

**step 4** 슬라이드에 수정사항이 반영되었는지 확인한다.

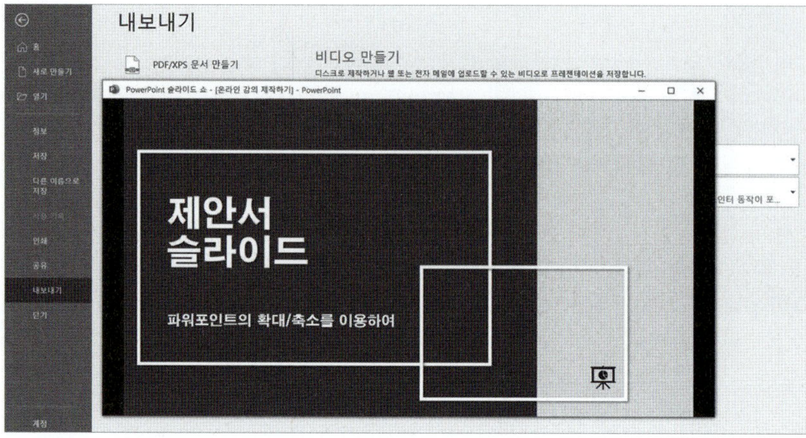


**step 5** 마지막으로 [비디오 만들기]를 선택하고, [다른 이름으로 저장] 대화 상자가 나타나면 원하는 '파일 제목'을 입력한 후 [저장(S)]을 클릭한다.

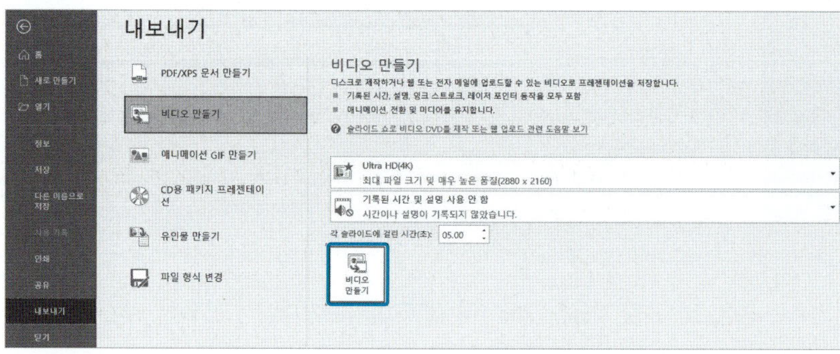


## 12.3 프레젠테이션 슬라이드 및 유인물 인쇄하기

### 12.3.1 작성한 프레젠테이션 슬라이드 출력하기

파워포인트 2019는 기본 형식인 슬라이드만 출력하는 것 이외에 발표자 노트 및 유인물을 인쇄하는 기능이 제공된다. 사용할 용도에 따라 맞춤 설정을 적용할 수 있다. 완성된 프레젠테이션 문서를 출력해보자.

**step 1** 유인물 인쇄를 위해 슬라이드를 선택하고 [파일]–[인쇄]를 클릭한다.

**step 2** [인쇄] 대화 상자의 [설정]에서 사용자가 원하는 형식으로 출력할 수 있다. 슬라이드 수를 결정하는 '드롭다운 메뉴'를 통해 모든 슬라이드, 현재 슬라이드, 범위 슬라이드 등으로 필요한 슬라이드만 인쇄 가능하다. '드롭다운 메뉴' 하단의 입력창에서 슬라이드 번호를 쉼표로 구분하여 선택할 수 있다. 출력 색상은 '컬러', '흑백', '회색조'가 있다. 다양한 색상으로 구성된 슬라이드는 '회색조'를 선택하여 '흑백'보다 자연스러운 출력이 가능하다.

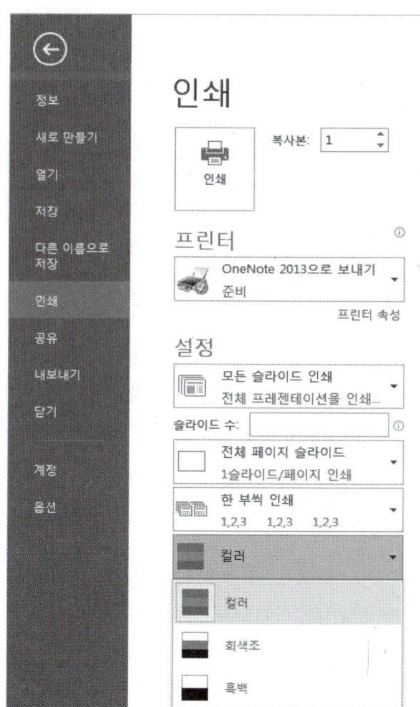

## 12.3.2 [빠른 실행 도구 모음] 사용자 지정하기

**[빠른 실행 도구 모음 사용자 지정]**에서 사용자가 다른 유용한 기능들을 추가하고 삭제할 수 있다. 자신이 빈번하게 사용하는 도구 모음을 다음과 같이 **[빠른 실행 도구 모음]**에 구성해보자.

**step 1** 간단한 도구들은 **[빠른 실행 도구 모음 사용자 지정](▾)**에서 설정이 가능하다. 부가적인 도구들을 설정하려면 **[기타 명령(M)]**을 선택한다.

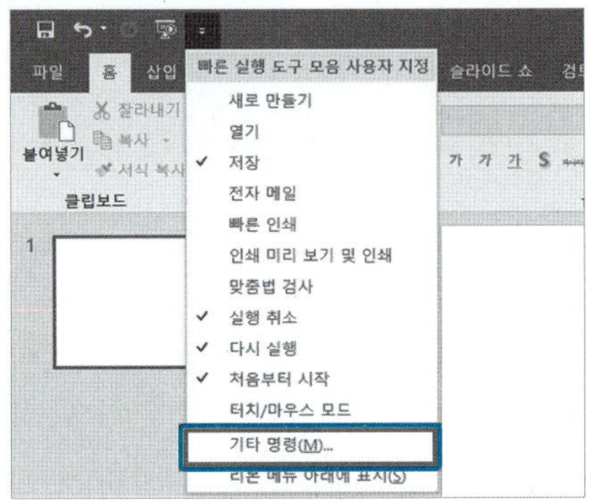


**step 2** **[PowerPoint 옵션]** 대화 상자가 나타나면 **[빠른 실행 도구 모음]**에서 필요한 메뉴를 선택하고 **[추가(A) >>]**를 클릭하여 **[빠른 실행 도구 모음]**에 '맞춤법 검사', '빠른 인쇄', '배경 서식', '새 슬라이드', '서식 복사'를 추가한다.

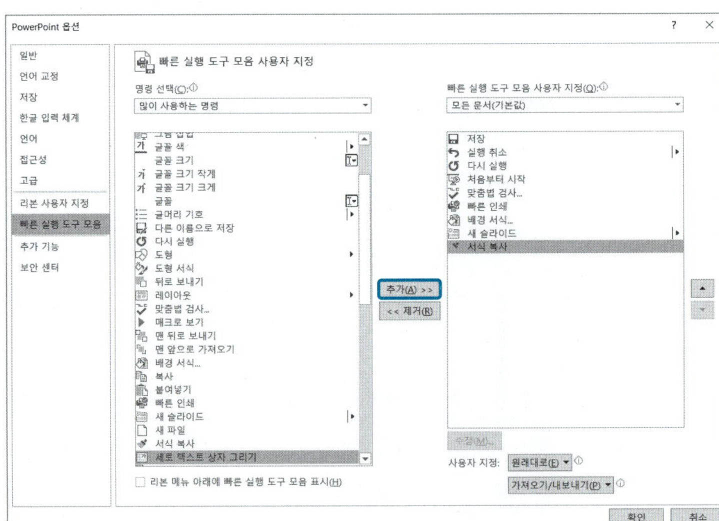

**step 3** 추가 구성된 [빠른 실행 도구 모음]을 확인한다.

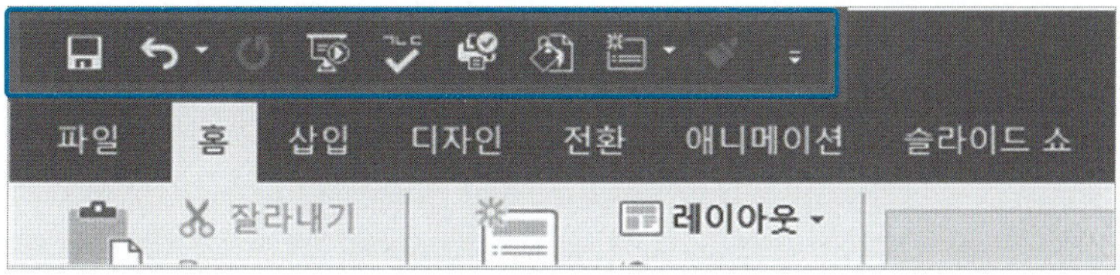


**step 4** 원래대로 복원하기 위해 [빠른 실행 도구 모음 사용자 지정]에서 [사용자 지정]–[원래대로(E)] 버튼을 선택하면 모든 사용자 지정을 삭제할 수 있다. [원래대로(E)]–[빠른 실행도구 모음만 다시 설정]을 선택하고 [사용자 지정 다시 설정] 대화 상자에서 [예(Y)]를 클릭한다.

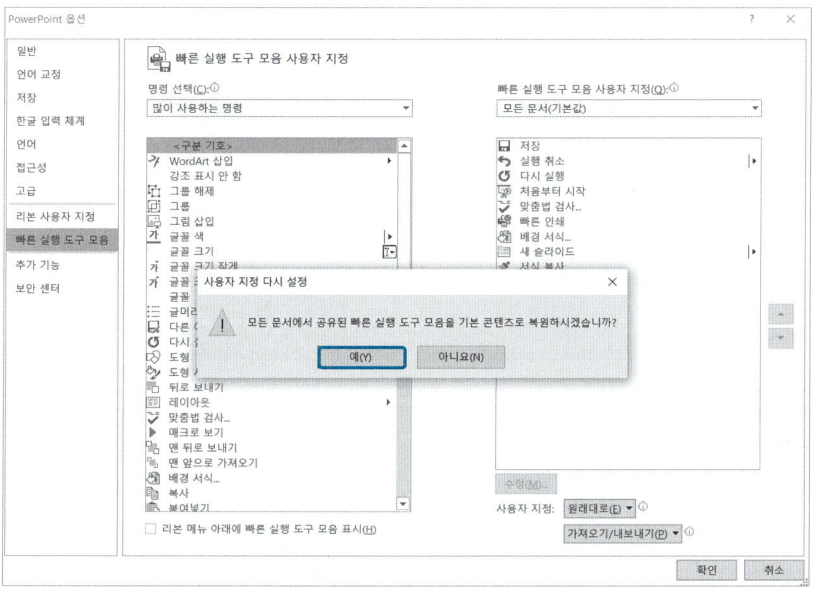


**step 5** 다음과 같이 사용자가 설정한 도구는 삭제되고 기본설정으로 복원된다.

### 12.3.3 프레젠테이션 슬라이드를 다양한 형식으로 출력하기

작성한 프레젠테이션 슬라이드를 유인물 형식으로 출력할 수 있다. 유인물을 통해 여러 개의 슬라이드를 요약하여 발표 전에 청중들에게 발표 자료를 제공할 수 있다. 또한 파워포인트 2019는 발표자 노트 기능을 제공하여 슬라이드 노트 하단에 작성된 메모가 포함된 출력이 가능하다. 이러한 기능을 통해 발표자는 보다 편리하게 발표를 진행할 수 있다. 작업이 완료된 프레젠테이션으로 다음과 같이 '전체 페이지 슬라이드 인쇄'와 '4슬라이드 가로'로 유인물을 만들어 출력해보자.

**step 1** 슬라이드에 '머리글 및 바닥글'을 삽입하기 위해 슬라이드를 선택하고 메뉴의 [파일]-[인쇄]를 클릭한다. 그 다음 [인쇄]-[설정]-[머리글 및 바닥글 편집]을 선택한다.

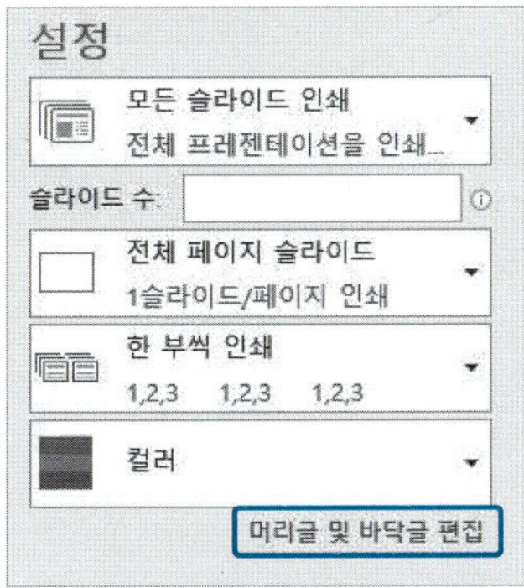


**step 2** [머리글 및 바닥글 편집] 대화 상자가 나타나면 [슬라이드 노트 및 유인물]을 선택하고 다음과 같이 입력한 후 [모두 적용(Y)] 버튼을 클릭한다.

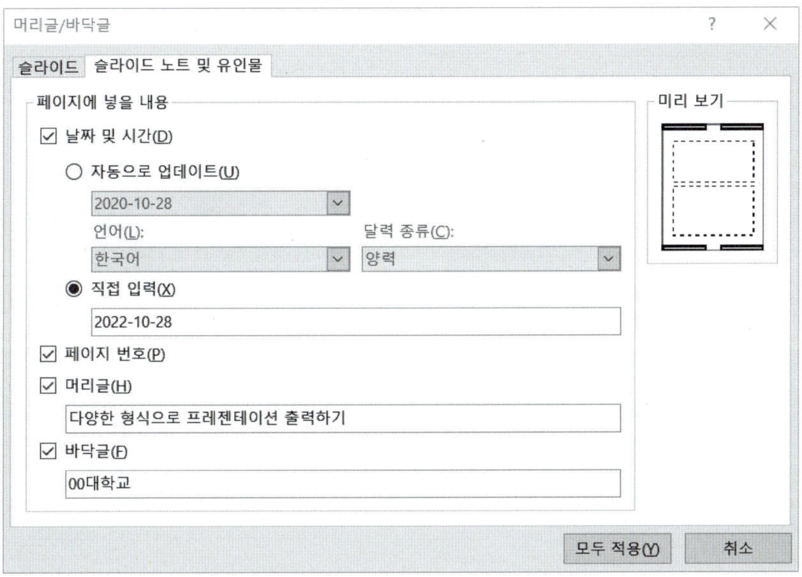


**step 3** 유인물은 한 페이지에 출력될 슬라이드 수를 설정할 수 있다. 여기서 한 페이지에 포함될 슬라이드 수는 9개까지 선택할 수 있다. 출력되는 슬라이드 수를 설정하는 방법은 [파일]-[인쇄]-[설정]에서 '모든 슬라이드 인쇄' 항목과 '6슬라이드 가로'를 선택한다. 미리보기 화면에서 한 페이지에 슬라이드가 6개 나타난 것을 확인할 수 있다. 또한 [인쇄 모양]에서 슬라이드 노트를 선택하는 경우 발표자 노트가 생성되며 개요를 선택하는 경우 각 슬라이드에 설정된 '제목(개요)'이 생성된다.

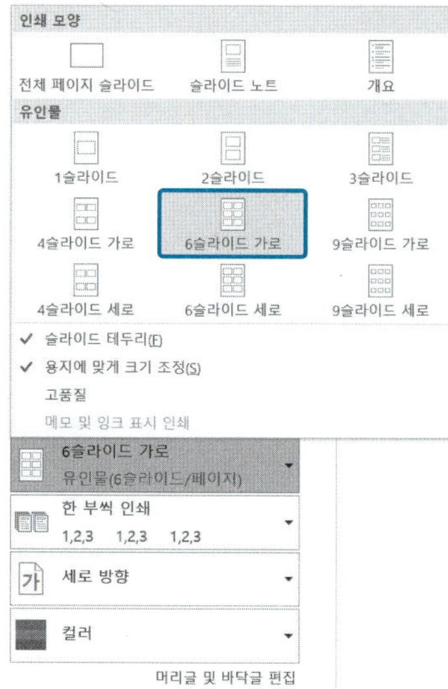

〈유인물〉

〈슬라이드 노트〉

**step 4** [인쇄]를 클릭하여 유인물을 인쇄한다.

**step 5** 특정 슬라이드를 인쇄하지 않기 위해 슬라이드를 삭제하지 않고도 '슬라이드 숨기기' 기능을 사용하여 인쇄에서 제외할 수 있다. [슬라이드 쇼]–[슬라이드 숨기기]를 선택한다.

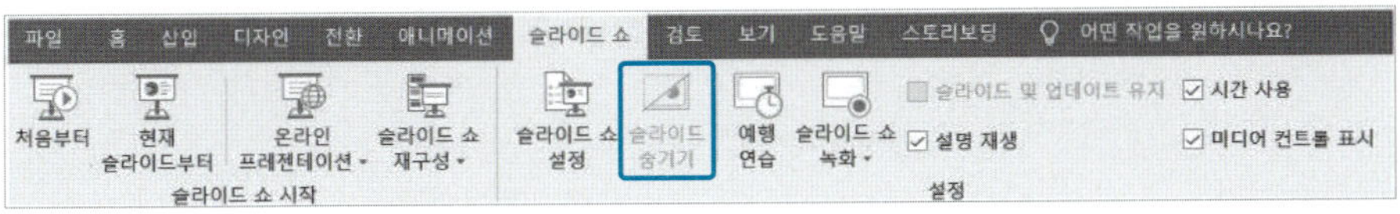


**step 6** [여러 슬라이스 보기( )]를 클릭하여 여러 개의 슬라이드가 나타나도록 한다. 인쇄에서 제외할 슬라이드를 선택한 후, **[슬라이드 쇼]-[슬라이드 숨기기]**를 클릭한다. 다음의 '2번과 6번 슬라이드'와 같이 슬라이드 하단의 숫자 표시에 '숨김 표시(＼)'가 적용되었는지 확인한다.

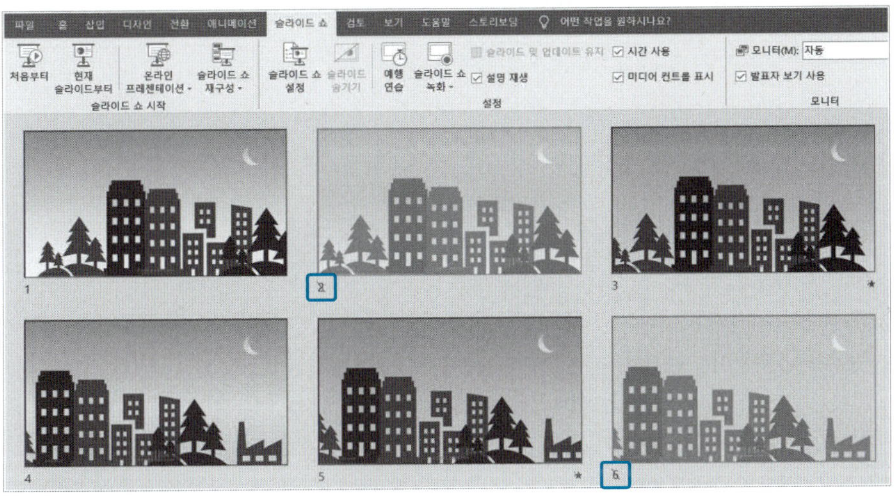

**step 7** **step 3** 과 같은 방법으로 **[파일]-[인쇄]-[설정]**에서 '모든 슬라이드 인쇄' 항목을 선택한다. '드롭다운 메뉴' 하단의 **[숨겨진 슬라이드 인쇄(P)]**의 체크부분을 해제하면 인쇄될 유인물에 숨긴 슬라이드가 나타나지 않는다.

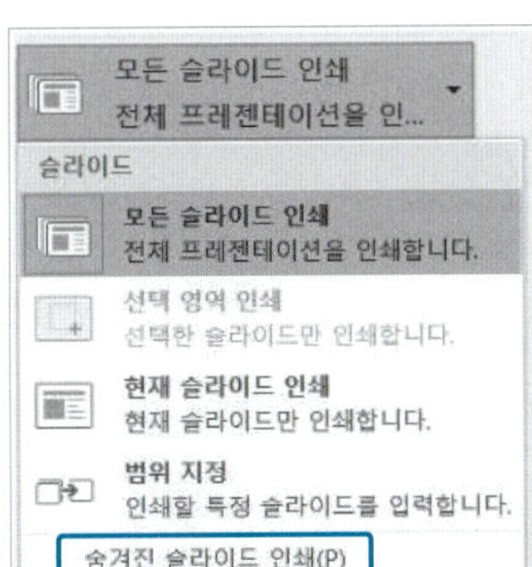

**step 8** 숨겨진 슬라이드가 인쇄되지 않았음을 확인한다.

## 12.4 프레젠테이션 보안 강화하기

### 12.4.1 프레젠테이션 암호 설정하기

프레젠테이션에 보안이 필요한 경우 열기 암호와 쓰기 암호를 설정하여 보안을 강화할 수 있다. 기존에 작성한 프레젠테이션의 열기 암호와 쓰기 암호를 설정해보자.

**step 1** 작성한 프레젠테이션에서 [파일]–[다른 이름으로 저장]을 클릭한다. [다른 이름으로 저장] 대화 상자가 나타나면 [파일 이름(N)]에 '프레젠테이션 암호 설정하기'를 작성한다.

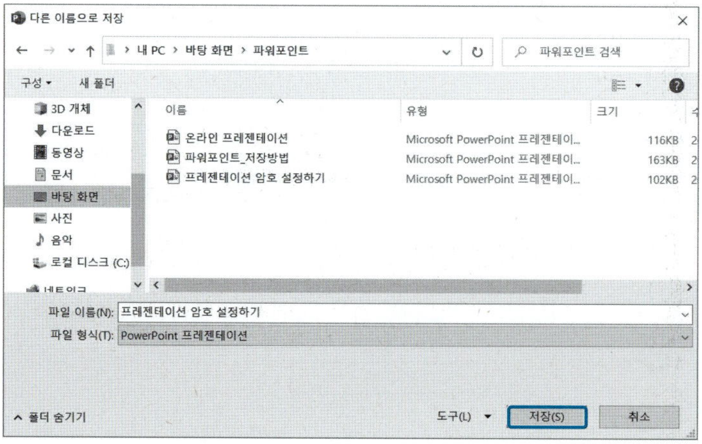

**step 2** [다른 이름으로 저장] 대화 상자에서 [도구(L)]–[일반 옵션(G)]을 클릭한다.

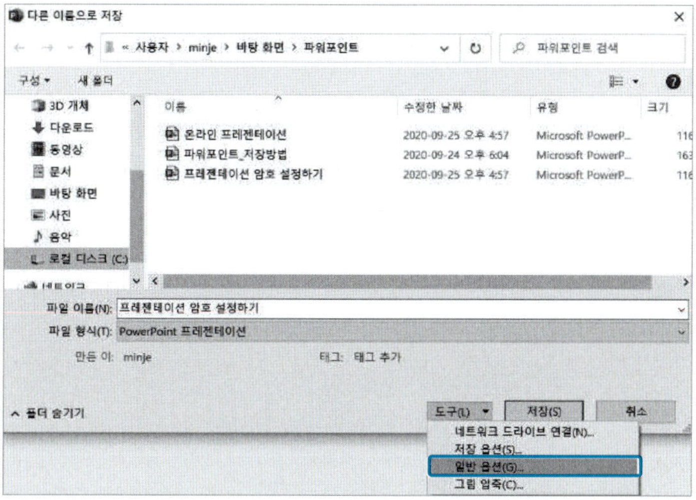


**step 3** [일반 옵션] 대화 상자에서 [열기 암호(O)]와 [쓰기 암호(M)]에 설정할 암호를 입력하고 [확인]을 클릭한다.

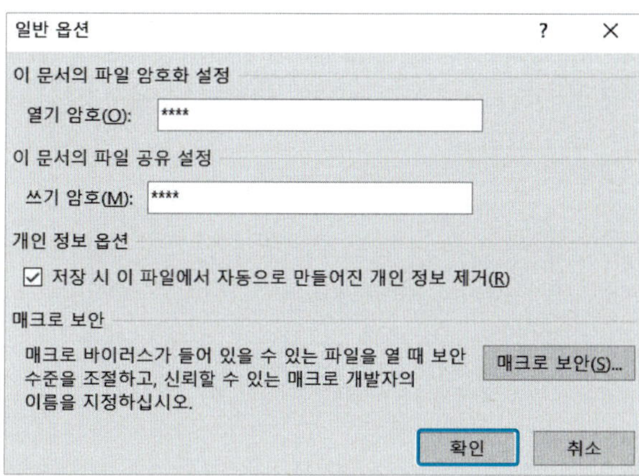


**step 4** [암호 확인] 대화 상자의 '열기 암호를 다시 입력하십시오(P)' 부분에서 열기 암호를 다시 입력하고 [확인]을 클릭한다.

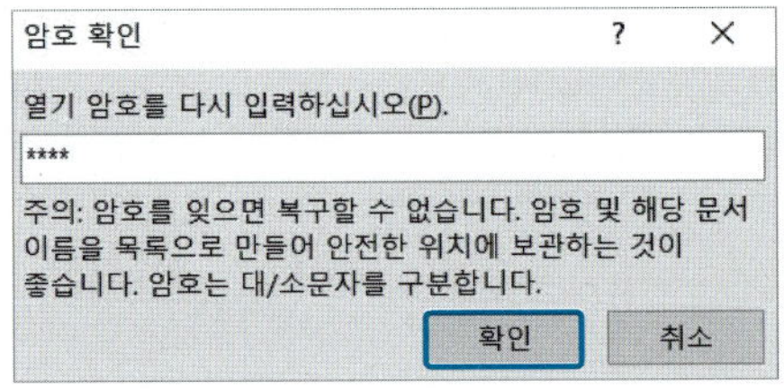


**step 5** [암호 확인] 대화 상자의 '쓰기 암호를 다시 입력하십시오(P)' 에 쓰기 암호를 다시 입력하고 [확인]을 클릭한다.

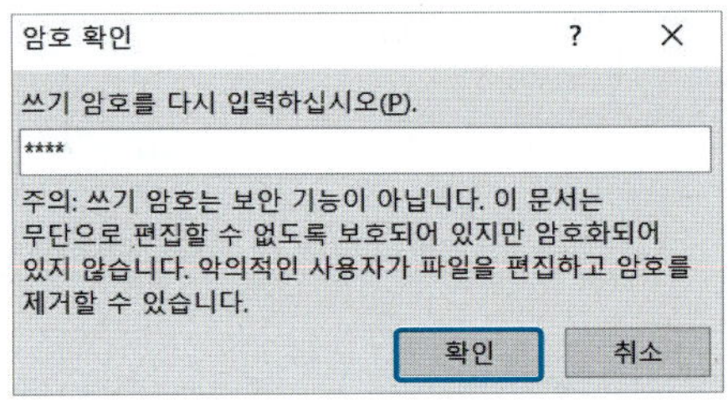


**step 6** [암호 확인] 대화 상자를 통해 설정한 암호를 확인한 후 [저장(S)]을 클릭하여 파일을 저장한다.

**step 7** 암호화된 파일을 다시 실행한다. [암호] 대화 상자에서 자신이 설정했던 열기 암호를 입력하고 [확인]을 클릭한다.

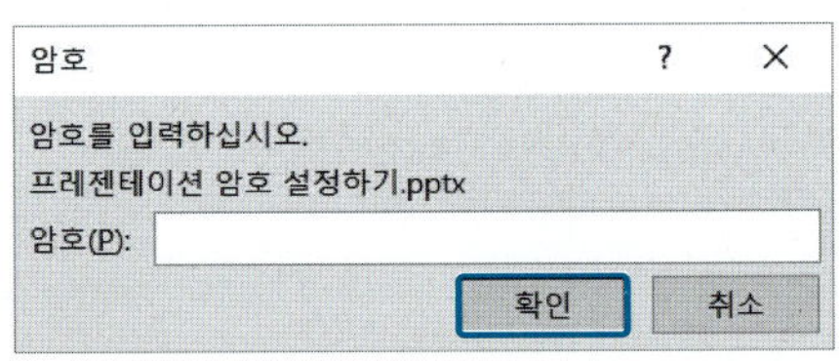


**step 8** **step 7** 과 같은 방법으로 자신이 설정했던 쓰기 암호를 작성하고 [확인]을 클릭한다. 쓰기 암호가 맞을 경우, 작성한 프레젠테이션의 수정이 가능하다. [읽기 전용(R)]을 클릭하면 문서를 수정할 수 없지만, 읽기 전용으로 파일이 실행된다.

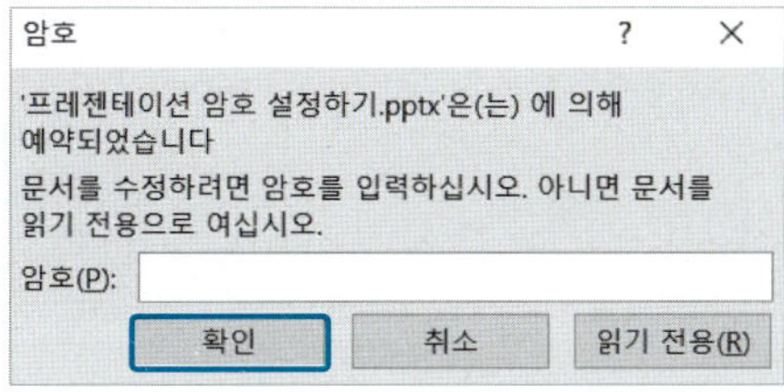


**step 9** 암호가 해제된 프레젠테이션 파일을 확인한다. '열기 암호'와 '쓰기 암호'를 잘못 입력한 경우, 대화 상자에 **'암호가 올바르지 않습니다.'**라는 메시지가 나오고 [**확인**]을 클릭해도 파일은 열리지 않는다.

## 12.4.2 프레젠테이션 암호 제거하기

보안설정이 더 이상 필요하지 않은 경우, 파일을 열 때마다 암호를 해제해야 하는 번거로움이 존재한다. 자신이 프레젠테이션에 설정한 열기암호와 쓰기암호를 해제해보자.

**step 1** 암호화된 프레젠테이션을 실행하고 [**파일**]-[**다른 이름으로 저장**]을 클릭하면 [**다른 이름으로 저장**] 대화 상자가 나타난다.

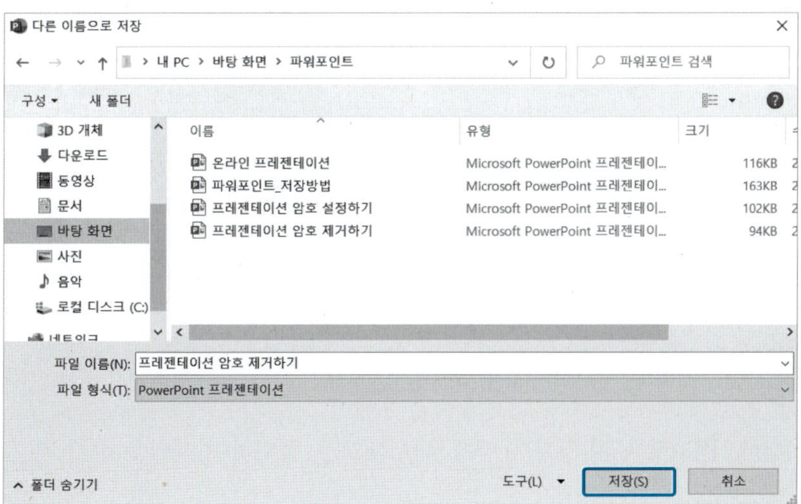

**step 2** [다른 이름으로 저장] 대화 상자에서 [도구(L)]–[일반 옵션(G)]을 클릭한다.

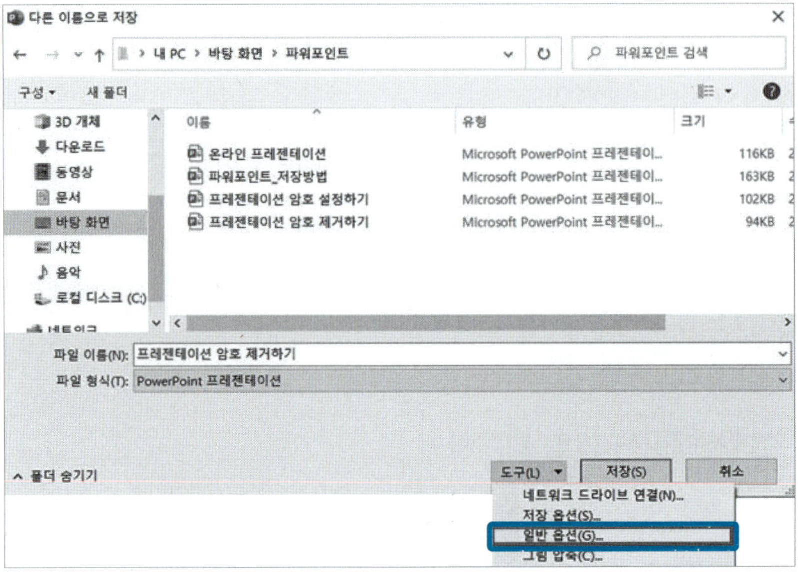


**step 3** [일반 옵션] 대화 상자에서 [열기 암호(O)]와 [쓰기 암호(M)] 입력란을 공백으로 설정하고 [확인]을 클릭한다.

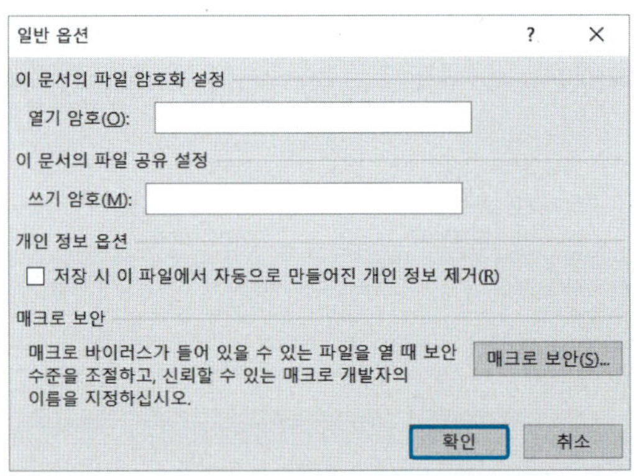


**step 4** [다른 이름으로 저장] 대화 상자에서 [저장(S)]을 클릭하여 파일을 다시 저장한다.

**step 5** 저장한 파일을 클릭하여 암호화가 해제된 프레젠테이션을 확인한다. 프레젠테이션 파일을 열면 [암호] 대화 상자가 나타나지 않는다.

### 12.4.3 프레젠테이션 보호하기

중요한 프레젠테이션 문서인 경우 쉽게 편집됨으로써 기존에 작성된 내용이 변조되지 않도록 보호해야 한다. 이러한 경우 파워포인트 2019는 항상 읽기 전용으로 읽기와 최종본으로 표시하기 기능을 제공한다.

**step 1** 암호가 설정된 프레젠테이션을 실행하고 [파일]–[정보]–[프레젠테이션 보호]–[항상 읽기 전용으로 읽기(O)]를 선택한다. 해당 선택지를 다시 클릭하면 읽기 전용이 해제된다.

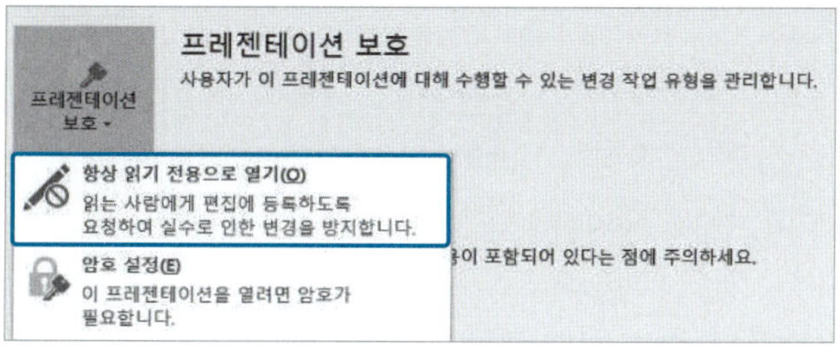


**step 2** 파일을 저장한 후 다시 열면 다음과 같은 알림을 확인할 수 있다. 읽기 전용 설정이 완료된 프레젠테이션은 파일을 연 즉시 편집이 되지 않는다. [계속 편집]을 통해 문서의 수정이 가능하다.

**step 3** 계속 편집을 선택하고 **step 1** 과 같은 방법으로 프레젠테이션 보호의 [드롭다운 메뉴]–[최종본으로 표시(F)]를 클릭한다.

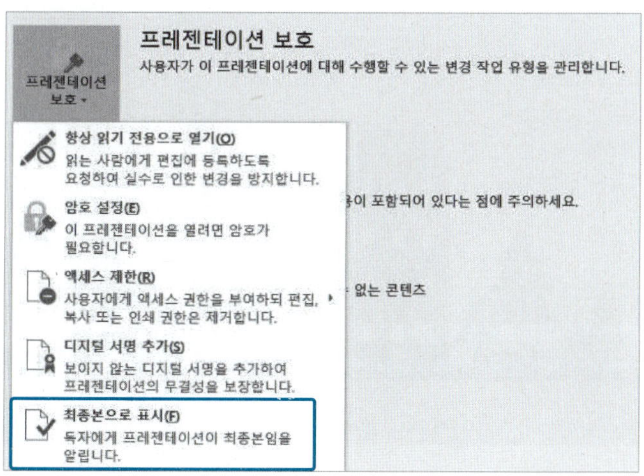

**step 4** 다음과 같은 알림 메시지를 확인할 수 있다. '읽기 전용 모드'와 동일하게 처음 열었을 시 문서를 편집할 수 없으며 [**계속 편집**]을 통해 추가적인 편집이 가능하다.

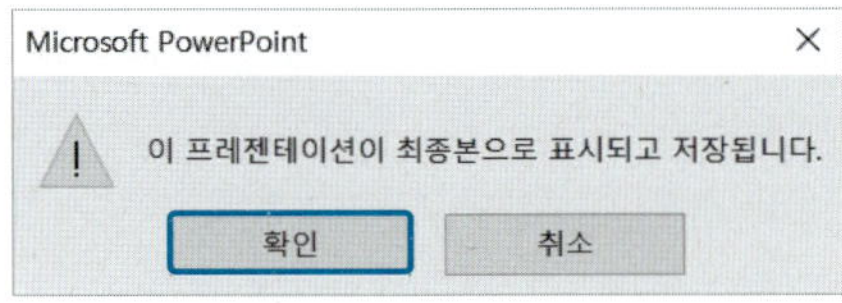


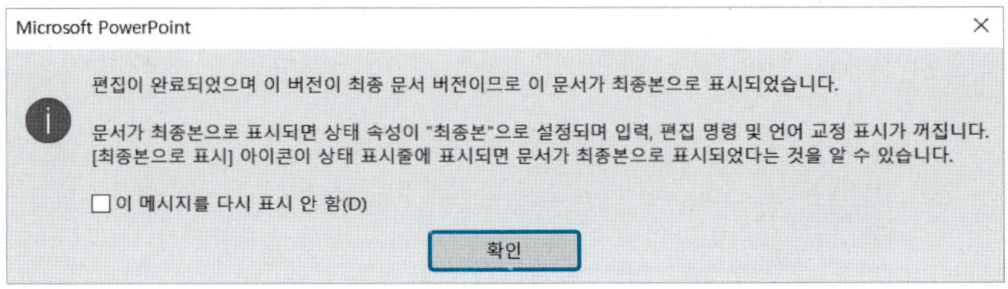


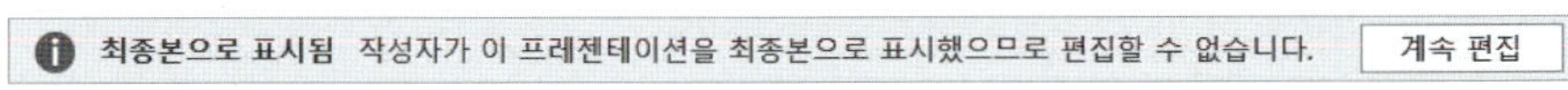


## 12.4.4 프레젠테이션 슬라이드 서식 보호하기

발표를 위해 프레젠테이션을 사용하는 경우, 혹은 완성 문서를 다른 사용자에게 공유하는 경우 다양한 원인으로 문서에 오류가 발생할 수 있다. 예를 들어, 현재 사용자의 폰트가 다른 사용자에게 적용되지 않아 서식이 변경될 수 있다. 또한, 사용한 기능이 다른 사용자의 파워포인트 버전과 호환되지 않아 발표에 어려움을 겪을 수 있다. 이러한 경우를 방지하기 위해 글꼴 포함하기와 호환성 검사를 사용해보자.

**step 1** 기본으로 제공되지 않는 글꼴을 적용하여 텍스트를 작성한다.

**step 2** [파일]–[옵션]–[저장]을 선택한다. 대화 상자 하단의 [파일의 글꼴 포함(E)] 체크박스를 선택하고 [확인]을 클릭한다.

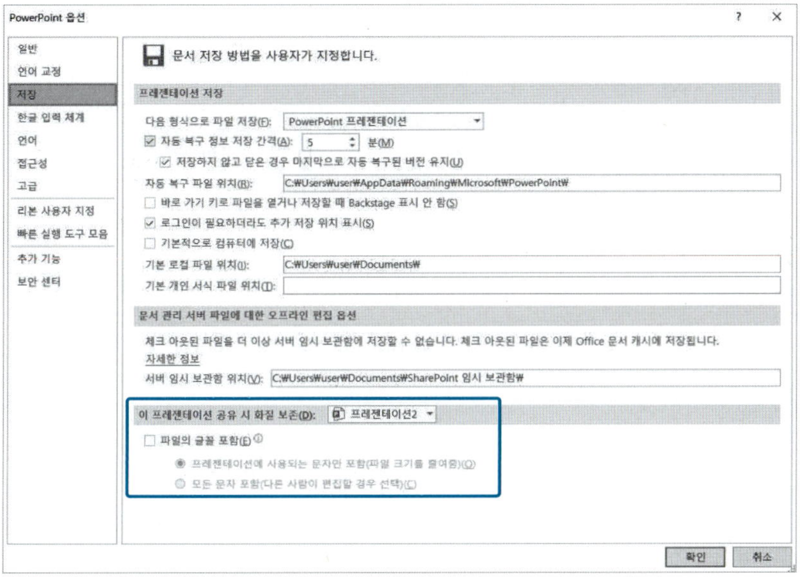


**step 3** 폰트가 설치되지 않은 다른 사용자에게 편집 권한을 줄 경우, [모든 문자 포함(다른 사람이 편집할 경우 선택)(C)]을 선택한다. 이 경우 기존의 파워포인트 파일보다 용량이 커진다. 편집을 하지 않아도 된다면 [프레젠테이션에 사용되는 문자만 포함(파일 크기를 줄여줌)(O)]을 선택한다.

**step 4** 다른 사용자와의 호환성을 검사하기 위해 [파일]–[정보]–[프레젠테이션 검사]의 [드롭다운 메뉴]–[호환성 검사(C)]를 선택한다.

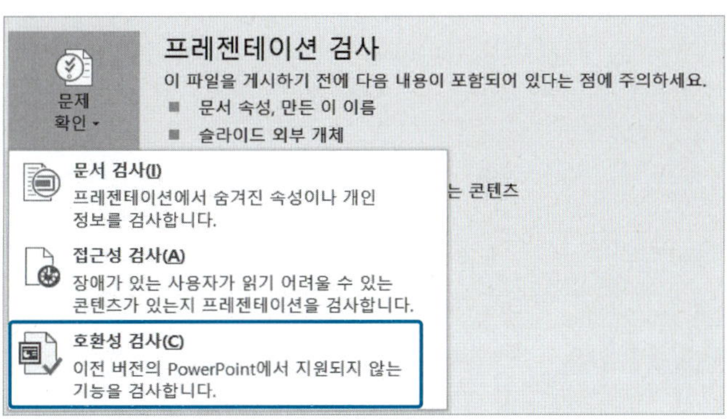

step 5 출력되는 메시지를 확인하고 기능이 손실 되지 않도록 '도움말'의 권장조치를 확인하여 수정한다.

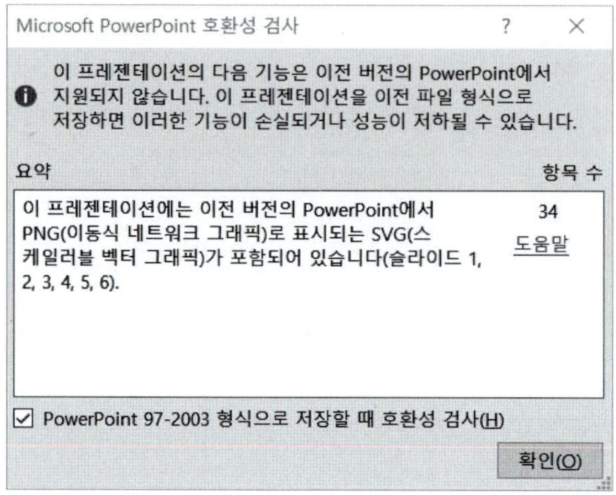

## 연습문제

1. 자기소개를 위해 '나의 SWOT 분석'을 진행 후 발표하고자 한다.

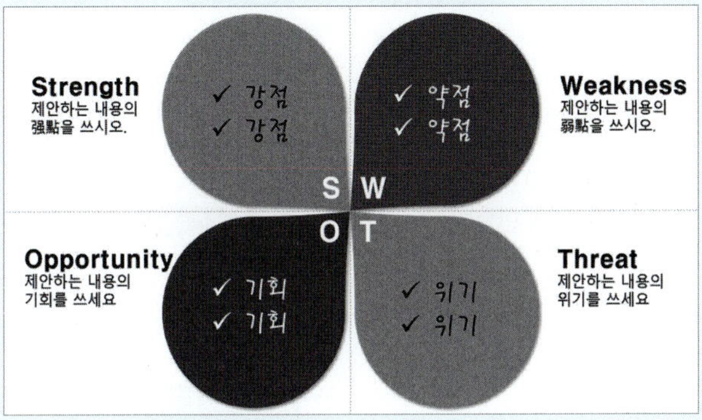


1) 다양한 글꼴을 적용하여 발표 자료를 제작하려고 한다. 발표 장소의 파워포인트와 호환 가능하도록 호환성 검사와 글꼴 손실 방지를 적용하라.

2) 슬라이드와 발표에 필요한 슬라이드 노트를 작성한 후, 발표자용 유인물을 제작하라.

3) 자기소개 슬라이드를 구성해보고 마이크와 카메라를 활성화하여 발표 프레젠테이션을 녹화하고, 비디오로 저장해보시오.

2. IoT(Internet of Things)와 관련된 내용으로 슬라이드를 제작하고 프레젠테이션에서 제공하는 슬라이드 쇼 브로드캐스트를 구성하시오. 또한 생성된 링크를 원격 참가자에게 공유하여 온라인 프레젠테이션을 진행해보시오.

INDEX

# 찾아보기

## 저자 소개

**김성호**

숭실대학교 컴퓨터학과 (공학박사)
현재 상지대학교 컴퓨터공학과 교수

**〈주요 경력〉**

(주)애니큐브 창업 / 부설연구소장
(주)포도시스템즈 / 개발실장
(주)한국지오매틱스 / 연구소장
숭의여대 겸임교수, 부천대학 겸임교수
호서대 게임공학과 시간강사

**〈관심분야〉**

컴퓨터 그래픽스, 컴퓨터 애니메이션, 모션 캡처, 가상현실(증강현실),
컴퓨터 게임, Web3D, 멀티미디어, 지리정보시스템 등

**홍석미**

경희대학교 전자계산공학과 (공학박사)
현재 상지대학교 교양대학 강의전담교수

**〈주요 경력〉**

경희대학교 외래교수
용인대학교 외래교수
연세대학교 원주캠퍼스 외래교수
한라대학교 외래교수

**〈관심분야〉**

기계학습, 데이터마이닝, 에이전트, 정보보호 등

**정경용**

인하대학교 컴퓨터정보공학과 (공학박사)
현재 경기대학교 AI컴퓨터공학부 부교수

**〈주요 경력〉**

상지대학교 컴퓨터공학부 부교수
한세대학교 IT학부 / 전임강사
한국소프트웨어진흥원(KIPA/KSI) 책임

**〈관심분야〉**

데이터마이닝, 정보검색, 머신러닝, 헬스케어, 지능웹설계, 지능정보시스템 등